교주자 **황정**(黃征)은 1958년생. 강소(江蘇) 회음(淮陰)인. 1993년 항주대학(杭州大學)에서 박사학위 취득. 현재 남경사범대학(南京師範大學) 중문과 교수 겸 돈황학연구소 소장을 맡고 있다. 주요 논문과 저서로는 「돈황사본 정리 때 지켜야 할 원칙(敦煌寫本整理應遵循的原則)」, 『돈황 속자 사전(敦煌俗字典)』(黃征 著), 『돈황변문집교의(敦煌變文集校議)』(郭在貽 · 張涌泉 · 黃征 공저) 등이 있다.

교주자 **장용천**(張涌泉)은 1956년생. 절강(浙江) 의오(義烏)인. 항주대학 중문과를 졸업 후 동대학원에서 석사학위를 받았으며, 1994년 사천대학(四川大學)에서 박사학위 취득. 현재 절강사범대학(浙江師範大學) 교수로 재직 중이다. 주요 논문과 저서로는 「돈황변문 속자의 유형과 고증 방법(敦煌變文俗字的類型及其考辨方法)」, 『돈황소설합집(敦煌小說合集)』(張涌泉 主編), 『돈황변문집교의(敦煌變文集校議)』(郭在貽 · 張涌泉 · 黃征 공저) 등이 있다.

옮긴이 **전홍철**(全弘哲)은 1960년 서울 출생. 한국외대 중국어과를 졸업하고, 동 대학원에서 敦煌變文 연구로 박사학위를 받았으며, 현재 又石大學 SILKROAD 映像研究院 院長 겸 유통통상학부(중국학) 교수로 재직 중이다. 현재 溫州大學 東亞民俗文化研究所 兼職教授를 맡고 있으며, 돈황학과 SILKROAD 文明交流에 관한 글쓰기와 영상 제작을 하고 있다. 주요 저서와 영상물로 『敦煌 講唱文學의 理解』 · 『敦煌 民間文學 談論』(著書), 〈韓國과 실크로드(Korea and Silkroad)〉 · 〈全北 속의 中國(全北裏的中國)〉 · 〈Pansori Road(板聲之路)〉(Video) 등이 있다.

옮긴이 **정병윤**(鄭炳潤)은 1966년생. 한국외국어대학교 중국어과를 졸업하고, 중국 남경대학교에서 「돈황강창문학 중 불교고사류 작품연구」로 박사학위를 받았다. 현재 한국외국어대학교와 우석대학교에서 중국 고전시와 중국문화 관련 강의를 하고 있다. 주요 논저로는 『돈황의 전설』, 「韓人과 고대 돈황인과의 접촉에 관한 고찰」, 「돈황석굴과 유불도 삼교의 만남」, 「돈황변문과 불교의 중국화과정」 등이 있다.

옮긴이 **정광훈**(鄭廣薰)은 1973년생. 한국외국어대학교 중국어과를 졸업하고 같은 학교에서 敦煌 變文에 관한 논문으로 석사 과정을 마쳤으며, 북경대 중문과에서 『스토리텔링 전통과 당대 중후기 문학 변혁』으로 박사학위를 받았다. 지금은 고려대 민족문화연구원의 HK연구교수로 재직 중이다. 주요 논문과 역서로 「敦煌 사본의 圖文 배치 방식과 圖書史的 의의」, 「敦煌 變文의 우리말 번역에 대한 고찰」, 『당대 변문』(공역), 『그림과 공연』(공역), 『중국문화사전』 등이 있다.

돈황변문교주敦煌變文校注 **4**

1판 1쇄 인쇄 2015년 9월 30일 **1판 1쇄 발행** 2015년 10월 15일

교주자 황정 · 장용천 **옮긴이** 전홍철 · 정병윤 · 정광훈 **펴낸이** 박성모 **펴낸곳** 소명출판
등록 제13-522호 **주소** 06643 서울시 서초구 서초중앙로6길 15, 1층
대표전화 (02) 585-7840 **팩시밀리** (02) 585-7848
이메일 somyong@korea.com **홈페이지** www.somyong.co.kr

ISBN 979-11-86356-71-5 94820 값 39,000원
ISBN 979-11-86356-67-8 (전6권)

이 번역도서는 2003년도 정부재원(교육인적자원부 학술연구조성사업비)으로 한국연구재단의 지원에 의하여 연구되었음.

이 번역도서는 중화사회과학기금의 지원으로 연구되었음.(中華社會科學基金Chinese Fund for the Humanities and Social Sciences資助)

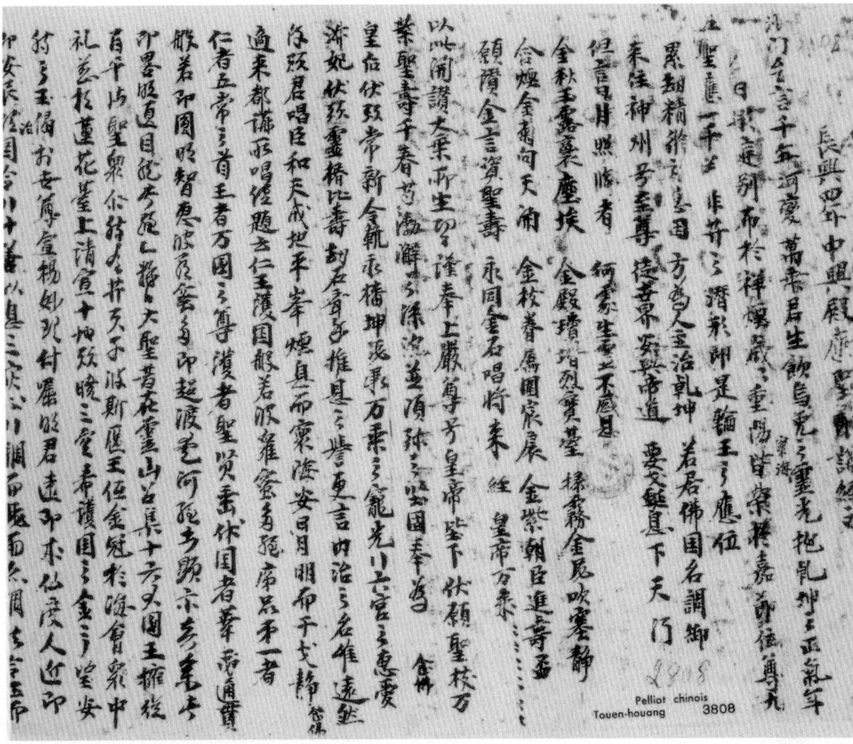

敦煌本 長興四年中興殿應聖節講經文(P.3808)

敦煌本 金剛般若波羅蜜經講經文(P.2123)

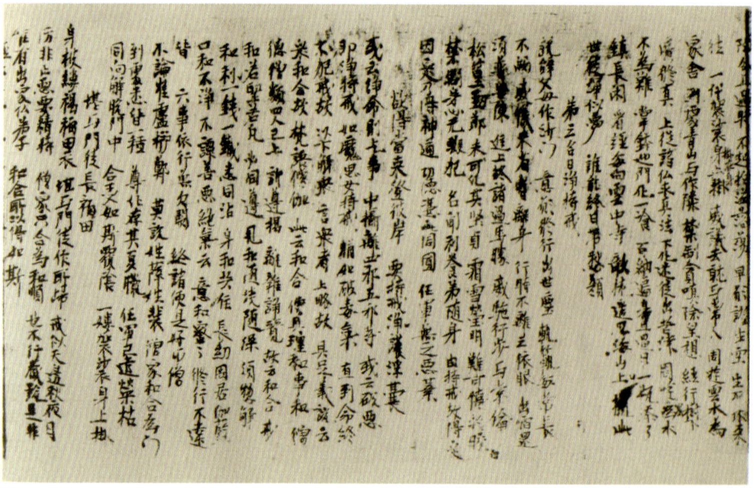

敦煌本
佛說阿彌陀經講經文一
(P.2931)

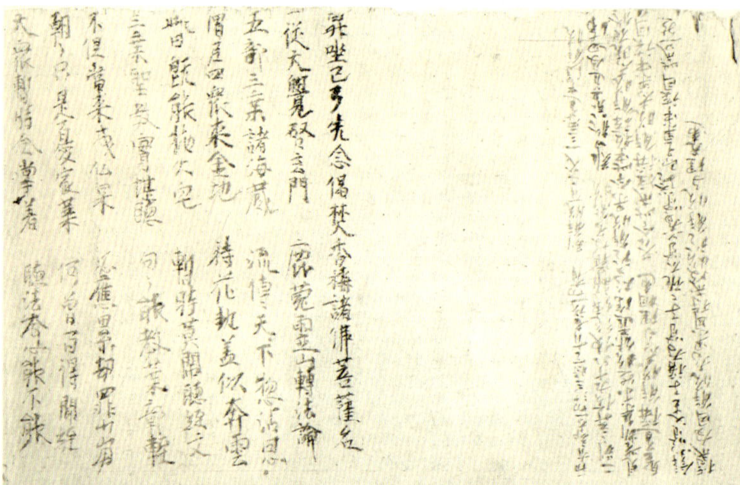

敦煌本
佛說阿彌陀經
講經文二
(S.6551)

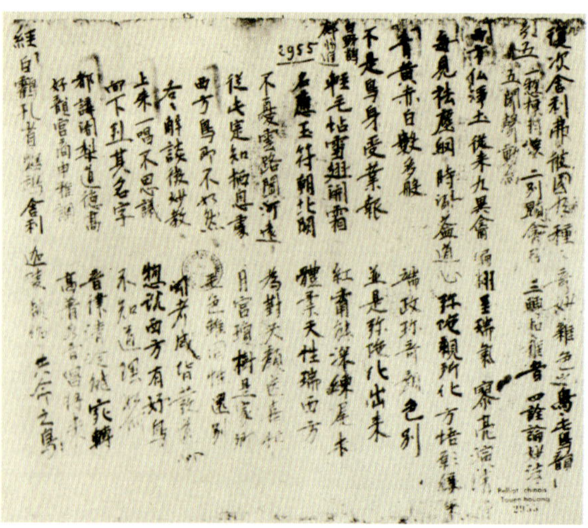

敦煌本 佛說阿彌陀經講經文三
(P.2955)

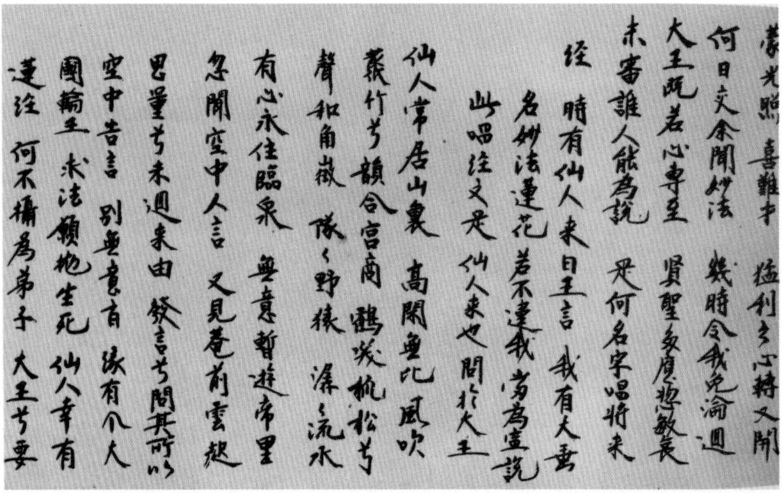

敦煌本
妙法蓮華經講經文一
(P.2305)

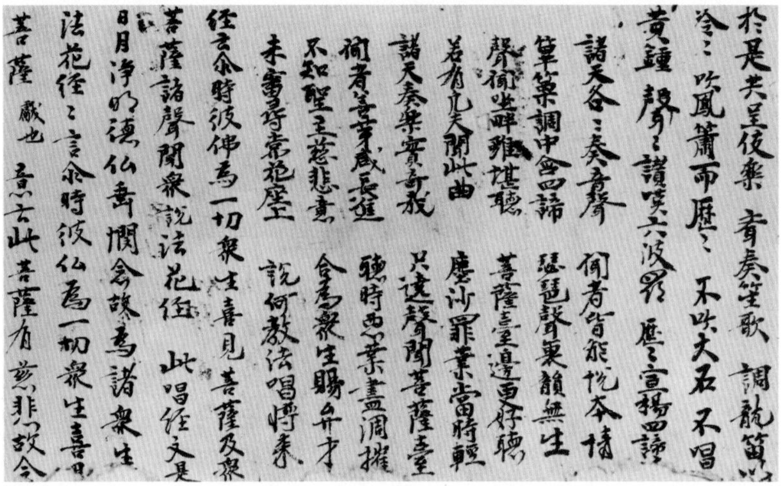

敦煌本
妙法蓮華經講經文三
(俄Φ365)

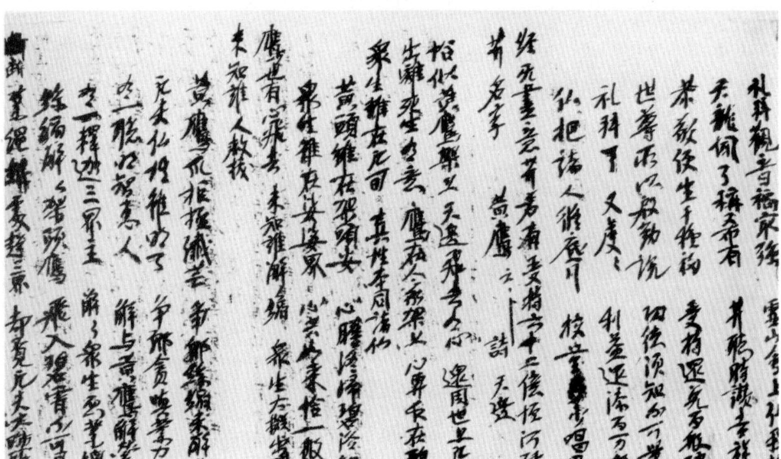

敦煌本
妙法蓮華經講經文三
(P.2133)

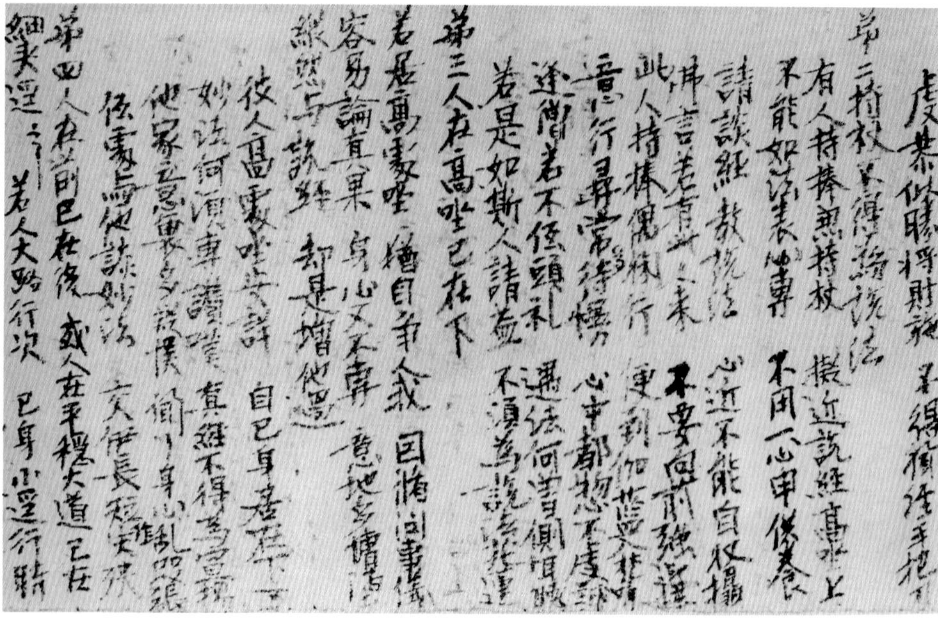

敦煌本 妙法蓮華經講經文四(俄Φ365v)

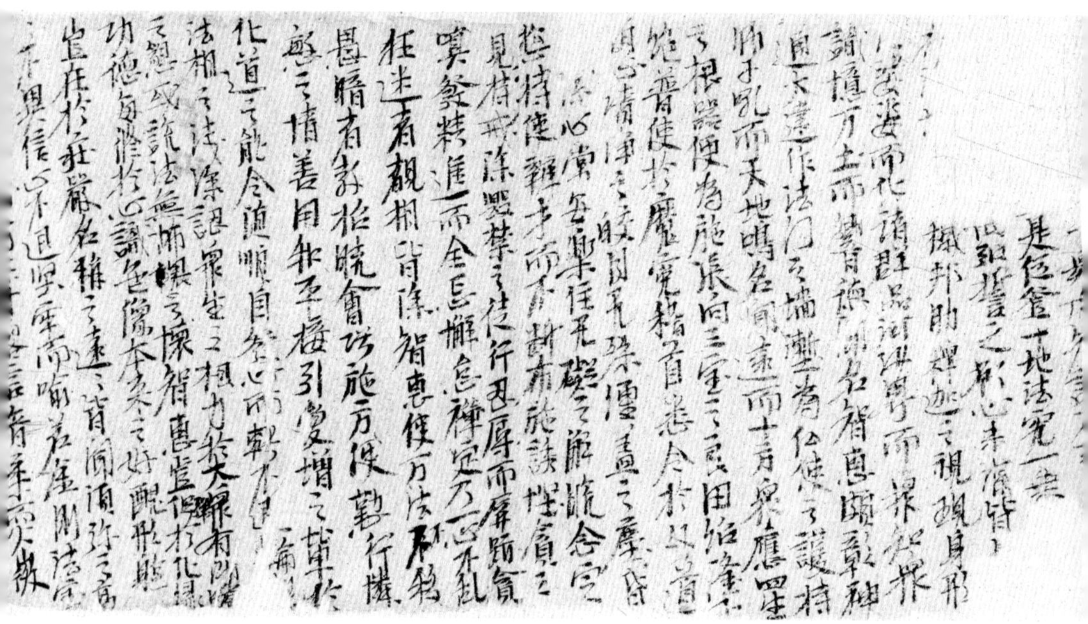

敦煌本 維摩詰經講經文一(S.4571)

돈황변문교주 4

敦煌變文校注

황정 · 장용천 교주
전홍철 · 정병윤 · 정광훈 옮김

소명출판

일러두기

본서의 교주 체제는『돈황변문집』의 방법을 따르되, 일부 변경된 부분이 있어 아래에 그 내용을 명시해둔다.

1. 본서에 수록된 변문은『돈황변문집』에 실린 작품 대부분을 포함하며, 여기에다 러시아・대만・일본 등지에 소장되어 있는 변문 필사본을 더하여 총86종이다.(『돈황변문집』에는 78종이 실려 있는데, 그 가운데「하녀부사(下女夫詞)」・「추음(秋吟)」・「수신기(搜神記)」・「효자전(孝子傳)」4종은 변문이 아니기에 제외시켰다. 또 P.2121「유마힐경강경문」1종은 사실「유마경압좌문」의 일부이므로 본서에서는 이들을 하나로 합쳤고, S2440「해좌문(解座文)」1종은『돈황변문집』에서는「삼신압좌문(三身押座文)」끝부분에 수록해놓았는데, 연구 결과 '해좌문'에 해당되는 까닭에 한 편의 독립된 작품으로 삼았다. 결과적으로 12종이 늘어난 셈이다.)
2. 본서의 작품 배열은『돈황변문집』에서처럼 역사고사와 불교고사 두 부류로 대별하여 이루어졌다. 역사고사는 문체에 의거하여 유설유창(有說有唱)・유설무창(有說無唱)・대화체로 세분하여 3권으로 나눴으며, 각 권의 배열순서는 역사 시대순에 따랐다. 불교고사는 부처(석가모니) 고사・불경의 강설・불가(佛家) 고사 순서로 분류하여 3권으로 나눴다. 압좌문(押座文) 및 기타 단문(短文)은 그 뒤에 실어 한 권으로 삼았다.
3. 본문은『돈황변문집』및 관련 집록본(輯錄本)을 기초로 하고, 돈황 필사본 원권(대부분 마이크로필름)을 대조하였다. 필사본 정황과 이록(迻錄)에 참고한 저본, 교주(校注)에 참고한 주석본은 각 편의 주석 1번에 설명해두었다. 작품의 제목은, 편자가 임의로 정한 것은 '[ ]' 표시로 제목에 괄호를 쳐두고 마찬가지로 주석 1번에 설명을 달았다. 본문은 가능한 한 저본의 원형을 따르되, 다른 주석본을 참고하여 보충한 것이나 문맥에 비춰 바로잡은 몇몇 부분은 모두 교주에 그 사실을 밝혔다. 그리고 저본에는 오류가 없으나 다른 주석본에 오류가 있는 경우는 별도로 주(注)를 달지 않았고, 일반적인 이체자에도 주를 달지 않았다. 또 저본에는 오류가 있고 다른 주석본에는 오류가 없는 것은 직접 정문(正文)으로 바로잡고 교주에 그 근거를 밝혔다. 또 저본의 문자가 해독이 어려운 경우(예를 들면 속어나 판별이 힘든 속자 등)는 그 가차자나 이체자를 기록하였으며, 두 판본에 적힌 문자가 서로 다른 경우는 교주에다 상이한 내용을 기록해두었다. 저본에 글자가 빠져 있는 경우는 '□'로 표시했고, 빠진 글자 수를 정확히 알 수 없을 경우는 '▭'(좀 더 긴 직사각형 모양)로 표시했다. 빠진 글자는 다른 판본, 혹은 앞뒤 문맥에 의거하여 보충해 넣었을 때는 보완해 넣은 글자를 '[ ]'로 괄호를 쳐두었고, 저본에 본래 빠져 있는 글자는 먼저 '[□]'로 표시를 하고 그 옆에다 보완해 넣은 글자를 '( )' 표시 안에 넣어 두었다.
4. 일반적인 속자(俗字)는 별도의 주석 없이 곧바로 통용되는 번체자로 고쳐 적었다.『돈황변문집』의 본문 기록에 의문이 들거나 오해하기 쉬운 속자들이 사용된 경우는 통용되는 번체자로 수정하고 주석을 달아 시비를 바로잡았다. 자형(字形)의 유사(類似)로 생긴 오자는 직접 정자(正字)로 바로잡았고 주석에 그 이유를 설명하였고, 자음(字音)의 유사로 생긴 오자와 가차자(假借字)는 원래의 글자로 표기하고 주를 달아 본자(本字)를 밝혔다. 그리고 일반적으로 통용되거나 알아보기 쉬운 가차자들, 이를 테면 '유(猶)'와 '유(由)', '교(教)'와 '교(交)', '이(已)'와 '이(以)'등은 '( )' 안에다 본자를 적어두고 별도로 주를 달지 않았다. ('혜(慧)'와 '혜(惠)'처럼 음과 뜻이 서로 통용되는 부류는 주석을 달지 않았다.) 그리고 고금(古今)의 용법이 서로 다른 글자들, 예컨대 '원(元)'과 '원(原)', '제(弟)'와 '제(第)', '양(孃)'과 '낭(娘)', '봉(奉)'과 '봉(捧)', '민(閔)'과 '민(憫)', '좌(坐)'와 '좌(座)', '은(隱)'과 '온(穩)', '배(陪)'와 '배(賠)'등은 저본의 글자를 택함으로써 고서(古書)의 본모습을 남겨두었다.
5. 본서는『돈황변문집』에 있는 모든 주석 내용을 그대로 남겨두었다.『돈황변문집』의 본문 기록은 '원록(原錄)', 그 교주는 '원교(原校)'라 칭하였다. 반중규의『돈황변문집신서』는 '반서(潘書)'(본 번역본에서는 '신서(新書)'라 표기함), 그 교주는 '반교(潘校)'(본 번역본에서는 '반중규(潘重規)'라 표기함)라 약칭하였다. 서진악(徐震堮)의『돈황변문집교기보정(敦煌變文集校記補正)』과 그『재보(再補)』는 '서교(徐校)'(본 번역본에서는 '서진악(徐震堮)'라 표기함)라 칭한다. 장례홍(蔣禮鴻)의『돈황변문자의통석(敦煌變文字義通釋)』은 '통석(通釋)'(본 번역본에서는 상황에 따라 '통석(通釋)'과 '장례홍'을 병용함)이라 칭하며, 기타 다른 학자들의 견해는 일률적으로 그 이름을 적되 선생이나 동지 같은 호칭은 붙이지 않았다. 여러 명의 견해가 똑같을 경우는 발행시기가 이른 학자의 견해를 인용하고, 그 나머지는 언급하지 않았다. 전문가들의 견해는 1989년 말까지로 한정하였고, 본서 끝부분에 첨부해둔 관련 논저의 목록을 본문에서는 일일이 주를 달아 밝히지는 않았다.
6. 한 지방에서의 글자와 어휘의 쓰임새에 대해 이전의 자전이나 사전에서는 언급할 가치가 없다고 여겨 다루어지지 않았다. 그런데 돈황변문은 민간에서 발생하여 구어와 속자로 기술되어 있으니 진실로 지방의 속자와 속어의 집합체인 셈이다. 이러한 글자와 어휘들은 그 뜻을 해독하기 어렵고 자전이나 사전에서도 언급되어 있지 않으니, 독자들은 그런 글자(어휘)를 접할 때마다 한숨이 나오게 마련이다. 그리하여 본서에서는 이처럼 난삽하고도 그 뜻이 애매한 글자들, 혹은 글자는 통용되나 그 의미가 다른 속어에 대해서는 부가 설명을 덧붙여 독자의 편의를 도모하였다. 그 밖의 널리 통용되는 글자나 어휘, 인명, 전고(典故)들은 번잡함을 피하기 위해 굳이 주를 달지 않았다.
7. 본서 말미에는「참고문헌 : 본서에서 인용한 變文 補校 논저 목록」과「찾아보기」를 첨부하였다.

卷五

돈황변문교주 전체 차례

돈황변문교주 4

돈황변문교주 5

돈황변문교주 6

卷五

장흥사년중흥전응성절강경문(長興四年中興殿應聖節講經文)[1]

沙門某乙[2]言 : 千年河變,[3] 萬乘君生; 飮烏免之靈光, 抱乾坤之正氣.

1 【原校】 (向達) 原卷의 번호는 P.3808이다. 【校注】 사권의 머리제목인 '長興四年中興殿應聖節講經文'과 끝제목인 '仁王般若經抄' 그리고 중간에 나오는 '適來都講所唱經題, 云仁王護國般若波羅蜜多經序品第一者'라는 말을 볼 때, 이 작품은 「仁王護國般若波羅蜜多經」을 풀이한 강경문임을 알 수 있다. 머리제목인 '長興四年中興殿應聖節講經文'은 대체로 글의 내력에 근거하여 이름 지은 것이다. '長興'은 後唐 明宗 李嗣源의 연호로 '長興四年'은 932년이 된다. '中興殿'은 후당의 수도 낙양에 있던 궁성의 주요 전각으로 황제가 정사를 돌보던 곳이다. '應聖節'은 9월 9일로 명종이 탄생한 날이라 이렇게 명명한 것이다(명종은 당 懿宗 咸通 8년 9월 9일에 태어났다). 사적에 따르면 명종은 응성절 때마다 승려와 도사들을 불러다가 중흥전에서 강론을 시켰다고 하며, 이 작품은 당시에 강경되었던 稿本인 것으로 보인다. 초서로 글을 써서 사권의 일부 글자는 판독하기가 대단히 어렵다. 상달 선생은 40년대 초에 이 글을 교록한 적이 있으며, 이후 『國學季刊』 제6권 제4호(1950년 출판)에 그 내용을 발표하였다. 『敦煌變文集』 권5에 수록된 이 교록본은 상달 선생의 이 작품에 대한 두 번째 교록본이다. 이 두 교록본을 비교해보면 두 번째가 상대적으로 더 정확하지만, 첫 번째가 더 나은 부분도 있다. 예를 들어 『敦煌變文集』 412쪽의 "謹奉上嚴尊號帝皇陛下" "波羅蜜多卽超渡恒河" "擁從百千法聖衆" 중 '帝皇', '恒河', '法聖衆'이 첫 번째 교록본에는 '皇帝', '愛河', '諸聖衆'으로 되어 있어 사권과 일치한다. 또 414쪽의 "仏(佛)宣揚" "佛母談揚宣

年□□日,[4] 彤庭別布於祥煙; 歲歲重陽, 寰海皆榮於嘉節. 位尊九五, 聖應一千.[5] 若非菩薩之潛形, 卽是輪王之應位.

사문 모모가 말하기를. "천년 만에 강이 변하자 만승(萬乘)의 군주께서 태어나셨네. 해와 달의 영험한 빛을 마시고 하늘과 땅의 정기를 안으셨네. 매년 9일이면 붉은 궁정(宮廷)이 상서로운 연기 속에서 달리 펼쳐지고, 해마다 중양절이면 천하가 아름다운 시절에 모두 영화롭다네. 황제의 높은 자리에 1천의 부처이시니, 보살의 잠형(潛形)이 아니라면 곧 전륜왕의 응위(應位)이리라."

累劫精修福惠因, 方爲人主治乾坤.
若居佛國名調御, 來住[6]神州號至尊.

大慈"에서 '仏宣揚'과 '宣大慈'가 첫 번째 교록본에는 '佛口宣揚'과 '演大慈'로 되어 있어 사권과 일치한다. 그리고 415쪽의 "釋佛之一字者", 416쪽의 "多劫因時", 417쪽의 "五教成就尙應同" "難行君道知無黨" "處他君位不能齋", 418쪽의 "分明深廣纘無休", 419쪽의 "蠶家辛苦尙難裁", 421쪽의 "乍聞車輅恩無極"에서 '釋', '時', '尙', '君', '纘', '無極'이 첫 번째 교록본에는 각각 '解', '緣', '事', '王', '讚', '知極'으로 되어 있어 역시 사권과 일치한다. 이런 착오가 생긴 원인은 물론 인쇄상의 실수도 있겠지만, 사권 자체의 초서가 판독하기 힘든 점이 더 주된 이유일 것이다.(상달 선생은 두 번째 교록 작업을 하면서 첫 번째 교록본을 참고하지 않은 듯하다)

2 '某乙'이 原卷에는 '厶乙'로 되어 있다. '厶'는 '某'와 같다. '某乙'은 '某'나 '某甲'과 같으며 사람의 이름을 대신 칭하는 말이다.

3 **[項楚]** '千年河變'은 '황하는 천년에 한 번 맑아진다'는 전설을 말하며 옛 사람들은 이를 聖君의 瑞應으로 간주했다. 『拾遺記』 卷一: "황하는 천 년에 한 번 맑아져 지극히 성스러운 군주가 큰 상서로움으로 여긴다(黃河千年一淸, 至聖之君以爲大瑞)."

4 姜亮夫는 '年□□日'을 '年年九日'로 읽어야 한다고 했는데, 이는 일리가 있다. '年年九日'은 아래의 '歲歲重陽'과 짝을 이루며 '九日'이 곧 '重陽'이다. 李白의 시 「九日龍山飮」: "중양절에 용산에서 술 마시고, 노란 꽃은 쫓겨난 신하를 보고 웃네(九日龍山飮, 黃花笑逐臣)"에서 '九日'은 중양절을 가리킨다. 周紹良은 이를 '年年吉日'로 고쳤으나 아무래도 틀린 것 같다.

5 **[項楚]** '聖應一千'은 '千佛'을 가리킨다. 불경에서는 과거의 莊嚴劫과 현재의 賢劫과 미래의 星宿劫에 모두 천불이 나타난다고 말한다. 본 편의 '一千'은 현겁의 천불을 가리킨다.

6 '住'를 原錄에서는 '往'으로 잘못 썼다. 여기서는 原卷에 근거하여 옳게 고쳤다.

徒(圖)世界安興帝道, 要戈鋌息下天門.
但言日月照臨者, 何處生靈不感恩.
金秋玉露裛塵埃, 金殿瓊階烈[7]寶臺.
掃霧金風吹塞靜, 含煙金菊向天開.
金枝眷屬圍宸扆,[8] 金紫朝臣進壽盃.
願讚[9]金言資聖壽, 永同[10]金石唱將來.
누겁(累劫)에 걸쳐 복과 은혜의 인연을 닦아
이제 인주(人主)가 되어 건곤을 다스리시네
불국에 계셨다면 조어(調御)[11]라 이름 지었을 것이고
신주(神州)로 와서 머무시니 지존이라 불리시네
세상을 편히 하려 제도(帝道)를 일으키고
전쟁을 그치게 하려 하늘에서 내려오셨네
해와 달에게 말해 임한 자를 비춰주니
어느 곳의 생령(生靈)인들 은혜를 느끼지 않으리
금추(金秋)의 옥이슬은 진애를 적셔주고
금전(金殿)의 옥계단엔 보대가 늘어섰네
안개를 몰아내는 가을바람은 변방에 고요히 불어오고

7 原卷의 '烈'을 상달은 첫 번째 교록본에서 '列'로 고쳤다. 문맥에 따르면 '烈'은 '列'로 고쳐야 한다.

8 [項楚] '金枝'는 帝子王孫을 비유한다. 蕭倣 「享太廟樂章」: "금가지 번성하고, 옥 잎은 길게 이어지리(金枝繁茂, 玉葉延長)." '宸扆'은 임금의 자리를 가리킨다.

9 '讚'을 原錄에서는 '贊'으로 썼고, 상달은 첫 번째 교록본에서 이를 '讚'으로 고쳤다. 原卷을 보면 왼쪽 편방이 '讠'로 되어 있는데, 이 글자는 '讚'의 俗書이다. 또 '讚'이 『說文』에 보이지 않는 걸 보면 '贊'에서 나중에 분화된 글자임을 알 수 있다.(『集韻』 去聲 '換韻': "讚, 通作贊.") '贊'과 '讚'이 이미 둘로 나뉜 이상 위에서는 原卷에 따라 '讚'으로 쓰는 것이 옳다고 본다.

10 '同'을 原錄에서는 '固'로 썼다. 그러나 原卷을 보면 '固'가 아닌 '同'으로 되어 있으며, 상달도 첫 번째 교록본에서 '同'이라 썼다. '同'자로 충분히 문맥이 통하므로 바로 '固'자로 고쳐서는 안 된다.

11 [譯注] 여래의 10가지 이름 중 하나인 '調御丈夫'를 말한다. 중생을 調伏制御하라는 의미를 담고 있다.

연기 머금은 금국(金菊)은 하늘을 향해 피었네
금지(金枝)의 권속들은 왕위를 둘러싸고
금자(金紫)의 조신들은 장수를 기원하는 술잔을 바치네
성수(聖壽)를 돕는 금언을 찬하여
영원히 금석과 같아지시길 바라나니,
이제 창이 나오겠습니다.

經……[12]

皇帝萬歲……[13]

以此開讚大乘所生功德, 謹奉上[莊]嚴尊號皇帝陛下.[14] 伏願聖枝萬葉, 聖壽千春; 等渤澥之深沈, 並須彌之堅固. 奉爲 念佛[15]

경(經)……

황제폐하 만세……

대승(大乘)의 경전을 강설하고 찬송하여 생기는 공덕으로 삼가 황제폐하의 존호를 장엄하여 바칩니다. 엎드려 바라건대, 성스러운 가지에 만엽이 달리고 성수(聖壽)는 천 년을 누리시어, 그 깊음은 발해(渤海)와 같고 그 견고함은 수미산(須彌山)을 아우르십시오. 삼가 받드나이다. 염불.

---

12 [項楚] 아래에 나오는 "適來都講所唱經題, 云'仁王護國般若波羅蜜多經序品弟一'者"라는 말을 볼 때, '經' 아래에 생략된 부분은 바로 이 經題일 것이다. [譯注] 실제 사본 원본에는 말줄임 표시가 없으며 '經'자가 다른 글자보다 약간 작은 크기로 쓰여 있다.

13 '歲'를 原錄에서는 '乘'으로 썼으나 潘重規는 原卷의 글자는 '歲'의 초서라고 했다. 여기서는 潘重規의 말을 따랐다. '歲' 아래의 작은 점 12개는 原卷에도 그대로 있다.

14 周紹良은 '上'이 '莊'이 되어야 한다고 했다. 이는 타당한 의견이다. '皇帝'를 原錄에서는 '帝皇'으로 잘못 썼다. 여기서는 原卷에 근거하여 옳게 고쳤다. 상달은 첫 번째 교록본에서 '皇帝'로 맞게 썼다. 또 '陛'자가 原卷에는 편방을 생략한 글자인 '坒'로 되어 있다.(『正字通』「土部」: "坒, 同陛也.") [項楚] 원문의 '嚴'자 위에 '莊'자가 빠졌다고 봐야 할 것이다. 여기서는 문맥에 따라 채워 넣었다. '尊號'는 후당 명종의 존호를 가리키며, 실제 강경 시에는 '尊號' 자리에 구체적인 존호를 대신 써야 한다. 여기서 말하는 명종의 존호는 '聖明神武廣運法天文德恭孝皇帝'이다.

15 [項楚] '念佛'은 작은 글자로 쓰여 있다. 이는 강경할 때 말하는 것이 아니라, 강경이 여기에 이르면 법사와 청중이 일제히 염불한다는 의미를 나타내는 것이다.

皇后 : 伏願常新令範, 永播坤風, 承萬乘之寵光, 行六宮之惠愛.

淑妃 : 伏願靈椿比壽, 刦石齊年. 推恩之譽更言,[16] 內治之名唯遠. 然後願君唱臣和, 天成地平. 峰(烽)煙息而寰海安, 日月明而干戈靜. 念佛.

황후(皇后) : 엎드려 바라오니, 훌륭한 본보기를 항상 새로이 하시어 대지의 바람을 영원히 퍼뜨리시며, 만승의 총광(寵光)을 받아 육궁(六宮)의 은혜와 사랑을 행하십시오.

숙비(淑妃) : 엎드려 바라오니, 영험한 참죽나무와 수명을 견주시고 겁석(刦石)과 연세를 나란히 하시어 추은(推恩)의 영예는 더욱 높아지고 내치(內治)의 명성이 멀리까지 이르게 하옵소서. 그런 뒤 임금이 주장하고 신하가 이를 따라 세상이 화평해지고, 봉화의 연기 사라져 천하가 편안해지며, 해와 달이 밝게 빛나 전쟁이 그치게 되기를. 염불.

適來都講所唱經題, 云'仁王護國般若波羅蜜多經序品弟[17]一'者. 仁者, 五常之首; 王者, 萬國之尊; 護者, 聖賢垂休;[18] 國者, 華夷通貫; 般若卽圓明智惠; 波羅蜜多卽超渡愛[19]河; 經者顯示眞宗. 此卽略明題目. 然此經卽釋曰 : 大聖昔在靈山, 召集十六大國王, 擁從百千諸聖衆. 爾時有菩薩天子波斯匿王, 低金冠於海會衆中, 禮慈相□[20]蓮花

16 '言'은 '高'를 비슷한 모양 때문에 잘못 쓴 것 같다. '高'와 아래의 '遠'은 서로 짝을 이룬다.

17 '第'는 '弟'가 나중에 분화된 글자이다. 본 편의 '第'자가 原卷에 대부분 '弟'로 되어 있는데도 原錄에서는 별다른 설명 없이 바로 '第'로 고쳐 버렸다. 아래에서도 '第'는 原卷에 따라 모두 '弟'로 썼다.

18 [徐震堮] '休'는 '庥'와 같다.

19 '愛'를 原錄에서는 '恒'으로 썼으나 原卷의 글자는 '愛'의 초서이다. 상달은 첫 번째 교록본에서 이를 '愛'로 옳게 보았다.

20 바로 앞 구와 비교해 보면 '相'자 다음에 한 글자가 빠졌음을 알 수 있다. 原校에서는 이를 '於'로 보았으나 이는 확실치 않은 것 같다. 변문에서는 '於'와 '向'이 짝을 이루는 경우가 많다. 본 편의 아래에 나오는 "髮於鬢上剛然白, 麥向田中方肯黃"이 그 예가 된다. 따라서 여기에 빠진 글자는 '向'이 아닐까 한다. 그래야 위의 '於'와 짝을

臺上. 請宣十地, 願曉三空; 希護國之金言, 望安時之玉偈. 於□(時)世尊宣揚妙理, 付囑明君; 遠卽成佛度人, 近卽安民治國.[21] 令行十善, 以息三災; 心行調而風雨亦調, 法令正而星辰自正. 眞風俗諦[22]同行, 而[23]魚水相須; 王法佛經共化, 而雲龍契合.

방금 도강이 창한 경제(經題)는 「인왕호국반야바라밀다경서품제일(仁王護國般若波羅蜜多經序品第一)」이라 합니다. 여기서 '인(仁)'은 오상(五常)의 으뜸이고, '왕(王)'은 만국의 가장 높은 존재이며, '호(護)'는 그늘을 드리움이고, '국(國)'은 화이(華夷)가 서로 통함이며, 반야(般若)는 원만하고 밝은 지혜이고, 바라밀다(波羅蜜多)는 탐욕의 강을 건넘이고, '경(經)'은 진종(眞宗)을 보여주는 것입니다. 이것이 바로 제목에 대한 간략한 설명입니다. 경문을 풀이해보면 이렇습니다. 석가모니께서는 예전에 영산(靈山)에 계시며 16대국의 왕들을 불러 모으고 백천(百千)의 모든 성중들을 끌어안아 따르게 하였습니다. 이때 보살천자인 파사닉왕(波斯匿王)이 바다처럼 모인 군중들 사이에서 금관(金冠)을 낮추고 연화대(蓮花臺) 위의 부처님께 예를 올렸습니다. 십지(十地)를 베풀기를 청하고 삼공(三空)을 깨닫길 원하며, 나라를 지킬 금언(金言)을 바라고 시국을 편히 할 옥게(玉偈)를 갈망했습니다. 이때 세존께서 묘리를 선양하시어 명군(明君)에게 맡기니, 멀게는 성불(成佛)하여 사람을 구제하고 가깝게는 백성을 편히 하고 나라를 다스렸습니다. 십선(十善)을 행하여 삼재(三災)를 없앴으며, 심행(心行)

이루기 때문이다.

21 '治國'을 原錄에서는 '治理'로 잘못 썼다. 原卷은 먼저 '理國'으로 썼다가 그 옆에 '治'자를 덧붙인 모습이다. 그래서 원문은 '理國' 혹은 '治國'이 되어야 하는데, 당대에는 高宗 李治의 휘를 피하기 위해 '治' 대신 '理'를 쓰곤 했다. 후당 역시 이씨의 천하라 당연히 당 황제의 휘를 피해야 했을 것이다. 따라서 이곳의 원문은 본래 '理國'이었는데 후대 사람이 이를 베껴 쓰거나 읽으면서 '治'자를 더해 '理國'이 곧 '治國'임을 표시했을 확률이 크다. 상달은 첫 번째 교록본에서 이를 '治國'으로 정확하게 판단했다. 그러나 두 번째 교록본에서는 이를 다시 '治理'로 잘못 보았으니 어찌된 영문인지 알 수 없다.

22 **[項楚]** '眞風俗諦'는 불교와 세속을 가리킨다. '眞風'은 불교를 가리킨다.

23 **[項楚]** '而'는 '如'로 읽어야 한다. 아래 구의 '而'도 마찬가지다.

을 다스리니 풍우(風雨) 또한 다스려지고, 법령이 바르니 성신(星辰)이 스스로 바르게 되었습니다. 참된 바람과 세속의 이치가 함께 행해짐은 물고기와 물이 서로를 필요로 함과 같고, 왕법과 불경이 함께 조화(造化)됨은 구름과 용이 서로 어울림과 같답니다.

意願乾坤永宴清, 淨心求說志心聽;
國中不忒雨風候, 天上無虧日月星.
調御垂慈雖懇切, 君王求法更丁寧;
如來與說安邦法, 故號仁王護國經.
君王懇切禮花臺, 只望金言爲衆開;
惠日[24]照推[25]心上惡, 慈風吹散國中災.
殷勤敢望慈尊許, 悟解方應翠輦[26]迴;
未審此經何處說, 甚人聞法唱將來.
하늘과 땅이 영원히 태평하길 바라며
깨끗한 마음으로 말씀을 청해 정성으로 들으니
나라 안은 비바람의 어긋남이 없고
하늘에는 일월성신의 어그러짐이 없다네.
다스림에 자비를 드리움이 지극정성이나
군왕의 구법(求法)은 더욱 은근하여
여래께서 나라를 편히 하는 법을 설해주시니

24 [項楚] '惠日'은 '慧日'과 같다. 부처의 지혜가 중생들을 널리 비추므로 해에 비유하는 것이다.

25 [郭在貽] '推'는 '摧'로 읽어야 하며, '摧'와 '散'은 서로 짝이 된다. [校注] 潘重規는 이를 '摧'로 쓴 다음 "『敦煌變文集』에서는 '推'로 썼다"고 말했다. 실제 原卷을 보면 '推'자로 되어 있으며, 이는 당연히 '摧'로 읽어야 한다. 그러나 바로 '摧'로 바꿔버리는 건 옳지 않다.

26 [項楚] '翠輦'은 비취의 깃으로 장식된 황제의 수레를 말하며 황제를 대신 가리킬 때 쓰이곤 한다. 蘇頲 「春日芙蓉園應制」: "어도에 붉은 깃발이 나오고, 향기로운 정원에 비취 수레가 다니네(御道紅旗出, 芳園翠輦遊)."

고로 『인왕호국경(仁王護國經)』이라 부른다네.
군왕께서 정성으로 화대(花臺)에 예를 올려
오직 중생을 깨우쳐줄 금언(金言)을 바라자
지혜의 해가 마음속 악을 비춰 막아주고
자비의 바람이 나라의 재앙을 불어 흩트리네.
간절한 바람을 자존(慈尊)께서 허락하시어
깨달음이 바야흐로 황제께 응해 돌아오니
이 경문의 말씀에 미심한 곳이 있다면
누구든 법을 들어야 하리라.
이제 창이 나오겠습니다.

經……[27]

將釋此經, 大科三段 : 弟一, 序分; 弟二, 正宗; 弟三, 流通. 三分之中, 且講序分. 序分之中, 依「佛地論」, 科爲五種成就. '如是我聞', 信成就; '一時'兩字, 時成就; '佛'之一字, 教主成就; '住王舍城鷲峰山中', 處所成就; '與大比丘衆千八百人俱', 聽衆成就. 且弟一'如是我聞'信成就者. 如來說法, 分付信心, 或談[28]億劫之因緣, 動說河沙之功行. 淺根難湊, 深信方明. 聞半偈而捐捨全身, 求一言而祇供千載. 若生信敬, 方肯受持, 信爲入法之初機,[29] 智爲究竟[30]之玄術, 亦如我皇帝翹

27 이 부분에 생략된 경문은 "如是我聞, 一時佛住王舍城鷲峰山中, 與大比丘衆千八百人俱"이다. 근거가 되는 經本은 唐 不空 역 「仁王護國般若波羅蜜多經」이고 위의 글은 경문의 서품 중 제1구이다. [譯注] 이 부분 역시 원본에는 말줄임 표시가 없다.

28 '談'을 原錄에서는 '說'로 잘못 썼으며 여기서는 原卷에 근거하여 옳게 고쳤다. 상달은 첫 번째 교록본에서 '談'으로 옳게 고쳤다.

29 '初機'는 '初基'가 되어야 하며, 이는 초보적 기초를 말한다. 러시아 소장 올젠부르그 편 96번 「雙恩記」: "믿어야 들어갈 수 있고, 지혜로워야 헤아릴 수 있다. 믿음은 불법에 들어가는 기초이고, 지혜는 끝에 도달할 수 있는 방법이다(信爲能入, 智爲能度, 信爲入法之初基, 在(智)爲究竟之玄述(術))"에서 바로 '初基'라 썼다.

30 [項楚] '究竟'은 '끝까지 다하다'의 의미로 여기서는 불교의 궁극적 진리를 탐구한다는 말이다.

心眞境,[31] 志信空門, 修持三世之果因,[32] 敬重十方之佛法. 若不然者, 曷能得每逢降誕, 別啓御筵. 玉階許坐於師僧, 金殿高懸於竂像.[33] 躬瞻相好, 自爇香煙. 都由一片之[34]信心堅, 方得半朝聞法坐.[35]

경(經) ……

이 경문을 풀이하자면 크게 세 단락으로 나뉘는데, 첫 번째는 서분(序分), 두 번째는 정종(正宗), 세 번째는 유통(流通)입니다. 세 단락 중 먼저 서분을 강론하겠습니다. 서분은 『불지론(佛地論)』에 의거하여 다섯 가지 성취(成就)로 나눌 수 있습니다. '이와 같이 나는 들었다' 함은 신성취(信成就)요, '일시(一時)' 두 글자는 시성취(時成就)요, '불(佛)' 한 글자는 교주성취(教主成就)요, '왕사성(王舍城) 취봉산(鷲峰山)에서 머무셨다' 함은 처소성취(處所成就)요, '대비구(大比丘)의 무리 천 팔백 인과 함께 했다' 함은 청중성취(聽衆成就)입니다. 첫 번째 '이와 같이 내가 들었다'는 신성취입니다. 여래의 설법에서는 신심(信心)을 나누어주며 억겁의 인연을 말하기도 하고 항하사(恒河沙)의 공적과 덕행을 늘 설하곤 합니다. 얕은 뿌리는 물을 모으기 힘드나 믿음이 깊으면 곧 밝아집니다. 반게(半偈)[36]를 듣고자 온몸을 버리고, 한 마디 말씀을 구하려 천 년 동안 바치기만 한답니다. 이리하여 믿음과 공경이 생기면 이를 받아 지키려 하니, 믿음은 불법에 입문하는 첫 기틀이요, 지혜는 진리를 궁구하는 오묘한 법술이라, 또한 우리 황제폐하 같은 분은 진경(眞境)을 숭상하고 공문(空門)을 정성으로 믿

31 [項楚] '翹心'은 '우러러 흠모하다, 숭상하다'의 의미이다. '眞境'은 불교를 가리킨다.

32 周紹良은 '果因'을 '因果'로 옳게 고쳤다.

33 [項楚] '竂像'에서 '竂'은 '橙', '幢', '幀'으로도 쓰인다. '竂像'은 명주에 그린 畵像을 뜻하며 여기서는 곧 불상을 가리킨다.

34 [徐震堮] '之'자는 연문이다.

35 [周紹良] '法坐'는 '法座'가 되어야 한다. [校注] '座'는 '坐'가 나중에 분화된 글자이다. 따라서 '坐'자는 고칠 필요가 없다.

36 [譯注] 半偈 : 諸行無常, 是生滅法, 生滅滅已, 寂滅爲樂의 後半偈를 말한다. 이는 『大般涅槃經』 권14에 나오는 이야기로, 석가여래는 과거생에 설산에서 수행하며 羅刹에게서 게의 전반부를 들은 후 너무나 기뻐하며 나머지 후반부를 듣고자 하였으나 나찰이 들려주려 하지 않자 자신의 몸을 버리기로 약속하고 이를 다시 들었다고 한다.

으며, 삼세(三世)의 인과를 닦아 지키고 시방(十方)의 불법을 무겁게 공경하십니다. 만약 그러지 않으셨다면 어찌 능히 매번 탄신일마다 따로 어연(御筵)을 열 수 있겠습니까. 옥계에서 사승(師僧)에게 자리를 허락하고 금전(金殿)에는 부처의 화상을 높이 걸어 몸소 상호(相好)를 우러러보시고 스스로 향연(香煙)을 사르시니, 모두가 한 조각 신심(信心)의 견고함으로 반나절의 법좌(法座)를 들을 수 있답니다.

大覺牟尼化有緣, 親宣護國向靈山.
萬千徒衆聞金偈, 十六君王禮玉顔.
智惠寶舡[37]希共上, 菩提花樹願同攀.
不因有信君王請, 爭得經文滿世間.
皇帝如今信敬開, 每憑三寶殄微災.
君王聽法登金殿, 釋道談經寶臺上.[38]
壽等松椿宜閏益, 福如山海[39]要添陪.
直緣萬乘君王信, 天下師僧獻壽來.
석가모니불께서 인연 있는 이를 교화하시어
친히 호국(護國)을 베풀고자 영산으로 향하시네.
만천의 문도들이 금게(金偈)를 듣고
십육국의 군왕들이 옥안에 예를 올리네.
지혜의 보배로운 배에 함께 타기를 바라고
보리의 꽃나무에 함께 오르기를 원하네.
믿음 있는 군왕의 청이 아니라면

37 [項楚] '惠'는 '慧'와 통하고 '舡'은 '船'과 통한다. '知慧'가 사람들을 구제하여 생사의 이 언덕에서 열반의 저 언덕으로 건너게 해 주므로 '보배로운 배'에 비유하는 것이다.

38 [原校] 원문은 '寶臺上'으로 되어 있으나 이는 '上寶臺'로 바꾸어야 운이 맞는다. [校注] '上寶臺'와 위 구의 '登金殿'은 짝을 이룬다. 原校가 옳다.

39 '山海'를 原錄에서는 '東海'로 잘못 썼다. 여기서는 原卷에 근거하여 고쳤다. 상달의 첫 번째 교록본에는 '山海'로 옳게 되어 있다.

어찌 경문이 세상에 가득할 수 있으리.
황제께서는 지금 믿음과 공경의 마음이 열려
항상 삼보에 의지해 작은 재앙까지 없애시네.
군왕이 법을 듣고자 금전(金殿)으로 오르니
석존은 경을 말하고자 보대 위로 오르시네.
수명은 소나무와 참죽나무처럼 늘어나고
복은 산과 바다처럼 더해지리.
만승 군왕의 믿음으로 인하여
천하의 사승들이 헌수(獻壽)드리러 온다네.

弟二, '一時'兩字時成就者. 卽世尊才說, 徒衆便聞, 表能所[40]之無差, 顯[41]師資之一相. 人心渴望, 佛口宣揚, 如春風至而花開, 似秋水淸而月見. 亦如我皇帝每年應聖, 特展花筵, 表八宏逢時主之時,[42] 歌萬乘應流虹之日. 一聲絲竹, 迎堯舜君暫出深宮; 數隊幡花, 引僧道衆高昇寶殿. 君臣會合, 內外歡呼. 明君面禮於三身,[43] 滿殿親瞻於八彩.[44] 牛香苒惹,[45] 魚梵虛徐. 得過萬乘之道場, 亦是一時之法界.

---

40 [項楚] 동작의 주체를 '能'이라 하고 동작의 대상을 '所'라 한다. 위의 '能所'는 바로 앞의 '세존'과 '도중'을 가리킨다.

41 '顯'을 原錄에서는 '離'로 썼다. 潘重規는 原卷의 글자가 '顯'의 초서임을 밝혔으며, 여기서는 이 의견을 따랐다.

42 [徐震堮] '宏'은 '紘'과 같다. '時主'의 '時'는 잘못 쓴 것 같다. [校注] '時主'의 '時'는 바로 아래의 '時'자를 보고 잘못 쓴 것이다. 문맥을 보면 '時主'는 '明主'가 되어야 한다('明'자와 '時'자는 처음이 같아 잘못 쓰기가 쉽다). 본 편은 궁전에서 강의를 베푸는 내용에 당 명종 등이 청중이므로 중간 중간 공덕을 기리는 단어들이 자주 등장한다. '明主'나 '明君' 등이 자주 보이는 것에서 이를 알 수 있다. [項楚] 원문의 '宏'은 '紘'이 되어야 한다. '八紘'은 지극히 먼 팔방의 땅을 말한다. 그리고 원문의 '時'는 '明'자의 잘못으로 보아야 할 것이다. '明主'는 곧 아래에 나오는 '明君'이다.

43 [項楚] '三身'은 삼신의 불상을 가리킨다. 부처는 法身, 報身, 應身의 삼신을 갖고 있다. 사원의 대전에는 삼존의 불상이 새겨져 있는데, 어떤 것은 법신, 보신, 응신의 '삼신불'이고, 어떤 것은 과거, 현재, 미래의 '삼세불'이다.

44 [項楚] '八彩'는 곧 '八采'이다. 『孔叢子』「居衛」에 "옛날 요임금은 키가 10척에 눈썹

두 번째, '일시(一時)'라는 두 글자의 시성취입니다. 즉 세존이 말씀하시면 문도들은 귀 기울여 들어, 능한 이와 그 대상이 차이가 없음을 보이고 스승과 제자가 서로 같음을 드러내는 것이지요. 사람이 마음으로 갈망하여 부처께서 입으로 베풀어 주시니, 봄바람이 이르러 꽃이 피는 듯 하고 가을 물이 맑아 달이 비치는 듯합니다. 또 우리 황제께서는 매년 응성절(應聖節)마다 특별히 화연(花筵)을 펼치시어, 먼 팔방에서 밝으신 군주를 만난 때를 나타내시고 만승(萬乘)이 흐르는 무지개에 응한 때를 노래하십니다. 사죽(絲竹)의 악기소리 한 번으로 요임금과 순임금을 심궁에서 잠시 나오게 해 맞이하고, 여러 대의 번화(幡花)로 승도(僧道)의 무리를 이끌어 보전(寶殿)에 오르게 하시지요. 군신이 회합하니 내외가 환호하고, 명군께서 삼신(三身)을 보고 예를 올리니 전각에 가득한 이들은 팔채(八采)를 친히 우러러본답니다. 우향(牛香)은 하늘하늘 피어오르고 어범(魚梵)의 소리가 맴돕니다. 만승의 도량을 얻었으니 이는 또한 일시의 법계이기도 하지요.

佛每談揚演[46]大慈, 人天隨從願除疑.
花中旣禮端嚴相, 耳裏還聞甘露詞.[47]
佛以聖心觀弟子, 人將肉眼見牟尼.
直緣[48]說聽無前後, 所以經文號一時.

이 8가지 빛깔로 나뉘었다(昔堯身修十尺, 眉分八采)"라는 기록이 있다. 후대 사람들은 이로 인해 '八彩'를 제왕의 얼굴을 형용하는 말로 쓰게 되었다.

45 [劉凱鳴] '苒惹'는 말이 안 된다. '苒'은 음이 비슷한 '燃'을 잘못 썼고 '惹' 역시 음이 비슷한 '熱'을 잘못 쓴 것 같다. '燃熱'은 동의의 연문이다. [校注] '苒惹'는 틀리지 않으며 '하늘하늘 피어오르다'의 의미이다. 杜牧 「望故園賦」: "긴 연기가 하늘하늘 피어오르고, 차가운 물이 굽이쳐 흘러드네(長煙苒惹, 寒水注灣)"에도 '苒惹'라는 단어가 있다.

46 '演'을 原錄에서는 '宣'자로 잘못 썼다. 여기서는 原卷에 근거하여 옳게 고쳤다. 상달의 첫 번째 교록본에는 '演'으로 되어 있다.

47 [項楚] '甘露詞'는 불교의 경문을 가리킨다. '감로'는 불경에 나오는 천상의 명약으로 불법에 비유된다.

風慢[49]香煙滿殿飛, 人人盡有祝堯詞.
君王樂引昇龍座, 釋子宣來入鳳墀.
聖主淨心瞻月面,[50] 凡人洗眼見堯眉.
每年此日聞佛道, 也似經中號一時.
부처께서 매번 말씀하실 때마다 큰 자비를 널리 펴시니
인간과 천상의 중생들은 이를 따라 의심을 없애길 바라네.
꽃 속에서 단엄한 상(相)에 이미 예를 올리니
귓속에서는 또 감로(甘露)의 말씀이 들리네.
부처께서 성심(聖心)으로 제자들을 보시니
사람들은 장차 육안으로 석가모니를 뵈리라.
말하고 들음에 앞뒤가 없으므로
그래서 경문에서 '일시(一時)'라 부른 것이지.
바람이 향연(香煙)을 흩뜨려 전각 가득 날리니
사람들은 모두 요임금의 말씀을 축원하네.
군왕께서 기꺼이 용좌(龍座)를 당겨 오르시자
승도들이 모두 봉황의 뜰로 들어오네.
성주(聖主)께서 깨끗한 마음으로 부처를 우러러보자
범인(凡人)들은 눈을 씻고 요임금의 눈썹을 보네.
매년 이 날 되어 불도를 들음은
경문에서 '일시'라 부름과 마찬가지라네.

弟三, 解'佛'之一字者. 卽是弟三教主成就也. 娑婆教主, 大覺牟尼,

48 '緣'을 原錄에서는 '解'로 보았다. 潘重規는 原卷의 글자가 '緣'의 초서라 했으며, 여기서는 이를 따랐다.

49 [項楚] '慢'은 '漫'과 통한다.

50 [項楚] '月面'은 부처의 형상을 가리킨다. 불경에는 부처의 '八十種好'에 대한 기록이 있는데, 그 중 40번째가 바로 '面淨如滿月(보름달 같은 맑은 얼굴)'이다. 그래서 '月面'으로 부처를 칭하는 것이다.

一丈六尺身軀, 三十二般福相. 聖凡皆仰, 毁讚無搖, 蕩蕩人天大道師,[51] 巍巍法界眞慈父. 亦如我皇帝萬邦之主, 四海之尊. 入出公私盡禮瞻, 卷舒賢聖皆何(呵)護. 當時法會, 四生調御爲尊;今日道場, 萬乘君王爲主.

세 번째는 '불(佛)'이라는 글자에 대한 풀이입니다. 이는 세 번째 교주 성취이지요. 사바세계의 교주이신 석가모니께서는 몸이 일장육척(一丈六尺)에 서른두 가지 복상(福相)을 갖고 계십니다. 성인이든 범인이든 모두 우러르고, 헐뜯어도 칭찬해도 동요가 없으니, 넓디넓은 인천(人天)의 위대한 도사(導師)이시자 높디높은 법계의 참된 자부(慈父)시랍니다. 또 우리 황제께서는 만국의 주인이자 사해의 존자라, 드나드는 관리며 백성들 모두가 예로써 우러러보고, 나아가고 물러나는 현인과 성인들이 모두 꾸짖어 지켜주신답니다. 당시의 법회에서는 사생(四生)의 조어장부(調御丈夫)께서 존자셨고, 금일의 도량에서는 만승의 군주께서 주인이십니다.

當時法會佛爲尊, 解啓清涼解脫[52]門.
心鏡毫光含日月, 慈雲法雨灑乾坤.
身遇[53]賢聖[54]高低相, 法契人天深淺根.

51 [周紹良] '大道師'는 '大導師'가 되어야 한다.

52 '解脫'을 原錄에서는 '解□'로 표시했다. 原卷을 보면 '解'자에 중복 부호가 없으며, 아무래도 이는 '解脫'을 간단히 쓴 것인 듯하다. 「佛說仁王般若波羅蜜經」 卷上: "四弘願, 三解脫門." 불교에서는 일체의 번뇌에서 벗어나 장애가 없는 자유의 경계로 들어가는 것을 해탈 혹은 열반이라고 한다. 해탈문은 곧 열반으로 들어가는 문이다. '해탈'은 초사자에게 대단히 익숙한 단어였을 것이다.

53 '遇'를 原錄에서는 '過'로 썼다. 그러나 原卷을 보면 '遇'자에 가깝다. 또 '遇'자는 아래의 '契'와 비슷한 의미로 짝을 이루고 있다. 상달은 첫 번째 교록본에서 '遇'로 옳게 보았다.

54 '賢聖'을 原錄에서는 '聖賢'으로 잘못 썼으며 여기서는 原卷에 근거하여 옳게 고쳤다. 상달은 첫 번째 교록본에서 '賢聖'으로 옳게 고쳤다. 앞에 나온 "卷舒賢聖皆何(呵)護"도 '賢聖'으로 되어 있다. '賢聖'과 '聖賢'은 둘 다 현자와 성자를 가리킬 수 있다. 그러나 內典(불교도들은 불경을 '내전'이라 부른다)에서는 이를 '賢聖'이라 부르고, 外典(불서 이외의 전적들)에서는 이를 '聖賢'이라 칭한다. 이렇듯 호칭 상 차이가 있으

但有得超三界者, 思量還是法王恩.
今朝法會帝王尊, 不掩羲軒治化門.
普似雲雷搖海岳, 明如日月照乾坤.
慈憐解惜邦家本,[55] 雨露能滋草木根.
但卽得居安樂者, 根基全是聖人恩.
당시의 법회에서는 부처께서 존자가 되시어
청량한 해탈의 문을 활짝 열어주셨네.
맑은 마음과 미간의 백호광은 해와 달을 머금고
자줏빛 구름과 법의 비는 천지를 씻어주네
응신(應身)은 높고 낮은 현성을 만나고
불법은 깊고 옅은 근기(根機)의 인천(人天)에 부합하네
누구든 삼계를 뛰어넘고자 한다면
부처의 은혜를 헤아려야 하리
오늘의 법회는 제왕께서 존자가 되시어
희헌(羲軒)[56]의 다스림과 교화의 문을 닫지 않으시네.
널리 미치기는 구름과 우레가 해악(海岳)을 흔듦과 같고
밝기는 해와 달이 천지를 비춤과 같구나.
자비와 사랑은 나라의 근본(백성)을 아낄 줄 알고
비와 이슬은 초목의 뿌리를 자라게 해 준다네.
누구든 안락하게 거할 수 있다면
그 근기(根基)는 모두가 성인의 은혜라네.

'住王舍城鷲峰山中'者, 卽弟四處所成就也. 佛宣護國, 居在靈山. 千重之翠巘摩天, 百道之寒溪噴雪. 莓苔斑較(駮),[57] 鬥錦縟之花紋, 松檜

므로 함부로 자리를 바꿔서는 안 된다.

55 [項楚] '邦家本'은 백성을 가리킨다.

56 [譯注] '羲軒'은 전설 속의 성왕인 伏羲와 軒轅, 즉 黃帝를 가리킨다.

交加, 盤黑龍鱗[58]之巨爪. 山既高大, 佛每經行. 法王正坐於雲嵒, 徒衆來奔於煙樹. 亦如我皇帝每逢金節, 迴□彤庭,[59] 見天顔於上界宮[60]前, 排衆會[61]於九重殿內. 當時調御說經, 居靈就(鷲)高山, 今日君王聽法, 在龍宮寶殿.

'왕사성(王舍城) 취봉산(鷲峰山)에서 머무셨다' 함이 네 번째 처소성취입니다. 부처님께서는 『호국(護國)』을 베풀며 영산에 거하셨습니다. 천 겹의 비취 봉우리는 하늘을 만지고, 백 갈래의 차가운 시내는 눈발을 뿜었지요. 이끼는 알록달록하여 비단이불의 꽃무늬를 모은 듯하고, 소나무와 노송나무가 서로에게 더해지니 흑룡의 큰 발톱을 새긴 듯합니다. 산이 크고 높다 해도 부처님은 경행(經行)을 하시지요. 법왕(法王)께서 구름바위에 정좌하시면 문도들이 향 연기 자욱한 나무 아래로 달려온답니다. 또 우리 황제께서는 매번 금절(金節)[62] 때가 되면 멀리 궁정을 펼치시고는, 황궁 앞에서 용안(龍顔)을 보이시고 구중궁궐 안에 법회를 마련하십니다. 당시에는 조어장부께서 경문을 설하려 영취(靈鷲)의 높은 산에 계시었고, 오늘은 군왕께서 불법을 들으려 용궁의 보전에 계신답니다.

巍巍佛相類金山, 煩惱枯來萬劫閑.

---

57 '斑較'를 原錄에서는 '班駁'로 고쳤고 潘重規는 '斑駁'으로 고쳤다. 여기서 '斑'자는 틀리지 않고 '較'는 '駁'자의 편방을 잘못 쓴 글자로 봐야 할 것이다. '斑駁'는 '斑駁'이라고도 하며 여러 색깔이 뒤섞인 모습을 나타낸다.

58 [原校] 上文에 근거하면 이 '鱗'자는 연문으로 봐야 할 것이다.

59 이 두 구가 原錄에는 "亦如我皇帝每逢金節迴彤庭"으로 되어 있다. 徐震堮은 '節'자 다음에 쉼표를 넣고 '迴' 다음에 한 글자가 빠진 것 같다고 했는데, 이는 옳은 의견이다. 다만 '迴'자가 실제 原卷에는 '廻'의 속자인 '迵'으로 되어 있다.

60 [項楚] '上界宮'은 천궁이다. 위의 '上界宮'은 불교의 天宮으로 皇宮을 비유하고 있다.

61 '衆會'를 原錄에서는 '罪會'로 썼다. 劉凱鳴은 이에 대해 "'罪會'는 뜻이 통하지 않는다. '罪'는 '罰'자를 잘못 쓴 것 같고 또 '罰'자는 음이 비슷한 '法'자를 잘못 쓴 것 같다"고 했고, 潘重規는 "'罪'는 '衆'의 오자인 것 같다"고 했다. 潘重規의 말이 옳다. 原卷의 글자는 '衆'자의 변체이다. '衆會'는 불교용어로 중생들의 집회를 말한다.

62 [項楚] 金節 : 가을의 절기로, 여기서는 重陽節과 應聖節을 가리키며 모두 9월 9일이다.

妙展慈悲安國界, 巧將功德潤人間.
心燈不礙千門照, 智[63]果長交(敎)萬衆攀.
欲說仁王護國法, 鷲峰頂上見慈顔.
吾皇福德重如山, 四海無塵心自閑.
聖應君臨千載內, 秋豐夏稔十年間.
禹(禹)湯道德應難比, 堯舜仁慈稍可攀.
每到重陽僧與道, 紫煙深處見龍顔.
높고 높은 부처의 상(相)은 금산(金山)과 같으니
번뇌는 사라지고 만겁의 한가로움이 오네.
오묘하게 자비를 펼치시어 나라를 편안히 하고
교묘히 공덕을 행하시어 인간세상을 윤택하게 하시네.
마음의 등불은 장애가 없어 수많은 백성의 집들을 비추고
지혜의 열매는 자라나 무수한 중생이 의지할 수 있다네
인왕호국(仁王護國)의 법을 설하시려
취봉(鷲峰)의 꼭대기에서 자비로운 얼굴을 보이시네.
우리 황제의 복덕이 산처럼 무거우니
사해에는 먼지가 없고 마음은 스스로 한가롭다네.
천 년 만에 성스러움이 마땅한 군주께서 임하셨으니
십년 동안 가을은 풍성하고 여름에는 곡식이 무르익으리.
우(禹)임금과 탕(湯)임금의 도덕도 견주기 어렵고,
요임금과 순임금의 인자함은 의지할 만하리
매년 중양절이 되면 승려와 도사들은
보랏빛 연기 피어오르는 깊은 곳에서 용안을 뵌다네.

'與大比丘衆千八百人俱'者, 弟五眷屬成就也. 世尊行化, 徒衆相隨;

63 '智'가 原錄에는 '瞽'으로 되어 있다. 潘重規는 原卷의 글자를 '智'의 초서로 옳게 보았다.

梵王帝釋及龍神, 國主 天王兼士女. 端嚴菩薩, 擁從如來; 頭寶冠而足蓮花, 言懸河而心巨海. 堂堂羅漢, 落落眞僧; 兩點眉頭雪不消, 一條帔上雲長在. 行隨隊仗, 坐遶花臺; 如海湧於金山, 若星攢於明月. 亦如我皇帝聖枝萬葉, 皇祚千人,[64] 出乃百壁(辟)歡忻, 入則六宮瞻敬. 后妃公主, 俳佪於日月光中; 太子王孫, 圍遶於鑾輿影裏. 幾生修種, 多劫因緣;[65] 佛卽有菩薩聲聞, 王乃有金枝玉葉.

'대비구(大比丘)의 무리 천 팔백 인과 함께 했다' 함이 다섯 번째 권속성취(眷屬成就)입니다. 세존께서 교화를 행하시자 문도들이 서로 따르니, 범왕과 제석은 용신과 함께 하고, 국주(國主)와 천왕(天王)은 사녀(士女)를 아우르셨습니다. 단엄한 보살들은 여래를 에워싸고서 그를 따르는데, 머리에는 보배로운 관을 쓰고 발에는 연꽃 장식을 하였으며, 말은 급히 흐르는 강과 같고 마음은 거대한 바다와 같았습니다. 당당한 나한은 범상함을 초월한 진승(眞僧)이라, 양쪽 눈썹 끝에는 눈이 녹지 않고, 가사 위로는 구름이 길게 늘어져 있었지요. 대오의 호위를 따라 꽃으로 두른 대(臺)에 앉으니, 바다가 금산(金山)에서 용솟음치는 듯하고 별이 명월(明月)로 모여드는 듯했습니다. 또 우리 황제께서는 성스러운 가지에 만엽이 달리고 천자의 자리가 천년에 이어져, 출타하시면 모든 제후가 기뻐하고 들어오시면 육궁(六宮)이 우러러 공경하지요. 후비와 공주는 일월의 빛 속에서 배회하고, 태자와 왕손은 난여(鑾轝)의 그림자를 에워싼답니다. 여러 생을 거치며 선업의 씨를 뿌리고 수 겁의 인연을 만들어 부처님께서는 보살성문을 갖고 왕께서는 금지옥엽을 가지셨답니다.

---

64 【周紹良】 '千人'은 '千年'이 되어야 하며 그래야 '萬葉'과 대구를 이룬다. 【校注】 위에 나온 "聖枝萬葉, 聖壽千春"이라는 말을 보면 '千人'은 '千秋'를 잘못 쓴 것일 가능성도 있다.

65 '緣'을 原錄에서는 '時'로 잘못 썼다. 그러나 실제 原卷의 글자는 '緣'의 초서이다. 상달은 첫 번째 교록본에서 '緣'으로 옳게 고쳤다. 아래의 "總因多劫因緣會"에도 '多劫因緣'이라는 말이 있다.

每遇慈尊轉法輪, 聖賢逹[66]遶紫金身.
慈風解熟[67]修來果,[68] 甘露能淸忘起[69]塵.
山似翠屛擎殿閣, 佛如明月統星辰.
直緣宿世修行到, 方得長隨無漏人.[70]
皇帝臨乾海內尊, 聖枝承雨露唯新.[71]
宮圍[72]心似依冬月, 文武斑[73]如拱北辰.
舜殿徘徊千歲[74]主, 堯天庥廕萬重親.
總因多劫因緣會, 方得長時近聖人.
자존의 설법을 대할 때마다
성현들은 자금(紫金)의 몸을 에워싸네.
자비로운 바람은 전생에 닦은 복과(福果)를 익게 하고
감로는 헛된 번뇌의 먼지를 깨끗이 할 수 있다네.
산은 푸른 병풍처럼 전각을 떠받치고
부처님은 명월처럼 별들을 거느리시네.
전생에서의 수행의 인연으로

66 '逹'는 '圍'와 통한다. 原錄에서는 이를 바로 '圍'로 고쳐 썼다.
67 [周紹良] '解熟'은 '解熱'이 되어야 한다. [校注] 原卷에는 '解熟'으로 되어 있으며, 상달은 첫 번째 교록본에서 '解熱'로 썼다.
68 [項楚] '修來果'는 전생에 선업을 닦아 금생에 얻게 되는 福果를 가리킨다. 이 구는 자비로운 바람이 전생에 닦은 복과에 불어 열매를 잘 익게 하고 금생에 그 보답을 얻게 됨을 말하고 있다.
69 [潘重規] '忘'은 '妄'이 되어야 한다. [校注] '忘'과 '妄'은 음이 비슷해 통용된다. 또 '起'자를 原錄에서는 '趣'로 잘못 썼으며, 여기서는 原卷에 근거하여 옳게 고쳤다. 潘重規 역시 '起'로 보았다.
70 [項楚] '無漏人'은 부처를 가리킨다. '漏'는 번뇌의 다른 이름이다. 부처는 이미 번뇌를 완전히 끊어 삶과 죽음의 순환을 초탈했으므로 '無漏人'이라 불리는 것이다.
71 [項楚] 이 구는 '唯'자가 '枝'자 다음으로 와 "聖枝唯承雨露新"이 되어야 한다.
72 [徐震堮] '圍'는 '闈'가 되어야 한다.
73 '斑'은 '班'이 되어야 한다. 原錄에서는 바로 '班'으로 고쳐 썼다.
74 '歲'를 原錄에서는 '乘'으로 썼다. 潘重規는 原卷의 글자가 '歲'의 초서라고 했다. 여기서는 이 의견을 따랐다.

번뇌를 여읜 분을 이제 오래도록 따를 수 있게 되었네
황제께서 천하에 임하시자 해내에서 높이 떠받들고
성스러운 가지는 비와 이슬을 받아 새로워지네.
후궁의 마음은 겨울 해를 의지하는 듯하고
문무의 반열은 북극성을 떠받드는 듯하네.
순임금의 궁전에서 천세(千歲)의 주인께서 배회하시고
요임금의 하늘은 만 겹의 친인들에게 그늘을 주시네.
모두 여러 겁의 인연으로 모인 까닭에
오래도록 성인을 가까이 할 수 있는 것이네.

臣聞：卽知佛語爲經, 王言成敕; 經若行而捨凡成聖, 敕若行而遠肅邇安. 王恩及士品功商,[75] 佛惠布龍天釋梵. 佛心淸淨, 令神通之者度人; 王意分明, 遣忠孝之臣佐國. 當時佛會, 已明四品之團圓; 今日王宮, 亦興五教之成就.

신은 듣건대, 부처님의 말씀은 경전이 되고 국왕의 말씀은 조서가 되는데, 경전의 말씀을 행하면 범인(凡人)에서 벗어나 성인(聖人)에 이르고, 조서를 이행하면 원근 각처가 모두 편안해진다 했습니다. 왕의 은혜는 사, 농, 공, 상에 미치고 부처님의 은혜는 용신, 천중, 제석, 범천에 미칩니다. 불심은 청정하여 신통한 자들로 하여금 사람을 구제하게 하고, 왕의 뜻은 분명하여 충효의 신들로 하여금 나라를 보좌토록 합니다. 당시의 법회에서는 이미 사품의 결말을 밝히셨고, 오늘 왕궁에서는 또 오교(五教)의 성취를 일으키십니다.

75 徐震堮은 '功'이 '工'이 되어야 한다고 했으며, 周紹良은 '品'을 '農'으로 고쳤다. 둘 다 타당한 의견이다. 아래에 "上應將相王侯, 下至士農工賈"이라는 말이 나오는데 여기서 '士農工賈'가 바로 '士農工商'이다. **[項楚]** 고대에는 사농공상을 '四民'이라 칭했으며 위의 '士品'은 '士'를 가리킨다. 글자그대로만 보면 '士品工商'에 '農'이 언급되어 있지 않지만, 사실 이는 사민을 개괄해서 말한 것이다.

法會因緣及帝宮, 五敎成就事[76]應同.
佛經是處皆尊重, 王敕何人不敬崇.
解稟憲章除禍患, 能依法語證[77]神通.
若非皇帝心如佛, 釋子爭能到此中.
법회의 인연이 황제의 궁까지 미쳤으니
오경의 성취는 섬기기를 똑같이 해야 하리.
불경은 곳곳에서 존중을 받고
왕의 칙명은 누군들 공경하지 않으리.
법률을 내려 재앙을 없앨 줄 알고
법어(法語)에 근거해 신통함을 증명할 수 있다네.
만약 황제의 마음이 부처와 같지 않았다면
승도들이 어찌 이곳으로 올 수 있었으리.

所以宋明帝[78]謂求那跋摩曰 : “弟子常[79]欲齋戒不煞, 迫以身侚[80]物, 不獲從志. 法師何以敎之?”

---

76 ‘事’를 原錄에서는 ‘尙’으로 잘못 썼다. 그러나 原卷의 글자는 ‘事’로 보아야 하며, 상달은 첫 번째 교록본에서 ‘事’자로 옳게 보았다.

77 ‘證’을 原錄에서는 ‘終’으로 썼다. 여기서는 原卷이 ‘證’자의 초서라고 한 潘重規의 의견을 따랐다.

78 ‘宋明帝’는 ‘宋文帝’를 잘못 쓴 것 같다. 『高僧傳』 初集 卷三 「求那跋摩傳」과 『太平廣記』 卷91 「永(求)那跋摩」 條(『劇談錄』에서 출전)에는 모두 ‘宋文帝’로 되어 있다.

79 ‘常’이 原錄에는 ‘嘗’으로 되어 있으며, 潘重規는 原卷이 ‘常’으로 되어 있다고 했다. 실제 原卷의 글자인 ‘[illegible]’은 ‘常’자의 초서이다. 왕희지를 비롯한 많은 이들이 ‘常’자의 초서를 대부분 이렇게 쓰고 있다.(『草書大字典』 참고) 더구나 아래에 나오는 “萬年常鎭洛陽” “一池常見綠澄澄” “去就昇常並不存”의 ‘常’자도 原卷에는 모두 이 모양으로 쓰여 있다. 또 『高僧傳』 初集 卷三 「求那跋摩」조에서 인용한 宋文帝의 말 “弟子常欲持齋不煞, 迫以身徇物, 不獲從志”에도 ‘常’자로 되어 있다. 『太平廣記』 卷91 「永(求)那跋摩」 條에서 인용한 송문제의 말 “弟子恒願持齋, 不煞生命, 以身徇物, 不獲其志”에는 ‘恒’으로 되어 있으나 ‘恒’은 ‘常’과 같다.

80 ‘侚’은 ‘殉’과 통한다. 『正字通』 「人部」 : “侚, 與殉通.” **[項楚]** ‘侚’은 ‘徇’이 되어야 한다. ‘徇物’은 세속에 복종한다는 말이다. ‘徇’은 따른다는 말이고 ‘物’은 곧 사람이다.

그래서 송 명제(宋明帝)는 구나발마(求那跋摩)에게 말씀하셨지요. "제자들은 항상 재계하고 살생하지 않으려 하면서, 몸으로는 억지로 물(物)을 따르면서도 그 뜻은 따르지 못하니 법사께서는 어떻게 그들을 가르치시겠습니까?"

宋帝藏疑未決開, 問宣釋子向瑤階.
難行王[81]道知無黨, 每慮慈心尙有乖.
舐我國章難斷煞, 處他王位不能齋.
今朝敢請高僧說, 一語分明醒我懷.
송의 황제가 갖고 있던 의심이 미처 풀리지 않아
불제자에게 물으려 옥계단으로 향하네.
왕도는 행하기 어려워 동조하는 무리가 없음을 알고
매번 자비로운 마음을 생각해도 아직 어그러짐이 있다네.
내 나라의 법을 헤쳐도 단호히 죽이긴 힘들고
타국의 왕위에 처해서는 재계할 수가 없다네.
오늘 감히 고승에게 말씀을 청하니
한 마디 말씀으로 나의 생각을 밝게 깨우쳐 주시지요.

跋摩曰: "帝王與匹夫所修各異. 匹夫身賤名劣, 言令無威, 如不役以苦躬,[82] 將何爲益? 帝王以四海爲家, 萬民作子, 出一嘉言, 士女以悅,

81 '王'을 原錄에서는 '君'으로 잘못 썼다. 여기서는 原卷에 근거하여 옳게 고쳤다. 상달은 첫 번째 교록본에서 '王'자로 옳게 보았다. 바로 아래의 '王位'에서 '王'도 原錄에서는 '君'으로 잘못 썼다.

82 【姜亮夫】 이 단락은 송 명제와 구나발마가 서로 문답하는 말로서 梁代의 승려 慧皎의 『高僧傳』 卷三에 최초의 기록이 보인다. 위의 내용은 이 『高僧傳』에서 제재를 취해 온 것이다. '如不' 구는 『高僧傳』에 "若不剋己苦躬"으로 쓰여 있다. 이에 근거하면 '役以'의 '以'는 '己'가 되어야 한다. 모양이 비슷해서 '己'를 '已'로 쓰고 이를 다시 음이 같은 '以'로 잘못 쓴 것이다. 【校注】 『太平廣記』 권91에서 인용한 구나발마의 말은 "若不苦身剋己"로 되어 있다. 강량부의 지적은 타당하다.

布一善政, 人神以和. 因當形不夭命,[83] 役無勞力. 則風雨順時, 寒暄應節, 百穀滋繁, 桑麻鬱茂. 如此持齋亦大矣, 如此不煞亦衆矣.[84] 寧在闕半日之餐, 全一禽[85]之命, 然後方爲弘濟耶!" 帝撫几曰 : "法師所言, 眞爲開悟明達, 百譚[86]人天之際矣. 懿哉若人! 非獨誘進於空門, 抑亦俾興於王化." 是知如來妙行, 國主能修, 非小聖之測量, 豈凡[87]夫之參類. 一言才啓, 四海皆承. 遣懷中(忠)履孝[□](者)道廣德新, 令力(負?)義虧仁者心驚膽懾.[88] 大鵬點翅,[89] 度九萬里之山河, 玉免騰空, 照十

83 徐震堮은 '因'을 '固'로 고쳤다. 또 강량부와 周紹良은 '形'을 '刑'으로 옳게 고쳤다. 『고승전』과 『태평광기』에서 인용한 발마의 말은 모두 "刑不夭命"으로 되어 있다.

84 [徐震堮] 『飜譯名義集』에 근거하면, '齋'자는 중첩해 써야 하고 '煞'자 아래에는 '德'자가 빠진 것으로 봐야 한다. [校注] 『태평광기』에 인용된 求那跋摩의 말은 "如此持齋亦大矣, 不殺亦已衆矣"로 되어 있다. 項楚는 이에 근거하여 '齋'자와 '德'자를 채워 넣을 필요가 없다고 했다. 둘 중 項楚의 말이 타당한 것 같다. 『고승전』에 인용된 구나발마의 말도 "如此持齋亦大矣, 不殺亦衆矣"로 되어 있어 역시 '齋'를 중첩하지 않고 '德'자도 넣지 않았다.

85 '禽'이 原卷에는 '貪'으로 되어 있다. 여기서는 徐震堮의 교정에 근거하여 고쳐 썼다. 『태평광기』와 『고승전』의 인용문도 모두 '禽'으로 되어 있다.

86 [徐震堮] '百'자는 연문이다. '譚'자 아래에는 '盡'자가 빠져 있다. [江藍生] '百譚'은 '駁彈'의 잘못인 것 같다…… 그 의미는 '비판하다, 지적하다'이다. [校注] 徐震堮과 강람생의 주장 모두 옳지 않은 것 같다. 周紹良은 『고승전』의 "可與言天人之際矣"라는 내용에 근거해 '百譚'은 '可與譚' 세 글자가 되어야 한다고 주장했다. 이는 대단히 타당한 의견이다. '百'은 '可'를 잘못 쓴 것이고(두 글자의 초서는 모양이 흡사하다) 또 그 아래에는 '與'자가 하나 빠진 것이다. 『태평광기』에서 인용한 송 문제의 말도 "可以(與)言天人之際矣"로 되어 있다.

87 '凡'을 原錄에서는 '非'로 잘못 썼다. 여기서는 原卷에 근거하여 옳게 고친다.

88 이상의 네 구가 原錄에는 "一言才啓, 四海皆承遣. 懷中履孝, 道廣德新, 合力義虧, 仁者心驚膽懾"로 되어 있다. 이에 대해 徐震堮은 "'承'자 아래에서 구를 끊어 '遣'자를 아래 구에 붙여야 한다. '中'은 '忠'이 되어야 하고 '孝' 아래에는 '者'자가 빠졌다. '合'은 '令'이 되어야 하고 '力'은 '負'자를 쓰다 만 것 같다. '虧'자 아래에 쉼표를 넣어서는 안 된다"라고 했다. 徐震堮의 주장은 옳다. 그리고 '合'은 原卷 자체가 '令'으로 되어 있다.

89 [蔣冀騁] '點'은 문맥에 맞게 '展'으로 읽어야 한다. '點'은 端 성모에 忝韻이고 '展'은 知 성모에 獮韻이다. 변문에서는 −m과 −n 발음이 서로 섞여 쓰이곤 해서 두 음이 비슷해진 것이며, 또 방언에서 '知'를 '端'처럼 읽다보니 두 글자의 성모까지 같아져 대용할 수 있게 된 것이다. [項楚] '點翅'는 위아래로 날개를 펄럭이는 모습이며 '點翼'이라고도 한다.

千重之宇宙. 至焉所化, 廣大如斯, 振搖而不異雲雷, 沃潤而還如春雨.

발마가 말했습니다. "제왕과 필부는 수행하는 바가 각기 다릅니다. 필부는 몸이 천하고 이름이 낮아 명령을 말해도 위엄이 없으니, 만약 스스로 힘써 몸을 수고롭게 하지 않는다면 장차 무엇으로 이익을 보겠습니까? 제왕은 사해를 집으로 삼고 만민을 자식으로 삼아, 좋은 말 한마디에 사녀(士女)가 기뻐하고 선정(善政)을 한 번 베풀면 인신(人神)이 서로 화한답니다. 그러니 형을 당해도 죽지 않고 부역은 힘을 들이지 않아도 됩니다. 비와 바람은 때를 따르고 추위와 더위도 절기에 맞으니, 백곡은 풍성하고 뽕나무와 삼은 무성해집니다. 이처럼 재계를 지킴도 큰 것이요, 이처럼 죽이지 않음 또한 대단한 것입니다. 차라리 반나절의 끼니를 넘긴다 하더라도, 한 마리 짐승의 목숨을 보전한 연후에야 비로소 널리 구제할 수 있사옵니다!" 황제가 안석을 어루만지며 말했습니다. "법사께서 말씀하신 바는 진실로 깨달음을 열어주고 통달함을 밝혀주어 인간과 천인의 중간이라 이를 만합니다. 법사께서는 훌륭하십니다! 비단 불문(佛門)으로 이끌 뿐 아니라 왕의 교화 또한 흥하도록 하십니다." 여래의 묘행을 알아 국주께서는 능히 이를 닦으시니, 소성(小聖)도 헤아릴 수 있는 바가 아니거늘 하물며 어찌 범부가 그에 참여할 수 있겠습니까. 한마디 말만 해도 사해가 모두 받아들이니, 충을 품고 효를 행하는 이는 도가 넓어지고 덕이 새롭도록 하고, 의를 저버리고 인을 어기는 자는 심장이 놀래고 마음이 두려워지도록 하십니다. 대붕(大鵬)이 날개를 펼치면 구만리의 산하를 건너고, 옥토끼가 하늘로 뛰어오르면 만 겹의 우주를 비춥니다. 교화하는 바가 이토록 넓고 크니, 떨치고 흔듦은 구름천둥과 다르지 않으며, 기름지게 함은 봄비와 다름이 없답니다.

佛行王心可比儔, 分明深廣讚[90]無休.

---

90 '讚'을 原錄에서는 '纘'으로 썼다. 原卷을 보면 왼쪽 편방에 세로줄 하나가 그어져 있는데, 이 글자는 '讚'자로 보아야 한다. 상달은 첫 번째 교록본에서 '讚'자로 옳게 고쳤다.

只將國主半朝善, 便抵凡夫萬劫修.
倏忽綵綸安大國, 滂沱雨露灑諸侯.
垂衣端拱深宮裏, 一片慈心蓋九州.
聖主修行善不窮, 須知凡小杳難同.
下爲宇宙華夷主, 上契陰陽造化功.
四海豐登歸聖德, 萬邦清泰荷宸聰.
君王福卽生靈福, 綰攝乾坤在掌中.
불행(佛行)과 왕심(王心)은 가히 비견될 만하니
그 분명하고 깊고 넓음은 쉼 없이 찬탄을 받네.
나라의 주인이 반나절만 선업을 쌓아도
범부가 만겁을 수행한 것이나 마찬가지지.
재빠른 칙명에 대국은 안정되니
비와 이슬은 제후들에게 죽죽 뿌려지네.
깊은 궁에서 옷을 늘어뜨리고 단정히 손을 꽂고 있어도
한 조각 자비로운 마음으로 구주(九州)를 덮는다네.
성주(聖主)의 수행은 선함이 무궁하여
범부와 소성(小聖)은 같아지기 어려움을 알아야 하리.
아래로는 우주와 화이의 주인이 되시고
위로는 음양 조화의 공을 이루신다네.
사해의 풍성한 수확은 성덕에 귀결되고
만방의 편안함은 천자의 총명함 덕분이라네.
군왕의 복은 곧 생령(生靈)의 복이라
천지를 손바닥 안에서 다스리신다네.

我皇帝欲清四海, 先誡六宮; 令知織婦之劬勞, 交(敎)識蠶家之忙迫. 貌無妝飾, 手有胼胝; 機梭抛處旣[91]辛勤, 錦綺著時令愛惜.

우리 황제께서는 온 세상을 청정하게 만들고자 먼저 육궁을 훈계하셨으니, 베 짜는 여자의 노고를 알고 양잠하는 집이 정신없이 바쁨을 알도록 하셨습니다. 얼굴에는 화장을 하지 않고 손에는 굳은살이 박이며 고되고 부지런히 베틀의 북을 던진 것이니, 비단옷을 입을 때면 아끼고 안타까워하도록 하셨습니다.

蠶家辛苦事難裁, 終日何曾近鏡臺.
葉似蠅頭□[92]得大, 蠶如蟻脚[93]養將來.
半羅[94]繭就新蟬叫, 一絡絲成舊債催.
所以聖人誡宮女, 莫將羅綺掃塵埃.
양잠하는 집의 고생은 이루 헤아리기 힘드니
하루 종일 경대 가까이 가보기라도 하겠는가.
파리대가리 같던 이파리가 크게 자라면서
개미다리 같던 누에도 무럭무럭 자라난다네.
광주리의 반이 누에고치로 차면 새 매미가 울고
실이 한 다발 만들어지면 지난 빚을 재촉한다네.
그래서 성인께서는 궁녀들에게 타일러
비단옷으로 먼지를 쓸지 말라 하신다네.

我皇[□](帝)[95]每臨美膳, 常念耕夫; 憂水旱之不調, 恐賦租之難辨. 所以每宣品饌, 不苦烹炰; 重顆粒以如珠, 惜生靈之若子.

우리 황제께서는 좋은 음식을 접할 때마다 항상 농부를 생각하시며

91 '旣'를 原錄에서는 '卽'으로 잘못 썼다. 여기서는 原卷에 근거하여 고쳤다. 상달은 첫 번째 교록본에서 '旣'자로 옳게 썼다.
92 빠진 글자는 '長'자 혹은 '種'자일 것이다.
93 [項楚] '蟻脚'은 대단히 작은 모습을 형용하고 있다. 이제 막 나온 누에는 개미만큼 작아서 흔히 '蠶蟻'라고 부른다.
94 [徐震堮] '羅'는 '籮'와 같다.
95 '帝'자는 周紹良의 교록을 따라 채워 넣었다.

가뭄에 대처하지 못할까 근심하고 조세를 마련하기 힘들까 걱정하신답니다. 그래서 매번 신칙을 베풀어 너무 각박하고 호되게 대하지 말라 하시며, 낟알을 구슬처럼 소중히 여기시고 백성을 자식처럼 아끼신답니다.

每念田家四季忙, 支持圖得滿倉箱.
髮於鬢上剛然白, 麥向田中方肯黃.
晚日照身歸遠舍, 曉鸎啼樹去開荒.
農人辛苦官家見, 輸納交伊自手量.
항상 농가의 바쁜 사계절을 생각하시고
창고가 가득할 수 있도록 도와주신다네.
귀밑의 머리털은 이제 막 희어지고
보리는 밭에서 이제 누렇게 익는구나.
저녁 해가 몸을 비추면 먼 집으로 돌아가고
새벽에 꾀꼬리가 울면 거친 밭을 개간하러 간다네.
농부의 고생을 천자께서 보시고
납부할 조세를 그 스스로 헤아리도록 하시네.

我皇帝國奢示人以儉, 國儉示人以禮, 所以兢兢在位, 惕惕憂民. 操持契合於天心, 淡素[96]恭修於王道. 意欲永空囹圄, 長息烽煙. 興解網之仁慈, 開結繩之政化. 聖明兩備, 畏愛雙彰. 實爲五運之尊,[97] 眞是兆民之主.

우리 황제께서는 나라에 풍년이 들면 사람들에게 검소함을 보이시고 나라에 흉년이 들면 사람들에게 예를 보이십니다. 그래서 전전긍긍 자

96 【周紹良】'淡素'는 잘못 쓰인 글자이다. 【校注】'淡素'는 담박한 맛과 素食을 가리키는 말로, 위에 나온 "每宣品飭, 不苦烹炮" "國奢示人以儉"의 뜻이다. 잘못 쓴 건 아닌 듯하다.

97 【項楚】'五運之尊'은 금목수화토 등 五相의 相生相克說에 근거하여 추산한 天命의 군왕을 가리킨다.

리에 계시고 근심스런 모습으로 백성들을 걱정하시어, 천심에 합치하려 하시고 담박한 음식으로 공손히 왕도를 닦으십니다. 감옥은 영원히 비고 봉화연기 오래도록 피어오르지 않게 하시며, 그물을 푸는 인자함을 일으키시고 매듭을 짓는 정화(政化)를 펴려 하십니다. 성스러움과 밝음이 모두 갖추어지고 존경과 사랑이 함께 드러나니, 실로 오운(五運)의 존자이시자 백성의 진정한 주인이십니다.

招心平感國清平,[98] 賞罰皆依天道行.
雨露洗來怨氣盡, 皇風吹□[99]瑞煙開.
經年不道干戈字, 滿耳唯聞絲竹聲.
□[100]比嵩山無動轉, 萬年常鎮洛陽城.
마음의 평온으로 나라의 태평함을 부르고
상과 벌은 모두 천도에 따라 행한다네.
비와 이슬은 원한의 기운을 모두 씻어버리고
황제의 바람은 상서로운 연기를 날리네.
몇 해가 지나도 전쟁이라는 말은 아예 하지 않으니
귀에 들리는 건 오로지 악기 소리뿐이라네.
(수명은) 움직이지 않는 숭산(嵩山)과 같아져
만년토록 변치 않고 낙양성(洛陽城) 다스리시길.

臣聞水流萬派, 終歸四海之波; 國烈(列)九州, 須貢中原之主. 所以

98 [項楚] '招'자가 '感'자 아래에 와서 "心平感招國清平"이 되어야 한다. [校注] 項楚의 말이 옳다. 초사자가 '感'자 아래에 '招'자를 빠뜨렸다가 나중에 이를 깨닫고 구절의 맨 앞에 글자를 채워 넣었는데, 이후 다시 이를 베낀 이가 그 사정을 알지 못하고 첫머리의 '心'자와 이어서 써버려 문장이 이루어지지 않은 것이다. 원빈은 '招'와 '心平'의 자리를 바꿔 "心平招感國清平"으로 썼으나 이는 적절하지 않은 듯하다.

99 徐震堮은 '吹' 아래에 '處'자를 넣어야 한다고 했고, 周紹良은 '過'자를 넣어야 한다고 했다. 그런데 原卷의 글자는 '了'자가 아닌가 한다.

100 周紹良은 빠진 글자가 '壽'일 것이라고 했다.

感東川之災息，西蜀心迴;[101] 遙瞻日月而□歸龍樓，遠降絲綸而撫安龜郡.

신이 듣건대, 만 가닥의 물줄기는 결국 사해의 파도로 돌아가며, 구주에 퍼진 나라들은 중원의 주인에게 공물을 바쳐야 한다 했습니다. 그래서 이에 감동한 동천(東川)은 재난이 사라지고 서촉(西蜀)은 마음을 돌렸으며, 멀리 일월을 우러러보며 용루(龍樓)로 돌아오도록 하고, 먼 곳까지 칙명을 내려 구군(龜郡)을 어루만지고 안정시켰습니다.

修德修仁事莫裁，山河荒鯁[102]宛然開;
從今劍閣商徒入，自此刁州進貢來.
數道朝臣銜命去，幾番□[103]表謝恩迴.
聖人更與封王[104]後，猒[105]卻西南多少災.

---

101 [原校] 이 구는 탈자가 있는 것 같다. [校注] 탈자는 없고 앞 구 "東川之災息"의 '之'를 연문으로 봐야 한다. "東川災息，西蜀心迴"는 두 개의 4자구이다.

102 '荒鯁'은 '荒梗'이 되어야 하며 '鯁'은 '梗'과 통한다. '荒梗'은 땅이 거칠어 길이 꽉 막힌 것을 가리킨다.

103 '番'을 原錄에서는 '幡'으로 잘못 썼으며 여기서는 原卷에 근거하여 옳게 고쳤다. '番'은 위 구의 '道'와 짝을 이뤄 '~회, ~번'을 표시하는 양사로 쓰였다. 상달은 첫 번째 교록본에서 '番'자로 옳게 보았다. 또 周紹良은 '表' 앞의 궐문을 '奏'로 보았으나 이는 분명치 않은 것 같다. 이 두 구는 서로 대구를 이루므로 탈자는 '藩'으로 보는 것이 옳다. '藩表'와 '朝臣'이면 서로 짝도 이루고 문맥도 잘 통하기 때문이다.

104 [項楚] '封王'은 후당 명종이 孟知祥을 蜀王에 봉한 일을 말한다. 『舊五代史·唐書』「明宗紀」: "장흥 4년 2월 계해일에 서천절도사 맹지상을 검남 동서 양천 절도사로 삼고 촉왕에 봉했다((長興四年二月)癸亥，以西川節度使孟知祥爲劍南東西兩川節度使，封蜀王)."

105 '猒'을 原錄에서는 '厭'으로 썼으며, 周紹良은 이에 대해 "'厭'자는 '壓'자가 되어야 한다"고 교기를 달았다. 실제 原卷에는 '싫어하다, 물리도록 먹다'의 의미를 가진 '厭'의 본자인 '猒'으로 되어 있다. 위에서 이 글자는 '厭' 혹은 '壓'과 통하는 '於葉切' 발음으로 읽어야 한다. 진압한다는 의미의 '壓'자는 '厭'에서 나중에 분화된 글자이다. 미신에서는 사악함을 물리치는 것을 '厭'이라 한다. 『史記』「高祖本紀」: "진시황은 항상 말했다. '동남쪽에 천자의 기운이 있다.' 이에 동쪽으로 떠나 그것을 물리쳤다(秦始皇帝常曰 '東南有天子氣'，於是因東遊以厭之)"에 대해 司馬貞은 索隱에서 『廣雅』를 인용해 "厭，鎭也"라고 했다.

덕을 닦고 인을 닦는 일 재량하지 않으니
거친 땅으로 꽉 막힌 산하가 완연히 열리었네.
이로부터 검각(劍閣)의 상인들이 들어오고
이로부터 조주(刁州)에서 공물을 바쳐왔지.
조정의 신하들은 여러 차례 명을 받아 떠나고
변방의 신하들은 몇 차례나 감사하고 돌아갔네.
성인께서 또 왕으로 봉해준 후
서남의 많은 재앙들을 다스리셨다네.

我皇帝去奢去泰, 旣掩頓於八荒; 無事無爲, 乃朝宗於萬國. 祇如兩浙,[106] 遠隔蒼[□],[107] 感大國之鴻恩, 受明君之爵祿. 長時有貢, 志節寧虧; 天使行而風水無虞, 進貢來而舟航保吉. 龍扶神助, 過萬里之蒼波. 帆展風生, 表千年之聖德.

우리 황제께서는 사치를 버리고 교만함을 버려 팔황(八荒)을 덮었으며, 무사(無事)하고 무위(無爲)하여 만국에서 조견을 왔습니다. 양절(兩浙)의 경우만 봐도, 창파(蒼波)로 멀리 떨어져 있음에도 대국의 큰 은혜에 감사하며 명군(明君)의 작록을 받았답니다. 오래도록 공물을 바치며 지조와 절개를 꺾지 않았으며, 천자의 사신이 행차할 때면 풍수(風水)의 근심이 없었고 공물을 바칠 때면 뱃길은 늘 길했답니다. 용이 받쳐주고 신이 도와주어 만 리의 창파를 지나니, 돛을 펼치면 바람이 일어 천 년의 성덕을 보여주었습니다.

兩浙宣傳知幾迴, 全無飄蕩不虞災.

106 [項楚] '兩浙'은 浙江東道와 浙江西道를 합쳐 부르는 말로서 여기서는 양절의 절도사인 錢玄瓘을 가리킨다. 그는 장흥 4년에 吳王으로 봉해졌는데, 뒤에 나오는 "受明君之爵祿"이 바로 이 일을 말한다.

107 [徐震堮] 아래의 내용을 보면 '蒼' 아래에는 '波' 혹은 '溟'자가 와야 할 것이다.

人攢丹闕千年主,[108] 風蹴輕帆萬里開.
鯨眼光生遙(搖)日月, 蜃龍煙吐化樓臺.
還緣[109]知道貢明主, 多少龍神送過來.
양절(兩浙)에 몇 번이나 (칙명을) 베풀어 전하는 동안
바람에 흔들리는 일 전혀 없어 재앙을 근심하지 않았다네.
사람들은 붉은 궁궐의 천년 주인에게 모여들고
바람이 가벼운 돛을 미니 만 리가 활짝 열렸다네.
고래는 눈에서 빛을 내어 해와 달을 흔들고
이무기는 연기를 토해 누대를 만들었다네.
명주께 공물 바친다는 것을 알고
여러 용신(龍神)들이 배웅해 주었다네.

今則進加尊號,[110] 重播天勳; 顯百辟之盡忠, 表一人之實德. 聖明之字, 旌識[111]見遠之功, 神武之言, 稱定亂安邦之業. 德取則廣道弘人, 弘人廣道;[112] 取[113]文德彰而肅靜乾坤, 恭孝厚而饗[114]安宗廟. 德

108 原卷의 '主'를 상달은 첫 번째 교록본에서 '至'라 판독하고, 潘重規 역시 '至'자로 보았다. 그러나 '至'자로 보면 해석이 안 되며, 문맥을 고려하면 역시 '主'자로 보는 게 옳다. 아래에 나오는 "碧天才降千年主" 구에도 '千年主'라는 말이 있다.

109 '緣'을 原錄에서는 '解'로 썼다. 여기서는 原卷의 글자가 '緣'의 초서라는 潘重規의 의견을 따랐다.

110 [項楚] 『舊五代史·唐書』「明宗紀」: "(長興四年)六月丙午朔, 文武百寮宰臣馮道等拜章, 請於尊號內加'廣運法天'四字. 凡拜三章, 詔允之"에 근거하면, 네 글자를 더한 후의 존호는 '聖明神武廣運法天文德恭孝皇帝'가 된다.

111 徐震堮은 '識'자 아래에 한 글자가 빠져 있다고 했다. 周紹良은 빠진 글자를 '深'자로 봤고, 姜亮夫는 '微'자로 보았다.

112 이 단락은 騈文인데 위의 두 구는 짝이 맞지 않는다. 『舊五代史』 卷44 「明宗本紀」 長興四年의 "六月丙午朔, 文武百寮宰臣馮道等拜章, 請於尊號內加'廣運法天'四字. 凡拜三章, 詔允之"라는 기록에 근거하여 周紹良은 위의 두 구를 "法天取則, 廣運弘人"로 고쳤다. 이는 타당한 주장이다. 原卷을 보면 맨 앞의 '德'자를 지운 흔적이 있는데, 아무래도 이미 삭제한 글자인 듯하다.

113 [徐震堮] '取'자는 연문이다. [校注] 옳은 지적이다. 潘重規는 '取'가 '故'를 잘못 쓴 것 같다고 했으나, 이는 분명치 않은 의견이다.

過千古, 美貫華夷. 稱一德而率土咸歡, 添四字而普天皆賀.

이제 존호(尊號)를 더하고 천훈(天勳)을 거듭 퍼뜨려, 제후의 진충(盡忠)을 드러내고 한 사람의 실덕(實德)을 밝힙니다. '성명(聖明)'이라는 글자는 미세한 것까지 알고 먼 곳까지 바라보신 공을 드러냄이요, '신무(神武)'라는 말은 난을 평정하고 나라를 안정시킨 업적을 칭한 것입니다. 문(文)은 곧 도를 넓히고 사람을 크게 한다는 의미를 취한 것이요, 덕(德)은 사람을 크게 하고 도를 넓힌다는 의미를 취한 것입니다. 문덕(文德)이 드러나므로 천하가 고요해지고 공효(恭孝)가 두터워 종묘를 편안히 모십니다. 덕은 천고(千古)를 지나고 미는 화이(華夷)를 꿰뚫습니다. 하나의 덕을 말하니 천하가 모두 기뻐하고 네 글자를 더하니 온 세상이 축하를 드린답니다.

爲見君王契上天, 進加尊號義周旋.
一身超越古今主, 四字包含造化玄.
已表國肥令俗阜, 方知主聖感臣賢.
法天廣道[115]稱尊後, 更治乾坤萬萬年.
군왕께서 하늘에 부합됨을 보고서
존호를 더하려는 그 뜻이 갸륵하구나.
일신(一身)은 고금의 군주를 뛰어넘었고
네 글자에는 조화의 깊은 뜻이 담겨 있다네.
나라가 부유하여 백성의 풍요로움은 이미 드러났고
군주께서 성스러워 신하들도 현명함을 이제 알겠구나.
'법천광도(法天廣道)'라 추존되신 후
다시 만만년 동안 천하를 다스리시리라.

我皇帝貴安宗社, 更固鴻基; 維城之義方堅, 盤石[116]之心益壯. 所

114 姜亮夫는 '響'을 '饗'으로 옳게 고쳤다.
115 周紹良은 '廣道'를 '廣運'으로 고쳤다. 이는 타당한 지적이다.

以數州令哲, 同日封王; 堯風扇而金蘂芬芳, 舜雨滋而玉潢澄湛. 東西南北, 烈帝子以驚天,[117] 內外公私, 賀皇親而捧日.

우리 황제께서 종묘와 사직의 안정을 중히 여기시어 큰 기초를 다지시니, 성(황제)을 지키려는 뜻은 견고하고 반석의 마음은 더욱 굳셉니다. 그래서 여러 주의 빼어난 인재들을 같은 날 왕으로 봉하시니, 요임금께서 부채로 바람을 일으켜 금 꽃술이 향기로워지고, 순임금께서 넉넉히 비를 내려 옥 연못이 맑아진 것이지요. 동서남북으로 여러 황자들을 늘어 세워 하늘을 떠받치게 하니, 내외(內外)와 공사(公私)에 걸쳐 황친을 축하하며 해를 떠받든답니다.

封王數郡里[118]還强, 已表瓊枝[119]次弟張.
湛湛玉潢滋大國, 巍巍金柱鎭諸方.
乍望[120]車輅恩知極, 重拜天書喜莫量.
何以效酬天地力, 只將忠孝報君王.
여러 군에 왕을 봉해도 안(중앙의 조정)이 더 강해
황자와 황손은 순서대로 베풀 것을 이미 밝히셨네.
맑고 맑은 옥 연못이 대국을 키워주고
높고 높은 금 기둥이 제방(諸方)을 다스리누나.
문득 천자의 수레 바라보며 그 은혜 지극함을 알았는데
거듭 천자의 조서를 받으니 그 기쁨 헤아릴 수 없네.

---

116 [周紹良] '盤石'은 '磐石'이 되어야 한다. [校注] 고대에 '盤'과 '磐'은 서로 통용되었다.

117 [徐震堮] '烈'은 '列'과 같고, '驚'은 '擎'과 같다. [校注] 옳은 의견이다. "東西南北, 烈帝子以驚天"은 바로 앞의 "數州令哲, 同日封王"을 가리키는 말이다.

118 [項楚] 원문의 '里'는 '裏'가 되어야 한다. '裏'는 중앙의 조정을 말하고 '外'는 '封王數郡'을 말하는 것으로 보인다. '裏還强'은 조정의 권력이 강하여 번국들을 다스리지 못하는 걱정은 없음을 말한다.

119 [項楚] '瓊枝'는 '金枝'나 '玉樹'와 같으며, 여기서는 帝子와 皇孫에 비유하고 있다.

120 '望'을 原錄에서는 '聞'으로 썼다. 潘重規는 原卷의 글자가 '登'의 초서라고 했으나 그보다는 '望'자에 더 가까운 것 같다.

무엇으로 천지의 힘을 다 갚을까
충효로써 군왕께 보답하는 길 뿐이네.

我皇帝言非枉啓, 願不虛陳; 感百靈之消殄災祥,[121] 荷三寶之禱祈福祚. 玉泉山上, 聖人重飾寶蓮宮; 金谷河邊, 皇后經藏殿.[122] 上資宗廟, 下福生靈; 表日月之同明, 顯陰陽之合德.[123]

우리 황제께서는 헛된 말씀을 하지 않고 허망한 바람을 펼치지 않아, 백령(百靈)을 감동시켜 재앙을 없애고 삼보(三寶)를 떠맡아 복을 기원하신답니다. 옥천산(玉泉山) 위에 성인은 보배로운 연꽃의 궁을 다시 장식하시고, 금곡하(金谷河) 옆에 황후께서는 경장전(經藏殿)을 다시 지으셨습니다. 위로는 종묘를 돕고 아래로는 생령들에게 복을 주시며, 해와 달이 밝음을 함께함을 보이시고 음양이 덕을 합함을 드러내신답니다.

玉泉山上寺重新, 荷雨施功滿國聞.
曉日虹梁光已合, 青煙鴛瓦色寧分.
殿鋪石地澄寒水, 堂烈(列)仙僧擁亂雲.
釋子力微何所建, 重修須遇聖明君.
옥천산 위에 사찰을 다시 지으니
연꽃비의 공을 베풂이 나라 가득 들리네.

---

121 【周紹良】'消殄災祥'에는 오자가 있는 것 같다. 【校注】周紹良은 '祥'자를 상서로움의 의미로 보고 이렇게 말한 것 같다. 그럴 경우 '消殄'과 함께 쓰기가 적합하지 않기 때문이다. 그러나 사실 '祥'은 상서로움을 가리킬 수도 있고 재앙을 가리킬 수도 있다. 『玉篇』「示部」: "祥, 妖怪也." 위의 '災祥'도 곧 재앙을 가리킨다고 할 수 있다. '災祥'은 아래의 '福祚'와 서로 반대의 의미로 짝을 이룬다.

122 【原校】위의 구와 비교해보면 원본의 이 구는 두 글자가 빠진 것 같다. 【校注】周紹良은 '皇后' 뒤에 '更修'라는 두 글자가 빠진 것으로 봐야 한다고 했다. 【項楚】'經藏殿'은 불경을 보관하는 사원 내의 전당을 말한다.

123 【項楚】'日月之同明'과 '陰陽之合德'은 모두 황제와 황후의 마음이 일치함을 비유하는 말이다.

새벽해와 무지개다리는 이미 빛을 합하고
푸른 연기와 원앙 기와의 색은 구분되지 않는구나.
전각에 깔린 석지(石地)는 차가운 물을 맑게 하고
당(堂)에 늘어선 선승들은 어지러운 구름을 안는구나.
불제자의 미약한 힘으로 어찌 세울 수 있으리
성명한 군주를 만나야 다시 짓는 게지.

我皇帝宮圍[124]西面, 園苑新成; 斜分玉免之光, 平注金鵝之水. 心臺榭,[125] 安排起自於天機; 御道林巒, 行烈(列)全因於宸智.[126] 好花萬種, 布影而錦徹池中; 瑞鳥千般, 和鳴而樂陳林裏. 皇居匪遠, 天步頻遊, 揨[127]舡而衝破蓮荷, 奏曲而驚飛鴛鷺. 澄波似鏡, 影包萬里之山河; 瑞氣如雲, 花捧千年之樓閣.

우리 황제의 궁궐은 문이 서쪽으로 향해 있고 동산이 새로 만들어져, 옥토끼(달)의 빛을 비스듬히 나누고 금아호(金鵝湖)에 균등하게 물을 댄답니다. 연못 가운데의 누대는 천자의 기지로 마련된 것이고, 어도(御道)의 숲과 산은 순전히 황제의 지혜에 따라 줄지어놓은 것이지요. 만 가지의 아름다운 꽃이 그림자를 펼치니 연못 속에 비단이 깔리고, 천 마리의 상서로운 새가 화답하며 우니 숲속에 음악이 펼쳐집니다. 황제의 거처가 멀지 않아 천자께서 발걸음을 자주하시니, 배를 밀어 연꽃을 가르고

124 周紹良은 '宮圍'를 '宮闈'로 고쳤다.

125 [原校] '心'자는 연문으로 봐야 한다. [徐震堮] '心'자는 연문이 아니다. 위에 '湖'자나 '波'자가 빠진 것일 뿐이다. [校注] 徐震堮의 주장이 옳다. 다만 빠진 글자가 '池'자가 아닐까 생각된다. 아래의 "好花萬種, 布影而錦徹池中"과 "一池常見綠澄澄" 구를 보면 '臺榭'와 '池'가 관계가 있음을 알 수 있다. 아니면 '水'자일 수도 있다. 이는 바로 앞 글자인 '水'에 중복부호를 넣지 않은 경우이다.

126 原錄에서는 '智'를 '聲'으로 썼다. 여기서는 原卷의 글자를 '智'의 초서로 본 潘重規의 의견을 따랐다. 周紹良은 '聲'을 다시 '衷'으로 고쳤으나, 이는 분명치 않은 의견이다.

127 '揨'은 '撑'과 같다. '揨'은 '橖'의 속자이다. '橖'은 '樘, 撐, 撑'으로도 쓰이며 본래는 비스듬히 기운 기둥을 의미한다. 그런데 '撑'에는 상앗대로 배를 민다는 의미도 있어 결국 거꾸로 '揨'자가 배를 민다는 의미로 쓰이게 된 것이다.

악기소리에 원앙과 해오라기는 놀래 달아난답니다. 맑은 물결은 거울과 같아 그림자가 만 리의 산하를 안고, 상서로운 기운은 구름과 같아 꽃이 천 년의 누각을 받든답니다.

異木奇花烈(列)幾層, 一池常見綠澄澄.
戱遊魚動開輪面,[128] 賞玩人行遶鏡棱.[129]
秋後蓮荷蜀地錦, 夜深星月水仙燈.
人人盡指黃龍舫, 願見明君萬遍昇.
신기한 나무와 기이한 꽃이 몇 겹이나 줄지어 있고
연못은 항상 맑디맑은 모습이라네.
헤엄치며 노는 물고기는 바퀴 같은 물결을 일으키고
감상하며 즐기는 사람들은 거울의 모서리를 둘러가네.
가을이 지난 후의 연꽃은 촉(蜀) 땅의 비단이요
깊은 밤의 별과 달은 수선(水仙)의 등불이라네.
사람들이 모두 황룡(黃龍)의 배를 가리키며
명군께서 만 번 오르시는 모습을 보고자 한다네.

今則四五葉之堯蓂, 含煙嫣娜;百千藂之金菊, 惹露芬芳. 當流虹應瑞之晨, 是大電繞樞之日. 君臣合會, 僧道俳佪, 談經上福於龍圖, 持論用資於鳳扆.[130]

지금 초아흐레에 요임금의 명협 풀은 연기를 머금어 어여쁘고, 수백 수천으로 깔린 금국(金國)은 아름다운 향기를 풍깁니다. 흐르는 무지개가

128 [項楚] '開輪面'은 수면의 둥근 물결이 바퀴 모양으로 층층이 넓어진다는 의미이다.

129 [項楚] '鏡棱'은 표면에 모가 난 거울을 말한다. 거울처럼 매끄러운 물에 물결이 일어 거울의 면이 매끄럽지 않게 된 모습이 마치 겹겹으로 모가 난 것처럼 보여 '鏡棱'이라 한 것이다.

130 [項楚] '龍圖'는 천자를 대신 칭하는 말이다. 그리고 '鳳扆'는 황제의 자리 옆에 놓는 봉황 그림의 병풍으로 역시 천자를 가리키는 말이다.

상서로움에 응한 아침이자, 큰 번개가 추성(樞星)[131]을 감싼 날입니다. 군신들이 함께 모이고 승도들이 오고가면서, 용 그림에 복을 드릴 경문을 담하고 봉황의 병풍에 도움을 드릴 논의를 펼친답니다.

露灑風驅衆象淸, 鸞飛鳳舞九霄明.
碧天才降千年主, 嵩岳[132]連呼萬歲聲.
每節幡花排御殿, 今朝絲竹滿寰瀛;
將知天補乾坤主, 恰向登高節日生.
이슬이 뿌리고 바람이 내달리니 만상(萬象)이 맑아지고
난새가 날고 봉황이 춤추니 구소(九霄)가 밝아지누나.
푸른 하늘에서 천 년의 주인을 내리시자
높은 산들이 만세 소리를 연호하네.
응성절마다 번화(幡花)가 어전에 배열되고
오늘은 사죽(絲竹)의 악기가 천하에 가득하구나.
장차 하늘이 천지의 주인을 도우려
등고절(登高節)[133]에 맞춰 태어나신 것이네.

此日是人慶賀, 是處歡呼. 上應將相王侯, 下至士農工賈, 皆瞻舜日, 盡祝堯天. 有人煙處, 羅烈(列)香花; 有僧道處, 修持齋醮. 廕庥道廣,[134] 虔禱心同. 唯希國土永淸平, 只願聖人長壽命.

---

131 [譯注] '樞星'은 북극칠성의 첫 번째 별이름으로 '天樞'라고도 한다. 위 두 구는 모두 후당 명종의 탄신을 가리키고 있다.

132 [譯注] 교주에서는 '嵩岳'에 고유명사 표시를 했는데, 이는 '嵩山(崇丘)'을 염두에 두고 그렇게 한 것 같다. 그러나 굳이 고유명사로 보지 않더라도 바로 앞 구의 '碧天'과 짝을 이뤄 충분히 의미가 통하므로 여기서는 고유명사로 풀이하지 않았다.

133 [項楚] '登高節'은 9월 9일 중양절을 말한다. 이날이 되면 높은 곳에 올라가 국화주를 마시는 풍습이 있었다고 한다.

134 [項楚] 이 두 구가 原錄에는 "修持齋戒, 醮廕庥道廣"으로 되어 있다. 이에 潘重規는 "이 구는 '醮'자가 연문인 듯하다. 아니면 '醮'자를 위로 붙이고 위의 '戒'자를 연문으

이날은 모든 사람들이 축하하고 모든 곳에서 환호를 합니다. 위로는 왕후장상에서 아래로는 사농공상까지 모두가 순임금의 해를 우러러보고 요임금의 하늘을 축하한답니다. 인가가 있는 곳에는 향기로운 꽃들이 늘어서고, 승도가 있는 곳에서는 재계(齋戒)와 초제(醮祭)를 지킵니다. 그늘을 만들어주는 도는 넓고 경건히 기도하는 마음은 하나이니, 오로지 나라가 영원히 태평하기만을 바라고 성인께서 장수하시길 바랄 뿐이랍니다.

今日多聞絲竹聲, 滿乾坤賀聖人生.
恩同玉露家家滴, 貴並金花處處呈.
宮上盤旋非霧重, 天邊搖拽稱雲輕.[135]
臣僧禱祝資天算, 願見黃河百度淸.
三載秦王[136]差遣臣, 今朝舜日近舜雲.[137]
磨礱一軸無私語,[138] 貢獻千年有道君.
只把宣揚申至道, 別無門路展功勳.
又從今日簾前講, 名字還交(教)四海聞.
오늘 사죽의 악기소리 쉼 없이 들리니
온 천하가 성인의 탄생을 축하하누나.

로 볼 수도 있다"라고 했다. 이 중 '戒'자를 연문으로 보는 게 맞는 것 같다. 그러면 위의 구들은 "有僧道處, 修持齋醮. 廕庥道廣, 虔禱心同"이 된다. 작자는 불교와 도교를 함께 거론하면서 '齋醮'라는 말을 쓴 것이다. '齋'는 불교의 의식이고 '醮'는 도교의 의식이다. 아래의 '虔禱心同' 역시 불교와 도교가 경건히 기원하는 마음이 같다는 의미이다. [校注] '醮'자를 연문으로 보고 '戒'자를 오자로 보아서는 안 될 것 같다. 앞에 나온 "弟子常欲齋戒不煞"에서도 '齋戒'를 이어서 쓰고 있다.

135 [項楚] 이 두 구는 卿雲을 묘사하고 있다. '卿雲'은 '慶雲' 혹은 '景雲'이라고도 하며 옛날 사람들은 이를 상서로운 조짐으로 여겼다.

136 [項楚] 위의 '秦王'은 皇子인 李從榮을 가리킨다. 『新五代史 · 唐本紀』「明宗」 편에 장흥 원년 8월에 아들 종영을 진왕으로 봉했다는 기록이 있다.

137 [徐震堮] 아래의 '舜'자는 '堯'가 되어야 한다.

138 [項楚] 여기서 '磨礱'은 '고치다, 윤색하다'의 의미로 쓰였다. '無私語'는 본 강경문을 말하며 '無私'는 사심을 섞지 않는다는 말이다.

옥로(玉露) 같은 은혜가 집집마다 떨어지고
금화(金花) 같은 귀함이 곳곳에서 드러난다네.
궁궐 위에 맴도는 건 무거운 안개가 아니요
하늘가에서 떠도는 건 가벼워진 구름이라네.
신하와 승려들은 천자의 수명이 늘기를 빌면서
황하가 백 번 맑아지는 모습 보시길 기원하네.
삼년 만에 진왕(秦王)이 사신을 보내니
오늘은 순임금의 해가 순임금의 구름을 가까이하시네.
사사로움이 없는 말을 조금도 꾸미지 않은 채
천 년의 도를 가지신 군왕께 바친다네.
다만 이를 선양하여 지극한 도를 펼치셔야지
공훈을 펼칠 방도가 따로 있는 건 아니라네.
또 오늘부터 주렴 앞에서 강의를 하니
그 이름 온 세상에 널리 들리리라.

宋王忠孝奉堯天, 算得焚香託聖賢. 未得詔宣難入闕, 夢魂長在聖人邊.

潞[139]王英特坐岐州, 安撫生靈稱烈(列)侯. 旣有英雄匡社稷, 開[140]西不在聖人憂.

盡忠[141]盡節奉明君, 數片祥雲捧日輪. 自古詩書明有語, 須知主聖感賢臣.

幾家歡樂夢先成, 欠負官錢勾卻名. 煩惱之人皆快活, 須交(敎)皇帝福田生.

139 '潞'를 原錄에서는 '路'로 잘못 썼다. 여기서는 原卷에 근거하여 옳게 고쳤다.
140 [徐震堮] '開'는 '闢' 즉 '關'자가 되어야 할 것이다. [周紹良] '不在'는 '無需'가 되어야 한다. [校注] '不在'로도 뜻이 통하므로 굳이 고칠 필요는 없다.
141 '盡忠' 두 글자가 原錄에는 빠져 있다. 여기서는 原卷에 근거하여 채워 넣었다.(原卷에는 이 두 글자가 희미하게 쓰여 있다)

此時恩澤徹西東，功德何(河)沙算不窮．不計諸州兼縣鎭，共驚牢獄一時空．

旣沾恩澤異尋常，夜對星辰焚寶香．何路再申忠孝意，開經一藏[142]報君王．

萬生修種[143]行無差，方得身過帝主家．皇帝忽然賜疋馬，交(敎)臣騎著滿京誇．

何人不解愛榮華，猛利身心又好誇．堪羨忠臣延廣[□]，捨榮剃髮報官家．

聖慈如似日輪開，照燭光明遍九垓．都是皇恩契神佛，天感西僧赴道場來．

程過十萬里流沙，唐國來朝帝主家．師號紫衣恩賜與，總交(敎)將向本鄕誇．

江頭忽見小蛇虫，試與捻抛深水中．因此碧潭學養性，近來也解使雷風．

閔[144]見枯池少水魚，流波涓滴與構(溝)渠．近來稍似成鱗甲，便道群龍總不如．

見伊鶯[145]鵡語分明，不惜功夫養得成．近日自知毛羽壯，空中長作怨人聲．

---

142 [項楚] '開經一藏'은 모든 佛書를 한 번 염송한다는 의미이다. '開經'은 곧 두루마리를 열어 경문을 염송한다는 말이다. '藏'은 佛藏으로 여기서는 經, 律, 論 등이 모두 포함된 불교총집인 대장경을 가리킨다.

143 [周紹良] "萬生修種行無差"는 "萬種修行總無差"가 되어야 말이 통할 것 같다. 원문을 그대로 따르면 의미가 잘 통하지 않는다. [校注] '修種'은 수행하고 덕업의 씨앗을 뿌린다는 말이다. '修種'의 '種'은 곧 '種德'의 '種'이다. '萬生修種'은 修種의 기간이 대단히 길었음을 의미한다.

144 [周紹良] '閔'은 '憫'이 되어야 한다. [校注] '憫'은 '閔'에서 분화된 글자이다. 『說文』「門部」: "閔, 吊者在門也"에 대해 단옥재는 "애통해하고 근심한다는 의미로 쓰이게 되었으며, 속자는 憫으로 쓴다(憫引申爲凡痛惜之辭. 俗作憫)"라고 풀이했다. 따라서 '閔'자는 굳이 고칠 필요가 없다.

145 周紹良은 '鶯'을 '鸚'으로 고쳤다.

可憎猧子色茸茸,[146] 擡舉何勞[147]餧飼濃. 點眼[148]怜伊圖守護, 誰知反吠主人公.

鴨兒水上學浮沈, 任性終無顧戀心. 可惜愍雞[149]腸寸斷, 豈知他是負恩禽.

蜘蛛夜夜吐絲多, 來往空中織網羅. 將爲一心居舊處, 豈知他意別尋窠.

玉蹄紅耳槽頭時, 餧飼眞交稱體肥. 不望垂繮兼待[150]步, 近來特地卻難騎.

樗櫖[151]凡木遶亭臺, 茷(伐)倒何須又卻栽.[152] 只是一場虛費力, 終歸不作棟梁材.

人間大小莫知聞, 去就昇常[153]並不存. 旣是下流根本劣, 爭堪取自件郎君.

仁王般若經抄

송왕(宋王)[154]은 충효로 요임금의 하늘을 받들고

---

146 '可憎'은 반어법으로 '可愛'의 의미이다. 또 劉凱鳴은 '色'자를 '毛'자로 고쳤으나 '色'자는 틀리지 않은 것 같다.

147 '何勞'는 '荷勞'와 같으며, 수고로운 일을 떠맡는다는 의미이다.

148 '點眼'은 해석이 안 된다. '點'을 '展'으로 읽어야 할 듯하다. '展眼'은 눈과 눈썹을 편다는 말로 흡족한 모습을 형용한다.

149 '愍'이 原卷에는 이체자인 '慜'으로 되어 있다('愍'자의 '民'을 '每'로 바꾼 건 당태종의 휘를 피한 것이다). 【項楚】 여기서 '愍雞'는 새끼 오리를 부화해서 길러준 어미 닭을 말한다.

150 【周紹良】 '待'는 '代'가 되어야 한다. 【校注】 '待'와 '代'는 비슷한 음으로 통용된다.

151 【項楚】 '樗'는 재목이 되지 못하는 나무인데, 여기서는 이를 느릅나무와 함께 묶어 '凡木'이라 칭하고 있다.

152 '栽'를 原錄에서는 '裁'로 잘못 썼다. 여기서는 原卷에 근거하여 옳게 고쳤다. 상달은 첫 번째 교록본에서 '栽'자로 옳게 썼다.

153 '昇常'은 곧 '勝常'으로 안부를 묻는 말이다. 【項楚】 '去就'는 '擧止'로 여기서는 행동거지가 격식에 맞는 것, 즉 '예의'의 의미이다. 그리고 '昇常'에서 '昇'은 '勝'이 되어야 한다. 이는 여자가 안부를 묻는 말로서 '萬福'이라 인사하는 것과 같다.

154 【項楚】 宋王은 후당의 愍皇帝 李從厚를 가리킨다. 후당 명종의 아들로 장흥 원년에 송왕에 봉해져 성덕成德으로 가서 그곳을 다스리고 2년에는 다시 天雄으로 가 다스

향을 살라 성현께 의탁하려 했네.
미처 조서를 얻지 못해 입궐할 수 없었으나
꿈속의 혼백은 오래도록 성인의 곁에 머물렀네.

노왕(潞王)[155]은 영특함으로 기주(岐州)에 자리를 잡아
백성들을 어루만짐이 열후(列侯)에 부합되었네.
이미 사직을 바로잡을 영웅을 얻은지라
관서 지역은 성인께서 근심하지 않았다네.

충성을 다하고 절개를 다하여 명군을 받드니
여러 조각의 상서로운 구름이 태양을 떠받치네.
예로부터 시서(詩書)에서 분명히 말한 바대로
모름지기 군주의 성명(聖明)에 현신들은 감화한다네.

몇몇 집에서 즐거움이 꿈으로 먼저 이루어지더니
빚진 나랏돈 장부에서 이름을 지워주네.
괴로워했던 사람들이 모두 즐거워하니
모름지기 황제에게 복전(福田)이 생기리.

이때 은택은 서쪽과 동쪽을 꿰뚫고
공덕의 모래알은 셀 수가 없다네.
어떤 주(州)와 현진(縣鎭)을 막론하고
일시에 감옥이 텅 빔에 모두 놀라네.

렸다. 장흥 4년 11월에 명종이 죽어 황제의 자리에 오르나 나중에 廢帝 李從珂에게 죽는다.

155 [項楚] 潞王은 후당의 폐제 이종가를 가리킨다. 후당 명종의 양자이다. 일찍이 노왕에 봉해졌다가 훗날 민제를 대신해 황제의 자리에 오른다. 淸泰 4년에 晉의 군사가 潞州에 이르자 스스로 몸을 불살라 죽는다.

이미 심상치 않은 은택을 입은 터라
밤에 별을 보고 보배로운 향을 사르네.
무엇이 다시 충효의 뜻을 펴는 방법일까,
장경(藏經)을 열어 군왕께 보답하는 것이라네.

만생(萬生) 동안 수행하고 씨앗 뿌려 행동에 잘못이 없으면
바야흐로 제왕의 집을 지날 수 있게 되니,
만약 황제께서 필마(匹馬)를 하사하시면
신하는 그것을 타고 온 장안에서 자랑하리라.

어떤 사람이 깨닫지 못해 영화로움을 사랑하고
맹렬하고 날카로운 심신을 내세우려 하는가!
충신을 흠모하여 넓은 도를 이끌고
영화를 버리고 머리를 깎아 황제께 보답해야지.

성스럽고 자비로움은 태양이 열리는 듯하고
빛나는 광명은 구해(九垓)에 퍼진다네.
모두가 황은(皇恩)이 신불(神佛)과 합치된 것이라
하늘에 감화한 서역의 승려들이 도량으로 달려오네.

십만 리의 모래사막을 지나
제왕의 나라인 당국(唐國)으로 조회를 오자
스승의 호칭과 붉은 가사를 하사하여
본향으로 돌아가 자랑하게 하시네.

강가에서 문득 작은 뱀이 보여
잡아다가 깊은 물속에 던져주었더니

푸른 물에서 양성(養性)의 법을 배워
근래에는 우레와 바람을 일으킬 줄 알게 되었네.

마른 연못의 물이 부족한 물고기를 근심스레 보며
방울방울 물을 흘려 도랑으로 보내주었더니
근래에는 점점 인갑(鱗甲)을 가진 동물이 되어
용들이라 해도 그만 못하게 되었다네.

앵무새가 또박또박 말하는 것을 보고
노고를 아끼지 않고 길러 주었더니
근래에는 깃털이 크게 자랐음을 스스로 알고는
하늘에서 오래도록 사람의 목소리를 원망하네.

발바리가 털색이 북슬북슬 귀여워
힘들여 보살피며 먹이도 많이 주고
좋은 얼굴로 아껴주며 지켜주려는데
도리어 주인에게 짖을 줄 누가 알았으리.

새끼 오리가 물에서 잠수하고 떠오르는 법을 배우는데
제멋대로 굴어도 돌보고 아끼는 마음이라곤 전혀 없네.
안타까운 어미 닭은 애간장이 끊어지나
그가 은혜를 저버리는 짐승임을 어찌 알겠는가.

거미가 한밤중에 많은 실을 토해내
이리저리 허공을 오가며 거미집을 지으면서도
오로지 옛날 집에 사는 것이라고 생각할 뿐이니
따로 보금자리를 찾는 남의 뜻을 어찌 알겠는가.

옥 발굽과 붉은 귀의 말이 마구간에 있어
잘 먹여 살집 좋은 몸으로 만들어주었지.
고삐를 드리워주고 걸음을 대신해주긴 바라지 않으나
근래에는 돌연 올라타기도 어렵게 되었네.

정자를 둘러싼 가죽나무나 느릅나무 같은 그저 그런 나무는
쳐서 넘어뜨리면 어찌 다시 심을 필요가 있으리.
단지 한 바탕 헛된 힘을 쓰게 될 뿐이니
결국 동량의 재목이 되진 못한다네.

사람의 대소(大小)를 알지 못해
예의도 없고 인사도 할 줄 모르니,
이미 근본이 낮은 하류이거늘
어찌 마음대로 낭군과 짝할 수 있겠는가.

인왕반야경초(仁王般若經抄)

금강반야바라밀경강경문(金剛般若波羅蜜經講經文)[1]

上來總是弟[2]十八上求佛[3]地住處門中. 次弟解釋之中, 且有三段經文：弟一, 簡[4]所緣境. 經 "須菩提, 於意云何, 如[5]恆河中所有沙" 至

1 【原校】(王慶菽) 原卷의 번호는 P.2133이며 표제는 원래 없다. 여기서는 이 작품이 풀이하고 있는 경문에 근거하여 임시로 제목을 붙였다. 이 강경문은 鳩摩羅什이 번역한 『金剛般若波羅蜜多經』에 근거하고 있다.

2 【原校】 原卷에는 '第'자가 모두 '弟'로 되어 있어 일률적으로 '第'로 고쳤다. 【校注】 '第'는 '弟'에서 나중에 분화된 글자이므로 굳이 '第'로 고칠 필요는 없다. 여기서는 原卷을 따라 모두 '弟'로 썼다.

3 '佛'자가 原卷에는 속자인 '仏'로 되어 있다. 본 사권의 '佛'자는 모두 '仏'로 쓰여 있다. 『敦煌變文集』에서는 어떤 곳은 '仏'로 쓰고 어떤 곳은 '佛'로 바로 고쳐 쓰기도 했다. 여기서는 모두 '佛'로 쓴다.

4 '簡'이 原卷에는 '苘'으로 쓰여 있다. 原錄에서는 먼저 '荀'으로 쓴 다음 '智'자로 고치면서 "原卷의 '苘'자는 『금강경』을 보면 '智'자임을 알 수 있다. 여기서는 일률적으로 '智'로 고쳤다"라고 교기하였다. 그러나 字形으로 따지면 이 글자는 '簡'의 속자로 보아야 한다. 俗書에서는 '竹' 편방을 대부분 '艹'로 쓴다. '弟'를 '苐'로 쓰고 '篤'을 '蔦'로 쓰는 것 등이 그 예가 된다.(『干祿字書』 참고) '苘' 아래의 '冋'은 '間'의 속자이다. 原卷에서 '門'자는 대부분 '冂'으로 쓰여 있고 '間'자는 대부분 '冋'으로 쓰여 있다. 아

"爾所國土中, 所有衆生若干種心." 答也. 弟二, 明佛能知. 經 "須菩提, 如來悉知悉見"[6] 是也. 弟三, 徵釋所已.[7] 經 "須菩提, 如來說諸心皆爲非心" 至 "未來心不可得". 是也. 三段不同, 且當弟一簡所緣境者:

지금까지가 18번째로 주처(住處)의 문에서 부처의 경지를 구하는 것이었는데요, 그 다음 해석 부분에도 또 세 단락의 경문이 있습니다. 첫 번째는 인연이 되는 경계를 간략히 말씀한 것입니다. 경문 "수보리야, 어떻게 생각하느냐? 저 항하 가운데 있는 모래를"부터 "저 국토 가운데 있는 중생의 가지가지 종류의 마음"까지로, 이는 답하는 것입니다. 두 번째는 부처님의 능히 앎을 밝힌 것입니다. 경문 "수보리야, 여래께서는 모두 아시고 모두 보시느니라"가 바로 그것이지요. 세 번째는 그 까닭을 증명해 풀이한 것입니다. 경문 "수보리야, 여래가 설한 여러 마음은 다 마음이 아니요"부터 "미래의 마음도 얻을 수 없음이니라"까지가 바로 그것입니다. 세 단락이 서로 다르니, 우선 첫째로 인연이 되는 경계를 간략히 말씀한 것부터 보겠습니다.

래에 나오는 "無上見智淨具足"에서 '簡'자도 原卷에는 속자인 '㔽'으로 쓰여 있는데 原錄에서는 이를 바로 '智'로 고쳤다. 또『金剛經』(中華書局 영인『麗藏』본)에 "智所緣境"이나 "無上見智淨具足" 같은 말은 없다. 原校에서 '智'로 바로 바꾼 건 근거가 없는 듯하다. 여기서 '簡'자의 의미는 좀 더 고찰해보아야 한다.

5 原錄에서는 '如'를 '但'으로 잘못 썼다. 潘重規는 原卷이 '如'자로 되어 있다고 했으며 여기서는 이를 따랐다. 구마라집이 번역한『금강경』에는 이 구가 "恆河中所有沙"로 되어 있어 '如'자가 없다. 또 楊雄은 '如'자 뒤에 '一'자가 빠진 듯하다고 했으나 이는 분명치 않다.

6 구마라집이 번역한『금강경』에는 '悉見'이라는 두 글자는 없다. 楊雄은 '悉見'이 원래 경문이 아니므로 인용문 안에 포함시켜서는 안 된다고 보면서 아래에 인용된 "如來悉知見" 등에서의 '見'자도 원래 경문에는 없다고 했다. 그러나 경문은 오랜 세월을 거치면서 문구가 많이 달라졌을 것이고 강경문이 근거하고 있는 經本이 지금의 經本과 자구가 똑같으리라는 보장은 없다. 陳代에 天竺의 三藏 眞諦가 번역한『金剛般若波羅蜜經』에는 "佛言: 須菩提, 爾所世界中所有衆生, 我悉見知"로 되어 있다. 여기서 '悉見知'는 '悉知見'과 같고 또 '悉知悉見'과도 같다. 본편에서 인용한『금강경』에 '悉見' 두 글자가 있는 건 인용자가 다른 판본을 갖고 있었기 때문일 것이다.

7 '所已'는 '所以'로 읽어야 한다.

五眼義門排遣了, 若干心數又如何,
指示恆河沙數如(了), 經中便請唱將羅.[8]
오안(五眼)의 각각의 의리를 배제하니
가지가지 심산(心算)은 또 어떠한가?
항하의 모래를 가리키며 수차례 물으시니
이제 경문을 노래로 청해 보겠습니다.

經 : "須菩提, 於意云何" 至"若干種心."

此唱經文, 明用一恆河沙數諸恆何,[9] 緣用諸恆何(河)中沙數諸佛世界, 佛問須菩提, "寧爲多不?" 須菩提言 : "甚多. 世尊." 言 "爾所國土中所有衆生, 若干種心"者, 卽是爾所世界中, 各有衆生, 各有若干心也.

경문 "수보리야, 어떻게 생각하느냐?"부터 "가지가지 종류의 마음"까지.

이 경문에서는 한 항하에 있는 모래의 수만큼 많은 항하를 들고, 이어서 많은 항하에 있는 모래 수만큼 많은 부처의 세계를 든 다음, 부처님께서 수보리에게 "얼마나 많은 것이겠느냐?"라고 물으셨습니다. 수보리는 "심히 많습니다, 세존이시여"라고 말했지요. "저 국토 가운데 있는 중생의 가지가지 종류의 마음"이라는 말은 저 세계에 각각의 중생이 있고 각자는 또 가지가지 마음을 갖고 있다는 것이지요.

將沙數世世難窮, 盡是諸佛國土中.
世界衆生無億數, 各懷心義幾千重.

---

8 '唱將羅'를 原錄에서는 '唱唱羅'로 썼다. 潘重規는 이에 대해 "'唱將'이 原卷에는 '唱ァ'으로 되어 있는데, 이는 '唱將'을 간단히 쓴 것이다. 아래에서 간단히 쓰지 않은 부분이 모두 '唱將'으로 되어 있는 점이 그 증거가 된다. 『돈황변문집』에서는 '唱唱'으로 썼으나 옳지 않은 것 같다"고 했다. '唱ァ羅'는 '唱將羅'를 간단히 쓴 것이다. 흔히 쓰는 말을 간단히 쓰는 경우는 변문에서 흔히 보인다.

9 '何'는 '河'와 통한다. 아래 '恆何'의 '何'도 마찬가지다. 原錄에서는 이를 바로 '河'로 고쳤다.

若[干][10]國土若干人, 若干沙數若干身.
佛有若干光照耀, 盡教總得出沈淪.
佛有他心盡見伊, 若干心數總皆知,
筭[11]料不應取次說, 都公案上復如何.
모래의 수는 몇 대가 지나도 다할 수 없으니
모두가 많은 불국토 안이라네.
헤아릴 수 없는 세상의 중생들은
각자 몇 천 겹의 마음을 갖고 있다네.
갖가지 국토와 갖가지 사람들
갖가지 모래의 수에 갖가지 몸들.
부처께서는 갖가지 빛을 갖고 계시어
모두가 침륜(沉淪)에서 나올 수 있게 해주시네.
부처께서는 타심(他心)이 있어 그를 다 보시고
갖가지 마음도 모두 아신다네.
멋대로 생각 없이 말하지 않도록 주의해야 할지니
공안(公案)의 규범들은 또 어떨까?

經: "須菩提, 如來悉知見"等
一河沙數衆河沙, 數盡恆河世界家.
一個衆生有多少意, 意中各自有千差.
牟尼佛有多方便, 變現令居百億花.
過去未來及現在, 三心難弁[12]唱將羅.

10 原卷에는 '干'자가 없다. [徐震堮] '國土' 위에 '干'자가 빠져 있다. 이 구는 '若干國土若干人'의 7언구이다.

11 原校에서는 '筭'을 '算'으로 고쳤다. 그러나 고서에서 '筭'과 '算'은 통용되었으므로 '筭'자를 굳이 고칠 필요는 없다.

12 '弁'은 '辨'으로 읽어야 한다. 『금강경』의 "過去心不可得, 現在心不可得, 未來心不可得"이 바로 여기서 말하는 '三心難辨'이다.

경문 “수보리야, 여래께서는 모두 아시고” 등.
하나의 강의 모래의 수와 여러 강의 모래
그 수가 항하의 세계를 다하네.
하나의 중생에게 많은 생각이 있으니
생각은 각자가 천차만별이라네.
석가모니께서는 많은 방편을 갖고 계셔
백억 송이의 꽃으로 변하여 거하게 하시네.
과거와 미래와 현재의
삼심(三心)은 분별하기가 힘드니,
이제 창이 나오겠습니다.

經: “何以故?” 如前所說也. 答也. 言“如來說諸心”者, 先擧衆心也. 言“皆爲非心”者, 言“是名爲心”者, 是顚倒邪見之心也. 乃至“未來心[13] 不可得”者, 徵釋也. 一切衆生聞說諸心, 爲是[14]實心, 故得破遣,[15] 過去[心]已滅, 未來心未至, 現在心無住, 三世求心, 乃不可得, 此明三[心]皆空也. 法喩合.

경문 “무슨 까닭인가?” 이건 앞에서 말한 대로입니다. 답을 하는 것이지요. “여래가 말한 갖가지 마음”이라 말한 건 먼저 여러 마음을 든 것이지요. “모두 마음이 아니라”는 말과 “그 이름이 마음이다”라는 말은 뒤집어진 사견(邪見)의 마음이라는 것이지요. 그리고 “미래의 마음도 얻을 수 없음이니라”까지는 증명하여 풀이한 것입니다. 일체의 중생들은 (여래께서) 말씀하신 갖가지 마음을 듣고서 실제의 마음이라 여기기 때문에 잘못된 견해에 빠지게 되지요. 과거심은 이미 사라지고 미래심은 아직

13 原錄에서는 ‘心’ 자리에 결문 표시를 했다. 여기서는 原卷에 근거하여 채워 넣었다.
14 原錄에서는 ‘爲是’를 ‘乃爲’로 잘못 썼다. 여기서는 原卷에 근거하여 고쳤다. ‘爲’는 ‘謂’로 읽어야 하며 ‘~로 간주하다’의 의미이다.
15 [譯注] ‘破遣’은 ‘破見’이 되어야 할 것 같다. 이는 올바른 견해를 깨뜨리고 잘못된 견해에 빠진다는 의미이다.

오지 않았으며 현재심은 머물러 있지 않습니다. 삼세(三世)의 마음을 구함이 곧 불가능하니 여기서는 세 가지 마음이 모두 공(空)임을 밝혔습니다.

一心能起幾千心, 九轉十翻那胖[16]尋.
繼絆[17]網羅不用入, 無明顚倒莫教侵.
現在未來並過去, 作用思維事轉深.
佛意總教除斷卻, 此是菩薩大道心.
揀卻邪心不用留, 無明妄相也須休.
持念金剛般若法, 百年之後便[18]何憂.
須轉念, 莫[19]蹉跎, 知是漂沉不要過.
眼暗耳聾看即是, 要身曲呂[20]又如何.
直得[21]剩轉金剛教, 般若無過遍數多.
施惠萬般求福德, 三千七寶唱將羅.
하나의 마음이 능히 몇 천의 마음을 일으킬 수 있어
아홉 번 돌리고 열 번 뒤집으며 찾으려 하니,
그물을 얽어매 들어오지 못하게 하여

16 原卷을 보면 '胖'의 왼쪽 편방이 '月' 같기도 하고 '日' 같기도 하다. 여기서는 原錄을 따라 '胖'으로 쓴다. 原校에서는 '胖'을 '邊'으로 보았으나 이는 옳지 않은 것 같다. '胖'이 '畔'과 같다는 徐震堮의 의견이 옳다.

17 '繼絆'은 '繫絆'과 같다. 『爾雅』「釋詁上」: "繫, 繼也."

18 徐震堮은 '便'을 '更'으로 봐야 할 것 같다고 했다.

19 '莫'을 原錄에서는 '若'으로 잘못 썼다. 여기서는 原卷을 '莫'으로 본 潘重規의 의견을 따랐다.

20 原卷을 보면 '呂'자가 '呂' 같기도 하고 '台' 같기도 하다. 『敦煌變文集』에서는 이를 '台'로 썼다. 俗書에서 '口' 편방은 항상 '厶' 모양으로 쓴다. '船'을 속서에서는 '舩'이라 쓰고 '單'자도 속서에서는 '口' 편방을 '厶'로 쓰는 경우 등이 그 예가 된다. 따라서 '呂'자도 속서에서는 '台' 모양으로 쓰일 수 있다. 그러나 문맥에 근거하면 위의 글자는 '呂'자가 되어야 한다. 潘重規는 『玉篇』을 인용하여 "呂, 脊骨也. 亦作膂"라고 했다.

21 原卷의 '直得'은 '直須'가 되어야 할 것이다. 原卷에서 '得'자와 '須'자는 모양이 비슷해 잘못 쓰기 쉽다. '直須'는 '必須, 應當'의 의미로 당송대의 詩文에 자주 등장하는 말이다.

무명(無明)의 번뇌가 침투하지 못하도록 해야지.
현재와 미래와 과거는
작용과 사유의 일이 깊어져,
부처께서는 항상 없애고 끊게 하시었으니
이것이 보살의 대도심(大道心)이라네.
남김없이 사심을 버리고
무명과 망상 역시 그쳐야 하리니,
금강반야(金剛般若)의 법을 계속 생각하면
백년 후인들 또 무엇을 근심하리.
모름지기 읊고 욈에 때를 놓치지 말고
모든 부침(浮沈)을 앎에 소홀해서는 안 되리.
눈이 어둡고 귀가 멀어도 볼 수는 있으나
허리와 굽은 등뼈는 또 어찌할 것인가.
반드시 금강의 가르침을 넉넉히 읊어야,
과오 없는 반야가 두루 많아지리라.
만 가지로 은혜를 베풀고 복덕을 구함에
삼천(三千)의 칠보(七寶)가 창으로 나오겠습니다.

經: "須菩提, 於意云何? 若[有]人滿三千大千世界七寶以用布施" 乃至"多不"者, 問也. "如是世尊,[22] 此人以[是]因緣, 得福甚多"者, 答也. 言[23]"若福德有實, 如來不說[得][24]福德多, 以福德無故, 如來說得德福多"[25]者, 佛爲印成也.

---

22 原錄에서는 '如是世尊' 이하를 따로 행을 만들어 쓰고 첫머리에 『금강경』에 근거하여 '經'자를 넣었으나 이는 옳지 않다.

23 原錄에서는 '言'자 아래에도 [ ]표시를 하고 '經'자를 넣었으나 이 역시 옳지 않다.

24 楊雄은 『금강경』에 근거하여 '說'자 다음에 '得'자를 채워 넣었다. 여기서는 이를 따랐다.

25 이 구가 原錄에는 "如來諸德福得多"로 되어 있다. 徐震堮은 이를 "如來說得福多"로

경문 “수보리야, 어떻게 생각하느냐? 만약 어떤 사람이 삼천대천세계에 가득 찬 칠보를 보시에 쓴다면”부터 “많겠느냐?”까지는 묻는 말입니다. “그렇습니다. 세존이시여, 그 사람은 이 인연으로 복을 얻음이 매우 많습니다”까지는 답하는 말입니다. “만약 복덕이 실제로 있으면 여래가 복덕을 얻음이 많다고 말하지 않겠지만, 복덕이 없으므로 여래가 복덕을 얻음이 많다고 말하느니라”라고 한 건 부처님께서 확인하신 것입니다.

言三千“七寶”者, 如上所解也. 言是人所得福德寧爲多不, 須菩提言[26] “世尊, 此人以是因緣, 德福[27]甚多”者, 所爲本心顚倒, 遂卽依心起行修福, 福亦顚倒. 如醉人朦籠(朧)而行, 雖然卽醉, 隱影[28]望家而[29]行, 任運[30]欲達家, 有骨肉相接, 便至其家, 醉醒方知. 若早是醉迷, 又望坑而行, 必見顚墜. 此是(事)亦然. 我身無量生來早是沉迷, 今又遇政(正)法, 心欲邪宗, 必逢顚也. 言“以福德無, 故如來說得福[德]多”者, 言有實者, 爲有相福也. 故言無相者, 爲無相行, 遂獲有相之福德. 故曰“以福得(德)無, 故如來說得福[德]多”也.

고쳐야 한다고 주장했으며, 楊雄은 ‘諸德福得’은 옳지 않으므로 ‘說得福德’으로 써야 한다고 했다. 이 중에 楊雄의 주장이 옳다. 실제 『금강경』에 “如來說得德福多”로 되어 있기 때문이다. 하지만 이는 原卷이 ‘諸德福得’으로 쓰인 것이지 『敦煌變文集』에서 잘못 쓴 건 아니다. 아래에 나오는 “如來說得福多”도 ‘福’ 아래에 경문에 따라 ‘德’ 자를 넣어야 한다.

26 原卷을 보면 ‘言’ 아래에 ‘甚’자가 있고, 原錄에서는 『금강경』에 근거하여 ‘甚’자 아래에 ‘多’자까지 채워 넣었다. 그러나 『금강경』의 원문이 “是人以是因緣, 得福多不? 如是世尊, 此人以是因緣得福甚多”로 되어 있으므로 위 강경문에서 ‘多’자를 채워 넣을 필요는 없으며 사실 ‘甚’자도 지워야 할 것이다. 原卷을 보면 ‘甚’자의 오른쪽 아래에 작은 점이 있는데, 이는 삭제의 표시인 것 같다.(‘甚’자는 바로 아래의 ‘甚多’를 보고 잘못 쓴 듯하다)

27 ‘德福’은 ‘得福’으로 읽어야 한다. 『금강경』에는 ‘得福’으로 되어 있다.

28 **[蔣禮鴻]** ‘隱影’은 어떤 인상이나 흔적이 있긴 있으나 모호하고 분명치는 않다는 말이다.

29 原錄에서는 ‘而’자가 빠져 있다. 여기서는 原卷에 근거하여 채워 넣었다.

30 ‘任運’은 자연 그대로에 맡긴다는 의미이다.

삼천의 '칠보'에 대한 말은 위에서 풀이한 그대로입니다. 이 사람이 얻은 복덕이 많겠느냐는 말에 수보리가 "그 사람은 이 인연으로 복을 얻음이 매우 많습니다"고 말한 건 소위 본심이 전도된 것이고, 결국 그 마음에 의존하여 행업(行業)을 일으키고 복을 닦으면 복 또한 전도된답니다. 예를 들어 취한 사람이 몽롱한 상태로 길을 걷는다 할 때, 비록 취하긴 했으나 어렴풋하게라도 집을 향해 걷고 자연스레 집에 가려는 마음이 생기면 결국 가족들과 만나고 집에 이르러 술에서 깨어난 다음에 비로소 이를 알게 되지요. 그러나 만약 진작부터 취해 있는데다가 구덩이를 향해 걷기까지 한다면 반드시 넘어져서 떨어지게 마련이죠. 이 일이 또한 그러한 것입니다. 우리의 몸이 무량(無量) 중에 태어나 이미 깊고 미혹한 와중에, 지금 또 정법(正法)을 만났음에도 마음은 사종(邪宗)을 따르려 하면 반드시 전도되게 마련입니다. "복덕이 없으므로 여래가 복덕을 얻음이 많다고 말하느니라"라고 말한 건 이렇습니다. 실제로 있다는 말은 유상(有相)의 복을 말합니다. 고로 무상(無相)이라는 건 무상의 행(行)으로 마침내 유상의 복덕을 얻는다는 것이지요. 그래서 "복덕이 없으므로 여래가 복덕을 얻음이 많다고 말하느니라"고 한 것이지요.

上來有三：一、問, 二、答, 弟三、如來印[31]成. 三段經文, 合爲一唱, 解釋已竟.

上來有一十八住[處][32]門中弟十八, 上求佛地住處門中, 先有六段經文：弟一、國土莊嚴具足, 解釋已了. 弟二、無上見智淨具足, 已了. 弟三、色身具足. 弟四、相身具足. 弟五、語具足. 弟六、心具足. 六段經文, 各各不同, 前二已竟, 今當弟三色身具足者.

위에서는 세 가지가 있었습니다. 첫 번째는 물음이고, 두 번째는 답

31 '印'을 原錄에서는 '功'으로 잘못 썼다. 여기서는 原卷에 근거하여 고쳤다.

32 原卷에는 '處'자가 없으나 위의 "上來總是弟十八上求佛地住處門中"과 아래의 "上來總是十八住處門中"에 모두 '處'자가 있어 여기에도 채워 넣었다.

이고, 세 번째는 여래의 증명이었지요. 세 단락의 경문을 합해서 한 번 창했고 그 해석은 이미 마쳤습니다.

지금까지는 18개 주처(住處)의 문 중 18번째였습니다. 위에서 부처 땅의 주처의 문을 구하는 것 중에 먼저 여섯 단락의 경문이 있었지요. 첫 번째는 국토장엄구족(國土莊嚴具足) 이미 해석을 마침, 두 번째는 무상견간정구족(無上見簡淨具足) 마침, 세 번째는 색신구족(色身具足), 네 번째는 상신구족(相身具足), 다섯 번째는 어구족(語具足), 여섯 번째는 심구족(心具足)입니다. 여섯 단락의 경문이 모두 다른데, 앞의 두 개는 이미 마쳤으니 이제 세 번째 '색신구족'이 되겠습니다.

經言道: "須菩提, 於意云何, 佛可已(以)具足色身見不?" 問也. "不也世尊. 如來不應以具足色身"乃至"卽非" "是名"[33] 答也. 此文有四: 一、問, 二、答, 三、徵, 四、釋. 此明色身與法身有異, 故二(云)不可以色身見法身也. 言"如來說具足色身"者, 此明如來色身不離法身也. 言"卽非"者, 不乖異也. 言"是名具足色身"者, 此明色法雖無本是一.[34]

경문에서 말하기를 "수보리야, 어떻게 생각하느냐. 부처를 가히 구족한 색신으로써 볼 수 있겠느냐?"고 했으니, 이는 물음입니다. "아닙니다, 세존이시여. 여래를 마땅히 구족한 색신으로써 볼 수 없습니다."부터 "곧 아니고" "그 이름이"까지는 답하는 것입니다. 이 글은 네 가지가 포함됩니다. 첫 번째는 물음이고, 두 번째는 답변이고, 세 번째는 증명이고, 네 번째는 풀이입니다. 이는 색신과 법신에 차이가 있음을 밝힌 것입니다. 그래서 색신으로 법신을 볼 수 없다고 했지요. "여래께서 말하

33 楊雄은 "卽非" "是名"이 『금강경』의 "卽非具足色身, 是名具足色身"을 간략히 말한 것이라고 했다.

34 原卷을 보면 '色法雖無本是一'이 '此明'에 바로 이어져 있으며 '一'자 아래에는 작은 동그라미를 그려 아래의 말과 구분짓고 있다.(이 동그라미는 본 사권에서 자주 보이는 끊어 읽기 표시로 운문에서 특히 많이 보인다) 原錄에서는 이 7자를 唱詞로 잘못 판단했다.

시는 색신을 갖추고 있다함"을 말하였는데, 이는 여래의 색신이 법신에서 떠나지 않음을 밝힌 것이지요. "곧 아니다"라고 말한 건 서로 다르지 않다는 것이지요. "그 이름이 색신을 구족하였다"라고 말한 건 색과 법이 비록 무(無)이나 본래는 하나임을 밝힌 것이지요.

法身無相本[35]無刑(形), 現相權宜化[36]有情.
身色端嚴長丈六, 八十種好自然明.
慈悲處處垂方便, 喜捨頭頭[37]願早成.
但得衆生登果位, 便是天平(成)[38]與地平.
深觀濁世苦偏多, 惡業持身不那何.
諸相未知何似許, 文中應有唱將羅.
법신은 상(相)도 없고 형체도 없으니
현상(現相)은 잠시 유정(有情)한 것으로 화한 것이네.
신색(身色)은 단엄하신 1장 6척이고
팔십종호(八十種好)는 스스로 밝으시네.
자비로 곳곳에 방편을 드리우시고
기쁘게 베풀며 일마다 어서 이루어지길 바라시네.
중생이 과위(果位)에 오를 수만 있다면
하늘과 땅 모두가 평온해지리라.
탁세를 깊이 보면 고통이 심히 많고
악업으로 몸을 닦으니 어찌할 수가 없구나.

---

35 '本'자는 '亦'자를 잘못 쓴 것 같다. 바로 위의 "色法雖無本是一"의 '本'자를 보고 잘못 쓴 듯하다.

36 原錄에서는 '化'를 '仏'로 썼다. 潘重規는 原卷의 글자를 '化'로 보았으며, 여기서는 이를 따랐다.

37 '頭頭'는 '處處', '時時', '事事'와 같다.

38 이 '平'자는 아래의 '平'자 때문에 잘못 쓴 것 같다. '成'으로 고쳐야 한다. 「長興四年中興殿應聖節講經文」에 "然後願君唱臣和, 天成地平"이라는 구가 있다.

모든 상이 어떠한 것인지 아직 모르나
경문 가운데 응당 있을 것이네.
이제 창이 나오겠습니다.

[經]: "須菩提, 於意云何? 佛可以具足諸相[見不]."[39] 色身具足, 是名諸相見足. 言"不應以具足色身見諸相"者,[40] 乃至 "是名諸相具足." 言"不", 此明相好與法身異故, 故不可以相好見身[41]也. 言"如來說諸相具足"者, 此明相好本從法身上起也. 言"是名諸相具足"者, 此明雖異不乖一, 成弟二句也. 此是六段文中弟四相身具足也.

[경문] "수보리야, 어떻게 생각하느냐. 여래는 가히 모든 상을 갖추고 있다고 보겠느냐?" '색신구족'은 이름이 모든 상을 갖춘 것이니 "여래를 모든 상이 구족한 것으로써 볼 수 없습니다"부터 "이름이 모든 상을 갖춘 것입니다"까지입니다.

"아닙니다"라고 말한 건 상호(相好)와 법신(法身)이 다른 까닭에 상호로 법신을 볼 수는 없음을 밝힌 것입니다. "여래께서 말씀하신 모든 상을 갖추고 있다 함"이라는 말은 상호가 본래 법신을 따라 일어남을 밝힌 것이지요. "이름이 모든 상을 갖춘 것입니다"라는 말은 비록 다르나 서로 다르지 않음을 밝힌 것으로, 두 번째 구를 이루고 있지요. 이것이 여섯 단락 중 네 번째 상신구족(相身具足)입니다.

如來若不現金身, 爭化得閻浮世上人.
百憶垂刑由(猶)不悟,[42] 參差上(尚)自卻沉淪.
四弘誓願深如海, 六度無邊布法雲.

39 '諸相'만으로는 의미가 완성되지 않아 『금강경』을 보고 '見不' 두 글자를 채워 넣었다.
40 『금강경』의 경문에 따르면 이 구는 "言'不應以具足見諸相'者"가 되어야 한다.
41 '身' 앞에 '法'자가 빠져 있다.
42 【袁賓】 '憶'은 '億'이 되어야 하고 '刑'은 '形'이 되어야 한다. 모양과 음이 비슷해 잘못 쓴 것이다.

蠢動含令[43]皆利益, 不論胎卵盡沾恩.
黃金座, 紫金臺, 一法門中萬法用.[44]
假設虛施皆不用, 眞言實語唱將[來].
여래께서 금신(金身)으로 현신하지 않으신다 한들
어찌 염부제의 사람으로 될 수 있겠는가?
백억 가지로 모습을 드리워도 오히려 깨닫지 못하고
거의 스스로 침륜에 빠지고 만다네.
사홍서원(四弘誓願)은 바다처럼 깊고
육도(六度)는 끝없이 법운을 펼치니
꿈틀거리는 모든 생물들에게 이익을 주어
태생이든 난생이든 모두가 은혜를 입는다네.
황금좌(黃金座)와 자금대(紫金臺)의
하나의 법문 속에서 만법(萬法)이 열리는데
거짓되고 헛된 베풂은 모두 쓰지 않으니
진실한 말씀이 이제 창으로 나오겠습니다.

經: "汝勿謂如來作是念" 乃至"無法可說, 是名說法."

此是弟五語[45]具足也. 此又有五: 一、問, 二、遮, 三、徵, 四、釋, 五、成. 言"汝勿爲[46]如來作是念, 我當有所說法"者, 意言莫道如來, 卽

43 '含令'을 原錄에서는 '含情'으로 고쳤으나 이는 분명치 않은 의견이다. 郭在貽는 '令'자를 '靈'으로 읽어야 한다고 했다. '含靈'은 '含生', '含情', '含識'과 같은 의미이며 수많은 중생들을 말한다.

44 蔣冀騁은 '用'을 '開'로 보았다. 이는 타당한 의견이다. '開'는 위의 '臺'와 아래의 '來'와 압운을 이룬다.

45 原錄에서는 '語'를 '語[相]'으로 쓴 다음 "'語'가 原卷에는 '經'으로 되어 있다. 또 『금강경』 본문에 근거하여 '相'자도 채워 넣었다"고 교기하였다. 그러나 『금강경』에 "弟五語相具足"이라는 말은 없다. 교기에서 무슨 자료에 근거해 그렇게 말했는지 알 수 없다. 또 위의 "上來有一十八住處門中, 弟十八上求佛地住處門中, 先有六段經文 …… 弟五、語具足. 弟六、心具足"를 보아도 '語'자 다음에 '相'자를 넣을 필요가 없음을 알 수 있다.

法身能說法也. 言"莫作是念"者, 遮說也. 言"何以故? 若人言如來有所說法, 卽爲謗佛, 不能解我所說故"者. 若人言如來卽法身, 有所說離法身, 更別有所說法, 卽是謗佛, 不離法身所說也. 色相之身, 從法身而現化, 萬法流行, 從化身演出也. 互相依止, 源本法身也. 言[47]"須菩提, 說法者, 無法可說"者, 約教有說, 就理無言. 言"是名說法"者, 明理教相應, 不卽不離, 是名說法也.

경문 "너는 여래가 이런 생각을 했다고 말하지 말며" 부터 "설할 법이 없음을 이름하여 설법이라 한다"까지입니다.

이것이 다섯 번째 어구족(語具足)입니다. 여기에도 또 다섯 가지가 있는데요, 첫 번째가 물음, 두 번째는 막음, 세 번째는 증명, 네 번째는 풀이, 다섯 번째는 완성입니다. "너는 여래가 '내가 마땅히 설한 바 있다'는 생각을 했다고 말하지 말라"라는 건 여래께서 법신으로 능히 법을 설할 수 있다고 말하지 말라는 뜻이지요. "그런 생각을 하지 말라"는 건 막는 말이지요. "무슨 까닭인가? 만약 어떤 사람이 여래가 설한 법이 있다고 말하면 이는 부처님을 비방함이니라. 이는 내가 설한 바를 능히 이해하지 못한 까닭이니라"라고 말한 건 이렇습니다. 만약 어떤 사람이 여래가 곧 법신이라 하고는 (여래가) 법신을 벗어남에 대해 말한 바가 있고 또 법에 대해 말한 바가 있다고 한다면, 이는 법신에서 벗어나지 않고 (법을) 말한 바라고 부처님을 비방하는 것입니다. 색상(色相)의 몸은 법신으로부터 나타나고, 만법(萬法)의 유행은 화신(化身)으로부터 나옵니다. 서로가 서로를 의지하나 그 근본은 법신입니다. "수보리야, 법을 설한다는 것은 가히 설할 법이 없음을"이라는 건 가르침을 구분함에는 설함이 있으나 이치로 나아가면 말이 없다는 것입니다. "이를 이름하여 설법이

---

46 【楊雄】 '爲'는 '謂'가 되어야 한다. 【校注】 '爲'와 '謂'는 통한다. 『금강경』에는 '謂'로 되어 있다.

47 原錄에서는 '言'자 앞에 '經'자를 넣었다. 그러나 실제 原卷에는 이 글자가 없으므로 여기서는 뺐다.

라 하느니라"는 건 이치와 가르침이 서로 응하되 서로 나아가지도 않고 서로 떨어지지도 않는 것, 이것을 설법이라 한다는 말이지요.

上來總是十八住處門中, 且有六段經文, 於色已竟, 今當弟六心具足者. 就此文中分之爲六, 卽六種是也. 言六種心者 : 弟一、念處心, 弟二、政[48]覺心, 弟三、施設大利法心, 弟四、攝取法身心, 弟五、不住生死涅槃心, 弟六、住淨心, 六段不同. 且弟一、念處心者, 此文有四 : 問, 答、徵、釋. 各請斂[49]心合掌著, 能加字數唱將來.[50]

지금까지 총 18주처의 문 안에 여섯 단락의 경문이 있었지요. 그 중 색에 대해서는 이미 마쳤고, 이제 여섯 번째 심구족(心具足) 차례입니다. 이 글은 여섯 부분으로 나뉘는데요, 여섯 가지의 마음이 바로 그것입니다. 여섯 가지의 마음을 말해보면, 첫째 염처심(念處心), 둘째 정각심(正覺心), 셋째 시설대리법심(施設大利法心), 넷째 섭취법신심(攝取法身心), 다섯째 부주생사열반심(不住生死涅槃心), 여섯째 주정심(住淨心)입니다. 여섯 단락이 모두 다르니 먼저 첫 번째 염처심부터 보지요. 이 글에는 물음, 답변, 증명, 풀이의 네 부분이 있습니다. 모두들 마음을 가다듬고 합장하시지요. 능히 글자 수를 더해 창으로 부를 것입니다.

[經] : "爾時惠命[51]須菩提, 白佛言 : 世尊, 頗有衆生於未來世, 聞說是法, 生信心不? 問也. 佛言 : 須菩提, 彼非衆生, 非不衆生. 答也. 何

48 '政'자는 '正'으로 읽어야 한다. 불교에서는 眞諦를 통찰하여 大徹大悟의 경계에 이르는 것을 '正覺'이라 한다.

49 原卷에는 '斂'의 '攵' 편방이 '殳'으로 되어 있다. '攵'와 '殳'는 뜻이 비슷해서 속서에서 혼용되는 경우가 많다.

50 原卷을 보면 '唱將'에서 '將'의 마지막 획을 아래로 길게 늘여놓았다. 이는 곧 '唱將來' 혹은 '唱將羅'를 생략해 쓴 것이다.

51 『금강경』 원문에는 '惠命'이 '慧命'으로 되어 있다. '惠'와 '慧'는 통한다. '慧命'은 불교 용어로 넓은 식견을 뜻하고 지혜를 명으로 삼는다는 의미이며 비구를 높여 부를 때 쓴다.

以故? 徵也. 須菩提, 衆生[52]者, 如來說非衆生, 是名衆生. 釋也."

言彼非衆生者, 彼非者, 從眞如上起差也. 是人能行六度之行, 得成聖位, 卽非衆生也. 言非不衆生者, 是人作衆生行, 卽非不衆生也. 言如來說非衆生者, 卽今現受其身也. 此六十字自豪州入冥僧還魂後, 於石碑上得之也.

[경문] "그때에 혜명(慧命) 수보리가 부처님께 여쭈었다. '세존이시여, 미래세에 이 설하신 법을 듣고 믿는 마음을 내는 중생들이 자못 있겠습니까?' 물음입니다. 부처님께서 말씀하셨다. '수보리야, 저들은 중생도 아니고 중생 아님도 아니다.' 답입니다. '무슨 까닭인가?' 증명입니다. '수보리야, 중생이라 함은 여래가 중생이 아니라 말한 것이며 그 이름이 중생일 뿐이니라.' 풀이입니다."

"저들은 중생이 아니라"고 말했는데요, '저 (중생이) 아닌 이들'은 진여(眞如)로부터 차이를 일으킵니다. 이 사람들은 육도(六度)의 행을 능히 행할 수 있고 성위(聖位)를 이룰 수 있으므로 중생이 아닌 것입니다. "중생 아님도 아니다"라는 말은, 이 사람들은 중생의 행을 하니 중생이 아님이 아니라는 것이지요. "여래가 중생이 아니라 말한 것"이라는 말은 곧 현재 그 몸을 받고 있다는 것이지요. 이 60글자는 호주(豪州)에서 저승으로 들어갔던 승려가 환혼한 후 석비(石碑)에서 얻은 것입니다.

崇聖寺僧入[53]

---

52 '衆生'이 『금강경』 원문에는 '衆生衆生'으로 되어 있다. 楊雄은 이에 근거하여 '衆生' 두 글자를 채워 넣었다. 그러나 '衆生'을 꼭 넣을 필요는 없을 것 같다. 아래의 "此六十字自豪州入冥僧還魂後, 於石碑上得之也"에서 '此六十字'는 앞에서 인용한 경문을 말하는데, 만약 '衆生' 두 글자를 더하면 62자가 되어 '六十'이라는 수와 맞지 않기 때문이다.

53 【徐震堮】 '入'자 아래에 글자가 더 있었을 것 같다. 앞에 등장한 豪州에서 저승으로 들어간 승려가 바로 崇聖寺에서 저승으로 들어간 승려이고, 저승으로 들어가는 과정은 그가 지은 「還魂記」에 있을 것으로 보인다. 아마 강연자는 그 과정을 강경문에서 상세히 이야기했을 것이다.

此唱經文意義長, 勸人達理悟無常.
業道之中由(猶)自念, 冥司稱讚足威光.
還魂記內分明說, 廣異文中有吉祥.
在世之中銷苦難, 臨終決定住西方.
世間事, 目前存,[54] 苦樂相兼有甚誇.
聽取經中沒語道, 分明好爲唱將羅.
숭성사(崇聖寺)의 승려가 [저승으로] 들어감
이 경문은 의미가 깊으니
사람들에게 이치에 통달하고 무상을 깨달으라 권한 것이네.
업도(業道)의 가운데에서 스스로 읊으니
저승사자가 위광(威光)이 많다고 칭찬하네.
『환혼기(還魂記)』에서 분명히 말하였으니
넓고도 기이한 글 속에 상서로움이 있구나.
세상 속에 있을 때면 고난을 없애주고
임종할 때는 서방에서 살 수 있게 해준다네.
눈앞의 세상사에서
고락을 겸함이 무슨 자랑거리겠는가.
경문에서 무엇을 말하는지 귀담아 들으십시오.
분명하고 듣기 좋게 창이 나오겠습니다.

經: "須菩提白佛言: 世尊, 佛得阿耨多羅三菩提, 爲無所得耶?"[55] 此

54 이 구를 原錄에서는 "世間事白前存"이라 했다. 徐震堮은 "이 구는 한 글자가 빠진 것 같다"고 했고, 潘重規는 "이 여섯 글자는 '世間事, 目前存'이 되어야 한다. '白'은 '目'자를 잘못 쓴 것이다"라고 했다. 이 중에 潘重規의 주장이 옳은 것 같다. 본 사권의 창사 부분들을 보면 뒤에서 네 번째 구가 대부분 3·3구로 되어 있다. 이 구 역시 그 예에 속한다.

55 '耶'를 原錄에서는 '邪'로 썼다. 原卷을 보면 본래 '邪'로 썼다가 나중에 다시 '耶'로 고쳐서 썼다. 『금강경』 원문도 '耶'로 되어 있다. '耶'는 본래 '邪'의 속자였으나 나중에 두 글자는 분화되었다.

是善現[56]發問也. 言如是者, 如來印成也. 言"須菩提, 我於阿耨三菩提乃至[57]無有少法可得"者, 此性淨菩提, 本來圓滿, 無法可得, 是菩提也. 彼 "須菩提, 是法平等, 無有高下"者, 此是平等菩提也. 言"是名阿耨菩提"[58]者, 以平等故.

此是六種心之中弟二政(正)覺心也. 此文有二 : 弟一、明善現發問, 如來印成, 明菩提果無所得也, 卽適來所唱是也. 弟二、明菩提因無所得者. 經以無我人等, "修一切善法, 卽得[阿耨多羅三藐三]菩提. [須菩提]所言善法者"乃至"卽非是名"也. 兩段不同, 且當弟一果[59]無所得者. 菩提名有三 : 一、性淨菩提, 二、平等菩提, 三、方便菩提. 言是法平等, 無高下者卽是法身菩提, 在於六道身中亦不減下, 在佛身中亦不增高, 名平等菩提也.

경문 "수보리가 부처님께 아뢰었다. '세존이시여, 부처님께서 아뇩다라삼먁삼보리를 얻으심은 얻으신 바가 없음이옵니까?'" 이는 수보리가 묻는 말입니다. "그렇다"라는 말은 여래께서 확인하신 것입니다. "수보리야, 내가 아뇩다라삼먁삼보리에서 작은 법이라도 얻음이 없게 되었으니"라 말했습니다. 이는 성정보리(性淨菩提)로서, 본래 원만하여 얻을 수 있는 법이 없으니 이것이 보리라는 것이지요. 저 "수보리야, 또 이 법이 평등하여 높고 낮음이 없다"라는 것, 이것은 바로 평등보리(平等菩提)입니다. "이를 아뇩다라삼먁삼보리라 이름한다"고 말한 건 평등한 까닭입니다.

---

56 '善現'은 곧 수보리로 범어 'Subhūti'의 음역이다. 原錄에서는 '善現' 아래에서 끊어 읽고 또 '善現'에 고유명사 표시도 하지 않았는데 이는 잘못이다.

57 [譯注] 교주에서는 '乃至'를 인용문 밖에 쓰고 있다. 이는 앞에서 자주 등장했던 '乃至'와 마찬가지로 이 '乃至'도 인용된 경문의 범위를 나타내는 '~까지'의 의미로 보고 있기 때문이다. 그러나 이 '乃至'는 『금강경』 원문에 포함된 단어이며, 그 의미도 '~상황이 ~에 이르다'로 보아야 할 것이다. 위에서는 『금강경』 원문으로 처리해서 인용문 안에 넣었다.

58 『금강경』 원문에 따르면 초사자는 '三菩提' 앞에 '多羅三藐' 네 글자를 빼먹고 썼다.

59 原錄에서는 '果' 위에 '條'자를 연문으로 잘못 넣었다. 原卷에는 이 글자가 없다는 潘重規의 말을 따랐다.

이것이 여섯 가지 마음 중 두 번째 정각심입니다. 이 글에는 두 가지가 있는데요, 첫 번째는 수보리가 묻고 여래가 확인하는 것으로, 보리의 과(果)가 얻은 바가 없음을 밝힌 것이며, 조금 전에 노래한 바로 그것입니다. 두 번째는 보리의 인(因)이 얻은 바가 없음을 밝힌 것이지요. 경문에서는 아(我)와 인(人) 등도 없이 "일체 선법을 닦으면 곧 아뇩다라삼막삼보리를 얻느니라. 수보리야, 말한 바의 선법이란 것은"부터 "아니고" "그 이름이 (선법이니라)"까지입니다. 이 두 단락은 서로 다르니, 먼저 첫 번째 과(果)가 얻은 바가 없다는 것부터 보지요. 보리의 이름은 세 가지입니다. 첫째 성정보리, 둘째 평등보리, 셋째 방편보리(方便菩提)이지요. 이 법은 평등하여 높고 낮음이 없다고 말한 건 곧 법신의 보리로서, 육도(六道)의 몸속에서도 줄거나 낮아지지 않고 불신(佛神)의 몸속에서도 늘거나 높아지지 않으니 이를 평등보리라 이름한답니다.

菩提大道本來圓, 妙法多能助世間.
不減不增平等義, 無高無下盡周旋.[60]
六道身中無欠少, 諸佛身上不遍(偏)多.
草木以來[61]沾般若, 叢林盡有六波羅.
悲願泣, 或歡歌, 或時相遇或蹉跎.
悟了還同佛境界, 迷時衣(依)舊卻成魔.
也剛築,[62] 也柔和, 虛空逼塞[63]滿娑婆,

60 '周旋'을 原錄에서는 '同旅(旋)'으로 썼다. 徐震堮은 이에 대해 "原校에서 '旅'를 '旋'으로 쓴 건 옳다. 그러나 '同旋'은 뜻이 통하지 않으니 '周旋'으로 봐야 할 것이다"고 했다. 실제 原卷을 보면 '同'이 아닌 '周'로 되어 있다.

61 '以來'는 사물의 범위를 표시하며 '草木以來'는 '草木之類'에 상당하는 말이라 할 수 있다. 아래에 나오는 "從'長老須菩提在大衆中'至'應作如是觀'已來, 爲政(正)宗分也"에서 '已來'는 '以來'와 같다. 이 글은 '長老須菩提在大衆中'부터 '應作如是觀' 이전까지라는 의미이며, 여기서 '已來'는 수량의 범위를 표시한다. 『中國語文』 1984년 제2기에 실린 江藍生의 논문 「概數詞'來'的歷史考察」을 참고하기 바람.

62 '剛築'은 굳고 단단하다는 의미로서 바로 아래의 '柔和'와 상반되는 의미이다. 『釋名

此[64]如來平等義, 修何善法唱將羅.

보리의 대도(大道)는 본래 원만하고
묘법의 다능함은 세상을 도우니
덜지도 더하지도 않는 평등의 의리로
높음도 낮음도 없이 모두 돌봐준다네.
육도(六道)의 몸속에는 모자람과 적음이 없고
모든 부처의 몸에는 치우침과 많음이 없다네.
초목의 무리에는 반야가 적셔지고
무성한 수풀은 모두 육바라밀을 가지고 있다네.
슬프게 기원하며 울거나 기쁘게 노래하거나
때를 만나거나 혹은 때를 놓치거나
깨달으면 역시 부처의 경계와 같아지나
미혹하면 그대로 악마가 된다네.
굳고 단단하든 부드럽고 온화하든
사바세계에 가득한 건 허(虛)와 공(空)이라네.
이것이 여래의 평등의 의리이니
어떤 선법(善法)을 닦을 것인지 창으로 나오겠습니다

菩提以無我人等乃至即"是名"也,[65] 此是弟二段, 菩提因無所得, 以由緣也, 緣無我、人、壽者, 又修政(正)法無漏, 乃得菩提也. 言"所言善法"者, 修於善法[66]也. 言"如來說非善法"者, 非世間有[67]漏善[68]也.

釋言語』에서는 "築, 堅實稱也"라 했다. 이 '剛築'은 비슷한 의미의 복합사가 되는 것이다.

63 '逼塞'는 가득하다는 의미이다.

64 '此' 아래에는 한 글자가 빠졌을 것이다.

65 原錄에서는 이 구의 맨 앞에 '經'자를 넣었으나, 이는 교록자가 근거 없이 집어넣은 것이라 여기서는 삭제했다.

66 '修於善法'은 곧 '修善法'이다. 불경에서 '於'자는 흔히 보이는 조사로서 보통 동사술어의 뒤에 쓰이며 실재의 의미는 없다. 아래에 나오는 "巨有福報尙不如持於此經" 구

言“是名善法”者, 是出世間無漏善法也.

보리는 아(我)와 인(人) 등도 없다고 한 곳부터 “그 이름이 (선법이니라)” 까지입니다. 여기가 두 번째 단락인데, 보리의 인(因)이 얻는 바가 없어 연(緣)을 말미암는다는 것이지요. 아(我)도 인(人)도 수(壽)도 없는 연(緣)에 정법(正法)의 무루(無漏)함까지 닦는다면 곧 보리를 얻을 수 있답니다. “말한 바의 선법”이라는 건 선법을 닦는다는 것이지요. “여래가 말하는 것이 선법이 아니라”는 건 세간의 유루(有漏)의 선법이 아니라는 것입니다. “그 이름이 선법이다”라는 건 세간의 무루의 선법에서 나왔다는 것이지요.

善法直得次弟修, 虛施功果沒因由.
無漏果圓生淨土, 有爲功德行難籌.[69]
祭神祀鬼求[70]邪福, 政見[71]門中事不收.
一種是修諸善法, 何如向佛法裏用心求.
非善法, 不須[72]修, 是[73]善法, 切須修.
佛法名爲是善法, 邪魔非法不堪修.
堅修善法沒人過, 定證菩提阿耨多.
向下經文沒語道, 三千七寶唱將來.

와 S.4571「維摩詰經講經文」: “阿難何得稱於我名”의 ‘於’자도 모두 같은 용법이다.

67 原錄에서는 ‘有’를 빠뜨렸다. 潘重規는 原卷에 근거하여 채워 넣었으며 여기서도 이를 따랐다.

68 ‘善’ 아래에 ‘法’자가 빠진 것 같다.

69 [徐震堮] ‘籌’는 ‘儔’가 되어야 할 것이다.

70 ‘鬼求’가 原錄에는 ‘求鬼’로 되어 있다. 徐震堮은 이에 대해 “‘求鬼’ 두 글자는 위치가 바뀌었다”고 옳게 지적했다. 原卷을 보면 ‘求鬼’의 ‘鬼’자 오른편에 ‘乙’ 부호가 있다. 이는 두 글자를 서로 바꾸라는 의미이다.

71 ‘政見’은 ‘正見’으로 읽어야 한다. ‘正見’은 불교용어로 모든 사견에서 벗어난 正觀을 말한다.

72 ‘須’를 原錄에서는 ‘順’으로 잘못 썼다. 徐震堮은 이에 대해 “‘順’자는 아무래도 ‘須’자를 잘못 쓴 것 같다”고 지적했다. 潘重規는 실제 原卷이 ‘須’로 되어 있다고 했다.

73 ‘是’를 原錄에서는 ‘見’으로 잘못 썼다. 潘重規는 原卷이 ‘是’로 되어 있다고 했으며, 여기서는 이를 따랐다.

선법을 순서에 맞춰 닦아야 할지니
헛되이 베푼 공과는 인과(因果)가 없다네.
무루(無漏)의 열매는 원만하여 정토에서 나지만
유위(有爲)의 공덕은 함께 행하기 어려우리라.
귀신에게 제사지내며 사복(邪福)은 구하면서도
정견(正見)의 문 안의 일은 받아들이지 않는구나.
한 가지로 할 것은 모든 선법을 닦는 것이니
어떻게 불법 안에서 마음으로 구할 것인가.
선법이 아니면 닦아서는 안 되고
선법이라면 반드시 닦아야 하리.
불법에서 선법이라 이름하였으니
사악한 악마의 비법(非法)은 닦지 않아야 하리.
아무도 넘어서지 못하는 선법을 굳게 닦아
보리의 아뇩다를 증명해야 하리라.
아래의 경문은 말하지 않았으니
이제 삼천의 칠보가 창으로 나오겠습니다.

[經]: "須菩提, 若三千大千世界中, 所有諸須彌山王"乃至"若人以此般若波羅密經"乃至"喩不能及"者.

此是弟三施設大利心也. 就此文[74]中, 分之爲二: 弟一、政法[75]利益, 校量勝劣, 適來所唱是也. 弟二、安立弟一義, 順成返顯, 揀異凡夫. 兩段不同, 且當弟一政施法利者. 言"三千六千"者, 如上了也. 七寶須彌, 亦如上說也. "辟(譬)喩所不能及"者, 校量顯勝, 滅惡生善, 勝劣之間, 亦不相似, 爲因感果不相似也.

74 '文'을 原錄에서는 '之'로 잘못 썼다. 潘重規는 原卷이 '文'으로 되어 있다고 했으며, 여기서는 이를 따랐다.

75 '政法'은 '正法'으로 읽어야 한다.

경문 "수보리야, 만약 삼천대천세계 가운데 있는 모든 수미산 왕"부터 "만약 어떤 사람이 이 『반야바라밀경』"과 "비유로 능히 미치지 못하느니라"까지입니다.

이는 세 번째 시설대리심(施設大利心)입니다. 이 글은 둘로 나뉘는데요, 첫째는 정법이익(正法利益)으로서 그 우열을 헤아려 방금 창했습니다. 두 번째는 첫 번째 뜻을 확고히 세워주는 것입니다. 순리대로 이룸으로써 오히려 드러나니 범부와는 다른 점을 구분한 것이지요. 두 단락이 서로 다르니, 우선 첫 번째 정시법리(定施法利)입니다. "삼천대천"에 대해서는 위에서 다 말했습니다. 칠보의 수미산 역시 위에서 말한 대로입니다. "비유로도 능히 미치지 못한다"는 건 나은 것과 못한 것을 헤아려 악을 멸하고 선을 일으키며, 나은 것과 못한 것 사이에도 서로 같은 점이 없고 그로 인해 감과(感果) 역시 서로 같지 않다는 말입니다.

三千七寶若須彌, 未勝常將般若持.
捨施福田□廣大, 高遷未必證菩提.
百千萬億無疆福, 究竟沉淪定有期.
念得一抽清淨教, 三塗[76]六道鎮相隨.
校量功德言談了, 揀異凡夫事若何?
大衆斂心合掌著, 高聲好爲唱將羅.[77]
삼천대천의 칠보가 수미산처럼 있어도
항상 반야를 지니는 것만 못하다네.
복전을 베풀어 광대함을 (내세우나)
지위가 높다 해서 보리를 증명하는 건 아니지.

[76] '塗'가 原卷에는 속자인 '𡍼'로 쓰여 있다. 아래의 "六道三塗及四禪"과 "惡道三塗永不逢"의 '塗'자 역시 이렇게 쓰여 있다. '三塗'는 '三途'라고도 하며 '火塗, 血塗, 刀塗'를 가리키는 불교용어이다.

[77] 원문에서 이 구는 '高聲' 아래에 길게 획을 늘여놓은 모양인데, 이는 "高聲好爲唱將羅"의 생략형으로 봐야 할 것이다. '好爲唱將羅'는 본 사권에서 자주 등장하는 구이다.

백천만억의 끝없는 복도
결국 정해진 때에 깊은 곳으로 빠지게 되니
하나의 청정한 가르침을 얻고자 해야
삼도와 육도를 제어할 수 있으리라.
공덕을 헤아림에 대해서는 이미 다 말했으니
범부와 다른 점을 구분하는 일은 또 어떨까?
대중들께서는 마음을 가다듬고 합장하십시오.
높은 소리로 듣기 좋게 창이 나오겠습니다

經 : "須菩提, 於意云何? 汝等勿爲(謂)如來作是念" 乃至說"非凡夫"者.

此是弟二順成返顯也. 言勿爲(謂)如來"度衆生"者, 準平等理中無衆生也. 言"實無有衆生如來度"者, 一切衆生平等, 皆有眞如法身, 非是度始乃有也. 言"若有衆生如來度者, 如來有我"者, 世間若有一個衆生是如來度, 如來卽有我、人、壽者也. 如水之在雍,[78] 決之卽流, 信之心, 勸之卽發菩提也. 言"須菩提, 如來說有我, 卽[79]非有我"者, 蓋緣凡夫之人, 用[80]爲有我, 如來與斷也. 言"卽非凡夫"者, 無實凡夫, 若定[81]爲凡夫, 卽不言證聖[82]也.

경문 "수보리야, 어떻게 생각하느냐. 너희들은 여래가 이런 생각을 했다고 말하지 말라"부터 "범부가 아니고"까지입니다.

---

78 '雍'은 '壅'으로 읽어야 한다. "水之在雍"은 물이 막힌 상태라는 말이다.
79 '卽'이 『금강경』 원문에는 '則'으로 되어 있다. '卽'과 '則'은 같다. 아래의 '卽非凡夫'도 『금강경』에는 '則非凡夫'로 되어 있다. 여기서 '卽' 역시 '則'과 같다.
80 '用'을 原卷에서는 '以'로 썼으나 '用'은 곧 '以'의 의미이므로 굳이 글자를 고칠 필요는 없다. 玄應은 『一切經音義』 卷七에서 『蒼頡篇』을 인용하여 "用, 以也"라고 했다. 본 편의 아래에 나오는 "用色相, 以音聲"에서 '用'과 '以'는 같은 의미로 짝을 이루고 있다.
81 '定'을 原錄에서는 '是'로 잘못 보았다. 여기서는 原卷의 글자를 '定'으로 본 潘重規를 따랐다.
82 [譯注] '證聖'은 '證誠'이 되어야 할 것 같다. '證誠'은 불교용어로 진실한 誠諦를 증명한다는 말이다.

이는 두 번째, 순리대로 이룸으로써 도리어 드러난다는 것입니다. 여래가 "중생을 제도했다"고 말하지 말라는 것은 평등한 이치 속에서 중생은 없다는 것입니다. "실제로는 여래가 제도할 중생이 없다"는 말은 일체의 중생이 평등하여 모두 진여의 법신을 갖고 있는 것이지 제도해야 비로소 갖게 됨이 아니라는 말입니다. "만약 여래가 제도할 중생이 있다 하면 여래는 아와 (중생과 수자가) 있음이니라"는 세상에 만약 여래가 제도한 한 중생이 있다면 여래가 곧 아(我)와 인(人)과 수자(壽者)를 가진 것이라는 말이지요. 막혀 있는 물을 터주면 곧 흘러가듯이, 믿음의 마음은 권면해주면 곧 보리를 발한답니다. "수보리야, 여래가 아가 있다고 말하는 것은 아가 있는 것이 아니다"는 말은 대개 범부의 사람이라서 아가 있다고 하나 여래는 이와 단절하였다는 말입니다. "즉 범부가 아니다"라는 말은 실제의 범부는 없으니 만약 범부라 규정하면 진실을 증명하는 말을 하지 않는 것이지요.

凡夫由來沒定期, 祇是全由造業時.
政信[83]乃然生淨土, 邪心祇是自家欺.
聖諦本來修政行,[84] 凡夫因地自生疑.
事在目前無錯謬, 金剛經上盡皆知.
三十二相如何說, 偈訟(頌)長行讚阿[85]誰.
六段文中弟四段, 都公案上唱將羅.[86]
범부(凡夫)의 유래는 정해진 기한이 없어

83 '政信'은 '正信'으로 읽어야 한다. '正信'은 아래 구의 '邪心'과 짝을 이루며 '正法을 믿는 마음'이라는 의미이다.

84 '政行'은 '正行'으로 읽어야 한다. '正行'은 '邪行'이나 '雜行'과 대비되는 말로서 진정한 行業을 말한다.

85 原錄에서는 '阿'를 '呵'로 썼으며 徐震堮은 '呵'를 '阿'로 읽어야 한다고 했다. 그러나 실제 原卷이 '阿'로 되어, 여기서는 原卷에 근거하여 고쳤다.

86 '唱將羅' 부분이 原卷에는 '了' 모양으로 되어 있다. 이는 곧 '唱將羅' 혹은 '唱將來'의 생략형이다. 原錄에서는 이를 '唱唱羅'라고 했으나 옳지 않은 것 같다.

다만 모두 업을 만드는 때에서 시작되네.
바른 믿음을 가지면 정토에서 태어날 것이나
사악한 마음을 가지면 다만 스스로를 속일 뿐.
성스러운 깨달음을 가진 이는 본래 정행(正行)을 닦으나
범부는 자기 자리에 있으면서도 의심을 갖는다네.
지금 그릇됨이 없게 하려 한다면
『금강경』에서 모든 것을 알 수 있다네.
삼십이상(三十二相)은 어떻게 말하는가?
게송과 장행은 누구를 찬탄함인가?
여섯 단락의 글 중에 네 번째 단락이
모두 공안(公案) 위에 있으니,
이제 창이 나오겠습니다.

經 : "須菩提, 於意云何, 可以三十二相觀如來不? 問也. 須菩提[言] : 如是如是 …… [87]答也. 佛言 : 須菩提, 若以三十二[相]觀如來者, 轉輪聖王卽是如來. 如來質也. 須菩提白佛言 : 世尊, 如我解佛所說義, 不應以三十二相觀如來. 領解也."

爾時世尊而說偈言 : "若以色見我"至"不能見如來." 此卽緣須菩提見相之心未息, 如來故[88]以此偈勸之, 令生實信也. 此義是佛語須菩提不應以三十二相修成功德之身, 比並法[89]身本來之身也. 法喩合. 如世間官職也, 章服雖同, 行業各異, 佛與輪王亦然也.

경문 "'수보리야, 어떻게 생각하느냐. 가히 삼십이상으로써 여래를 볼 수 있겠느냐?' 물음입니다. 수보리가 [말하기를] '그렇습니다, 그렇습니

87 『금강경』 원문에 근거하면 '如是如是' 아래에는 '以三十二相觀如來'의 여덟 자가 빠져 있다.
88 '故'를 原錄에서는 '取'로 잘못 썼다. 潘重規는 原卷이 '故'로 되어 있다고 했다.
89 原錄에서는 '法'을 '厺'으로 쓴 다음 '法'으로 고쳤다. 그러나 原卷의 글자는 본래 '法' 자의 초서이다.

다……' 답하는 말입니다. 부처님께서 말씀하셨다. '수보리야, 만약 삼십이상으로써 여래를 본다 하면 전륜성왕도 곧 여래라 하겠느냐?' 여래의 물음입니다. 수보리가 부처님께 아뢰었다. '세존이시여, 제가 부처님의 설하신 뜻을 이해한 바에 따르면 삼십이상으로써 여래를 보아서는 안 됩니다.' 깨달은 것입니다."

이때 세존께서 게송으로 말씀하시지요. "만약 색신으로 나를 보거나"부터 "능히 여래를 보지 못하리라"까지입니다. 이는 곧 수보리가 상(相)을 보는 마음을 아직 그치지 못하자 여래께서 일부러 게송으로 권면하여 진실한 믿음이 생기도록 한 것이지요. 이 의미는 부처가 수보리에게 삼십이상으로써 공덕의 몸을 닦지 않아야 법신 본래의 몸에 비견된다고 말하는 것입니다. 법과 깨달음이 합해졌습니다. 세간의 관직을 예로 들면, 무늬가 들어간 옷은 비록 같아도 그 업을 행함은 각기 다르니 부처와 전륜왕 또한 그러하다는 것입니다.

雖然萬法總皆空, 依負還須[90]立祖宗.
大有顔容[91]相似者, 爭那尊卑事不同.
輪王相有三十二, 不離巡巡還(循環)六道中.
牟尼萬劫超三界, 佛與輪王行不同.
用色相, 以音聲, 不能如說解修行.
此個名爲邪見相, 菩提佛果大難成.
塞[92]謾驀(罵), 世間術, 莫行邪行莫徒疾.[93]

90 原錄에서는 '須'자가 빠져 있다. 여기서는 原卷에 '須'자가 있다는 潘重規의 말을 따랐다.

91 '容'을 原錄에서는 '客'으로 쓴 다음 '容'으로 고쳤다. 그러나 原卷의 글자는 원래 '容'으로 보아야 한다. 사권에서 '容'과 '客'은 모양이 흡사하여 문맥으로 판단해야 한다.

92 項楚는 '塞'이 '相'과 같다고 했다. 아래에 나오는 "解空羅漢多方便, 起坐如來鎭塞隨"의 '塞' 역시 같은 의미이다. 項楚는 "구어에서 '相'자는 '思必切' 발음으로 읽는 경우가 분명히 있다. …… 변문에서 '塞'자는 '厮'자와 의미가 같으며 아마 '思必切' 발음의 또 다른 기록 방식일 것이다"라고 했다. 項楚의 주장은 타당하다. 아래에 나오는 "衆生

眼見先靈[94]皆妄語, 耳聽天樂不着實
終朝只是行邪道, 甚時政(正)見一花臺.
偈訟(頌)適來言已了, 長行好爲唱將來.
비록 만법이 모두 공(空)이라 해도
의지하여 조종(祖宗)을 세워야 하리니
얼굴과 용모가 크게 닮았다 해도
존비(尊卑)가 같지 않음은 어쩔 수 없다네.
전륜왕은 삼십이상을 갖고 있어도
육도(六道)의 순환에서 벗어나지 못하나
석가모니는 만겁 동안 삼계를 초탈하니
부처와 전륜왕은 행함이 다르다네.
색상(色相)으로 보고 음성(音聲)으로 본다면
말한 바대로 수행을 깨달을 수가 없지.
이를 이름하여 사견(邪見)의 상이라 하니
보리의 불과(佛果)는 참으로 성취하기 어려워라.
서로 헐뜯고 욕함은 세간의 술수이니
사행(邪行)을 행하지 말고 시기하지도 말지라.
나이 많은 이를 만나도 모두 거짓말만 하고
하늘의 음악을 들어도 착실하지 못하구나.
하루 종일 오로지 사도(邪道)만을 행하니
어느 때에 하나의 화대(花臺)를 똑바로 볼 것인가.
게송으로 방금 말을 다 했으니

身上有如來, 佛與衆生不塞離" 구의 '塞離'는 곧 '相離'이며 여기서 '塞'은 '相'과 같다.

93 여기서 '徒'자는 뜻이 통하지 않으며 아무래도 '妒'로 읽어야 할 것 같다.

94 '先靈'은 '선조의 신령'이라는 의미인데 이 글에서는 연장자를 가리키는 말로 쓰였다. 『文選』에 실린 張衡 「東京賦」의 "연장자를 본받아 법도를 가지런히 하고, 반드시 세 번 생각하여 허물을 돌아봐야 한다(憲先靈而齊軌, 必三思而顧愆)"에서 '先靈' 역시 같은 의미이다.

긴 행으로 듣기 좋게 창으로 나오겠습니다.

經: "須菩提, 汝若作是念, 如來不[95]以具足相故, 得阿耨菩提.[96] 須菩提, 莫作是念, 如來不以具足相故, 得阿耨菩提"者. 此是弟四攝取法身心[97]弟二段經文. 此唱經文是須菩提聞說法身, 非修成相, 意爲報身菩薩, 亦非修成相也. 政遮也.

경문 "수보리야, 네가 만약 여래가 구족한 상을 쓰지 않음으로써 아뇩다라삼먁삼보리를 얻었다는 이런 생각을 한다면, 수보리야, 여래가 구족한 상을 쓰지 않음으로써 아뇩다라삼먁삼보리를 얻었다는 이런 생각을 하지 말라."

이는 네 번째 섭취법신심(攝取法身心) 중 두 번째 단락의 경문입니다. 이 경문은 수보리가 법신은 성상을 닦지 않는다는 말을 듣는 것으로, 보신보리(報身菩提) 또한 성상을 닦지 않는다는 의미이지요. 올바른 막음입니다.

空生錯會如來意, 爲[98]是眞如本自修.
大聖世尊重爲說, 令教覺語(悟)志心求.
說斷滅, 復如何, 特地應須說向他.
六種之心弟五段, 又分兩段唱將來.

---

95 楊雄은 '不'이 연문이므로 삭제해야 한다고 했으나 이는 옳지 않다. 『금강경』 원문에 본래 '不'자가 있다.

96 『금강경』에 근거하면 '阿耨菩提'는 '阿耨多羅三藐三菩提'의 준말이 된다. 아래의 '阿耨菩提'도 마찬가지다.

97 原卷을 보면 '心' 아래에 'ㄱ' 모양의 부호가 있다. 潘重規는 이를 '門'자로 보고 원문에 채워 넣었다. 그러나 이는 '文'자가 아닌 듯하며 그래서 원문에 넣어서도 안 될 것 같다. 본 사권에서는 문구 사이에 이 부호가 자주 보인다. 위에 나온 "於石碑上得之也"와 아래의 "汝能發菩提心, 卽須於本來法上不說斷滅相"에도 '得之'와 '於本' 사이에 이 부호가 있다.

98 [楊雄] '爲'는 '謂'와 통한다.

공연히 여래의 뜻을 잘못 이해하여
진여가 본래 스스로 닦은 것이라 말하네.
대성 세존께서는 거듭 말씀하시어
지심(志心)의 구함을 깨닫게 하시었네.
단멸(斷滅)을 말씀하심은 또 어떠한가?
특별히 그를 향해 말해야 하리.
여섯 가지 마음에서 다섯 번째 단락은
다시 두 단으로 나뉘니, 이제 창이 나오겠습니다.

經:"須菩提, 汝若作是念, 發阿耨菩提者, 說諸法斷滅.[99] 莫作是念, 何以故?" 徵也. 汝能發菩提心, 卽須於法不說斷滅相.

此唱經, 名[100]不住涅槃也. 經言"說諸法斷滅"者, 佛語須菩提, 汝若便言法身旣是本來, 何用修者, 此是起斷滅相也. 言"莫作是念"者, 佛爲遮也. 言"何以故" 徵也. 汝能[101]發菩提者, 卽須於本來法上, 不生斷滅相. 爲度衆生故, 故言於法不說斷滅相也. 法喩合.

경문 "수보리야, 너는 아뇩다라삼먁삼보리심을 발한 사람은 모든 법을 단멸했다고 말한다는 이런 생각을 한다면, 이런 생각은 하지 말아야 할지니 무슨 까닭인가?" 증명입니다. 네가 능히 보리의 마음을 발하려면 법에 있어 단멸의 상을 말하지 않아야 한다는 것이지요.

이 경문은 머물지 않는 열반을 밝힌 것입니다. 경문에서 "모든 법을 단멸했다"라고 말한 것은 부처님이 수보리에게 네가 만약 법신이 이미

99 原錄에서는 '斷滅' 아래에 '相'을 채워 넣은 다음 "『금강경』 원문에 근거하여 '相'자를 집어 넣는다"고 교기하였다. 그러나 여기서는 '相'자를 넣을 필요가 없다. 현존하는 『금강경』 麗藏 본과 房山 雲居寺 石經 본에는 '相'자가 있으나, 宋代 資福藏 본과 明代 永樂南藏 본 등에는 '相'자가 없다. 본 사권이 인용하고 있는 『금강경』은 宋代 資福藏 본 등과 부합된다.

100 '名'은 '明'으로 읽어야 한다. 사본에서 '名'과 '明'은 통용된다.

101 原錄에서는 '能'을 '者'로 잘못 썼다. 潘重規는 原卷이 '能'으로 되어 있다고 했다.

본래 그러하다면 어찌 닦을 필요가 있겠느냐고 말씀하시는 것으로, 이는 상을 단멸하는 것에 대해 제기하신 것이지요. "이 생각을 하지 말라"는 건 부처님이 막으신 것입니다. "무슨 까닭인가?"라고 한 건 증명하심입니다. 네가 능히 보리를 발하려면 본래의 법에 있어서 상을 단멸한다는 생각을 일으켜서는 안 된다는 것입니다. 중생을 제도하기 위한 까닭에, 그러므로 법에서는 상을 단멸한다는 말을 해서는 안 된다는 말씀이지요. 법과 깨달음이 합해진 것입니다.

證得菩提金色相, 只徒[102]三界度衆生.
貪趁向涅槃安處座(坐), 衆生因甚肯修行.
千般變化時時現, 作用神通處處呈.
佛法常教不斷滅, 專心演說大乘經.
捨七寶, 又如何, 盡勝常持阿耨多.
功德未知[何]似許, 不教貪處唱將來.
보리의 금색상(金色相)을 증험하여
삼계에서 중생을 제도하려고만 하네.
열반의 편안한 자리에 앉을 것을 탐하니
중생들이 무엇을 근거로 수행하려 하겠는가.
천 가지로 변화하여 시시각각 나타나고
신통한 작용으로 곳곳에서 보이시니
불법에서는 항상 단멸하지 않고
전심으로 대승경을 연설하라 한다네.
칠보를 보시함은 또 어떠한가,
항상 아뇩다를 지니는 것이 나으리라.
그 공덕이 어떠한 것인지 알 수 없으니

102 '徒'는 '圖'로 읽어야 한다.

탐하지 말도록 한 부분이 창으로 나오겠습니다.

經 : "須菩提, 若菩薩以滿恆河沙等世界七寶[布施],[103] 言施福雖多也. 若復有人於[104]一切法無我, 得成於忍, 此菩薩勝於[彼][105]菩薩所得功德"者. 是人持經功德, 成無上道也. 施福雖多, 必(畢)竟沉墜也. 是人因世間持經, 獲出世間福, 證涅槃果, 知諸法空也. 乃勝施寶也. 言"諸菩薩不受福德"者, 菩薩由無我無生解, 故不受有漏福報. 言"須菩提白佛言 : 世尊, 云何菩薩不受福德"者, 此是須菩提問, 菩薩何以不受福耶? 答 : "菩薩所作福德, 不應貪着, 是故說不受福德"也. 是菩薩得我法二空,[106] 故不生貪也. 恆河七寶, 如前解了.

경문 "수보리야, 만약 보살이 항하의 모래수와 같은 세계에 가득 찬 칠보를 가지고 보시하더라도, '보시한 복이 비록 많다 하더라도'라는 말입니다. 만약 또 어떤 사람이 일체의 법에 아(我)가 없음을 알아서 인(忍)을 얻어 이르면 이 보살이 앞의 보살이 얻은 공덕보다 나으리라." 이 사람은 경문을 가지고 공덕을 쌓아 무상의 도를 이룹니다. 복을 보시함이

103 '布施'가 原卷에는 없다. 原校에서는 『금강경』에 근거하여 두 글자를 채워 넣었으며, 여기서는 이를 따랐다. 楊雄은 경문의 '布施' 앞에 '持用'이라는 두 글자가 있다고 했으나, 宋代 資福藏 본 『금강경』에는 두 글자가 있으나 麗藏 본과 房山 雲居寺 石經 본 등에는 없다. 따라서 '持經' 두 글자를 꼭 넣을 필요는 없다.

104 '於'자가 原卷에는 초서인 'お'로 쓰여 있다. 原錄에서는 이를 먼저 '求'자로 쓰고 '知'자로 고친 다음 "경문의 '求一切法'은 '知一切法'이 되어야 한다"고 교기하였다. 또 바로 아래 "此菩薩勝於菩薩所得功德"의 '於'자도 原卷에는 'お'로 쓰여 있으며, 原校에서는 "『금강경』에 근거하여 이 글자를 '前'자로 바꾼다"라고 교기하였다. 그러나 이 두 '於'자는 모두 고칠 필요가 없다. 陳 眞諦 역 『금강경』의 "若有菩薩於一切法無我無生, 得無生忍, 以是因緣, 所得福德最多於彼"라는 기록과 唐 玄奘 역 『能斷金剛經』의 "若有菩薩於諸無我無生法中獲得堪忍, 由是因緣, 所得福聚甚多於彼"라는 기록을 보면 두 '於'자가 틀리지 않음을 알 수 있다. 이 두 예를 볼 때 "此菩薩勝於菩薩所得功德"의 '於'자 아래에는 '彼'자가 빠진 듯하다.

105 原卷에는 '彼'자가 없다. 여기서는 문맥에 맞게 채워 넣었다. 앞의 주석을 참고하기 바람.

106 '我法二空'은 불교용어로 人我와 諸法이 모두 空임을 가리키는 말이다. 즉 무아와 무법의 이치를 깨달아 煩惱障과 所知障을 깨뜨린다는 것이다.

비록 많다 해도 결국은 깊은 곳으로 떨어지게 됩니다. 이 사람은 세간에서 경문을 지니고 세간의 복에서 벗어남을 얻어 열반의 열매를 증험하여 모든 법의 비어있음을 알게 되지요. 이는 곧 보물을 보시함보다 나은 것입니다. "모든 보살은 복덕을 받지 않는 까닭이니라"는 말은 보살은 무아무생(無我無生)의 깨달음으로 말미암아 유루(有漏)한 복덕의 보상을 받지 않는다는 것이지요. "수보리가 부처님께 여쭈었다. '세존이시여, 어찌하여 보살이 이 복덕을 받지 않습니까?'"라는 말은 수보리가 보살은 왜 복을 받지 않느냐고 질문을 던진 것입니다. 그에 대한 답은 "보살은 지은 바의 복덕을 탐하거나 그에 집착하지 않기 때문에 복덕을 받지 않는다고 말하느니라."입니다. 이는 보살이 아법이공(我法二空)의 도리를 터득한 까닭에 탐욕이 일지 않는 것입니다. 항하의 칠보는 앞에서 풀이한 대로입니다.

此唱經文, 明弟五修不住生死[涅槃心]. 初、問劣, 二、問勝也. 三千七寶施含蠢動,[107] 世世受福, 福盡還墜, 四句偈文, 能銷無量重業, 究竟成佛也.

이 경문은 다섯 번째 단락 '부주생사열반심(不住生死涅槃心)'을 밝힌 것입니다. 처음에는 더 못한 것에 대해 묻고, 두 번째는 더 나은 것에 대해 물었지요. 삼천의 칠보를 영혼을 가진 준동하는 모든 것들에 보시하여 대대로 복을 받는다 하더라도 복이 다하면 다시 깊은 곳으로 떨어지게 되어 있으니, 네 구의 게송이 능히 무량의 무거운 업을 없애 결국 성불하게 해 줄 것입니다.

107 '施含蠢動'은 해석이 되지 않는다. 아마 '布施含靈蠢動'이 되어야 할 것이다. '含靈蠢動'은 불교에서 모든 생물들을 가리킬 때 쓰는 말이다. 앞에서 "蠢動含令(靈)皆利益"이라는 말이 나왔었다. S.2073 「廬山遠公話」에도 "살아있는 모든 것은 불성을 가지고 있다(蠢動含令(靈), 皆需佛性)"라는 구가 있다.

七寶持來惠有情, 感果人中天上生.
此則名爲有漏福, 不如常轉大乘經.
有漏福, 受榮花, 何似持經種善芽.
菩薩不貪如是福, 如來義理唱將羅.
칠보를 가지고 유정(有情)한 것들에 혜택을 주어
감과를 얻은 누군가가 천상에서 태어난다 하더라도
이를 유루(有漏)의 복이라 일컬으니
항상 대승경을 읊는 것만 못하다네.
유루의 복으로 영화를 받음이
어찌 경문을 들고 선업의 씨앗을 심는 것만 하리.
보살은 이러한 복은 탐하지 않으니
여래의 의리가 이제 창으로 나오겠습니다.

經: "須菩提, 若[有]人言如來, 若來若去, 若座[108]若臥, 是人不解我所說義"者, 顯非也. "何以故"者, 徵也. "如來者, 無所從來, 亦無所去, 故名如來"者, 釋義也. "若"由(猶)"如"也, 如人言也.

上來總是六種心中, 弟六行住淨心[109]也. 此門之中, 弟六通合, 都有七唱經文, 段段別分, 六唱是長行, 二唱是偈訟(頌)也. 適來所唱, 是弟一威儀行住淨也.

경문 "수보리야, 만약 어떤 사람이 말하기를 여래는 오기도 하고 가기도 하며 앉기도 하고 눕기도 한다고 하면 이 사람은 내가 말한 뜻을 알지 못함이니라." 이는 잘못을 밝혀주는 것입니다. "무슨 까닭인가?"는 증명하는 것입니다. "여래란 어디로부터 온 바도 없고 또한 가는 바도

108 '座'는 原卷에 쓰인 그대로이나 읽기는 '坐'로 읽어야 한다.
109 原卷에서 '行'자는 초서로 쓰여 있다. '行住淨'이라는 말이 바로 아래에 나오는 것에서 이 글자가 '行'자임을 알 수 있다. 原校에서는 '行'을 '佛'로 보고 潘重規는 '所'로 보았으나, 둘 다 틀린 것 같다.

없으므로 여래라 이름하느니라"는 건 뜻을 풀이한 것입니다. '약(若)'은 '여(如)'와 같아서 "만약 어떤 사람이 말하기를"이라 풀이됩니다.

지금까지가 여섯 가지의 마음 중에서 여섯 번째 행주정심(行住淨心)이었습니다. 이 문(門) 중에서 여섯 번째 통합(通合)에는 모두 7창(唱)의 경문이 있는데 각 단락마다 서로 달라 여섯 창은 장행(長行)이고 두 창은 게송입니다. 방금 창한 것이 첫 번째 위의행주정(威儀行住淨)이었지요.

經: "須菩提, 若有人言如來, 若來若去座臥"[110]者, 乃至"無所從來, 亦無所去, 故名如來"者.

若人言眞身亦有去來, 卽是人不解如來所說儀[111]也. 眞身應身雖有異, 義歸一也. 言無所從來, 又無所去[112]者, 卽眞[113]常不動也. 報身如來者, 六度十一空, 化身從如實道, 卽是三身如來也.

경문 "수보리야, 만약 어떤 사람이 말하기를 여래는 오기도 하고 가기도 앉기도 눕기도 한다고 말하면"부터 "어디로부터 온 바도 없으며 또한 가는 바도 없으므로 여래라 이름하느니라"까지입니다.

만약 어떤 사람이 진신(眞身)이 가기도 하고 오기도 한다고 말한다면, 이는 여래가 말한 바의 뜻을 그가 이해하지 못한 것입니다. 진신과 응신(應身)은 비록 다르지만 그 뜻은 하나로 귀결됩니다. 온 바도 없고 또 가는 바도 없다는 말은 진신은 항상 움직이지 않는다는 것이지요. 보신여래(報身如來)는 육도(六度)와 십일공(十一空)을 갖고 진실한 도(道)로부터 화신하니 바로 삼신여래(三身如來)랍니다.

---

110 '座臥'는 '坐臥'가 되어야 한다. 아래의 "坐臥去來權示現"이 바로 '坐臥'로 되어 있다. 이 '坐臥'는 '若坐若臥'를 간단히 쓴 말이다.

111 '儀'자가 原卷에는 '彳' 편방으로 되어 있다. 이는 '儀'의 속자이다. 본 사권의 '儀'자는 대부분 이 모양으로 쓰여 있다.(속서에서 '亻'와 '彳'는 대부분 구분하지 않고 쓴다. 『碑別字新編』 312쪽 '儀'의 별체자 부분을 참고) 여기서 '儀'는 '義'로 읽어야 한다.

112 '去'가 原卷에는 '去去'로 되어 있다. 楊雄은 한 글자는 연문이라고 했으며, 여기서는 한 글자를 없앴다.

113 【譯注】 내용상 '眞' 아래에 '身'자를 넣어야 할 것 같다.

一眞法界本無差, 平等能均萬萬家.
坐臥去來權示現, 化身百億喩何[114]沙.
湛然不動超三界, 六道常行自利他.
法報二身人不會, 由(猶)如何等唱將羅.
하나의 진실한 법계는 본래 차별이 없어
평등함이 능히 만만의 가(家)를 고르게 하네.
앉고 눕고 가고 오는 건 잠시 시현(示現)하신 것이며
백억 가지로 화신하여 항하사처럼 많은 중생들을 깨우치시네.
담연히 움직이지 않은 채로 삼계를 초월하고
육도를 항상 행하여 스스로 남에게 이익을 주시네.
법신과 보신의 두 몸을 사람들은 깨우치지 못하니
오히려 어떻게 될지 이제 창이 나오겠습니다.

經: "須菩提, 若善男子善女人, 以三千大千世界碎爲微塵, 於意云何? 是微塵衆,[115] 寧爲多不? 問也. 甚多, 世尊 答也. 何以故? 徵也. 若是微塵衆實有者, 佛卽[116]不[117]說是微塵衆. 釋也. 所以者何?" 難也. 言"佛說微塵衆, 卽非微塵衆, 是名微塵衆"者, 乃至"如來所說三千大千世界, 卽非世界, 是名世界"者.

경문 '수보리야, 만약 선남자 선여인이 삼천대천세계를 부수어 작은 먼지로 만든다면, 어떻게 생각하느냐? 이 작은 먼지들이 얼마나 많겠느냐?' 묻는 말입니다. '매우 많습니다, 세존이시여.' 답변입니다. '왜냐하면'

114 '何'는 '河'와 통한다. 原錄에서는 바로 '河'로 썼다.
115 楊雄은 『금강경』에 근거하면 '衆'은 연문이 된다고 했으나 사실 『금강경』 원문에는 '衆'자가 있다.
116 '卽'은 '則'과 같다. 아래에 나오는 "卽非微塵衆"과 "卽非世界"의 '卽'자도 같은 뜻이다. 『금강경』 원문에는 '則'으로 되어 있다.
117 原卷에는 '不'자가 하나뿐인데도 原錄에서는 '不不'이라 쓴 다음 앞의 '不'자는 연문이라는 말까지 덧붙였다. 순전히 사족에 불과하다.

증명입니다. '만약 이 작은 먼지들이 실제로 있는 것이라면 부처님께서 곧 이것이 작은 먼지들이라고 말하지 않으셨을 것입니다.' '그 이유는 무엇인가?' 의문입니다"와 "부처님께서 설하신 작은 먼지들은 곧 작은 먼지들이 아니고 그 이름이 작은 먼지들이기 때문입니다."부터 "여래께서 설하신 삼천대천세계는 곧 세계가 아니고 그 이름이 세계입니다"까지.

此唱經文是弟二蘊體非實也. 微塵能成世界, 應身能顯眞身. 言碎世界爲塵多不, 甚多者, 此喩顯從眞見應,[118] 非定一義也. 復[119]顯諸佛斷滅煩惱盡儀[120]也. 且世界是塵所成, 塵從世界上起; 且化身本自眞身, 眞身因化[121]而顯; 非塵不成其界, 非化不顯其眞. 且從年至歲驅塵, 塵不離於世界; 從劫至劫度衆生, 衆生元在法界. 不動卽止, 佛及衆生亦然也. 塵不動卽是止也, 煩惱不動卽是伏也. 言"何以故? 是微塵衆實有者, 佛則[122]不說", 此明微塵不實, 煩惱亦不實也. 言"則非" "是名"者, 明佛說碎世界作微塵, 喩諸佛斷煩惱盡, 於眞如法界處, 非定一儀[123]也. 且塵在世界, 而世界能容;[124] 煩惱在法界, 而法界不染.

118 "從眞見應"에서 '眞'은 眞身을 가리키고 '應'은 應身을 가리킨다. 응신은 化身이라고도 한다. 진신과 응신은 모두 부처의 삼신 중 하나이다. 原錄에서는 '應'자를 아래구에 붙여 읽었으나, 이는 잘못이다.

119 '復'을 原錄에서는 '後'로 썼다. 原卷이 글자를 판독하기가 힘든데 아무래도 '復'자로 보아야 할 것 같다.

120 原卷에는 '儀'의 편방이 '彳'으로 되어 있다. 이는 '儀'의 속자이다. 위에서는 '義'로 읽어야 한다.

121 '化'는 화신 즉 응신을 가리킨다. 아래에 나오는 "非化不顯其眞"의 '化'와 '眞' 역시 각각 화신과 진신을 가리킨다.

122 楊雄은 『금강경』에 '卽'으로 되어 있으므로 '則'을 '卽'으로 바꾸어야 한다고 했다. 그러나 '則'자는 틀리지 않다. 실제로 『금강경』 원문이 '則'으로 되어 있기 때문이다. 아래의 '則非'도 『금강경』의 각 판본이 모두 이렇게 쓰여 있으나 楊雄은 경문이 '卽'으로 되어 있다고 했다. 무슨 근거인지 알 수가 없다.

123 原卷에는 '儀'의 편방이 '彳'으로 되어 있다. 이는 '儀'의 속자이다. 여기서는 '義'로 읽어야 한다.

124 原錄에서는 '容'자를 먼저 '客'으로 쓴 다음 '容'자로 고쳤다. 그러나 原卷의 글자는 '容'자로 바로 써도 된다.

或云煩惱在佛, 而惟佛能伏; 塵在世界, 而世界能受也. 且若非世界, 焉能容爾許多微塵,[125] 且若非如來, 焉能伏爾許多煩惱. 且世界是空, 而微塵亦空; 且眞如是空, 而煩惱亦空, 故曰非定一儀[126]也.

이 경문은 두 번째 온체비실(蘊體非實)입니다. 작은 먼지들이 능히 세계를 이루고 응신은 능히 진신을 드러낼 수 있습니다. 세계를 부수어 작은 먼지로 만든다면 이것이 많은 것이냐고 물어 대단히 많다고 했는데요, 이로써 진신으로부터 응신을 보는 게 정해진 하나의 뜻이 아님을 일깨워 보여주었고, 또 제불이 번뇌를 단멸함에 대한 모든 뜻을 보여주었습니다. 세계는 먼지로 만들어지고 먼지는 세계 위에서 일어나며, 또 화신은 본래 진신에서 비롯하고 진신은 화신으로 인해 드러나며, 먼지가 아니면 세계를 이룰 수 없고 화신이 아니면 그 진신을 드러낼 수 없습니다. 한 해 한 해 먼지를 몰아 날리니 먼지는 세계를 벗어나지 않고, 한 겁 한 겁 중생을 제도하니 중생은 본래 법계에 있답니다. 움직이지 않으면 곧 멈추니 부처와 중생 또한 그러합니다. 먼지는 움직이지 않으면 곧 멈추게 되고, 번뇌는 움직이지 않으면 곧 숨게 됩니다. "왜냐하면 이 작은 먼지들이 실로 있는 것이라면 부처님께서 (작은 먼지들이라고) 말씀하지 않으셨을 것입니다"라는 말은 작은 먼지는 실재하는 것이 아니며 번뇌 또한 실재하는 것이 아니라는 말이지요. "곧 아니고" "그 이름이"라고 말한 건 부처님께서 세상을 부수어 작은 먼지로 만들고 모든 부처가 번뇌를 다 끊어 진여의 법계에 있는 것은 정해진 하나의 뜻이 아님을 밝혀주는 말입니다. 또 먼지가 세계에 있어도 세계는 능히 받아들일 수 있으며, 번뇌가 법계에 있어도 법계는 오염되지 않는다는 것이지요. 혹은 번뇌가 부처님께 있어도 부처님은 능히 숨길 수 있으며, 먼지가 세계에 있어도 세계는 능히 받아들일 수 있다고도 말하지요. 또 만약 세계가 아니라

125 '微塵'이 原卷에는 '塵微'로 되어 있어 여기서는 문맥에 맞게 바꾸었다. 原錄에서는 바로 '微塵'이라 썼다.

126 '儀'는 '義'로 읽어야 한다.

면 어찌 능히 수많은 작은 먼지들을 받아들일 수 있겠으며, 또 만약 여래가 아니라면 어찌 능히 수많은 번뇌를 숨길 수 있겠습니까. 또 세계는 공이라 작은 먼지 또한 공이고, 진여가 공이라 번뇌 또한 공이니, 그런 까닭에 정해진 하나의 뜻이 아니라고 말한 것입니다.

世界非常可畏[127]寬, 容納塵埃有甚難.
五岳四櫝[128]皆總受, 不論江海及諸山.
叢林花藥兼松竹, 六道三塗及四禪.
直是上生非相處, 風輪水祭[129]總成閑.
眞常法界還如此, 煩惱摧伏有甚難.
不揀四生兼六類, 盡得無餘證涅槃.
微塵道理稱揚了, 向下經文事若何?
各請斂心合掌手, 衣(依)前好爲唱將羅.[130]
세계는 참으로 넓고도 넓은데
티끌 하나 받아들임에 무슨 어려움이 있으랴.
오악(五岳)과 사독(四瀆)을 모두 받아들이니
강과 바다와 산들을 막론한다네.
우거진 숲의 꽃과 약초는 송죽(松竹)을 아우르고
육도(六道)의 삼도(三塗)에서도 사선(四禪)에 이르네.

127 '可畏'를 原錄에서는 '可晨'으로 썼다. 蔣禮鴻은 이를 '可畏'로 고치고, 劉堅은 '可展'으로 고치고, 江藍生은 '可矖'로 고쳤다. 이 중에 蔣禮鴻의 주장이 맞는 것 같다. 原卷을 자세히 살펴보면 처음에 '晨'자로 썼다가 나중에 원래의 글자 위에 다시 '畏'의 속자를 썼음을 알 수 있다. '可畏'는 정도의 심함을 나타내는 말로 '可畏寬'은 '놀랄 만큼 넓다, 대단히 넓다'의 의미이다.

128 [徐震堮] '櫝'은 '瀆'으로 읽어야 한다.

129 [譯注] '祭'는 '際'로 읽어야 할 것 같다.

130 原卷을 보면 '好'자 아래에 '了' 모양의 부호가 있는데 이는 '好爲唱將羅'의 생략형이다('羅'와 위의 '何'는 압운을 이룬다). 原錄에서는 이를 '好了唱唱羅'라고 썼으나 이는 완전히 잘못된 것이다.

설사 서로 다른 곳에 태어난다 해도
풍륜과 물가가 모두 울타리가 된다네.
진상(眞常)의 법계가 이러하니
번뇌를 꺾고 숨김에 무슨 어려움이 있으리.
사생(四生)이든 육류(六類)든 상관없이
모두가 남김없이 열반을 증험할 수 있다네.
작은 먼지의 도리를 찬양하였으니
이제 아래의 경문은 어떨까요?
모두들 마음을 가다듬고 합장하십시오.
이전처럼 좋은 소리로 창이 나오겠습니다.

經: "何以故? 若世界實有者, 則是一合相"乃至"貪著其事"者.

此唱經文是弟二約二諦, 弁[131]爲重成也. 言若世界實有, 是一合相者, 何以得知世界不實耶?若世界定實有性, 法身如來, 喩如世界; 一切煩惱, 喩如塵埃; 微[132]從世界而起, 世[133]是微塵所成, 非煩惱不顯法身, 非塵埃不顯世也. 若驅出衆微塵, 從他方而着, 他方豈[134]不是世耶? 若驅出衆煩惱, 從別處而着, 別處起(豈)[135]不是法界也? 此微塵

131 [潘重規] '弁'은 '辨'의 의미로 쓰였다. [校注] '弁'과 '辨'은 통한다.

132 '微'는 '微塵'을 줄여 쓴 말이다.(위에서 '眞身'을 '眞'으로 쓰고 '應身'을 '應'으로 쓴 것과 마찬가지다) 原校에서는 '微'를 '塵'으로 고쳤으나 이는 옳지 않다.

133 '世'는 '世界'를 줄여 쓴 것이다. 아래에 나오는 "非塵埃不顯世也"와 "他方豈不是世也"의 '世' 역시 마찬가지다. 이러한 예는 모두 초사자가 일부러 줄여 쓴 것 같다.(지금의 속기법과 유사하다) 혹자는 초사자가 잘못 빠뜨리고 쓴 것이라 하나, 이는 옳지 않은 의견이다.

134 '豈'를 原錄에서는 '置'로 잘못 썼다. 여기서는 原卷이 '豈'로 되어 있다는 潘重規의 말을 따랐다. 위 문장을 原錄에서는 "若驅出衆微塵, 從他方而着, 他方置, 不是世耶?"라고 썼는데 이는 잘못이다. 실제 原卷을 보면 '着'자 아래에만 검은 점이 있으며, 이 점은 초사자의 쉼표이다. 교록자가 原卷의 쉼표를 대부분 무시하다보니 잘못 끊어 읽은 예가 많아졌다.

135 潘重規는 '起'를 '豈'로 옳게 읽었다. 위의 문장을 原錄에서는 "若驅出衆煩惱, 從別處而着, 別處起, 不是法界也"라고 역시 잘못 끊었다. 原卷을 보면 '而着' 아래에만 점이

之事義, 其事甚深也.[136]

경문 "왜냐하면, 만약 세계가 실로 있는 것이라면 곧 한 덩어리의 모양이니"부터 "그 일에 탐착할 뿐이니라"까지.

이 경문은 이체(二諦)에 대한 두 번째 요약으로서 중대한 성취로 판별됩니다. 만약 세계가 실로 있다면 한 덩어리의 모양이라고 말했는데, 무엇으로 세계가 실로 있는 것이 아님을 알 수 있을까요? 만약 세계가 진실로 존재하는 성질의 것이라면, 법신의 여래는 세계와 같고, 일체의 번뇌는 먼지와 같고, 작은 티끌은 세계에서 일어나, 세계는 먼지로 만들어지고 번뇌가 아니면 법신은 드러나지 않고 먼지가 아니면 세상은 드러나지 않을 것입니다. 만약 많은 작은 먼지들을 일으키고는 다른 쪽을 따라 집착한다면 다른 쪽이 어찌 세계가 아니겠습니까? 만약 수많은 번뇌를 일으키고는 다른 곳을 따라 집착한다면 다른 곳이 어찌 법계가 아니겠습니까? 이 작은 먼지의 일은 그 뜻이 참으로 심오합니다.

不揀山河大地, 不揀日月星辰,
不論三惡道中, 不說十方世界.
將來盡化作微塵, 撒在空中處處勻.
積聚微塵成世界,[137] 將來打碎作成塵.

있어 여기서는 이에 근거하여 위와 같이 끊어 읽었다. 또 마지막 구의 '耶'자는 단정을 표시하는 말이 아니라 반문을 표시하는 어기사로서 위에 나오는 '耶'와 같은 역할을 한다.

136 【潘重規】'事義'에서 '事'자는 지워져 있다. 『敦煌變文集』에서는 '事義'로 썼으나 이는 잘못이다. 【校注】이 두 구는 "此微塵之事, 其義甚深也"가 되어야 할 것 같다. 초사자가 '事'자를 잘못해서 '事義'로 쓴 다음 나중에 이를 알아차리고 '義'자를 지우려 했으나 오히려 '事'자를 잘못 지워버렸고, 거기다가 아래의 '義'자까지 '事'자로 잘못 써버린 듯하다.

137 이상의 세 구를 原錄에서는 빠뜨리고 쓰지 않았다. 潘重規는 原卷에 근거하여 이 구들을 채워 넣었고, 여기서는 이를 따랐다.

我佛身似三千界, 煩惱由(猶)如世上塵.
世界本因塵土造, 衆生能變作佛身.
世界上, 有塵埃, 衆生身上有如來.
佛與衆生不搴離,[138] 衆生貪變[139]卻輪迴.
산하든 대지든
일월이든 성신이든
삼악도(三惡道) 안이든
시방의 세계든
장래에는 모두 작은 먼지가 되어
공중에 뿌려져 곳곳에 퍼지네.
작은 먼지가 모여 세계를 이루나
장래에는 부서져 먼지가 된다네.
우리 부처의 몸은 삼천의 세계와 같고
번뇌는 세상의 먼지와 같네.
세계는 본래 먼지로 만들어졌으니
중생은 능히 불신으로 변할 수 있다네.
세계에는 먼지가 있고
중생의 몸에는 여래가 있다네.
부처와 중생은 서로 떨어지지 않는데도
중생이 변신을 탐하여 도리어 윤회에 빠진다네.

經云: "如來說[140]一合相"者, 緣微塵世界, 被人一合相. 如來向說過

138 '搴離'는 '相離'와 같다. 앞의 주석 92번을 참고.

139 '貪變'을 潘重規는 '貪戀'으로 고쳤다. 그러나 '貪變'은 잘못 쓴 것이 아닌 듯하다. 위에 나온 "世界本因塵土造, 衆生能變作佛身"에 근거하면 '貪變'은 곧 불신으로 변하고자 탐을 낸다는 말이 된다.

140 '說'자가 原錄에는 빠져 있다. 여기서는 原卷에 '說'자가 있다는 潘重規의 의견을 따랐다.

索[141]云, 被人計一合相. 法喩合. 若準佛意, 本來云卽非定性一合相也. 經云:“是名一合相”者, 卽是假名一合相也. 明非也, 明異也. 經云:“一合相者, 卽[142]是不可說, 但凡夫之人, 貪着其事”者, 若世界有性, 卽名然合也, 非有此理, 故不可呵. 但凡夫之人, 虛妄貪着, 妄計爲實也.

경문에서 “여래께서 말씀하신 한 덩어리의 모양” 운운한 것은 작은 먼지의 세계가 사람에 의해 한 덩어리의 모양이 되기 때문입니다. 그래서 여래는 사람들에 의해 한 덩어리의 모양으로 헤아려진다고 말씀하신 것이지요. 법과 깨달음이 합치되었습니다. 만약 부처의 뜻을 기준으로 한다면, 본래는 한 덩어리의 모양으로 정해진 성질이 아니라고 말하겠지요. 경문에서 말한 “그 이름이 한 덩어리의 모양”이라는 건 곧 가명(假名)의 한 덩어리의 모양을 말합니다. 틀린 것을 밝혀주고, 다른 것을 밝혀준 것입니다. 경문에서 “한 덩어리의 모양이라는 건 가히 말할 수 없는 것이거늘, 다만 범부들이 그에 집착하고 있을 따름이니라”라고 한 건, 만약 세계에 본성이 있다면 이름이 그에 부합되나, 이런 도리가 없으므로 꾸짖을 수가 없다는 것입니다. 그러나 범부의 사람들은 허망하게 탐착하고 허망한 계책이 실질이 된답니다.

微塵可得遇著風, 當時幅塞[143]滿虛空.
信脚夜行迷暗走, 不知南北與西東.[144]

141 原卷을 보면 ‘索’이 ‘素’처럼 쓰여 있는데 이 글자는 ‘索’의 속자이다. ‘過索’ 두 글자는 原卷에서 바로 위 “衆生貪變卻輪迴” 구의 아래쪽 그리고 “向說過索云”(원래는 ‘向說云’으로만 되어 있음) 구의 ‘說’과 ‘云’자 오른쪽에 작은 글씨로 쓰여 있다. 原錄에서는 “衆生貪變卻輪迴” 아래에 이 두 글자를 넣었고 潘重規는 ‘向說’ 다음에 채워 넣었다. 여기서는 潘重規의 의견을 따른다. 그러나 ‘過索’이 무슨 의미인지는 좀 더 살펴보아야 할 것 같다.

142 ‘卽’이 『금강경』 원문에는 ‘則’으로 되어 있다.

143 [徐震堮] ‘幅’은 ‘偪’이 되어야 한다. [校注] ‘幅塞’는 ‘偪塞’와 같으며 ‘가득하다, 충만하다’의 의미이다.

144 ‘西東’을 原錄에서는 ‘東西’로 잘못 썼다. 徐震堮은 이에 대해 ‘東西’는 ‘西東’이 되어야 앞뒤와 운이 맞는다고 지적했다. 原卷을 보면 먼저 ‘동서’의 ‘西’자 위에 ‘✓’ 부호

衆生身分還如此, 貪變[145]無明欲火中.
佛與衆生雖不遠, 無緣隔壁鎭長聾.
世間貪變[146]是凡夫, 不悟身中明月珠.[147]
當日如來親爲說, 都公案上復何如?
작은 먼지는 바람을 만나면
금방 허공에 가득할 수 있다네.
발만 믿고 어둡고 희미한 밤길을 걸으면
남북과 동서도 알지 못한다네.
중생의 몸 또한 이와 같아서
무명한 욕심의 불 속에서 변신을 탐하니,
부처가 중생과 비록 멀지 않으나
인연이 없어 서로 단절된 채 오래도록 귀머거리로 지내네.
세간에서 변신을 탐하는 이들은 범부로
몸속의 명월주(明月珠)를 깨닫지 못하네.
오늘 여래께서 친히 말씀을 해주시니
공안(公案) 위에서는 또 어떠할까요?

經云: "若人言佛說我見"至"所說義不", 問也. "世尊, 是人不解如來所說義", 答也. "何以故?" 徵也. "世尊說, 我見人見"乃至"卽非 …… 是名 …… 壽者[見]", 釋也.

此是七唱之中, 弟四如所不分別, 卽無能見也. 蓋爲衆生故, 如來說衆生病, 衆生聞說, 爲[148]是如來有此我人壽者見也. 就釋文中解,

---

가 있다. 이는 곧 '東西'를 '西東'으로 바꾸라는 의미이다.

145 '貪變'을 原錄에서는 '貪戀'으로 고쳤는데 이는 잘못인 것 같다.

146 '貪變'을 原錄에서는 '貪戀'으로 고쳤는데 이는 잘못인 것 같다.

147 '明月珠'를 原錄에서는 '珠明月'로 잘못 썼다. 徐震堮은 이에 대해 '珠明月'은 '明月珠'가 되어야 한다고 했다. 原卷을 보면 '明珠月'로 쓰고 '珠月' 두 글자의 우측에 '✓' 부호를 넣었다. 이는 '明珠月'을 '明月珠'로 바꾸라는 의미이다.

初句明凡夫我見，二句明凡夫我空，[149] 三句明凡夫妄計有我，故如來爲說"卽非" "是名"也.

경문 "만약 어떤 사람이 말하기를 '부처님께서 아견(我見)'"부터 "말한 바의 뜻을 이해한 것이냐?"까지. 묻는 말입니다. "세존이시여. 그 사람은 여래께서 말씀하신 뜻을 알지 못한 것입니다." 답하는 말입니다. "무슨 까닭인가?" 증명입니다. "세존께서 말씀하신 아견(我見), 인견(人見)"부터 "곧 …… 이 아니고, 그 이름이 …… 수자견(壽者見)입니다." 풀이입니다.

이는 일곱 창(唱) 중 네 번째로, 만약 분별하지 않으면 능히 볼 수 없다는 것입니다. 대개 중생인 까닭에 여래는 중생의 병폐를 말하였으나, 중생은 그 말을 듣고는 여래에게 아견, 인견, 수자견이 있다고 여기고 있습니다. 석문(釋文)으로 나가 풀이해보면, 첫 구에서는 범부의 아견(我見)을 밝혔고, 둘째 구에서는 범부의 아집(我執)을 밝혔고, 셋째 구에서는 범부의 망계유아(妄計有我)를 밝혔습니다. 그래서 여래는 "곧 아니고" "그 이름이다"라고 말한 것이지요.

衆生執我爲[150]實有，世尊爲說總皆空.
不解所說如來義，强生分別入繁籠.[151]
金剛[152]般若眞常法，解具三明證六通.
五百世中能轉念，惡道三塗永不逢.
向下更有一唱經，便是如來相勸處.

---

148 [楊雄] 原卷의 '爲'는 '如'의 오자인 것 같다. [校注] 原卷에서 '爲'자는 간체로 분명하게 쓰여 있다. 위에서는 '간주하다'라는 뜻의 '謂'로 읽어야 한다. 楊雄의 주장은 옳지 않다.

149 原卷에서 '空'자는 초서로 쓰여 있으며, 이는 '執'자를 잘못 쓴 것으로 보아야 한다.

150 '我爲'를 原錄에서는 '爲我'로 잘못 썼다. 여기서는 原卷에 근거하여 옳게 고쳤다. '爲'는 '謂'와 통하며 '간주하다'의 의미이다.

151 '繁籠'은 '煩籠'이 되어야 한다. '煩'과 '繁'은 동음으로 통용된다. '煩籠'은 번뇌의 새장이라는 말이다.

152 原卷에는 '金剛' 아래에 '若'자가 연문으로 잘못 들어가 있다.

各請斂心合手掌着, 斷除法相唱將來.

중생들은 아(我)에 집착해 실제로 있다고 간주하나
세존은 모두가 공이라고 말씀하시네.
여래가 말한 뜻을 이해하지 못하고
억지로 분별하여 번뇌의 새장으로 들어가네.
금강반야(金剛般若)의 진상(眞常)의 법으로
삼명(三明)을 갖추어 육통(六通)을 증험할 줄 알게 되네.
오백세(五百世) 속에서 능히 읊고 외워
악도와 삼도는 영원히 만나지 않게 된다네.
아래에 또 한 경문이 있으니
바로 여래가 권하는 바입니다.
모두들 마음을 가다듬고 합장하십시오.
법상(法相)을 끊어 없앰이 창으로 나오겠습니다.

經:"須菩提, 發三耨三菩提[153]者, 科文云: 何人不分別, 問也. 於一切法, 應如是知, 如是見, 如是信解不生法相. 須菩提, 所言法相者, 如來說卽非[法相],[154] 是名法相"者. 科文云: 問於何人不分別? 又問於何法不分別? 此是答於一切法等也.[155]

此是法空也, 應如是無我知, 如是無我見, 如是無我, 如是信解不生法相矣, 指法之言. 言[156]"所言法相者, 如來說卽非法相", 此二諦法相

153 '三耨三菩提'는 '阿耨三菩提' 혹은 '三藐三菩提'가 되어야 한다. 『금강경』 원문에는 "阿耨多羅三藐三菩提"로 되어 있고 초사자는 이 말을 줄여서 기록한 것이다. 위에도 이를 '阿耨多羅三菩提' 혹은 '阿耨三菩提', '阿耨菩提'로 줄여 쓴 부분이 있다.

154 [原校] 『금강경』 원문에 근거하여 '法相' 두 글자를 채워 넣었다. [校注] 경문 "卽非法相, 是名法相"을 여기서는 "卽非, 是名法相"이라 인용한 것이다. 이는 초사자가 간략히 쓴 것이지 글자를 빠뜨리고 쓴 게 아니다.

155 '科文' 이하는 原卷에서 다른 줄에 작은 글자로 쓰여 있다. 原錄에서는 단락을 바꿔 큰 글자로 썼으나 이는 타당하지 않다.

156 '言'이 原卷에는 '了'자 모양으로 쓰여 있다. 이는 "指法之言"의 '言'자를 중첩한다는

也. 言二諦者, 卽世諦、弟一義諦也. 言"是名法相"者, 是名取着法相也.

경문 "수보리야, 아뇩다라삼먁삼보리심을 발한 사람은", 경문을 나누어 "어떤 사람이 분별하지 않는가?"라고 하니 이는 묻는 말입니다. "모든 법에 응당 이와 같이 알며, 이와 같이 보며, 이와 같이 믿어서 법상을 내지 않아야 하느니라. 수보리야, 말한 바의 법상이라는 건, 여래가 설한 바가 곧 법상이 아니고 그 이름이 법상이니라." 경문을 나누어 어떤 사람이 분별하지 않느냐고 묻고, 또 어떤 법을 분별하지 않느냐고 물었습니다. 이는 일체의 법에 답하는 말입니다.

이는 법공(法空)입니다. 이와 같이 아지(我知)가 없고, 이와 같이 아견(我見)이 없고, 이와 같이 아(我)가 없고, 이와 같이 믿고 이해해서 법상을 내지 않아야 한다는 것으로서, 법을 가리키는 말입니다.

"말한 바의 법상이라는 건, 여래가 설한 바가 곧 법상이 아니고"라고 했는데요, 이는 이체(二諦)의 법상입니다. 이체라는 건 곧 세체(世諦)와 제일의체(第一義諦)입니다. "그 이름이 법상"이라는 건 그 이름이 법상을 취해 집착한다는 것이지요.

俗諦門中事相多, 眞空道理沒偏坡(頗).[157]
曉悟大乘無相理, 自然心裹伏天魔.
又將七寶依前施, 不禁[158]演說事如何.

부호이다. 여기서는 '言'자로 옮겨 적었다. 原錄에서는 빠뜨리고 쓰지 않았다.

157 '坡'를 原校에서는 '陂－頗'로 고쳤다. 그러나 '坡'자는 바로 '頗'자로 읽어도 된다. 『廣韻』에서 '坡'와 '偏頗'의 '頗'는 '滂禾切' 동음이며 그렇기 때문에 서로 통용될 수 있다. 그리고 『廣韻』에서는 '陂'의 음이 '彼爲切' 혹은 '彼義切'이라 했는데 둘 다 '坡'와는 성운이 다르다. 따라서 原校처럼 복잡하게 먼저 '坡'라 쓴 다음 '陂'로 고치고 다시 '頗'로 고칠 필요는 없다.

158 '不禁'은 곧 '不勝, 比不上'(~만 못하다)의 의미이다.(『廣韻』「侵韻」: "禁, 勝也.") 아래에 "此擧無數劫七寶布施也, 布施不如持經也"와 "七寶布施滿僧祇界, 亦不如能持此經也"라는 내용이 나오는데, '不禁演說'이 바로 '布施不如持經'와 '不如能持此經'을 가리켜 말한 것이며 '不禁'은 곧 '不如'와 같다.

無量阿僧祇劫數, 淸令雅調唱將羅.
속제 속에서 사상(事相)은 많으나
진공(眞空)의 이치에는 치우침이 없다네.
대승의 무상(無相)의 이치를 깨달으니
마음속 천마(天魔) 절로 굴복하는구나.
또 칠보를 가지고 이전처럼 보시하나
사정이 어떠한지 자세히 말해줌 만 못하다네.
무량한 아승기겁(阿僧祇劫)의 수가
맑고 아름다운 곡조의 창으로 나오겠습니다.

經: "須菩提, 若有人以滿無量阿僧祇劫[159]世界七寶持用布施."

此擧無數劫七寶布施也, 布施不如持經也. 言"發菩薩[160]心"者, "勝彼"者, 此唱經緣前文中明眞身不動, 衆生疑, 爲[161]是化身如來所說經法無福報, 故此所以擧化佛之教, 巨有福報尙不如持於此經. 七寶布施滿僧祇界, 亦不如[162]能持此經也. 若人以無量七寶滿僧祇界布施, 不如發大菩薩心, 持經如經行也. 此唱經文是七段中, 弟五校量顯勝也. 若廣引持經現世、歛驗[163]、及當得菩提, 可無盡也.

159 '劫'자가 原卷에 그대로 있는데도 原錄에서는 [ ]로 탈자 표시를 했다. 『금강경』 원문에 '劫'자가 없어 楊雄은 原卷의 '劫'자가 연문이라고 했다. 그러나 아래 구에서 "此擧無數劫七寶布施也" 운운한 것을 보면 '劫'자는 연문이 아닌 것 같다.

160 潘重規는 原卷의 '菩薩'이라는 글자를 '菩提'로 판독했다. 그러나 '發菩薩心'은 경문을 인용한 말로서 현존 대장경 중에 『高麗藏』, 『房山雲居寺石經』, 宋 『資福藏』, 『影印宋磧砂藏』, 元 『普寧藏』 등 판본의 『금강경』은 모두 '菩薩'로 되어 있고 明代의 『徑山藏』 본만 '菩提'로 되어 있다.

161 '爲'는 '謂' 통한다.

162 原錄에서는 '如'를 빠뜨렸다. 여기서는 原卷에 '如'자가 있다는 潘重規의 의견을 따랐다.

163 '歛驗'의 '歛'자가 原卷에는 '殳' 편방으로 쓰여 있다. 이는 '歛'의 속자이다. '歛驗'은 해석이 안 되므로 아무래도 '驗'을 '念'으로 읽어야 할 것 같다. 위에 "各請歛心合掌手" "各請歛心合手掌着"(여기서도 '歛'의 편방은 모두 '殳'로 되어 있다)이라는 말이 있는데 '歛念'은 여기 나온 '歛心'과 거의 같은 의미일 것이다. 劉凱鳴은 '歛驗'을 '檢

경문 "수보리야, 만약 어떤 사람이 한량없는 아승지겁의 세계에 가득 찬 칠보를 가지고 보시할지라도"까지.

이는 무수한 겁의 칠보를 보시해도 이 보시가 경문을 가짐만 못하다는 것입니다. "보살심을 발한 자"가 "저보다 나으리라"고 말했는데요, 이 경문은 앞의 글에서 진신(眞身)이 부동함을 밝히자 화신한 여래가 말한 경문의 법은 복덕의 보상이 없을 것이라 중생들이 의심하였기 때문에 여기서 화불(化佛)의 가르침을 들어 거대한 복덕의 보상이 이 경문을 지님만 못하다고 한 것이지요. 칠보의 보시가 아승기의 세계에 가득해도, 역시 능히 이 경문을 지님만 못합니다. 만약 누군가가 무량한 칠보를 아승기의 세계에 가득하도록 보시한다면, 이는 대보리심을 발하여 경문을 지니고 경문대로 수행하는 것만 못하답니다. 이 경문은 일곱 단락 중 다섯 번째 교량현승(校量顯勝)입니다. 만약 현세에 널리 경문을 가져다 지니고 마음을 가다듬어 제때에 보리를 얻을 수 있다면 가히 무진(無盡)해질 수 있습니다.

無量阿僧祇世界, 七寶持將惠有情.
布施雖獲無限福, 不如常轉大乘經.
施寶能招多快樂, 官職尊崇次弟榮.
假饒身命皆將捨, 未勝常持般若經.
此是如來眞淨法, 勸人依此學修行.
世間貪變沈淪福, 爭得[164]似蓮花朵上生.
持四句, 滅千災, 任運心中覺性開.
既解持經莫取相, 如如不動唱將來.
무량한 아승기의 세계에서

驗'으로 고쳤으나 이는 확실치 않은 것 같다.

164 原錄에서는 原卷의 초서 '得'자를 '須'자로 보았다. 그러나 '爭須'는 뜻이 통하지 않으므로 문맥에 맞게 '爭得'으로 보아야 할 것이다.

칠보를 가져다 유정(有情)한 것들에 은혜를 베푸네.
보시하여 비록 무한의 복을 얻는다 해도
항상 대승경을 읊는 것만 못하다네.
보물을 베풀면 많은 쾌락을 불러오고
관직이 높아지고 영화가 따라오나,
설사 목숨까지 모두 바친다 하더라도
항상 『반야경』을 지님만 못하다네.
이것이 여래의 진정(眞淨)한 법이니,
부디 이에 따라 수행을 배우시기를.
세간에서는 변신을 탐하고 복덕에 깊이 빠지니
어찌 연꽃처럼 상생(上生)할 수 있으리.
네 구절을 지니면 천 가지 재앙이 사라지고
어느새 마음속에서는 깨달음의 성품이 열린다네.
경문은 지니고 상(相)은 취하지 않음을 이미 이해하였으니
여여(如如)히 흔들리지 않음이 창으로 나오겠습니다.

經 : "云何爲人演說, 不取於相如如不動"者.

此是七唱之中弟六段, 政明說法不染也. 言"云何爲人演說"者, 此問應化佛身旣爲人說法, 如何不取世間相也. 答"如如不動"是也. 且佛化應身, 雖然爲人說法, 如似眞如不搖不動也, 故經答言如如不動是也.

경문 "어떻게 남을 위해 설할 것인가? 상을 취하지 않고 본 모습 그대로 흔들리지 말지니라."

이는 일곱 창(唱) 중 여섯 번째 단락으로 정명(正明)의 설법은 오염되지 않는다는 내용입니다. "어떻게 남을 위해 설할 것인가?"는 응화(應化)한 불신이 이미 사람들을 위해 법을 설하고도 어떻게 세간의 상을 취하지 않는지를 묻는 것입니다. "본 모습 그대로 흔들리지 말지니라"가 그 답이지요. 부처님은 응신으로 화하여 사람들을 위해 법을 설하고도 진여

(眞如)처럼 흔들리지도 동요하지도 않는답니다. 그래서 경문에서 본 모습 그대로 흔들리지 말라고 답한 것이지요.

發心疑[165]轉大乘經, 總未排比不要明.
會得經中眞經(徑)路, 無過嘿嘿[166]學修行.
裝香轉念尋常事, 不用誇[167]張到處呈.
經上令教不取相, 如如不動自然成.
有爲法, 古[168]絶多, 觀行觀伊事若何?
夢幻之身應不久, 再三相勸唱將來.
마음을 발하여 대승경을 읊으려 할 때
아직 다 준비되지 않았으면 밝히지 않아야 하니,
경문 속에서 진정한 길을 얻어
과오 없이 묵묵히 수행을 배워야 하리.
향을 갖추고 읊고 외는 건 일상의 일이니
과장하며 도처에서 드러낼 필요는 없네.
경문에서는 상(相)을 취하지 말라 했으니
여여히 움직이지 않으면 자연히 이루어지리라.
유위(有爲)의 법은 예전에 대부분 끊었으니
진리를 보고 몸소 실행함은 또 어떠한가?
몽환의 몸은 응당 오래가지 못하리니
재삼 권하는 말이 창으로 나오겠습니다.

經 : "何以故?" 徵也. 卽徵詰前來有爲之相也.[169] "一切有爲法, 如夢

165 '疑'는 '擬'로 읽어야 한다.
166 '嘿嘿'은 '默默'과 같다. 『玉篇』「口部」: "嘿, 與默同."
167 原卷을 보면 '誇'자의 우편방이 '㚘'자로 되어 있다. 이 글자는 '誇'의 속자로 봐야 한다.
168 '古'를 原錄에서는 '右'로 썼으나 '右絶多'는 해석이 안 된다. '右'는 '古'로 봐야 할 것이다. 속서에서 '古'자는 위쪽의 세로획이 너무 길게 나와 '右'와 혼동되는 경우가 많다.

幻泡影, 如露亦如電, 應作如是觀”者.

此唱是七唱之中, 弟七流轉不染也. 言“一切有爲法”者, 總擧有爲之法也. 言如夢幻泡影露電者, 約六喩解釋也. 言夢者, 過去法如夢也. 『淨名經』云 : 爲虛妄見也. 言幻者, 現在法如幻也. 『淨名經』: 從顚倒起也. 約注云過去法如夢,[170] 現在法如電, 依報如幻, 政報[171]如露, 三受如泡, 業行如影. 言三受法者, 卽苦受、樂受、不苦不樂受也. 言“應作如是觀”者, 佛勸令於有爲法中, 但作此觀, 故得如如不動也.

경문 “무슨 까닭인가?” 증명입니다. 즉 앞에서 말한 유위(有爲)의 상(相)에 대해 자세히 따지는 것이지요. “일체의 함이 있는 법은 꿈과 같고 환상과 같고 물거품과 같고 그림자 같으며 이슬과 같고 또한 번개와도 같으니, 응당 이와 같이 볼지니라.”

이 창은 일곱 창 중 일곱 번째 유전불염(流轉不染)입니다. “일체의 함이 있는 법”이라는 건 유위(有爲)의 법을 모두 든 것입니다. 꿈과 같고 환상과 같고 물거품과 같고 그림자와 같고 이슬과 같고 번개와도 같다고 말하며 대략 여섯 가지 비유를 들어 풀이했습니다. 꿈이라 말한 건 과거의 법이 꿈과 같다는 것입니다. 『정명경(淨名經)』에서는 “허망(虛妄)한 견(見)이다”라고 했지요. 환상이라 말한 건 현재의 법이 환상과 같다는 것입니다. 『정명경』에서는 “전도(顚倒)를 따라 일어난다”고 했지요. 대략 풀

169 [項楚] ‘前來’는 ‘앞에서, 이전에’의 의미이며 ‘有爲之相’은 앞에 나온 경문을 말한다. 따라서 이 말은 “前來‘有爲之相’也”가 된다. 『父母恩重經講經文』의 “前來父母有十種恩德”은 앞에 나온 경문이 부모의 열 가지 은덕을 서술했음을 말하는 것이며, 여기서 ‘前來’가 바로 위의 용법과 같다. [校注] 項楚의 주장은 옳다. 原錄에서는 ‘前來’ 아래에 쉼표를 찍었으나, 이는 옳지 않다. 다만 項楚가 ‘有爲之相’을 앞에 나온 경문이라고 본 건 잘못인 것 같다. 『금강경』 원문에 ‘有爲之相’이라는 말은 없다. 이는 작자가 귀납한 말일 뿐이다.

170 ‘云’자와 ‘去’자가 原錄에는 빠져 있다. 여기서는 原卷에 ‘云’자와 ‘去’자가 있다는 潘重規의 말을 따랐다.

171 ‘政報’는 ‘正報’로 읽어야 한다. ‘正報’는 위의 ‘依報’와 상대되는 개념이다. 과거의 업으로 인해 감득한 과보의 正體를 ‘正報’라 하고, 마음과 몸이 의지하는 몸 밖의 모든 사물을 ‘依報’라 한다.

이해서 말해 본다면, 과거의 법은 꿈과 같고, 현재의 법은 번개와 같고, 의보(依報)는 환상과 같고, 정보(正報)는 이슬과 같고, 세 가지 감각은 물거품과 같고, 업행(業行)은 그림자와 같습니다. 삼수(三受)의 법이란 곧 고수(苦受), 낙수(樂受), 불고불락수(不苦不樂受)를 말합니다. "응당 이와 같이 볼지니라"는 부처가 유위의 법 안에서도 다만 이렇게 보는 까닭에 본모습 그대로 흔들리지 않을 수 있음을 권면하는 것입니다.

散勸文

亦是結勸行人, 應當學佛作如是觀也.

산권문(散勸文)

또한 수행자들에게 권면함을 맺는 바이니, 응당 부처를 배워 이와 같이 봐야 할 것입니다.

從前已過人間事, 隱影[172]思量夢一般.

現在榮華如似電, 未來虛幻不堪觀.

中秋八月演朝露, 滴滴如珠草上懸.

也似人身無兩種, 未容[173]快樂卻巡鐶(循環).

一泡破, 一泡成, 雨点如珠水上行.

也似人身無兩種, 這邀(邊)纔死那邊生.

業如影, 行如身, 行業還同影與人.

善業感招[174]生勝處, 業緣重卽卻沈淪.

---

172 【蔣禮鴻】 '隱影'은 어떤 인상이나 흔적이 있으나 대단히 모호하고 분명치 않다는 의미이다.

173 '容'을 原錄에서는 '客'으로 쓴 다음 '容'으로 썼다. 그러나 手書에서 '容'과 '客'은 서로 혼동되는 경우가 많으므로 여기서는 바로 '容'으로 썼다.

174 '感招'는 불교용어로 자신의 행위로 어떤 결과를 초래한다는 의미이다. P.2133 「*妙法蓮華經講經文*」에 "무명의 [중생들에게] 생사의 밤은 길고도 먼데, 육도의 윤회는 스스로가 불러온 것(無明生死夜長遙, 六道循環自感招)"과 "이때 예배 올리고 귀의하면, 공덕은 한량없게 되리라(此時禮拜歸依, 功德感招無量)"라는 말이 있다. '感招'는

佛敎如是觀虛幻, 弁取[175]前生識取因.
莫在有爲心有相, 如如不動是名眞.
序分政宗[176]今講了, 流通末後[177]意如何?
一段經文三段唱, 且當弟一唱將羅.
종전에 이미 지나간 인간사는
마치 꿈처럼 모호하게 생각되고
현재의 영화가 번개와도 같으니
미래의 헛된 환상은 감히 볼 수 없다네.
중추(中秋)의 팔월에 아침이슬이 흘러
방울방울 구슬처럼 풀 위에 맺히네.
사람의 몸도 두 가지가 아니라,

'招感'으로도 쓰며 의미는 같다. S.6551 「佛說阿彌陀經講經文」: "태생, 난생, 습생이 없고 모두가 다 화생이다. 전생에 쌓은 선업으로 인해 생겨나는 것이다(無有胎生、卵生、濕生, 皆是化生, 非異熟業之招感)." 또 '感招'와 '招感'은 동의의 복합어로서 어떤 때는 '感'혹은 '招' 단독으로만 쓰이기도 한다. S.6551 「佛說阿彌陀經講經文」: "그러므로 올바른 말을 하면 성불할 것이고, 거짓을 말하면 악업의 인을 초래할 것이다(故諸端語便城(成)佛, 虛誑能招惡業因)"과 "아내가 음행하여 남편을 저버리면, 내생에 남편 없이 지내게 되네(妻若邪淫抛兒婿, 來生還感沒丈夫)"는 '感'과 '招'가 단독으로 쓰인 예이다. P.3375 「歡喜國王緣」: "그 인연으로 인해 천상에 태어나게 됨을 알게 되었으며, 과보로 복이 저절로 따랐다(因緣已感生天上, 果報還招福自隨)"에서는 '感'과 '招'가 같은 의미로 짝을 이루고 있다.

175 '弁取'에서 '弁'은 '辨'으로 읽어야 한다. '弁取'와 '識取'의 '取'는 어조사로서 '得'에 상당한다.

176 '政宗'은 '正宗'으로 읽어야 한다.

177 '末'을 原錄에서는 '未'로 썼으며, 潘重規는 原卷이 '末'로 되어 있다고 했다. 이 중에서 潘重規의 주장이 옳다. '末後'는 '後來, 最後'이다. 晉 道安 때부터 모든 경을 세 분으로 나누었는데, 첫 번째는 序分으로 해당 경전을 설하게 된 由序와 인연을 말한 부분이고, 두 번째는 正宗分으로 해당 경전이 말하는 중심 내용이고, 세 번째는 流通分으로 경전의 이익을 밝히고 정설의 유통을 권하는 부분이다. 위에서는 먼저 "序分政(正)宗今講了"라고 한 다음 "流通末後意如何?"라는 말로 이후에 경문의 마지막 부분인 유통분을 연설할 것임을 나타내고 있다. 러시아 소장 올젠부르그 편 252번 「維摩詰經講經文」: "삼생 동안에 쌓는 복덕 중에서 부귀함은 제일 보잘것없는 것입니다(夫三身種福, 富貴爲末後之難)"의 '末後'가 같은 의미이다.

즐겁지 않으면 곧 윤회한다네.
하나의 물거품이 터지면 하나의 물거품이 만들어져
빗방울은 구슬처럼 물 위를 다니네.
사람의 몸도 두 가지가 아니라,
이곳에서 죽자마자 저쪽에서 태어난다네.
업(業)은 그림자 같고 행(行)은 몸과 같아
업을 행함은 그림자와 사람과 같다네.
선업을 쌓으면 나은 곳에 태어나게 되나
업의 인연이 무거우면 깊은 나락으로 빠진다네.
불교에서는 이처럼 헛됨과 환상을 보아
전생을 판별하고 인연을 알 수 있다네.
유위의 마음과 유상(有相)을 갖지 말고
본 모습 그대로 흔들리지 않음이 그 이름이 참되다네.
서분(序分)의 정종(正宗)은 지금 다 강하였는데
유통분(流通分)의 마지막은 어떤 뜻일까요?
한 단락의 경문을 세 단락으로 나누어
이제 첫 번째 창이 나오겠습니다.

經: "佛說是[經][178]已"者. 此是流通分中, 弟一標佛化畢也. 言"已"者, 畢竟了絶之義也.

경문 "부처님께서 이 경문의 설함을 마치시니." 이는 유통분 중 첫 번째 표불화필(標佛化畢)입니다. "이(已)"는 모두 끝마쳤다는 의미입니다.

佛是牟尼三界主, 經是金剛一卷經.
說是慈尊親爲說, 人天總得悟無生.

178 楊雄은 『금강경』에 근거하여 '經'자를 채워 넣었다. 여기서는 이를 따랐다.

辭法座, 捨花臺, 修羅大衆意徘徊.
奉計當時聞法了, 誰人領解唱將羅.
부처는 삼계(三界)의 주인이신 석가모니이고
경(經)은 『금강』이라는 한 권의 경이며
말씀은 자존께서 친히 하시는 말씀이니
사람과 하늘이 모두 무생(無生)을 깨달을 수 있다네.
법좌(法座)를 사양하고 화대(花臺)를 버리자
수라(修羅)의 대중들은 배회하며
받들어 즉시 법을 듣고자 하니
어떤 사람이 깨달았는지 이제 창으로 나오겠습니다.

經 : "長老須菩提, 及諸比丘、比丘尼"至"聞佛所說"者.

此是弟二段, 表衆同聞也. 言"長老者[179]須菩提"者, 已如上弁(辨), "比丘"[180]者, 亦如上弁(辨)也.

言"比丘尼"者, 佛度夷(姨)母之時, 阿難三請如來. 言三請者 : 一、直請, 二、擧恩請, 三、擧過去諸佛, 皆有四衆, 然可度也. 尼者女也. 尼有八敬[181] : 百、罵、擧、受、懺、請、安、恣, 是其八也. "優婆塞"

179 '者'자는 연문인 것 같다. 이 구는 경문의 말을 다시 언급하고 있다.

180 原錄에서는 '比丘' 앞에 '仏'자를 잘못 채워 넣었다. 여기서는 原卷에 이 글자가 없다는 潘重規의 말을 따랐다.

181 [譯注] '八敬'은 '八敬戒', '八敬法' 등으로도 쓰며 비구니가 지켜야 할 여덟 가지 敬戒를 말한다. 위에서 '百'은 나이가 백세 비구니라도 새로이 계를 받은 비구니를 보면 일어나 맞아 예배해야 함을 말하고, '罵'는 비구니는 비구를 흉보거나 꾸짖지 못함이며, '擧'는 비구니는 비구의 죄를 들어 그 허물을 말하지 못함이고, '受'는 식차마나(불법을 배우는 여자)는 이미 계를 배웠으므로 비구를 따라 大戒 받기를 구해야 한다는 것이고, '懺'은 비구니가 僧殘의 죄를 지었을 때에는 반드시 반 개월 안에 2부의 승려가 있는 가운데서 참회해야 함을 말하고, '請'은 비구니는 반 개월마다 비구 중에서 가르쳐 줄 사람을 구해야 함이고, '安'은 비구가 있는 곳에서 여름 안거를 하지 못함이고, '恣'는 여름 안거를 마치면 비구들 가운데서 自恣할 사람을 구해야 한다는 것이다.

者, 近佛男[182]也. "優婆夷"者, 近佛女也. 光淨曉潔, 名之爲"天", 有多恩義, 名之爲"人". 言"修羅"者, 唐言不斷疑神. 問 : 何名不斷疑? 答 : 此人修行五度, 而生悔心, 故名不斷疑也, 亦名不飮酒神也. 七勸

경문 "장로수보리와 모든 비구, 비구니"부터 "부처님의 설하심을 듣고"까지.

이는 두 번째 단락으로 표중동문(表衆同聞)입니다. "장로수보리"는 위에서 이미 말한 바입니다. "비구" 역시 위에서 말한 그대로입니다. "비구니"라는 말은 이렇습니다. 부처님이 이모를 제도할 때 아난이 세 번 여래에게 청을 하지요. 세 번의 청을 말해보면, 첫 번째는 직접 청했고, 두 번째는 은혜를 들어 청했으며, 세 번째는 과거의 제불(諸佛)을 언급하며 모두 사중(四衆)이 있었는데 가히 제도할 수 있었다고 했습니다. '니(尼)'는 여자이며 '니'에게는 여덟 가지 경법(敬法)이 있습니다. 백(百), 매(罵), 거(擧), 수(受), 참(懺), 청(請), 안(安), 자(恣)가 바로 그 여덟 가지이지요. '우바새'는 부처를 가까이하는 남자입니다. '우바이'는 부처를 가까이하는 여자입니다. 빛나고 깨끗하고 환하고 맑은 존재를 이름하여 '하늘'이라 하고, 많은 은의를 가지고 있는 존재를 이름하여 '사람'이라 합니다. '수라'는 당(唐)나라 말로는 '부단의신(不斷疑神)'이 됩니다. 왜 '부단의(不斷疑)'라 이름하는지 물으신다면, 그 답은 이렇습니다. 바로 이 사람은 오도(五度)를 수행하면서도 후회하는 마음을 갖기 때문에 '부단의'라는 이름을 취하게 된 것이지요. 이는 또 '불음주신(不飮酒神)'이라고도 부릅니다.

祇園會裏談眞教, 能問慈尊是阿誰.
算料別人應不敢, 莫過長者須菩提.
解空羅漢多方便, 起坐如來鎭塞隨.
不遣四生著有相, 三乘總要悟無爲.

---

182 '男'을 原錄에서는 '界'로 썼으며, 徐震堮은 이를 '男'으로 고쳐야 한다고 했다. 徐震堮의 주장이 옳다. '男'과 '界'가 필획의 첫 부분이 같아서 잘못 쓴 것이다.

比丘僧, 比丘尼, 同聞般若契根機.
不說當初佛在日, 如今聞說也歸依.
一會人, 一會天, 梵王帝釋及諸仙.
爲聽金剛般若法, 同時總在世尊前.
此經一卷最幽玄卄句[183]
夜叉衆, 乾撻婆, 修羅又有緊那羅.
八部龍神千萬衆, 五音六律奏箏歌.
圍寶座, 遶花臺, 覺道菩薩心已開.
信受奉行歡喜處, 分明好爲唱將羅.
기원의 모임에서 참된 가르침을 이야기함에
능히 자존에게 여쭐 수 있는 이 누구인가.
생각해보니 다른 사람은 감히 할 수 없고
장자 수보리만한 이가 없구나.
나한의 많은 방편이 공(空)함을 깨닫고
앉으나 서나 여래를 따른다네.
사생(四生)이 유상(有相)에 집착하지 않도록 하며
삼승(三乘)으로써 모두 무위를 깨달아야 한다네.
비구승과 비구니는
함께 반야를 들으며 근기를 맺어,
당초에 부처가 계시던 날은 말하지 않고
지금 설법을 들어 귀의한다네.
사람이 모이고 하늘이 모이고
범왕과 제석과 모든 신선들까지

183 【原校】 "此經一卷最幽玄卄句" 구는 연문으로 봐야 할 것이다. 왜냐하면 아래의 8구는 위의 내용에 이어지고, 또 이 시는 총 24구라 20구라는 말과 부합되지 않기 때문이다. 【校注】 원권을 보면 '此經一卷'의 네 글자 우측에 'ㄱ' 표시가 있다. 이는 이 구는 연문이므로 지워야 한다는 의미일 것이다.

금강반야의 법을 들으려
동시에 모두 세존 앞에 이르네.
야차의 무리와 건달파,
수라에 또 긴나라까지 있으며
팔부와 용신과 천만 대중이
오음육률(五音六律)로 쟁가(箏歌)를 연주하네.
보좌를 둘러싸고 화대를 에워싸고
도를 깨우친 보살의 마음은 이미 열렸다네.
믿음으로 받고 봉행하며 기뻐하는 부분이
선명하고도 좋은 소리의 창으로 나오겠습니다.

經 : "皆大歡喜, 信受奉行"者, 弟三歡喜奉行也. 言歡喜者有三清淨. 言三淸淨者 : 一、能說淸淨, 是佛也; 二、所說淸淨,[184] 是敎也; 三、聞經得果淸淨, 是衆也. 具此三義, 故[185]得歡喜奉行也.

경문 "모두 크게 기뻐하며 믿음으로 받아 봉행한다"는 세 번째 환희봉행(歡喜奉行)입니다. '환희'라 하는 것에는 세 가지 청정함이 있습니다. 세 가지 청정함을 말씀드리면, 첫 번째 청정함을 말할 수 있으니 이는 부처이고, 두 번째 들은 바의 청정함이니 이는 가르침이고, 세 번째 경문을 들어 청정함을 득과할 수 있으니 이는 대중들입니다. 이 세 가지 의의를 갖춘 고로 기쁘게 봉행할 수 있는 것이지요.

上來有三 : 一、序分, 二、政宗,[186] 三、流通. 初從"如是我聞"至"敷坐而座"[187]爲序分; 二、從"長老須菩提在大衆中"至"應作如是觀"已來,

---

184 原卷을 보면 '淸淨'이 '淸了' 모양으로 쓰여 있다. 아래 "聞經得果淸淨"의 '淸淨'도 같은 모양인데, 이는 '淸淨'을 간략히 쓴 것이다. '淸淨'이 본 편에서 자주 등장하는 단어이고 앞에서도 여러 번 나왔으므로 초사자가 간단히 쓴다는 표시를 한 것이다.
185 '故'를 原錄에서는 '做'로 잘못 썼다. 여기서는 原卷에 근거하여 옳게 고쳤다.
186 '政宗'은 '正宗'으로 읽어야 한다. 아래 "政宗分"의 '正宗' 역시 마찬가지다.

爲政(正)宗分也.[188] 三、從"佛說是經已"至"信受奉行"名流通分.[189] 就流通分有三[190]: 弟一、標佛化畢, 卽"佛說是經已"者是也. 弟二、表衆同聞, 卽"長老須菩提[……]聞佛所說"[191]是也. 弟三、歡喜奉行, 卽"皆大歡喜信受奉行"是也. 三段不同, 總是一卷經文.

解釋已竟, 從此外任覓送路而走,[192] 七勸任用者也.

지금까지 첫째 서분, 둘째 정종, 셋째 유통의 세 가지가 있었습니다. 첫 번째는 "이와 같이 내가 들었다"부터 "자리를 펴고 앉으셨다"까지로 서분이며, 두 번째는 "장로수보리가 대중들 속에서"부터 "마땅히 이와 같이 볼지니라"까지로 정종분이 됩니다. 세 번째는 "부처님께서 이 경문을 설해 마치시니"부터 "믿음으로 받고 봉행한다"까지로 유통분이라 합니다. 유통분은 세 가지가 있는데요, 첫 번째는 표불화필(標佛化畢)로 "부처님께서 이 경문을 설해 마치시니"가 바로 그것입니다. 두 번째는 표중동문(表衆同聞)으로 "장로수보리[……] 부처님께서 설하신 바를 듣고"가 바로 그것입니다. 세 번째는 환희봉행(歡喜奉行)으로 "모두 크게 기뻐하며 믿음으로 받아 봉행한다"가 그것입니다. 세 단락은 서로 다른데 이 모두가 하나의 경문이 되는 것이지요.

---

187 "敷坐而座"의 '坐'와 '座'는 자리가 바뀌어야 한다. 『금강경』 원문이 바로 '敷座而坐'로 되어 있다.

188 [原校] 原卷에는 "已來爲政宗分也" 구 아래에 "此經一卷最幽"라는 여섯 글자가 있으나 아래의 글과 문맥이 통하지 않아 지운다. [校注] 原卷을 보면 이 여섯 글자 우측에 'ㄱ' 부호가 있다. 이는 이 글자들이 연문이라 지워야 한다는 표시로 보인다.

189 原卷을 보면 이 구 아래에 '三段不'의 세 글자가 있으나 우측에 'ㄱ' 부호가 있어 이를 삭제하라는 의미로 보고 여기서는 쓰지 않았다. 原錄에서는 일부러 '同'자를 넣어 '三段不[同]'으로 썼으나 이는 옳지 않은 것 같다.

190 原卷을 보면 '三'자 아래에 작은 글자로 '七勸'이라 쓰여 있으나 우측에 'ㄱ' 부호가 있어 삭제하라는 의미로 보고 여기서는 쓰지 않았다. 原錄에서는 이 두 글자를 아예 처음부터 쓰지 않았으면서도 그 이유는 밝히지 않았다.

191 原卷에는 생략 부호가 없다. 楊雄은 "長老須菩提"부터 "聞佛所說" 사이에 일단의 경문이 빠져 있으므로 생략부호를 넣어야 한다고 했다. 여기서는 이 의견을 따랐다.

192 原卷을 보면 '外任覓送'의 네 글자 우측에 'ㄱ' 부호가 있다. 아무래도 이는 '外任覓送路而走' 일곱 글자를 삭제하라는 의미인 것 같다.

해석은 다 끝났습니다. 여기에서 밖으로 임용되어 길을 찾아 떠나시니 임용자에게 일곱 번을 권면합니다.

貞明六年正月 日,[193] 食堂後面書抄, 淸密,[194] 故記之爾.

정명(貞明) 육년 정월 모일 식당 뒤에서 초사했으며, 깨끗하고 조밀하여 이를 기록함.

---

193 原卷을 보면 '月'과 '日' 사이에 한 칸 정도의 공간이 있다. 潘重規는 이것이 결문은 아니라고 했다. 原錄에서는 '□' 부호로 결문 표시를 했으나 이는 옳지 않은 것 같다.

194 [原校] 原卷에서 '淸密' 두 글자는 먹물로 지운 모습이다. [潘重規] 지운 것이 아니라 두루마리 끝에 먹물이 엷게 스며든 것이다.

불설아미타경강경문 1(佛說阿彌陀經講經文一)[1]

(上缺)

□[2]宮振動皆驚怖, 童子眞心福感招.[3]

從此必應成正覺, 誓向菩提駕法橋.

---

1 王重民 【原校】 原卷의 編號는 P.2931이다. 처음과 끝이 잔결되어 있는데 내용에 의거하여 제목을 정했다. 經文은 '與大比丘衆'에서 '阿㝹樓馱'까지다. 소의경전은 구마라집 역본이다. 【潘重規】 이 권자 뒤에는 왕중민이 초록한 문자의 상당 부분이 사라지고 없다.

2 楊雄은 빠진 글자가 '魔'자라고 하였는데 사실에 가깝다. 본편은 권두가 빠져 있는데 잔존하는 부분에 의하건대 경문 '大比丘衆' 네 글자를 연역한 것이다. 比丘는 梵語이며 '怖魔', '乞士', '淨持戒' 등으로 의역된다. 러시아 소장 符盧格編 96호 「雙恩記」에서는 "대비구는 일명 怖魔라고 한다. …… 마귀에게 공포심을 주기 때문에 魔怖라고 한다(大比丘者, 一云怖魔比丘. …… 令魔恐怖, 故云魔怖)"라고 되어 있다. 본편 권두의 4구는 '怖魔'를 해석한 것인 까닭에 "魔宮振動皆驚怖"란 어구가 있다.

3 '感招'는 原錄에서는 '惑招'라 오록되어 있다. 潘重規가 原卷은 '感招'로 되어 있다고 하였다. 이에 의거하여 바로잡는다. '感招'는 변문 중의 관용어로서, 자신의 어떠한 행위로 말미암아 모종의 결과를 야기한 것을 가리킨다. 664쪽 교주 276)번에 상세한 해설이 있다.

弟[4]一名曰[5]怖魔, 第二何名乞事?[6] 上從諸佛乞法, 下從檀越乞食.

袈裟纔掛[7]體, 便得爲僧相.

生滻[8]不結周,[9] 不求於利養.[10]

隨分且過時, 不起於溢蕩.

早願證生空, 生死休來往.

一件袈裟掛在身, 威議(儀)[11]去就[12]與[13]常人.

---

4 ‘弟’는 原錄에서는 ‘第’로 되어 있다. [校注] 순서를 뜻하는 글자가 본권에서는 모두 本字 ‘弟’로 되어 있다. 原錄에서는 이를 모두 ‘第’로 수정하였는데 불필요한 작업이다. 여기서는 原卷에 의거하여 모두 ‘弟’로 교정하였다.

5 ‘曰’은 原錄에서는 ‘日’자로 되어 있는 듯하고 原錄에서는 ‘日’로 보았다. [校注] 돈황 사본에서 ‘曰’과 ‘日’은 그 형태의 유사성으로 인해 혼용되어 있다. ‘曰’자인지 아니면 ‘日’자인지는 문맥에 맞춰 결정해야 한다. 여기서는 문맥에 의거하여 ‘曰’로 보았다.

6 ‘乞事’는 楊雄은 ‘乞士’로 보았는데 지극히 옳다. 러시아 소장 「雙恩記」에서는 “(대비구는) 乞士라고도 부른다. 출가인은 텅 빈 마음으로 불도를 추구하고, 비축해 놓는 법 없이 밖에서 옷과 밥을 구걸하여 육신을 유지시키며, 안에서 법문을 구하여 모든 중생을 제도하는 까닭에 乞士라고 부른다((大比丘者)二者名乞士, 出家之人, 虛心求道, 無所貯畜, 外乞衣食, 以資色身; 內之(乞)門法(法門), 度之(諸)人衆, 故云乞士).”

7 ‘掛’는 ‘穿’이다. 다음의 “一件袈裟掛在身”의 ‘掛’ 역시 마찬가지다. 상세한 해설은 『通釋』을 참조하라.

8 生滻 : [原校] 啓功은 ‘滻’을 ‘涯’로 보아야 할 것 같다고 하였다. [校注] ‘涯’자는 ‘漄’로 적기도 하는데 ‘滻’은 ‘漄’의 형와자인 듯하다. ‘生涯’는 생활용품, 재산을 가리킨다. 『通釋』에 상세한 설명이 있다.

9 結周 : 『通釋』에서는 해석이 안 된다 하여 「變文字義待質錄」에 편입시켜 놓았다. [陳治文] ‘結’은 ‘給’의 와자인 듯하며 ‘給周’는 ‘周給’의 도치문이다. ‘周給’은 ‘周匝供給’의 뜻이다. [袁賓] ‘結周’는 ‘繫舟’의 가차자이다. ‘不繫舟’는 『莊子』 「列御寇」에서 나오는데 승려의 ‘虛而敖遊’한 생활을 비유하고 있다. [楊雄] ‘結周’는 ‘結界’의 형와자이다. ‘結界’는 불교 술어이다. ‘不結界’는 일정한 경계에 한정되지 않음을 뜻한다. [校注] 원씨와 양씨의 두 견해는 다소 우회적이라 신빙성이 떨어진다. ‘結’은 ‘給’의 와자라는 진씨의 견해는 탁월한 면이 있다. 그러나 ‘給周’가 ‘周給’의 도치이며 ‘周’가 ‘周匝’이란 해석은 타당하지 못하다. ‘給周’는 同義의 복합어로 ‘周’는 ‘給’과 같은 뜻이다. 『玉篇』 「貝部」 : “賙, 給也, 贍也.” ‘賙’는 ‘周’의 후기분화자이다. 『周禮』 地官 大司徒 鄭玄의 주석 : “賙者, 謂禮物不備, 相給足也.” 『說文解字』 糸部 : “給, 相足也.” 段玉裁 주석 : “相足者, 彼不足此足之也.” ‘給’은 ‘周(賙)’와 같은 뜻이다. ‘生涯不給周’는 의식 등의 생활용품이 풍족하지 못함을 뜻하며 문맥에도 부합된다.

10 利養 : 재물과 이윤을 가리킨다. 『洛陽伽藍記』 「瓔珞寺」 : “승려들의 재물은 백성들이 증여한 것이다(衆僧利養, 百姓所供也).”

周遊雲水爲家舍, 到處靑山與作鄰.

禁制貪嗔除望(妄)想, 經行樹下廣修眞.

上從諸佛求眞法, 下化迷徒[14]出苦津.

周遊雲水不爲難, 掌鉢巡門[15]化一餐,

百納[16]遍身且過日, 一瓶添了鎭長[17]閑.

看經每向雲中寺, 攲[18]枕遙思海上山,

觀此世徒(途)渾似夢, 誰能終日帶愁顔.

(윗부분 빠져 있음)

마궁(魔宮)이 진동하니 모두들 두려움에 벌벌 떨고

동자(童子)의 진심(眞心)은 복을 불러온다.

이로부터 반드시 정각(正覺)을 이루어

보리(菩提)를 향한 법(法)의 다리(橋)를 놓으리라 서원한다.

첫째로 포마(怖魔)[19]라고 부른다. 둘째로 [걸사라고 부르는데] 무엇을

---

11 威議: [原校]에서는 '威儀'로 보았는데 이는 지극히 옳다. '威儀'는 불경과 변문 중에 자주 등장하는 관용어로서, 용모와 행동거지의 규범 및 복식과 의식의 총칭이다. 『通釋』에 상세한 해설이 있다.

12 '去就'는 변문 중의 관용어로서 행동거지를 가리킨다. 『通釋』에 상세한 설명이 있다.

13 '與'를 蔣禮鴻은 '異'로 보았는데 극히 옳다.

14 [徐震堮] '徒'는 응당 '途'이다. [校注] '迷徒'는 길을 잃은 무리를 말하며 불교에서 교화의 대상이다. 서씨는 '徒'를 '途'로 보았는데 문맥상 맞지 않다.

15 巡門: 項楚는 '沿門'으로 보았다. P.3211 王梵志 詩「觀內有婦人」: "가난하고 가진 것 없으니 집집마다 구걸하여, 곡식을 얻어 함께 먹는다네(貧無巡門乞, 得穀相共餐)." 이 '巡門' 역시 같은 뜻이다.(항씨의 견해는 『王梵志詩校注』에 보인다)

16 百納: 原校에서는 '百衲'으로 되어 있다. [校注] '納'자는 굳이 고칠 필요 없다. 『玉篇』「衣部」: "衲, 或作納." 승려의 옷을 '衲衣', '百衲衣'라 부르는데 '衲'자는 '納'으로 적기도 한다. P.3079「維摩詰經講經文」: "(천녀들) 하나하나가 袈裟도 잘 지을 수 있네(個個能裝百衲衣)."

17 '鎭長'은 '늘', '오래도록'이란 뜻이다. 『通釋』에 상세한 해설이 있다.

18 '攲'는 '依', '倚'의 뜻이다. 唐 劉禹錫「和宣武令狐相公郡齋新竹」詩: "베개에 기대어 한가한 마음으로, 詩想에 잠겨 홀로 읊조리는데 누구와 함께 나눌까?(攲枕閑看知自適, 含毫朗詠與誰同?)" 여기의 '攲'는 같은 뜻이다. 原錄에서는 '欹'로 되어 있는데 이는 原卷에 부합되지 않는다.

19 포마(怖魔)·걸사(乞士)·정계(淨戒)·정명(淨命)·파악(破惡)은 '비구오덕'이라 하

걸사(乞士)라 하는가? 위로는 제불(諸佛)로부터 법을 빌고 아래로는 시주(施主)로부터 음식을 빈다.

가사를 몸에 걸치니
승려의 모습이로다.
생애 내내 풍족하지 못했으나
재물과 이윤을 좇지 않았네.
분수에 맞게 살아왔으니
지나치거나 방탕한 적 없었네.
일찍이 생공(生空)[20]을 깨달아
생사(生死)의 윤회를 그치고자 하였네.
한 벌의 가사를 몸에 걸치니
위엄와 행동거지가 일반인과 다르네.
세상을 주유하며 구름과 강을 집 삼으니
가는 곳마다 청산(青山)과 이웃하네.
탐욕과 분노를 억제하고 망상을 없애며
나무 아래를 거닐며 널리 진리를 구한다.
위로는 제불(諸佛)의 가르침을 좇아 진법(眞法)을 구하고
아래로는 어리석은 중생들을 교화하여 고뇌의 늪에서 벗어나게 한다.
구름과 강처럼 주유하는 것을 힘들어하지 않으며
바리때를 들고 집집을 다니며 한 끼를 비니
납의(衲衣)를 몸에 두르고서 생활하며
병 하나를 채우고 나니 오랫동안 한가롭다.
경전을 바라보며 구름속의 절집을 떠올리고
베개에 기대어 멀리 바다 위의 산을 그리워한다.

여 비구가 중히 여기는 바다.

20 '나'라고 하는 것은 오온(五蘊)이 화합하여 이루어진 것일 뿐, 참으로 '나'라고 할 만한 실체는 없다는 말. 아공(我空)이라고도 함.

이 세상을 바라보니 꿈처럼 흐릿하다지만
어느 누가 하루 종일 근심스런 얼굴빛 띨 수 있으리.

第三名曰[21]淨持戒.

既辭父母作沙門, 意願修行出世塵,
軌範每常長不闕, 威儀未省暫離身.
行時不離三依(衣)[22]眠, 出宿還須普告陳,
進上(止)終諸[23]過馬勝,[24] 威駝[25]行步與[26]常倫.
松篁勁節, 未可化[27]其堅貞;
霜雪瑩明, 難可儔於皎白.
禁制身心無毀犯, 名聞利養弟隨身.
由持戒故得定, 因定乃得神通,
功德憑此周圓, 任軍(運)[28]無之[29]惡業.

---

21 '曰'은 原卷에서는 '日'로 되어 있으나 문맥에 의거하여 '曰'로 적는다.

22 【原校】 周一良은 "三衣는 僧伽梨, 鬱多羅僧, 安打會의 세 종류 의복을 가리킨다. 가사를 벗지 않고 잠에 듦을 말하고 있다"고 하였다.

23 '終諸'는 '결국', '필경'의 뜻이다. '諸'는 어조사로 아무런 뜻이 없다. P.2747「捉季布傳文」: "계포와 종리말이지 분명 다른 사람은 아닙니다(只是季布鍾離末, 終諸更不是餘人)." 또 '終知'로도 되어 있다. P.3697「捉季布傳文」: "전창이라는 이름은 당연히 거짓이고, 분명 초나라 신하일 것이다(名曰典倉應是買(賈-假), 終知必是楚家臣)."

24 【原校】 周一良은『西域記』권9의 "阿濕溥恃比丘, 唐言馬勝"을 거론하며 馬勝은 예법에 맞는 몸가짐으로 널리 알려진 자라 하였다.

25 '威駝'는 응당 '威儀'이다.('儀'와 '迤'는 음이 비슷하며 '迤'와 '駝'는 형태가 비슷하다.『集韻』에 의하면 '迤'에는 唐河切 음이 있어 '駝'와 음이 비슷하다. 따라서 '駝'는 '迤'의 오자일 것이며, 다시 '迤'는 '儀'의 가차자일 것이다) '威儀'는 앞의 '進止'와 대응되며 의미가 비슷하다. 原校에서는 '威駝'를 '逶迤'로 보았는데 정확하지 못하다.

26 '與'는 응당 '異'로 보아야 한다. 주석 12)번을 참조하라.

27 '比'는 原錄에서는 '化'로 되어 있다. 【徐震堮】 '化'는 응당 '比'가 되어야 한다. 【校注】 原卷은 본래 '比'자인 것 같다. 이에 바로잡는다. '比'는 다음 聯의 '儔'자와 대구되며 같은 뜻이다.

28 【原校】 周一良은 "'任軍'은 '任運'으로 보아야 할 것 같다. '自然'과 같은 뜻이다"고 하였다. 【校注】 '軍'은 '運'의 편방생략자이다.(돈황사본 중에는 편방생략자가 매우 많다) '任運'은 돈황변문의 관용어이다. 650쪽 주석 48)번을 참조 바란다.

欲得當來登彼岸, 要持淨戒護浮囊.[30]

或云淨命, 則乞事中攝離四邪五邪等.[31] 或云破惡, 卽淨持戒,[32] 如魔思女持戒, 猶如破毒氣, 直到命終不犯戒故.

셋째로 정지계(淨持戒)라고 부른다.

부모와 작별하여 사문(沙門)이 되었으니
수행에 힘써 열반의 세계로 들어가길 원하네.
계율을 항상 지켜 어긴 적 없고
위의(威儀)도 잠시나마 잃은 적 없네.
행각 중에는 가사를 입은 채 잠을 자고
밖에서 머물 때는 널리 알려야 하네.
행동거지는 마승(馬勝)을 능가하고
위의와 걸음걸이는 세상의 윤상(倫常)과 다르네.
송죽(松竹)의 굳센 절개도 그의 지조에는 비할 수 없고
서리와 눈의 눈부심도 그의 깨끗함과는 짝하기 어렵네.
심신을 통제하여 [계율에] 어긋난 법 없고
명성과 이득을 좇지 않으니 제자들이 그 몸을 따르네.
계율을 지킴으로 말미암아 삼매를 얻고
삼매를 얻음으로 말미암아 신통력을 얻네.
공덕은 이로 인해 두루 갖추어지니

---

29 '之'를 潘重規는 '諸'로 보았다.

30 '浮囊'은 물을 건너는 도구이다. 『通釋』에 상세한 해설이 있다.

31 '則'은 '卽'과 같다. '乞事'는 '乞士'임은 앞서 말한 바 있다. '四邪五邪'는 '四邪命', '五邪命'을 가리킨다.(『大智度論』 권3, 권19에 상세한 설명이 있다) 비구는 '淨命'이라고도 부른다. 밥을 구걸하는 과정에서 사사명과 오사명을 멀리함을 말한다. 原錄에서는 '或云淨命則乞事中, 攝離四邪、五邪等'으로 되어 있는데, 이리 보면 해독하기 어렵다.

32 '破惡'은 비구의 譯名 중의 하나이다. 『華嚴經探玄記』 卷18 : "비구는 세 가지로 번역되는데 '怖魔', '破惡', '乞士'가 그것이다(比丘者, …… 義翻有三, 謂怖魔、破惡及乞士)." 본문의 의미는 비구는 '破惡'이라고도 부르며 이는 곧 '淨持戒'를 가리킨다는 것이다. 原錄에서는 '或云破惡卽淨持戒'로 되어 있는데 이는 타당하지 못하다.

저절로 모든 악업이 사라지네.
내세에는 피안에 오르고자
계율을 수지하고 부낭(浮囊)[33]을 간직하네.

혹은 정명(淨命)이라고도 부르는데, 이는 걸식을 행하며 사사명(四邪命)과 오사명(五邪命)[34]을 멀리하는 까닭이다. 또 파악(破惡)이라고도 부르는데, 이는 갖가지의 악한 법을 깨어 부순다는 뜻이다. 수명이 다할 때까지 계율을 범하지 않는다는 의미에서 정지계(淨持戒)와 같다

以下解「衆」. 言衆者, 上略[35]故. 具足義說[36]云衆和合, 故梵語僧伽, 此云和合. 僧具理和事和、僧德僧類, 四人已上訢遵, 揭離雜諍競,[37] 故云和合. 戒和, 若聖若凡必同遵; 見和, 隨淺隨深須總解. 利和, 一

33 바다를 건너는 사람이 빠지지 아니하도록 물 위에 띄우는 큰 주머니라는 뜻으로, 불법의 계율을 이르는 말.

34 오사명이란, ①술법으로 이익을 구하지 말라. ②자신의 공덕을 나타내어 이익을 구하지 말라. ③천문, 지리, 관상, 사주로 이익을 구하지 말라. ④호언위세로 이익을 구하지 말라. ⑤양쪽을 칭찬하면서 이익을 구하지 말라.

35 '上'은 응당 '尙'으로 보아야 한다. '尙略'은 생략하기 좋아함을 말한다. P.3093 「佛說觀彌勒菩薩上生兜率天經講經文」에서 "'보살'은 완전한 말이 아니다. 범어에서는 '보리살타(菩提薩埵)'라고 하는데, 唐나라 말이 축약하는 걸 좋아해, '菩' 뒤의 '提'를 없애고 '薩' 뒤의 '埵'를 없애서 '菩薩'이라고 하였다(菩薩者不足, 梵語云菩提薩埵. 唐言好略, 菩下去提, 薩下去埵, 故名菩薩)"이라 하였는데, '尙略'은 '好略'과 같은 뜻이다.

36 具足義說 : '說'자는 原卷에서는 '説'로 되어 있는데 이는 곧 '說'자이다. 뒤에 나오는 "莫說姓薛姓裴" "也不行藏說是非" "若說當日其(祇)園會"의 '說'자 역시 原卷에서는 모두 이 형태로 되어 있음이 이를 증명한다. 原錄에서는 '記'로 되어 있고 潘重規는 이를 '詵'로 보았는데 모두 옳지 않다. '僧'은 범어 '僧伽'의 생략이다. '衆和合', '和合衆'으로도 번역되며 '衆'으로 간칭되기도 한다. 본문의 의미는, '衆'은 唐言에서 생략하기 좋아하는 까닭에 이렇게 표기한 것이고 그 '具足義(완전한 표현)'로는 '衆和合'이라 불러야 한다는 뜻이다. 뒤에 나오는 "舍利弗者具足云奞(이 글자는 衍字로 보인다)舍利弗怛羅'의 '具足' 역시 같은 의미이다. 原錄에서는 '說'을 '記'로 적고 또 '具足義記'에 서명 부호를 붙이고 있는데 이는 오류다.

37 이 두 구는 해독이 어렵다. '揭'는 '獨'으로 보아야 할 듯하고, '雜'자는 衍字이다('離'와 형태가 유사하여 생긴 오류). 原錄에서는 '訢(欣)遵'을 뒤 구에 속하는 것으로 되어 있으나 여기서는 따르지 않는다. 또 '競'자는 原卷에서는 '竟'으로 되어 있는데 이는 '競'의 속자이다.

錢一鐵[38]悉同沾; 身和共住, 長幼周(同)居伽藍; 口和不淨,[39] 不譚善惡絶氣云; 意和, 蜜蜜修行不違背[40] : 六事依行無欠闕, 終諸[41]便是好師僧.

不論崔盧柳鄭, 莫說姓薛姓裴,
僧家和合爲門, 到處悉皆一種.
尊化[42]存其夏臘, 任軍(運)已遣榮枯.
同向解脫門中, 合受如斯覆陰(蔭).
一縷袈裟身上掛, 堪與門徒長福田.
身披縷褐福田衣, 堪與門徒作所歸,
戒似天邊秋夜月, 防非止惡要精持.
僧家只合爲和順, 也不行藏說是非,
唯有出家佛弟子, 和合所以得如斯.

다음으로 '중(衆)'을 해설한다. '중'이라 한 것은 생략하기를 좋아하는 까닭이다. 완전한 호칭은 '중화합(衆和合)'이라 하는 까닭에, 범어 '승가(僧伽)'[43]를 '화합(和合)'이라 부르기도 한다. 승(僧)이 이화(理和)[44]와 사화(事和)[45]

38 [項楚] '鐵'은 응당 '針'이다. '針'의 이체자인 '鍼'을 '鐵'로 잘못 판단한 것 같다.

39 '口和'는 原錄에서는 '只和'로 오록되어 있다. [徐震堮] '只'는 응당 '口'이어야 한다. [校注] 原卷에서는 사실 '口'로 되어 있다. 또 '淨'은 응당 '諍'이어야 하며 이는 '爭'과 같다. '口和不爭'은 승려 六和敬의 하나이다. 주석 36)번에서 상설한다.

40 '蜜蜜'을 潘重規는 '密密'로 보았는데 이는 옳다. '背'자는 原錄에서는 '皆'로 되어 있는데, 徐震堮은 이를 '背'로 보았다. [校注] 原卷의 이 글자는 '背'와 '皆'의 중간 형태이다. 돈황사본에서 '背'와 '皆'자는 혼용되고 있다. 여기서는 문맥에 의거하여 '背'로 적는다. 또 '戒和' 이하는 승려 六和敬의 의미를 해석한 것이다. 宋 睦庵『祖庭事苑』卷5 : "六和 : 一、身和, 共住; 二、口和, 無諍; 三、意和, 同事; 四、戒和, 同修; 五、見和, 同解; 六、利和, 同均." 原錄에서는 '利和' 이하의 四和를 각각 독립시켜 서술하고 있는데 이는 잘못이다.

41 '諸'는 原錄에서는 '須'로 오록하였다. 潘重規는 原卷에서는 '諸'로 되어 있으며 '諸'는 '之'와 통한다고 하였다. 이에 의거하여 바로잡는다. 앞의 주석 21)번을 참조하라.

42 '尊化'는 '遵化'이어야 할 듯하다. '교화에 따르다'는 의미다.

43 세 사람 이상의 화합된 무리라는 뜻으로, '중(衆)'이라고 번역하기도 한다.

44 같이 진리를 증오(證悟)하는 것.

45 신(身)·구(口)·의(意) 삼업(三業)에 어그러짐이 없는 것. 여기에는 6종이 있는데 이를 육화(六和)라 한다. 육화에 대해서는 본문에서 상설하고 있다.

를 이루고 승덕(僧德)과 승류(僧類)를 갖추면(?) 네 사람 이상이 기꺼이 복종하고 언쟁과 다툼이 사라지는 까닭에 '화합'이라 부르는 것이다. 계화(戒和)는 성인(聖人)과 범인(凡人)이 함께 [계행을] 지키는 것이고, 견화(見和)는 [수행이] 깊은 자와 옅은 자가 같은 정견을 갖는 것이고, 이화(利和)는 돈 한 푼 바늘 하나라도 고르게 나누는 것이고, 신화(身和)는 어른과 어린이가 같이 가람에 기거하는 것이고, 구화(口和)는 언쟁을 하지 않고 선악 절기를 말하지 않는 것이고, 의화(意和)는 친밀하게 수행하여 서로 같은 생각을 가지는 것이다. 이 여섯 가지를 행함에 어긋남이 없으면 마침내 훌륭한 스님이 되리라.

최씨, 노씨, 류씨, 정씨 가리지 않고
설씨, 배씨를 말할 것 없이
승가(僧家)가 화합되어
모두가 하나 되네.
고승의 교화를 따르며
번성과 쇠락을 운명에 맡기네.
함께 해탈문으로 향하는 가운데
이와 같은 가호를 받게 되네.
한 벌의 가사를 몸에 걸치고서
문도(門徒)와 함께 복전(福田)을 기르네.
거친 복전의(福田衣)[46]를 몸에 걸치고서
문도와 함께 돌아갈 곳을 만드네.
계율은 하늘가에 떠 있는 가을밤의 달과 같으니
그릇됨과 악행을 방지하며 [계율을] 수지하네.
승가(僧家)는 화합하여야 하고
남몰래 옳고 그름을 말해서도 안 되네.

46 가사(袈裟)를 달리 이르는 말.

오직 출가한 불제자만이
화합을 함으로써 이와 같을 수 있네.

經云 : 「千二百五十人俱」, 名[47]擧數也. 僑陳如等五人, 迦葉兄弟並諸眷屬共一千人, 舍利弗目乾連並眷屬二百人, 那舍長者子又領五十人, 共計一千二百五十五人.[48] 除五不論. 「與」者共也, 兼也, 共也之義. 大者[49]約數得名. 卽門(問)何等之人?經說比丘之衆; 其數都來[50]多少?經 : 「千二百五十人俱.」

若說當日其(祇)園會, 羅漢莫非皆上皆(輩).[51]

---

47 '名'은 '明'으로 보아야 할 듯하다. '名'과 '明'은 모두 明母梗攝字로서, 돈황사본에서는 자주 통용된다. S.3050 「不知名變文」 : "연꽃은 팔려는 게 아닙니다. 내일 연등불께서 연화성에 오시면 세존께 공양할 것입니다(某乙蓮花幷總不賣, 名日然燈佛到蓮花城中供養世尊)." '名日'을 王慶菽은 '明日'로 교정하였다. 그 예는 너무 많아 일일이 열거하지 않는다. 강경문에서는 경문을 인용한 다음, 흔히 '明××'의 형태로 인용경문에 대한 해설을 시작한다. 예를 들어 P.2133 「金剛般若波羅密經講經文」의 "'여래께서 설하신 모든 상을 갖추고 있다함'은 相好가 본래 법신을 따라 일어남을 말한 것이고, '이름이 모든 상을 갖춘 것이다'라는 말은, 비록 다르나 서로 다르지 않음을 말한 것이다(言'如來說諸相具足'者, 此明相好本從法身上起也. 言'是名諸相具足'者, 此明雖異不乖一)"가 그것이다.

48 '五'자가 原錄에서는 누락되어 있다. 潘重規는 原卷에 '五'자가 있다고 하였다. 이에 의거하여 보충한다. 경문에서는 '千二百五十人俱'로 되어 있는데 여기서는 '一千二百五十五人'으로 되어 있다. 그래서 뒤이어 '除五不論'이라 말함으로써 우수리 '다섯'을 생략하여 계산에 넣지 않음을 말하고 있다.

49 '者'는 原錄에서는 '得'으로 오록하고 있다. 潘重規는 原卷에서는 '者'로 되어 있다고 지적하였다. 이에 의거하여 바로잡는다.

50 '都來'는 '모두'라는 뜻이다. 『通釋』에 상세한 해설이 있다.

51 [原校]에서는 제일 끝 글자가 '智'로 되어 있는데 앞뒤의 문구와 韻이 맞지 않는 것으로 보아 오류로 여겨진다. [袁賓] '背'자는 '輩'를 잘못 기록한 것이다. [校注] 원씨가 말한 '輩'자는 옳다. 아마도 앞서의 '皆'자와 관련하여 생긴 오류로 보인다. '上輩'는 불교 술어로서 '三輩'의 하나이다. 『無量壽經』 卷下 : "지심으로 극락왕생을 바라는 사람으로 세 가지 부류가 있다. 上輩는 집을 버리고 욕심을 떠나 승려가 되어 보리심을 발하여 일념으로 무량수불을 염송하며 모든 공덕을 닦아 극락왕생을 바라는 부류이다(其有至心願生彼國, 凡有三輩. 其上輩者, 捨家棄欲, 而作沙門, 發菩提心, 一向專念無量壽佛, 修諸功德, 願生彼國)." 이는 그 예이다.

盡具三明及六通, 個個出來能自在.

忽見神通化衆人, 瞻禮悉能皆[52]滅罪.

若非見者發人心, 能與衆生作依賴.[53]

處處任意近花臺, 合掌顒顒嘖[54]善哉.

聞道世尊居法會, 諸天聖衆競推排.[55]

焚香不離芙蓉坐, 瞻睹常於翡翠臺.

盡赴祇園淸淨會, 願聞正法唱將來.

경전에서 "천이백오십인구(千二百五十人俱)"라 한 것은 그 숫자를 말한 것이다. 교진여(憍陳如) 등 5인, 가섭(迦葉) 형제와 그 권속 1천 인, 사리불(舍利弗)과 목건련(目犍連) 및 그 권속 2백 인, 나사(那舍) 장자와 그 무리 50인, 모두 합쳐 1천2백5십5인이다. 이 가운데 5인은 제외시켜 논하지 않았다. '여(與)'는 '공(共)', '겸(兼)', '병(並)'의 뜻이다. 대략의 수와 이름을 말한 것이다. 이들은 어떠한 부류의 사람들인가? 경전은 비구의 무리라고 대답하고 있다. 그 수는 모두 얼마나 되는가? 이에 대해 경전은 "천이백오십인구(千二百五十人俱)"라고 말하고 있다.

이날 기원(祇園)의 법회에 대해 말하자면

나한(羅漢)은 상배(上輩)[56] 아닌 자가 없고

---

52 '能皆' 두 자는 도치가 되어야 할 것 같다. '悉皆'는 同義의 衍文이다.

53 '賴'는 原錄에서는 '類'로 오록되어 있다. 潘重規는 原卷에서는 '賴'로 되어 있다고 지적하였다. 【校注】 原卷에서는 본래 '賴'로 되어 있는데 이는 곧 '賴'의 속자이다. '依賴'는 '의지하다'는 뜻이다. P.2292 「維摩詰經講經文」: "이 몸은 사대가 임시로 인연에 의해 모여서 의지처로 삼는 바이다(問我身, 是四大, 假合因緣作依賴)." 여기서의 '依賴'는 같은 뜻이다.

54 嘖 : 문중에서는 모두 '讚'의 속자로 쓰였다. 『古今韻會擧要』 「翰韻」: "讚, 或作嘖." 뒤에 나오는 "此經略嘖"의 '嘖' 역시 마찬가지다.

55 '推排'는 '推擠(밀다)'이다. 『漢書』 「朱買臣傳」: "좌중이 놀라 수승에게 알리니 서로 밀며 중간 뜰에 줄지어 서서 배알했다(坐中驚駭, 白守丞, 相推排陳列中庭拜謁)." 이로부터 '推排'는 '推擧安排(추천하여 안배하다)'는 뜻으로 확대되었다. P.2292 「維摩詰經講經文」: "小聖은 처음에 모욕을 당한 적이 있다고 하니, 大聖이 문병 가는 게 순서에 맞다(小聖從頭遭挫辱, 大權次第合推排)." 이는 그 예이다.

56 극락정토에 왕생하는 사람을 수행의 정도에 따라 상·중·하 세 가지로 나눈 삼배

모두가 삼명(三明)[57] 육신통(六神通)[58]을 지녔으며
각각은 출입에 [속박 없이] 자재하도다.
문득 신통력을 보여 중생으로 화하였으니
예배를 올리면 누구나 다 지은 죄가 사해지리라.
만일 보지 않고서도 소망한다면
중생과 더불어 기댈 곳을 만들 수 있을 것이다.
경건하게 마음을 모아 연화좌로 다가와
합장하고서 간절하게 훌륭하다, 찬탄하라.
세존이 법회에 계신다는 말을 듣고
제천(諸天)과 성중(聖衆)[59]이 앞 다투어 몰려온다.
향을 사르고 부용좌(芙蓉座)를 떠나지 않으며
언제까지나 비취대(翡翠臺)를 주시한다.
다들 기원(祇園)의 청정한 법회로 달려와
정법(正法)을 듣기 바라나니 이제 곧 창(唱)이 나오리라.

經云:「皆是大阿羅漢, 衆所知識.」

此兩句是總標千二百五十人俱也. 法華經云: 此經略嘆. 維摩經云: 金無各隨道理. 大者有其三義: 第一爲大, 超有學故. 第二智大, 盡煩惱[60]故. 第三用大, 具三明六通故.「阿羅漢」者, 釋有三義: 第一云永

(三輩) 중의 하나. 상배(上輩)는 승려가 되어 보리심(菩提心)을 일으키고 한결같이 무량수불을 생각하는 사람이 해당되고, 중배(中輩)는 비록 승려는 아니더라도 큰 공덕을 닦아 보리심을 일으키고 언제나 아미타불을 생각하며 불상과 탑을 세우거나 승려들에게 공양을 베푸는 등 크고 작은 선행을 닦은 사람이 해당되며, 하배(下輩)는 단지 보리심만을 일으켜서 무량수불을 생각하되 십념(十念)이 이루어진 사람이 해당된다.

57 아라한이 가지고 있는 세 가지 불가사의한 능력. 숙명명, 천안명, 누진명을 이른다.

58 여섯 가지 신통력을 말하는 것으로 삼명에 세 가지를 더 추가한 것. 천안통 천이통 타심통 숙명통 신족통 누진통이 있다.

59 성자의 무리. 부처와 성문, 연각, 보살 따위를 이른다. 혹은 극락세계에 있는 모든 보살을 말한다.

害煩惱賊故;[61] 第二不生, 更不招感[62]後有身故; 第三云應共(供),[63] 堪消人間廣大供養. 「衆所知識」者, 指諸大[阿]羅漢[64]也. 德位旣大, 卓爾異常, 熟(孰)不知名而欽之,[65] 熟(孰)不知之貌仰之, 故衆所知識.[66] 「皆是[大]」[67]者, 德位旣大, 行業相似, 故云皆是大也.

偉哉羅漢, 位極難階.[68] 超有學之流, 越凡夫之輩. 智具十智, 通具

---

60 '惱'는 原卷에서는 본래 '惱'로 되어 있는데 이는 '惱'의 속자이다. 原錄에서는 '腦'로 오록하였다.

61 '破賊' 두 글자는 原卷에는 없는데 여기서는 문맥에 의거하여 임의로 보충하였다. 阿羅漢은 '破賊(혹은 殺賊)', '不生', '應供'으로 번역되기도 한다. 『大智度論』 卷3: "무엇을 아라한이라 부르는가? '아라'는 '賊'이고 '한'은 '破'를 말한다. 일체의 번뇌의 도적을 부수는 자를 아라한이라 한다(云何名阿羅漢? '阿羅'名賊, '漢'名破, 一切煩惱賊破, 是名阿羅漢)." 또 '害'자를 潘重規는 '割'로 보아야 할 것 같다고 하였으나 명료하지 못하다. '害'는 '殺害'를 가리킨다. 「雙恩記」: "아라한은 번뇌가 사람을 죽일 수 있다고 말하는데 그는 날카로운 지혜의 칼로 번뇌의 도적을 죽일 수 있다(阿羅漢者, 謂煩惱名能害, 用利惠刀害煩惱賊)." 이 '害'의 용법과 같다. '害'를 '割'로 보는 것은 정확하지 않다.

62 '招感'은 '感招'라 표기되기도 한다. '불러들이다'는 뜻으로 인과응보를 가리킨다. 앞서 설명한 바 있다. 原錄에서는 '招感' 뒤에 콤마를 찍었으나 타당하지 않다. 앞뒤 문장으로 판단해보건대 '不生' 앞에 '云'자를 보충해야 할 것이다. '不生'은 '阿羅漢'의 譯名이다. 『大智度論』 권3에서는 "'阿'는 '不'이고, '羅漢'은 '生'을 뜻한다. 후세에 다시 태어나지 않은 것, 이를 '아라한'이라고 부른다('阿'名不, '羅漢'名生. 後世中更不生, 是名阿羅漢)"이라 하였다.

63 原校에서는 '共'이 '供'으로 되어 있는데 이는 지극히 옳다. 그러나 '共(供)' 다음에 콤마를 찍지 않은 것은 온당하지 않다. '應供'은 '阿羅漢'의 또 다른 역명이다. 『大智度論』 권3에서는 "아라한은 일체의 번뇌를 끊었기에 모든 천인들의 공양을 받을 만하다(阿羅漢一切漏盡, 故應得一切世間諸天人供養)"이라 하였다.

64 '阿'자는 原卷에서는 누락되어 있는데, 여기서는 項楚의 견해를 따라 보충해 넣는다. 또 '漢' 뒤에 原卷에는 '嘆'자가 있는데, 項楚는 이것이 앞 '漢'자와의 형태적 유사성으로 인해 생겨난 衍字라 하였다. 여기서는 이를 따라 삭제한다.

65 '之'는 原錄에서는 '云'으로 되어 있다. 潘重規는 原卷에서는 '之'로 되어 있다고 하였다. [校注] 原卷은 '云'자로 보이나 문맥상 '之'자가 합당하다. 이에 '之'로 기록한다.

66 '故'자는 原錄에서는 앞 문구에 속하는 것으로 되어 있고, '衆所知識'은 다음 구에 속하는 것으로 되어 있으나 모두 오류다. 여기서는 徐震堮의 견해를 따라 수정한다. 또 앞의 '之'자를 項楚는 앞의 '知'자와 음이 같음으로 인해 생긴 衍字로 보아 삭제해야 한다고 하였고, 또 '貌' 뒤에 '而'자가 누락되어 있다고 하였는데, 이는 모두 옳다.

67 '大'자는 項楚의 견해에 의거하여 보완한다.

68 [袁賓] '階'는 '偕'이어야 한다. ……'亻'과 '阝'는 잘못 혼동하여 쓰이기 쉽다. '偕'는

六通, 叨掘[69]三明, 包含八解. 磋磨口(慧)劍,[70] 斷六賊於解脫之場; 張綰定弓, 射四魔於菩提之路. 用精進馬甲冑射煩惱賊,[71] 射煩惱之賊, 破無明之惡, 生死之箭爰傷, 以念之爲[72]戈矛, 算無明而莫鄙, 斷五明[73]之株杌, 忍草猶是不令生, 燒煩惱之叢林, 遣覺花而漸茂. 父母泡[74]胎而不受, 人間供養而堪消, 現大身而偪塞[75]虛空, 化少身形如芥子. 忽湧身於霄漢, 頭上火焰而炵炵, 或隱質於地中, 足下清波而浩浩. 供養者現世獲福, 毀謗者墮落於阿鼻.

'비교하다'는 뜻으로 변문에서 자주 보인다. [校注] '階'와 '偕'는 음이 같고 뜻도 서로 통하여 굳이 고칠 필요가 없을 듯하다. 『南史』「庾易傳」 庾肩吾: "사 씨의 교묘함은 다른 사람이 비교할 바가 안 되고, 배 씨의 질박함은 선망해서는 안 된다(謝故巧不可階, 裴亦質不宜慕)." 또 『舊五代史』「張承業」 傳論: "장승업은 무황의 큰 은총에 감격하여 장종의 중흥을 옆에서 도왔다. 이는 의로움이자 충정이니 무엇으로써 거기에 비할 것인가?(承業感武皇之大惠, 佐莊宗之中興, 既義且忠, 何以階也?)" '階'자는 모두 '비교하다'는 뜻으로 쓰이고 있다.

69 '掘'은 '屈'로 보아야 할 것 같다. 『老子』 第5章 "虛而不屈"에 대해 陸德明은 "'掘'은 河上公注에서는 '屈'로 되어 있는데, 이는 곧 '竭'이며, 顧歡은 이를 '掘'로 보면서 이는 '竭'과 같다고 하였다(掘, 河上作屈. 屈, 竭也. 顧作掘, 云猶竭也)"라 하였다.

70 '磋磨'는 '날카롭게 갈다', '연마하다'는 뜻이다. 또 '慧'자는 蔣禮鴻의 의견을 따라 보충해 넣는다. '慧劍'은 지혜의 검이다. 지혜는 번뇌를 끊을 수 있기에 '慧劍'이라 부른다.

71 '射煩惱賊' 네 글자는 衍字로 보인다. 이 단락은 변려문이다. 그런데 이하 6구는 변려문에 속하지 않으며 해독하기도 어렵다. 衍字나 脫字가 있을 것이다.

72 '爲'자는 原錄에서는 누락되었다. 潘重規는 原卷에 '爲'자가 있다고 하였다. 이에 의거하여 보충한다. 楊雄은 '之爲' 두 글자가 도치되어야 한다고 하였는데 정확하지 않다. '念之'는 '念力'이 되어야 할 것 같다. '念力'은 불교 술어로서 五力의 하나이다. 한 가지에 전념하여 그로써 장애를 극복하는 힘을 가리킨다.

73 '五明'은 '無明'으로 보아야 한다. '無明'은 불교 술어로서 어리석은 마음 때문에 진리를 깨닫지 못하는 마음 상태를 말한다. 無明은 苦果를 맺게 하는 까닭에 나무에 비유하곤 한다. 『教行信證』 卷2의 "날카로운 톱이 그러하듯 모든 무명의 나무를 잘라 버린다(猶如利鋸, 能截一切無明樹)"는 본문의 "斷五明之株杌"과 서로 통한다.

74 '泡'는 응당 '胞'로 보아야 한다. 原錄에서는 직접 '胞'로 수정하였는데 이는 옳지 못하다.

75 '偪'은 原錄에서는 '儃'으로 되어 있고 '逼'으로 교정하였다. 蔣禮鴻은 이를 '偪'의 오자로 보았다. 여기서는 原卷 그대로 기록한다. '逼塞'은 '가득차다'는 뜻이다. 『通釋』에 상세한 해설이 있다.

名聞遐邇共遵,[76] 道得(德)名高已遠,
擁搭霞衣親在會, 同聞出世甚深經.
結使皆能斷, 身登解脫床,
神通人莫側(測), 心智福無疆.
盡已超凡界, 去住是尋常,
若能瞻禮者, 罪滅幾生殃.
神通羅漢盡知名, 見者能令福智生,
不向三塗親往返, 免於六道受身形.
個個盡皆除結使, 人人各自化群情.
未委當初佛會裏, 慈悲請爲烈(列)其名.
龍天八部竟徘徊,[77] 合常(掌)顒顒唱善哉,
菩薩聲聞皆赴會, 諸天聖衆盡相摧(催).
三三盡遶蓮花坐, 兩兩相隨近寶臺,
大衆虔心合掌著, 要問名字唱將來.

경문에서 이르기를, "개시대아라한, 중소지식(皆是大阿羅漢, 衆所知識)."

이 두 문구는 1천2백5십 인을 가리킨다. 『법화경』은 '차경약찬(此經略嚌)'이라 했고 『유마경』은 '금무각수도리(金無各隨道理)'라 했다. '대(大)'에는 세 가지 의미가 있다. 첫째 '행함이 크다(爲大)'는 뜻으로, 유학(有學)[78]을 초월한 까닭이다. 둘째 '지혜가 크다(智大)'는 뜻으로, 번뇌를 멸한 까닭

76 '遵'은 응당 '尊'으로 보아야 한다. 뒤의 "西天之法, 論善最遵"에서 原校는 '遵'자를 '尊'으로 보았다. 이는 그 예이다.

77 '竟'은 '意'의 형와자인 듯하다. '意徘徊'는 정신적으로 즐겁고 유쾌함을 표시한다. S.4571 「維摩詰經講經文」: "모든 일을 거사님의 판단에 의지했으니 보개를 들고 있는 마음 즐겁기만 했네(凡事皆依居士裁, 俱持寶蓋意徘徊)." 또 北京圖書館 河字 12號 「父母恩重經講經文」: "이웃들 다투어 아껴주며 보고 또 보고, 친척들 뚫어져라 쳐다보며 즐거워한다네(鄰里爭憐看不足, 親情瞻囑(矚)意徘徊)." 이처럼 '意徘徊'는 숙어처럼 붙여 사용되고 있다.

78 불교의 진리를 인식하였으나 아직 번뇌를 다 끊지 못하여 항상 계(戒), 정(定), 혜(慧)의 삼학(三學)을 닦는 성문(聲聞).

이다. 셋째 '쓰임이 크다(用大)'는 뜻으로, 삼명(三明)과 육신통(六神通)을 갖춘 까닭이다. "아라한"에는 세 가지 의미가 있다. 첫째는 '파적'으로, 영원히 번뇌라는 적을 제거한 까닭이다. 둘째는 불생(不生)으로, 다시는 후생에 육신을 불러오지 않는 까닭이다. 셋째는 응공(應供)으로, 인간의 광대한 공양을 받을 만한 까닭이다. "중소지식(衆所知識)"은 모든 대아라한을 가리킨다. 덕이 크고 유별하게 뛰어나 모두로부터 흠모와 추앙을 받는 까닭에 '중소지식'[79]이라 한 것이다. '개시대(皆是大)'는 덕이 크고 행업(行業)이 비슷한 까닭에 '개시대'라 한 것이다.

위대하도다, 아라한이여. 그 경지는 지극하여 견주기 어렵다. 유학(有學)의 부류를 초월하고 범부의 무리를 뛰어넘었다. 지혜는 십지(十智)를 이루고 신통력은 삼명(三明)과 육통(六通)을 갖추었으며 팔해(八解)[80]를 이루었다. 지혜의 검을 갈고 해탈의 장에서 육적(六賊)을 끊었으며, 활을 당겨 보리의 길에서 사마(四魔)[81]를 쏘아버렸다. 정진마갑주(精進馬甲冑)로 번뇌라는 적을 쏘아버리고 무명(無明)이라는 악을 쳐부수며 생사의 화살을…… 염력을 창과 방패 삼아…….[82] 무명(無明)의 밑동을 잘라버리고 쓰디쓴 풀이 자라지 못하게 하였다. 번뇌의 수풀을 불사르고 깨달음의 꽃이 무성해진다. 부모는 포태(胞胎)하나 받을 수 없고 중생의 공양은 받을 만하다. 커다란 몸을 드러내면 허공을 가득 채울 만하고, 작은 몸으로 변하면 지푸라기 같다. 홀연 하늘로 몸을 솟구치게 하고 머리에서 화염이 훨훨 타오르기도 한다. 땅속으로 몸을 숨기기도 하고 발아래 푸른 파도가 넘실거리기도 한다. 그를 공양하는 자는 현세에 복을 얻게 되고 비방하는 자는 아비지옥에 떨어진다.

명성이 원근에 알려져 모두가 존경하고

---

79 '여러 사람에게 알려짐'이란 뜻.
80 팔해탈(八解脫)의 약칭으로서, 팔정(八定)의 힘으로 탐착심(貪着心)을 버리는 것.
81 불교에서 이르는 네 가지 마. 곧 온마(蘊魔)·번뇌마(煩惱魔)·사마(死魔)·천마(天魔).
82 탈자나 오자가 있는 것 같다.

도덕의 이름은 높고도 심원하다.
하의(霞衣)[83]를 입고서 몸소 법회에 참여하여
함께 출세간의 심원한 경전을 듣는다.
번뇌를 모두 잘라버리니
육신이 해탈의 침상에 오른다.
신통함은 중생이 가늠할 수 없고
마음의 지혜는 끝이 없다.
모두 이미 세간(世間)을 초월하였으니
떠나고 머무름이 자유롭기만 하다.
[그에게] 예배를 올린다면
죄는 멸하고 재앙은 사라지게 되리.
신통력의 아라한, 모두가 그 이름을 아는데
[그를] 바라보면 복과 지혜가 생겨나리.
다시는 삼도(三塗)를 오가지 않을 것이고
육도(六道)에 태어남을 면하게 되리.
모두가 다 번뇌를 제거하고
누구나 각자 중생을 교화한다.
당초 법회에 오리란 것을 알지 못했는데
자비롭게도 그 이름을 끼워 넣게 되었네.
용천팔부는 들뜬 마음에 이리저리 오가고
합장한 채 우러러보며 훌륭하다, 찬탄한다.
보살과 성문(聲聞)이 모두 법회에 이르고
제천(諸天)과 성중(聖衆)이 앞 다투어 다다른다.
몇몇씩 [무리 지어] 연화좌를 빙빙 돌고서
몇몇씩 [무리 지어] 보대(寶臺)로 다가든다.

83 선도(仙道)들이 입는 의복.

대중은 경건하게 합장을 하라,
이름을 말하는 창(唱)이 곧 나오리라.

經云:「長老舍利弗、摩訶目犍連、摩訶迦葉、摩訶迦旃延、摩訶俱絺羅[84]、離婆多、周離盤陀伽[難陀、阿難陀][85]、羅睺羅、嬌梵波提、賓頭盧頗羅墮、迦留陀夷、摩訶劫【賓】那【薄俱羅】阿㝹婁馱.」

言「長老」者, 年高臘長, 僧中上首之倍(輩)也. 舍利弗者, 具足云㝹舍利佛怛羅,[86] 此云身子. 以母氏身品異常, 是[87]彼之子, 故云身子. 亦云鶖子. 謂舍利弗[88]是鳥, 唐言鶖鷺. 此鳥眼目明利, 其母相似, 故以

84 楊雄은 구마라집 역본『佛說阿彌陀經』에 의거하여 '俱'는 응당 '拘'가 되어야 한다고 하였다. 또 그는 이 불경에 의거하여 뒤에 나오는 "周離盤陀伽" "嬌梵波提" "迦留陁夷" "薄俱羅"의 '離', '盤', '陁', '嬌', '俱'자는 각각 '利', '槃', '陀', '憍', '拘'가 되어야 한다고 하였다. 【校注】 양씨의 이 견해는 적합하지 못하다. 이상의 이름들은 모두 梵語의 음역이라서 음이 같거나 비슷하기만 하면 되는 것이지 구태여 글자의 형태에 구속될 필요 없다. 그리고 불경은 이미 오랜 세월 유전되어 온 까닭에 글자의 차이는 나타나게 마련인데 어찌하여 하나의 판본에 의거하여 다른 판본을 수정하려 하는 것인가? '俱絺羅'라는 이름을 예로 들자면, '俱'자는 麗藏本에서는 '拘'로 되어 있고, 宋 資福藏·影印宋磧砂藏·明 永樂南藏·徑山藏·淸藏本에서는 모두 '俱'로 되어 있다. 玄應『一切經音義』권23에서는 "俱瑟祉羅, 舊言俱絺羅, 譯云膝也, 言膝骨大也. 此即舍利弗舅, 長爪梵志是也." 慧琳『一切經音義』권56에서도 "拘瑟祉羅, 梵語, 羅漢名也. 古曰俱絺羅"라고 되어 있다. 이처럼 '俱'로도 '拘'로도 되어 있다. 따라서 '俱'가 틀렸다고 말할 수 없다.

85 【原校】 '難陀、阿難陀'는 본래 '阿難'으로 되어 있는데 경전에 의거하여 보충한다. 또 뒤의 구문도 경전에 의거하여 '賓', '薄俱羅' 네 글자를 보충한다.

86 '㝹'자는 衍字로 보인다. '舍利佛怛羅'는 '舍利弗呾羅'와 마찬가지로 사리불의 범어명 全稱이다.『妙法蓮華經玄贊』권1: "범어로 舍利弗呾羅라고 하는데 사리불이라고 함은 그 잘못이다(梵云舍利弗呾羅, 言舍利弗者, 訛也)."

87 '是'는 原卷에서는 '是'로 되어 있는데 原錄에서는 이를 '之'로 오록하였다.『新書』역시 마찬가지다.

88 '舍利弗'은 응당 '舍利'여야 한다. 사리불의 모친은 이름이 '舍利'다. '舍利'에는 두 가지 의미가 있다. 그중 하나가 새 이름으로서의 '鶖鷺'이다. '弗'은 '弗怛羅'의 약칭으로 '子'란 뜻이다. 따라서 '鶖子'는 사리불의 의역명이 된다.『妙法蓮華經玄贊』권1: "사리는 '鶖'를 말하는데, 이는 '百舌鳥' 혹은 '春鸜'라고도 부른다. '弗怛羅'는 '아들(子)'을 말한다. 그 모친의 말솜씨는 '鶖鳥'에 비견되는데, 사리불은 그녀의 아들이므로 모친의 이름을 드러내어 사리불을 '鶖子'라고 부른다(舍利云鶖, 即百舌鳥, 亦曰春

爲[89]是彼之子也, 故云鶖子. 王舍城內, 有大論師, 號摩陀羅, 是鶖子之外氏矣. 王見聰惠, 博達多心, 遂封賞一邑, 充爲捧(俸)祿, 其有一女鶖鷺, 後時[90]南天竺國有一論師, 詣上茅[91]城, 名憂波提,[92] 以鐵葉葉腹,[93] 恐溢出經書; 頭栽(戴)火盆, 表離愚暗; 即扣論擊鼓,[94] 告集國人,

---

鸛. 弗怛羅言子. 以母才辯喻如鶖鳥, 此是彼子, 以母顯之, 故云鶖子).”

89 ‘爲’자 다음에 ‘名’자가 누락된 것으로 보인다. 응당 “ …… 故以爲[名]. 是彼之子也, 故云鶖子”로 보아야 한다. 玄應『一切經音義』권21 : “舍利, 母名. …… 母眼似鸛鴿眼, 因以名焉.” 이는 참고할 필요가 있다.

90 時 : 楊雄은 原卷은 ‘持’로 되어 있다고 하였다. 【校注】原卷에서는 ‘時’로 되어 있는데 이는 곧 ‘時’자이다. 좌측에 연한 세로획이 하나 그어져 있어 ‘持’로 오판하기 쉽다.

91 ‘茅’는 原錄에서는 ‘第’로 되어 있다. 向達의 견해를 따라 ‘茅’로 적는다. 【校注】原卷에서는 본래 ‘茅’자로 되어 있다.(‘第’자는 俗書로 ‘苐’라 적는다. 이는『干祿字書』에 보이며 돈황사권에서도 자주 보인다. ‘茅’자와 형태가 지극히 흡사하여 교록자가 오판한 것이다. 그러나 본권에서 ‘第’자는 모두 ‘弟’로 적고 있어 ‘茅’자와 혼동되지 않는다)『新書』역시 마찬가지다.

92 ‘憂波提’는 ‘憂波提舍’로 보아야 할 것 같다. 뒤에서는 모두 ‘提舍’라 칭하고 있는데 이는 ‘憂波提舍’의 간칭이다. ‘憂波提舍’는 ‘優波提舍’로 적기도 한다. 사리불의 부친이다.

93 ‘葉腹’은 原錄에서는 ‘之瞋’으로 되어 있다. 【蔣禮鴻】‘之瞋’은 ‘葉腹’의 오류로 보인다. 두 번째 ‘葉’자는 반복부호(々)로 되어 있는데 이를 ‘之’로 오판한 것이다. ‘瞋’ 역시 ‘腹’의 형와자이다. 【校注】장씨의 견해는 지극히 옳다. ‘之’자는 原卷에서는 ‘、、’로 되어 있는데 이는 바로 ‘葉’자의 반복부호이다. ‘瞋’자는 原卷에서는 ‘瞋’으로 되어 있는데 이는 ‘腹’자를 잘못 적은 것이다. ‘鐵葉葉腹’은 응당 ‘鐵鍱鍱腹’이어야 한다. 玄應『一切經音義』권60 : “鍱, 音葉, 打銅鐵薄闊如油素片名爲鍱.” 여기서 앞 ‘鍱’자는 명사이고, 뒤 ‘鍱’자는 동사로서 리벳으로 연결하다는 뜻이다.『大唐西域記』권10「羯羅拏蘇伐剌那國」: “남인도에 한 사람의 외도가 있었다. 그는 배에다 銅板을 감고 머리에는 밝은 불을 이고 지팡이를 짚고 당당히 이 도성에 들어왔다. …… 어떤 사람이 ‘당신의 머리나 배는 왜 그렇습니까?’하고 물었더니, ‘나는 학예 다능하여 지식을 담은 배가 가득 차 찢어질 것을 염려하여 배를 동판으로 둘렀고, 어리석은 자들을 슬퍼한 나머지 머리에 불을 밝히고 있는 것이오.’하고 대답했다(南印度有一外道, 腹錮銅鍱, 首戴明渠, 杖策高步, 來入此城. …… 或者問曰 : ‘首腹何異?’ 曰 : ‘吾學藝多能, 恐腹拆裂. 悲諸愚暗, 所以持照.’)” 蔣禮鴻은 法苑珠林 권66(권66이 아니라 권53에 실려 있음. 역자 주)의 問論을 인용하기를 “남천축에 提舍라는 바라문의 큰 논사가 있었다. 그는 18종의 대장경을 다 통달하고 왕사성에 들어와서는 머리에 불을 이고 배에는 구리쇠 조각을 붙이고 다녔다. 사람들이 그 까닭을 물으면 그가 대답했다. ‘내가 배운 경전이 매우 많아 배가 터질까 걱정되어 쇠 조각으로 묶는다.’ 사람들이 물었다. ‘왜 또 머리에는 불을 이고 다니느냐?’ 그가 대답했다. ‘너무 어둡기 때문이다.’ 사람들이 또 물었다. ‘해가 떠 있는데 왜 어둡다고 하느냐?’ 그가 대답했다.

欲與摩陀羅定其優劣.

摩陀既食國捧(俸), 合與新來論譚.

離家疑(擬)去論堂,[95] 路見二牛相觝.

南邊其形稍黑, 北伴(畔)來者體黃.

四脚距地而起, 噴潠嚂呴[96]而雲非.[97]

南伴(畔)觝退北邊牛, 心裏此時便驚怖.

경문에서 이르기를, "장로 사리불, 마하 목건련, 마하 가섭, 마하 가전연, 마하 구치라, 이바다, 주리반타가, 난타, 아난타, 라후라, 교범바제, 빈두로파라타, 가루타이, 마하 겁빈나, 박구라, 아누루타."

'장로(長老)'는 나이가 많고 수행이 깊은, 승려 중의 우두머리 부류를 말한다. 사리불은 원명(原名)이 사리불달라(舍利弗怛羅)이며 신자(身子)라고도 부른다. 그의 모친은 인품(身品)이 범상치 않았는데 그의 아들이란 뜻에서 신자(身子)라고 부르는 것이다. 또한 추자(鶖子)라고도 부른다. 사리불은 본래 새 이름으로 당나라 말로는 추로(鶖鷺)라고 한다. 이 새의 눈은 밝고도 예리한데, 사리불의 모친이 이와 비슷한 까닭에 그의 아들이

'어둠에는 두 가지가 있다. 첫째는 빛이 비추지 않기 때문이요, 둘째는 우치의 어둠 때문이니, 지금 해는 떠 있지만 우치는 그대로 어둡다.'(是時南天竺國有一婆羅門大議論師, 字提舍, 於十八種大經悉皆通利. 是人入王舍城, 頭上戴火, 以銅鍱鍱腹. 人問其故, 便言 : '我所學經書甚多, 恐腹破裂, 是故鍱之.' 又問頭上何故戴火? 答言 : '以大暗故.' 衆人言曰 : '日出照明, 何故言暗?' 答曰 : '暗有二種 : 一者, 日光不照; 二者, 愚癡暗故. 今雖有日明, 而愚癡猶黑.')"라고 하였다. 여기서 提舍는 곧 優婆提舍이다.

94 原卷에서는 '論擊' 두 자가 도치되어 있다. 여기서는 문맥에 의거하여 바로잡는다. '論鼓'는 불교의 논변 장소에 설치해 놓은 큰북으로서 논의를 하려는 자는 이 북을 쳐서 군중을 모은다. 뒤의 "論鼓譚, 最有聲"에서도 '論鼓'라는 명칭이 보인다.

95 堂 : 原卷의 글자는 '堂'자로 보인다. 原錄에서는 '臺'로 되어 있는데 이는 原卷의 字形과 맞지 않는다.

96 '潠'은 原卷에서는 '啄'으로 되어 있는데 이는 '潠'의 속자이다. 『廣韻』 : "啄, 同潠." 『說文新附』 : "潠, 含水噴也." '噴潠'은 동의의 복합어이다.(『廣韻』 魂韻 : '噴, 潠也') 또 '嚂'은 '喊'의 속자이고, '呴'는 '吼'의 正字이다. 『集韻』 : "喊, 呵也. 亦從監." 『說文解字』 「后部」 : "呴, 厚怒聲." 朱駿聲 通訓定聲 : "呴, 俗作吼." '呴'가 '吼'와 상통함을 보여준다. '噴潠嚂呴'는 소가 분노하여 거친 콧김을 팍팍 내뿜는 모습을 가리킨다.

97 【潘重規】 '非'는 '飛'와 같은 글자이다. 【校注】 '非'와 '飛'는 동음으로 서로 통용된다.

란 뜻으로 추자(鶖子)라고 부르는 것이다. 왕사성에 마타라(摩陁羅)라는 대논사(大論師)가 있었는데 사리불의 외척이었다. 왕은 그의 총명하고 박학다식함을 알아보고는 마침내 그에게 읍(邑) 하나를 상으로 내려 봉록으로 삼게 하였다. 그에게는 추로(鶖鷺)라는 딸이 하나 있었다. 당시 남천국국에 우파제사(憂波提舍)라는 논사(論師)가 있었다. 그는 상모성(上茅城)으로 가서는 [경서를 너무 많이 익혀 배가 파열되어] 경서가 빠져나올까 걱정되어 배에 철판을 대고, 어둠을 밝히고자 머리에 화로를 인 차림을 하고서, 논고(論鼓)를 두드려 나라 안의 사람들을 불러 모아놓고 마타라와 우열을 가리고자 한다고 일렀다.

마타라는 나라의 봉록을 먹게 되었는데
새로 온 논사와 쟁론을 벌이게 되었다.
집을 떠나 논변 장소로 가다가
길에서 두 마리의 소가 싸우는 것을 보았다.
남쪽 소는 거무스레하고
북쪽 소는 누런빛이었다.
네 다리로 땅을 박차고 일어나
더운 콧김을 내뿜으니 구름이 인다.
남쪽 소가 뿔로 들이받아 북쪽 소를 물리치니
이때 마음속에 놀라움과 두려움이 생긴다.

摩陀羅見此事, 遂乃自思惟:「今日對陽,[98] 我定將失. 南邊之者, 以況新來, 北伴(畔)之徒, 擬將似我. 墮負[99]之逃,[100] 先現於前. 似此因由,

98 '對陽'은 原錄에서는 '對揚'으로 되어 있다. 【校注】 '對陽'은 '對揚'이 되어야 하나 직접 '對揚'으로 수정해서는 안 된다. '對揚'은 '對答論辯'의 뜻이다.

99 墮負:『通釋』에서는 '輸、失敗'의 의미라 보았다. 【校注】 丁福保 『佛學大辭典』 '墮負' 항목: "負論義也. 『智度論』 19:'汝論墮負處.'" '負論'은 논변에서의 패배를 가리키는 것으로 보인다. 『通釋』에서 거론한 몇 개의 예문으로 판단하건대 '墮負'는 모두 논변과 관련이 있다. 『大唐西域記』 권8 「摩揭陀國上」: "提婆는 '대저 간타(때를 알리는 器

我定輸失.」西天之法, 論善最遵(尊), 緣有新來, 咸皆集會. 帝王宰輔, 鑾珮雲臻, 剎利首陀, 車騎先至.

摩陀心中驚怕, 今日又逢作者,[101]
脚澀[102]步步懶[103]行, 恍惚不知高下.
各自盡到論場, 國王親排御駕,
看他賓主往來, 問答不曾放捨.
陀羅國內盡知名, 論鼓譚, 最有聲,
提舍忽然從外入, 擊陽(揚)法鼓更聽時.[104]
窮究三枝源本末, 更兼喩, 甚能驁(驚),
問難往來如劈竹, 放關辭辯似流星.
陀羅論義不如他, 詞辯縱橫不那何,
嘲誚分明如馬勝, 機關深邃(邃)若玄何.[105]

具 이름. 역자 주)라고 하는 것은 이것을 두드려 사람들을 모이게 하는 것인데, 이것이 있으면서도 사용하지 않는다면 이것을 무엇 때문에 걸어두겠는가?'고 말하자, 왕의 사자는 '지난 날 승려들이 토론해서 패퇴하여 승도들에게 쳐서는 안 된다고 한 때로부터 벌써 12년이 됩니다'고 말하였다[提婆曰:'夫揵椎者, 擊以集衆. 有而不用, 懸之何爲?' 王人報曰:'先時僧衆論議墮負, 制之不擊, 已十二年.']" 여기서의 '墮負' 역시 논변에서 져서 굴욕을 당하는 것을 말한다. 이들 예문으로 보아 '墮負'는 논변에서의 패배를 가리키는 불교 술어이다. 丁福保는 이 어휘를 그의 불학대사전에 편입시키며 '負論(논쟁에서 지다)'이라 해석하였으니 그의 탁견에 놀라지 않을 수 없다.

100 '逃'를 蔣禮鴻은 '兆'라 하였다. [校注] '逃'는 '兆'의 增旁字일 것이다. 돈황사본에서는 필사자가 임의로 편방을 더하거나 생략하는 경우가 있다. 본편의 위 문장 '任運'은 '任軍'으로 적혀 있는데, 여기서의 '軍'은 곧 '運'의 편방을 생략한 글자이다.

101 作者 : 項楚는 '전문가', '명인'의 의미라 하였다.

102 '澀'은 原卷에서는 '澁'으로 되어 있는데 이는 '澁'의 변체자이다. '澁'은 '澀'의 속자이다.(『玉篇』과 『龍龕手鏡』에 보인다)

103 '懶'는 原錄에서는 '懒'으로 되어 있고 '懶'로 교정하였다. [校注] 原卷은 본래 '懒'로 되어 있는데 글자의 우측은 분명 '頁'자의 초서이다. 따라서 이 글자는 '懶'로 적어야 한다. 『正字通』: "懶, 俗嬾字." [校注] '嬾'은 속자로 '懶'로 적고, '頼'는 또 '懶'의 속자이다. 이에 原卷에 의거하여 '懶'로 교록한다.

104 [徐震堮] '聽時'는 응당 '聽明'이 되어야 할 듯하다. [校注] '明'과 '時'의 형태가 비슷하여 생긴 오류이다. '明'은 앞뒤 문구의 名·聲·驚·星 등 글자와 압운되는 것으로 보아 서씨의 견해는 옳다.

詞峰[106]峻辯人難並，提舍其如雷震嚮(響).
恰到浮圖卓勢力，論情聽利更無過.

마타라는 이 광경을 목격하고는 홀로 생각에 잠겼다. '오늘의 논쟁에서 나는 분명 패배하고 말 것이다. 남쪽 것은 새로 온 것이고, 북쪽 것은 나를 닮았다. 패배의 징조가 지금 눈앞에서 일어났으니 이로 말미암아 나는 분명 패배하게 될 것이다.' 서천축국의 법에 의하면 논변에 능한 자는 존경의 대상이었기에, 새로운 논사가 있으니 모두 모여 논변을 열게 되었다. 제왕과 신하들은 수레를 타고 오는데 찰리(刹利)[107]와 수타(首陀)[108]는 말을 타고 앞서 도착하였다.

마타라는 놀랍고 두렵거늘
오늘 또다시 적수와 맞닥뜨렸네.
다리는 후들후들 머뭇대며 걷는데
어지러움으로 높고 낮음을 알지 못하네.
각자 모두 논변 장소에 이르고
국왕도 친히 수레 몰아 이르렀네.
손님과 주인 간에 [문답이] 오가는데
[마타라는] 일찍이 문답에서 패배한 적 없었다.
마타라는 온 나라에 그 이름 알려져
논변으로 그 명성이 자자한데
제사(提舍)가 홀연 외부에서 들어와
법고(法鼓)를 울리며 총명함을 더한다.

105 [原校] '玄何'는 '懸河'가 되어야 할 듯하다. 周一良은 "懸河가 아닐 수도 있다. 어쩌면 '馬勝'과 대응되는 人名일지 모른다." [潘重規] 돈황사본에서 '河'자는 자주 '何'로 표기되며, '玄'은 '懸'과 통한다. 따라서 '懸河'로 보는 것이 옳다. 만일 '玄何'로 본다면 앞의 '那何'와 운이 중복된다.

106 '詞峰'은 응당 '詞鋒'으로 보아야 한다.

107 인도 사상계급의 두 번째 계층인 크샤트리아. 찰제리(刹帝利)의 준말.

108 인도 사성계급의 최하위 계층인 수드라. 수타라(首陀羅)의 준말.

삼지(三支)[109]를 궁리하고 본말(本末)을 파고들며
거기에 비유를 더하는데 그저 놀랍기만 하다.
문난(問難)이 오가는데 대나무가 쪼개지는 듯 하고
오가는 언사는 유성(流星)과 같다.
마타라의 의론은 그보다 못하여
언사가 횡설수설하니 이를 어찌할까.
조롱과 꾸짖음이 마승(馬勝)[110]처럼 분명하고
기략(機略)의 심오함이 급히 흐르는 하천과 같다.
뛰어난 언변은 그가 견줄 바가 못 되는데
제사의 목소리는 천둥벼락이 치는 듯하다.
그 탁월한 능력은 부처와 흡사하니
더할 바 없이 총명하고 날카로운 논변이로다.

捨提(提舍)得勝, 齊唱好聲. 王詔所司, 合封一邑. 群臣商議, 不久論言, 國不嫌寬, 何由害[111]邑. 但奪陀羅之捧(俸)與提舍論師, 又不危國祚, 賞罰齊施. 輸者自合甘心, 羸(贏)者無妨[112]感激, 遂依臣命, 奪邑賞之. 提舍此時, 會身[113]不得也. 王臣散後, 士庶歸家, 於後別時, 乃看陀羅, 申其罪過.

「小輩非常罪過, 不合望(妄)申彼我,

109 원문에서는 '삼지(三枝)'로 되어 있는데 이는 '삼지(三支)'를 말한 듯하다. '삼지(三支)'는 인도 논리학에서, 종(宗) 인(因) 유(喩)에 의한 논증의 형식을 말한다. 먼저 주장과 결론인 종(宗)을 세우고 논거와 이유인 인(因)을 밝히고 종이 성립하는 데 도움을 주는 비유와 예증인 유(喩)를 든다. '삼지작법(三支作法)'의 준말.

110 석가모니의 제자. 사리불은 그의 단정한 위의에 감복하여 석가모니에 귀의했다.

111 [潘重規] '害'는 '割'이 되어야 한다.

112 '無妨'은 부사로서 '매우'라는 뜻이다. 아래 문장 "性行不方柔順"의 '不方'도 같은 뜻이다. 『通釋』에 상세한 설명이 있다.

113 [蔣冀騁] '身'은 '聲'으로 보아야 한다. 변문에서 종성 n과 ng는 자주 혼용되고 있다. ……'會聲'은 '소리를 내다', '말을 하다'는 뜻이다.

爲對國王大臣, 不免便昇高坐.[114]

客主也合相饒, 不合望外折挫,

慈悲願賜哀怜, 今日特來酬賀![115]

縱有言辭輕觸處, 幸垂佛眼悉相□.」

摩陀羅報提舍曰 :

「何幸得陪高論, 慶喜至心不盡,

何異擲石成金, 有似抛磚之分.

想料非吾底(抵)對, 墮負誓不相恨.

問難深愜王臣, 封邑合當本分.

我有一女在家, 性行不方[116]柔順,[117]

見汝少俊聰明, 且要從其□□.

羡君持論世間無, 藝業精通盡不如,

感得王臣生□□, □□□□□□□.

我有端嚴一個女, 願所他門給事須.[118]

---

114 '坐'는 原校에서는 '座'로 되어 있다. 【校注】 '坐'는 본래 '座'의 의미를 가지고 있다. '座'는 '坐'의 후기분화자라서 '坐'자를 굳이 '座'로 고칠 필요 없다. 또 '坐'로 '座'를 대신하고 있는 경우가 위 문장 "焚香不離芙蓉坐" "三三盡遶蓮華坐"에서 이미 보이고 있다. 따라서 '座'로 교정하지 않는 것이 옳다.

115 '酬賀'는 '酬荷'와 같다. '감사의 뜻을 표시하다', '사례하다'는 뜻이다. S.328 「伍子胥變文」 : "어렵게 밥을 가져온 것에 깊이 감사하고 사과의 말을 건넸다(愧賀取食艱辛, 逢迎卑謝)." 여기의 '愧賀'는 '愧荷'와 같다.

116 '不方'은 부사로서 '매우'라는 뜻임을 앞서 말한 바 있다. 原校에서는 '方'을 '妨'으로 교정하였는데 그럴 필요 없을 것 같다.

117 '順'은 原卷에서는 '慎'으로 되어 있는데 이는 '順'자의 이체자이다. 『集韻』 : "順, 古作慎."

118 '所'는 原錄에서는 '聽'으로 되어 있다. 【原校】 이 문구에는 오류가 있다. '願許他門給事頻'이 되어야 할 것 같다. 【校注】 '給事須'는 일에 필요한 바를 공급한다는 뜻이다. '須'자는 오류가 아닌 듯하다. P.2305 「妙法蓮華經講經文」 : "왕은 그 말을 듣고 기뻐서 펄쩍 뛰었다. 그리고 곧바로 선인을 따라가서는 그가 필요로 하는 것들을 구해 바쳤다. 과일을 따고 물을 긷고 땔감을 줍고 밥을 짓고, 심지어는 몸뚱이를 침대와 방석으로 삼아 바치기도 하였다(王聞其語, 歡喜踊躍, 卽便隨仙, 供給所須, 採果汲水, 拾薪設食, 及至以身而爲床座)." 또 "이때 왕은 선인의 말을 듣고 크게 기뻐하며 즉시 선인을 따라나서 선인이 필요한 것들을 구해다 바쳤다. 땔나무를 주워오기도 하고

(下缺)

제사는 승리하고 [관중은] 일제히 대단하다 탄성을 지른다. 국왕은 맡은 바 관리에게 읍(邑)을 하나 하사하도록 하였다. 군신들은 [국왕과] 상의를 하더니 잠시 후 말하기를, "국가는 [영토가] 드넓음을 싫어하지 않거늘 무슨 이유로 읍을 잘라줄 수 있으리. 다만 마타라의 봉읍을 박탈하여 제사에게 하사하면 나라의 복조(福祚)도 위태롭지 아니하고 상벌도 고루 내린 것이 되니, 이리하면 진 자는 기꺼이 승복하고 이긴 자는 마음껏 감격해할 것이다." 마침내 신하들의 의견을 좇아 [마타라의] 봉읍을 빼앗아 그에게 상으로 주었다. 이때 제사는 아무런 말도 할 수 없었다. 그러다가 국왕과 신하들이 흩어지고 백성들이 집으로 돌아가자, 그제야 마타라를 보며 그 죄과를 물었다.

자네의 죄과는 예사롭지 않은데
함부로 피아(彼我)를 거론해서는 안 된다.
[그대는] 국왕과 대신들을 상대하기 위해
고좌(高座)에 오르기를 피하지 않았다.
쌍방이 서로 관용을 베풀어야지
생각지도 못하게 괴로움을 주어서는 안 된다.
자비로움으로 그대를 가련히 여겨
오늘 일부러 찾아와 사례한 것이다!
비록 언사에 경솔함과 어긋남이 있었지만
자비의 눈으로 그대를 보아주겠다.

과일을 따오기도 하며 아무 때나 [부족한 것이 있으면] 그것을 구해다 바쳤다(時王聞仙言, 心生大喜悅, 卽便隨仙人, 供給於所須. 採薪及果衆, 隨時供給與)." '給事須'는 여기서의 '供給所須', '供給於所須'와 같은 의미이다. '所'자는 原卷에서는 '𠩄'로 되어 있는데 이는 '所'자의 俗書이다. 『干祿字書』: '𠩄所 : 上俗下正.' 이는 참고할 필요가 있다. 본편 위 문장 "王詔所司, 合封一邑"에서 '所'자가 原卷에서는 '𠩄'로 되어 있음도 참고할 필요가 있다. 그러나 '所'자는 문맥에 그다지 어울리지 않는다. 원문을 좇아 '許'로 보아야 할지는 재검토가 필요하다.

마타라가 제사에게 고하였다.

다행스럽게도 고명하신 논사님을 모시게 되었으니
기쁜 마음 다할 길이 없다네.
돌을 던져 황금을 만드는 것과 무슨 다름이 있겠으며
벽돌을 내던져 [옥을 이끌어내는] 역할을 할 수 있었네.
이 몸이 대적할 수 없음을 예상하고 있었으니
패배는 했어도 한스럽지는 않다네.
문난(問難)이 국왕과 신하들을 흡족하게 했으니
봉읍은 본분에 합당한 것이네.
제게는 집안에 여식이 하나가 있는데
성품이 더없이 유순하다네.
젊고 영준한 논사님을 뵈니
(   ) 따르게 하고자 하오네.
논사님의 지론은 세상에서 찾아볼 수 없으니
제아무리 [논변] 기교에 정통하대도 견줄 바 없네.
국왕과 신하들은 감동하여 (   )하고
(   )
제게는 단정한 여식이 하나 있는데
[그 애더러] 필요한 바를 시중들게 했으면 하오네.
(이하 빠져 있음)

불설아미타경강경문 2(佛說阿彌陀經講經文二)[1]

昇坐已了, 先念偈, 焚香, 稱諸佛[2]菩薩名.[3]

---

1 王慶菽【原校】본권 編號는 S.6551이며, 『佛說阿彌陀經』을 강설하는 내용인 까닭에 임의로 제목을 붙인다. 鳩摩羅什 譯『佛說阿彌陀經』을 所依經典으로 삼고 있다.【校注】原卷은 끝부분이 잔결되어 있고, 앞부분도 '昇坐已了'운운 하는 것으로 보아 완전한 것 같지는 않다. 잔존해 있는 부분은 '佛說阿彌陀經' 몇 글자를 해석한 것이다. 그러나 경문을 직접적으로 인용하지는 않았다. 周紹良은 본편이 다른 강경문의 체제와 다르며, 특히 "懺悔十惡五逆" 뒤로는 청중이 三歸와 五戒를 받는 내용을 다루고 있는 까닭에 제목을 「說三歸五戒文」으로 정정해야 한다고 하였다. 주씨의 견해는 「敦煌變文集中幾個卷子定名之商榷」에 상술되어 있으니 참고 바란다.

2 '佛'은 原錄에서는 '仏'로 되어 있다.【校注】'仏'은 '佛'의 俗字이다. 본권에서는 '佛'과 '仏'이 병존하고 있다. 『變文集』에서는 '佛'자를 '仏'로 교록하기도 하고, '仏'자를 '佛'로 교록하기도 하고 있다. 原卷에서 본래 '佛'로 되어 있는 것을 原錄에서 '仏'로 수정한 것은 타당하지 못하다. 아래 문장의 '仏'자는 모두 일률적으로 '佛'로 수정하되 일일이 주석을 달아 명시하지 않는다.

3 '菩薩'은 原錄에서는 '卄薩'로 오록되어 있다.【校注】'卄'은 '菩薩'의 俗字로서, 돈황사본에서 자주 보인다. 그러나 본권에서는 모두 '卄'이 아닌 '菩薩'로 되어 있다. 『變文集』에서는 原卷대로 '菩薩'로 적기도 하고 또 '卄'로 고쳐 적기도 하는 등 일관성이 없다. 여기서는 교록자가 임의로 '菩薩'을 '卄'로 고쳐 적었고, 거기다 다시 실수로

一從[4]大覺啓玄門, 鹿苑靈山轉法論(輪).
五部三乘諸海藏, 流傳天下總沾恩.
僧尼四衆來金地, 持花執蓋似奔雲,
此日旣能拋火宅, 暫時莫鬧聽經文.
三乘聖教實堪聽, 句句能教業鄣輕,
不但當來成佛果, 必應累劫罪山崩.
朝朝只是憂家業, 何曾一日得聞經.
大衆暫時合掌著, 聽法齊心能不能?

법좌(法座)에 오른 뒤 먼저 게(偈)를 염송하고 향을 사르며 모든 불보살의 명호를 부른다.

대각(大覺)께서 불법(佛法)을 여신 이후로
녹야원(鹿野苑)과 영산(靈山)에서 법륜을 굴리셨네.
오부(五部)와 삼승(三乘) 일체를 바다처럼 포용하시니
천하에 널리 퍼져 그 은덕 누구나 입게 되었네.
비구와 비구니 사부중은 모두 금지(金地)[5]로 오는데
꽃이며 번개(幡蓋)를 들고 구름처럼 밀려든다.
오늘 화택(火宅)을 내던질 수 있으리니
잠시 소란을 멈추고 경문에 귀를 기울이시라.
삼승(三乘)의 성스러운 가르침은 참으로 들을 만하니
한마디 한마디가 업장(業障)을 가벼이 해주리라.
내생에는 불과(佛果)를 이룰 수 있을 뿐더러

'薩'자를 덧붙인 것 같다. 『新書』 역시 『變文集』의 오류를 답습하고 있다.

4 '一'은 原錄에서는 '自'로 오록하였다. 楊雄은 原卷에서는 '一'로 되어 있다고 하였다. 이에 의거하여 바로잡는다. '一從'은 '自從'과 같다. P.3697 「捉季布傳文」: "고조 황제의 진영에 욕을 하여 군대를 물리친 이래로, 산속에서 숨어 지내며 온갖 고초를 겪었네(一從罵破高皇陣, 潛山伏草受艱辛)." 原錄에서 '一從'을 '自從'으로 수정한 것은 아마도 교록자가 '一從'의 의미를 잘 알지 못하고서 임의로 이렇게 고친 것 같다.

5 보살이 머무는 곳. 땅바닥에 황금을 깔았다 하여 이렇게 불린다.

수 겁에 걸쳐 산처럼 쌓인 죄업도 사라지고 말리라.
날이면 날마다 가업(家業)을 염려할 따름이니
어느 날에나 경문을 들을 수 있을 것인가.
대중은 잠시 합장을 하고서
법문 듣는 일에 마음을 같이할 수 있겠는가?

但少[6]僧生逢濁世, 濫處僧倫, 全無學[7]解之能, 虛受人天信施, 東遊唐國幸(華)都, 聖[8]君賞紫, 丞(承)恩特加師號. 擬五臺山上, 松攀(攀松)竹以經行; 文殊殿前, 獻香花而度日, 欲思[9]普化, 爰別中幸(華). 負一錫以西來, 途經數載; 製三衣於沙磧, 遠達崑崗,[10] 親牛頭山, 巡于闐國.[11] 更欲西登雪嶺, 親詣靈山. 自嗟業鄣[12]尤深, 身逢病疾, 遂乃遠

6 [徐震堮] '少'는 '小'가 되어야 한다. 이하 똑같다. [校注] 돈황사본에서 '少'와 '小'는 혼용되는 까닭에 문맥에 맞춰 교정할 필요가 있다.

7 이상 14자는 原錄에서는 두 구의 偈文으로 되어 있다. 여기서는 徐震堮의 견해에 의거하여 이렇게 수정하였다. 原卷을 조사해보면, 이 14자는 原錄에서처럼 두 구의 偈文으로 되어 있어 '全無學' 뒤는 공백으로 남겨두고 줄을 바꿔 '解之能' 운운하고 있는데 이는 필사자의 착오다. 본편은 필사자가 지은 것이 아닐 것이다. 글 뜻에 정통하지 못한 필사자는 앞의 14자를 적을 때 여전히 이를 게문으로 오인하여 상하 두 구의 게문 형식으로 베껴 적은 것이다. 『變文集』의 교록자는 이 사실을 모르고 똑같은 오류를 범하고 있다.

8 '聖'은 原錄에서는 '望'으로 오록하였다. 楊雄은 原卷은 '聖'으로 되어 있다고 지적하였다. 이에 의거하여 바로잡는다.

9 '思'는 原錄에서는 '施'로 오록하였다. 楊雄은 原卷에서는 '思'로 되어 있다고 하였다. 이에 의거하여 바로잡는다.

10 '崗'은 原錄에서는 '岻'으로 적고 있고 그 교주에서 "'岻'자를 啓功은 '崙' 혹은 '崗'자로 추정하였다"고 적고 있다. [蔣禮鴻] 行均 『龍龕手鏡』에 의하면 이 글자는 응당 '崮'이 되어야 하며 이는 '崗'의 俗字이다 [校注] 原卷의 이 글자는 선명하지 못하다. 『新書』의 기록은 옳아 보인다.

11 原錄에서는 '于'자를 '於'로 적고 있고 '闐國' 두 자에 고유명사임을 뜻하는 밑줄이 그어져 있다. 徐震堮은 '於'는 응당 '于'가 되어야 하며 밑줄은 '于闐國' 세 글자에 그어져야 한다고 하였는데, 이는 극히 옳다. 原卷에서는 '於'자가 '于'로 되어 있는데, 교록자는 그 문맥을 오해하여 '于'를 '於'의 간체자로 보고서 本字로 수정한 것이다. 큰 실수가 아닐 수 없다. 또 '國'자는 原卷에서는 '囯'으로 되어 있는데 이는 '國'자의 俗字이다. 原錄에서는 '圛'으로 되어 있는데 이는 오류다.

持微德, 來達此方. 睹我聖天可汗大迴鶻國,[13] 莫不地寬萬里, 境廣千山, 國大兵多, 人强馬壯. 天王乃名傳四海, 得(德)布乾坤, 卅(三十)餘年, 國安人泰. 早授[14]諸佛之記, 賴[15]蒙賢聖加持, 權稱帝主人王, 實乃化身菩薩. 堅協九之寵,[16] 爰承[17]聖主諸[18]恩, 端正無雙諸天公主鄧林[19]等, 莫不貌奪群仙, 顏如桃李, 慈[20]人[21]玉潤. 諸天特懃,[22] 莫不赤心奉

---

12 [楊雄] '鄣'은 응당 '障'이어야 한다. [校注] '鄣'과 '障'은 고대에는 통용되었기에 '鄣'을 수정할 필요는 없다.

13 [原校] 向達은 "이 강경문은 于闐의 승려가 쓴 것이다. 그가 우전국왕을 '聖天可汗大迴鶻國'이라 칭한 것은 우전국이 9세기 이후 서방의 회골족에게 점령당했기 때문이다. '大迴鶻國'이라 한 것은 이 때문이다. 돈황의 曹氏시대 동굴 벽화 중에 우전국왕을 '聖天可汗'이라 題名하고 있음은 그 증거이다." 張廣達, 榮新江, 李正宇는 본편이 완성된 장소는 투르판 분지를 중심으로 한 서주회골왕국이며, 문중의 '聖天可汗'은 西州回鶻國王을 가리킨다고 하였다. '聖天可汗'은 아래 문장에서는 또 '天王', '可汗大王'이라 부르고 있는데 이는 회골문 tangri qaghan의 異譯이다. 李正宇는 돈황벽화 중의 '聖天可汗'이 우전왕을 가리키는 것이 아니라 甘州回鶻의 국왕을 가리킨다고 하였다. 張廣達, 榮新江 「有關西州回鶻的一篇敦煌漢文文獻」은 『北京大學學報』 1989년 제2기에 실려 있고, 李正宇 「S.6551講經文作於西州回鶻國辨正」은 『新疆社會科學』 1989년 제4기에 실려 있으니 참조 바란다.

14 '授'는 응당 '受'로 보아야 한다. 불교에서는 부처가 그 제자에게 來生의 因果와 장래에 부처가 되리라는 사실을 예언하는 교설을 '授記'라 하고, 그 교설을 받는 것을 '受記'라 한다.

15 '賴'는 原卷에서는 '頼'로 되어 있는데 이는 '賴'의 俗字이다. 原錄에서는 '頰'으로 되어 있는데 이는 오류다.

16 [楊雄] '堅'는 '旣'이고, '叶'은 '挾'과 같다. '九'자 다음에 '五'자가 누락되어 있다. '九五'는 '國王'을 가리킨다.

17 '丞'을 楊雄은 '承'이라 교정하였는데 이는 옳다.

18 '諸'는 응당 '之'로 보아야 한다. 아래 문장 "長丞(承)聖主之恩"에서는 '之'자로 바로 되어 있다. 『新書』의 교주도 이와 같다.

19 '鄧'은 原卷에서는 '𨛬'으로 되어 있는데 이는 '鄧'의 俗字이다. 原錄에서는 '爺'로 되어 있는데 이는 오류다. '天公主鄧林'을 줄여 '天公主'라 부르는데, 이는 神聖한 공주 부인을 뜻하는 회골문 tangri qunchui tāngrim에 해당한다. 아래 문장에는 또 '鄧林公主'라는 호칭이 있는데 이는 '天公主鄧林'의 도치이다. 『新五代史』 「回鶻傳」: "(可汗)妻號天公主." 張廣達, 榮新江의 논문에 상세한 설명이 있다.

20 李慈: 原卷에서 '慈李'로 되어 있는 것을 原錄에서 바로잡았다. 여기서는 이를 따른다.

21 [潘重規] '人'은 '仁'과 통한다. '慈人'은 곧 '慈仁'이다.

22 [原校] 向達은 "'特懃'은 돌궐의 官名으로 '特勤'이라고도 한다. 회골은 돌궐의 제도를 답습하였다"고 하였다. 張廣達과 榮新江은 "'特勤'은 돌궐, 회골문의 tegin에 해당되

國, 忠孝全身, 掃戎[23]虜於山川, 但勞隻箭; 靜妖紛(氛)於紫塞, 不假絣紘.[24] 遂得葛祿藥摩,[25] 異貌達但,[26] 競來歸伏, 爭獻珠金. 獨西[27]乃納駝馬, 土蕃[28]送寶送金. 拔悉密[29]則元是家生, 黠戛私(斯)[30]則本來奴婢. 諸蕃部落, 如雀怕鷹; 責(側)近州城, 如羊見虎. 實稱本國, 不是虛言. 少(小)僧幸在釋門, □敢稱讚. 更有諸宰相、達干、都督、敕使、薩溫、梅錄、莊使、地略,[31] 應是天王左右, 助佐[32]金門. 官僚將相等, 莫[□]

며 可汗의 아들 혹은 형제를 가리키며, '天特懃'은 회골문의 tangri tegin으로 신성한 왕자라는 뜻이다"고 하였다.

23 '戎'은 原錄에서는 '我'로 오록되어 있다. 徐復은 이를 '戎'으로 교정하였다. 原卷은 본래 '戎'으로 되어 있다. 이에 바로잡는다.

24 '絣紘'을 徐復은 '弸弘'이라 보았다. '弸弘'은 활시위를 당겨 쏘는 소리이다. 『通釋』의 '絣紘' 항목을 참조 바란다.

25 【原校】 向達은 "토번 부족 중에 葛祿이라는 부족이 있는데 서기 791년에 회골에게 패배 당했다"고 하였다. 여기서의 '葛祿'은 바로 이 토번 부족을 말한 것이다. '藥摩'는 재검토가 필요하다. 【校注】 藥摩는 也末, 炎摩, 樣磨라고도 부르며, 서주회골 서북의 부족명으로 葛祿과 인접하고 있다. 劉銘恕 「敦煌遺書叢識之四」와 李正宇 및 張廣達·榮新江의 논문을 참조 바란다.

26 【原校】 向達은 "達但은 곧 達怛이며 후에는 達靼이라고도 불렀다. 고대의 부족명이다"고 하였다. 【校注】 李正宇는 "晩唐 및 宋人의 한 갈래로 肅州 이북 居延海 일대(서주회골국의 동북 방향)에서 거주하였다"고 하였다.

27 獨西 : 蔣禮鴻은 獨西는 곧 托西·拓西이며 돌궐의 한 부족이라 하였다. 張廣達·榮新江은 獨西는 突騎施 혹은 그 갈래 부족인 Tukhasi를 가리키는 것 같다고 하였다. 李正宇는 『新唐書』 「回鶻傳附葛邏祿傳」에 실려 있는 葛邏祿 三族의 하나인 踏實力 부족으로 추측하였다. 踏實力의 거주 지역 역시 西州回鶻의 서북쪽이다. 原錄에서는 '獨西'에 고유명사 표시인 밑줄이 그어져 있지 않다.

28 '土蕃'은 곧 '吐蕃'이며 原錄에서는 고유명사 부호가 빠져 있다. 李正宇는 "토번은 오늘날의 티베트·청해 일대에 거주하였을 뿐 아니라, 당말 오대에는 일부 토번인들이 오늘날의 로프노르, 곧 서주회골국의 동남면에도 살고 있었다"고 하였다.

29 【原校】 向達은 "拔悉密은 당송시대 오늘날의 新疆省 古城子 일대를 점령하고 있던 한 부족이다"고 하였다. 【校注】 『新唐書』 「回鶻傳」에서는 '拔悉蜜'로 되어 있다.

30 【原校】 向達은 "詰戛斯는 오늘날의 柯爾克玆族이다"고 하였다. 【校注】 詰戛斯는 '詰戛司'라고도 하며 본래 고창과 회골의 지배를 받던 부족이다.

31 【原校】 向達은 "宰相·達干·都督·梅錄·敕使·莊使는 모두 회골의 官名이다. 薩溫은 相溫 혹은 左溫의 異譯으로 생각되며 이 역시 회골의 官名이다. 地略은 앞으로의 검토를 요한다"고 하였다. 【校注】 '達干'은 突厥汗國 大臣의 하나로서 兵馬를 관장하던 武官이다. 회골은 이 관직을 답습하였다. '梅錄'은 '媚祿', '密六', '密錄'이라

(不)外匡[33]國界, 內奉忠懃, 爲主爲君, 無詞(辭)曉夜. 善男善女檀越, 信心奉戒持齋, 精修不倦. 更有諸都統、毗尼、法師、三藏、法律、僧政[34]、寺主、禪師、頭[35]陀、尼衆、阿姨師等, 不及一一稱名, 並乃戒

고도 하며 회골문 buyruq의 음역이다. 大臣・大相의 뜻이며 統兵大臣이다. '莊使'는 原錄에서는 '庄使'로 되어 있는데, '庄'은 곧 '莊'의 俗字로, 돈황사본에서 자주 보인다. 張廣達・榮新江은 '莊使'를 '長使'의 訛字, '敕使'는 '刺史'의 別寫로 추정하였는데 이는 사실에 가깝다. 『舊唐書』 권195 「回紇傳」: "(唐)太宗爲置六府七州. 府置都督, 州置刺史, 府・州皆置長史, 司馬已下官主之." 劉銘恕는 '莊使'는 莊宅使의 약칭이라 하였는데 확실하지 않다. '薩溫'은 회골문 saghun의 음역으로 將軍을 뜻한다. '地略'은 劉銘恕는 諦略, 狄略의 異譯이며 회골의 고급 관직이라 하였다. 張廣達・榮新江은 본문에서 열거된 관직의 나열 순서에 의거하여 '地略'은 신분이 비교적 낮은 일급 관직으로 보았다.

32 '佐'는 原錄에서는 '作'으로 오록되어 있다. 周一良은 '助作'은 응당 '助佐'라고 하였다. 潘重規는 原卷에서는 '佐'로 되어 있다고 하였다. 이에 의거하여 바로잡는다.

33 原卷에서는 '不'자가 없으나 徐震堮의 견해에 의거하여 보충한다. 또 '外'자는 原錄에서는 '収'로 되어 있고, 그 교주에서는 "夘자는 본래 하반부가 잔결되어 무슨 글자인지 알 수가 없다"고 하였다. 두 곳의 字形은 같지 않다. 徐震堮은 이를 '外'자로 추정하고, 蔣禮鴻은 '外'자의 이체자라고 하였는데, 이는 옳다. 이 글자는 原卷에서는 본래 '収'로 되어 있으며 하반부가 잔결된 것이 아니다. '収'는 곧 '外'의 俗字이다. 아래 문장 "西天有九十六種外道" "其嗟外道百千般" "不同外道愚癡輩" "此乃有情無情內外火也" 중의 '外'자가 原卷에서는 모두 이 형태로 되어있음은 그 증거이다. 또 '匡'자는 原錄에서는 '廷'으로 되어 있고, 蔣禮鴻과 陳治文은 이를 '匡'으로 교정하였는데 정확한 견해다. 이 글자는 原卷에서는 '㞷'으로 적혀 있는데 이는 곧 '匡'의 俗字이다. 『史記正義』 「論字例」에서는 '匱匠'을 '走' 편방으로 적는 것은 訛字라고 하였다. 이는 '匚' 편방의 '匱匠'을 俗書에서 '走' 편방으로 적고, 또 '走' 편방을 '辶' 등의 형태로 적고 있음을 말해주고 있다. S.328 「伍子胥變文」 "拜爲㞷輔大臣"의 '㞷'이 '匡'자임은 그 한 예이다. '匡'은 '匡正'의 뜻이다. 『詩經』 「小雅」 六月 "王於出征, 以匡王國" 鄭玄 箋: "匡, 正也." 江藍生은 '廷'을 '定'으로 교정하였고, 劉凱鳴은 이를 '延'으로 교정하였는데, 양자 모두 정확하지 않은 것 같다.

34 '僧政'은 '僧正'이며 僧官名이다. 16국 後秦代에 처음 생긴 것으로, 唐 이후에는 州에 僧正을 두어 지방 승려를 관리하는 일을 하였다. 宋 贊寧 『僧史略』 卷中: "僧正이란 무슨 일을 하는가? 正은 政이다. 스스로를 바르게 하고 남을 바르게 이끄는 일을 하며 법령을 펼치는 일을 하는 까닭에 이렇게 부른다. 대개 비구에 법령이 없으면 이는 말에게 고삐가 없고 소에게 굴레가 없는 것과 같아서, 점차 풍속을 물들이고 전아한 규칙을 어그러뜨리게 된다. 이에 덕망 있는 자를 두어, 법령으로 그들을 옭아매고 올바른 길로 그들을 이끄는 일을 하는 까닭에 승정이라 부른다(僧正者何? 正, 政也, 自正正人, 克敷政令, 故曰也. 蓋以比丘無法, 如馬無轡勒, 牛無貫繩, 漸染俗風, 將乖雅則, 故設有德望者, 以法而繩之, 令歸於正, 故曰僧正也)."

珠朗曜, 法水澄淸, 作人天師, 爲國中寶. 更欣廣申讚歎, 恐度[36]時光, 不及子細談揚, 以下聊陳懺悔. 凡是聽法必須求哀,[37] 發露懺悔, 先受三歸. 次[38]請五戒, 方可聞法, 增長善根. 然後唱經, 必獲祐福. 稱三五聲佛名. 佛子

소승은 탁한 세상을 만나 승가(僧家)에 함부로 거하며 전혀 학식도 갖추지 못했으면서도 헛되이 중생들의 신임과 보시를 받아 동으로 당나라 도읍까지 유행(遊行)을 오게 나왔는데, 성군께서 자줏빛 가사(袈裟)를 상으로 내리셨고, 특별히 대사(大師) 칭호도 내리시는 성은을 입었다. 오대산에서는 송죽(松竹)을 기어오르며 경행(經行)[39]을 삼고 문수전(文殊殿) 앞에 향화(香花)를 바치며 하루하루를 보냈었다. 그러다가 널리 중생을 교화하고자 하는 마음에 중화(中華)를 떠나 석장 하나 들고 서쪽으로 향하기를 여러 해, 그동안 사막에서 삼의(三衣)[40]를 깁기도 하고 저 멀리 곤륜산에도 이르렀다. 우두산(牛頭山)을 대하고 우전국(于闐國)을 순행하였다. 거기서 다시 더 서쪽으로 향하여 설령(雪嶺)[41]에 오르고 몸소 영산(靈山)[42]에 다다르고자 하였다. 아! 그러나 업장(業障)[43]이 깊어 육신에 병이 들었

35 '頭'자는 原錄에서는 누락되어 있다. 楊雄은 原卷에서는 '頭'자가 있다고 하였다. 이에 의거하여 보충한다.

36 【袁賓】'度'는 응당 '廢'가 되어야 한다. '廢'자는…… 草書로 적혀 있는데 형태가 '度'와 유사하여 오판한 것이다. 본편 아래 문장 "更欲廣說, 恐廢時光"은 그 증거이다. 【校注】'度'자는 그 자체로도 의미가 통하는 까닭에 굳이 '廢'자로 수정할 필요가 없을 듯하다. 아래 문장 "更欲廣談名相, 又恐虛度時光" 역시 '度'자로 되어 있음은 그 증거이다.

37 '求哀'는 原卷에서는 '求𠅘'로 되어 있는데 이는 '求哀'의 변체자이다. 原錄에서는 이를 '表裒'로 적고 있는데 이는 오류다.

38 '次'는 原錄에서는 '以'로 되어 있고 原校에서는 '已'로 되어 있다. 潘重規는 原卷에서는 '次'로 되어 있다고 하였다. 이에 의거하여 바로잡는다.

39 좌선을 할 때에 피로를 풀고 졸음을 쫓기 위하여 일정한 곳을 천천히 거니는 일.

40 세 가지의 가사. 대의(大衣), 칠조(七條) 가사, 오조(五條) 가사이다.

41 히말라야산맥을 가리킴.

42 고대 인도 마갈타국(摩竭陀國)의 왕사성 북동쪽에 있는 산. 석가여래가 법화경과 무량수경을 강(講)하였다는 곳이다. 영취산(靈鷲山)이라고도 함.

43 말, 동작 또는 마음으로 지은 악업에 의한 장애를 이른다.

는데, 보잘것없는 복덕이나마 지녔었기에 이곳에 올 수가 있었다. 우리 성천가한(聖天可汗) 대회골국(大廻鶻國)을 바라보니 국토는 만 리에 달할 만큼 드넓고, 지대는 광활하여 수없이 많은 산이 산재해 있으며, 나라는 병사들이 많아 강성하고, 백성들은 강건하고 말은 건장하다. 대왕의 명성은 사해(四海)에 전해졌고 덕망은 천지를 뒤덮었으며, 30여 년 동안 나라 안은 태평하고 백성은 평안하였으며, 일찍이 제불(諸佛)의 수기(授記)를 받으셨다. 불보살의 가피를 받아 잠시 제왕이라 불리고 있으나 사실은 바로 보살의 화신이라네. 대왕의 총애를 입은 데다 부처의 은혜를 계승하신, 단정하기 짝이 없으신 공주마마는 뭇 신선을 능가하는 용모에다 도리(桃李)와 같은 얼굴을 지니셨고 인자하신 덕성을 지니셨네. 모든 특근(特勤)은 적심(赤心)으로 나라에 봉사하고 온몸으로 충효를 행하며 산천에서 오랑캐를 소탕하는 데 화살 하나 들었을 따름이네. 변새의 요사스런 기운을 잠재우는 데 활을 쏠 필요도 없었네. 그리하여 마침내 갈록(葛祿)[44]과 야마(藥摩)를 손에 넣게 되었고, 다른 용모의 달단(達但)[45]이 앞 다투어 항복하며 너도나도 주옥과 황금을 헌상하였다. 독서(獨西)는 낙타와 말을 바치고 토번(吐蕃)은 보물과 황금을 보내왔다. 발실밀(拔悉密)[46]은 본래 가생(家生)[47]이었고 힐알사(黠戛斯)[48]는 원래 노비였다. 변방의 모든 부족들은 참새가 매를 두려워하듯 하고 인근의 주성(州城)은 양이 호랑이를 바라보는 듯하다. 실제로 本國이라고 부르는 것은 헛된 소리가 아니다. 소승은 운 좋게 불문(佛門)에 몸담고 있으면서 감히 찬탄하옵니다. 또 모든 재상(宰相), 달간(達干), 도독(都督), 칙사(勅使), 살온(薩溫), 매록(梅錄), 장사(莊使), 지략(地略)[49]은 모두 대왕의 주변에서 궐문을 보좌하

44 토번의 부족명 가운데 하나.
45 부족명.
46 당송시대 지금의 신강 일대의 부족.
47 노비 소생의 자녀.
48 지금의 키르기스족.
49 이상은 모두 회흘의 관직명.

십니다. 관료장상들은 밖으로는 국경을 바로잡고 안으로는 대왕을 충심으로 모시는 데 새벽과 밤을 가리지 않는다. 선남선녀 시주들은 신심으로 계(戒)를 받들고 수지하며 수도에 정진하고 있다. 또 도통(都統), 비니(毗尼), 법사(法師), 삼장(三藏), 법률(法律), 승정(僧政), 사주(寺主), 선사(禪師), 두타(頭陀), 니중(尼衆), 아이사(阿姨師) 등 일일이 거명할 수 없는 이들은 모두 반짝이는 구슬 다루듯 계율을 수지하며 불법을 맑게 하고 인천의 스승이 되시니 나라 안의 보배이십니다. 더 많이 찬탄을 하고자 하나 시간이 없는 관계로 자세한 언급은 생략하고, 다음으로 잠시 참회를 하겠습니다. 무릇 법문을 들으려면 반드시 애타게 구하는 마음과 참회가 있어야 합니다. 그리고 삼보(三寶)에 귀의한 뒤 오계(五戒)를 받음으로써 비로소 법문을 들을 수 있고 선근을 기를 수 있게 된다. 그러고 나서 경문을 낭송하면 반드시 복을 받게 되리. 서너 명이 부처의 명호를 부른다. 불자.[50]

長嗟累劫沈生死, 輪迴六道幾時休?
三塗地獄受辛勲, 只爲多生造惡業.
煞生偷盜邪婬罪, 妄語朝朝誑聖賢,
綺語兩舌出惡言, 不怕當來三惡道.
貪嗔邪見遇癡業, 定作三塗惡道因,
不逢善友爲哀怜, 牛頭夜叉諍肯放.[51]
抛在鑊湯爐炭內, 鐵叉攪轉問根由,
前生爲什沒[52]不修行, 今日還來惱亂我.

---

50 '불자(佛子)'는 법좌 아래서 법문을 듣고 있는 청중을 가리킨다. 원문에서는 다른 글자보다 작게 적혀 있다.

51 [徐震堮] '諍'은 '爭'과 같다. [校注] '爭'은 '怎'이다. 또 '放'자는 原錄에서는 '敵'으로 오록되어 있다. 徐震堮은 原卷에서는 '放'으로 되어 있다고 하였다. 이에 의거하여 바로잡는다.

52 '什沒'은 '什麽'와 같다. 『集韻』 果韻'沒'字注 : "不知而問曰拾沒." 이 '拾沒'은 곧 '什沒'

刀山劍樹驅[53]令上，猛火爐炭[54]急遣行，

鐵鷹來啅[55]眼睛穿，鐵狗[56]競來食心髓.

黑繩十字縱橫朾,[57] 如似碁盤十字絣，

後敎獄卒下鑗冠,[58] 聚集嘷咷稱苦痛.[59]

若說三塗諸苦惱，百千萬劫實難言，

鐵(鐵)人聞談也心酸,[60] 善男善女豈不怕.

이고 '什麽'이다.

53 '驅'는 原卷에서는 '駈'로 되어 있는데 이는 '驅'의 俗字다. 原錄에서는 '斲'로 되어 있는데 이는 오류다.

54 爐炭 : 原卷에서는 '炭'자의 윗부분이 약간 잔결되어 있어 原錄에서는 이를 '灰'자로 보았는데 정확하지 않다. '爐炭'은 변문 중의 관용어다. 위 문장 "抛在鍋湯爐炭內" 이는 그 증거이다.

55 '啅'은 '啄'이다.

56 '狗'는 原錄에서는 '揹'로 되어 있다. 徐震堮은 原卷에서는 '猧'로 되어 있으며 이는 오류가 아니라고 하였다. 【校注】 原卷에서 이 글자는 왼쪽 편방이 '犭'과 '扌'의 중간 형태로 되어 있고 오른쪽은 '𤴓'로 되어 있다. 이는 사실 '猧'의 변체자이다. '猧'은 '狗'의 俗字임은 『干祿字書』에 보인다.

57 '朾'은 原校에서는 '釘'으로 되어 있다. 袁賓은 '釘'은 '黑繩'과 전혀 어울리지 않는다며 原校가 옳지 않다고 하였다. 원씨는 '朾'은 '打'자의 오류이며 문중의 '捆扎'의 뜻이라고 하였다.(현대어 '打包裹(보따리를 싸다)', '打裹腿(각반을 차다)'의 '打'이다) 【校注】 '朾'과 '打'는 본래 한 글자인 듯하다. 따라서 굳이 '朾'자를 고칠 필요 없다.

58 '鑗'은 原錄에서는 '鑗'로 되어 있고 '鑗'으로 교정하였다. 蔣禮鴻은 '鑗'은 '犂'의 이체자이며, '鑗冠'은 說文解字에서 말하는 '犂冠'이라고 하였다. 【校注】 '鑗'은 原卷에서는 '鑗'로 되어 있는데 이는 '鑗'의 이체자인 듯하다. '鑗'(龍龕手鏡에 보임)의 正字는 '鑗'(설문해자에 보임)이다. '鑗'와 '犂'는 『廣韻』에서 모두 力脂切로 동음이며 서로 통용된다. '犂冠'은 쇠로 된 쟁기 칼날을 가리킨다.

59 '苦'는 原卷에서는 '𦬇'로 되어 있다. 이는 '苦'의 訛字로 생각된다. 原錄에서는 '𦬇'로 되어 있는데 이는 아무런 글자도 아니다.

60 '也'는 原錄에서는 '邊'으로 오록되어 있다. 蔣禮鴻은 '邊'은 '也'의 형와자이며, 옮겨 적을 때 번체자로 바뀌 지금의 형태가 되었다고 하였다. 【校注】 原卷은 '㐌'로 되어 있는데 이는 '也'(본권에서 '也'자는 흔히 이 형태로 적혀 있다)자이다. 돈황사본에서 '邊'자를 간체 '边'으로 표기하는 경우는 보지 못했다. 교록자의 불찰로 '㐌'을 '边'으로 오판하고, 다시 이를 번체 '邊'으로 고친 것이니 큰 실수가 아닐 수 없다. 또 '酸'자는 原錄에서는 '愎'으로 오록되어 있다. 蔣禮鴻은 '愎'을 '悛'의 訛變이라 하였는데 이는 매우 옳다. 原卷에서는 본래 '悛'로 되어 있다. 【蔣禮鴻】 '悛'은 '酸'의 俗字다. 右偏旁의 윗부분 '厶'을 뒤집어 '厶'으로 적은 것이며, '酸'자가 感覺을 표시하는 까닭에 左偏

只爲平生無善友, 不敎懺[61]悔悔前愆,
凡夫十惡未能抛, 努力今朝須懺悔. 稱佛子
十條[62]惡業最難言, 百千萬劫出[63]無緣.
今日齊心須懺謝, 剎般(那)命盡便生天.
아아, 수 겁의 세월을 생사의 윤회에 빠져 지내니
육도(六道)의 윤회가 언제나 그치려나.
삼도(三塗)의 지옥에서 갖은 신고(辛苦) 겪으며
여러 생 동안 악업만을 지었네.
살생과 도둑질과 음행한 죄
거짓말로 날마다 성현을 속여 왔네.
꾸며대는 말과 두 가지 말로 악언(惡言)을 해대며
내생에 삼악도(三惡道)에 떨어질 것을 두려워하지 않았네.
탐욕과 분노, 삿된 견해와 어리석음이라는 업장은
분명 삼악도에 떨어질 업인(業因)이 되고 말리라.
착한 벗을 만나지 못함을 슬퍼할 뿐
어찌 우두(牛頭)와 야차(夜叉)가 놓아주려 하리오.
펄펄 끓는 솥과 활활 타오르는 화로 속으로 내던져지고
쇠 작살에 꿰어져서는 그 이유를 묻네.

旁을 '忄'으로 고쳐 '悛'가 된 것이다. [校注] 장씨의 견해에 따라 바로잡는다.

61 '懺'은 原卷에서는 '鑯'으로 되어 있는데, 이는 오자이다. 문맥에 의거하여 바로잡는다.

62 '條'는 原卷에서는 '俻'로 되어 있는데 이는 ''의 別體字이며, '傺'는 곧 '條'의 俗字이다.

63 '出'은 原錄에서는 '𨚗'로 되어 있고 '却'으로 교정하였는데, 이는 정확하지 않다. 原卷을 자세히 살펴보면 사실 '出'자로 되어 있다. 이에 바로잡는다. 불교에서는 살생, 투도 등 열 가지 행위를 十惡이라 규정하고, 이 십악은 苦報의 業因인 까닭에 '十惡業' 혹은 '十惡業道'라 부른다. 이 문구는 凡夫가 이 十惡을 범하면 惡道에 떨어져 백천만겁 동안 영원히 그로부터 벗어나지 못함을 설명하고 있다. P.2193 「目連緣起」: "그대의 모친은 생전에 많은 생명을 죽이고, 아끼고 탐하여 여러 악연을 맺었다. 三塗에서 받는 고통 벗어나기 어렵나니, 한번 그 속에 떨어지면 영원히 머물게 된다(汝母在世多殺害, 慳貪廣造惡因緣. 三塗受苦應難出, 一墮其中萬萬年)." 이것과 비슷한 의미다. 참고 바란다.

전생에 왜 수행을 하지 않아
오늘 이토록 나를 괴롭히는가.
도산검수(刀山劍樹)를 올라가라 내몰리고
세차게 타오르는 화로 위를 걸어가라 내쫓기네.
쇠로 된 매는 날아와 눈동자를 쪼아대고
쇠로 된 개는 앞 다투어 심장과 골수를 먹어댄다.
검은 포승줄로 가로 세로 열십자(十)로 묶이니
마치 바둑판의 십자 무늬 같다.
또 옥졸은 쟁기 칼날로 찔러대니
모인 자들은 울부짖으며 고통을 호소하네.
삼도(三途)의 고통을 얘기하자면
백천만 겁으로도 실로 부족하다네.
쇠로 만든 사람도 이 얘기 들으면 마음이 아파오거늘
선남선녀인들 어찌 두렵지 않으리.
평생 동안 어진 벗을 만나지 못한 까닭에
이전의 허물을 참회하라 이르지 못했네.
범부는 여전히 십악(十惡)을 그만두지 못했으니
오늘에는 참회를 할 수 있도록 노력하라. 불제자를 부른다
열 가지 악업은 가장 말하기 어려우니
백천만 겁이 지나도 [악도(惡道)에서] 벗어나지 못한다네.
오늘 한마음으로 참회하고 감사하면
수명이 다하는 순간 하늘에서 태어난다네.

門徒弟子, 今日既來法會, 大須努力, 齊心合掌, 與弟子懺悔十惡五逆之罪, 洗除垢穢, 起改[64]心淨心, 來世往生西方淨土. 連(蓮)花化生,

64 '改'는 原卷에서는 '毁'으로 되어 있는데 이는 '改'의 오자로 생각된다.('改'는 본권에서 '攺'로 되어 있는데 그 형태가 서로 비슷하다) 原校에서는 '皈'(즉 '歸'의 俗字)로

永拋三惡道, 長得見彌陀, 願不願?能不能?善哉善哉!稱可佛心, 龍天歡喜, 必當罪滅三世. 諸佛因地[65]之日, 總是凡夫, 皆因善知識, 發露懺悔, 得成佛果. 過去諸佛已成佛, 現【在】諸佛今成佛, 未來諸佛當成佛. 門徒弟子, 旣解懺悔, 改往修來, 未來世中, 必定成佛, 更莫生疑. 稱名. 次[66]請[67]十方佛爲作證明. 弟子某甲等, 合道場人, 無始已來, 造諸惡業, 煞生偸盜邪婬妄語綺語兩舌惡口無度,[68] 造貪嗔癡, 飮酒食肉, 煞父害母, 破塔壞寺, 破和合僧, 出佛身血, 男起染心, 汚淨行尼. 女起染心, 汚持淨戒僧, 興身口意, 毁罵僧尼. 用三寶物,[69] 依官叶[70]勢, 驅逼僧尼, 劫奪田水. 或時驅便(使)僧伽奴婢, 或因王法, 出兵抄劫. 擄掠他人, 奪他妻女, 劫他財物. 勞(撈)魚放火, 焚燒山林, 開決渠

되어 있는데 여기서는 취하지 않는다. 潘重規는 原卷에서는 '眗'로 되어 있고 이는 '眗'자인 것 같다고 하였는데, 글자의 형태가 맞지 않을뿐더러 그 의미도 해독하기 어렵다.

65 '因地'는 原卷에서는 '國地'로 되어 있다. '國'은 '國'의 俗字이다. 【徐震堮】 이는 '因地'로 보아야 한다. '因地'는 불교용어로서 修道할 때의 지위를 가리킨다. 아래 문장 "因地之中持何戒"의 '因地'도 같은 의미이다. 【校注】 서씨의 견해는 옳다. '國'(俗字로 '國'이라 적음)과 '因'의 형태가 비슷함으로 인해 오류가 생겼다. 이에 바로잡는다.

66 原錄에서는 '稱名'을 뒤 문구에 붙여 놓았다. 【楊雄】 '稱名'은 佛家語로서 '稱佛名'을 가리킨다. ……'稱名次'는 부처의 이름을 부른다는 뜻이기에 '次' 뒤에 콤마가 있어야 한다. 【校注】 '稱名'이 '稱佛名'을 가리킨다는 양씨의 견해는 지극히 옳다. 아래 문장에서 '稱佛名'이란 문구가 수차례 보이고 있음은 그 증거이다. 그러나 '次'자 뒤에 콤마를 찍어야 한다는 양씨의 견해는 정확하지 않은 것 같다. '稱名' 뒤에 마침표를 붙여야 하고, '次'는 뒤 구에 속하며 '次' 뒤에는 '下'자가 누락된 것으로 여겨진다. 아래 문장 "念佛. 次下請十方佛作大燈(證)明, 便受五戒." 또 "次下便與門徒弟子唱經." 또 "次下說無情淨" 여기에서 '次下'라는 문구가 보이고 있다.

67 '請'은 原錄에서는 '諸'로 오록하였다. 潘重規는 原卷에서는 '請'으로 되어 있다고 하였다. 이에 의거하여 바로잡는다.

68 이상 10자는 原錄에서는 누락되어 있다. 原卷에 의거하여 보충한다.

69 '三寶物'은 불교술어로서, 佛物(불상, 전당, 향화, 번개 등), 僧物(승방, 전택, 원림, 의발, 곡물 등), 法物(경권, 지필, 상함 등)을 가리킨다. 이 세 가지는 각자 그 소속이 있어 몰래 쓰거나 돌려가며 쓸 수 없다. 그래서 문중에서 '用三寶物'이 악업을 짓는 행위 중의 하나로 말하고 있는 것이다. 楊雄은 '用三寶物'은 그 뜻이 통하지 않는다며 '物'은 '總'자의 오자이며 뒤 구에 속해야 한다고 하였는데, 이는 명백한 오류다.

70 【徐震堮】 '葉'은 '挾'과 같다. 【校注】 '葉'과 '挾'은 음이 비슷하며 서로 통용된다.

河, 乾煞水族. 行住坐臥, 傷其含識.[71] 耕田伐木, 誤傷蟲[72]命. 放鷹走狗, 煞害生靈, 夫背其妻, 別永(求)美色. 妻背其夫, 別貪男子, 已(以)此而言, 身口意業,[73] 造一切罪. 今日今時, 荊(對)十方佛, 對十方菩薩, 對三乘經, 對十方僧, 對諸大衆, 不敢覆藏, 志心懺悔, 願罪消滅. 三說[74]

凡夫造罪若須彌, 從來不覺總不知,

不懺定應沉[75]惡道, 若能懺悔便無疑.

如似積柴過北斗,[76] 車牛般[77]載定應遲,

---

71 '含'은 原錄에서는 '舍'로 오록되어 있다. 徐震堮은 응당 '含'이 되어야 한다고 하였다. 【校注】 原卷은 본래 '舍'로 되어 있는데 이는 '含'의 俗字이다. 아래 문장 "含靈有識永長命"의 '含'자는 原卷에서는 '舍'으로 되어 있다. P.3080「長興四年中興殿應聖節講經文」의 "舍烟金菊向天開"의 '舍' 역시 '含'자이다. '含識'은 '情識'을 지니고 있는 자, 즉 衆生을 가리킨다. 불가 용어이다. S.4571「維摩詰經講經文」: "중생을 가엾게 여기기를 마치 친생 자녀를 대하듯 하고, 凡夫를 불쌍히 여기기를 마치 갓난아이를 사랑하듯 한다(愍含識而意似親生, 憐凡夫而愛如赤子)." 여기서도 '含識'이란 문구가 보인다.

72 '蟲'은 모든 동물의 총칭이다.

73 '業'은 原卷에서는 '芏'로 되어 있다. 【原校】 '芏'자는 原卷에서는 하반부가 잔결되어 있는데 이는 '業'자임이 틀림없다. 【校注】 原卷에 의거하여 바로잡는다. 【袁賓】 어떤 강경문에서도 '意業'에 대한 설법은 보이지 않는다. '意'는 '惡'의 오자이다. '惡業'이란 단어는 자주 보인다. …… 同篇 "興身口意, 毁罵僧尼" 여기서의 '意' 역시 '惡'이 되어야 한다. 【校注】 '意'자는 오류가 아니다. '身口意業'은 身 · 口 · 意 三業을 가리킨다. 불교에서는 살생, 도둑질, 음행을 身業이라 하고, 거짓말, 두 가지 말, 악한 말, 꾸며대는 말을 口業이라 하며, 탐냄과 성냄과 삿된 소견을 意業이라 한다. 이 三業은 苦報의 業因이 된다. 위 문장 "興身口意" 역시 이 삼업을 가리켜 말한 것이다. 원씨의 견해는 오류이다.

74 '三說' 두 자는 原卷에서는 작은 글씨로 두 행에 걸쳐 적혀 있는데 이는 指示性 문자이다.('금일금시' 이하 몇 구를 세 차례 중복해서 말함을 표시하는 듯). 原錄에서는 이를 '潊'라 오록하였다.

75 '沉'은 原卷에서는 '沆'으로 되어 있는데 이는 '沉'의 俗字이다. S.4511「金剛醜女緣起」: "大王良久沆音." 끝 두 자는 응당 '沉吟'이 되어야 한다.(P.3048에서는 '沉吟'으로 되어 있다) 이는 참고할 필요가 있다. 原錄에서는 '溽'로 되어 있는데 이는 잘못이다.

76 '斗'는 原錄에서는 '叶'으로 되어 있고 '斗一陡'라 교정하였다. 【徐震堮】 原校에서는 '叶'을 '斗'로 보았는데 이는 옳다. 뒤의 '陡'자는 무슨 뜻으로 붙인 것인지 모르겠다. 【校注】 原卷에서는 본래 '니'로 되어 있는데 이는 '斗'의 俗字이다. S.525「搜神記」: "북쪽에 앉은 사람은 북두이고, 남쪽에 앉은 사람은 남두였다(北坐人是北니, 南坐人是南니)." '니'은 곧 '斗'자이다. 原錄에서 '叶'이라 한 것은 타당하지 못하다. 또 '斗'를

當風只消一把火, 當時柴埵[78]便成灰.
弟子等多[79]生作福, 今生又得人身,
朝朝聽法聞經, 日日持齋受戒.
縱有些些罪鄣, 懺悔急遣消除,
如斯清淨之心, 必值[80]龍花三會.

문도제자들이여, 오늘 기왕 법회에 나왔으니 전심으로 합장하고 다른 제자들과 함께 십악(十惡) 오역(五逆)의 죄를 참회하고 더러운 때를 씻어내어 마음을 깨끗이 하도록 하라. 그리하면 내생에는 서방정토에 있는 연꽃 속에서 태어나 그곳에서 왕생하고, 또 영원히 삼악도를 벗어나 오래도록 미타불을 바라볼 수 있으리라. 그렇게 되기를 원하는가, 원하지 않는가? [원한다면] 그렇게 할 수 있는가, 없는가? 선재 선재라! 불심(佛心)이라 부를 만하며 용천(龍天)이 모두 즐거워하니 반드시 [그대들은] 삼세의 죄를 멸하게 되리라. 제불이 보살의 위치에 있을 때 제불은 모두 범부에 지나지 않았는데 선지식의 가르침을 받고 참회를 하여 불과(佛果)를 이룰 수 있었다. 과거의 제불은 이미 성불하였고, 현재의 제불은 지금 성불하고 있으며, 미래의 제불은 앞으로 성불하게 될 것이다. 문도제자들이여, 이제 참회하여 과거의 허물을 고치고 수행에 힘쓴다면 미래에는 반드시 성불하게 될 것이니 이를 의심하지 말지어다. [부처 이름을 부른다] 십방(十方)의 제불이 이를 증명해줄 것이다. 불제자 모모 등

'陡'라 교정한 것은 잘못이다.

77 [楊雄] '般'은 응당 '搬'이어야 한다. [校注] '般'은 '搬'의 本字이다. '般'은 수정할 필요가 없다.

78 '埵'는 原校에서는 '堆'로 되어 있다. [徐震堮] '埵'는 '垜'와 같은 의미라 굳이 '堆'로 고칠 필요 없다. [校注] '埵'와 '垜'는 음이 비슷하며 서로 통용된다. 서씨의 견해는 옳다.

79 '多生'은 原卷에서는 '名生'으로 되어 있다. [徐震堮] '名'은 '多'로 보아야 할 것 같다. [校注] 서씨의 견해는 옳다. 이에 의거하여 바로잡는다. 위 문장 "三塗地獄受辛懃, 只爲多生造惡業" '多生作福'은 앞서의 '多生造惡業'과는 상반된다. 그리하여 "今日又得人身" 하여 삼도지옥에 떨어져 고통을 받는 지경에 이르지 않는 것이다.

80 '值'는 原錄에서는 '須'라 오록되어 있다. 여기서는 原卷에 의거하여 바로잡는다.

모든 도량인(道場人)은 아주 오랜 옛날부터 살생, 도둑질, 음행, 거짓말, 꾸미는 말, 두 가지 말, 악한 말 등 모든 악업을 다 짓고 있다. 탐진치(貪瞋癡)[81]를 일으키고 술을 마시고 고기를 먹으며, 부모를 죽이고 불탑과 사찰을 파괴하고 승가의 화합을 무너뜨리고 부처의 몸에서 피를 흘리게 한다. 또 남자는 음욕이 발동하여 청정히 수행하는 비구니를 더럽히고, 여자는 음욕이 발동하여 청정한 계법을 수지하는 비구승을 더럽힌다. 신구의(身口意) 삼업(三業)을 지어 승려를 폄훼하고 매도한다. 세 가지 보물을 마음대로 사용하고, 관부의 권세를 끼고서 승려를 핍박하고 사전(寺田)과 물을 약탈한다. 승가의 노비를 마음대로 부리는가 하면, 왕법(王法)에 따라 출병(出兵)하여 [승가의 재산을] 몰수하기도 한다. 타인을 약탈하고 타인의 처와 딸을 빼앗으며 타인의 재물을 강탈한다. 물고기를 잡아 올리고 불을 질러 산림을 불태우고 수로를 터서 물고기를 말려 죽인다. 다니거나 머물거나 앉거나 눕거나 간에 늘 중생에게 해를 입힌다. 밭을 갈고 나무를 베어 벌레의 목숨을 해치고, 매를 놓고 개를 풀어 뭇 생명을 죽인다. 남편은 자신의 아내를 배신하고서 다른 미색을 구하고, 아내는 자신의 남편을 배신하고서 다른 남자를 탐한다. 이렇듯 신구의(身口意)의 삼업은 모든 죄업을 저지른다. 오늘 이 시간에는 십방(十方)의 제불과 십방의 보살과 삼승(三乘)의 경전과 십방의 승려와 모든 청중 앞에서 숨김없이 지심으로 참회하여 일체의 죄업이 소멸되어질 수 있기를.

범부가 짓는 죄는 수미산 같은데
지금까지 [그 사실을] 깨달아 알지 못하네.
참회하지 않으면 틀림없이 악도(惡道)에 떨어질 것이고
참회하면 [미래의 성불에 대한] 의혹이 없으리.
[범부의 업장은] 마치 장작 다발을 북두칠성에 닿도록 쟁여놓은 것 같으니

81 욕심, 성냄, 어리석음. 불교에서는 이를 사람의 착한 마음을 해치는 세 가지 번뇌라 하여 삼독(三毒)이라 부르고 있다.

수레 끄는 소는 분명 더디게 움직이리.
바람을 맞아 불꽃은 사라지고
땔나무 더미는 곧 재로 변하리.
문도들은 여러 생 동안 복을 닦아
금생에 또 다시 사람의 몸을 얻었으니
날이면 날마다 법문을 듣고
날이면 날마다 재계(齋戒)를 수지하라.
죄의 업장이 설령 좀 있더라도
참회하면 곧바로 소멸될 수 있으니
이 같은 청정한 마음을 지니면
반드시 용화삼회(龍花三會)[82]를 만날 수 있으리.

懺悔已了, 此(次)受三歸, 後[83]持五戒, 便得行願相扶,[84] 福智圓滿, 將求[85]佛果, 永曉[86]輪迴. 必受三歸, 免沈邪道, 歸依佛者, 不墮[87]地獄. 歸依法者, 不受鬼身. 歸依僧者, 不作畜生. 門徒弟子, 受此三歸, 能不能, 願不願?稱佛名佛子

82 미륵보살이 성불한 후에 중생을 제도하기 위하여 연 법회. 석가모니가 입멸한 뒤 56억 7천만 년 만에 세상에 나타나서 용화수 밑에서 도를 이루고, 세 차례의 설법을 한다고 한다.

83 '後'는 原錄에서는 '復'으로 오록되어 있다. 여기서는 原卷에 의거하여 바로잡는다.

84 '扶'는 응당 '符'로 보아야 한다. '行願相符'는 身의 行과 心의 願이 서로 부합됨을 말한다.

85 '求'는 原卷에서는 '永'으로 되어 있는데, 徐震堮은 이를 '求'로 교정하였다. 여기서는 서씨의 견해를 따른다.

86 '曉'는 原卷에서는 '免'으로 되어 있다. 潘重規는 '脫'자가 되어야 한다고 하였다. 반씨의 견해는 사실에 가깝다.

87 '墮'는 原錄에서는 '隨'로 되어 있고 '墮'로 교정되었다. [校注] 原卷에서는 '陏'로 되어 있는데 이는 '墮'자의 별체자이다. 아래 문장 "百千萬劫墮三塗"의 '墮'자 역시 原卷에서는 '陏'로 되어 있음은 그 증거이다. 南宋 黃善夫 刻本『史記』「貨殖列傳」에는 "果隋蠃蛤"이란 문구가 있는데『字彙補』에서 말하기를 "隋即墮也. 亦爲蓏之借字"라고 하였다. '陏', '隋'는 자형은 다르나 俗書에서 같은 글자로 사용된다.

歸依三寶福難陳, 免落三塗受苦辛,

不但未來成佛果, 定知累劫出沈淪.

那謨那耶, 那謨捺摩耶, 那謨僧伽耶.[88] 三說.[89] 歸依佛兩足尊, 歸依法離欲尊, 歸依僧衆中尊, 三說. 門徒弟子, 言歸依佛者, 歸依何佛? 且不是磨(摩)尼佛, 又不是波斯佛, 亦不是火祆佛, 乃是淸淨法身, 圓滿報身, 千百億化身釋迦牟尼佛. 歸依法者, 乃五千卷藏經, 名之爲法. 歸依僧者, 號出家.[90] 乃是四果四向, 剃髮染衣, 二部僧衆, 眞佛弟子, 號出家人, 且如西天有九十六種外道, 此間則有波斯、摩尼、火祆,[91] 哭神之輩, 皆言我已出家, 永離生死, 並是虛誑, 欺謾人天. 唯有釋迦弟子, 是其[92]出家, 堪受人天廣大供養. 稱佛名.

其嗟外道百千般, 忍飢受渴曼[93]枉[94]顚,

---

88 이상 세 구는 三寶에 돌아가 의지한다는 뜻이니 마땅히 "那謨佛陀耶, 那謨達磨耶, 那謨僧伽耶"로 교정되어야 한다. '那謨'는 '南無', '南謨'로 적기도 하는데 이는 범어 Namo의 음역이며 '歸命', '歸禮' 등으로 의역된다. 중생이 부처에 지심으로 귀의 복종한다는 뜻이다. 『翻譯名義集』 권4: "南無, 或那謨, 或南摩, 此翻歸命." '佛陀'는 범어 Buddha의 음역이며 '佛'이라 약칭한다. '達磨'는 범어 Dharma의 음역이며 '法'으로 의역된다. '僧伽'는 범어 Samgha의 음역이며 '僧'이라 약칭한다. 불교는 불·법·승을 삼보라 하고, 삼보에 귀의함을 '三歸'라 한다. '那謨佛陀'는 歸依佛, '那謨達磨'는 歸依法, '那謨僧伽'는 歸依僧을 의미한다. 晉 失譯 『木槵子經』: "至心稱南無佛、南無達磨·南無僧伽." 이것 역시 삼보에 귀의함을 뜻한다.

89 '三說'은 지시성 문자이다. 여기서는 작은 글자로 표기하였다. 이하 동일하다.

90 '號出家' 세 글자는 필사자가 잘못 적은 것을 미처 삭제하지 못한 것으로 보인다. 삭제해야 마땅하다.

91 [原校] 向達은 "波斯·摩尼·火祆는 모두 고대 서아시아에서 발생한 종교이다. 波斯教, 즉 景教는 고대 기독교의 일파이다. [校注] '祆'은 原錄에서는 '襖'로 되어 있는데 여기서는 직접 수정하여 기록한다.

92 [徐震堮] '其'는 응당 '眞'이 되어야 한다.

93 '曼'은 原校에서는 '奡'으로 되어 있는데 이는 '曼'의 俗字이다(慧琳 『一切經音義』 권3 「傲慢」: "曼字從又, 俗從万, 訛也." 『龍龕手鏡』에서는 '奡'을 '曼'의 별체자라고 하였다) 原錄에서는 '奡'으로 되어 있는데 이는 사실과 다르다. 문중의 '曼'은 마땅히 '漫'으로 보아야 한다.

94 '枉'은 原錄에서는 '杅'으로 되어 있고, 그 교주에서 '存'자인 것 같다는 啓功의 견해를 인용하였다. [校注] 原卷에서는 사실 '枉'자로 되어 있으나 문중에서는 '狂'으로 보아야 한다. '狂顚'은 유사한 의미의 글자가 결합된 복합어이다. 아래 문장 "三巡匝

自誑誑[95]他無利益, 何曾死後得生天.
生天先要調心地, 持齋布施入深禪,
每到日西獨喫飯, 飢人遙望眼精[96]穿.

참회를 마쳤으면 삼귀의(三歸依)를 받고 오계(五戒)를 수지하라. 그리하면 수행과 서원(誓願)이 서로 부합하고 복덕과 지혜가 원만하게 갖추어져 장차 불과(佛果)를 추구하게 될 것이고 영원히 윤회에서 벗어나게 될 것이다. 반드시 삼보(三寶)에 귀의하여 사악도(邪惡道)에 빠지지 않도록 하라. 부처에 귀의하면 지옥에 떨어지지 않을 것이고 불법에 귀의하면 악귀의 몸을 받지 않을 것이며 승려에 귀의하면 축생으로 태어나지 않을 것이다. 문도제자여, 삼보에 귀의할 수 있느냐 없느냐? [귀의하기를] 원하느냐 그렇지 않느냐? 부처의 명호를 부른다. 불제자

삼보에 귀의하여 얻는 복덕은 이루 다 말할 수 없거늘
삼도에 떨어져 고통을 겪지 않게 되리라.
미래에 불과(佛果)를 이룰 수 있을 뿐 아니라
누겁(累劫)의 세월 동안 침륜됨을 면할 수 있으리.

나무불타, 나무달마, 나무승가. 세 차례 부른다. 귀의불양족존(歸依佛兩足尊), 귀의법이욕존(歸依法離欲尊), 귀의승중중존(歸依僧衆中尊).[97] 세 차례

了便顚狂" '狂顚'과 '顚狂'은 같은 뜻이다.

95 '誑'자는 原卷에서는 '誑'으로 되어 있다. '陌'은 '誑'으로 적기도 하는데 이들은 모두 '誑'의 俗字이다. 위 문장 "並是虛誑"과 아래 문장 "瞿曇深解虛誑語"의 '誑'자가 原卷에서는 모두 '誑'으로 되어 있다. 아래 문장 "自誑誑他無利益"의 '誑'자는 原卷에서는 '誑'으로 되어 있다. S.2614「大目乾連冥間救母變文」"因玆欺誑凡聖"에서도 '誑'자를 '誑'으로 적고 있는데, 이는 '誑'의 變體이다. 참고할 필요가 있다. 原錄에서는 '誑'을 '誰'라 적고 있는데 이는 사실과 다르다.

96 '精'은 原校에서는 '睛'으로 되어 있다. 【校注】 설문해자에서는 '睛'자가 없다. '睛'은 고대에는 '精'으로 표기했다. 따라서 '精'을 굳이 '睛'으로 수정할 필요 없다. 『淮南子主術』"猶不能見其精" 高誘 注: "精, 目瞳子也." 『正字通米部』: "精, 目中黑粒有光者亦曰精. 今通作睛."

97 귀의불양족존이란, 부처는 이 세상에서 가장 높으며, 대원(大願)과 수행, 복덕(福德)과 지혜를 함께 갖추었으므로 귀의한다는 뜻이고, 귀의법이욕존은 불법(佛法)이 일체의 허망됨과 욕심을 떠난 청정한 법이므로 귀의한다는 뜻이며, 귀의승중중존은

부른다. 문도제자여, '귀의불(歸依佛)'의 불은 어떤 부처를 말하는 것인가? 마니불(摩尼佛)[98]도 아니고 파사불(波斯佛)[99]도 아니며 화현불(火祆佛)[100]도 아니다. 그것은 청정한 법신(法身)이며 원만한 보신(報身)이며 천만 억 화신(化身)이신 석가모니불을 말한다. '귀의법(歸依法)'의 '법'은 오천 권의 대장경을 말한다. '귀의승(歸依僧)'의 '승'은 사향사과(四向四果)[101]를 말한다. 이들은 삭발을 하고 염의(染衣)를 입은 이부중(二部衆)[102]이자 참된 불제자로서 출가인이라고 불리는 자들이다. 그리고 서천축국에는 96종의 외도가 있는데 여기에는 파사(波斯), 마니(摩尼), 화현(火祆)과같이 신에게 하소연하는 무리들이 있어 모두들 자신은 이미 출가하였고 영원히 생사를 벗어났다고 말하는데, 이것은 모두 속임수이고 인천(人天)[103]을 기만하는 행위이다. 오직 석가의 제자만이 출가인이라 할 수 있고 인천의 광대한 공양을 받을 만하다. 부처의 명호를 부른다.

아아, 수백 수천의 수많은 외도들
배고픔을 참고 목마름을 견디며 제멋대로 날뛰네.
속임수를 부려 타인에게 아무런 이익됨도 없으니
어찌 사후에 생천(生天)할 수 있으리.
생천하려면 무엇보다 심지(心地)를 조절하여
재계(齋戒) 보시하고 선정(禪定)에 깊이 들어야 하리.
매일 해가 서쪽으로 진 뒤에 홀로 밥을 먹으니
굶주린 자가 멀리서 뚫어져라 쳐다본다. 염불

승려가 일체의 대중 가운데에서 가장 존귀한 존재이므로 귀의한다는 뜻이다.

98 '마니(摩尼)'는 마니교(摩尼教)를 말한다.

99 '파사(波斯)'는 경교(景教) 즉 네스토리우스교를 말한다.

100 '화현(火祆)'은 현교(祆教), 즉 조로아스터교를 말한다.

101 소승 불교에서 이르는 깨달음의 네 단계. 수다원, 사다함, 아나함, 아라한의 단계가 있다.

102 비구와 비구니를 말한다.

103 인간계와 천상계의 중생.

念佛. 次下請十方佛, 作大燈(證)明, 便受五戒, 門徒弟子, 能不能? 願不願?善哉善哉!夫五戒者, 是成佛之良因, 爲入[104]聖之要路,[105] 三千威儀, 八萬[106]細行. 比丘有二百五十戒, 比丘尼[107]有五百戒. 近事男, 近是[108]女, 八戒十戒, 並從五戒而生, 天[109]名五星, 在[110]地名五岳, 在道教爲五行, 在儒爲五帝, 在釋爲五戒.

弟[111]一 : 不得煞, 能持否?

佛在靈鷲山之日, 有一長者婆羅門,
向前合掌聞(問)如來, 相好端嚴何日德(得)?
佛言長者聽吾語, 諸佛如來多劫修,
未曾故煞一衆生, 因此面輪如滿月.
三十二相同金色, 八十種好悉圓明,
一一相好進修時, 先用身心持五戒.
含靈有識永長命,[112] 豈忍將刀煞害他,

---

104 ‘入’은 原錄에서는 ‘人’으로 오록되어 있다. 潘重規는 原卷에서는 ‘入’으로 되어 있다고 하였다. 이에 의거하여 바로잡는다.

105 ‘路’는 原錄에서는 ‘略’으로 오록되어 있다. 潘重規는 原卷에서는 ‘路’로 되어 있다고 하였다. 이에 의거하여 바로잡는다.

106 ‘萬’은 原錄에서는 ‘方’으로 오록되어 있다. 潘重規는 原卷에서는 ‘万’으로 되어 있다고 하였다. 이에 의거하여 바로잡는다.

107 比丘尼 : 原錄에서는 ‘比’자가 없다. 徐震堮은 ‘丘’ 앞에 마땅히 ‘比’자가 있어야 한다고 했다. [校注] 原卷에는 본래 ‘比’자가 있다. 이에 의거하여 보충한다.

108 [潘重規] ‘是’는 응당 ‘事’가 되어야 한다.

109 아래 문장과 비교해 보건대 ‘天’ 앞에 ‘在’자가 누락되어 있다.

110 ‘在’자는 原錄에서는 누락되어 있다. 潘重規는 原卷에는 ‘在’자가 있다고 하였다. 이에 의거하여 보충한다.

111 ‘弟’는 原錄에서는 ‘第’로 되어 있다. [校注] 原卷에서는 ‘弟’로 되어 있다. 순서를 뜻하는 ‘第’자가 고대에는 ‘弟’로 표기되었다. ‘第’는 ‘弟’의 후기분화자이다. 본권에서는 순서를 뜻하는 글자로 ‘弟’와 ‘第’가 병용되고 있다. 여기서는 原卷의 기록 그대로 적는다. 原錄에서는 이를 모두 ‘第’로 수정하였는데 이는 타당하지 못하다.

112 ‘命’자는 原錄에서는 누락되어 있다. 潘重規는 原卷에서는 ‘命’자가 있다고 하였다. 이에 의거하여 보충한다. 또 ‘永’자는 ‘求’가 되어야 한다. 본권에서 ‘求’자와 ‘永’자는 혼용되고 있다.

或是菩薩化身來, 或是諸佛慈悲性.[113]

或是父母爲畜類, 或是兄弟作牛羊,

凡夫不識是親姻, 肉眼何曾分聖衆.

利刀截割將來喫, 養者凡夫惡業身,

百千萬劫墮三塗, 奉勸門徒不須煞.

廣說煞生因果業, 百劫宣揚無盡期,

善男善女要思量, 今日須聽法師語.

다음으로 십방의 부처가 증인이 되어 주리니 오계(五戒)를 받도록 하라. 문도제자들이여, 할 수 있는가 없는가? 원하는가 그렇지 않은가? 선재 선재라! 무릇 오계는 성불의 훌륭한 원인이 되며 성인이 되는 요로(要路)이다. 삼천의 계율과 팔만의 세밀한 행동 규약이 있으며, 비구에게는 이백오십계가 있고 비구니에게는 오백계가 있다. 우바새와 우바리에게는 각각 팔계와 십계가 있으며, 아울러 오계를 지켜야 한다. 하늘에는 오성(五星)이 있고, 땅에는 오악(五岳)이 있고, 도교에는 오행(五行)이 있고, 유교에는 오제(五帝)가 있고, 불교에는 오계(五戒)가 있다.

첫째는 '살생하지 말라'인데 지킬 수 있는가?

부처께서 영취산에 계실 적에

어떤 장자 바라문 하나가

다가와 합장하고 여래에게 묻기를

단정하신 상호(相好)[114]는 언제 얻으신 것입니까?

부처가 장자에게 대답하시기를, 내 말을 들어보라.

모든 부처 여래는 수 겁 동안 수행하며

단 한 번도 중생을 죽인 적 없어

113 '性'은 응당 '生'으로 보아야 한다. 이 계율은 '含靈有識'은 보살의 화신인 경우도 있고, 諸佛의 화신인 경우도 있어서 "豈忍將刀煞害他(차마 칼로 그를 죽일 수 없다)" 할 수밖에 없다. 이는 또한 아래 문장 "或是諸佛爲畜類, 或是菩薩化身來"란 뜻이기도 하다.

114 부처의 몸에 갖추어진 훌륭한 용모와 형상.

이로 인해 보름달과 같은 얼굴을 지니게 되셨도다.
32상(相)은 황금색과 같고
80호(好)는 원만하고 환하다.
하나하나 상호를 닦으려면
먼저 몸과 마음으로 오계를 수지하라.
살아 있는 중생은 긴 목숨을 구하나니
어찌 차마 칼로 그를 죽일 수 있으랴.
보살의 화신인 경우도 있고
자비로운 제불의 화신인 경우도 있으며
부모가 짐승이 되기도 하고
형제가 소나 양으로 태어나기도 하거늘
범부는 그것이 친인척인 줄도 모르거늘
육안으로 어찌 성인과 중생을 분별할 수 있으리.
예리한 칼로 잘라내어 삼키니
범부는 악업의 육신을 양생하여
백천만 겁 동안 삼도(三塗)에 떨어지리니
문도들이여, 살생하지 말지어다.
살생의 인과 업보에 대해 자세히 말하자면
백겁 동안 설하여도 다하지 못하느니
선남선녀는 이를 잘 헤아려
오늘 법사님의 설법을 잘 들어야 하리라.

第二, 不得偷盜, 能持否?
佛在鹿野園中日, 巍巍相好似金山,
梵王帝釋散香花,[115] 八部龍神陳供養.

115 '花'는 原錄에서는 '茄'로 오록되어 있다. 楊雄은 原卷에서는 '花'로 되어 있다고 하였다. 이에 의거하여 바로잡는다.

有一商人來獻供, 請問如來往昔因,
毫光遠照若須彌, 因地之中持何戒.
佛言商人聽吾語, 我於過去百千生,
下至寸草不曾偸, 未記[116]黃昏偸他物.
八十種好過人相, 三十二相勝天尊,
一一相好進修時, 皆用身心持五戒.
若人故意偸他物, 必感當來貧賤因,
作驢作馬負[117]償他, 銜[118]鐵帶鞍[119]多飢渴.
蹄穿脅(腰)[120][□]蟲咀唼,[121] 口中橫骨不能言,
重馱棒[122]打遍身穿, 只爲前生偸他物.
或爲奴婢償他力, 衣飯何曾得具全,
夜頭早去阿郎[123]嗔, 日午齋時娘子[124]打.

---

116 '未記'는 '未曾'의 뜻이다. 唐 張文成「遊仙窟」: "숯을 먹지도 않았는데 창자는 타는 듯이 뜨겁고, 칼날을 삼키지도 않았는데 뱃속은 잘리는 듯이 구멍 뚫린다(未曾飮炭, 腸熱如燒; 不憶呑刃, 腹穿似割)." '不憶'은 '不曾'과 같다. 이와 유사한 어휘로 '未省', '不省', '不醒'이 있는데 이들은 모두 '未曾', '不曾'의 의미다. 여기서의 '記', '憶', '省', '醒'자는 모두 아무런 뜻도 없는 허사들이다.

117 '負'는 原錄에서는 '自'로 오록되어 있다. 潘重規는 原卷에서는 '負'로 되어 있다고 하였다. 이에 의거하여 바로잡는다. '負償'은 '賠償'이다. '負'에는 '償'의 의미가 있다.

118 '銜'은 原錄에서는 '含'으로 오록되어 있다. 潘重規는 原卷에서는 '銜'로 되어 있다고 하였다. 이에 의거하여 바로잡는다.

119 '載'는 原錄에서는 '帶'로 오록되어 있다. 여기서는 原卷에 의거하여 바로잡는다. '鞍'은 原卷에서는 '鞁'로 되어 있는데 우측의 '支'는 '安'이 변한 것이다.

120 [原校] 周一良은 "'脅'은 응당 '腰'이다"고 하였다.

121 이 문구에는 한 글자가 누락되어 있다. 徐震堮은 '腰'자 뒤라고 하였는데 이는 사실에 가깝다. 原錄에서는 '蟲'자 다음에 누락된 것으로 하였는데 이는 오류인 듯하다.

122 '棒'은 原卷에서는 '捧'으로 되어 있다. [校注] 돈황사본에서 '木' 편방과 '扌' 편방은 구분 없이 혼용되고 있다. 이에 문맥에 의거하여 '棒'으로 기록한다.

123 '阿郎'은 주인을 가리킨다. 『通釋』에 상세한 해설이 있다.

124 '娘子'는 原錄에서는 '娘娘'으로 오록되어 있다. 潘重規는 原卷에서는 '娘子'로 되어 있다고 하였다. 이에 의거하여 바로잡는다. '娘子'는 '孃子'와 같으며 문중에서는 마님을 가리킨다. 司馬光『司馬氏書儀』卷上: "옛사람들은 부친을 阿郎, 모친을 孃子라 불렀고, 이리하여 劉岳의『書儀』에서는 부모를 阿郎孃子라 불렀다. 그 후 노비들

露頭赤脚看羊[125]馬, 冬寒夏熱敢辭辛,
年年轉賣作良人, 如似[126]行錢[127]無定住.
行偸現世遭枷鎖, 世人眼見不虛言,
來生還債極爲難, 今日須聽法師語.

둘째는 '도둑질하지 말라'인데 지킬 수 있는가?

부처께서 녹야원에 계실 적에
우뚝한 상호(相好)는 황금산과 같았네.
범왕(梵王)과 제석(帝釋)은 향기로운 꽃을 뿌리고
용천팔부는 공양을 올린다.
한 상인이 다가와 공양을 바치면서
여래께 과거의 업인에 대해 묻기를
백호의 광명 멀리까지 비추기가 수미산과 같은데
[부처께서] 수행하실 때 어떤 계율을 수지하셨는지요.
부처가 장자에게 대답하시기를, 내 말을 들어보라.
나는 과거 수백수천의 생애 동안
보잘것없는 작은 풀도 훔친 적이 없고
황혼에 다른 사람의 물건을 훔친 적도 없다.

이 자신들의 주인을 부모와 같이 존경한다는 의미에서 주인을 阿郎孃子라 부르게 되었다(古人謂父爲阿郎, 謂母爲孃子, 故劉岳書儀上父母書稱阿郎孃子. 其後奴婢尊其主如父母, 故亦謂之阿郎孃子)." 『通釋』을 참조 바란다.

125 '羊'은 原錄에서는 '牛'로 오록되어 있다. 潘重規는 原卷에서는 '羊'으로 되어 있다고 하였다. 이에 의거하여 바로잡는다.

126 '似'는 原卷에서는 '佀'로 되어 있는데 이는 '似'의 俗字이다. 위 문장 "巍巍相好似金山" 아래 문장 "莫似往前行草草" 여기서의 '似'자는 原卷에서는 모두 이 형태로 되어 있다. S.3872 「維摩詰經講經文」: "似甚? 似營(螢)火對於日光" 또 "非論菩薩似恒沙" 여기서의 '似'자 역시 原卷에서는 '佀'로 되어 있다. '佀'는 '𠍋'의 변체이다. 原錄에서는 '佀'자를 '佽'로 보았는데 이는 사실과 다르다. 『漢語大字典』에서는 이에 근거하여 '佽'를 '似'와 같은 자로 보고 있는데 이는 합당하지 못한 것 같다.

127 行錢: 宋廉布 『淸尊錄』: "부자가 돈을 남에게 빌려주어 마음대로 사용하게 하고 그 이윤의 절반을 취하는 것을 行錢이라 한다. 부자는 이 행전을 部曲처럼 여겼다(凡富人以錢委人權其出入而取其半息, 謂之行錢. 富人視行錢如部曲也)."

80호(好)는 사람의 용모를 넘어서고
32상(相)은 천존(天尊)[128]을 능가한다.
하나하나의 상호(相好)를 닦을 적에
항상 몸과 마음으로 오계를 수지하였다.
만일 고의로 남의 물건을 훔친다면
이는 반드시 빈천(貧賤)의 원인이 되리.
나귀나 말이 되어 그에게 배상하는데
재갈 물리고 안장 짊어지며 기갈에 시달리리.
발굽에 구멍이 뚫리고 허리는 ( )하며 벌레를 씹어 먹게 되고
주둥이에는 뼈가 가로 꽂혀 있어 말을 할 수 없다.
무거운 짐을 등에 실었는데 몽둥이는 온몸을 두들겨 패니
이는 전생에 남의 물건을 훔쳤기 때문이다.
혹은 노비가 되어 그에게 배상하게 되니
옷과 밥이 두루 풍족한 적이 없다.
한밤중에는 어서 꺼져라, 주인이 성을 내고
한낮에는 재(齋)를 올리는데 마님이 두들겨 팬다.
맨머리와 맨발로 양과 말을 돌보는데
겨울에는 춥고 여름에는 더워도 어찌 감히 고되다 말할 수 있으리.
해마다 양인(良人)으로 이리저리 팔려 다니니
품팔이꾼처럼 일정한 살 곳이 없다네.
도둑질을 하여 금세에 족쇄 채워지니
거짓말이 아님을 세상 사람들은 보게 된다.
내생에 빚을 갚기는 지극히 어려우니
오늘 법사님의 설법을 잘 들어야 하리라.

128 도교의 고귀한 천신에 대한 존칭.

第三, 不得邪婬, 能持否?

佛在祇園精舍內, 五百居士獻香花,
人天大衆聽經文, 善男善女聞妙法.
如來爲有邪婬罪, 能爲生死作根由,
百劫千萬[129]受沈淪, 莫不皆因含[130]欲境.
妻若邪婬抛兒婿,[131] 來生還感[132]沒丈夫,
朝朝[133]獨自守空房, 日日孤單無倚托.[134]
夫若邪婬抛妻[135]子, 來生妻子不忠良,
兒夫[136]出後便私行, 只是街頭覓共事.[137]

---

129 百劫千萬 : 項楚는 응당 '百千萬劫'이 되어야 한다고 하였는데 이는 옳다. 위 문장 "百千萬劫出無緣" "百千萬劫墮三塗"에서 '百千萬劫'이란 말이 보인다.

130 [楊雄] 原卷에서는 '含'이 '舍'로 되어 있다. ……'舍'는 응당 '貪'이 되어야 한다. [校注] 양씨가 '貪'으로 교정한 것은 지극히 옳다. '貪欲境'은 문맥에 부합된다. 그러나 이 글자가 原卷에서는 '舍'로 되어 있다는 견해는 정확하지 않다. 原卷에서의 이 글자는 사실 '舎'로 되어 있는데 이는 '含'의 俗字 '舎'의 변체이다. 「隋宮人御女唐氏墓誌」에서 '含'자가 '舎'로 되어 있음은 그 증거이다. '貪'자는 속서에서 '貪'으로 적기도 하는데 그 형태가 '舎'와 유사하여 오독한 것이다.

131 '婿'는 原卷에서는 '聟'로 되어 있는데 이는 '婿'의 俗字이다. '兒婿'는 '丈夫(남편)'을 가리킨다. 『通釋』에 상세한 설명이 있다.

132 劉堅은 '感'은 '應'이어야 한다고 하고, 項楚는 "'感'은 天人之間의 感應으로 일종의 인과관계를 표시한다"며 '感'자는 오류가 아니라고 하였다. [校注] 項楚의 견해가 옳다. 본편 위 문장 "若人故意偸他物, 必感當來貧賤因." 여기서의 '感'자와 같은 용법이다. 664쪽 교주 276)번을 참조 바란다.

133 '朝朝'는 原錄에서는 '朝夕'으로 오록되어 있다. 潘重規는 原卷에서는 '朝朝'로 되어 있다고 하였다. [校注] 原卷에서는 뒤의 '朝'자가 반복부호로 되어 있는데 그 형태가 '夕'자와 비슷하여 생긴 오판이다.

134 '托'은 原錄에서는 '杔'로 되어 있고 '托'으로 교정하였다. [校注] 原卷은 본래 '杔'로 되어 있는데 우측 윗부분의 '丿(삐침)' 하나는 誤記인 듯 하기에 기록해서는 안 된다. 본래 '托'자이다(돈황사본에서 '木' 편방과 '扌' 편방은 구분 없이 혼용된다)

135 '妻'는 原錄에서는 '女'로 오록되어 있다. 楊雄은 原卷에서는 '妻'로 되어 있다고 하였다. 이에 의거하여 바로잡는다.

136 兒夫 : 原錄에서는 '兒'자가 '見'으로 되어 있다. [校注] 原卷에서는 '皃'로 되어 있는데 이는 '兒'의 俗字이다. 위 문장 "妻若邪淫抛兒婿" 이 '兒'자 역시 原卷에서는 '皃'로 되어 있는 것이다. '兒夫'는 위 문장의 '兒婿'와 같다. 따라서 '兒'자는 오류가 아니다.

137 '共事'는 현대어 '相好(戀人)', '姘頭(情夫, 情婦)'와 같다. 『通釋』에 상세한 설명이 있다.

未容[138]命斷沈三有, 獄卒牛頭不放君,
男抛[139]銅柱爲邪婬, 女卧鐵床爲逃走.
自家夫婦須知限, 莫抱非處及非時,
若在寺院及僧房, 行非便得邪婬罪.
或時持齋受八戒, 或時絜淨入壇場,
夫妻相觸[140]破威儀, 應知亦犯邪淫罪,
非道依男女相,[141] 不得餘處犯根門,
莫同大石縱愚癡, 不揀前頭及後面.
法師今朝分明說, 只怨[142]門徒不覺知,
自今已後要分明, 莫似往前[143]行草草.

셋째는 '음행하지 말라'인데 지킬 수 있는가?

부처가 기원정사에 계실 때
오백 명의 거사가 향기로운 꽃을 바쳤다.
인천(人天)의 중생들이 경문을 듣고
선남선녀들이 묘법을 들었다.
여래께서는 사음죄를 짓게 되면
생사(生死)의 윤회에 빠진다고 하셨다.
백천만 겁 동안 삼악도에 떨어져 고통 받는 사람들
모두 다 음욕을 품은 때문이라네.

138 '容'은 原卷에서는 俗字로 되어 있는데 原錄에서는 '客'으로 되어 있다. 오류다.

139 抛 : 項楚는 '抱'로 보아야 한다고 하였다. P.2193「目連緣起」: "동 기둥을 끌어안으니 온몸이 새까맣게 타버리고(或抱銅柱, 身體焦然爛壞)." 여기서는 '抱'자로 되어 있다.

140 觸 : 原卷에서는 왼쪽 편방이 '舟'로 되어 있는데 이는 응당 '觸'의 별체자이다.

141 이 문구에는 한 글자가 누락된 것 같다.

142 '怨'은 原錄에서는 '恕'로 되어 있고 '恐'으로 교정되었다. 潘重規는 原卷에서는 '怨'으로 되어 있다고 하였다. [校注] 原卷에서는 본래 '怨'로 되어 있는데 이는 '怨'의 俗字이다. 그러나 문맥으로 보건대 '恐'이 더 합당하다. 아래 문장 "更俗廣說, 恐廢時光"이 '恐'자가 原卷에서는 '怨'으로 되어 있는데 그 형태가 '怨'와 매우 유사하다.

143 '往前'은 '以往'의 뜻이다.

아내가 음행하여 남편을 저버리면
내생에 남편 없이 지내게 되네.
날이면 날마다 텅 빈 방 홀로 지키며
날이면 날마다 의지할 데 없이 외롭게 보내리라.
남편이 음행하여 아내를 저버리면
내생에는 아내가 어질지 못하게 되리라.
남편은 밖에 나서면 은밀히 행동하며
길거리에서 정부를 찾을 궁리만 하네.
목숨이 끊어져 삼계에 떨어짐을 받아들이지 않지만
우두의 옥졸은 그대를 내버려두지 않네.
음행을 저지른 남자는 동 기둥을 껴안게 하고
달아난 여자는 쇠 침상에 뉘어진다.
부부간에도 제한이 있음을 알아야 할 것이니
때와 장소가 아니면 껴안지 말아야 한다.
만일 사원과 승방에 있으면서
그릇된 행위를 한다면 사음죄를 얻게 되네.
혹은 재계(齋戒)하고 팔계(八戒)를 지킬 때
혹은 정결하게 하고 법단(法壇)에 들어설 때
부부가 접촉하여 위의를 무너뜨리면
이 역시 사음죄에 해당됨을 알아야 한다.
남녀가 서로 ( )하는 것은 도리가 아니고
다른 장소에서 육근(六根)을 범해서도 안 된다.
커다란 바위처럼 어리석게 내버려두어
앞뒤를 분간 못해서는 아니 된다.
법사는 오늘 분명히 설하나니
다만 문도들이 깨닫지 못할 것을 염려한다.
오늘 이후로 분명히 깨달아서

이전처럼 허둥대며 행동하지 말 것이다.

第四, 不得妄語, 能持否?

佛在王舍城中日, 提婆達多共王親,
敕教國內及州城, 第一不得供養佛.
如來乞食巡三匝, 都來[144]檀越不開門,
有一老婢出來迎, 布施如來一團飯.
如來及與諸賢聖, 塗檀結淨便充齋,
諸佛神力不思儀,[145] 變城(成)上味天甘路(露).
如來親自與發願, 願教善女早生天,
外道尼健自相驚, 大家聚集呵呵笑.
衢(瞿)曇深解虛誑語, 忍飢不得出妄言,
一團乾飯不將難, 如何便得生天果?
如來報言尼健子,[146] 我佛因果不思儀(議),
如似良田用水澆, 一斗種時收千斗.
不同外道愚癡輩, 誑惑[147]人天養活身,
如似種子醎[148]田中, 種卻一石收五斗.
佛如尼俱律陀樹,[149] 子小如似黑由麻,[150]

144 '都來'는 '都'와 같다. '모두'라는 뜻이다. 여기서 다시 '완전히', '전부', '모두'의 의미로 파생되었다. 여기서는 '전부', '모두'라는 뜻이다. 『通釋』에 상세한 설명이 있다.

145 儀: 徐震堮은 '議'로 교정하였다. 아래 문장 "我佛因果不思儀" 原校에서는 '儀'를 '議'로 보았는데 이는 옳다.

146 '子'는 原錄에서는 '不'로 오록하였다. 潘重規는 原卷에서는 '子'로 되어 있다고 하였다. 이에 의거하여 바로잡는다. 尼健子는 尼乾·尼虔·尼乾陀子라고도 하는데 六大外道 중의 하나이다.

147 '誑'은 原錄에서는 '誑'으로 되어 있는데 이는 '誑'의 俗字이다. 본권에서 '誑'자는 대부분 이 형태로 적혀 있다(주석 80)번 참조 바람) 原錄에서는 이를 '誰'로 오록하였다. 또 '惑'은 原卷에서는 '感'으로 되어 있는데 이는 '惑'의 형와자인 듯하다. 여기서는 문맥에 의거하여 바로잡는다.

148 '醎'은 '鹹'과 같다. 『集韻』「感韻」: "鹹, 鹹味, 或從酉."

垂條聳棕[151]百千尋, 五百乘車蔭總遍.

如來應時舒舌相, 上至諸天世界中,

吾從累劫不虛言, 因此得城(成)無上覺,

故諸[152]端語便城(成)佛, 虛誑能招惡業因,

來生舌相不團圓, 凡所出言人不信.

自誑誑他無利益, 現世人聞不喜勸,[153]

墮於地獄劍山中, 拔出舌相利刀斬.

넷째는 '거짓말하지 말라'인데 지킬 수 있는가?

부처가 왕사성에 계실 무렵

제파달다는 국왕과 친밀하였다.

나라 안과 주에 칙령을 내렸는데

그 첫째는 부처에게 공양하지 말라는 것이었다.

여래께서 세 차례나 돌며 밥을 구하였지만

모든 시주들이 문을 열지 않았다.

한 늙은 여종이 밖으로 나와 그를 맞이하더니

여래께 밥 한 덩이를 보시하였다.

여래와 뭇 성현들은

향을 바르고 몸을 정갈히 하고서 밥을 먹었다.

---

149 '尼俱律陀'는 '尼拘陀', '尼拘盧陀' 등으로 적기도 하는데, 범어 Nyagrodha의 음역으로, 보리수를 말한다. 慧琳『一切經音義』권15 : "니구타는 범어로 서천축에서 사용되는 이름이다. 이 나무는 마디 없이 곧게 자란다. …… 당나라에는 이 나무가 없으며 이 나무를 柳樹라고 부르는데 이는 잘못이다(尼拘陀, 梵語西國中名也. 此樹端直無節, …… 唐國無此樹, 言是柳樹者, 訛也)."

150 '由麻'는 劉凱鳴은 '油麻'로 교정하였는데 이는 옳다. '油麻'는 '脂麻'라고도 부르는데 이는 '芝麻'의 別名이다. 기름이 많아서 이렇게 불린다.

151 '棕'는 나무를 잘라내고 남은 그루터기에서 돋은 움을 말한다. 『集韻』「曷韻」: "棕, 梓生貌." '梓'은 곧 '櫱'자이다.

152 '諸'는 응당 '知'로 보아야 한다. '諸'와 '知'는 음이 비슷하며 통용된다. 주석 131)과 171)번을 참조 바란다.

153 '勸'은 '歡'의 형와자로 보인다.

모든 부처님의 신통력은 불가사의하나니
[그 밥은] 하늘나라 최상의 감로수로 변하였네.
여래께서 몸소 발원하시는데
[보시한] 착한 여인이 속히 생천하게 되기를.
니건자 외도는 깜짝 놀라고
모두들 모여서 하하거리며 웃었다.
구담이 거짓말을 하는구나.
굶주릴지언정 망언을 해서는 안 되는 법.
한 덩이 메마른 밥을 보시하기는 어렵지 않거늘
어떻게 생천의 과보를 얻을 수 있을까.
여래께서 니건자에게 말씀하시기를
부처의 인과는 불가사의하도다.
마치 좋은 밭에 물을 뿌리는 것과 같아서
한 되의 씨앗을 심으면 천 되를 거두어들일 수 있도다.
어리석은 여러 외도들은
인천(人天)을 속이면서 육신을 기르도다.
이는 마치 염기성(鹽氣性)의 밭에다 씨앗을 심는 것과 같아서
한 석(石)의 씨앗을 심어 다섯 되를 거두어들인다네.
부처는 보리수와 같아서
씨앗이 검은 참깨처럼 작다.
가지를 드리우면 수백 수천 심(尋)[154]에 달하고
그 그늘로 오백 승의 수레를 덮을 수 있네.
여래는 때에 맞춰 넓고 긴 혀를 펴니
위로는 제천(諸天)의 세계에까지 다다른다.
나는 여러 겁을 지내오면서 거짓을 말한 적이 없으니

154 옛날의 길이 단위로, 1심(尋)은 8척(尺)에 해당함.

이로 인해 무상각(無上覺)을 이루었다.
그러므로 올바른 말을 하면 성불할 것이고
거짓을 말하면 악업의 인을 초래할 것이다.
내생에서의 혀 모양이 둥글지 않게 되어
입에서 나온 모든 말을 아무도 믿지 않을 것이다.
스스로 기만하여 다른 사람에 아무런 이익도 없으니
현세의 사람은 그 말을 듣고 싶어 하지 않는다.
지옥의 검산 속으로 떨어져
혀가 뽑히고 날카로운 칼에 잘려지리라.

第五, 不得飮酒食肉, 能持[155]否?

佛在拔提何(河)邊日, 有一善女請僧齋,
次當羅漢赴齋時, 檀越好心教飮酒.
要諸羅漢諸風疾,[156] 不興惡念醉僧人,
齋了到來寺門前, 缽盂撲[157]碎街頭臥.
袈裟到(倒)拽方裙破, 錫杖梯抛[158]帽子偏,
醉臥如同死[159]蝦蟆, 來往人看拍手笑.

155 ‘持’ 다음에 原錄에서는 ‘戒’자를 첨부하고 있는데, 潘重規는 이 글자가 原卷에는 없다고 지적하였다. 이에 삭제한다.

156 [項楚] ‘要諸’는 ‘要知’가 되어야 한다. ‘諸’는 ‘知’의 同音 訛字이다. ……(문구의 뜻은) 檀越(施主)이 다만 아라한의 ‘風疾’을 알고 싶은 마음에 그에게 飮酒를 청한 것이지 다른 악의가 있어서 그에게 술을 권한 것은 아니다. 袁賓은 앞의 ‘諸’자는 그대로 두고 뒤의 ‘諸’자는 ‘止’로 교정하였다. [校注] 앞의 ‘諸’자는 ‘治’가 되어야 할 것 같다. 뒤의 ‘諸’자와 관련하여 생긴 오자로 보인다. 『肘後備急方』 권3 : “治卒發狂方 : 燒蝦蟆擣末 …… 酒服.” 이는 참고할 필요가 있다.

157 ‘撲’은 原卷에서는 ‘揲’로 되어 있다. 原校에서는 이를 ‘撲’으로 보았는데 이는 옳다. 「魏奚智墓志」에서 ‘僕’자를 ‘偞’으로 적고 있음은 참고할 필요가 있다.

158 ‘梯抛’는 해독이 어렵다. 項楚는 ‘梯’를 ‘傍’으로 보았는데, 이는 옳아 보인다.

159 ‘死’는 原錄에서는 ‘无’로 적고 ‘毋’로 교정하였다. 潘重規는 原卷에서는 ‘死’로 되어 있다고 하였는데 이는 정확한 견해다. 原卷에서는 ‘[illegible]’로 적혀 있는데 이는 ‘死’의 변체자이다. 아래 문장 “不逢生老病死”의 ‘死’자 역시 原卷에서는 이 형태로 적혀 있다.

佛卽常(當)時集僧衆, 與拽將來入寺中,
三番結磨[160]立條章,[161] 從此僧尼遣斷酒.
煞父害母皆因酒, 破塔[162]壞寺爲甛將(漿),[163]
三巡呷了便顚狂, 不怕閻羅兼獄卒.
食肉從來佛不開, 爲徒(圖)香美煞將來,
爛擣椒薑滿碗著, 更添[164]好酒唱三臺.
不怕未來地獄生, 如今且要肚羸垂,[165]
自家身上割些喫, 有罪無罪便應知.
或是諸佛爲畜類, 或是菩薩化身來,
若能不食衆生肉, 賢聖同聲讚善哉.

다섯째는 '술을 마시지 말고 고기를 먹지 말라'인데 지킬 수 있는가?

---

160 '結磨'는 곧 '羯磨'이다. '방법을 강구하여 일을 처리하다'는 뜻이다. 『通釋』에 상세한 설명이 있다.

161 '立條章'은 原錄에서는 '五彼立'으로 되어 있고 그 原校에서는 "'彼立' 두 글자는 아랫부분이 지워져 있어 무슨 글자인지 알 수가 없다"고 하였다. 項楚는 '彼立'은 '毗尼'의 音訛字라고 하였다. 【校注】 原卷에서 '五彼' 두 글자는 사실 '立條'로 되어 있으며 잔결된 부분도 없다. 原錄의 '立'자는 原卷에서는 사실 '音' 형태로 되어 있고 그 아랫부분은 잔결되어 있는데, 남아 있는 字形과 문맥에 의해 추론해 보건대 마땅히 '章'자가 되어야 한다. '立條章'은 규칙과 법규를 제정함을 가리키며 이는 문맥에도 부합된다. 『新書』 역시 이와 같다.

162 '塔'은 原卷에서는 '㙮'으로 되어 있는데 이는 '塔'의 변체자이다. 原錄에서는 '墖'로 기록하였는데 이는 사실과 다르다.

163 【原校】 '將'자는 하반부가 잔결되어 있는데 응당 '漿'자가 되어야 한다. 【校注】 '將'자는 原卷에서 아무런 잔결된 바도 없다. '將'은 '漿'의 가차자이다. S.4571 「維摩詰經講經文」: "同渴士欲飮於瓊將." 이에 대한 原校에서 '將'은 '漿'으로 교정되고 있다.

164 '添'은 原錄에서는 '兼'으로 오록되어 있다. 潘重規는 原卷에서는 '添'으로 되어 있다고 하였다. 이에 의거하여 바로잡는다.

165 '羸垂'는 축 늘어진 모습이다. 白居易 「畫竹歌」: "사람들이 대나무를 그렸지만 그 가지에 생기가 없더니, 소열이 그린 대나무는 그 잎이 실제로 움직이는 듯하다(人畫竹梢死羸垂, 蕭畫枝活葉葉動)." '死羸垂'는 나뭇가지가 축 늘어져 생기가 없음을 말한다. 본문의 '肚羸垂'는 배가 툭 튀어나오고 뱃가죽이 늘어진 것을 말한다. 두 구의 의미는 미래에 겪게 될 지옥의 고통을 두려워 않고 당장 유쾌하게 먹고 지내는 데 혈안이 되어 있음을 말한다.

부처께서 발제하(跋提河) 강가에 계실 무렵
어떤 선녀(善女)가 스님에게 공양을 올리고자 하였다.
차례가 되어 아라한이 공양을 받게 되었을 때
시주는 선심으로 그에게 술을 권하였다.
이는 아라한의 풍질(風疾)을 치료하고자 해서였지
악의로 스님을 취하게 하려함이 아니었다.
공양이 끝나고 절에 당도하기 전에
발우는 박살나고 그는 길거리에 드러누워 버렸다.
가사는 땅에 끌려 찢겨지고
석장(錫杖)은 옆에 내던져지고 승모(僧帽)는 삐뚜름하다.
죽은 두꺼비처럼 술에 취해 나자빠져 있으니
오가는 사람들이 그를 보며 손뼉 치며 크게 웃는다.
부처는 이때 승려 무리를 불러 모아
그를 절로 끌고 들어갔다.
[부처께서] 수차례 [대책을] 궁리하여 규범을 세웠으니
이때부터 승려들은 술을 끊게 되었다.
부친을 죽이고 모친을 해치는 것은 모두 술 때문이며
사탑을 부수고 사찰을 파괴하는 것은 달콤한 음료 때문이다.
[술] 석 잔을 마시고는 미친 듯 날뛰는데
염라왕도 [지옥의] 옥졸도 두려워하지 않는다.
고기를 먹는 것을 부처께서 허용하지 않은 것은
맛 좋은 음식을 좇는 것이 미래를 죽이는 일이기 때문이다.
찧은 후추와 생강이 밥주발에 그득하고
게다가 맛좋은 술이 더해지니 삼대(三臺)[166]가 흘러나온다.
미래에 지옥에서 태어날 것을 두려워하지 않고

166 곡조명.

당장 배가 나오고 [뱃가죽이] 늘어지도록 [좋은 음식을 먹는 데]
관심을 쏟는다.
자기 살을 잘라 먹는 것이
죄가 있는지 없는지를 알아야 하리.
부처가 축생 된 경우도 있고
[축생은] 보살의 화신인 경우도 있다.
만일 중생의 고기를 먹지 않으면
성현이 한목소리로 선재로다, 찬탄하리라.

上來已與門徒弟子, 受[167]三歸五戒了, 更欲廣說法門[168]無邊, 窮劫不盡. 次下便與門徒弟子唱經, 能不能?願不願?念佛三五聲, 佛說阿彌陀經. 將釋此經, 且分三段, 初乃序分, 次則正宗, 後乃流通, 一句一偈, 價值百千兩金, 我門徒弟子細解說. 即將已此開讚大乘阿彌陀經所生功得(德), 先用莊嚴可汗天王, 伏願壽同日月, 命等乾坤, 四方之戎虜來庭, 八表之華夷啓伏,[169] 奉爲可汗天[170]王. 念一切佛. 諸天公主, 伏願雲仙化態, 鶴質恆芳, 長丞[171]聖主之恩, 永沐皇王之寵.[172] 念佛. 諸天特懃, 奉願命同松竹,[173] 不逢彫(凋)謝之災; 福等山河, 永在

167 '受'는 '授'로 보아야 한다.

168 '法門' 두 글자는 原錄에서는 누락되어 있다., 潘重規는 原卷에 이 두 자가 있다고 지적하였다. 이에 의거하여 보충한다.

169 '啓'는 응당 '稽'로 보아야 한다. P.2122「維摩詰經講經文」: "5백의 장자들이 기쁜 마음이 일어 부처 앞에서 머리를 조아리며 찬탄을 하였다(五百長者發歡心, 啓首佛前而讚嘆)." 여기서의 '啓' 역시 '稽'와 통한다. '稽伏'은 무릎을 꿇고 굴복함을 의미한다.

170 '天'은 原錄에서는 '大'로 오록하였다. 潘重規는 原卷에서는 '天'으로 되어 있다고 하였다. 이에 의거하여 바로잡는다.

171 [徐震堮] '丞'은 '承'과 같다.

172 '寵'은 原卷에서는 갓머리(宀)가 아닌 구멍혈(穴)로 되어 있다. 속서에서 이 둘은 왕왕 구분 없이 쓰인다. 따라서 '寵'을 '窟寵'의 '寵'로 적기도 한다.

173 '竹'은 原錄에서는 '林'으로 오록되어 있다. 潘重規는 原卷에서는 '竹'으로 되어 있다고 하였다. 이에 의거하여 바로잡는다.

聖天諸[174]後. 諸僧統大師, 伏願琉璃殿內, 高然[175]般若諸(之)燈; 阿耨池邊, 永讚無生之偈. 諸宰相, 伏願福齊[176]海岳, 壽對松椿, 永佐[177]金門, 長光聖代. 諸都督、梅錄、達干、敕使、莊使、薩溫、地【略】, 應是在衙[178]諸官人等, 總願人人增祿位, 各各[179]保延年, 官職漸高遷, 居家長安泰. 諸寺毗尼、法律僧政、法師、律師、諸僧衆、尼衆、阿姨師, 總願龍花三會, 同登解脫之床, 賢劫數中, 早證無爲之果. 諸憂婆塞[180]、憂婆姨,[181] 伏願善根日進, 皆逢千佛之光, 不退信心, 亦値龍花三會. 更三塗息苦, 地獄停酸.[182] 在床病人, 早得痊差. 懷胎難月,

---

174 【潘重規】 돈황사본에서 '諸'와 '之'는 왕왕 구분 없이 쓰이고 있다. '諸後'는 '之後'이다. 아래 문장 '諸燈'은 '之燈'이다.

175 '然'은 原校에서는 '燃'으로 되어 있다. 【校注】 '燃'자는 후기분화자이다. 본자는 '然'이다. 따라서 '然'자는 고쳐서는 안 된다.

176 '願'은 原錄에서는 '顧'자로 오록하였다. 徐震堮은 '願'자가 되어야 한다고 하였다. 【校注】 原卷은 본래 '願'으로 되어 있다. 이에 의거하여 바로잡는다. 또 '齊'자는 原錄에서는 '齋'로 되어 있는데, 徐震堮은 '齊'가 되어야 한다고 하였다. 【校注】 原卷에서는 '斉'로 되어 있는데 이는 '齊'의 俗字이다.

177 【原校】 周一良은 "'永佐'는 앞 문장에 의거하여 응당 '助佐'가 되어야 한다"고 하였다. 【潘重規】 '永佐'는 다음 구 '長光'에 대응되며 수정해서는 안 된다.

178 '衙'는 原錄에서는 '語'로 오록하였다. 原卷에 의거하여 바로잡는다. 『新書』 역시 이와 같다.

179 '各各'은 原錄에서는 '冬冬'으로 되어 있다. 徐震堮은 응당 '個個'로 되어야 한다고 하였고, 潘重規는 '各各'이 되어야 한다고 하였다. 【校注】 原卷에서는 '冬𠄌'로 되어 있는데 이는 '各各'자로 생각된다.

180 '憂婆塞'은 곧 '優婆塞'이며 '鄔波索迦'라고도 한다. 범어 upāsakā의 음역이다. 五戒를 받은 재가 남자신도를 가리킨다. 위 문장에서 언급한 "近事男"이 곧 우바새이다. 『大唐西域記』 권9 「摩揭陀國」: "鄔波索迦는 당나라 말로 近事男이다. 이전에는 伊蒲塞 혹은 優婆索라고도 불렀는데 이는 잘못이다(鄔波索迦, 唐言近事男. 舊曰伊蒲塞, 又曰優婆索, 皆訛也)."

181 '이'는 原錄에서는 '이'로 오록되어 있다. 여기서는 原卷에 의거하여 바로잡는다. '憂婆夷'는 곧 '優婆夷'이며 '鄔波斯迦'라고도 한다. 범어 upāsikā의 음역이다. 五戒를 받은 재가 여자신도를 가리킨다. 위 문장에서 언급한 "近事女"가 곧 우바리이다. 『大唐西域記』 권9 「摩揭陀國」: "鄔波斯迦는 당나라 말로 近事女이다. 이전에는 優婆斯 혹은 優婆夷라고도 불렀는데 이는 잘못이다(鄔波斯迦, 唐言近事女. 舊曰優婆斯, 又曰優婆夷, 皆訛也)."

182 '酸'은 原卷에서는 '悛'로 되어 있다. 【蔣禮鴻】 '悛'은 '酸'의 俗字이다. 右偏旁의 윗부

母子平安. 獄內囚人, 速蒙放赦. 殊[183]鄉遠客, 早達家山, 路上行人, 不逢災難. 爲奴爲婢, 願【□】憍[184]怜. 負債負財, 恩寬平取. 聾者能聽, 啞者能言, 跛者能行, 盲者能見. 已(以)此而言, 四百四病, 總願消除. 一切願心, 早得圓滿. 兵戈不起, 疫癘休生. 五穀[185]豐登, 一人一[186]樂業, 總持十善, 十惡休行, 同梧(悟)眞乘, 斷除邪見, 普共未來, 同城(成)佛果. 爲此因緣, 念一切佛. 佛子.

앞서 이미 문도제자들은 삼귀의(三歸依)와 오계(五戒)를 받았다. 이제 더욱 광범위하게 설하고자 하는데 법문은 무궁하여 영겁의 세월 동안 설하여도 다하지 않는다. 다음으로 문도제자들과 경제(經題)를 창하고자 하는데 할 수 있는가 없는가? 원하는가 그렇지 않은가? 서너 차례 염불한다. 불설아미타경(佛說阿彌陀經). 이 경전을 해설하자면, 먼저 세 부분으로 나눌 수 있다. 처음은 서분(序分)이고 다음은 정종(正宗)이며 그 뒤가 유통(流通)이다. 문구 하나 게송 한 수에도 수백 수천 냥 황금의 값어치가 있거늘, 이제 문도제자들에게 상세히 해설하노라.

대승 아미타경을 강설하고 찬송하여 생기는 공덕으로 먼저 칸(Khan) 천왕을 찬양하옵니다. 엎드려 바라옵건대 일월(日月)과 같은 수명과 천지(天地)와 같은 장수(長壽)를 누리시고, 사방(四方)의 오랑캐는 모두 조정으로 복속해 들어오고 팔방(八方)의 끝에 있는 화이(華夷)는 굴복하여 칸 천왕을 받들게 되기를. 일체불을 염한다. 제천(諸天)의 공주시여, 바라옵건

분 '厶'을 뒤집어 '公'으로 적은 것이며, '酸'자가 감각을 표시하는 까닭에 左偏旁을 '忄'으로 고쳐 '悛'가 된 것이다. [校注] 장씨의 견해는 지극히 옳다. 이에 의거하여 바로잡는다.

183 '殊'는 原卷에서는 '𣦸'로 되어 있는데 이는 '殊'의 俗字이다.

184 '憍'는 原卷에서는 '㤭'로 되어 있는데 原錄에서는 사실과 다르게 '㤭'로 적고 있다. '㤭'은 곧 '憍'의 俗字이다. 『廣韻』宵韻: "憍, 憐也." '憍憐'은 동의의 복합어이다. 原校에서는 '嬌憐'으로 되어 있는데 이는 오류다.

185 '穀'은 原卷에서는 '槖'으로 되어 있는데 이는 곧 '穀'의 俗字이다. 「魏高貞碑」에서는 槖'穀'자가 '槖'으로 되어 있고 「晉好大王碑」에서는 '槖'으로 되어 있다. 참고할 필요가 있다.

186 [原校] 周一良은 "'一人一樂業'은 '人人樂業'이어야 한다"고 하였다.

대 구름 속 선녀와 같은 아름다운 자태와 학과 같은 고고한 기품을 지니시고, 군주의 은혜를 장구히 계승하시고, 영원히 대왕의 총애를 받으시기를. 염불. 제천(諸天)의 특근(特勤)이시여, 바라옵건대 송죽(松竹)과 같은 수명 누리시고 쇠락의 재앙 입지 마시고 산하(山河)와 같은 복으로 영원히 성천(聖天)의 뒤에 있으시기를. 모든 승통대사(僧統大師)시여, 바라옵건대 유리전(琉璃殿) 안에 반야의 등불 높이 밝히시고 아뇩지에서 영원히 무생(無生)의 게(偈)를 찬송하시기를. 모든 재상(宰相)이시여, 바라옵건대 바다나 산악과 같은 복덕과 소나무나 참죽나무와 같은 장수를 누리시고 영원히 궐문(闕門)을 보좌하시며 오랫동안 성세(聖世)[187]를 빛내시기를. 도독(都督)과 매록(梅錄)과 달간(達干)과 칙사(敕使)와 장사(莊使)와 살온(薩溫)과 지략(地略) 등 관아에 계시는 모든 관리들이시여, 부디 모두 봉록을 늘여 나가시고 오랜 수명 누리시고 관직은 승진하고 집안은 오래도록 평안하시길. 모든 절의 비니(毗尼)와 법률(法律)과 승정(僧正)과 법사(法師)와 율사(律師)와 승중(僧衆)과 니중(尼衆)과 아이사(阿姨師)여, 부디 용화삼회(龍華三會)를 만나시어 하나같이 해탈의 침상에 오르시고 현겁(賢劫) 중에 일찌감치 무위(無爲)의 과위(果位)를 증득하시기를. 모든 우바새와 우바리여, 부디 날마다 선근(善根)을 심어 천불(千佛)의 빛을 만나고 흔들리지 않는 믿음으로 용화삼회를 만나게 되기를. 또 삼도(三途)에서는 괴로움이 그치고 지옥에서는 고통이 사라지기를. 병상 위의 병자는 조속히 완쾌되고, 회임으로 힘든 나날을 보내고 있는 자는 모자(母子) 모두의 평안함이 내려지기를. 옥에 갇힌 사람은 속히 풀려나고 멀리 타향을 떠도는 자는 조속히 고향으로 되돌아갈 수 있게 되기를. 길 가는 나그네는 재앙을 입지 않고 노비는 가련한 동정을 받게 되기를. 빚을 진 자들에게는 너그러운 은혜가 내려지기를. 귀머거리는 들을 수 있게 되고 벙어리는 말할 수 있게 되며 절름발이는 걸을 수 있게 되고 눈먼 사람은 볼 수 있

187 어진 임금이 다스리는 세상 또는 시대를 높여 부르는 말.

게 되기를. 이로 말미암아 404가지 질병이 모두 사라지기고, 일체의 소원은 속히 원만히 성취되기를. 전쟁은 일어나지 않고 전염병은 발생하지 않기를. 오곡은 풍성하고 사람들은 자신의 일에 즐거워하기를. 언제나 십선(十善)을 행하고 십악(十惡)을 행하지 말기를. 진승(眞乘)을 깨닫고 사견(邪見)을 끊어 없애기를. 미래에는 누구나 다 불과(佛果)를 이루기를. 이러한 인연을 위하여 일체불을 염한다. 불제자.

大乘功得(德)最難量, 先將因果奉天王,
壽命延長千萬歲, 福同日月放神光.
四遠總來朝寶座, 七州安泰賀時康,
現世且登天子位, 未來定作法中王.
鄧林公主似神仙, 不但凡夫佛也怜,
欲識從前生長處, 應知總在率陀天.
雖居欲界超凡位, 晨昏每向聖王前,
願生正見除邪見, 來生早坐紫金連(蓮).
更欲廣談名相, 又恐虛度時光,
不如講說經文, 早得菩提佛果.
但緣(緣)總愛聲色, 所以汚出言詞,
莫怪偈頌[188]重重, 切要門徒勸喜,[189]
至如娑婆世界, 須將身色化身,
上方香積如來, 聞香便成佛果,
或有因味悟道, 或有因解發心.
五大乘者, 五境總成佛事, 一切物並是眞如.
蓮花出在汚泥中,[190] 煩惱變城(成)果.[191]

188 '頌'은 原錄에서는 '須'로 오록되어 있다. 潘重規는 原卷에서는 '頌'으로 되어 있다고 하였다. 이에 의거하여 바로잡는다.
189 【潘重規】 '喜'는 '善'이 되어야 할 듯하다.

不同大乘執見, 每生分別之[192]心.
不知五境本空, 便言障人道果.
聲香味觸本來空, 空與不空總是空,
法界元[193]來本清淨, 都不關他空不空.
대승의 공덕은 헤아리기 어렵나니
먼저 인과(因果)로써 천왕(天王)을 받들고자 하네.
천만 년의 수명을 누리시고
일월(日月)과 같은 복덕으로 신비로운 광명을 발하시기를.
멀리 사방으로부터 찾아와 보좌(寶座)를 알현하고
칠주(七州)는 평안하여 그 태평함을 경축하기를.
현세에는 천자의 위치에 오르시고
미래에는 법왕(法王) 되시기를.
등림 공주께서는 신선의 자태 지니시어
범부(凡夫) 뿐 아니라 부처의 귀염 받으시기를.
옛날의 태어나고 자란 곳을 알고자 한다면
도솔천이 바로 그 곳임을 알아야 하리.
비록 욕계에 머무시나 범인(凡人)의 위치를 뛰어넘어
새벽과 해질녘에는 늘 성왕(聖王)을 바라보시네.
부디 정견(正見)은 자라고 사견(邪見)은 사라지어

190 '中'은 原錄에서는 '裏'로 오록되어 있다. 潘重規는 原卷에서는 '中'으로 되어 있다고 하였다. 이에 의거하여 바로잡는다.

191 [潘重規] '果' 앞에 '佛'자가 누락된 것 같다.

192 '分'자는 原卷에서는 '之'자 오른쪽 윗부분에 붙어 있는데, 原錄에서는 이를 '迖' 한 글자로 오록하였다. [潘重規] 마땅히 '分別之心'으로 보아야 한다. 필사자가 실수로 '分'자를 빠뜨렸다가 '之'자 옆에 잘못 붙인 것이다. [校注] '別分'은 그 자체로 의미가 통한다. 굳이 '分別'로 고칠 필요가 없을 것 같다. 楚辭「遠遊」: "叛陸離其上下兮" 王逸 注: "繚隷叛散以別分也." 여기서 '別分'이란 말이 사용되고 있다.

193 '元'은 原錄에서는 '无'로 오록되어 있다. 潘重規는 '元'이 되어야 한다고 하였다. [校注] 原卷에서는 사실 '元'자로 되어 있다. 이에 의거하여 바로잡는다.

내생에는 자금(紫金)의 연화좌에 앉으시기를.
명상(名相)[194]에 대해 널리 얘기하고자 하나
세월만 헛되게 보낼까 두렵네.
차라리 경문을 강설하여
속히 보리(菩提)의 불과(佛果)를 얻느니만 못하리.
[사람을 미혹되게 하는] 빛과 소리에만 연연한다면
이로써 언사는 더러워지리.
게송이 거듭됨을 괴이 여기지 말 것이며
문도들은 서로에게 선(善)을 권할 일이다.
사바세계로 말하자면
형체와 소리를 지닌 모습으로 화신(化身)해야 하리.
상계(上界) 향적여래(香積如來)[의 향적불국(香積佛國)에서는]
향기를 맡으면 곧 불과(佛果)를 이룬다.
혹은 맛(味)으로 인해 도를 깨닫기도 하고
혹은 교설(敎說)로 인해 발보리심하기도 한다.
다섯 대승의 오경(五境)이 마침내 불사(佛事)를 이루니
일체의 사물 모두가 진여(眞如)로다.
연꽃은 더러운 진흙 속에서 피어나고
번뇌는 화하여 불과(佛果)를 이룬다.
서로 다른 대승(大乘)의 아집으로부터
매번 분별하는 마음이 생겨난다.
오경(五境)이 본래 공(空)인 줄을 모르고
사람이 도과(道果)를 얻는 것을 가로막는다고 말하네.
소리와 냄새와 맛과 감촉은 본래 공이며
공(空)과 불공(不空) 모두가 공이로다.

194 망상을 일으키고 미혹하게 하는, 들리고 보이는 모든 것.

법계(法界)는 본래 청정한 까닭에
그곳이 공인지 불공인지 관여치 않는다.

此娑婆世界, 以[195]音聲爲佛事, 如來所以現世(卅)二相. 但文[196]聲教, 便成道果. 維磨[197]經說 : 香積佛國, 人但聞香, 便成佛果. 法花經說, 法喜禪悅, 食了卽是味, 故知以味爲佛事. 花嚴經說 : 善哉童子,[198] 參善諸識,[199] 逢一婬女, 婬女告童子曰 :「我有一法, 能度衆生, 一切男子煩惱, 輕者手觸我身, 便成佛果; 煩惱稍重者, 來抱我身, 共[200]我口子, 便成佛果; 煩惱極重者, 共我宿臥, 便成道果.」故知以觸爲佛事. 此聲[201]香味觸, 悟其空性, 卽與眞如不別, 迷其空里,[202] 卽是六塵煩惱. 法師卽將少許偈讃, 化人無罪過. 已下便卽講經, 大衆聽不聽?能不能?願不願?佛說阿彌陀經.

梵語母那, 唐言名佛. 佛者覺也, 有三覺 : 一者自[203]覺, 勝諸凡夫,

195 '以'는 原錄에서는 '次'로 오록되어 있다. 潘重規는 原卷에서는 초서체 '以'자로 되어 있다고 하였다. 【校注】 본권에서 '以'자는 흔히 '㕥' 혹은 '次'로 되어 있다. 후자는 전자를 이어 쓴 것인데 그 형태가 '次'자와 매우 유사하다. 이리하여 原錄에서는 매번 '次'자로 오판하였다. 이하에서는 原卷에 의거하여 모두 '以'로 바로잡되 일일이 주를 달지는 않겠다.

196 '文'은 '聞'과 통한다. 原錄에서는 직접 '聞'으로 적었는데 이는 옳지 못하다.

197 '維磨'는 '維摩'와 같다. 범어의 음역이다. 原錄에서는 '維摩'로 고쳐 적었는데 그럴 필요 없다.

198 '哉'는 '財'로 보아야 마땅하다. 善財童子는 부처의 제자 이름이다. 潘重規는 '哉'를 '才'로 수정하였는데 이는 정확하지 못하다.

199 '諸'는 '知'로 보아야 마땅하다. 『新書』 역시 동일하다. 선재동자는 53인의 선지식을 차례로 방문하고서 法界에 들어갔다. 『大方廣佛華嚴經』「入法界品」에 관련 고사가 보인다.

200 '共'은 原錄에서는 '其'로 오록되어 있다. 潘重規는 原卷에서는 '共'으로 되어 있다고 하였다. 이에 의거하여 바로잡는다. '共'자는 '親'으로 보아야 할 것 같다.('共'자는 아래 문장 "共我宿臥"의 '共'과 관련하여 생긴 오자인 것 같다)

201 '聲'은 原錄에서는 '身'으로 오록되어 있다. 여기서는 原卷에 의거하여 바로잡는다.

202 【潘重規】 '里'는 '理'와 통한다.

203 '自'는 原錄에서는 '是'로 오록되어 있다. 潘重規는 原卷에서는 '自'로 되어 있다고 하였다. 이에 의거하여 바로잡는다.

凡夫之人不自覺悟. 二者覺他, 勝諸獨覺, [□□](獨覺)[204]雖自覺悟, 不能覺他衆. 三者覺滿, 勝諸菩薩. 所以者何?菩薩雖修三覺,[205] 覺[206]未圓滿, 云[207]何得知? 經說十地菩薩, 如隔[208]輕羅而觀日月, 如隔蟬紗而觀佛性. 故知覺性未圓, 福智由少. 唯佛大覺, 三覺圓明, 出過三乘, 故名爲佛. 且如釋迦如來於三無數劫, 修持萬行, 六婆羅密.[209] 第一僧祇劫中, 供養七萬五千佛, 最後如來名曰寶髻. 第二僧祇劫中, 供養七萬六千佛, 最後如來名曰然燈. 第三僧祇劫中, 供養七萬七千佛, 最後如來名曰勝觀. 三無數劫外, 於一百劫中修相好業. 金剛經云: 我於然燈佛前, 得値八百四千萬億那由他佛, 悉皆供養無空過者. 花嚴經云:

剎塵[210]心念數可知, 大海中水可飮盡,
虛空可量風可計, 無能說佛功德.[211]

이 사바세계에서는 음성(音聲)으로써 불사(佛事)를 짓는 까닭에 여래께서는 이리하여 32상을 드러내 보이셨다. 단지 설교를 들으면 도과(道果)

204 原卷에서는 '獨覺'이 중복되지 않는다. 여기서는 문맥에 의거하여 보충해 넣는다.
205 '覺'은 原錄에서는 '齊'로 되어 있다. 【校注】 原卷에서는 '㚏'로 되어 있는데 이는 '斍'의 오자이다. '斍'은 '覺'의 俗字이다. 이에 문맥에 의거하여 '覺'으로 기록한다. '三覺'은 불교용어로서, 앞서 말한 바의 '自覺', '覺他', '覺滿'을 말한다.
206 '覺'은 原錄에서는 '了'로 되어 있다. 【校注】 原卷에서는 '斉'로 되어 있는데 이는 앞구 '斍(覺)'자의 반복부호이다. 돈황사본에서의 반복부호는 경우에 따라 '了'자와 형태가 매우 비슷하게 되어 있어 오판하기 쉽다. 부처는 三覺을 구비하였고, 보살은 自覺과 覺他는 갖추었으나 覺行이 아직 원만하지 못하다. 문중에서 "菩薩雖修三覺, 覺未圓滿"이라 한 것은 바로 이 때문이다.
207 '云'은 原錄에서는 '之'로 오록되어 있다. 여기서는 原卷에 의거하여 바로잡는다. 『新書』 역시 이와 같다.
208 '如隔'은 原卷에서는 '隔如'로 오록되어 있다. 여기서는 徐震堮의 견해에 의거하여 바로잡는다.
209 '六婆羅密'은 곧 '六婆羅蜜'이다. 불교 술어이다.
210 '刹'은 原卷에서는 '剎'로 되어 있는데 이는 '刹'의 俗字이다. 原錄에서는 '刹'로 되어 있는데 이는 사실에 어긋난다. '刹塵'은 불교용어로서 微塵처럼 무수한 국토를 일컫는다.
211 이 문구에는 한 글자가 누락되어 있는 것 같다.('無' 뒤에 '人'자가 빠진 것 같음)

를 이룩한다. 『유마경』에서는 "향적불국(香積佛國)에서는 중생은 향기를 맡기만 하면 즉시 불과(佛果)를 이룬다"고 하였고, 『법화경』에서는 "법희(法喜) 선열(禪悅)[212]은 밥을 먹은 뒤에 맛을 아는 까닭에 맛으로써 불사를 삼는다"고 하였다. 또 『화엄경』에서는, 선재동자가 선지식들을 찾아뵙고 나서 한 음녀(淫女)를 만났는데, 그 음녀가 동자에게 "내게는 한 법이 있어 중생을 제도할 수가 있지요. 어떤 남자이든지 간에, 번뇌가 가벼운 사람이라면 내 몸에 손을 대기만 하면 곧 불과를 이루게 되고, 번뇌가 조금 무거운 사람이라면 내 몸을 안고 입을 맞추기만 하면 곧 불과를 이루게 되며, 번뇌가 몹시 무거운 사람이라면 나와 함께 잠을 자고 나면 곧 불과를 이루게 되지요"라고 말하였다. 이는 감촉이 곧 불사를 일으킨다는 것이다. 이 성(聲)·향(香)·미(味)·촉(觸)은 곧 공(空)이라서 진여와 다를 바 없음을 알아야 할 것이며, 공의 이치를 깨닫지 못하면 육진(六塵)의 번뇌가 찾아들게 된다. 법사가 곧 잠시 게찬(偈讚)을 할 것인데 화인(化人)[213]에게는 죄과가 없다. 이제 곧 강경을 할 것인데, 청중은 듣는가 안 듣는가? 할 수 있는가 없는가? 원하는가 그렇지 않은가?

불설아미타경. 범어 '모나(母那)'는 당나라 말로 '불(佛)'이다. '불'은 '각(覺)'이며 여기에는 삼각(三覺)이 있다. 하나는 '자각(自覺)'으로, 이는 모든 범부를 능가하는데 범부는 스스로 깨닫지 못하기 때문이다. 두 번째는 '각타(覺他)'로서, 이는 모든 독각(獨覺)을 능가한다. 독각은 비록 스스로 깨닫기는 하지만 다른 중생을 깨닫게 하지는 못하기 때문이다. 세 번째는 '각만(覺滿)'으로, 이는 모든 보살을 능가한다. 이는 왜인가? 보살은 비록 삼각을 닦았지만 깨달음이 원만하지 못한 까닭이다. 어떻게 아는가? 경전에는 십지(十地) 보살은 가벼운 비단을 사이에 두고 해와 달을 바라보는 것 같고, 엷은 깁을 사이에 두고 불성(佛性)을 바라보는 것 같다고 적고 있다. 이로 보아 [보살은] 각행(覺行)이 원만하지 않고 복덕과 지혜

212 법희(法喜)는 법문을 듣는 기쁨을 말하고, 선열(禪悅)은 선정에 드는 기쁨을 말한다.
213 불보살이 중생을 교화하기 위하여 인간의 몸으로 나타난 사람.

가 아직은 적음을 알 수 있다. 오직 불(佛) 대각(大覺)만이 삼각이 두루 갖추어져 삼승(三乘)을 능가하는 까닭에 부처라고 불린다. 그리고 석가여래는 세 차례의 무수겁(無數劫) 동안에 만 가지 행(行)을 닦고 육바라밀을 수지하였다. 제1아승기겁(第一阿僧祇劫) 동안에는 7만 5천의 부처님을 공양하였는데 가장 늦게 공양한 여래는 보계(寶髻) 여래였다. 제2아승기겁 동안에는 7만 6천의 부처님을 공양하였는데 가장 늦게 공양한 여래는 연등(然燈) 여래였다. 제3아승기겁 동안에는 7만 7천의 부처님을 공양하였는데 가장 늦게 공양한 여래는 승관(勝觀)여래였다. 세 차례의 무수겁 외에도 1백 겁 동안 상호업(相好業)을 닦았다. 『금강경』은 말하길, 나는 연등불을 만나기 전에 8백4천만 억 나유타(那由他) 부처님을 만나서 모두 공양하고 받들어 섬기며, 헛되이 보낸 적이 없다. 화엄경은 말하길,

> 무수한 불국토도 마음속 생각도 그 수를 알 수 있고
> 대해(大海)의 물도 다 마실 날이 있고
> 허공을 측정할 수도 바람을 헤아릴 수도 있지만
> 부처의 공덕은 말로 다 표현할 수 없다네.

梵云[214]阿彌陀, [□](唐)[215]言無量壽. 且知應言阿波囉米多, 阿之字, 唐言是無. 波囉二字, 唐言是量. 米多二字, 唐言是壽. 梵云索怛囉,[216] 唐言是經, 或言是線. 前言「佛說」, 乃是釋迦如來金口所說. 說者, 言說屬其聲, 故知此界, 因聲悟道. 無量壽者, 乃是佛名. 問此如來, 在於何處.

---

214 '云'은 原錄에서는 '言'으로 오록되어 있다. 潘重規는 原卷에서는 '云'으로 되어 있다고 하였다. 이에 의거하여 바로잡는다.

215 '唐'자는 原卷에는 없으나 문맥에 의거하여 보충한 것이다. 아래 문장: "上來所唱阿彌陀經, 唐言無量壽." '言' 앞에 '唐'자가 있는 것을 확인할 수 있다. 또 위 문장: "梵語母那, 唐言名佛." 아래 문장: "梵云索怛囉, 唐言是經." 이들은 모두 같은 句式으로 되어 있다.

216 '索怛囉'는 '蘇怛羅', '素怛纜', '修多羅' 등으로 부르기도 한다. 범어 Sutra의 음역이다. 原校에서는 '索'을 '素'로 교정하였는데 그럴 필요 없다.

西方去此十恆沙, 有佛如來似釋迦,
城(成)佛已來經十劫, 長於彼國坐連(蓮)花.
十方雖有諸賢理, 就中此國最堪誇,
不同此界多煩惱, 莊嚴爰是法王家.
地是黃金山是玉, 林是琉璃水是茶,
三春早喫頻婆果, 此間四月咬生瓜.
他家淨土人端正, 釋迦世界瘈吒嘏.[217]
頻伽共命生西國, 此處由來足老鴉.
大體彌陀佛國,[218] 不同別處天堂,
一切煩惱全無, 只是聞經念佛.
不逢生老病死, 又無恩愛別離,
有情雖是化生, 不同此間業力.
旣無秋冬春夏, 豈逢冷熱交煎,
朝朝合掌花開, 日日彌陀受記.[219]

범어 '아미타'는 당나라 말로 '무량수'이다. '아파라미다(阿波囉米多)'라고도 부르는데, '아(阿)'자는 당나라 말로 '무(無)'이고, '파라(波囉)' 두 글자는 당나라 말로 '량(量)'이며, '미다(米多)' 두 글자는 당나라 말로 '수(壽)'이다. 범어 '소달라(素怛囉)'는 당나라 말로 '경(經)'이며 '선(線)'이라고도 한다. 앞

217 이 문구는 해독하기 어렵다. [原校] '嘏'자는 무슨 글자인지 모르겠다. [校注] '瘈'자는 자전에 실려 있지 않다. 原卷에는 '痩'로 되어 있는데 이 역시 그 의미를 알 수 없다. [項楚] 문맥을 자세히 살펴보면 '釋迦世界'는 앞 구와 상반되는 의미로 대비된다. 즉 '釋迦'는 '娑婆'가 되어야 한다. 아래 문장에 "娑婆世界不堪居"라는 문구가 있음을 볼 수 있다. '瘈吒嘏' 역시 앞 구 '人端正'과 상반되는 의미로 대비되어야 한다. 따라서 '瘈吒嘏'는 추악한 모습을 형용하는 말이어야 한다. 그렇다면 '瘈'자는 응당 '瘦'의 형와자이어야 한다. '吒嘏'는 거대한 혹 모양을 형용한다고 생각되나 재검토가 필요하다.

218 '彌陀佛'은 原錄에서는 '阿彌陀'로 오록되어 있다. 潘重規는 原卷에서는 '彌陀佛'로 되어 있다고 하였다. 이에 의거하여 바로잡는다.

219 '授'는 原錄에서는 '受'로 되어 있다. [校注] 原卷에서는 본래 '受'로 되어 있는데 이 글자 우측 옆에 '授'자가 덧붙여 있다. 이는 '受'가 '授'의 오자임을 말해주는 것이라 '授'로 고쳐야 마땅하다. '授記'는 주석 13)번에서 상설하였다.

의 '불설(佛說)'은 석가여래가 직접 말한 것임을 보여준다. '설(說)'은 언설이며 이는 소리(聲)에 속한다. 그러므로 이 세계가 소리에 의해 도를 깨닫게 됨을 알 수 있다. 무량수는 부처 이름이다. 이 여래에 대해 묻나니 [이 여래는] 어느 곳에 머무시는가.

서방은 이곳에서 십 항하사 떨어져 있는데
그곳에는 석가와 같은 불 여래가 계신다네.
성불한지 이미 십 겁(劫)이 지났는데
오랫동안 그 국토의 연화좌에 앉아 계신다.
십방(十方)에 비록 뭇 성현들이 있지만
이 국토가 가장 찬탄할 만하다.
번뇌 많은 이 [사바]세계와는 다르게
[좋고 아름다운 것으로] 이 불국토는 꾸며져 있도다.
땅은 황금, 산은 옥으로 이루어져 있고
수풀은 유리, 물은 차(茶)로 이루어져 있다.
봄철이면 벌써 빈바과를 먹고
4월이면 이곳에선 생과실을 먹는다네.
그곳 정토의 사람들은 용모가 단정한데
사바세계의 [사람들은] 추악한 몰골이다.
서방정토에는 가릉빈가[220]와 공명조[221]가 살고 있고
이곳에는 원래부터 늙은 까마귀가 살고 있다.
대체로 아미타불의 국토는
다른 천당과는 다르다네.
일체의 번뇌가 전혀 없고
오직 설법을 듣고 부처를 염송한다네.
생로병사를 만나지 않고

220 머리는 사람, 몸뚱이는 새 모습을 한 상상속의 새.
221 한 몸뚱이에 두 개의 머리가 달린 새.

또 사랑하는 사람과의 이별 같은 것도 없다.
그곳의 중생들은 비록 화생(化生)[222]이나
이 [사바]세계의 업력(業力)과는 다르다네.
춘하추동이 없으니
어찌 추위와 더위가 번갈아 찾아올까.
날마다 꽃 사이에서 합장을 하고
매일같이 아미타불의 수기(授記)를 받는다.

上來所唱阿彌陀經, 唐言無量壽, 卽是無量壽佛國中, 行萬行, 六波羅密, 及至果位, 遂得壽命無量, 卽是從果爲名. 次言無量壽國, 乃從化主爲名, 如言漢國, 漢是其人, 國是其境, 亦乃從人爲名. 今言無量壽國, 或言淨土, 或稱極樂世界, 或稱常樂之鄕, 或稱安養之方, 差別衆名, 不可具說. 且初言淨方, 言淨土者, 有兩般淨: 弟(第)一有情淨, 第二無[情淨].[223] 言有情淨者, 無三惡道; 無十不善,[224] 無四百四病, 無黃門二刑, 無蚖蛇[225]蝮蝎[226]及諸毒虫、毒鳥、毒獸等. 無有女人, 純[227]

222 생물이 태어나는 네 가지 형태, 즉 사생(四生)의 하나. 다른 물건에 의탁하지 않고 스스로의 업력에 의하여 홀연히 생겨나는 것을 말한다. 사생에는 태생(胎生), 난생(卵生), 습생(濕生), 화생(化生)이 있다.

223 [原校] '情淨' 두 글자는 阿彌陀經에 의거하여 보충한다.

224 '十不善'은 原卷에서는 '十善不'로 오록되어 있다. 『新書』에 의거하여 바로잡는다. '十不善'은 불교술어로서 '十惡'이라고도 부르는데 여기에는 살생, 도적질, 음행, 거짓말, 두 가지 말, 악한 말, 꾸며대는 말, 탐욕, 분노, 삿된 소견의 열 가지가 포함된다.

225 '蛇'자는 原錄에서는 누락되어 있다. 潘重規는 原卷에 '虵'자(이는 '蛇'의 俗字이다)로 되어 있다고 하였다. 이에 의거하여 보충한다.

226 '蝮'은 原錄에서는 '蝪'으로 되어 있다. 楊雄은 '蝪'은 '蝮'의 오자라고 하였는데 이는 지극히 옳다. 原卷의 이 글자는 본래 '蝮'으로 되어 있다. '蝮蝎'은 살모사와 전갈을 가리키는데, 불교 경전에서는 이들을 독충의 대명사로 사용하고 있다. 이리 보면 문맥에도 부합된다.

227 '純'은 原卷에서는 '紙'으로 되어 있다. [原校] '紙'자를 啓功은 '總'자인 것 같다고 하였다. 蔣禮鴻은 '純'의 오자라고 하였다. [校注] 장씨의 견해가 옳다. '屯'자나 '屯' 편방은 속서에서 '乇'로 적기도 한다. 따라서 '純'은 俗書에서 '紅'로 표기되기도 한다. '紙'은 '紅'의 변체이다.

是男子. 無百八煩惱, 皆共卅七菩提[228]分法. 無有聲聞, 無是菩薩. 無有胎生、卵生、濕生, 皆是化生. 非異無(熟)業之招感,[229] 並一生補處, 十地菩薩連(蓮)花生, 不同諸處受異熟業, 虫蛆金翅鳥等, 受化生身, 無有刀兵, 無有奴婢, 無有欺屈, 無有飢饉, 無有王官, 卽是無量壽佛爲國王, 觀音勢志(至)[230]爲宰相, 藥上藥王[231]作梅錄, 化生童子是百姓. 不是納穀納麥, 納酒納布. 唯是朝獻花香,[232] 暮陳梵讚, 更無別役.[233] 已(以)此如(而)言, 無有十悲、八苦, 無有一切不可意事, 唯有共命頻伽之鳥. 非是業力受此鳥身, 皆是無量壽佛宣流變, 欲令發音念佛念僧之聲. 或言極樂世界者, 無有衆苦, 但受法樂. 非是五欲不淨之樂也.[234]

---

228 '菩提'는 原卷에서는 이렇게 되어 있으나, 原錄에서는 '揼'로 적고 있다. 原錄은 타당하지 못하다.

229 '招'는 原錄에서는 '柖'로 되어 있다. 【袁賓】 '柖'는 '掐'자를 잘못 적은 것이고 '掐'자는 곧 '招'의 俗體이다. 【校注】 원씨의 견해는 옳다. 原卷의 이 글자는 좌편방이 '才'로 되어 있는데 이는 곧 '扌' 편방이다. 돈황사본에서 '扌'편방은 흔히 '才'로 적고 있다. 또 이 글자의 우측은 곧 '召'의 俗字이다. 原錄의 글자는 사실과 다르다. '招感'은 '感招'이다.

230 '志'는 原錄에서는 '恚'로 되어 있고, 그 교주에서 "'勢恚'는 곧 '勢至'이며 이는 보살의 명호이다"고 하였다. 【校注】 原卷은 본래 '至'자로 되어 있다. 原錄의 글자는 정확하지 못하다. 原校에서 이 글자를 '至'로 본 것은 따를 만하다. '志'와 '至'는 음이 비슷하여 통용된다. P.2305 「妙法蓮華經講經文」: "만일 종전의 의지 후퇴하지 않는다면, 묘법은 분명 그대에게 들리리라(若能不退從前至, 妙法多應便得聞)." '從前至'은 곧 '從前志'이다. 이는 '至'와 '志'가 통용됨을 보여준다. 觀音은 관세음보살을, 勢至는 대세지보살을 가리킨다. 原錄에서는 '觀音勢至'가 고유명사임을 보여주는 밑줄이 하나로 이어져 있는데 이는 오류다.

231 '藥上藥王'은 두 보살 이름이다. 原錄에서는 고유명사임을 보여주는 밑줄이 하나로 이어져 있는데 이는 오류다.

232 '香花'는 原卷에서는 '花香'으로 되어 있다. 【校注】 위 문장: "五百居士獻香花" 또 "梵王帝釋散香花" 이렇듯 모두 '香花'로 되어 있다. 이에 의거하여 바로잡는다.

233 更無別役: 原錄에서는 '男九別伇'로 되어 있고, 그 교주에서 "原卷의 '男九別伇'은 周一良은 '更無別役'이어야 한다"고 말하였다. 【校注】 原卷에서는 '更九別伇'로 되어 있는데 이 글자는 '更無別役'을 적은 것이다. 아래 문장 "無有毒草毒木苦參等物" 이 '無'자 역시 '更無別役'의 '無'자와 마찬가지로 原卷에서는 '九'로 되어 있다. '伇'은 곧 '役'의 속체이고 '役'은 '役'과 같다.(『說文解字』 殳部: "古文役從人")

234 '也'는 原錄에서는 '邊'으로 되어 있고 '也或世'라 교정하였으며 다음 구에 속하는 것으로 되어 있다. 【蔣禮鴻】 '邊'자는 응당 '也'자이며 마땅히 앞 구에 속해야 한다. 설

或稱常樂. 常受法樂, 無有苦隔,[235] 故稱常樂. 不同此土, 早朝唱歌, 日午苦來, 發聲便哭. 或稱安養之鄉, 乃是安樂養神之地. 更欲廣說, 恐廢時光, 上來總說有情淨.

앞서 음송한 아미타경은 당나라 말로는 무량수이다. 무량수불국토에서 만 가지 행(行)과 육바라밀을 수지하여 과위(果位)에 오른 뒤 마침내 무한한 수명을 얻게 되었다. 이리하여 무량수불이라 불리게 된 것이다. 무량수국(無量壽國)이라 한 것은 부처의 이름을 따서 명명한 것이다. 이는 마치 '한국(漢國)'의 '한(漢)'은 그곳의 백성들이고 '국(國)'은 그 구역을 뜻하는데 그곳에 사는 사람을 가리키는 '한'자를 따서 '한국'이라 명명한 것과 똑같다. 이 무량수국은 정토(淨土)나 극락세계(極樂世界), 상락지향(常樂之鄕), 안양지방(安養之方) 등 여러 가지 서로 다른 이름들로 불린다. 처음에 '정방(淨方)' 혹은 '정토(淨土)'라 하였는데 여기에는 두 종류의 정(淨)이 있다. 첫 번째는 유정(有情)의 정(淨)이고, 두 번째는 무정(無情)의 정(淨)이다. 유정의 정에는 삼악도(三惡道)가 없고 십불선(十不善)이 없으며 404종류의 질병이 없고 황문(黃門)이라는 형벌이 없으며 살모사나 전갈과 같은 독충, 독조(毒鳥), 독짐승들이 없다. 또 여기에는 여자는 없고 남자만 있다. 108번뇌가 없고 37보리분법(三十七菩提分法)[236]을 수행한다. 성문(聲聞)은 없고 보살만 있다. 태생(胎生), 난생(卵生), 습생(濕生)이 없고 모두가 다 화생(化生)이다. 전생에 쌓은 선업으로 인해 생겨나는 것인 바, 일

명형 어구의 문미에 붙는 어기조사 '也'를 간체자 '邊'으로 본 것은 형태가 비슷한 데서 비롯한 오류다. 돈황사본 중에서 '邊'을 간체자로 '邊'으로 표기한 예는 보이지 않는다. 교록자는 현재 것을 옛 것에 적용함으로써 착오를 불러왔다.

235 '隔'은 原錄에서는 '㢶'로 되어 있고 '辛'으로 교정하였다. 【校注】 原卷은 본래 '㢶'으로 되어 있는데 이는 '隔'자임이 마땅하다. 위 문장 "如隔輕羅而觀日月"의 '隔'자 역시 原卷에서는 이 형태로 되어 있다. S.6836 「葉淨能詩」: "[蜀]中路遠, 阻㢶山何(河)." 이 '㢶' 역시 '隔'자이다. '無有苦隔'은 '常受法樂', '無苦相隔'을 가리킨다. 아래 문장: "不同此土, 早朝唱歌, 日午苦來." 이것은 '有苦相隔'으로서 앞서 말한 것과 상반된다.

236 깨달음을 얻기 위해서 수행하는 37가지의 방법.

생보처(一生補處)보살[237]과 십지(十地)보살[238]이 연꽃에서 태어난다. 서로 다른 곳에서는 서로 다른 숙업을 받게 마련인 법, 벌레나 금시조 등은 모두 화생(化生)으로 생겨난 것이다. 칼을 든 병사가 없고 노비가 없고 기만이나 굴욕이 없고 굶주림이 없고 왕이나 관리가 없다. 무량수불이 국왕이고 관음보살과 대세지보살이 재상이며 약상보살과 약왕보살이 매록(梅錄)이고 화생 동자가 백성이다. 곡식을 바치지 않고 술이나 피륙도 바치지 않으며, 오직 아침에는 향기로운 꽃을 바치고 저녁에는 범찬(梵讚)을 올릴 뿐 다른 일은 없다. 이곳으로 말하자면, 십비(十悲)도 팔고(八苦)도 없고 마음에 들지 않는 어떤 일도 없으며 오직 공명조와 가릉빈가조만이 함께 할 따름이다. 이 새는 업력(業力)에 의해 생겨난 것이 아니라 그들이 부처님을 생각하고 스님을 생각하게 하기 위하여 무량수불이 일부러 만들어낸 것이다. 극락세계라고도 부르는 까닭은 이곳에는 어떤 괴로움도 없이 오로지 법락(法樂)만을 누리기 때문이다. 오욕(五慾)을 일으키는 깨끗하지 못한 기쁨(樂)이 아니다. '상락(常樂)'이라고도 부르는데 이는 아무런 고통도 없이 항상 법락(法樂)을 누리는 까닭이다. 아침에는 노래를 부르다가 오후에는 고통이 닥쳐 통곡하는 그런 곳이 아니다. '안양(安養)의 고장'이라는 명칭은 안락(安樂)하고 편안한(養神) 땅이라는 뜻이다. 더욱 자세히 설명하고 싶지만 시간이 부족할까 염려되어 [지금까지] 유정(有情)의 정에 대해 개략적으로 설명을 하였다.

次下[239]說[240]無情淨. 言無情[241]者, 爲地、水、火、風、色、聲、香、

237 한 번의 생(生)만 지나면 불위(佛位)에 오를 보살. 보살의 최고위인 등각(等覺). 특히 미륵보살을 일생보처 보살이라고 부른다.

238 보살 수행의 최고 단계인 열 가지 과위(즉 십지)를 닦는 보살.

239 [楊雄] '次'는 '以'가 되어야 한다. [校注] '次下'는 '其次'이며, 본편의 상투어이다(주석 53)번 참조 바람) '次'자는 오류가 아니다. 글자 형태면에서 말하자면 '次下'의 '次'자는 原卷에서는 모두 '次'로 적고 있으나, '以'자는 '以'로 적기도 하고 '次'로 적기도 하는 등 일정치 않다.

240 '說'은 原錄에서는 '言'으로 오록되어 있다. 楊雄은 原卷에서는 '說'로 되어 있다고 하

味、觸、法、六塵等. …… 言地淨者, 金銀等七寶, 爲地所草不, 並是香花,[242] 或是衆寶. 無有荊棘[243]沙礫棘鹵之地, 無有高下坑坎埠,[244] 無有山石[245]溪澗溝洫, 無有毒草毒木苦參等物. 已(以)此如(而)言, 無有一切不可意物, 唯有可意花香[246]珍寶等物. 言水淨者, 所有泉池,[247] 具八功德, 皆生衆寶, 雜色連(蓮)花, 大如車輪, 池底金沙, 四邊寶樹波動作聲, 皆念三寶名. 也無有淸泥臭穢,[248] 魚鱉蝦[249]蟆水族之類. 亦無增無滅(減), 冷熱混濁, 澄淸如鏡, 照耀諸天, 一切聖賢, 皆共讚歎. 言火淸(淨)者, 此乃有情、無情內外火也. 言有情內火者, 四大調適, 無熱病瘡腫[250]煩惱[251]之火, 及以[252]婬欲熱惱之火. 有情雖[253]具四大, 不

였다. 이에 의거하여 바로잡는다.

241 '淨言無情' 네 자는 原錄에서는 빠져 있다. 또 앞의 '情'자 뒤에 '淨'자 하나를 임의로 첨부해 넣었는데, 여기서는 原卷에 의거하여 삭제한다.

242 이상 두 구는 原錄에서는 "金銀等七寶, 爲地所草, 不並是香花"로 되어 있다. 【原校】 '不'자는 衍字인 것 같다. 【潘重規】 '不'은 '木'인 듯하다. 項楚는 原校를 따르고 있으며, 또 '爲地'를 앞 구에, '所草'를 뒤 구에 속하는 것으로 보았다. 【校注】 항씨의 견해가 옳아 보인다. 鳩摩羅什 「佛說阿彌陀經」: "彼佛國土常作天樂, 黃金爲地." 이는 참고할 필요가 있다.

243 '棘'은 原卷에서는 '剌'로 되어 있는데 '刂' 편방은 위의 '荊'자와 관련하여 군더더기로 덧붙여진 것이다. '朿'은 본래 '棗'의 俗體이다.(「隋王氏成公夫人墓誌」에서 '棗'자는 '朿'로 적혀 있다) 문중의 '朿'자는 '棘'의 변체자이다.(『干祿字書』에서 '棘'자는 俗體로 '𣗥'라 적는다 하였다) 原錄에서는 '剌'로 되어 있는데 이는 사실과 다르다.

244 '埠' 앞뒤에 한 글자씩 누락된 것 같다.

245 '山石'은 原錄에서는 '岩' 한 글자로 되어 있다. 潘重規는 原卷에서는 '山石' 두 글자로 되어 있다고 하였다. 이에 의거하여 바로잡는다.

246 '花香'은 응당 '香花'로 되어야 한다.

247 '泉池'는 原錄에서는 '泉自水池'로 되어 있다. 【校注】 原卷에서는 '泉泉池'로 되어 있는데('泉'은 '泉'의 俗字이다. 「魏李超墓誌」에서 '泉'자는 '㳟'으로 적혀 있다), 앞의 '泉'자에는 덧칠이 가해졌기에 이를 기록하는 것은 온당치 않다. 뒤의 '泉'자는 위아래에 약간의 틈이 있어 교록자가 실수로 이를 '自水' 두 글자로 오판한 것이다.

248 '淸泥'는 더럽고 냄새나는 진흙을 말한다. 『通釋』에 상세한 해설이 있다. 또 '臭'자는 原卷에서는 '昆'로 되어 있는데 이는 '臭'의 형와자이다. '臭'는 '臭'의 俗字이다. 이는 『玉篇』에 나와 있다.

249 '蝦'자는 原卷에서는 빠져 있다. 蔣禮鴻은 '蝦'자를 임의로 보충해 넣었다. 이를 따른다.

250 '腫'자는 原卷에서는 '目' 편방으로 되어 있다. 楊雄은 이 자는 '腫'이 되어야 한다고 하였다. 【校注】 '月' 편방과 '日', '目' 편방은 형태가 비슷하여 필사본에서는 흔히 혼

同此國, 有增有減, 咸惱亂衆生也. 言無情外火者, 此無量壽國, 旣是淨土, 故無三災, 亦無憂熱. 不同此土, 三災時起, 七[254]日並出, 焚燒欲界及二禪等, 兼諸地獄日夜火起, 焚燒有情. 已(以)此而言, 無有憂熱之火也. 言風淨者, 亦具有情、無情內外之風者. 有情內風者, 無卅六般風黃之疾, 言無情外風者, 無團風、黑風、黃風等, 吹山拔樹之風也. 及三災起時, 壞[255]三禪等. 淨土雖有內外之風, 內風滋潤衆生, 外風乃開花結子, 或吹林木, 雅韻淸和, 念三寶名, 說八正道也. 前言

용되고 있다. 여기서는 문맥에 의거하여 '腫'으로 기록한다.

251 '熘'은 原卷에서는 '熘'로 되어 있는데 이는 '熘'의 俗字이다. 『集韻』「晧韻」: "熘, 熱貌. 或作熘." '煩熘'는 '煩熱'과 같으며, 유사 의미의 글자가 중복된 복합어이다.(『說文解字』 頁部: "煩, 熱頭痛也.") 다음 구 "及以婬欲熱熘之火"(이 '熘'자 역시 原卷에서는 '熘'로 되어 있다) 이 '熱熘'는 같은 의미의 글자가 중복된 복합어이다. 原錄에서는 '熘'자를 모두 '惱'로 수정하여 기록하였는데 이는 옳지 못하다.

252 '及以'는 原錄에서는 '及次'로 되어 있고 뒤에 마침표를 붙여 놓았다. 潘重規는 '次'자는 原卷에서는 '以'로 되어 있다고 하였다. 楊雄은 '及以'는 '以及'이며 다음 구에 속해야 한다고 하였다. 項楚는 '以'는 '與'와 통한다며 「太子成道經」의 "武士推新婦及以孩兒"를 예로 들었다. 그는 이 '及以'는 곧 '及與'이며 본문의 '以'와 같은 용법이라고 하였다. 【校注】 王引之 『經傳釋詞』 권1: "以猶及也." 『廣雅』 「釋詁」: "以, 與也." 이는 '及以'가 同義의 連文이며 '以'는 '及'과도 같고 '與'와도 같음을 보여준다. 따라서 '及以'를 굳이 '以及'으로 수정할 필요 없으며 '及與'라고 고칠 필요도 없다. 상해박물관 소장 돈황사본 「比丘尼戒經題記」: "이 보잘것없는 선업으로 인해 과거 칠세 부모와 지금의 부모, 가족 및 이 몸이 미륵의 삼회설법을 만나 깨달음을 얻게 되기를 바라나이다(以斯微善, 願七世父母、所生父母、現在家屬及以己身, 彌勒三會, 悟在首初. 所願如是)." 여기서도 마찬가지로 '及以'는 連文으로 사용되었다.

253 '雖'는 原卷에서는 '虽'로 되어 있는데 이는 '雖'의 별체자이다. 아래 문장 "雖言淨土, 亦有日月" 이 '雖'자 역시 原卷에서는 '虽'로 되어 있다. 또 「魏元瑞墓誌」에서도 '雖'는 '虽'로 되어 있다.

254 '七'은 原錄에서는 '七'로 되어 있다. 徐震堮은 이를 '十'자로 보았다. 【校注】 原卷은 본래 '七'로 되어 있는데 이는 '七'자이어야 한다. 그런데 본문의 '七'은 '十'의 오자일 것 같다. 고대 신화전설에 의하면 하늘에는 본래 열 개의 태양이 있었다 한다. 『淮南子』 「本經訓」: "요임금 때에 이르러 열 개의 태양이 동시에 솟아오르니 농작물이 시들고 초목이 죽어나가 백성들은 먹을 게 없어졌다(逮至堯之時, 十日並出, 焦禾稼, 殺草木, 而民無所食)."

255 '壞'는 原錄에서는 '懷'로 되어 있다. 【潘重規】 '懷'는 '壞'가 되어야 한다. 【校注】 原卷은 실제 '壞'자로 되어 있다.

六塵淨者，第一色淸(淨)者，二十種色者，聊申揀[256]別，靑莫(黃)赤白四種色，經中具說有四般連(蓮)花也．影、光、明、三種色赤(亦)有，故經說有樹林，故有影也．光者：一則佛光，二乃聖者身光，三者日月光．雖言淨土，亦有日月，不同諸天身光自照，故無日月．何以得知淨土有日月?經云：長於晨旦，持衆妙花供養十方無億佛，卽以[257]食時，還到本國．經言晨旦食時，故知有日月也．無有日月，卽便有闇，所以者何? 一日一月，照四天下，故有晝夜．不可一日一月，長在淨土之上，而不運行，無此道理，或言佛神力，故光照無闇，卽便有理也．煙、雲、塵、霧，此四種色，淨土應無，何以得知．(下缺)

다음에는 무정(無情)의 정에 대해 얘기하고자 한다. 무정이라는 것은 지(地)·수(水)·화(火)·풍(風)[의 사대(四大)와] 색(色)·성(聲)·향(香)·미(味)·촉(觸)·법(法)의 육진(六塵) 등을 가리킨다. ……'지정(地淨)'이라고 한 것은 그곳의 땅이 금은 등의 칠보(七寶)로 이루어져 있고 풀은 모두 향기로운 꽃이나 여러 가지 보배로 이루어져 있기 때문이다. 가시넝쿨이나 자갈, 소금으로 뒤덮인 땅이 없고 구덩이나 언덕과 같은 기복이 없다. 산이나 바위, 계곡이나 도랑이 없고, 독초나 독 나무, 고삼(苦蔘) 등의 식물도 없다. 이곳으로 말하자면, 마음에 들지 않는 어떤 물체도 없고 오로지 마음에 드는 향기로운 꽃이나 진귀한 보물 같은 것들이 있을 뿐이다. '수정(水淨)'이라고 한 것은 그곳의 모든 샘이며 연못은 팔공덕을 갖추고 있어 여러 가지 보배로 된 각종 빛깔의 연꽃을 피우는데 그 크기가 수레

256 '揀'은 原卷에서는 '楝'으로 되어 있는데 우측은 '柬' 편방의 俗字이다. 또 돈황사본에서는 '木' 편방과 '手' 편방이 구분 없이 사용되는 경우가 많다. 따라서 문맥에 의거하여 '揀'으로 기록한다. 原錄에서는 '楝'으로 되어 있고, 楊雄은 '楝'은 '鑑'과 통한다고 하였는데 정확하지 않은 것 같다.

257 '以'는 原錄에서는 '次'로 오록되어 있다. 潘重規는 原卷에서는 '以'(사실은 '㠯'로 되어 있음)로 되어 있다고 하였다. 이에 의거하여 바로잡는다. 「佛說阿彌陀經」 經文 : "항상 새벽에는 각각 꽃바구니에 갖가지 묘한 꽃을 넣어 다른 세계에 계신 10만억 부처님께 공양하고서 밥 먹을 때가 되면 곧 본국으로 돌아온다(常以淸旦, 各以衣裓盛衆妙華供養他方十萬億佛, 卽以食時還到本國)." 여기서도 '以'자로 되어 있다.

바퀴와 같으며, 연못 바닥에는 황금빛 모래가 깔려 있고 주위에는 보배로운 나무가 자라고 있어 움직일 때마다 소리를 내는데 [그 소리가] 마치 삼보의 명호를 염송하는 듯하다. 더럽고 냄새나는 진흙도 없고, 물고기나 자라, 두꺼비와 같은 수족(水族)도 없다. 또 [수량(水量)이] 늘지도 줄지도 않고 차갑지도 뜨겁지도 않으며 혼탁함도 없이 거울처럼 청정하게 모든 하늘을 두루 비추니 제천의 성현이 일제히 찬탄을 한다. '화정(火淨)'에는 유정(有情)의 내화(內火)와 무정(無情)의 외화(外火)가 있다. 유정(有情)의 내화(內火)는 사대(四大)가 적절하여 열병(熱病)이나 부스럼, 번뇌를 일으키는 불(火)이 없고 음욕이나 괴로움을 일으키는 불도 없다. 유정은 비록 사대를 갖추고는 있으나, [사대가] 늘어나기도 하고 줄어들기도 하여 모든 중생들이 괴로움에 시달리는 이 세상과는 다르다. 무정(無情)의 외화(外火)는 무량수국이 정토인 까닭에 삼재(三災)[258]도 없고 근심 걱정도 없다. 삼재가 발생하고 열 개의 태양이 동시에 솟아올라 욕계(欲界)와 이선천(二禪天)[259] 등을 불살라버리며, 모든 지옥에서는 밤낮으로 불길이 일어 유정을 불태워버리는 이 세상과는 다르다. 이것으로 말하면 근심이나 괴로움의 불이 없다. '풍정(風淨)'에는 유정의 내풍과 무정의 외풍이 있다. 유정의 내풍은 36가지 풍황(風黃)의 질병을 일으키지 않는다. 무정의 외풍은 단풍(團風)이나 흑풍(黑風), 황풍(黃風)처럼 산을 날리거나 나무를 뽑아버리거나 삼재(三災)를 일으켜 삼선천(三禪天)[260]을 부수거나 하지 않는다. 정토에는 비록 내풍과 외풍이 있으나, 내풍은 중생을 윤택하게 해주고, 외풍은 꽃을 피우고 열매를 맺게 해주거나 혹은 나무숲에 불어와 우아하고 청아한 소리로 삼보의 명호를 염송하고 팔정도(八正道)를 강설해준다. 앞에서 육진정(六塵淨)을 말하였는데, 첫 번째 색정(色淨)에는

258 화재, 수재, 풍재의 세 가지 재앙.
259 색계(色界) 사선천(四禪天)의 둘째 하늘. 이선정(二禪定)을 닦은 이가 나는 천상 세계.
260 색계(色界) 사선천의 셋째 하늘. 선을 닦는 사람이 이선천에서 얻은 기쁨을 떠나 정묘(精妙)한 낙을 얻는 곳.

스무 가지 빛깔이 있다. 이를 잠시 선별해보면 청, 황, 적, 백 네 가지 색깔이 있고 경전에서는 네 가지 빛깔의 연꽃을 언급하였다. 영(影), 광(光), 명(明) 세 가지 빛깔이 있는 까닭에 경전에서는 나무숲이 있다고 하였고 이리하여 영(影)이 있게 된 것이다. '광(光)'은 하나는 불광(佛光)이고, 둘째는 성자(聖者)의 신광(身光)이고, 셋째는 일월광(日月光)이다. 비록 정토에도 일월(日月)이 있긴 하나 저절로 빛을 발하는 제천(諸天)의 신광(身光)과는 다른 까닭에 일월이 없다고 말한 것이다. 정토에 일월이 있음을 어떻게 아는가? 경전에서 말하기를, "이른 아침마다 [바구니에] 여러 가지 아름다운 꽃을 담아 십방의 무수한 부처님께 공양하고 조반 무렵에 본국으로 돌아온다"고 하였다. 경전에서 '이른 아침 조반 무렵'이라 한 데서 그곳에 일월이 있음을 알 수 있다. 일월이 없으면 곧 어두워지는데 이는 어째서인가? 하나의 해와 하나의 달이 온 천하를 비춰주는 까닭에 낮과 밤이 있다. 이 해와 달이 정토의 상공에 오랫동안 머물면서 운행을 안 할 수 없으며, 이러한 이치는 있을 수 없다. 부처의 신통력 덕분에 빛이 비춰져 어둠이 사라지고, 그리하여 이치가 생긴 것이다. 연기, 구름, 먼지, 안개와 같은 네 가지 색깔이 이곳 정토에는 없다. 어떻게 아는가? (이하 빠져 있음)

불설아미타경강경문 3(佛說阿彌陀經講經文三)[1]

(上缺)復次, 舍利弗, 彼國有種種奇妙雜色之鳥.

此鳥韻□分五 : 一、總標羽族,[2] 二、別顯禽[3]名, 三、轉和雅音, 四、詮論妙法, 五、聞聲動念.

西方佛淨土, 從來有[4]異禽,

---

1 王慶菽 【原校】 본권 편호는 P.2955이다. 표제는 본래 빠져 있으나 '佛說阿彌陀經'의 내용을 강설하고 있는바 그에 의거하여 임의로 제목을 붙인다.

2 '族'은 原錄에서는 '喉'로 오록되어 있는데 潘重規는 原卷에서는 '㫌'로 되어 있다고 하였다. 【校注】 原卷의 글자는 좌측 부분이 약간 잔결되어 있지만 그것이 '方' 편방임을 알 수 있다. 따라서 이는 '族'자이다. 이에 의거하여 바로잡는다.

3 '禽'은 原錄에서는 '會'로 오록되어 있다. 潘重規는 原卷에서는 '禽'으로 되어 있다고 하였다. 반씨의 견해는 옳다. 이에 의거하여 바로잡는다.

4 '有'는 原錄에서는 '九'로 오록되어 있다. 【校注】 原卷에서는 '[illegible]'로 되어 있는데 이는 '有'자의 초서체의 변형이다. P.2133 「妙法蓮華經講經文」 : "마치 횃대 위에 있던 노란 매가 하늘가를 나는 데는 그 뜻하는 바가 있듯이(恰似黃鷹架上, 天邊飛去[illegible]心)." 이 '[illegible]'이 '有'자임은 그 증거이다. 潘重規는 原卷은 '[illegible]'로 되어 있다 했는데 정확하지 않다.

偏[5]翻呈瑞氣, 寥亮[6]演淸音.

每見祛塵網, 時聞益道心,

彌陀親所化, 方悟願緣深.

青黄赤白數多般, 端政[7]珍奇顔色別,

不是鳥身受業報, 並是彌陀化出來.

白野鵲,[8] 鄜州進.

輕毛怗[9]雪翅開霜, 紅觜[10]能[11]深練尾長.

名應玉符朝北闕, 體柔天性[12]瑞西方.

不憂雲路闐[13]河遠, 爲對天顔送喜忙,

---

5 '偏'을 楊雄은 '翩'으로 보았는데 이는 따를 만하다. '翩翻'은 동의의 복합어이다.

6 '寥亮'은 소리가 맑고 높음을 말한다. 晋 向秀 「思舊賦序」: "이웃에 피리 부는 사람이 있는데 그 소리가 맑고도 높다(鄰人有吹笛者, 發聲寥亮)." 原校에서는 '寥亮'을 '嘹亮'이라 교정하였는데 그럴 필요 없다.

7 '政'을 楊雄은 '正'으로 보았는데 이는 옳다.

8 '鵲'은 原錄에서는 '鶴'으로 되어 있다. 【校注】 原卷에서는 '鵲'로 되어 있는데 이는 '鵲'자이다. 아래 문장 "爲對天顔送喜忙"에서처럼 기쁨을 전해준다 하였으니 '鵲'임이 마땅하다. S.3835 「百鳥名」: "까치는 매우 영묘하니 좋은 일이 있으면 먼저 와서 그 기쁨을 알린다(野鵲人家最有靈, 好事於先來送喜)." 이는 그 증거이다. 蔣禮鴻은 '輕毛' 이하의 律詩 1수는 薛能의 「鄜州進白野鵲」 시(전당시 권560에 보임)임을 밝히며 '白野鶴'은 응당 '白野鵲'이라고 하였다. 여기에는 다른 의심의 여지가 없다.

9 '怗'은 原卷에서는 '㚲'로 되어 있는데 이는 응당 '怗'으로 기록해야 한다.('忄' 편방을 속서에서는 흔히 '土' 편방과 유사한 형태의 '⺘'로 적는다) 原錄에서는 '坫'이라 적고 '沾'이라 교정하였는데 이는 오류인 듯하다. '怗'은 '疊'으로 보아야 한다. 全唐詩에서는 마침 '疊'으로 되어 있다. "輕毛怗雪翅開霜"은 하얀 까치의 깃털이 눈처럼 새하얀 모습을 가리킨다.

10 '觜'는 原校에서는 '嘴'로 되어 있다. 【校注】 '嘴'는 '觜'의 후기분화자이다. 따라서 '觜'자를 수정할 필요 없다. 『說文解字』 角部 '觜'자 段玉裁 注: "凡羽族之味銳, 故鳥味曰觜. 俗語因之凡口皆曰觜." 『五音集韻』 旨韻: "觜, 喙也. 嘴, 同上."

11 '能'은 '如此', '這樣'의 대체자이다. 아래 문장 "音律淸冷能婉轉" 여기서의 '能'도 같은 용법이다. 『通釋』과 『詩詞曲語辭匯釋』에 상세한 해설이 있다.

12 '體柔天性'이 全唐詩에서는 '色柔金性'으로 되어 있다.

13 '闐'은 原卷에서는 하반부의 字迹이 희미하다. 原錄에서는 이를 '閶'라 오록하고 '闐'이라 교정하였다. 蔣禮鴻은 全唐詩에 의거하여 이를 '塡'으로 보며, '塡河'는 까치와 까마귀가 은하수에 다리를 놓아 직녀를 건너게 한 일을 말한다고 하였다. 이는 지극히 옳다. '闐'과 '塡'은 동음으로 서로 통용된다.(P.2133 「妙法蓮華經講經文」: "덧없는 인

從此[14]定知栖息處, 月宮瓊樹是家鄉.[15]
西方鳥卽不如然, 毛色雖同性還別,
各各解談微妙教, 聞者咸皆發道心.
上來一唱不思議, 總說西方有好鳥.
向下烈(列)其名字, 不知道理如何.
都講闍梨道德高, 音律淸泠[16]能宛轉,
好韻宮商申雅調, 高著聲音唱將來.

經 :「白鶴、孔雀、鸚鵡、舍利迦陵頻伽共命之鳥」(下缺)

(윗부분 빠져 있음) 사리불이여, 그 불국토에는 아름답고 기묘한 여러 빛깔을 가진 새들이 있다.

이 새의 소리는 다섯 가지로 나누어진다. 첫째, 조류를 대표하고(總標羽族), 둘째, 날짐승의 이름을 드러내 보이며(別顯禽名), 셋째, 조화롭고 우아한 소리를 내며(轉和雅音), 넷째, 오묘한 진리를 설하며(詮論妙法), 다섯째, 그 소리를 들으면 마음이 움직인다(聞聲動念).

서방의 불국토에는
종래로 기이한 날짐승들이 있다.
날갯짓하면 상서로운 기운이 일고
항상 청아하고 맑은 소리로 노래한다.

생의 이치를 깨달아, 貪瞋이라는 바닥없는 구덩이에 빠지지 말지니(直須認取浮生理, 不要貪闐沒底坑)." 潘重規는 이 '闐'자를 '嗔'이라 교정한 바 있다) 徐震堮은 '闐河'는 아무런 뜻이 없으며 '關河'의 오록으로 보인다고 하였는데, 이는 정확하지 못하다.

14 '此'는 原錄에서는 '比'로 오록하였다. 郭在貽는 '比'는 응당 '此'가 되어야 한다고 하였다. 【校注】 原卷은 '乇'로 되어 있는데 이는 '此'의 속자이다.(위 문장 "此鳥韻□分五" "紅觜"의 '此'와 '觜'가 原卷에서는 각각 '乇'와 '嶲'로 되어 있는데 이는 그 증거이다) 全唐詩 역시 '此'자로 되어 있다. 潘重規의 견해도 이와 같다.

15 '家鄉'은 全唐詩에서는 '仙鄉'으로 되어 있다. 【校注】 시구는 月宮의 瓊樹가 하얀 까치가 깃들여 사는 곳이라는 의미인 까닭에 '家鄉'이 더 詩意에 부합한다.

16 '泠'은 原錄에서는 '冷'으로 적고 '泠'으로 교정하였다. 潘重規는 原卷에서는 '泠'으로 되어 있다고 하였는데 이는 옳다. 이에 의거하여 바로잡는다.

그들을 바라보면 속세의 속박을 벗어나고
그 소리를 들으면 도심(道心)이 더욱 깊어진다.
아미타불께서 직접 화현하신 것이니
깨달음에의 발원이 더욱 깊어지리라.
청·황·적·백의 갖가지 부류
단정하고 진기한 빛깔.
새의 몸은 업보를 받아 생겨난 게 아니라
모두 아미타불께서 화현으로 만드신 것이다.

흰 까치가 부주(鄜州)에 날아든다.[17]

가벼운 깃털에 눈이 쌓이고 날개에는 서리가 내린 듯
붉은 부리는 이렇게 길쭉하고 하얀 꼬리는 기다랗다.
이름은 옥 부절(符節)에 부응하여 궁궐로 향하며
부드러운 몸체와 천성(天性)은 서방을 상서롭게 한다.
하늘나라와 은하수가 먼 것을 근심하지 않으며
천자의 용안을 뵙고자 즐거이 서둘러 전송한다.
이로부터 서식처를 알게 되었으니
월궁(月宮)의 경수(瓊樹)가 바로 고향이라네.
서방의 새는 이와는 달라
깃털 색은 같으나 천성은 다르다.
서로 이야기를 나누는데 [그 속에] 오묘한 가르침이 있어
그 소리를 듣는 자는 모두 도심(道心)을 발한다.
지금까지 [부처님의] 불가사의[한 공덕]을 노래하고
서방에 훌륭한 새가 있음을 대략 설하였다.

17 원문에서는 작은 글씨로 적혀 있다.

이제 그 이름을 열거할 터인데
도리(道理)가 어떠한지 알 수가 없다.
도강(都講)승려는 도덕이 높고
음률은 청아하고 구성지다네.
아름다운 운율의 우아한 곡조와 함께
크고 높은 소리의 창이 곧 나오리라.

경문 : "백학, 공작, 앵무새, 사리조, 가릉빈가, 공명조" (이하 빠져 있음)

묘법연화경강경문 1(妙法蓮華經講經文 一)[1]

經 :「擊鼓宣令四方求法, 誰能爲我說大乘[2]者, 吾[當][3]終身供給走使.」

---

1 王重民 【原校】 原卷의 편호는 P.2305이다. 이 강경문이 의거하고 있는 경문은 『添品妙法蓮華經』 권4 「見寶塔品」(大正新修大藏經 제9책 169쪽)이다. 이에 의거하여 임의로 제목을 정했다. 原卷에는 비록 前題는 없으나 앞부분이 잔결된 것 같지는 않다. 권말의 "爲諸含識唱將來"으로 보아 뒷부분은 잔결되어 있음을 알 수 있다. 경문과 대조해보면, 본문은 8구의 偈頌만이 설해지지 않았을 뿐이라 뒷부분의 잔결은 그리 많지 않은 듯하다. 【校注】 『添品妙法蓮華經』은 隋 天竺 승려 闍那崛多(사나굴다)譯(이하에서는 闍譯經이라 간칭함)이다. 項楚는 본편의 소의경전이 "姚秦 鳩摩羅什(구마라집)譯 『妙法蓮華經』 권4 「提婆達多品」(이하에서는 鳩譯經이라 간칭함)이며 인용 경문이 경전과 완전히 일치한다. 교록자는 그 출전을 잘못 판단하였고, 그리하여 엉뚱한 경문으로 교정함으로써 여러 항목의 교주가 쓸데없는 사족이 되고 말았다"라고 하였다. 【校注】 본편이 의거한 경문은 闍譯經이나 鳩譯經(中華書局 影印 金藏本을 참조함) 모두 다소의 상이점이 발견된다.(구체적인 내용은 이하 주석에서 상술함) 본편이 의거한 경문은 오늘날 현존하는 판본이 아닌 듯하며 인용자도 경전의 원문 그대로를 고집하지 않은 것 같다. 따라서 글자 하나하나에 얽매일 필요가 없다.

2 '乘'은 原卷에서는 '垂'('乘'의 속자)으로 오록되어 있다. 문맥에 의거하여 바로잡는다. 아래 문장 "我有大乘"의 '乘'자 역시 原卷에서는 '垂'로 오록되어 있다.

大王道:「王有私願, 求經無倦.」 聞佛號兮受持, 得蓮經[□](兮)[4]諷轉. 便上高樓, 扣其鐘鼓. 鐘聲哄哄兮皆聞, 鼓響蓬蓬兮滿路; 鍾鼓聲中, 出其言語. 「誰人解講法花經?萬劫千生終不負.」

樓上搥鍾建道場, 六時不絶爇名香.
日日滿空呈瑞綵, 時時四遠有貞(禎)祥.
天龍數數垂加護,[5] 賢聖頻頻又讚揚.
諸佛總來相激勸, 一時爲放白毫光.
蒙光照, 喜難才(裁),[6] 猛利之心轉又開.
何日交余聞妙法, 幾時令我免淪(輪)迴.
大王旣若心專至, 賢聖多應總敏[7]哀.
未審誰人能爲說, 是何名字唱將來.

경전에서 이르기를, "북을 울리며 포고하여 사방으로 법을 구하는데, 누가 나에게 대승을 설해준다면 나는 종신토록 그의 심부름꾼이 되겠다."

대왕이 말하였다. "내게는 개인적인 소망이 있으니 경전을 구하는 데 게으름이 없다." 부처의 명호를 듣거든 항상 마음속에 새겨 두고, 법화

---

3 【原校】 '當'자를 경문에 의거하여 보충한다. 【校注】 鳩譯經에도 '當'자가 있다.

4 原卷에서는 '諷'자가 '經'자 뒤에 바싹 붙어 있다. 原錄에서는 임의로 탈자 부호를 넣어 '□(兮)'라 보충하였다. 여기서는 原卷의 기록을 중시하여 '[□](兮)'라 보충해 넣는다.

5 '加護'는 불교술어로서 '보우하다'는 뜻이다. 『華嚴經』 권27: "바라건대 모든 중생이 부처의 자비하신 위신력을 입고, 또 모든 부처의 가호를 받게 되기를(願一切衆生, 得佛攝受身, 常爲一切諸佛加護)." P.3048 「金剛醜女因緣」: "세존에게 고하며 그의 가호를 기원하였다(啓告世尊, 乞垂加護)." 또 S.4511 「金剛醜女因緣」: "세존이시여, 가호를 드리우시어 32상을 약간이라도 허락하여 주시옵소서(唯願世尊加護我, 三十二相與些些)."

6 '才'는 응당 '裁'로 보아야 한다. '才'와 '裁'는 同音(『廣韻』에 따르면 모두 昨哉切)으로 통용된다. 『正字通』 「手部」: "才, 與裁通." '裁'는 '헤아려 단정하다(裁度)', '예측하다(估量)'는 뜻이다. '喜難裁'는 기쁜 마음을 헤아릴 길 없다는 뜻이다.

7 '敏'은 '愍'의 편방 생략자이다. 『敦煌零拾』 「歡喜國王緣」: "도덕은 확대되어 물질을 가련히 여기고, 자비는 人天을 제도하라 말한다(道德衆推能敏物, 慈悲皆說度人天)." '敏物'은 '愍物'로, 이 '敏'자 역시 '愍'의 편방 생략자이다. '敏'은 '愍'과 같다.(『玉篇』 心部에 보인다) 原校에서는 '敏'을 '愍'으로 직접 교정하였는데 일말의 부족함이 있다.

경을 얻거든 늘 그것을 염송하도록 하라. 높은 누각에 올라 종과 북을 두드리니, 댕댕거리는 종소리가 누구에게나 다 들리고 둥둥거리는 북소리는 길 가득 울려 퍼진다. 종소리 북소리 울려 퍼지는 속에서 다음과 같이 말한다. "누가 내게 법화경을 강설해줄 수 있는가? 만겁 천생 동안 그를 배반하지 않을 것이다."

누각에 올라 종을 치며 도량을 건설하니
육시(六時)[8]로 아름다운 향을 사르네.
날마다 하늘 가득 상서로운 오색구름이 떠다니고
언제나 사방 먼 곳에까지 길상함이 깃든다.
천룡은 거듭해서 가호를 드리우고
성현은 잇따라 찬양을 한다.
제불이 일제히 이르러서 격려를 하는데
일시에 백호(白毫)에서 광명을 놓으시네.
그 빛을 쐬니 기쁨이 헤아리기 어려운데
흉악한 마음이 또 다시 일어나네.
어느 때나 이 몸은 묘법을 들을 수 있을 것이며
언제나 나는 윤회에서 벗어날 수 있을 것인가.
대왕의 마음이 이처럼 간절하니
성현들은 모두 안타까워하고 슬퍼한다.
어느 누가 강설할 수 있을지 알 수 없거늘
경전의 이름을 알리는 창이 곧 나오리.

經 :「時有仙人, 來白王言 : 我有大乘, 名妙法蓮花. 若不違我, 當爲宣[9]說.」

---

8 하루를 여섯으로 나눈 염불 독경의 시간. 신조, 일중, 일몰, 초야, 중야, 후야이다.

9 [原校] 大藏經本에서 '宣'은 '演'으로 되어 있다. 宋・元・明本에서는 모두 '宣'으로 되어 있어 강경문이 의거한 판본과 일치한다. [校注] 闍譯經 金藏本에서는 '演'으로

此唱經文是仙人來也, 問於大王. 仙人常居山裏, 高閑[10]無比; 風吹叢竹兮韻合官商, 鶴笑孤[11]松兮[12]聲和角徵. 隊隊野猿, 潺潺流水. 有心永住臨泉,[13] 無意暫遊帝里. 忽聞空中人言, 又見菴前雲起. 思量兮未迴[14]來由, 發言兮問其所以. 空中告言, 別無意旨. 緣有個大國輪王, 求法願抛生死. 仙人幸有蓮經, 何不[15]攝爲弟子?大王兮要禮仙人, 仙人兮收來驅使.

自居山內學修行, 不省因循入帝京.
無事菴中唯念佛, 有時林下只持經.
雙雙瑞鶴添香印, 兩兩靈禽注水瓶.
只有仙人修至業, 神祇遵奉各丁寧.
於一日, 感祥禎, 忽向菴前瑞氣生.
道有國王求妙法, 虔心啓告審分明.

경전에서 이르기를, "이때 한 선인이 대왕에게 다가와 말하였다. '제

되어 있고, 鳩譯經은 전 판본이 모두 '宣'으로 되어 있다.

10 '高閑'은 '高嫺'과 같다. '閑'과 '嫺'은 고대에는 통용되었다. 『說文解字』 女部: "嫺, 雅也."

11 '孤'는 原卷에서는 약간 訛變된 '孤'로 되어 있다. 原錄에서는 이를 '柧'로 적고 있는데 이는 정확하지 못하다.

12 '兮'는 原錄에서는 '分'으로 오록하였다. 徐震堮은 '兮'가 되어야 한다고 하였다. [校注] 原卷에서는 본래 '兮'로 되어 있다. 이에 의거하여 바로잡는다.

13 '臨泉'을 徐震堮은 '林泉'이라 하였는데 이는 정확한 견해다. '林泉'은 그윽하고 조용하여 은거하기 좋은 곳을 가리킨다. 『梁書』 「庾詵傳」: "성품이 까다롭지 않고 질박하며, 그윽하고 조용한 곳을 좋아하였다(性記夷簡, 特愛林泉)."

14 [徐震堮] '迴'자는 오자이며 '達'이 되어야 한다. [校注] '迴'는 응당 '會'가 되어야 한다. '回'와 '會'는 類似音으로 서로 통용된다. 「秋胡變文」: "계곡은 굽이굽이 돌아 깊은 시내들이 서로 이어지며(澗谷汙會, 深溪胶(交)結)." 原校에서는 '汙會'를 '紆迴'라 교정하였다. S.2614 「大目乾連冥間救母變文」: "이제 각자 [생전의] 업보를 받게 되니, 분명 후세에 다시 만나기는 어려울 거네(如今各自隨緣業, 定是相逢後迴難)." '迴'자가 P.3485에서는 '會'로 되어 있다. 이들은 그 증거이다. '會'는 '알다', '깨닫다'는 뜻으로, 문맥과도 잘 어울린다.

15 '何不'은 原錄에서는 '何爲'로 오록되어 있다. 徐震堮은 이를 '何不'로 보아야 한다고 하였다. [校注] 原卷은 본래 '何不'로 되어 있다. 이에 의거하여 바로잡는다.

게는 묘법연화라는 대승(大乘)이 있는데 저의 뜻을 거스르지 않으신다면 그 가르침을 들려드리겠사옵니다.'"

이 경문은 선인이 대왕에게 묻는 것이다. 선인은 항상 산속에서 생활하니 고상하기 이를 데 없다. 바람이 대숲에 불어오니 그 소리 노랫가락 같고, 학이 외로운 소나무에 앉아 뚜르르 우는데 그 소리 곡조에 들어맞는다. 무리를 이룬 야생 원숭이, 졸졸졸 흐르는 물. 언제까지나 숲과 물가에서 살 생각이었는데 자신도 모르게 잠시 궁중으로 유람을 나왔다네. 갑자기 허공에서 사람의 말소리가 들려오고 암자 앞에서 구름이 뭉게뭉게 이는 것이었다. 아무리 생각해 보아도 그 이유를 알 수 없거늘 [하늘에] 그 까닭을 물었다. 허공으로부터 알려오는데 [하늘에] 다른 의도가 있어서가 아니라, 한 대국(大國)의 국왕이 생사를 포기하면서까지 법을 구하고 있다고 한다. 선인에게는 다행히 법화경이 있으니 어찌 그를 제자로 삼지 않는가? 이리하여 대왕은 선인에게 예를 다하고 선인은 그를 심부름꾼으로 받아들였다.

홀로 산에 살며 수행을 해왔는데
경솔히 산을 떠나 황제가 사는 경도로 들어왔네.
별 일 없이 오로지 암자에서 염불하고
숲속에서 경문의 가르침을 수지할 따름이었네.
쌍쌍의 상서로운 학(鶴)이 향(香)을 가져다주고
둘씩의 신령스런 짐승은 물병에 물을 대었다.
선인 홀로 지극한 업(業)을 닦는데
신령은 공손하게 받들어 모신다.
어느 날 상서로운 징조를 느꼈는데
홀연 암자 앞에서 서기(瑞氣)가 일었다.
국왕이 묘법을 구한다고 들리는데
경건한 마음으로 고하고 있음을 살펴 알겠네.

仙人問大王. 當日仙人, 離於山野, 詣王城兮足[16]躡綵雲, 往龍樓兮豈憑鶴駕. 不作威儀, 不要侍者, 獨自騰空, 來於闕下, 便問王言, 肺懷請寫[17]:「人倫兮寶位尊高, 富貴兮因何割捨.」

仙人欲擬入皇京, 一隊祥雲捧足行,

賢聖空中彈指送, 天人路上獻花迎.

時未久, 到王宮, 宮裏當時瑞氣濃.

仙見大王心喜悅, 王聞仙到意虔恭.

有何意, 捨榮花,[18] 剛[19]要求聞妙法花!

未審大王緣甚事?心中斗不[20]戀嬌奢.[21]

---

16 '足'은 原卷에서는 '只'로 되어 있는데 이는 '足'의 오자이다. 본권에서는 '足'자가 '⻊'로 적혀 있는데 그 형태가 '只'자와 유사하여 오판을 한 것이다. 일본 龍谷大學 소장 「悉達太子修道因緣」: "가슴에는 卍자가 새겨져 있었고 발은 千輪을 밟고 있었다(兇(胸)題萬字, 足躡千輪)." 이는 참고할 필요가 있다.

17 이상 두 구는 原錄에서는 '便問王言肺懷, 請寫說'로 되어 있다. 【校注】 原卷에서는 '寫'자가 '舄'('寫'자의 변형)의 형태로 '說'자 우측 윗부분에 적혀 있다. 이것은 '說'을 '寫'로 수정함을 말한다. '寫'는 앞 뒤 문구의 '野', '駕', '者', '下', '捨' 등과 압운되고 있다. 돈황사본에서 글자를 수정하거나 보충할 때 통상적으로 우측 옆에 덧붙이는 방법을 사용하고 있다. 수정하는 것인지 보충하는 것인지는 문맥으로 결정해야 한다. 『新書』 역시 이와 같다. 또 項楚는 '問'을 '向'으로 보았는데 정확하지 않은 듯하다. 아래 문장 "獸王當問大王言:'汝往山中多少年?……'" "便問王言" "當問大王言" 이 문구들은 참고할 필요가 있다.

18 '榮花'는 '榮華'이다. '花'는 본래 '華'의 後起 俗字이나 일반적으로 '꽃'의 의미로만 사용된다.

19 '剛'은 '기어이(偏偏)'의 뜻이다. '剛要'는 '偏要'이다. 『通釋』, 『詩詞曲語辭匯釋』에 상술되어 있다.

20 【原校】 周一良은 "'斗不'은 '陡不'인 듯하다"고 하였는데 나는 '都不'로 생각한다. 向達은 "'陡'로 보는 것이 비교적 합당하다"고 하였다. 【徐震堮】 '斗'는 '陡'와 같으며, 唐詩에서 자주 쓰이고 있다. 【校注】 주씨와 서씨의 견해는 모두 옳다. '斗'는 본래 분량을 헤아릴 때 쓰는 그릇인데, 후에 '가파르다'는 의미가 파생되었다.(『說文解字』 '斗'자에 대한 段玉裁의 주: "此篆假借爲斗峭之斗, 因斗形方直也. 俗乃製陡字.") 그리고 '斗峭'는 흔히 '崖阜'와 관련이 있는 까닭에 '阜' 편방을 덧붙여 '阧'로 표기한다.(『玉篇』 阜部: "阧, 當口切, 阧峻也.") 본래 지명인 '陡'자가 '斗峭'의 의미로 쓰이게 된 것은 '阧'자의 의미를 본따서 차용된 용법이다. 『廣韻』 厚韻: "阧, 阧陵. 陡, 同上." 『集韻』 역시 "阧, 峻立也. 或從走"라 하였다. 이는 그 증거이다. 변문 중의 '斗'자는 '갑자기', '문득'이란 의미로 쓰이고 있는데 이는 '斗峭'의 의미가 확대되어 생긴 것이다.

大王告仙人：「我見如今人，終日懷嗔喜. 个个美顺言，人人愁逆耳. 貪財何日肯休，愛色幾時能止!笙歌兮美女萬人，富貴兮金輪千子. 衣著香薰，錦幃玉履. 男意氣兮凌雲，女端嚴兮皓齒. 若說嬌奢，誰人到此. 未容旬日歡娛，已道某[22]人身死. 生前不曾修福，死墮阿毗(鼻)地獄，永屬冥司，長受苦毒，或鐵烏[23]啄髓，或銅蛇噉肉，惡業現兮萬死萬生，痛苦逼兮千啼千哭. 或尸糞煻[24]煨，或磨摩碓擣，終日凌持，[25] 多般捶

韓愈「答張十一功曹」詩：“그대의 시를 다 읊고 나서 양쪽 귀밑머리를 바라보니, 문득 귀밑머리털이 반백이 되었네(吟君詩罷看雙鬢, 斗覺霜毛一半加).”「葉淨能詩」：“물이 입을 떠나자마자 구름과 안개로 갑자기 어두워졌다(水亦(一)離口, 雲霧斗闇, 化作大蛇).” 또 S.328「伍子胥變文」：“멀리 소나무가 보이는 산언덕이 갑자기 어두워졌다(遙望松羅(蘿), 山崖斗暗).” 이 ‘斗’자 역시 같은 뜻이다. 그러므로 구태여 ‘斗’자를 ‘陡’로 수정할 필요 없을뿐더러, ‘都’로 교정해서는 더욱 안 된다.

21 【徐震堮】‘嬌’는 응당 ‘驕’가 되어야 한다. 【校注】아래 문장 “貪財何日肯休! 愛色幾時能止!”으로 보아, ‘戀嬌奢’의 ‘嬌’는 美色을 가리키고, ‘奢’는 財富를 가리킨다. 따라서 ‘嬌’자는 고칠 필요가 없을 것 같다.

22 ‘某’는 原卷에서는 ‘厶’로 되어 있는데 이는 ‘某’자이다. 原錄에서는 ‘△’로 되어 있는데 이는 사실과 다르다.

23 ‘烏’는 潘重規는 原卷에서는 ‘鳥’로 되어 있다고 하였다. 【校注】原卷은 본래 ‘烏’로 되어 있는데 이는 마땅히 ‘烏’자이다. S.328「伍子胥變文」：“까막까치는 먹을 것을 얻고자 가로지르며 날고, 魚龍은 여기저기서 어지러이 뛰어오르네(烏鵲拾食遍交橫, 魚龍踊躍而撩亂).” P.2299「太子成道經」：“땅속의 벌레가 까마귀와 까치에게 쪼아먹히는 것을 보고 깊은 슬픔이 일었다(復見壤蟲烏鵲啄噉, 深生慈愍).” 이들 ‘烏’자 역시 ‘烏’자인 것은 그 증거가 된다.

24 ‘尸糞’과 ‘煻煨’는 각각 ‘屍糞’과 ‘塘煨’로, 모두 지옥이름이다. 불교에서는 冥間의 8대 지옥을 얘기하고 있는데, 매 지옥에는 네 개의 문이 있고 그 각각에는 塘煨增・屍糞增・鋒刃增・烈河增 四處가 있다. 죄인은 이곳을 거치면서 고통이 더해지기 때문에 遊增地獄이라 부른다. 慧琳『一切經音義』권6：“지옥에 대해 俱舍論頌에서는 이르기를, 이 아래로 2만 由旬을 지나면 無間이 있어 그 깊이와 너비는 동일하며 다시 그 위에는 일곱 나락가가 있는데 이 여덟 지옥에는 모두 열여섯 ‘增(副지옥)’이 있다. 塘煨・屍糞・鋒刃・烈河 부지옥이 사방에 위치해 있다. 여기에 팔한지옥이 있는데, 이 모두는 대지옥 이름이다(地獄, 俱舍論頌云：‘此下過二萬, 無間深廣同. 上七捺洛迦, 八增皆十六.’ 塘煨、屍糞、鋒刃、烈河增, 各住披四方, 餘八寒地獄, 此皆大地獄名也).” 또 같은 책 권70：“塘煨 부지옥은 뜨거운 지옥 이름이다. 塘煨는 뜨거운 숯과 불을 가리키며 灰河地獄이라고도 한다(煻煨, 熱地獄名也. 煻煨者, 熱灰火也, 亦灰河地獄).”『智度論』권16에는 八炎火地獄에 대해 실려 있는데 그 중에는 ‘炭坑’, ‘沸屎’가 포함되어 있어 변문에서 언급하고 있는 ‘尸糞煻煨’의 내용과 부합된다. 劉凱鳴은 ‘糞’은 ‘焚’의 訛字이며, 또 ‘煻煨’는 곧『正字通』에서 말하는 “煻煨池는 遼 동

考(拷). 飢呑鐵丸, 渴飲銅汁. 劍(劒)樹利兮森森, 刀山聳兮岌岌. 免斯因緣, 有何方術, 除非聽受法花經, 如此災殃方得出.」

思量浮世事堪傷, 富貴嬌奢不久長,
有意只求圓佛果, 無心戀作轉輪王.
直饒珠寶如山岳, 遮不[26]綾羅滿殿堂,
煞鬼忽然來到後, 阿誰能替我无常.

선인이 대왕에게 물었다. 이날 선인은 산을 떠나 왕성에 이르는데 오색구름을 타고 올 따름이었으니, 왕의 누각으로 향하는데 어찌 학을 타고 올 것인가? 외관을 꾸미지 않고 따르는 자도 없이 홀로 허공으로 솟았다가 궁궐로 내려왔다. 그러고는 대왕에게 물어 심중을 알고자 하였다. "인간에게 왕위는 귀하고도 높은데 그 부귀를 어찌하여 내던지려 하십니까?"

선인이 경도(京都)에 들어가고자 하니
한 무리의 상서로운 구름이 그의 다리를 떠받드는데
성현은 허공에서 기쁜 마음으로 보내고
천인은 길에서 꽃을 바치며 맞아들인다.
오래지 않아 왕궁에 도착하니
궁에는 상서로운 기운이 가득해진다.

북쪽에 위치해 있다. 여기에는 당태종의 봉화대가 있는데 매 5리마다 熓熌池라 부르는 불구덩이가 있다(熓熌池在遼東北, 有唐太宗烽火臺, 五里間有火穴, 名熓熌池)"의 '熓熌池'라 하였는데, 모두 옳지 않다.

25 '淩持'는 '고통을 겪다'는 뜻이다. '持'는 본래 '다스리다(治理)', '강요(협박)하다(要挾)'는 뜻으로, '淩持'의 '持'는 이 뜻을 취한 것 같다. 辛棄疾 「鷓鴣天」 詞: "하룻밤 사이에 서리가 귀밑머리에 내리니, 수심에 잠겨 술잔을 쥐고서 괴로워할까 두렵네(一夜淸霜變鬢絲, 怕愁剛把酒禁持)." 이 '持'자 역시 같은 뜻이다. 元 판본 「趙氏孤兒」 1: "나는 이 몸이 고통을 받기를 기다리니 어찌 그 놈이 고문을 견디어 내려할까(我待自身上受淩持, 怎肯那厮行啀(捱)推問)." '凌持'는 곧 '淩持'이다. 原校에서 '淩持'를 '淩遲'라 교정한 것은 불필요한 작업이다. 『通釋』의 해당 항목을 참조 바란다.

26 徐震堮은 '遮不'을 '遮莫'이라 교정하였다. 『通釋』은 '遮不'은 곧 '遮莫'이며 '不'자는 오류가 아니라고 하였다. 후자가 옳다.

선인은 대왕을 대하자 즐거운 마음이 들고
대왕은 선인이 왔다는 말을 듣자 마음이 경건해진다.
"무슨 생각으로 영화(榮華)를 내던지면서까지
기어이 묘법연화경을 듣고자 하시는가!
대왕께서는 무슨 일로 인하여
갑작스레 미색(美色)과 재부(財富)에 집착하지 않으시는가."

대왕이 선인에게 고하였다. "제가 지금의 사람들을 바라보자니 그들은 온종일 분노나 기쁨을 가슴속에 담아두고 있습니다. 사람마다 자기 뜻에 맞는 말을 좋아하고, 누구나 귀에 거슬리는 말에 눈살을 찌푸립니다. 재물을 탐하는 마음은 언제나 그칠 것이며, 여색을 좋아하는 마음은 어느 세월에 없어지겠습니까! [제게는] 음악을 연주하고 노래를 부르는 일만의 미녀와 부귀하기 그지없는 일천의 금륜(金輪) 왕자가 있습니다. 그리고 저는 향내 나는 옷을 입고 화려한 휘장을 두르며 옥이 장식된 신발을 신습니다. 왕자의 의기는 구름에 가 닿고 공주의 단정함은 새하얀 치아를 지녔으니, 미색과 재부로 말하자면 어느 누가 여기에 이를 수 있겠습니까! 그러나 얼마 안 가 기쁨은 다하고 육신은 죽고 맙니다. 생전에 복을 닦지 않으면 죽어서 아비지옥에 떨어져 영원히 음간에서 오랫동안 고통을 받게 됩니다. 쇠로 된 까마귀가 골수를 쪼아대는가 하면 동으로 된 뱀이 살을 물어뜯기도 하는데, 이것은 악업으로 인한 것으로 만 번 죽고 만 번 살아나니 그 고통의 극심함으로 천 번 울고 천 번 통곡을 하게 됩니다. 시체와 똥의 수렁에 빠지기도 하고 뜨거운 숯과 재 속을 걷게 되는가 하면, 숫돌에 갈리고 방아에 빻아지며 온종일 고통을 당하고 채찍질 당하게 됩니다. 배가 고파서 쇠구슬을 삼키고 목이 말라서 쇳물을 마시게 됩니다. 날카로운 검수(劍樹)가 사방에 널려 있고 험준한 도산(刀山)이 우뚝 솟아 있습니다. 이러한 인연을 면할 수 있는 묘책은 무엇이겠습니까? 법화경을 듣고 수지하지 않으면 이와 같은 재앙은 곧 들이닥칠 것입니다."

이 세상의 일들을 생각해보면 가슴이 아프나니
부귀와 미모는 오래가지 않는구나.
마음은 오로지 불과(佛果)를 얻는 데 있을 따름이라
전륜왕 노릇하는 데 집착하는 마음 없다네.
설령 보물이 산더미처럼 쌓여 있고
비단이 온 궁궐에 가득하다 할지라도
죽음의 귀신이 홀연히 찾아오면
어느 누가 나를 대신하여 죽을 수 있으리.

大王道 : 「思量如斯, 不戀榮華, 便乃舖陳道場, 請仙人說法.」

今朝既得遇仙人, 我心終不敢因循.
齋飯見令廚內造, 道場處分便舖陳.
香煙靄靄旋爲蓋, 宮樹蒙蒙自變春.
雖未得聞中道教, 大王其日甚懽忻.
便禮拜, 乞[27]慈悲, 我願仙人必合知.
忽欲便能談妙法, 身充奴僕不相違.

仙人請大王入山, 卽說 : 「王居宮室, 簫韶每日, 艷境既多, 凡情恣積, 增益愆尤, 足其過失. 蓮經此處難宣, 大王且須通悉. 我居山中, 風光罕匹, 菴前兮異果皆生, 嶺上兮名花總出.」

「王住宮中快樂多, 更於終日奏笙歌,
飮饌朝朝皆酒肉, 衣裳對對[28]是綾羅.
貪愛忽然衣(依)舊起, 修行從此又蹉䟡.[29]

27 '乞'은 原錄에서는 '祈'로 오록하였다. 潘重規는 原卷에서는 '乞'로 되어 있다고 하였는데, 이는 옳다. 이에 의거하여 바로잡는다.

28 '對對'는 '套套'와 같다. '對'는 단위명사(量詞)이다. 白居易 「醉中得上都親友書」: "한 해에 옷 세 벌이 필요하고 일 년에 곡식 한 곳간이 소비되네(歲要衣三對, 年支穀一囷)."

29 '蹉䟡'는 '蹉跎'와 같다. 連綿語의 의의는 그 소리에 있기 때문에 字形에 구애될 필요

若要求聞微妙法, 隨我山中得也摩?」[30]

大王肯去也:

國王聞語喜難偕,[31] 此事深將愜[32]我懷.

但得仙人談妙法, 誰憂山內忍飢齋.

辭骨肉, 欲相陪,[33] 宮中眷屬起悲哀.

大王心裏生歡喜, 隨他去也唱將來.

대왕이 말하였다. "이러한 생각으로 부귀영화에 미련을 두지 않고 도량을 만들어서 선인의 설법을 듣고자 하는 것입니다."

오늘 선인을 뵙게 되었으니
이제 내 마음을 함부로 할 수 없다.
부엌에다 재를 설치하도록 시키고
도량을 마련하라 분부를 내린다.
향 연기 자욱이 피어올라 [허공을] 뒤덮고
궁궐의 나무는 움을 틔워 봄을 알린다.
비록 아직 불법을 듣지는 못했어도
대왕은 이날 몹시 기뻐한다.

가 없다. 原校에서는 '蹉跎'라 교정하였는데 이는 불필요하다.

30 '摩'는 의문어기조사이며 '磨'나 '麽'로 적기도 한다. 당·오대시기에는 소리를 따라 글자를 취하였다. '摩', '磨', '麽'는 모두 그 소리를 빌어다 쓴 것이라 이 시기에는 아직 획일화되지 못했다. 대략 송대에 이르러서야 비로소 '麽'로 통일되었다. 『詩詞曲語辭匯釋』을 참조하라. 原校에서는 '摩'를 '麽'로 교정하였는데 이는 불필요하다. 이하 동일하다.

31 '偕'는 '비교하다'는 뜻이다. 『通釋』을 참조하라.

32 '愜'은 原卷에서는 '人' 편방으로 되어 있는데 이는 편방을 바꾼 속자이다. '人' 편방이든 '心' 편방이든 의미상에서는 차이가 없다.

33 '陪'는 '背'로 보아야 한다. P.3595 「蘇武李陵執別詞」: "이릉은 주인을 배반하고 부모님을 떠나서 비록 힘은 가졌으나, 지난날 목숨을 부지하며 허락하는 말을 했다가 지금은 돌아갈 집이 없게 된 것이다(陪生辭親, 陵雖有力, 過有身而云可, 令(今)無家而可歸)." 原校에서는 '陪生'을 '背主'로 교정하였다. 「韓擒虎話本」: "임금 섬기기를 거역하면 하늘도 돕지 않는다(是(事)君爲陪, 於天不祐)." 原校에서는 '爲陪'를 '違背'로 교정하였다. 이들은 그 예이다.

절을 올리고 자비를 구하나니
선인은 분명 [이 마음] 아시리라.
만약 묘법을 얘기할 수 있게 된다면
이 몸은 노복이 되어 [선인의 뜻에] 어긋남이 없겠네.

선인이 국왕에게 산에 들어갈 것을 권하여 말하였다. "대왕이 사시는 궁궐은 매일같이 미묘한 음악과 화려한 환경으로 둘러싸여 마음이 제멋대로 움직여 허물이 더해지니 잘못을 저지르기 딱 좋습니다. 묘법연화경을 이곳에서 강설하기는 어렵다는 것을 대왕께서는 아셔야만 합니다. 제가 사는 산속은 찾아보기 힘든 풍광을 하고 있으니, 암자 앞에는 기이한 과일이 열리고 봉우리에는 이름난 꽃들이 일제히 피어납니다."

"대왕의 궁중에는 즐거움이 많아
종일토록 음악 소리 끊이지 않네.
매일같이 먹는 것은 고기와 술이고
입고 있는 의복은 모두가 비단이라네.
탐하는 마음이 홀연히 예전처럼 생겨나면
수행은 이로부터 더뎌지게 되니
미묘한 법문을 들으시려거든
저를 따라 산속으로 들어가시지요."

국왕은 기꺼이 떠나기로 하였다.

국왕은 이 말을 듣고 더없이 기뻐하는데
이 일은 그야말로 내 뜻에 완전히 일치하도다.
선인의 묘한 법문을 들을 수만 된다면
산에서의 굶주린 생활을 어느 누가 걱정하리오.
골육과 헤어져 [선인을] 따르고자 하니
궁중의 권솔들은 비통에 잠긴다.
대왕의 가슴속에 환희가 이는데
선인을 따라 간다는 창(唱)이 곧 나오리.

經：「王聞其語,[34] 歡喜踊躍, 卽便隨仙,[35] 供給所須, 採果汲[36]水, 拾薪設食, 及至以身而爲牀座.[37] 于時奉事, 經於千歲, 爲於法故, 精勤給侍,[38] 令無所乏.」[39]

此唱經文慈恩疏科有二：初難行能行, 後難事能久. 于時奉侍經於千歲已下, 大王辭別宮內. 大王臨行, 別其慈母, 兼及太子臣寮. 更與后妃公主：「今欲辭違, 願垂允許!」公主聞兮苦死留連, 慈母見兮慇懃安撫, 后妃悲啼, 臣寮失緒, 人人交仙者卻迴, 个个願大王不去. 夫人聞言, 淚流如雨, 抛卻粧臺起來, 拽得髭鬚咒咀：「一自爲親, 幾經寒暑, 今朝忽擬生離, 天地爭交容許!」

起坐共君長一處, 擬走東西大煞[40]難.

大王在五色祥雲之中, 隨仙人入山修道.

仙人當日運神通, 綵霧[41]迎王出帝宮.

賢聖讚揚千蔟蔟,[42] 天人懽喜萬叢叢.

34 【原校】경전에서는 '語'가 '言'으로 되어 있다. 【校注】鳩譯經 역시 '言'으로 되어 있다. 또 '其'자가 鳩譯經에서는 '仙'을 되어 있고 闍譯經 金藏本에서는 '其'로 되어 있으며 資福藏 磧砂藏 晋寧藏 등의 판본에서는 '仙'으로 되어 있다.

35 【原校】경전에서는 '卽便隨仙'이 '卽隨仙人'으로 되어 있다. 【校注】鳩譯經 역시 '卽隨仙人'으로 되어 있다.

36 【原校】'汲'은 본래 '給'으로 되어 있는데 여기서는 경전에 의거하여 수정한다. 【校注】鳩譯經 역시 '汲'으로 되어 있다.

37 闍譯經과 鳩譯經에는 '及至以身而爲牀座' 뒤에 '身心無惓'이라는 문구가 있다.

38 給侍：鳩譯經과 闍譯經『房山雲居寺石經』本에서는 똑같이 '給侍'로 되어 있고, 金藏本에서는 '給使'로, 資福藏 등의 판본에서는 '給事'로 되어 있다.

39 '于時奉事'이하 다섯 구 역시 경문이다. 原錄에서는 이를 인용부호 안에 넣지 않고 있는데 이는 잘못이다.

40 '大煞'은 '大煞'과 같으며 '매우', '십분'의 뜻이다. '煞'은 原卷에서는 '煞'로 되어 있는데 이는 '煞'의 속자이다.『通釋』을 참조하라.

41 '綵霧'는 응당 '綵雲'으로 보아야 할 듯하다. 위 문장："詣王城兮足躡綵雲." 이처럼 '綵雲'으로 되어 있다. 李白「早發白帝城」："아침 일찍 오색구름 감도는 백제성에 이별하고, 천리 길 강릉을 하루만에 돌아왔네(朝辭白帝彩雲間, 千里江陵一日還)." '綵雲'은 곧 '彩雲'이다.

42 '蔟蔟'은 '簇簇'이다. '蔟'은 '簇'의 속자이다. 속서에서 '대죽(竹)' 머리는 종종 '초두(艹)' 머리로 적었다.

無意戀於居寶位, 一心專待到山中,
一抵門徒彈指傾(頃), 王逐仙人到碧峰.
纔欲到, 未多時, 王告仙人願察知 :
所許蓮經便請說, 不要如今有踴移![43]
仙者告 :「莫癡愚, 何假頻頻煎迫吾,
直待修行有次第, 爲汝宣揚得也無?」[44]

경전에서 이르기를, "왕은 그 말을 듣고 기뻐서 펄쩍 뛰었다. 그리고 곧바로 선인을 따라가서는 그가 필요로 하는 것들을 구해 바쳤다. 과일을 따고 물을 긷고 땔감을 줍고 밥을 짓고, 심지어는 몸뚱이를 침대와 방석으로 삼아 바치기도 하였다. 이렇게 받들어 모시기를 천 년 동안 하였지만 법을 듣기 위하여 정성으로 받들어 모셨기에 선인에게는 부족한 것이 없었다."

이 경문은 『자은소과(慈恩疏科)』에서는 두 가지로 해설되어 있다. 처음 난행(難行)을 수행할 수 있다면 나중의 어려움은 견뎌낼 수 있다. 이때 대왕은 천 년 동안 [선인을] 받들어 모시기 위해 궁궐을 떠나기로 하였다. 떠나기에 앞서 모친과 태자와 신하들, 그리고 왕비와 공주에게 이별을 고하였다. "이제 이별을 고하나니 부디 허락하여 주시기를!" 공주는 이 말을 듣고 한사코 붙잡으려 하였고 모친은 그를 보며 은근히 위로하였으며 왕비는 흐느껴 울고 신하들은 망연자실하였다. 그들은 하나같이 선인 [혼자] 돌아가시고 대왕은 가지 않기를 소망하였다. 왕비는 그 말을 듣고 비 오듯 눈물을 흘리며 화장대를 물리치고 일어나더니 왕의 수염을 잡아당기며 저주하여 말하였다. "부부가 된 후로 여러 해를 함께 지내왔는데, 오늘 갑작스레 생이별을 하려 하니 천지(天地)인들 어찌 용

43 '踴移'는 '주저하다', '망설이다'는 뜻이다. 『通釋』에 상술되어 있다.

44 '無'는 의문 어기조사로서 오늘날 통용되는 '嗎'자에 해당한다.「佛報恩經講經文」(雙恩記) : "왕께서는 창고의 보물들을 모두 베풀어주시길. 천심을 얻고 그렇지 못함을 알지 못하십니까?(乞王庫藏將充施, 未委天心捨得無?)" 이 '無' 역시 같은 용법이다.

서할 수 있으리!"

앉으나 서나 늘 그대와 함께 하였는데
동서로 헤어져야 하다니 너무도 고통스럽구나.

대왕은 오색의 상서로운 구름에 둘러싸여 선인을 따라 입산수도하게 되었다.

선인은 이날 신통력을 부려
오색구름을 타고 대왕의 출궁(出宮)을 맞이한다.
수많은 성현들이 그를 찬양하고
무수한 천인들이 한데 모여 기뻐한다.
왕위(王位)의 생활에 아무런 미련도 없이
일심으로 오로지 산에 도착하기만을 기다린다.
문도(門徒)가 손가락을 튕길 시간도 채 안 되어서
국왕은 선인을 따라 푸른 봉우리에 도착하였다.
도착하고 얼마 안 되어
국왕이 선인에게 [법화경을] 이해하기를 원한다고 말하는데
"말씀하신 법화경을 부디 설해주시고
지금처럼 이렇게 망설이지 마시기를."
선인이 알리기를, "어리석게 행동하지 말지니
어찌하여 자꾸 내게 재촉하시는가.
수행에는 순서가 있는 법이니 기다리시라.
그대에게 설법하기에는 아직 이르다."

大王修行, 身心踴(勇)猛, 抛卻王宮, 願居雪嶺.[45] 摘果在於高山, 取

45 '雪嶺'은 곧 '雪山'이다. 불경에서는 히말라야산을 '雪山'이라 부른다. 석가모니가 과거세에 보살도를 닦을 때 설산에서 고행하였다 한다. '雪嶺'은 설산의 별칭이다. 본편은 석가모니가 설산에서 수도한 고사를 서술하고 있기에 '願居雪嶺'이란 말이 나온 것이다. 原錄에서는 '雪'자가 '雲'으로 오록되어 있다. 여기서는 原卷에 의거하여 바로잡는다. 『新書』도 이와 같다.

水長於遠井. 新(辛)懃而不憚春秋, 驅使而豈辭寒冷.

大王求道甚精專, 苦行修行沒退緣,

供侍仙人情轉切, 要聞妙法意能堅.

朝朝設食尋仙果, 日日添缾取美泉,

如此心中無退倦, 俄然已度一千年.

大王摘果, 路上忽逢獸王. 奉事仙人, 心不洊(莽)鹵,[46] 終日新(辛)懃, 千秋已度. 汲水下萬丈洪崖, 採果上千峰淥樹. 持果子兮擬欲歸菴, 見獸王兮居其要路. 面戴[47]驚惶, 心生怕怖, 一一申陳, 重重告訴. 欲過齋時, 將臨日午.

緣憂仙者怪遲, 所以朕懷愁苦.

「伏願獸王通過路, 放我歸菴事大仙.」

獸王卻問:「大王自己是萬乘之尊, 七寶隨身, 千官擁從, 行時音樂, 坐乃簫韶, 如此富貴多般, 早是[48]累生修種, 何得於此終日驅驅, 求甚事意?」 獸王問那大王:

獸王當問大王言:「汝往[49]山中多少年?

---

46 洊(莽)鹵: '경솔하다(輕率)', '건성건성 하다(馬虎)'는 뜻이다. 북경도서관 河字12 「父母恩重經講經文」: "삼년 동안 젖 먹이는 건 쉬운 일이 아니지(乳哺三年非莽鹵)." 이 '莽鹵'의 의미도 이와 같다. 『通釋』에 상술되어 있다. 陳治文은 '莽鹵'를 '恈憹'의 와자로 보았는데 정확하지 않은 듯하다.

47 '載'는 原校에서는 '戴'로 교정하였는데 이는 불필요하다. 『釋名』 釋姿容: "載, 戴也. 在其上也." '載'와 '戴'는 음이 비슷하며 서로 통용된다.

48 '早是'는 '본래', '이미'의 뜻이다. '早'는 시간부사이다. S.328 「伍子胥變文」: "신은 소인에 불과한데도 외람되이 성은을 입었습니다. 폐하께서 받아들여주신 것으로 이미 은혜를 주신 것입니다. 더구나 저를 신하로 삼으시겠다고 하시니 죽을죄를 짓더라도 감히 감당할 수가 없습니다(臣是小人, 虛沾大造, 蒙王收錄, 早是分外垂恩. 更蒙擧立爲臣, 死罪終當不敢)." P.3128 「不知名變文」(본서는 解座文二首에 수록): "집안이 원래 가난하여 늘 배고프고 처량하였는데, 게다가 깊이 헤아리지 못하고 신부까지 찾아 함께 살아가게 되었네(自家早是貧困, 日受飢恓. 更不料量, 須索新婦, 一處作活)." 이 '早是'의 의미 역시 이와 같다.

49 【徐震堮】 '往'은 응당 '住'가 되어야 한다. 아래 문장 "我住山中"은 그 증거이다. 【潘重規】 돈황사본에서 '往'과 '住'는 왕왕 구분되지 않는다. 여기서는 마땅히 '住'가 되어야 한다.

日日拾薪於晩後, 朝朝採果向齋前.

拋棄皇宮心不吝, 伏事仙人意卻專,

如此辛懃能忍受, 不生退屈[50]有何緣?」

대왕은 수행을 하는 데 심신을 아끼지 않았으니 왕궁을 버리고 설산(雪山)에 살고자 하였다. 높은 산에서 과일을 따고 멀리 떨어진 우물에서 물을 길었다. 고되고 힘들어도 그러한 세월을 꺼려하지 않고, 이리저리 부려져도 [날씨가] 춥다고 어찌 그만둘 수 있으리.

대왕의 구도행(求道行)은 치밀하고 전일(專一)하여

고통스런 수행에도 물러섬이 없네.

선인을 모시는 마음이 정성스럽고

묘법을 듣고자 하는 의지가 굳다.

날마다 밥을 짓고 선과(仙果)를 구해오며

매일같이 물병에 맛좋은 물을 길어온다.

이처럼 그만두거나 게으름 피우려는 마음 없이

어언 천 년을 흘러 보냈다.

대왕은 과일을 따서 돌아오는 길에 갑자기 짐승의 왕을 만났다. 선인을 모셔 섬기는 데 건성으로 하는 마음 없이 온종일 고생을 해가며 천 년을 보냈다. 만(萬) 장(丈)의 깊은 계곡에서 물을 긷고, 수많은 봉우리의 나무 위에서 과일을 땄다. 과일을 가지고 암자로 돌아가려는데 백수의 왕이 그 길목에 앉아 있는 것을 보았다. 얼굴에는 놀랍고 두려운 기색이 역력하고 마음에는 공포심이 일어 하나하나 [백수의 왕에게] 사정을 얘기하고 거듭해서 호소하였다. [선인께] 공양을 올리려 하는데 이제 곧 정오가 되어갑니다.

"[귀가가] 더딤을 이상히 여길 선인을 생각하니 걱정이 되어

---

50 '退屈'은 불교술어로서 '물러나 게으름을 피우다'는 뜻이다. 아래 문장: "若是心生退屈, 故請便卻歸迴." 또 "若能不退從前至(志), 妙法多應便得聞." 또 "我也不生懈怠, 殊無退敗之心." 이들 문구의 '退'와 '退敗'는 '退屈'과 같은 뜻이다.

짐의 마음은 근심스럽기만 하다네.
부디 백수의 왕께서는 길을 비켜주시어
제가 암자로 돌아가 선인을 모시게 해주소서."

백수의 왕이 물었다. "대왕은 만(萬) 승(乘)의 존자로서 칠보(七寶)를 몸에 지니고 있고 백관(百官)이 늘 호위하며 뒤를 따르고, 걸어 다니면 노래가 울려 퍼지고 자리에 앉으면 아름다운 선악이 연주된다. 이와 같이 갖은 부귀를 지니게 된 것은 이미 여러 생에 걸친 수행이 있었기 때문이다. 그런데도 이토록 종일토록 고생하는 것은 무엇 때문인가?" 백수의 왕이 대왕에게 묻기를,

백수의 왕이 대왕에게 묻기를
"그대는 산속에서 몇 해를 보냈는가?
날마다 해가 저물도록 땔감을 주워오고
매일같이 과일을 따와 공양을 올린다.
황궁을 내던지고도 아깝게 여기지 않고
선인을 받들어 모시는 마음이 한결같기만 하다.
이 같이 힘겨운 고통을 견뎌내면서
마음이 흔들리지 않는 것은 무슨 까닭인가?"

大王報獸王曰:「我非是今生修種, 悟解累劫之中, 厭幻此身, 曾於三界上下, 六道循寶,[51] 生死往來, 不得出離者, 皆因貪財愛色之所拘繫. 我雖於大內, 竊聞妙法蓮花經是南閻浮提衆生病之良藥. 又說此經駕白牛三車, 誘火宅之諸子, 普將法雨, 沃潤三根, 脫窮子弊垢之衣, 繫親友醉中之寶, 所以捐捨國位, 委正(政)太子, 不樂大內嬌奢, 豈愛深宮快樂!頻度星霜, 頗更寒暑, 苦志不移, 希聞妙法.」大王向獸王道:

大王卻報獸王聽!「我住山中有懇情.

51 '循寶'은 응당 '循環'이 되어야 한다.

驅役[52]不辭無別事, 只緣願聽法花經.」

獸王見, 甚懽忻, 勸君從此鯽慇勤.

若能不退從前至(志), 妙法多應便得聞.

大王到菴, 果然怪遲. 仙人道:「大王!大王!近日多不精懃, 汲水卽一日不來, 採果乃午時方到. 若是心生[53]退屈, 故請便卻歸迴; 王免每日驅馳, 交我終朝發業.」[54]

「要去任王歸國去, 下官[55]決定[56]不相留.」

大王告仙人言, 具說前事:

「我也不生懈怠, 殊無退敗之心.

今朝採果來遲, 只爲逢於差事.[57]

路上見个師子, 威德甚是希奇,

忽然口發人言, 說卻多般事意.

道我[58]山(仙)人修學, 今日已滿千年,

---

52 '役'은 原卷에서는 '伇'로 되어 있는데 이는 '役'의 속서이며, '伇'은 '役'의 古字이다.(『說文解字』에 보임) 原錄에서는 '使'로 되어 있는데 이는 오류이다.

53 '心生'은 原錄에서는 '生心'으로 오록되어 있다. 潘重規는 原卷에서는 '心生'으로 되어 있다고 하였는데 이는 옳다. 이에 의거하여 바로잡는다.

54 '發業'은 '화를 내다', '분노하다'는 뜻이다. 불교에서는 어떤 과보를 가져오는 행위를 '業'이라고 부른다. 업에는 선업과 악업이 있으나 '業'이라 하면 일반적으로 악업을 가리킨다. 분노는 모든 악업을 가져오기 때문에 '발업'이 분노를 뜻하게 된 것이다(項楚의 견해를 따름)

55 '下官'은 일인칭대명사이다. 성별이나 신분의 尊卑에 상관없이 모두 사용할 수 있다.『通釋』에 상술되어 있다.

56 '決定'은 '반드시'라는 뜻이다. 아래 문장:"空稱名號以難偕, 決定將身座寶臺."「金剛般若波羅密經講經文」:"살아생전에 고난을 없애면 죽음을 맞아 반드시 서방에 머물게 된다네(在世之中銷苦難, 臨終決定住西方)." S.3872「維摩詰經講經文」:"이때 가르침을 내리시니 반드시 의심과 의혹이 사라지리라(此時垂教遵, 決定絕疑猜)." 또 "이때 세존은 사리불이 의심을 하여 불국토가 필경 더럽고 혼탁하다고 말하였다(爾時世尊見舍利弗心疑, 言此佛土決定穢濁)." P.2250「歸西方讚」:"텅 빈 마음으로 부처를 염하기만 하면, 죽음을 맞아 반드시 연화대에 앉게 되리라(但有虛心能念佛, 臨終決定坐花臺)." 이들 '決定'의 의미는 모두 똑같다.

57 '差'는 '기이하다'는 뜻이다. '差事'는 '기이한 일'이다.『通釋』에 상술되어 있다.

58 '道我'는 原錄에서는 '我道'로 오록되어 있다. 潘重規는 原卷에서는 '道我'로 되어 있

合聞妙法之時, 故現身來相報.」
「伏望仙人聽我說, 今日來遲有所因.
採果汲水卻迴來, 忽向道中逢猛獸.
哮[59]吼振威纔始住, 從玆便即發人言.
妙法蓮花今日聞, 師子口中親(浸)淫說,
不敢虛言相狂(誑)忘(妄), 唯願仙人察我心!」

대왕이 백수의 왕에게 말하기를, "저는 금생에 수행을 하지는 않았지만, 여러 겁을 거치는 동안 [다음과 같은 사실을] 깨달았습니다. 이 육신이 삼계(三界)를 오르내리고 육도(六道)를 순회하고 생사를 오가는 괴로움을 겪으면서도 그로부터 벗어날 수 없었던 것은 이 몸이 재물을 탐하고 미색을 좋아하는 데 얽매인 때문이었습니다. 저는 궁궐에 있었지만 묘법연화경이 남염부제의 중생이 앓고 있는 질병을 치료해주는 양약(良藥)이란 말을 언뜻 들었습니다. 또 이 경전은 흰 소가 끄는 수레와 세 대의 수레를 말하고 있고, 불타는 집 안에 갇힌 아들들을 유인하고 있으며, 법의 비를 내려 삼근(三根)을 적셔주며, 가난한 아들의 낡아빠진 옷을 벗겨주며, 술에 취해 있는 친구에게 보주(寶珠)를 매달아주고 있습니다. 이 때문에 저는 왕위를 내던지고 태자에게 정사(政事)를 위임하고 궁 안에서의 호화로운 생활에 즐거워하지 않게 되었으니 어찌 깊은 궁궐에서의 즐거움에 연연할 수 있겠습니까! 몇 해가 흐르고 어떤 추위와 더위가 닥친다 해도 묘법을 듣기 바라는 저의 소망에는 변함이 없습니다!" 대왕이 백수의 왕에게 말하기를,

대왕이 백수의 왕에게 들려준다.
"내가 산에 살고 있는 것은 간절한 소망이 있어서라네.

다고 하였는데 이는 옳다. 이에 의거하여 바로잡는다.

59 '哮'는 原卷에서는 '嗷'로 되어 있는데 이는 '哮'의 속자이다. 『龍龕手鏡』 口部: "哮, 呼交反, …… 嗷, 俗." 原校에서는 '嗷'를 '叫'라 교정하였는데 이는 잘못이다. 「降魔變文」: "哮吼兩眼如星電." 여기에도 '哮吼'라는 단어가 쓰이고 있다.

심부름꾼 노릇도 사양하지 않는 것은 다름이 아니라
오로지 법화경을 듣고자 함이네."
백수의 왕은 이 말에 매우 기뻐하며
앞으로 더욱더 정성을 들일 것을 권하였다.
만일 그 의지 후퇴하지 않는다면
묘법은 분명 그대에게 들리리라.

대왕이 암자에 도착하니 선인은 예상대로 그의 더딘 귀가를 의아해하고 있었다. 선인이 말하길, "대왕이여! 대왕이여! 요즘 그다지 성실해 뵈지 않소이다. 물 길러 가서는 하루 내내 돌아오지 않고 과일을 따러 가서는 한낮이 되어서야 돌아오는군요. 행여 그만두려는 마음이 들거든 언제든지 돌아가시길. 대왕께서 심부름하는 데 매일 그렇게 게으름을 피우시면 저는 날마다 대왕께 화를 낼 수밖에 없으니."

"돌아가시려거든 대왕께서는 언제든지 돌아가시기를.
이 몸은 절대 붙잡지 않을 것이니."

대왕이 선인에게 조금 전에 있었던 일을 상세히 설명하는데

"제가 게으름을 피운 것도 아니고
그만두려는 마음도 전혀 없습니다.
오늘 과일 따러 갔다가 늦게 돌아온 것은
다만 기이한 일을 만났기 때문이네.
길 위에서 사자 한 마리를 만났는데
그 위엄과 덕망이 범상치 않았네.
문득 입에서 인간의 말이 튀어나오는데
여러 가지 일들을 얘기하는 것이었네.
제가 선인으로부터 배움을 받은 지
오늘로서 천 년이 되었다고 했더니
묘법을 들어도 될 때가 되었다며
[이 사실을] 알려주고자 나타난 거라더군요."

"부디 선인께서는 저의 말을 들어보시기를.
오늘 늦게 돌아온 데는 이유가 있다네.
과일을 따고 물을 길어 돌아오는데
갑자기 길에서 사나운 짐승을 만났네.
으르렁 거리며 위엄을 떨치더니
이내 인간의 말을 하였네.
묘법연화경을 오늘 듣게 될 것이라고
사자는 터무니없는 말을 하였다네.
감히 거짓으로 속이려는 것이 아니오니
부디 선인께서는 저의 마음을 헤아려주시기를!

當日仙人甚是喜悅. 當日仙人, 發言相賀:「千年而不怛(憚)劬勞, 一日兮滿其功德. 聞法是時, 更莫慵墯![60] 汝今要聽法花經, 爲我須求七寶坐!」[61]

能求七寶爲高坐, 要說蓮經有甚難.

大王道:「朕若在位時, 富貴難喩. 樓臺瑪瑙修, 階道琉璃布, 黃金作楝梁,[62] 白玉爲椽[63]柱, 窗牖水精粧, 門戶摩尼作. 眞珠結作間簾,[64]

---

60 '墯'는 原錄에서는 '墮'로 되어 있다. [校注] 原卷에서는 '墯'로 되어 있는데 이는 '墯'의 俗書이다. 문중의 '墯'자는 '惰'의 增旁字이다. 『韓非子』「顯學」: "사람이 만일 흉년이나 질병, 재난, 죄와 같은 재앙이 없음에도 빈궁하다면 그것은 그 자가 사치스럽거나 게으른 탓이다(與人相若也, 無饑饉疾疢禍罪之殃獨以貧窮者, 非侈則墯也)." 陳奇猷集釋: "惰、墯同." '慵墯'는 동의의 복합어이다.

61 '坐'는 '座'와 같다. 아래 문장 "能求七寶爲高坐"의 '坐' 역시 이와 같다.

62 '梁'은 原卷에서는 좌측에 '木' 편방을 덧붙여 놓고 있는데 이는 '梁'의 속자이다(.『正字通』 木部: "樑, 俗梁字.") '梁'자에는 이미 '木'자가 들어 있으나 그것이 글자의 하단부에 있어서 의미가 뚜렷하지 못한 까닭에 '木'자를 편방에 다시 덧붙여 '樑'으로 적게 된 것이다.

63 '椽'은 原卷에서는 '椓'으로 되어 있는데 이는 '椽'의 속자이다. 돈황사본에서 자주 보이는 예이다. 原錄에서는 '椓'으로 되어 있는데 정확하지 못하다.

64 '間'은 原校에서는 '門'으로 되어 있다. 潘重規는 '間簾'은 '틈이 있는 주렴'이란 뜻으로 오류가 아니며 '行樹'와 대응되고 있다고 하였다.

珊瑚排爲行樹, 八珍兮終歲如山. 七寶兮長年滿庫.

當時若要蓮花座, 每日重修有甚難, 」
如今身又住山中, 國位抛來時已久,
寶座令余何處得, 蓮臺教朕那邊求?
仙人唯願起慈悲, 察我心中無計交,[65]
且把氈檀[66]作个座, 便爲宣揚得也摩?」
「若是世間七寶, 只首[67]交(教)汝難求,
可能捨得己身, 與我充爲高座?」
大王當時聞語, 心中歡喜非常:
「但知[68]說得蓮經, 此事有何不得?
便請仙人昇輩(背)上, 與我如今早說經.」
大王當日告仙人:「高座甘心捨自身,
只要當來圓佛果, 不辭今日受艱辛.」
是仙者, 察王情, 知道修行志[69]轉精.
報答千年懃苦力, 爲宣七卷法花經.
聞法後, 要修行, 歷過三祇不暫[70]亭.[71]

---

65 '計交'는 '計校'이어야 한다. '交'는 '校'의 편방생략자이다. P.2305「解座文匯鈔」: "총명함을 과시하며 꾀를 자랑하지 마시라. 꾀를 이루다가 몸이 이미 늙어진다(莫逞聰明誇計校, 計校得成身已老)." 마침 '計校'로 적고 있음을 볼 수 있다. '計校'는 '계책', '책략'의 뜻이다.

66 [原校] 周一良은 "氈檀는 旃檀이다"고 하였다. [潘重規]『龍龕手鏡新編』197쪽 "毡氊: 之延失然二反." 또 95쪽 "旃: 之延反." 이로써 '毡'과 '旃'은 동음임을 알 수 있다. 따라서 주씨의 견해는 옳다. [校注] '氈'과 '毡'은 같은 글자로서 모두 '氈'의 속자이다. '亶'자를 속서에서는 '亶'라 적는다. 따라서 '氈'과 '氈'을 속서로 '氈', '氈'로 적게 된 것이다(P.2553「王昭君變文」에 그 예가 있음) '毡'과 '氈'은 그 편방 생략자이다. '氈'과 '旃'은 동음으로 서로 통용된다.

67 '只首'는 '참으로', '실로'란 뜻이다.『通釋』에 상술되어 있다.

68 '但知'는 '只要(……하기만 하면)'과 같다. '知'는 어조사로서 아무런 의미도 없다.『通釋』에 상술되어 있다.

69 '志'는 原錄에서는 '去'로 오록되어 있다. 潘重規는 原卷에서는 초서 '志'자로 되어 있다고 하였는데 이는 옳다. 이에 의거하여 바로잡는다.

證得菩提歸淨土, 又起慈悲化有情.
化身三類向娑婆, 說法三乘相接引,
直待衆生根性熟,[72] 還宣中道法花經.
意徒[73]會下聽經人, 知道蓮花難得遇,
廣說多生懃苦事, 爲求妙法不疲勞.
奉勸今朝聽法人, 聞經切要生恭敬,
不唯能長河沙福, 亦得無邊罪障消.
因何國主苦求哀, 爲徒[74]長劫免淪洄(輪迴).
前解長行文已了, 重宣偈誦[75]唱將來.

이날 선인은 흐뭇하기 그지없었다. 그리고 그날 선인은 경하의 말을 하였다. "천 년 동안 수고로움을 꺼려하지 않아 오늘 그 공덕이 가득하게 되었소이다. 이제 법문을 듣게 될 터인즉 더더욱 게으름을 피워서는 아니 되오! 지금 법화경을 듣고자 하거든 가서 칠보좌(七寶座)를 구해오시게!"

칠보로 된 보좌(寶座)를 구해야 하다니
연화경을 설하기는 참으로 어렵구나.

대왕이 말하기를, "제가 재위에 있었을 적에는 그 부귀함을 비유할

---

70 '暫'은 原錄에서는 '轉'으로 오록되어 있다. 潘重規는 原卷에서는 '暫'자로 되어 있다고 하였는데 이는 옳다. 이에 의거하여 바로잡는다.

71 【潘重規】 '亭'은 '停'과 통한다. 【校注】 '停止'을 '停'자를 옛날에는 '亭'으로만 적었다. '停'은 '亭'의 후기 분화자이다. 『說文解字』 高部 段玉裁注 : "亭之引申爲亭止, 俗乃製停、渟字." 曹操 「氣出唱」 제2수 : "神仙金止玉亭." P.3079 「維摩詰經講經文」 : "음악을 연주하면 織女도 홀연 베 짜기를 멈춥니다(解奏宮商, 織女而忽然亭罷)." 여기서의 '亭' 역시 '停'의 뜻이다.

72 '熟'은 原錄에서는 '熱'로 오록되어 있다. 潘重規는 原卷에서는 '熟'자로 되어 있다고 하였는데 이는 옳다. 이에 의거하여 바로잡는다.

73 '徒'는 徐震堮은 '圖'로 생각하였는데 이는 따를 만하다.

74 '徒'는 原卷에서는 좌측 편방에 세로획이 하나 그어져 있는데 이는 '徒'자의 필사체의 변형이다. '徒'는 '圖'와 통한다. 原錄에서는 빠진 글자로 되어 있다.

75 '偈誦'은 '偈頌'과 같다. 불경 중의 찬송시이다.

수 없었습니다. 누대는 마노(瑪瑙)로 짓고 계단에는 유리를 깔고 황금으로 기둥을 세우고 백옥으로 서까래를 얹었습니다. 또 창문은 수정으로 장식을 하고 문짝은 마니주로 만들고 진주로 주렴을 만들고 산호로 가로수를 만들었습니다. 일 년 내내 팔진(八珍)이 산더미처럼 쌓여 있고 오랜 세월 칠보(七寶)가 창고에 그득했습니다.

당시에 연화좌가 필요했다면
매일같이 만들어도 무슨 어려움이 있었으련마는
지금 이 몸은 산속에 살고 있고
왕의 자리도 내던진 지 이미 오래되었는데
제가 어디에서 보좌를 얻을 수 있다고
연화좌를 저더러 구해오라 하시는 것인지.
선인께서는 부디 자비심을 내시어
제 마음속에 아무런 계교도 없음을 알아주소서.
전단(旃檀)[76]으로 보좌를 만들어 바치면
설법을 들을 수 있겠습니까."
"세간의 칠보로 말하자면
참으로 그대가 구하기 어려울 터이나
자신의 육신을 아끼지 않고
보좌로 삼아 내게 바치면 되지 않겠는가?"
대왕은 이 말을 듣고
마음속에 큰 기쁨이 솟구쳤다.
"연화경을 들을 수만 있다면
이 일을 하지 못할 게 뭐겠습니까!
선인께서는 제 등에 오르시어
어서 설법을 해 주십시오."

---

76 인도에서 나는 향나무의 하나. 목재는 불상을 만드는 재료로 쓰고 뿌리는 가루로 만들어 단향(檀香)으로 쓴다.

대왕이 이날 선인에게 말하였다.
“보좌를 위해 기꺼이 제 몸을 바치겠네.
내세에 불과를 이룰 수만 있다면
오늘의 이 고통을 사양하지 않겠네.”
선인은 대왕의 마음을 살피더니
수행에의 의지가 굳음을 알았다.
천 년 동안 고생한 보답으로
법화경 일곱 권을 설하리라.
법문을 들은 뒤 더욱 수행에 힘쓰되
삼아승기겁이 지나도록 잠시도 쉬지 않으면
보리를 증득하고 정토로 돌아갈 것이며
자비심을 일으켜 중생을 교화하게 되리라.
화신(化身)의 세 부류는 사바세계를 향하고
법을 설하니 삼승(三乘)이 하나 된다.
중생의 근성이 무르익기를 기다렸다가
법화경을 설하리라.
경전을 듣고자 법회에 모인 자들은
연화경을 만나기 어렵다는 사실을 잘 아네.
여러 생 동안 애써 고생을 하면서도
피로한 줄 모르는 것은 묘법을 듣기 위함이로다.
오늘 법문을 듣는 사람들에게 삼가 권하노니
경문을 들으려면 공경의 마음이 있어야 한다네.
항하(恒河)의 모래만큼 많은 복을 기를 수 있을 뿐 아니라
가없는 죄업도 소멸시킬 수 있도다.
대왕이 고생을 해가며 애써 구하고자 한 이유는
영원히 윤회로부터 벗어나고자 했던 까닭이다.
장행(長行)의 문구를 해설하였으니

다시 게송(偈頌)의 창(唱)이 곧 나오리라.

經 : 「爾時世尊, 欲重宣此義, 而說偈言 : 我念過去世,[77] 爲求大法故, 雖作世國王, 不貪五欲樂, 搥鍾告四方, 誰有大法者, 若爲我解說, 身當爲奴僕」

此唱經文慈恩疏科爲二頌求法, 所已[78] :

佛向靈山說此經, 告命諸人令讚重,
此法甚深難得遇, 多劫修行方始聞.
我念過去劫中時, 身作國王求妙法,
捨卻國城兼寶位, 不貪五欲願修行.
終日搥鍾告四方, 長時擊鼓鳴三界,
爐上香雲無[79]斷絶, 心中憶念法花經.
至心啓告十方[80]尊, 誰解宣揚微妙法,
若能爲我談眞教, 身爲奴僕不爲難.
但得聞於一句經, 捨此王身渾是易,

77 '去世'는 原錄에서는 '去劫'으로 되어 있고, 그 교주에서는 "'去劫'은 본래 '世去'로 되어 있는데 경전에 의거하여 수정한다"고 하였다. 【校注】 原卷은 실제로 '去世'로 되어 있으며 '去世'는 수정할 필요가 없다. 闍譯經 金藏本에서는 '去世'로 되어 있다.

78 '所已'는 '所以'와 같다. '已'와 '以'는 고대에는 통용되었다. 原錄에서는 직접 '已'를 '以'로 수정하였는데 이는 타당하지 못하다. 아래 문장 "人由法已成德, 法藉人已弘宣." 이 '已' 역시 '以'이다.

79 '無'는 原錄에서는 '天'으로 오록되어 있다. 徐震堮은 '無'로 보아야 한다고 하였다. 【校注】 原卷에서는 본래 '无(無)'로 되어 있다. 이에 의거하여 바로 잡아 기록한다.

80 '十方'은 原錄에서는 '十萬'으로 오록되어 있다. 여기서는 原卷에 의거하여 바로잡는다. 불교에서는 東西南北과 四維(서북·서남·동북·동남)上下를 '十方'이라 부른다. '十方尊'은 십방의 존자이다. P.2133 「妙法蓮華經講經文」 : "十方의 보살에게 올리는 공양은 귀하고 맛 좋은 음식이어야 하네(供養十方菩薩, 且要飮饌精珍)." S.6551 「佛說阿彌陀經講經文」 : "오늘 이 시간에는 十方의 제불과 十方의 보살과 三乘의 경전과 十方의 승려와 모든 청중 앞에서 숨김없이 지심으로 참회하여 …… (今日今時, 對十方佛, 對十方菩薩, 對三乘經, 對十方僧, 對諸大衆, 不敢覆藏, 志心懺悔 ……)." 이 '十方'의 의미도 똑같다.

誓願不爲(違)於說者, 碎身粉骨效驅馳.

王卽當時發是言, 未審何人來與說,

向下得聞說敎主, 阿誰名字唱將來?

經 :「時有阿私仙,[81] 來白於大王[82] : 我有微妙法, 世間所希有, 若能修行者, 吾當爲汝說.」 梵語阿私仙, 此云無比相, 緣相貌無比, 威德無比. 慈恩疏 :「人由法已(以)成德, 法藉人已(以)弘宣.」

王旣求聞不退心, 日夜搥鍾兼擊鼓.

乃感仙人來下降, 直到王前許說經.

仙人道大王 :

「我有蓮花中道經, 世間之中應罕有,

如似曇[83]花無兩種, 難逢難遇伏(復)難聞.」

一个輪王出世來, 一朵優曇花始發;

一个世尊來出世, 一遍宣揚妙法花.[84]

---

81 [原校] 大藏經本에서는 '時有阿私仙'이 '爾時有仙人'으로 되어 있다. 宋·元·明 판본은 강경문이 의거한 판본과 똑같다. [校注] 金藏本에서는 '爾時有仙人'으로 되어 있다. 鳩譯經에서는 '時有阿私仙'으로 되어 있다.

82 '時有阿私仙' 이하 6구는 5언의 게송이다. 原錄에서는 '來'자를 앞구에 속하는 것으로 보았는데 이는 잘못이다. 또 原校에서는 "대장경본은 '於大王'이 '大王言'으로 되어 있고, 宋·元·明 판본은 강경문이 의거한 판본과 동일하다"고 하였다. [校注] 金藏本에서는 '大王言'으로 되어 있고, 鳩譯經에서는 '於大王'으로 되어 있다.

83 '曇花'는 原卷에서는 '墨花'로 되어 있다. 袁賓은 '墨'은 '曇'의 형와자라고 하였는데 이는 극히 옳다. 이에 의거하여 바로잡는다. 문구의 뜻은, 蓮華經을 접하고 [그에 관한] 설법을 듣는다는 것은 마치 우담바라를 구경하는 것만큼이나 [기회가 드물어] 어렵다는 것이다.('無兩種'은 '無兩樣'이다. '種'은 '樣'의 의미다) '曇花'를 아래 문장에서는 '優曇華'라고 적고 있다. 우담바라라는 꽃은 한번 피었다가 곧바로 져버리기 때문에 쉽게 눈에 띄지 않는다. 이리하여 우담바라는 稀有한 사물을 비유하곤 한다. 玄應『一切經音義』권21 : "우담바라나무는 꽃 없이 열매를 맺는다. 사실 꽃이 있긴 하지만 만나기가 어려운 까닭에 불경에서는 이를 매우 드문 일에 빗대어 말한다((優曇鉢樹)無花而結子, 亦有花而難値, 故經中以喩希有者也)."

84 '花'는 原錄에서는 '經'으로 오록되어 있다. 潘重規는 原卷에서는 '花'로 되어 있다고 하였는데 이는 옳다. 이에 의거하여 바로잡는다. '妙法花'는 妙法蓮華經의 약칭이다. 위 문장 "有何意, 捨榮花, 剛要求聞妙法花?" 역시 마찬가지다.

希有希有衆經王, 幸爾尋求爭便說,
若能精進修行者, 吾當爲汝必宣揚.
仙人旣許說經開,[85] 內要修行惡業催(摧),
王聞是□[86]便隨順, 心生懽喜唱將來.

경전에서 이르기를, "이때 세존은 거듭 이 뜻을 선양하고자 게송으로 말씀하시었다. 과거의 생 동안 나는 대법(大法)[87]을 구하기 위해, 세상속의 국왕이었음에도 불구하고 오욕의 쾌락에 탐닉하지 않고 종을 치며 사방에 고하기를, 누군가 대법이 있어 나를 위해 강설을 해 준다면 나는 그의 노예가 되겠다고 하였다."

이 게송의 경문은 『자은소과(慈恩疏科)』에서는 두 수의 게송으로 해설되어 있다. 즉

부처님은 영산(靈山)을 바라보시며 이 경전을 설하시며
모든 사람들에게 거듭 찬양할 것을 말씀하셨다.
이 법은 만나기 매우 어렵나니
수 겁 동안의 수행이 있어야만 비로소 들을 수 있다.
나는 과거의 겁 동안
국왕의 몸이 되어 묘법을 구하였다.
나라와 왕위를 내던지고
오욕(五欲)을 탐하지 않으며 수행을 원했다.
하루 종일 종을 치며 사방에 알리고
삼계(三界)가 울리도록 오랫동안 북을 두드렸다.
향로에서는 향연(香煙)이 끊임없이 피어오르고
마음속으로는 법화경을 생각하였다.

85 '開'는 原錄에서는 '聞'으로 오록되어 있다. 潘重規는 原卷에서는 '開'로 되어 있다고 하였는데 이는 옳다. 이에 의거하여 바로잡는다.

86 빠진 글자는 '語'나 '言'자인 것 같다. 이 두 구는 아래 문장 "時王聞仙言, 心生大喜悅, 卽便隨仙人, 供給於所須"의 뜻이다.

87 부처의 교법을 높여 일컫는 말.

지심으로 십방의 존자에게 고하나니
"누가 미묘한 법을 선양할 수 있는가.
나를 위해 참된 가르침을 설해줄 수 있다면
이 몸이 노예가 되는 것도 어렵지 않도다.
한 구의 경문을 오로지 듣기 위해
왕 된 이 몸을 기꺼이 내버리고자 한다.
맹세컨대 그대의 뜻에 어긋나지 않도록
분골쇄신 노력할 것이다."
왕이 이렇게 말하였을 당시
누가 와서 얘기를 하였는지 모르겠네.
다음에 경전은 가르침을 설하는 자를 얘기하고 있는데
그게 누구인지 그 이름이 곧 창(唱)으로 나오리.

경전에서 말하기를, "이때 아사선(阿私仙)이 이르러 대왕에게 말하였다. 내게는 미묘한 법이 있는데 세간에서 보기 드문 것이오. 만일 수행을 하실 수 있다면 나는 대왕을 위해 법을 설할 수 있을 것이오." 범어로 '아사선'은 '무비상(無比相)'을 뜻하는데, 이는 용모가 비길 데 없고 위엄과 덕망이 비길 데 없음을 말한다. 자은(慈恩)의 소(疏)에서는 "사람은 법으로 말미암아 덕을 이루고, 법은 사람에 의지하여 널리 선양된다"고 하였다.

왕의 구법에의 마음은 물러섬이 없어
밤낮으로 종을 치고 북을 두드린다.
이에 감동한 선인이 하강하여
곧장 왕 앞으로 나아가더니 설법을 허락한다.

선인이 대왕에게 말하였다.

"내가 연화경을 설하는 것은
세간에서는 매우 드문 일이라네.
마치 우담화에 두 종류가 없는 것처럼
만나기도 어렵고 듣기도 어렵다네.

한 전륜성왕이 출세간하니
우담화 한 송이가 비로소 피어나고
세존 한 분이 출세간하시니
묘법연화경이 한 차례 선양되네.
드물고 드문 뭇 경전의 왕
운 좋게도 구하니 곧 설법을 듣게 되었네.
만일 그대가 수행에 정진할 수 있다면
나는 그대를 위하여 분명 설법을 하리라."
선인이 설법을 허락하였는데
악업을 제거하는 수행을 해야 한다네.
왕이 이 말을 듣고 그대로 따르니
마음속에 기쁨이 샘솟는데 그 창이 곧 나오리라.

經:「時王聞仙言, 心生大喜悅,[88] 卽便隨仙人, 供給於所須.[89] 採薪[90]及果苽,[91] 隨時供給[92]與. 情存[93]妙法故, 身心無懈怠.」[94]

此唱經文慈恩疏科爲求法隨順.

王旣懃心求法, 仙人許與宣揚,

---

88 喜悅:鳩譯經은 이와 같으나, 闍譯經 金藏本에서는 '歡喜'로 되어 있다.

89 【原校】大藏經本에서는 '須'가 '欲'으로 되어 있고, 宋·元·明 판본에서는 '須'로 되어 있다. 【校注】金藏本에서는 '欲'으로 되어 있고, 鳩譯經에서는 '須'로 되어 있다.

90 【原校】'薪'은 본래 '新'으로 되어 있는데 경전에 의거하여 수정한다.

91 【原校】경전에서는 '苽'가 '蓏'로 되어 있다. 【校注】金藏本에서는 '苽'로 되어 있고, 鳩譯經에서는 '蓏'로 되어 있다. 『說文解字』에서 "在木曰果, 在艸曰蓏"라 한 것을 보면 '蓏'가 문맥에 더 잘 어울리는 것 같다.

92 '供給'은 闍譯經이나 鳩譯經의 宋·金·元·明·清 판본에서는 '恭敬'으로 되어 있다.

93 '存'은 鳩譯經 金藏本에서는 '好'로 되어 있고, 宋·元·明 판본에서는 '存'으로 되어 있다.

94 怠:原錄에서는 闍譯經에 의거하여 '倦'으로 되어 있다. 【校注】鳩譯經 역시 '倦'으로 되어 있다. 그러나 '怠'자가 의미상 더 잘 통한다. 따라서 굳이 수정할 필요가 없을 것 같다. 아래 문장 "爲法不曾生懈怠"에서 보이듯이 '懈怠'가 연용되고 있음은 참고할 필요가 있다.

勸交努力修行, 王卽心生歡悅.
抛卻龍樓鳳闕, 不居王輦帝宮,
將身隨逐仙人, 便往山間[95]修道.
承事不生疲倦, 身如僕從何殊,
任從仙者指揮, 日夜隨具走使.
採果已充齋食, 汲水洗鉢添甁,
情存妙法花經, 轉更心生恭敬.
奉事仙人千歲滿, 一點殊無退敗心.
山裏修行精進多, 爲法不曾生懈怠,
念念欲求無上道, 心心只願度衆生.
千年山裏效驅馳, 身爲床坐求聞法,
不爲己身貪五欲, 爲諸含識唱將來.

(下缺)

경전에서 이르기를, "이때 왕은 선인의 말을 듣고 크게 기뻐하며 즉시 선인을 따라나서 선인이 필요한 것들을 구해다 바쳤다. 땔나무를 주워오기도 하고 과일을 따오기도 하며 아무 때나 [부족한 것이 있으면] 그것을 구해 바쳤다. 뜻이 묘법에 있는 까닭에 몸과 마음에 게으름이 없었다."

이 경문은 자은(慈恩)의 소(疏)에서는 "법을 구하고자 [선인의 뜻에] 순종했다"고 하였다.

왕이 지심으로 법을 구하니
선인이 설법을 허락하네.
힘써 수행할 것을 권하니
왕의 마음은 환희에 찬다.
용의 누각과 봉황의 궁궐을 내던지고

95 '間'은 原錄에서는 '中'으로 오록되어 있다. 原卷에 의거하여 바로잡는다.

왕의 수레와 제왕의 궁궐에 지내지 않네.
몸은 선인을 따라
산속으로 가서 수도에 힘쓰네.
[선인을] 받듦에 피곤한 줄 모르는데
몸은 노예와 다를 바가 없네.
선인의 가르침을 따라
주야로 분주히 움직이는데
과일을 따서 공양을 올리고
물을 긷고 발우를 씻으며 물병을 채웠다.
뜻이 묘법연화경에 있으니
[갖은 심부름에도] 마음만은 공경히 따른다.
선인을 받들어 모신 지 천 년이 되었지만
그만두려는 마음은 조금도 없다.
산속에서 수행에 정진하였으니
법을 위하는 마음이 느슨해진 적 없었네.
무상의 도를 구하는 마음 한시도 잊은 적 없고
중생을 구제하려는 마음뿐이네.
천 년 동안 산속에서 갖은 고생 마다않고
몸뚱이를 침상 삼아 바치며 법을 듣고자 하였네.
자기 몸을 위하여 오욕을 탐하지 않은 게 아니라
모든 중생을 위한 것이라는 창이 곧 나오리라.

(이하 빠져 있음)

묘법연화경강경문 2(妙法蓮華經講經文二)[1]

(前缺)

經雲 :「諸寶臺上」乃至「以爲供養」。[2]

卽於前來臺件(畔), 更有無量□□□□(諸天人衆),[3] 皆作百千種伎樂, 供

1 原卷의 編號는 러시아과학원 동방연구소 상트페테르부르크 분소 소장 플루크(ФЛУК) 365호이며, 『敦煌變文集』에는 수록되어 있지 않다. 1984년 孟西科夫는 그의「蓮華經變文」에서 이 작품을 原卷 사진과 함께 발표하였다. 여기서는 이에 의거하여 기록한다. 張錫厚의 「妙法蓮華經講經文二種」이란 글이 『法音』 1986년 제3기에 실려 있다. 표제는 본래 빠져 있는데 여기서는 장석후의 견해를 따라 임의로 '妙法蓮華經講經文'이라 정했다. 본 교주에서는 이 두 학자의 견해를 인용함에 있어 각각 '孟校', '張校'라 약칭한다. 본편의 소의경전은 鳩摩羅什譯 『妙法蓮華經』과 闍那崛多譯 『添品妙法蓮華經』 권6의 「藥王菩薩本事品」이다.

2 原卷은 서두 4행 아랫부분에 약간의 잔결이 있다. 첫 줄 '供養' 다음에 약 대여섯 글자가 빠져 있는데 孟校는 '日月淨明德如來' 일곱 자를 임의로 보충해 넣었다. 【校注】 누락된 글자는 '日月淨明德佛' 여섯 글자일 수도 있다.

3 原卷에서는 '諸'자 오른쪽 아랫부분이 잔결되어 있는데 대략 세 글자가 누락된 것 같다. 여기서는 아래 문장 "諸天人衆所奏音樂"에 의거하여 '諸天人衆' 네 글자를 임의로 보충해 넣는다. 孟校도 이와 같다.

養日月淨明德□(佛)[4]及聲聞衆。是音樂中諸漢佛德, 不「同」[5]世間鄭 之音, 皆是煩惱這淫亂[6]曲。

衙前樂部好笙歌, 音樂泠解合和;
花下愛 (催)南浦子, 延(筵)中 送剪春羅。
聽時一段滋奢逸, 聞了令人業障多;
因此業緣相 伴(絆), 永沉生死瀑流河。

其日月淨明國中, 諸天人衆所奏音樂, 卽不如是。只向七寶 畔, 更有無量諸天, 瓔珞莊, 祥雲擁坐。各呈神變, 電羅服以飄飄; 咸現威光, 散彩霞而落落。於是共呈伎樂, 齊奏笙歌。調龍笛以泠泠, 吹鳳簫而歷歷。不吹大石, 不唱黃鐘, 聲聲贊漢六波羅, 歷歷宣揚四諦□(法)。[7]

諸天各各奏音聲,[8] 聞者皆能悅本情;
調中含四高視闊步, 瑟(琵)琶聲裏韻無生。
聲聞坐畔雖堪聽, 菩薩 邊更好聽;
若有凡夫聞此曲, 塵沙罪業當時輕。
諸天奏樂寶奇哉, 只選聲聞菩薩 ;
聞者善芽鹹長進, 聽時惡業 凋摧。

---

4 原卷에서는 '德' 다음에 약 한 글자가 빠져있는데 孟校는 임의로 '佛'자를 보충해 넣었다. 여기서는 이를 따른다.

5 原卷에서는 '不'자 다음에 대략 한 글자가 빠져있는데 여기서는 문맥에 의거하여 임의로 '同'자를 보충해 넣는다. 孟校는 '爲'자를 보충해 넣었는데 이는 잘못으로 보인다.

6 '之'와 '淫亂' 두 글자는 위치가 서로 바뀌져야 할 것 같다.

7 '法'자는 原卷에서는 잔결되어 있는데 孟校에 의거하여 보충한다. '四諦'는 불교 기본 교의 중의 하나로서 苦, 集, 滅, 道를 가리킨다. '四諦法'은 '四諦'의 가르침이다. P.3107「大目乾連冥間救母變文」: "손가락을 꼽으며 먼저 四諦의 가르침을 설해주시고, 다음으로 七遮를 끊는 법을 가르쳐주셨네(屈指先論四諦法, 後聞應當沒七遮)."

8 '音聲'은 '音樂'을 말한다. 「盂蘭盆經講經文」: "기분이 울적해지시면 곡을 연주케 하여 음악과 가무가 그칠 날 없다네(若也悶來交合曲, 音聲歌舞不曾休)." 「雙恩記」: "곡에 있어 원래 박자 감각 뛰어났고, 현을 연주함에 있어서는 노래 반주 더욱 잘하였네(曲上早能分節拍, 絃中更巧貼音聲)." 러시아 소장 符盧格編 101호「維摩詰經講經文」: "그대는 환락을 탐하고 음악에 물들어 있는데(貪於歡宴, 染着音聲)"(본서에서는 '音聲'이 아니라 '色聲'으로 되어 있다. 반중규의 『新書』도 이와 동일함. 역자 주)

不知聖主慈悲意, 合爲衆生賜弁(辯)才;

未審尋常花座上, 說何教法唱將來。

(앞부분 빠져 있음)

경전에서 말하기를, "모든 보대(寶臺) 위"에서부터 "공양으로 삼았다"까지.

보대 주위로 다가가니 무수한 제천과 중생들이 있었는데 그들은 수백 수천 가지의 악기를 연주하면서 일월정명덕여래와 성문의 무리들을 공양하고 있었다. 이 음악은 부처의 덕을 찬탄하는 것이었고, 번뇌를 일으키는 음란한 음악인 세속의 정(鄭)나라와 위(衛)나라의 음악과는 다른 것이었다.

아전(衙前)의 악대는 생황과 노래를 좋아하는데

그 음악은 청월(淸越)하여 서로 짝을 짓게 만든다.

꽃 아래서는 남포자(南浦子)[9]를 재촉하고

연회에서는 전춘라(剪春羅)[10]를 건넨다.

한 소절을 들으면 사치스러워지고 방탕해지니

[그 음악을] 들으면 사람들의 업장은 커져만 간다.

이리하여 업연(業緣)은 서로를 얽어매어

영원히 생사의 급류 속에 빠져들게 하는도다.

일월정명여래의 국토에서 제천과 그 중생들이 연주하는 음악은 이와 같지 않다. 칠보로 된 보대 주위로 다가가니 무량(無量)의 제천들이 있어 영락(瓔珞)으로 장식을 하고 있고 상서로운 구름이 보좌를 에워싸고 있다. 모두들 신변(神變)을 일으키어 표표히 비단옷을 나부끼고 있고, 모두 위광(威光)을 드러내어 오색 현란한 노을을 끊임없이 발산한다. 이때 다 같이 춤추고 노래하며 일제히 생황을 연주한다. 용의 피리 소리 청아하고 봉황의 퉁소 소리 맑고 아름답다. 대석(大石)[11]을 연주하지 않고 황종

9 사(詞)의 곡조명.

10 꽃 이름.

11 고대 악률(樂律)명.

(黃鐘)[12]을 노래 부르지 않으며, 반복하여 육바라밀을 찬탄하고 맑고 드높은 소리로 사제(四諦)[13]를 찬양한다.

제천이 일제히 음악을 연주하니
그 소리를 듣는 모든 이의 마음속에 열락이 자리한다.
피리 소리 사제(四諦)를 담고 있고
비파 소리 무생(無生)[14][의 이치]를 간직하고 있다.
성문은 보좌 옆에 앉아서 들을 만하고
보살은 보대 옆에서 더욱 듣기를 좋아한다.
범부가 이 음악을 들으면
모래나 먼지와 같은 [무수한] 죄업이 순식간에 가벼워진다.
제천이 연주하는 음악 실로 기이하나니
[연주 소리] 성문과 보살과 보대를 에워싸고 있다.
그 소리를 들으면 누구나 선업의 싹이 자라고
악업은 모조리 스러지고 만다네.
성주(聖主)[15]의 자비심은 헤아릴 수 없나니
중생을 위하여 가르침을 설하신다.
항상 화려한 보좌 위에 앉아
무슨 가르침을 설하는지 그 창이 곧 나오리라.

經云:「爾時彼佛爲一切衆生喜見菩薩及衆菩薩, 諸聲聞衆, 說法花經。」

此唱經文, 是日月淨明德佛垂憫念, 故爲諸衆生□(說)[16]法花經。經

12 당대(唐代) 교방곡(敎坊曲)명.

13 영원히 변하지 않는 네 가지 성스러운 진리. 고제(苦諦), 집제(集諦), 멸제(滅諦), 도제(道諦)를 이른다.

14 모든 법의 실상(實相)은 나고 없어짐이 없음.

15 부처에 대한 존칭. 모든 성인 가운데서 으뜸이라는 의미.

16 '說'자는 原卷에는 없다. 여기서는 문맥에 의거하여 임의로 보충한다.

言「爾時彼佛爲一切衆生喜見菩薩」獻也。意雲：此菩薩有慈悲，故令一切衆生皆起喜見之心，故名喜見云云。

菩薩身心精練，久發慈悲大願；
救接六道無偏，提攜三途皆遍。
逢人發語溫柔，到處行心穩善；
只緣長起和顏，所以名爲喜見。
淨明上足最慈悲，性行溫和衆共知；
未省輒施無義語，不曾擧措失威儀。
聲名處處皆欽仰，位次看看作道師；
應是衆生鹹喜見，都緣菩薩福難思。

卽問淨明德佛，何以偏爲大衆說法花經？答：「喩如草木，須得天雨時漑灌，方能滋茂；若以井水，終不得盛。聲聞菩薩亦複如是，須聞法花經，方速修行，而取佛道；若聞餘者，終不得精進矣。」

欲得園林速長成，直須頻遇天甘雨，
欲得善芽疾長滿，直須勤聽法花經。
若將井水漑田園，枉費人心難見長；
若說餘經相教化，雖卽修行道晚成。
如來當日化衆生，唯說蓮經不改更；
寶好門徒爲軌[17]則，偏堪座下學修行。
暫聞定得抛煩惱，久聽交(敎)君越火坑；
不筭[18]未來三世佛，盡皆同說法花經。
淨明端座(坐)寶花臺，普爲人天啓弁(辯)才；
萬億聲聞皆喜悅，百千菩薩唱奇哉。

17 '軌'는 原卷에서는 오른쪽 편방이 '几'로 되어 있는데 이는 '軌'의 속자이다. 『干祿字書』에 나와 있다.

18 '不筭'은 '무수하다'는 뜻이다. 韓愈 「遊靑龍寺贈崔大補闕」 詩："지난 해, 고개 모퉁이에서 고향생각 나더니, 진달래꽃 산을 이루어 피어 그 수를 헤아리지 못하겠다(前年嶺隅鄕思發, 躑躅成山開不算)."

諸雖起修行意, 喜見偏蒙道眼開;

未審愛修甚摩行, 求何三昧唱將來。

경전에서 말하기를, "이때 부처님은 일체중생희견보살과 여러 보살 및 성문의 무리를 위하여 법화경을 설하셨다."

이 경문은 일월정명덕불이 [중생을] 가엾게 여기시어 뭇 중생을 위하여 법화경을 설하신 것을 말한다. 경전에서는 "이때 부처님은 일체중생희견보살을 위하여"라고 하였다. 이 보살은 자비심을 지니시어 일체 중생으로 하여금 희견(喜見 : 뵙기를 좋아함)의 마음을 갖게 한 까닭에 희견이라 불리게 되었다.

보살은 몸과 마음이 잘 닦이어

오래도록 자비의 대원(大願)을 세우셨네.

육도[를 윤회하는 중생을] 치우침 없이 구원해주고

삼악도[에 떨어진 중생을] 골고루 이끌어주시네.

사람을 만나면 온유하게 이야기하고

이르는 곳마다 평온하고 선한 마음을 베푸신다.

항상 온화한 얼굴을 짓는 까닭에

희견이라 불린다네.

정명덕 상족(上足)은 가장 자비롭고

성품과 행동이 온화함은 모두가 알고 있네.

아무런 의미 없는 말 베푼 적 없고

움직임에 위의(威儀)를 잃어버린 적 없네.

그 이름 이르는 곳마다 모두로부터 흠앙을 받고

보는 이마다 그를 도사(道師)로 여기네.

모든 중생이 뵙기를 좋아하는 것은

헤아릴 수 없는 보살의 복덕 때문이라네.

정명덕여래는 어찌하여 대중에게 법화경을 설하고자 하는가? 하고 묻노니, 대답하기를 "비유컨대 초목은 하늘에서 비가 내려 가끔씩 물을 주어야만 비로소 무성히 자랄 수 있다. 만일 우물물만으로 물을 준다면 결국은 무성해질 수 없다. 성문이나 보살 역시 이와 같으니 법화경을 들어야만 수행이 빨라지고 또 불도를 이룰 수 있는 것이다. 만일 다른 것을 듣는다면 끝내 정진할 수가 없다."

숲이 빨리 자라나려면
자주 하늘로부터의 단비를 맞아야 하고
선(善)의 싹이 속히 자라나려면
법화경을 열심히 들어야 하네.
만일 우물물을 논밭에 물댄다면
헛되이 마음만 쓰여 효과를 보기 어렵고
만일 다른 경전으로 교화를 한다면
비록 수행을 할지라도 도(道)는 더디게 이루어지네.
여래께서 이날 중생을 교화하심에
오로지 연화경만을 설하시며 [다른 경전으로] 바꾸지 않으셨다.
성실한 불제자들 규범을 지키며
법회 아래 앉아 수행을 쌓는다.
잠시 [설법을] 들으면 분명 번뇌를 여의케 되고
오래도록 들으면 그대는 불구덩이를 뛰어넘게 되리로다.
미래의 무수한 삼세불(三世佛)
하나같이 법화경을 설하시도다.
정명여래 보대(寶臺)에 단정히 앉으시어
널리 인천(人天)을 위하여 변재(辯才)를 펼치신다.
수많은 성문들은 모두 기뻐하며 즐거워하고
수백수천의 보살들은 기이하다 찬탄한다.
제천은 수행을 쌓기로 마음먹고
희견보살은 가르침을 입어 도안(道眼)이 열린다.
무슨 수행을 하려는지 알 수가 없고

어떤 삼매를 얻게 되는지 그 창이 곧 나오리라.

經雲:「是一切衆生喜見菩薩, 于日月淨明德佛法「中」[19]精進修行,[20]一心求佛。滿萬二千歲已, 得現一切色身三昧。得此三昧已, 心大歡喜。」

此唱經文是喜見菩薩爲一切衆生故, 樂習苦行, 以求三昧。如丈夫樂於武, 終日習於弓矢云云。

丈夫天然受性, 愛向轅門用命;
長時錯箭磨弓, 只待[21]於兇猛。
菩薩爲人受性, 一段慈悲 盛;
尋常發意用心, 只待行於苦行。
菩薩慈悲憫四生, 偏于若行東修行;
饑鷹舍卻渾身肉, 病者剜將兩眼精。
我等擺頭嫌底事, 他家心頭不忙驚;
若言上段背著重, 喜見還應獨得名。

經云……

時喜見菩薩旣愛修行, 卽自思惟:我此一身, 爲于衆生, 應不遍佈。我須求佛, 一法扶助此身, 長劫修免闕敗云云。

只爲樂修苦行, 專欲捨身捨命;
恨此一個形軀, 難赴[22]衆生啓請。

---

19 '中'자는 경전에 의거하여 보충한 것이다.

20 '修行'은 鳩譯經이나 闍譯經에서는 '經行'으로 되어 있다.

21 '⿰身甹'은 原卷에서는 '**⿰身号**'으로 되어 있다. 『康熙字典』에서는 「川篇」을 인용하여 '**⿰身号**'은 '聘'과 같다고 하였다. [校注] '**⿰身号**'은 곧 '⿰身甹'의 俗體이고, '⿰身甹'은 또 '聘'의 俗字이다. S.2947 「女人百歲篇」: "二十笄女花蕊春, 孃孃**⿰身号**許助功勳." '**⿰身号**'은 곧 '聘'이다. 그런데 문중에서 '聘'자는 의미가 통하지 않는다. 따라서 이곳의 '聘'은 응당 '騁'의 換旁字로 보아야 한다. 말이 마음껏 내달리는 것은 '騁'이고, 사람이 마음껏 재능을 펼치는 것은 '⿰身甹'으로 보아야 할 듯하다. 이는 의미에 의거하여 글자의 형태가 변한 경우로서, 문자가 파생되는 한 사례를 보여준다.

不求莽魯[23]聲聞, 不託尋常賢聖;
唯憑我佛世尊, 欲□[24]思求眞正。
驅驅精進淨明前, 未省將心樂睡眠;[25]
每日誌誠[26]吟寶偈, 終朝苦力拜金仙。
苦逢妙法皆稱讚, 儻(黨)遇眞經總結緣;
精進不須別物色, 唯求禪定早周圓。

경전에서 말하기를, "이 일체중생희견보살은 기꺼이 고된 수행을 함에 일월정명덕여래의 가르침 속에서 정진 수행하며 일심으로 부처에게 빌었다. 그렇게 1만2천 년이 지나자 현일체색신(現一切色身)삼매를 얻었다. 이 삼매를 얻자 마음에 커다란 기쁨이 생겼다."

이 경문은 희견보살이 일체 중생을 위하여 즐거이 고행을 하면서 삼매를 추구하였음을 얘기하고 있다. 마치 장부가 즐거이 무예를 닦아 하루 종일 활쏘기 연습을 하는 것처럼.

대장부 본연의 천성은
영문(營門)에서 목숨을 바치는 것이니
오랜 시간 화살을 닦고 활을 갈며
마음껏 용맹을 뽐낼 날을 기다릴 따름이네.
보살 본연의 품성은
자비심이 성하게 일어나는 것이니
항상 마음을 쓰며

22 '赴'는 응당 '覆'으로 보아야 하며 '覆被(덮다. 은택을 베풀다)'는 의미이다.

23 '莽魯'는 '대충', '세심하지 않다'는 뜻이다. 『通釋』을 참조하라.

24 '欲'자 뒤의 한 글자가 原卷에서는 뚜렷하지 않다. 앞으로의 재고가 필요하다.

25 '眠'은 原卷에서는 '眠'으로 되어 있는데 이는 李世民의 諱를 피하여 생긴 속자이다. 필사본에서 자주 보이는 현상이다.

26 '志誠'은 '성실하다', '정직하다'는 뜻이다. S.3491「頻婆娑羅王后宮綵女功德意供養塔生天因緣變」: "이때 중생은 지극 정성으로 摩訶를 큰 소리로 염송한다(時衆運志誠, 心大稱念, 摩訶)." 『水滸傳』 2回 : "만일 성실하고 정직한 사람이라면 그 집을 드나들 수 있다(若是個志誠老實的人, 可以容他在家出入)."

고된 수행을 쌓기만을 기다릴 뿐이네.
보살은 자비롭게도 사생(四生)을 불쌍히 여기어
고통스런 수행도 기꺼이 닦고자 하네.
굶주린 매에게 온 몸의 살을 내던지고
병든 자에게 두 눈알을 파내 주네.
우리가 머리를 흔들며 꺼려하는 일에도
허둥대거나 놀라지 않기를 그는 심원하네.
만일 앞서의 자비가 무겁다 말한다면
희견보살은 홀로 득명(得名)하게 되리라.

경전에서 말하기를……

이때 희견보살은 수행을 하며 홀로 생각에 잠겼다. '내 이 한 몸 중생을 위하여 널리 퍼져 있으면 아니 된다. 나는 반드시 부처님께 가르침을 빌어 이 몸이 일을 그르치지 않도록 오랜 세월 수행해야 하리라.' 운운

기꺼이 고행을 하기 위해
육신과 목숨을 내던지고자 하네.
한스럽게도 이 한 몸뚱이
중생의 간청에 응하기 어렵네.
경솔한 성문(聲聞)에게 빌지 않고
평범한 현성(賢聖)에게도 기탁하지 않으며
오로지 우리 불세존께 기대어
진정한 올바름을 구하고자 하느니.
정명여래 앞에서 힘써 정진하니
일찍이 수면에 탐닉한 적 없고
매일같이 지성으로 보배로운 게송을 읊으며
온종일 열심히 금선(金仙)[27]에 절을 올렸네.

27 금빛이 나는 신선이라는 뜻으로, 부처를 이르는 말.

묘법을 만나면 언제나 찬탄하고
진경(眞經)을 대할 때면 언제나 [그 가르침과] 연분을 맺었네.
정진하는 데 다른 물건은 필요하지 않고
오로지 하루빨리 선정(禪定)이 원만해지기를 바랄 뿐이네.

時喜見菩薩, 日來月往, 所以經雲「滿千二百歲」。蓋緣菩薩求法心切, 念情深, 雖經多時, 未曾勞倦。不同凡夫, 持齋奉戒, 不得牢固, 又緣彼佛壽命稍長, 修行亦遠。

蓋爲如來長壽, 菩薩精勤已久;
豈同我輩凡夫, 造善不能堅守。
禮佛未省暫閑, 持經不曾住口;
直經千二百年, 正定忽蒙傳受。
蓋緣心內爲衆生, 精進何時暫改更;
夜夜焚香都不睡, 朝朝行道豈曾停。
懸頭道志虛傳法, 鑿壁匡衡枉[28]得名;
千二百年勤苦了, 方獲三昧得圓明。

經云……

何名一切色身三昧?三昧者, 此雲等持, 是定心化出, 故名一切色身三昧。喩如紅幕, 能現傀儡。三昧如紅幕, 色身如傀儡。

欲弁(辯)鋪陳紅幕者, 共于三昧更何殊;
欲別幕中傀儡身, 共一切色身無有異。
問君傀儡因何見, 纔聞鼓笛出頭來;
卽問色身雖異[29]逢, 纔發信心便得遇。

28 '枉'은 原卷에서는 '抂'으로 되어 있는데 이는 속자이다. 『干祿字書』에 실려 있다. 혹자는 이를 '狂'으로 기록하기도 하는데 정확하지 못하다.

29 '異'는 '以'로 보아야 할 것이다. S.3904 「韓朋賦」: "천서를 열어 점괘를 받게 하며 괴이한 까닭에 대해 물었다(開書問卜, 怪其所異)." 여기서의 '異' 역시 '以'와 통한다.

卽問誰人能撥弄, 須知無箇得聲名;
三昧名爲現色身, 今朝求得求沉淪。
慈悲菩薩心專請, 大聖牟尼又所陳;
遂卽六時行苦行, 直經萬歲廣精勤;
忽然稱得心中願, 歡喜重重賀[30]世尊。
千年菩薩座(坐)花臺, 願滿心中也暢裁(哉);
大似慈觀逢愛子, 還如和尙遇甜[31]䭔。
怡顏禮拜千千度, 含笑歸依萬萬回。
未審旣能得此定, 作何報賀(荷)也唱將來。

이때 희견보살은 [이렇게 수행을 하며] 세월을 보냈으니 경전에서 "1천2백 년을 채웠다"고 말한 것이다. 보살은 절실히 법을 구하였기에 그 마음 간절하고도 깊었으니 오랜 세월이 흐르는 동안에도 게으름을 피워본 적이 없었다. 범부와는 달리 재(齋)를 올리거나 계율을 받듦에 엄밀하였고, 또 부처의 수명이 비교적 긴 까닭에 수행 역시 [그에 따라] 깊어

30 '賀'는 '荷'로 보아야 한다. 아래 문장 '報賀'의 '賀'도 이와 같다.

31 '甜'자는 자전에 실려 있지 않다. '甘'자에다 편방을 덧붙인 오자인 듯하다. '甘䭔'는 승려가 즐겨 먹는 음식이다. S.610 『啓顔錄』 嘲誚 : "옛날에 스님 한 분이 갑자기 떡이 먹고 싶어졌다. 이에 절 밖에서 떡 수십 개를 얻고 또 꿀 한 병을 사다가 방으로 돌아와 몰래 그것을 먹었다. 먹고 나서 남은 떡을 발우에 담아 꿀 병과 함께 침대 아래 놓아두고서 제자에게 말했다. '내 떡이 없어지지 않도록 잘 지켜보아라. 침대 밑에 있는 병 속에 든 것은 독약이니 먹을 경우 곧 죽고 만다.' 그리고 스님은 출타하였다. 제자는 스님이 나가자 병 속 꿀을 쏟았다. 그리고 떡을 두 개만 남겨 놓고 모두 꿀에 찍어 먹어버렸다. 스님이 돌아와서 남겨 놓은 떡과 꿀을 꺼내보니 떡은 단 두 개만 남아 있고 꿀은 조금도 남아 있지 않았다. 크게 화가 난 스님이 말했다. '어찌하여 내 떡과 꿀을 먹었느냐?' 제자가 대답하길, '스님께서 나가신 후, 이 떡 냄새를 맡으니 도저히 참을 수가 없어 그것을 먹고 말았습니다. 그래놓고 보니 스님의 대로가 두려워 병 속에 든 독약을 먹었던 것인데 지금까지 아무렇지도 않습니다.' (嘗有一僧忽憶䭔喫, 卽於寺外作得數十個䭔, 買得一甁蜜, 於房中私食. 食訖, 殘䭔留鉢盂中, 蜜甁送床脚下, 語弟子云 : '好看我䭔, 勿使欠少, 床底甁中, 是極毒藥, 喫卽殺人.' 此僧卽出. 弟子待僧去後, 卽取甁瀉蜜, 搵䭔食之, 唯殘兩個. 僧來卽索所留䭔蜜, 見䭔唯有兩顆, 蜜又喫盡, 卽大嗔云 : '何意喫我䭔蜜?' 弟子云 : '和尙去後, 聞此䭔香, 實忍饞不得, 遂卽取喫. 畏和尙來嗔, 卽服甁中毒藥, 不謂至今平安.')"

만 갔다.

여래의 수명 길고
보살의 정진은 오래되었으니
어찌 우리 범부가 그러듯이
꾸준히 선업을 지을 수 없으리오.
예불 올리는 데 잠시도 한눈판 적 없고
경전을 수지하는 데 입을 멈춰본 적 없었네.
그렇게 1천2백 년의 세월을 보내고
홀연 삼매를 전수받게 되었네.
마음은 중생을 위하는 까닭에
한시도 정진을 그만둔 적 없었네.
밤에는 향을 사르며 잠을 자지 않고
낮에는 도를 행함에 어찌 멈춤이 있었으랴.
머리를 잡아맨[32] 도지(道志)는 헛되게 가르침을 전한 것이고,
벽에 구멍을 뚫은[33] 광형(匡衡)은 쓸데없이 이름을 떨친 격이네.
1천2백 년 동안의 고행으로
마침내 삼매를 얻고 철저한 깨달음에 이르게 되었네.

경전에서 말하기를……

'일체색신삼매'란 무엇을 말하는가? '삼매'는 '등지(等持)'라고도 하며, 집중된 마음에서 나오는 까닭에 '일체색신삼매'라고 부른다. 이는 장막(帳幕)이 꼭두각시 인형을 드러내 보이는 것과 같다. 삼매는 장막과 같고 색신은 꼭두각시 인형과 같다.

장막을 꾸미는 것을 알고자 하는 것은
삼매와 무슨 다름이 있을 것이고

32 졸음을 쫓기 위하여 머리를 천장 대들보에 끈으로 매달아 놓음을 말한다.

33 한(漢) 나라 광형(匡衡)은 집이 가난해서 등불을 켤 기름을 살 돈이 없어서 벽에 구멍을 뚫고 옆집의 등불에서 공부했다고 함.

장막 속의 꼭두각시 인형을 구별하고자 하는 것은
일체의 색신(色身)과 어떠한 차이도 없다.
꼭두각시 인형이 무엇으로 인하여 나타나는지 그대에게 물으니
북이며 피리 소리 들으면 나타난다 하네.
색신은 만나기 어려운지 물으니
신심이 깊으면 만날 수 있다 하네.
누가 [그들을] 조종하느냐고 물으니
쉽게 명성을 얻는 게 아님을 알아야 한다 하네.
현색신(現色身)이라 불리는 삼매를
오늘 얻었으니 윤회에서 벗어날 수 있겠네.
자비로운 보살은 마음이 전일하고
대성 석가모니는 또 가르침을 펴시니
마침내 육시(六時)로 고행을 행하는데
1만 년이 지나도록 정성을 다하네.
홀연 마음속의 서원을 이루게 되니
환희에 차는데 이는 세존의 은혜를 입은 것이네.
천 년 동안 보살은 화대(花臺)에 앉아 있는데
소원이 원만해지자 마음속이 화락해진다.
마치 어미가 사랑하는 아들은 만나는 듯하고
승려가 감퇴(甘餽)를 대하는 듯하다.
기쁜 얼굴로 천 번 절을 올리고
미소를 지으며 만 차례 귀의한다.
이 삼매를 얻게 되리라 알 수 없었으니
무엇으로 은혜에 보답해야 하는지 그 창이 곧 나오리라.

經云:「卽作念言:我得現一切色身三昧, 皆是得聞妙法經[34]力。我今當供養日月淨明德佛及法花經。」

此唱經文是喜見菩薩求得三昧已, 歡喜無量。推尋三昧, 何人所致, 乃云是如來及法花經力。喻如官寮, 身得上道, 非甚喜悅, 推尋榮貴, 皆因地(他)提挈, 亦生媿感。[35]

身若出群富貴, 心內非常歡喜;
思量全賴大官, 方得遷昇祿位。
菩薩既獲禪定, 歡喜生於意地;
思量全賴如來, 方得如思(斯)美事。
當初喜見自修行, 求得心中所願成;
從此三塗災永息, 這加六道苦應停。
低頭禮拜生歡喜, 合掌溫方荷淨明;
即問所求爭得遂, 都緣聞著法花經。
色身三昧實奇哉, 萬類身形盡總該;
遂即發心申報賽,[36] 欲謀隨分[37]表情懷。
既嫌世上尋常物, 又惡凡間取此[38]財;
未審入於三昧處, 化何物色唱將來。

경전에서 말하기를, "곧 이렇게 생각하였다. '내가 온갖 색신을 나타

---

34 '妙法經'은 경전에서는 '法華經'으로 되어 있다. 본편의 앞뒤에서는 모두 '法花經'으로 되어 있다.('花'는 '華'의 俗體이다) 따라서 바로잡아야 마땅하다.

35 '媿感'은 '愧感'이며 '감사하다'는 뜻이다.

36 '報賽'은 '報答'이다. 『通釋』의 해당 항목을 참조하기 바란다.

37 '隨分'은 '마음대로', '편할대로'의 뜻이다. 「佛報恩經講經文」: "날이 머지않아 사람들이 길거리를 가득 메울 것이니 대충 행장을 꾸려도 곧 닿게 될 것이네(日不遙, 人滿道, 隨分行裝便應到)."

38 '取此'는 '取次'와 같으며 '수월하다(輕易)', '평범하다(平常)'는 뜻이다. 앞 '尋常'과 동의의 대구가 된다. 「葉淨能詩」: "모포를 들어서 유심히 한번 보시지요. 신중하게 살펴보지 않고 대충대충 법령을 시행해서야 되겠습니까?(何不揭氈看驗之, 取此行麤疏法令?)" 蔣禮鴻은 '取此'는 '取次'이며 '신중하지 못하다(不審愼)', '세밀하지 못하다(不精細)'는 뜻으로 보았다. 【校注】 '세밀하지 못하다(不精細)'에서 '평범하다(平常)'는 의미가 파생되어 나왔다. 符盧格編 365호 뒷면 「妙法蓮華經講經文」: "이 자는 나이가 어리고 또 무지하여 경전의 내용을 제멋대로 의심하기를 좋아한다(這人年少又無知, 愛向經中取次疑)." 여기서는 '쉽사리', '제멋대로'라는 뜻으로 쓰이고 있다.

내는 삼매[현일체색신삼매]를 얻을 수 있었던 것은 모두 법화경을 들었던 덕분이니, 내 이제 일월정명덕부처님과 법화경에 공양하리라.'"

이 경문은 희견보살이 삼매를 얻고서 무한한 기쁨을 느끼고 있음을 말하고 있다. 삼매는 누가 가져다 준 것인가. 그것은 바로 여래와 법화경의 법력 덕분이라고 말한다. 이것은 마치 관료가 승직하게 됨에 큰 희열을 느끼는데, 그 영화와 부귀를 따져볼 것 같으면 모두가 다른 사람이 이끌어 준 덕분이니 감사의 마음이 드는 것과 같다.

몸이 누구보다 부귀해지니
마음이 크게 즐거워진다.
일체를 고관(高官)에 의지하니
마침내 승직하게 되었다.
보살은 이미 선정을 얻으니
마음속에서 환희심이 인다.
일체를 여래에 의지하니
마침내 이처럼 기쁜 일이 생겼다.
희견은 처음 수행을 하면서
마음속의 서원을 이루기를 기원하였다.
이로부터 삼도의 재난은 영원히 사라지고
육도(六道)의 고통도 그치게 되었다.
고개 숙여 절을 올리니 기쁨이 생겨나고
합장한 채 온화한 말로 정명여래의 은혜를 입었다 말한다.
추구하는 바를 어떻게 이룰 수 있었는지 여쭈니
모두가 다 법화경을 들은 덕분이라 한다.
색신삼매 실로 기이하도다
온갖 부류의 몸으로 화할 수가 있으니.
마침내 보답하리라 마음먹고
편리한 대로 마음을 드러내고자 한다.

세상의 평범한 물건들을 싫어하고
또 범간의 평범한 재물도 싫어한다.
알 수 없거늘, 삼매에 들어가서
어떤 것으로 화하는지 창이 곧 나오리라.

經云:「卽時人是三昧, 於虛空中, 雨曼陀羅花,[39] 細末[40]堅黑旃檀, 滿虛空中, 如雲而下。」

此唱經文, 喜見菩薩下取世間種種諸物, 以充供養, 及人三昧, 現大神通, 而雨香花。經雲「曼陀羅花」者, 梁言適意花, 大適意, 凡夫秋[41]見便悅暢, 仙出佛滅, 方現一朵。

喜見感恩無量, 向佛心生瞻仰;
片時便現神通, 化現而申供養。
天花不是尋常, 朵朵飛來天上;
衆生纔若見時, 心內當時悅暢。
適意天花下碧空, 馨香不與世間同;
如霜葉上含朝露, 似火枝頭帶曉風。
地上似看春雪降, 佛前如坼玉芙蓉;
當初大衆纔看了, 歡喜之心萬萬重。

纔雨花了, 又雨何物?經雲又雨細末黑旃檀, 如雲而下。

天花落於雲內, 會下人天總怪;
忽然更雨旃檀, 映日如雲靄靄。
琉璃地上纔多, 寶貝林間可愛;
衆生聞此馨香, 滅却無涯重罪。
空中更又雨旃檀, 香氣氛氛[42]滿大千;

---

39 이하는 鳩譯經과 闍譯經 모두에서는 '摩訶曼陀羅花' 여섯 글자로 되어 있다.
40 '末'은 鳩譯經과 闍譯經에서는 모두 '粖'로 되어 있다.
41 '秋'는 '偢'의 편방 생략자이다. 오늘날에는 흔히 '瞅'로 표기된다.

龍腦渾成[43]無氣息, 麝香映得卻腥膻。
聲聞取人金爐內, 菩薩將來玉案前;
當日淨明猶讚歎, 此人供養極周旋。[44]
神通化現實奇哉, 空裏香花邐迤排;
大適意花吹作聚,[45] 黑旃檀末擁成堆。
猶嫌此物非難得, 菩薩其時不愜懷;
末審更求何貴物, 重興供養唱將來。

경전에서 말하기를, "즉시 삼매에 드니 허공에서 만다라화의 꽃비가 내리고 고운 가루로 된 검은 전단향이 허공에 가득하더니 구름처럼 내려왔다."

이 경문은 희견보살이 세간의 갖가지 물건들을 취하여 공양을 올리고, 삼매에 들어가서 커다란 신통력을 보여 향기로운 꽃비가 내렸음을 말하고 있다. 경문의 '만다라화'는 양나라 말로 '적의화(適意花)', '대적의(大適意)'이다. 범부가 이 꽃을 한번 보면 마음이 즐거워진다고 한다. 선인이 나타날 때나 부처가 열반에 들 때 비로소 한 송이 피어난다고 한다.

희견보살은 [부처의] 은혜에 한량없는 감사를 느껴
부처를 향한 참배의 마음이 인다.

---

42 '氛氛'은 '紛紛'과 같으며 풍부하고 대단히 많은 모습이다. 『史記』 天官書: "연기 같은데 연기가 아니고 구름 같은데 구름이 아니며, 광채가 영롱하고 얽게 굽이쳐 펼쳐진 것이 있으니 이를 卿雲이라 한다(若煙非煙, 若雲非雲, 鬱鬱紛紛, 蕭索輪囷, 是謂卿雲)."

43 '渾成'은 '실로 …… 와 같다'는 뜻이다. 杜甫 「峽中卽事」 詩: "우레 소리 홀연 뭇 봉우리에 비를 가져오니, 꽃 향기 실로 百和香을 닮았다(雷聲忽送千峰雨, 花氣渾如百和香)." 이 '渾如'와 같은 뜻이다.

44 '周旋'은 '완비하다'는 뜻이다. 【校注】 '周旋'은 본래 '운행하다', '빙빙 돌다'는 뜻인데, 이로부터 '완비하다', '빈틈없다'는 뜻이 파생되었다. S.4511 「金剛醜女因緣」: "아라한을 비방한 업보로 인하여 용모가 아름답지 못하게 되었네(毁謗阿羅漢果報, 致令人貌不周旋)." 이것은 용모에 결함이 있고 단정하지 못함을 말한다. 따라서 '周旋'은 '완전하다', '완벽하다'는 뜻이다.

45 '聚'는 '藂'이며 이는 '叢'의 속자이다. 古籍에서 '藂'은 흔히 '聚'로 잘못 표기되곤 한다.

잠깐 사이에 신통력을 부려
[여러 모습으로] 화현하여 [부처에] 공양을 올린다.
천화(天花)는 항상 볼 수 있는 것이 아닌데
한 송이 한 송이 하늘로부터 흩뿌려진다.
중생은 천화를 바라보자
당장 마음속에 기쁨이 일렁인다.
만다라화가 푸른 허공에서 흩뿌려지니
그 향내 세간의 것과 같지 않네.
마치 서리 내린 잎사귀 위에 아침 이슬을 머금은 듯하고
불붙은 나뭇가지에 새벽바람이 불어오는 듯하네.
땅 위에서 보아하니 봄눈이 내리는 듯하고
부처 앞에서 마치 옥으로 된 부용이 터지는 듯하다.
대중은 이 모습을 대하자
커다란 환희가 가슴속에 가득 찬다.

꽃비가 내리고 또 무엇이 내린다고 하였는가? 경전에서는 또 고운 가루로 된 검은 전단향이 구름처럼 흩뿌린다고 하였다.

구름 속에서 천화(天華)가 내리니
법회에 모인 인천은 다들 기이하게 여긴다.
홀연 또 전단이 흩뿌려지고
햇살은 구름처럼 부드럽고 포근하다.
유리는 땅위에 많고
보배는 숲속에
중생은 이 향기를 맡자
끝없는 중죄가 소멸되어 버린다.
허공에서는 또 전단이 흩뿌리니
그 향기 분분하여 대천세계에 가득하다.
용뇌(龍腦)[46]는 실로 아무런 냄새도 없는 듯하고

사향(麝香)[47]은 오히려 비리고 누릿하기만 하다.
성문은 황금 향로 속으로 들어오고
보살은 책상 앞으로 나오네.
이날 정명여래는 찬사를 보내는데
이 자의 공양은 지극히 완벽하도다.
신통력으로 모습을 보이시니 실로 기이하도다.
허공에서는 향화가 끊임없이 흩날리고 있는데
만다라화는 날려 와 떨기를 이루고
검은 전단은 한데 모여 무지를 이룬다.
이 물건이 귀하지 않음을 싫어하니
보살은 그때 마음에 흡족하지 못하네.
다시 어떤 귀한 물건을 구할지 알 수 없거늘
거듭 공양을 올리는 창이 곧 나오리라.

經云:「又雨海此岸旃檀之香。此香「六銖」[48]價直娑婆世界, 以供養佛。」

此唱經文, 菩薩前雖供養, 心猶未足, 於海此岸, 而求旃檀, 重申供養。言海此岸者, 對南閻浮提說彼此, 卽須彌山下, 弟七重海外, 弟八重海裏。此香生在弟七重香水海岸上, 故名此岸。價極貴, 此香少分, 可以介得娑婆世界。

此岸旃檀極貴, 凡夫大雖收市;[49]

---

46 용뇌수라는 식물로부터 얻은 결정체로서 방향성(芳香性)이 강하다.

47 사향노루의 사향샘을 건조하여 얻는 향료. 어두운 갈색 가루로 향기가 매우 강하다.

48 '六銖' 두 글자는 原卷에서는 빠져 있다. 張校에서 경전에 의거하여 보충하였는데 이는 옳다. 아래 문장: "六殊(銖)可以買娑婆." 이것은 경문에 의거하여 말한 것이다.

49 '收市'는 '사들이다', '수매하다'는 뜻이다. 韓愈 「論變鹽法事宜狀」: "만일에 이를 반드시 시행하신다면 부유한 상인들의 원한을 사게 될 것이고, 귀한 보물들을 사들인다면 불복종의 지역으로 달아나게 될 것입니다(若必行此, 則富商大賈必生怨恨, 或收市重寶, 逃入反側之地)."

切緣守護香圓，自有無邊神鬼。
若也得大神駝，取得分毫佈施；
意言此香難求，□[50]察不生慢易。
此香價數最過，世上珍奇莫比他；
休說隨珍[51]兼趙壁，莫誇宮錦及川羅。
凡夫要見無因得，聖從求之尙不多；
經內自雲團估[52]價六殊可以賈娑婆。
前來供早難哉，我等千生不易階；[53]
貴價旃檀鋪滿座，希奇花朵積成堆。
凡夫見卽生 怪，菩薩看時未愜懷；
未審停騰[54]何物色，擬重供養唱將來。

經云：「作是供養已，從三昧起，而自念言：我雖以神力供養於佛，不如捨[55]身供養。」

此唱經文意雲：我於三昧起大神通，而雨香花，未足爲難，未侵己身，何成感恩，何名重法?我今不如捨身供養於佛。又思惟雲：常聞佛

50 이 글자는 原卷에서는 덧칠이 가해져 알아보기 어렵다.

51 '隨珍'은 '隨珠'다. '珍'은 '珠'를 오록한 것으로 보인다.

52 '團估'는 동의의 연면자로서 '고려하다', '예측하다'는 뜻이다. 『朱子語類』 卷90："고조는 항우가 자신을 반드시 죽이지 않을 것을 알았기에 안심할 수 있었고, 항우 역시 고조를 가늠해보고는 감히 죽이지 못했다(高祖也知他必不殺，故放得心下. 項羽也是團量了高祖，故不敢殺)." '團量' 역시 같은 뜻이다.

53 '階'는 '비교(비유)하다', '달성하다'는 뜻이다. 『南史』「庾易傳」附庾肩吾傳："謝故巧不可階，裴亦質不宜慕." 『舊五代史』「張承業傳論」："장승업은 武皇의 큰 은혜에 감격하여 莊宗의 中興을 보좌하였으니, 이것은 의로움이자 충성됨이니 무엇으로써 비유할 것인가?(承業感武皇之大惠，佐莊宗之中興，旣義且忠，何以階也?)"

54 '停騰'은 '斟酌(헤아리다, 고려하다, 따져보다)'이다. 「故圓鑒大師二十四孝押座文」："헤아림을 어겨 보려다가 은의를 저버리게 되고, 마땅함에서 조금 어긋나다가 기강을 잃게 된다네(試乖斟酌虧恩義，稍錯停騰失紀綱)." '停騰'과 '斟酌'은 같은 뜻으로 서로 댓구가 된다. 蔣禮鴻은 뒤의 예문에 대한 설명에서 '停騰'은 '停當(적절하다)·定當(타당하다)'이라 하였고, 項楚는 '舒緩(완만하다)·遲延(지연시키다)'으로 보았는데, 여기서는 취하지 않는다.

55 '捨'는 鳩譯經이나 闍譯經에서는 모두 '以'로 되어 있다.

說, 此身如雲如電, 如芭蕉等,[56] 不如舍卻身著。又念世間之財, 通五家之分, 縱得佈施, 未爲殷重。如人父母疾重, 雖申藥餌, 不如割股供養等。

我等生身父母, 恩德殊非莽魯;[57]
雖然藥餌醫治, 孝順不如割股。
菩薩所尊聖主, 恩德實難裨補;
雖呈無量香花, 不如身爲供具。
百千萬劫愛沉淪, 終止驅驅爲此身;
凡見刀光專怕怖, 數謀衣食恐饑貧。
夏中案磨[58]勤消息,[59] 冬日茶湯用養神;
保重恩憐猶未足, 忽然倒地便爲塵。
當初菩薩悟泡胎, 知道終須臥土堆;
若不把伊將供養, 多應隨例作塵埃。
慈悲旣發應難改, 善頭纔興定不回;
未審經於多少日, 喫何物色唱將來。

경전에서 말하기를, "또 해차안(海此岸) 전단향을 내렸다. 이 향은 6수(銖)[60]의 값이 사바세계와 맞먹는데, [이 귀한 향으로] 부처님께 공양 올

56 『維摩詰所說經』「方便品」에는 "이 몸은 물방울과 같아서 잡고 만질 수 없고, 이 몸은 물거품과 같아서 오래 있을 수 없고, 이 몸은 아지랑이 같아서 갈애로부터 생긴 것이며, 이 몸은 파초와 같아서 그 속이 견고하지 못하며, …… 이 몸은 뜬구름 같아서 잠깐 사이에 변하여 없어지는 것이며, 이 몸은 번개와 같아서 잠깐도 머물지 못한다(是身如聚沫, 不可撮摩; 是身如泡, 不得久立; 是身如炎, 從渴愛生; 是身如芭蕉, 中無有堅; …… 是身如浮雲, 須臾變滅; 是身如電, 念念不住)"라고 되어 있다. 본편의 이 문구는 이 경전에 의거한 것 같다.

57 '莽魯'은 '쉽사리', '마음대로'라는 뜻이다. 『通釋』을 참조하라.

58 '案磨'는 '按摩'와 같다. 『周禮』「天官疾醫」賈公彦疏引劉向曰: "편작이 조태자의 폭질을 치료하는데, 자명에게는 탕약을 달이게 하고 자의에게는 맥을 짚게 하고 자술에게는 안마를 하게 했다(扁鵲治趙太子暴疾尸蹶之病, 使子明炊湯, 子儀脈神, 子術案摩)." '案摩' 역시 '按摩'와 같다.

59 '消息'은 '斟酌(헤아리다, 고려하다, 따져보다)', '調理(몸조리하다, 돌보다)'라는 뜻이다.

60 고대의 무게 단위. 1량(兩)의 24분의 1이 1수(銖).

렸다."

'해차안'은 남염부제, 즉 수미산 [남쪽] 아래, 제7층 바다 바깥 제8층 바다 안쪽을 말한다. 이 향은 제7층 향수해(香水海) 해안에서 자라는 까닭에 '차안(此岸)'이라 한 것이다. 이 향은 값이 지극히 비싸서 적은 양만으로도 사바세계를 살 수 있다 한다.

차안 전단향은 지극히 귀하여
범부가 사들이기는 대단히 어렵다.
향원(香園)을 수호하는 인연 덕에
가없는 신통력을 지니게 되었다.
큰 신통력을 얻었으니
약간의 보시를 얻을 수 있게 되었다.
이 향은 구하기 어렵다고 하니
( ) 살펴 함부로 바꾸려하지 말라.
이 향의 값어치는 무엇보다도 크니
세상의 그 어떤 진귀한 것도 이에 비할 수 없다.
수주(隨珠)[61]와 조벽(趙璧)[62]을 말하지 말고
궁금(宮錦)[63]과 천라(川羅)를 찬탄하지 말라.
범부는 보려 해도 볼 인연이 없고
성인의 무리도 볼 기회가 많지 않다.
경전에서는 그 값을 추정하고 있는데
6수(銖)만으로 사바세계를 살 수 있다 한다.

---

61 춘추시대 수(隨)나라의 국왕이 큰 부상을 당한 뱀을 구해준 적이 있었다. 훗날 그 뱀은 지름이 한 치나 되는 야광주(夜光珠)를 물고 와 그에게 보답하였는데, 이 보물을 '수후지주(隨侯之珠)'라고 한다.

62 화씨벽(和氏璧)의 별칭. 춘추시대 초(楚)나라의 변화(卞和)가 발견한 보옥. 후에 전국시대 조(趙)나라 혜문왕(惠文王)의 손에 들어간 까닭에 '조벽(趙璧)'이라고도 불린다. 앞서의 '수주(隨珠)'와 함께 '수주화벽(隨珠和璧)'이라는 말로 쓰이며, 천하에서 가장 진귀한 보물로 비유된다.

63 궁중에서 만든 비단.

앞으로 나와 공양 올리기는 실로 어렵나니
우리 같은 범부는 천 번의 생이 지나도 실행하기 어렵다.
귀한 전단을 자리에 빼곡히 깔아놓고
희귀한 꽃송이를 수북이 쌓아 놓았다.
범부는 이를 보고 경이로워 하는데
보살은 이를 보고서 흡족해하지 않는다.
어떤 물건을 염두에 두는지 알 수 없거늘
거듭 공양을 올린다는 창이 곧 나오리.

경전에서 말하기를, "이렇게 공양하고는 삼매에서 일어나 스스로 생각하기를 '내가 비록 신통의 힘으로 부처님께 공양하였으나 몸으로써 공양함만 같지 못하리라' 하였다."

이 경문의 의미는 이러하다. '내가 삼매에서 일어나 신통력으로 향기로운 꽃비를 내리게 하는 것은 어렵지 않고 또 내 육신을 버리는 것도 아니나, 어찌 은혜에 감사하는 것이 될 것이고 가르침을 중히 여기는 것이라 말할 수 있을 것인가. 지금 내 몸을 버려 부처에 공양 올리는 것만 같지 못하리라.' 또 생각하기를, '부처님께서는 이 몸은 구름과 같고 번개와 같고 파초 등등과 같다[64]고 말씀하셨으니, 이 육신을 버리는 것만 못하리라.' 또 생각하기를, '오가(五家)[65]가 공유하고 있는 세간의 재물 모두를 보시한다 해도 모자람이 있다. 이는 마치 부모가 중병에 걸렸을 때 약을 지어 바치는 것은 자신의 넓적다리를 잘라 공양하느니만 못한 것과 같다' 하였다.

이 몸을 낳아주신 부모
그 은덕 가볍지 않네.

---

64 육신의 무상함을 말하고 있다. 파초는 속이 비어 있어 견고하지 못하다. 불교에서는 육신을 물방울, 물거품, 불꽃, 파초, 환상, 꿈, 그림자, 메아리, 구름, 번개 등에 비유하여 그 무상함을 얘기한다.

65 왕(王), 적(賊), 화(火), 수(水), 악자(惡子)를 말함. 불교에서는 이들 다섯이 세간의 재물을 공유하고 있다 하였다. 『대지도론(大智度論)』 권11 참조 바람.

약으로 치료한다 할지라도
효순하기로는 넓적다리를 자르느니만 못하네.
보살이 존숭하는 성주(聖主)
그 은덕 실로 더할 나위 없네.
무량의 향기로운 꽃을 바친다 할지라도
육신을 바치느니만 못하네.
백천만겁 동안 [삼도(三途)에] 빠져
종일토록 애지중지 이 몸을 위하네.
번쩍이는 칼날을 보고 두려움에 벌벌 떨고
옷과 밥을 추구하며 굶주리고 가난할까 염려하네.
여름에는 안마를 받으며 부지런히 몸조리하고
겨울에는 차와 탕을 마시며 원기를 기르네.
[부처의] 은덕과 자비를 소중히 여기나 여전히 부족하고
홀연 땅바닥에 쓰러지면 이내 먼지 되고 말 것이네.
본래 보살은 생의 진리를 깨달았지만
결국은 흙무더기 아래 드러눕게 될 것임을 아네.
만일 그대를 공양 올리지 않는다면
관례대로 흙먼지로 변하고 말 것이네.
자비심은 한번 일으키면 바꾸기 어렵거늘
선한 서원(誓願) 비로소 이루어져 돌이키는 일 없어지네.
얼마가 흘렀는지 알 수 없거늘
무엇을 먹는지 그 창이 곧 나오리라.

經雲 : 「卽服諸香 : 旃檀、熏陸、兜婁婆[66]、畢力迦、沉水、膠香。又飮占蔔[67]諸花、香油, 滿千二百歲「已」」[68]

66 '兜婁婆'는 鳩譯經이나 闍譯經에서는 모두 '兜樓婆'로 되어 있다. 이는 범어의 음역으로 香 이름이다.

此唱經文意：菩薩既發大願，欲舍於身，遂喫諸香油。兜者，卽草香。華麗迦者，此雲丁香。沉卽沉水，膠卽膠香。菩薩既喫諸油，遂得身輕光潤，如餐人身輕爽云云。

將身欲擬獻如來，更服香油日日齊；
遍體此時除垢穢，渾身何處有塵垓(埃)。
皮膚有似紅蓮朵，骨體還有白玉堆；
不是暫時徒(圖)淨潔，一千餘載苦形骸。
多時固固[69]服油花，滌蕩身心更可誇；
五藏[70]馨香無穢染，四枝(肢)皎潔絶纖瑕。[71]
身形雖卽精嚴煞，菩薩獨嫌不得佳；
未審更將何物色，身中塗末[72]唱將來。

經雲：「香油塗身，於日月淨明德佛前，以天寶衣而自纏身，灌諸香油。」

此唱經文，喜見菩薩服香油了，腹內淸淨，由(猶)如蓮花，又取香油塗身皮，令身肉淨，如宮內有摩身粉。菩薩香油塗了，方著天衣，天衣

67 ‘占蔔’은 鳩譯經이나 闍譯經에서는 모두 ‘瞻蔔’으로 되어 있다. 이는 범어의 음역으로 木棉樹를 말하는데 그 꽃의 향기는 멀리까지 퍼진다고 한다.

68 ‘已’자는 경전에 의거하여 보충한다.

69 ‘固固’는 ‘故故’로 보아야 하며 ‘일부러’라는 뜻이다. 「歡喜國王緣」: “마침 어떤 사람이 스님의 자비로움을 말하는 것을 듣고 일부러 이렇게 찾아와 목숨을 연장할 방도를 구합니다(適聞人說, 和尙慈悲, 故故起居, 乞延受(壽)法).” P.3418 王梵志 詩: “이것은 전생의 악업이니, 일부러 태어나 서로 빚 갚는 것이네(此是前生惡, 故故來相値).”

70 ‘五藏’은 ‘五臟’이다. ‘臟’은 후기 분화자이다.

71 ‘瑕’는 原卷에서는 본래 ‘霞’로 되어 있고 그 우측에는 작은 글씨의 초서로 ‘叚’라 덧붙어 있다. ‘叚’는 ‘瑕’와 같다. 『字彙補』「又部」: “古文瑕玷之瑕作叚.” ‘瑕’는 上文 ‘花’, ‘夸’와 압운이 되며, 그 의미 역시 문맥에 부합하고 있다. 이에 따라 바로잡아 기록한다.

72 ‘塗末’은 ‘塗抹’이 되어야 한다. ‘塗’는 音이 宅加切이며 이로부터 ‘搽’자가 파생되었다. 『唐范攄』「雲溪友議」 卷下 수록 王梵志 詩: “본래 똥오줌을 담은 자루인데 억지로 분과 연지를 발랐다네(本是尿屎袋, 强將脂粉塗).” 이 ‘塗’자에는 ‘音茶’라고 주석이 붙어 있다.

之[73]上, 又取香油灌注如臘燭云云。

경전에서 말하기를, "곧 전단(栴檀)향, 훈육(薰陸)향, 도루바(兜樓婆)향, 필력가(畢力迦)향, 침수(沉水)향, 교(膠)향 등과 같은 여러 향을 먹었다. 또 첨복수(瞻蔔樹)의 여러 꽃과 향유(香油)를 먹으며 1천2백 년을 보냈다."

이 경문은 보살이 대서원을 발한 다음 육신을 버리고자 다짐하고서 마침내 온갖 향유를 먹고 있음을 말한다. '도루바'는 향초(香草)이고, '필력가'는 '정향(丁香)'이라고도 한다. '침'은 '침수'이고 '교'는 '교향'을 말한다. 보살은 여러 가지 향유를 마시고서 몸이 가벼워지고 윤기가 자르르 흘렀는데 마치 배불리 먹은 사람의 몸이 가뿐한 것과 같다.

육신을 여래께 바치고자 하여
향유를 마시며 날마다 재계(齋戒)하네.
이때 전신의 때를 말끔히 없애니
몸 어느 곳엔들 흙먼지가 있을까.
살결은 붉은 연꽃잎 같고
골격은 백옥(白玉)더미를 닮았다.
이는 잠시 동안 정결히 가꾼 것이 아니라
1천여 년을 애써 가꾼 육신이라네.
일부러 자주 향유(香油)를 마시고
신심을 깨끗이 씻어내니
오장(五臟)은 향기로워 더러움이 없고
사지(四肢)는 맑고 깨끗하여 빼어나게 섬세한 옥 같네.
이처럼 정교하고 아름다운 육신을
보살은 훌륭하지 못하다 싫어하네.
다시 어떤 물건이 나오는지 알 수가 없는데
몸에 [향유를] 바르는 창이 곧 나오리라.

73 '衣之'는 原卷에서는 '之衣'로 되어 있다. 이는 실수로 도치된 것으로 보인다. 이에 바로잡는다.

경전에서 말하기를, "향유를 몸에 바르고 일월정명덕 부처님 앞에서 하늘나라의 보배로운 옷으로 몸을 감고 여러 향유를 부었다."

이 경문은 희견보살이 향유를 먹고 나서 뱃속이 연꽃처럼 청정해지고, 향유를 몸에 발라 육신을 궁 안에 있는 몸에 바르는 가루처럼 깨끗하게 했음을 말한다. 또 보살은 향유를 바르고서 하늘나라 옷을 입은 다음 그 위에 다시 향유를 밀초처럼 부었음을 말한다.

묘법연화경강경문 3(妙法蓮華經講經文三)[1]

禮拜觀音福最强, 靈山會上佛稱揚,
天龍聞了稱希有, 菩薩聽時讚吉祥.
恭敬便生千種福, 受持還免[2]百般殃,
世尊所以殷勤說, 功德須知不可量.
禮拜了, 又虔虔, 利益還添百萬般.
佛把諸人修底[3]行, 校量[4]多少唱看看.

---

1 王慶菽 【原校】 본권 편호는 P.2133이고 표제는 본래 빠져 있다. 여기서는 내용에 의거하여 妙法蓮華經이라 임의로 제목을 붙였다. 【校注】 본편에서 인용한 경문은 鳩摩羅什 譯 『妙法蓮華經』과 闍那崛多 譯 『添品妙法蓮華經』 권7의 「觀世音菩薩普門品」과 대체로 유사하다.

2 '免'은 原卷에서는 '兑'로 되어 있는데 이는 '免'자의 俗體이다. 原錄에서는 '兑'로 되어 있는데 이는 사실이 아니다.

3 '底'는 구조조사로서 오늘날의 '的'자에 해당한다. 『通釋』에 상술되어 있다.

4 '校量'은 '생각하다', '고려하다', '추측하다'는 뜻이다. 아래 문장 "言六十二億, 是校量也"의 '校量' 역시 '추측하다'는 뜻이다.

經 : 「無盡意菩薩, 若有[人][5]受持六十二億恆河砂菩薩名字.」

黃鷹云云──詩天邊 :

恰似黃鷹架上, 天邊飛去有[6]心.
還同[7]世上凡夫, 出離死生有意,
鷹在人家架上, 心專長在碧霄,
衆生雖在凡間, 眞性本同諸佛.
黃頭(鷹)[8]雖在架頭安, 心膽終歸碧洛(落)[9]間,
衆生雖在娑婆界, 心共如來恰一般.
鷹也有心飛去, 未知誰解解縚.[10]
衆生大擬[11]出輿, 未知誰人救拔.
黃鷹爪拒(距)極纖芒,[12] 爭那絲縚未解張,
凡夫佛性雖明了, 爭那貪嗔業力强.
有一聰明智惠人, 解與黃鷹解縈絆,
有一釋迦三界主, 解解衆生惡業繩.
絲縚解了[13]架頭鷹, 飛入碧霄不可見,

---

5 【原校】 '人'자를 묘법연화경에 의거하여 보충한다.

6 '有'는 原錄에서는 'ㄅ'로 되어 있다. 【校注】 原卷에서는 'ㄅ'로 되어 있는데 이는 '有'자의 草書이다. 본권에서는 '有'자가 흔히 'ㄅ'로 되어 있는데 'ㄅ'은 'ㄅ'의 변형이다.

7 '同'은 原錄에서는 '因'으로 오록되어 있다. 潘重規는 原卷에서는 '同'으로 되어 있다고 하였는데 이는 옳다. 이에 의거하여 바로잡는다.

8 原校에서 '頭'자는 '鷹'으로 교정되었는데 이는 지극히 옳다. 돈황사본에서는 앞뒤 문장과 관련되어 오록되는 예들이 종종 있는데 이것은 그 예이다.('頭'자는 아래 문장 '架頭'의 '頭'와 연관되어 오록한 것이다)

9 '洛'은 原錄에서는 '浴'으로 오록되어 있다. 潘重規는 原卷에서는 '洛'으로 되어 있다고 하였는데 이는 옳다. 이에 의거하여 바로잡는다. '洛'은 '落'의 편방생략자이다.

10 '縚'는 原卷에서는 '緢'로 되어 있는데 이는 '縚'의 속자이다. '縚'는 '旧'와 같으며, 여기서는 새를 묶어두는 끈을 가리킨다.

11 '大擬'는 '…… 하려 하다(待擬)'이다. '大'는 '待'의 假借字이다. P.3128 「不知名變文」 : "두 부부 다리를 펴고 자려 하나 추위가 닥쳐 꿩처럼 뒤척이기만 하네(大擬夫妻展脚睡, 凍來直[□]野雞盤)." 이 '大擬' 역시 '待擬'이다. 『通釋』에 상술되어 있다.

12 '纖芒'은 '뾰죽하다', '날카롭다'는 뜻이다. '芒'은 '鋩'의 本字로서, 본래 '칼끝'을 가리키나 문중에서는 '날카롭다'는 뜻으로 쓰였다.

業繩斷處超三界,[14] 卻覓凡夫大𤊞[15]難.
勸君速解架頭鷹, 從他多[16]翼飛雲外,
勸君速斷貪嗔網, 早覓高飛去淨方.
絲縚斷處碧雲間, 萬里靑霄去不難,
爭那忘(妄)心貪愛縛, 萬劫輪迴不暫閑.
淨土高飛未有[17]程, 凡夫顚到(倒)忘(妄)心生,
旣無少善資身業, 合眼三塗路上行.
須覺悟, 早修行, 浮世終歸不久停,
煞鬼豈曾饒富貴, 無常未肯怕公卿.
直須認取浮生理, 不要貪闐[18]沒底坑.[19]
來世示君何處好, 西方淨土證無生.

---

13 '了'는 原卷에서는 '⿱'로 되어 있는데 이는 응당 '了'의 변형이다. 原錄에서는 '解'로 되어 있는데 이것은 '了'를 '解'자의 반복부호로 이해한 것인데 이는 옳지 않아 보인다. '絲縚解了架頭鷹'는 '架頭鷹絲縚解了'이다. 그리하여 다음 구에서 '飛入碧霄不可見'이라 말한 것이다. 아래 문장에서 "鷹解了, 法門開"라 하였는데 "絲縚解了架頭鷹"은 곧 "鷹解了"의 뜻이다. 돈황사본에서 반복부호는 종종 '了'자와 혼동을 일으킨다. 따라서 문맥에 의거하여 판단해야만 한다.

14 原卷에는 '業'자 앞에 한 글자 정도의 공백을 남겨 두고 '斷'자가 적혀 있다. 그리고 문중의 '斷'자에는 덧칠을 해놓았다(우측의 '斤'을 '斥'으로 잘못 적은 까닭에 덧칠한 것이다) 이는 문중의 誤字를 '斷'으로 수정할 것을 말하고 있는 것이다. 권자의 위쪽 여백이나 아래쪽 여백에 正字를 표기해 둠으로써 문중의 오자를 수정하고 있는데, 이는 돈황사본에서 자주 발견되는 오자 수정법이다. 原錄에서는 이 '斷'자를 곡조를 표시하는 글자로 보아, 문구 앞에 작은 글씨로 '斷'자로 적고 있는데 이는 잘못이다. 뒤의 주석을 참조하라.

15 '𤊞'은 原錄에서는 '𤎼'로 되어 있고 그 주석에서는 무슨 글자인지 모르겠다고 적고 있다. 【校注】 原卷의 '𤊞'은 '𤊞'자의 筆寫에 따른 변체자이다.

16 '多'는 原卷에서는 '多'로 되어 있는데 '多'자로 보이지 않는다. 재검토가 필요하다.

17 '有'는 原卷에서는 'ち'로 되어 있는데 이는 '有'의 草書이다. 原錄에서는 이를 '盡'으로 오록하였다. 『新書』의 교주 역시 이와 같다.

18 '闐'은 原校에서는 '嗔'으로 되어 있다. 潘重規는 '闐'은 '塡'과 통한다고 하였다. 【校注】 반씨의 견해는 옳다. 705쪽 주석 13)번을 참조 바란다.

19 '坑'은 原卷에서는 '坑'으로 되어 있는데 이는 '坑'의 속자이다. 原錄에서는 이를 '沉'으로 오록하였다. 『新書』의 교주 역시 이와 같다.

頻聽講, 學三乘, 休向人間定愛憎,
聞健[20]速須求解脫, 會取蓮經能不能.
鷹解了, 法門開, 堪與門徒殄[21]鄣災,
淨土碧霄今[22]不遠, 遨遊飛去也唱將來.
관음보살에 예배 올리면 그 공덕이 가장 강해진다고
영산회상(靈山會上)[23]에서 부처님이 찬양하셨네.
천룡이 그 말씀을 듣고 희유한 일이라 말하고
보살은 그 말씀을 들으며 길상이라 찬양한다.
[관음을] 공경하면 천 가지 공덕이 생겨나고
[법화경을] 수지하면 백 가지 재앙을 면할 수 있네.
세존께서는 이리하여 은근히 말씀하시는데
그 공덕 헤아리기 어려움을 알아야 하리.
예배를 올리고 또 공경하라.
수없이 많은 이로움을 얻을 것이로다.
부처님께서 사람들의 수행이
어느 정도인지 추측하게 하는 창(唱)이 곧 나온다.

경전에서 말하기를, "무진의보살이여, 만일 어떤 이가 62억 항하사만

20 '聞健'은 '건강할 때를 틈타다'는 뜻이다. '聞'은 '趁'의 의미로도 쓰인다. 「頻婆娑羅王后宮綵女功德意供養塔生天因緣變」: "건강할 때 깨달음을 얻어야 할 것이니 [그리하면] 내세에 반드시 윤회를 면하게 되리라(聞健直須疾覺悟, 當來必定免輪迴)." 여기서의 '聞健' 역시 같은 뜻이다. 『通釋』을 참조하라.

21 '殄'은 原錄에서는 '弥'로 되어 있고 '弭'로 교정하였다. 潘重規는 原卷에서는 '㱥'으로 되어 있으며 이는 곧 '殄'이라고 하였다. 【校注】 반씨의 견해는 옳다. 「長興四年中興殿應聖節講經文」: "百靈을 감동시켜 재앙을 없애고 三寶를 떠맡아 복을 기원하신답니다(感百靈之消殄災祥, 荷三寶之禱祈福祚)." 이 '殄'자가 原卷에서는 '㱥'로 되어 있는데, 이 역시 '殄'의 俗體이며 그 용법도 본편과 똑같다.

22 '今'은 原錄에서는 '終'으로 되어 있고 그 주석에서는 "'終'자 옆에 본래 '去'자가 있다"고 하였다. 潘重規는 '今'자인 듯하다고 하였다. 【校注】 반씨의 견해는 옳다. 原卷에서는 '今'자가 '終'자 우측 옆에 덧붙여 있는데 이는 '終'자를 '今'으로 고쳐야 함을 가리킨다. 이에 의거하여 수정한다.

23 영취산(靈鷲山)에서 석가모니가 법화경을 설법하던 자리.

큼의 보살 명호를 수지하였다면"

노란 매 운운하는 시(詩) 하늘가:

마치 횃대 위에 있던 노란 매가
하늘가를 나는 데는 그 뜻하는 바가 있듯이
마찬가지로 세상 속의 범부가
생사를 벗어나려는 데는 그 의도하는 바가 있다.
매는 사람 사는 집의 횃대 위에 있더라도
마음은 푸른 하늘에 가 있듯이
중생은 비록 세간(世間)에 있지만
그 진성(眞性)은 본래 부처와 같도다.
노란 매는 비록 횃대 위에 앉아 있어도
마음은 푸른 하늘에 가 있듯이
중생은 비록 이 사바세계에 있지만
마음은 여래와 다름이 없도다.
매 역시 날고 싶은 마음 있으나
누가 묶인 끈을 풀어줄 지 알 수 없듯이
중생은 [부처님이] 세상에 나타나시기를 고대하나
누가 그를 구해줄 지 알 수가 없다.
노란 매의 발톱은 날카롭기 그지없는데
어찌하여 [자신을 묶고 있는] 끈을 풀어버리지 못하는가.
범부의 불성(佛性) 비록 밝지만
어찌하여 탐욕과 분노의 업(業)이 이리도 무거운가.
어떤 총명하고 지혜로운 사람이
노란 매를 묶고 있던 끈을 풀어주듯이
삼계(三界)의 주인이신 석가께서
중생의 악업의 끈을 풀어주시는도다.
끈에서 풀려난 횃대 위의 매는

푸른 하늘로 날아올라 보이지 않고
업(業)의 끈을 잘라 삼계(三界)를 초월하면
범부(凡夫)를 찾기는 대단히 어렵다네.
그대에게 권하노니 속히 횃대 위의 매를 풀어주어
구름 너머로 날아가게 하기를.
그대에게 권하노니 속히 탐진(貪嗔)의 그물을 자르고
높이 날아올라 조속히 정토(淨土)로 향하기를.
끈을 끊고 푸른 구름 사이로 날아오르면
만 리의 푸른 하늘에 이르기도 어렵지 않다네.
어찌하여 망심과 탐애에 속박되어
만 겁 동안 윤회하며 잠시도 쉬지 않는가.
정토는 얼마나 높이 날아야 하는지 가늠할 수 없고
범부는 전도(顚倒)[24]되어 망심(妄心)이 생겨난다.
작은 선행도 없이 신업(身業)[25]을 지을 뿐이니
죽고 나서 삼도(三途)에 오르게 되리라.
깨달음을 얻으려거든 속히 수행을 하라.
덧없는 세상 결국은 머지않아 그치게 되고
부귀한 자라 하여 죽음의 귀신은 봐준 적 없으며
공경(公卿)이라 하여 무상(無常)함이 비껴간 적 없다네.
덧없는 인생의 이치를 깨달아
탐진(貪嗔)이라는 바닥없는 구덩이에 빠지지 말지니.
내생에는 그대에게 어느 곳이 훌륭한 곳인지 보여줄 것이니
서방정토에서는 불생불멸의 이치를 깨닫는다네.
자주 설법을 듣고 삼승(三乘)을 배우며
인간에 대한 애증을 잠재우도록.

24 번뇌 때문에 잘못된 생각을 갖거나 현실을 잘못 이해하는 일.
25 삼업(三業)의 하나. 몸으로 짓는 일체의 죄업으로 살생, 도둑질, 사음(邪淫) 따위이다.

건강할 때에 속히 해탈을 구하라.
이 법회에서 법화경의 가르침을 취할 수 있는가 없는가.
매는 끈에서 풀려나고 법의 문은 열렸으니
문도들에게 내리는 업장에 따른 재앙은 곧 사라지고 말리라.
정토의 푸른 하늘은 이제 멀지 않았으니
즐거이 날아오르라, 창(唱)이 곧 나오리라.

經 :「無盡意, 若有人受持六十二億恆河砂菩薩名字.」

言六十二億, 是校量也. 十萬爲億, [□□](恒河)梵語, 亦殑伽河,[26] 在五印土, 六十二億個恆河跟菩薩名字, 佛言若有一個人念六十二億個恆河砂菩薩名字云云.

若說殑[27]伽河裏, 沙細人間莫比,
恰如粉面[28]一般, 和水渾流不止.
東西各一由旬, 南北四十餘里,
一砂將喩一人, 都計不知有幾.
此水東流急似輪, 水中砂細細如塵,
擧頭極目無靑草, 浪底深沈少白蘋.
若算此沙應少有, 此[29]方要見且無因,
佛將喩我諸菩薩, 一個砂同一個人.

---

26 '恒河' 두 자는 原卷에는 없는데 蔣禮鴻의 校注에 의거하여 보충한다. 또 '殑伽'가 原錄에서는 '殑叻'으로 오록되어 있는데 蔣禮鴻은 '殑'은 '殑'이 되어야 한다고 하였는데 이는 지극히 옳다. 原卷에서는 사실 '殑'자로 되어 있다.(原校에서는 '殑'자의 우측 '克'을 '堯'의 속자인 '尭'로 오판한 것이다) '伽'자 우측의 '口'는 原卷에서는 '力'의 왼편에 적혀 있는데 이는 '伽'의 오자이다. 또 '亦' 다음에 '云'자가 하나 빠진 것 같다. '恒河'는 '恒伽河'의 약칭이며 '殑伽河'라고도 부른다. 범어 Gaṅgā의 음역이다. 『大唐西域記』 권1 : "殑伽河는 옛날에는 曰恒河 혹은 曰恒伽라고도 불렀는데 이는 잘못이다(殑伽河, 舊曰恒河, 又曰恒伽, 訛也)."

27 '殑'은 原錄에서는 '殑'로 되어 있는데 여기서는 原卷에 의거하여 바로잡는다.

28 '面'은 '麵'의 편방 생략 가차자이다. '粉麵'은 '粉末'이다. 『通釋』을 참조 바란다.

29 '此'는 原卷에서는 '乇'로 되어 있는데 이는 '此'자이다. 原錄에서는 '比'로 오록하였다.

佛言：若有一人供養受持六十二億個恒河沙云云.[30]

有一凡夫專切，供養諸大菩薩，

六十二億恆河，數盡由尙未徹.

專專虔懇不停，念念用心專切.[31]

如斯一志精勤，晝夜略無暫歇.

十方菩薩廣稱名，一志虔心更不停，

只用恆沙爲數目，更將身意作功程.

如斯數滿長無倦，能把因緣更轉精，

佛告會中無盡意，這個修行何似生?[32]

空稱名號以難偕，決定將身座寶臺.[33]

更向諸餘菩薩道，盡形供養唱將來.

경전에서 말하기를, "무진의보살이여, 만일 어떤 이가 62억 항하사만큼의 보살 명호를 수지하였다면"

62억이라 말한 것은 수를 가늠한 것이다. 10만이 1억이다. 항하(恒河)

30 '云云'은 原卷에서는 '云ㅡ'으로 되어 있는데 이는 '云云'을 생략해서 적은 것이다. 原錄에서 '云'자를 중첩시키지 않은 것은 잘못이다. '云云'은 아직 끝나지 않았음을 표시한다. 講經文에서는 흔히 '云云'으로써 생략을 표시한다. 위 문장 "佛言若有一個人念六十二億個恆河砂菩薩名字云云"과 아래 문장 "供養六十二億恆河沙菩薩云云"의 '云云' 역시 原卷에서는 모두 '云ㅡ'으로 되어 있는데 原錄에서는 이를 '云云'이라 기록하고 있다.

31 '專切'은 原錄에서는 '不闕'로 되어 있고 그 주석에서는 "'闕'자 옆에는 본래 '專切' 두 글자가 있다"고 하였다. 【校注】 '專切' 두 자는 原卷에서는 '不闕' 두 자의 우측에 덧붙여 있다. 이는 '不闕'을 '專切'로 고침을 의미한다. 이에 의거하여 수정한다.

32 '生'은 어조사로서 형용사 혹은 대명사 뒤에 쓰이며 '樣' 혹은 '然'에 해당한다. '何似生'은 '怎樣', '怎生'과 같다. 楊萬里 「和子上弟春雹」 詩："청춘이 이미 시든 꽃 속에 있으니 그를 따르는 게 어떠한가?(靑春已在殘紅裏, 更着渠儂何似生?)" 羅振玉 舊藏 「維摩詰經講經文」："비야리성의 사람들이 모두 그것을 보고는 대단한 신통력이라고 말했다(毗耶城裏人皆見, 盡道神通大煞生)." 이 '生'자의 용법도 마찬가지다.

33 '座'는 '坐'와 통한다. '寶臺'는 原卷에서는 '宀莹'로 되어 있는데 '宀'은 '寶'의 생략형이고 '莹'의 '臺'의 속자이다. 아래 문장 "同寶積之所陳" "還同諸佛座(坐)花臺"의 '寶'자와 '臺'자가 原卷에서는 각각 '宀', '莹'로 되어 있음은 그 예이다. 原錄에서는 '宀芝'로 적고 있는데 이는 잘못이다.

는 범어이며 긍가하(殑伽河)라고도 한다. 인도 땅의 다섯 나라에는 62억 개 항하사만큼의 보살이 있다. 부처께서 만일 어떤 이가 62억 개 항하사만큼의 보살 명호를 염송한다면 이러이러하다고 말씀하신 것이다.

항하사에 대해 말하자면
그 자잘한 모래알은 인간 세상에서 견줄 바 없다.
분말이나 다름없어
물과 함께 끊임없이 흘러간다.
동서로 1유순(由旬)[34]
남북으로 40여 리.
하나의 모래알은 곧 한 명의 중생에 비유되는데
모두를 헤아려보아도 얼마인지 알 수가 없다.
이 물은 동쪽으로 흐르는데 그 빠르기가 수레바퀴와 같고
물속의 모래알은 미세하기가 먼지와 같다.
고개 들어 바라보아도 싱싱한 풀이라곤 보이지 않고
물살은 깊어 하얀 마름꽃도 드물다네.
만일 모래알이 줄어야 한다고 여긴다면
이곳에는 아무런 업인도 없네.
부처님은 나와 모든 보살을 깨우쳐주시니
모래알 하나는 곧 한 명의 사람이라네.

부처님께서는 "만일 어떤 이가 62억 개 항하사만큼의 보살 명호를 수지한다면 이러이러하다"고 말씀하셨다.

한 범부(凡夫)가 정성스럽고도 간절하게
모든 보살들을 공양하니
62억 항하(恒河)의 모래알처럼
그 수가 다하도록 [복덕이] 다함이 없다.

---

34 고대 인도의 이수(里數) 단위. 소달구지가 하루에 갈 수 있는 거리로서, 80리인 대유순, 60리인 중유순, 40리인 소유순의 세 가지가 있다.

쉴 새 없이 한마음으로 정성을 다하고
온 마음으로 [보살의 명호를] 염송한다.
이처럼 전심으로 [보살을] 받드는데
밤낮을 가리지 않고 잠시도 쉴 새가 없다.
십방(十方)의 보살 명호 널리 염송하는데
오로지 경건한 마음으로 멈출 새가 없네.
항하의 모래알 수만큼 [수많은 보살에게 공양을 올려]
더욱 자신의 염원을 이루고자 노력하네.
이처럼 오랜 동안 게으르지 않으니
인연은 더욱 정미해진다.
부처님께서 좌중의 무진의보살에게 이르기를
이러한 수행은 어떠한가?
명호를 부르는 것만으로도 [그 공덕] 견주기 어려우니
반드시 그 몸은 보좌에 오르리라.
다시 여러 보살들을 향해 말씀하시는데
죽을 때까지 공양을 올린다는 창이 곧 나오리.

經 :「復盡形供養飮食, 衣服、臥具、醫藥.」

此人旣受持六十二億[35]恒河沙菩薩, 又復盡形供養以四事 : 飮食、衣服、臥具、醫[藥].

弟[36]一, 飮食者. 或蘇[37]陀味甘露珍羞, 玉盂成[38]百味之馨香, 金碗

35 原卷에서는 '六十二億' 네 글자가 중복되고 있다. 原校에서는 이를 衍文이라 여겼는데 이는 옳다. 이에 의거하여 삭제한다.

36 '弟'는 原錄에서는 '第'로 되어 있다. [校注] 순서(次第)를 뜻하는 '第'자가 본권에서는 모두 '弟'로 되어 있다. '弟'는 '第'의 本字이다. 原錄에서는 이를 일률적으로 '第'로 수정하였는데 이는 타당하지 못하다.

37 '蘇'는 原卷에서는 '穌'로 되어 있다. 아래 문장 '蘇洛'의 '蘇'자는 原卷에서는 '蘓'로 되어 있다. 양자 모두 '穌'의 필사체의 변형이다. '穌'은 '蘓'와 같으며 이들은 '蘇'의 俗體이다.(돈황사본에서 '蘇'자는 흔히 '穌' 혹은 '蘓'로 표기되고 있다. 예컨대 P.3595「蘇

捧千般之美味. 或乳糜蘇洛(酥酪), 香飲朝嚴, 同寶積之所陳, 似純陀[39]之所獻.[40] 山前林下, 採仙果之青蔬;[41] 江上溪邊, 摘香新之蓮藕.

供養十方菩薩, 且要飲饌精修,

嚴持[42]最上香羞, 唯新鮮之蔬菜.

或用醍醐澆浸, 或將甘露調和,

如斯不敢因循, 畢充[43]一生供養.

百般珍饌總芳名, 嚴潔從頭用意精,

甘露飯將金碗捧, 醍醐飲用玉盂成.

粳粱[44]何異純陀獻, 乳粥還同二女擎,

如此每朝申供養, 恆沙菩薩與垂形.

第二, 衣服供養六十二億恆河沙菩薩云云.

若用名衣供養, 功德無邊無量.

只將人世綺羅, 裁作天宮模樣.

武李陵執別詞」에서 '蘇武'의 '蘇'자가 다수 이 두 형태로 되어 있다) 原錄에서는 '蕻', '蕻'로 적고 있는데 이는 잘못이다.

38 '成'은 『新書』에서는 '盛'으로 되어 있다. 아래 문장 "醍醐飲用玉盂成"의 '成'자를 徐震堮은 '盛'으로 보았는데 모두 옳다.

39 [原校] 周一良은 "純陀는 人名이며 부처에게 최후의 공양을 드렸다"고 하였다.

40 獻: 原卷에서는 왼쪽 부분이 어떤 형태인지 알 수가 없으며, 오른쪽 부분은 '犬'으로 되어 있는데 이는 '犬'의 속체이다. 原錄에서는 '戲'로 되어 있는데 潘重規는 原卷에서는 '獻'으로 되어 있다고 하였다. 반씨의 견해가 비교적 합당하여 이를 따른다.

41 '蔬'는 原卷에서는 '踈'로 되어 있는데 이는 '蔬'의 俗字이다. '疏'자를 '踈'로 적기도 하는데 이는 俗體 '蔬'자의 하반부를 빌어다 쓴 것이다.

42 原卷에서 '嚴'자는 草書에 가까운 서체로 적혀 있다. 原錄에서는 '厂' 아래를 '敏'으로 적고 있는데 이는 오류다. '嚴持'는 '嚴治'이며 '정리하다', '손질하다'는 뜻이다. 당나라 사람은 高宗의 諱를 피하여 '治'자를 '持'로 고쳐 적었다. 「維摩碎金」: "그 후 깨달음의 길을 손질하여 중생을 제도하였다(然後嚴持覺路, 度接衆生)." 여기의 '嚴持' 역시 '嚴治'이다.

43 '充'은 原錄에서는 '竟'으로 되어 있다. 潘重規는 原卷에서는 '充'으로 되어 있다고 하였는데 이는 옳다. 이에 의거하여 바로잡는다.

44 '粱'은 原卷에서는 '粿'으로 되어 있다. 原錄에서는 우측 부분을 '梁'으로 적고 있는데 이는 잘못이다. 說文解字에서 '粱'자는 '米' 편방 '梁'자의 생략이라고 하였다. 본권의 '粿'자는 說文解字에서 말한 字形과 일치한다.

或添纓絡身中，或綴寶冠[45]頭上.
或爲[46]五色熒煌，或作輕盈晃浪.
一生供養不曾休，長將疋段旋新羞，
每把金襴安膝上，更將銀縷掛肩頭.
冬天厚暖應難比，夏[47]輕紗一切周，
到老一生長供養，西方淨土必遨遊.

경전에서 이르기를, "게다가 죽을 때까지 음식, 의복, 와구(臥具), 의약품을 공양한다."

이 사람은 이미 62억 항하사 보살의 이름을 수지한 데다 또 죽을 때까지 음식, 의복, 와구(臥具), 의약품 등 네 가지를 바친다.

첫째, 음식이라는 것은 소타(蘇陀) 맛 감로(甘露)와 같이 귀하고 맛 좋은 음식을 말한다. 옥 사발에 백 가지 향기로운 음식을 담고 황금 주발에 천 가지 맛 좋은 음식을 담아 바친다. 혹은 우유죽과 수락(酥酪) 등 향기로운 음식을 바치는데 보적장자(寶積長者)가 [보개(寶蓋)를] 바치고 순타(純陀)가 [우유죽을] 공양하듯이 하는 것이다. 산속에서 선과(仙果)와 푸른 채소를 따고 강이나 시냇가에서 향기로운 연밥을 딴다.

십방(十方)의 보살에게 올리는 공양은
귀하고 맛 좋은 음식이어야 하네.
최상의 향기로운 음식을 준비하되
신선한 야채이어야만 한다네.

---

45 '寶冠'은 原卷에서는 '宀宥'로 되어 있는데 이는 '寶冠'의 俗體이다.(「魏司馬紹墓誌」에서 '冠'자는 '宥'로 되어 있고, 「隨儀同三司王護墓誌」에서는 '宥'로 되어 있음은 참고할 필요가 있다) 原錄에서는 '宀宥'라 적고 있는데 이는 잘못이다.

46 '爲'는 原錄에서는 '者'로 오록하였다. 潘重規는 原卷에서는 '爲'로 되어 있다고 하였는데 이는 옳다. 이에 의거하여 바로잡는다.

47 '夏'는 原錄에서는 '一'로 되어 있는데 의미상 합당하지 못하다. 原卷을 자세히 살펴보면 '一'자는 희미한 가로획으로 되어 있고 이 聯의 윗부분에는 '夏'자가 하나 적혀 있다. 이는 原卷의 희미한 곳을 '夏'자로 보아야 함을 말해준다. '夏月'은 앞 구 '冬天'과 대구되며 문맥도 자연스럽다.

제호(醍醐)로 [음식을] 적시기도 하고
감로(甘露)로 맛을 조절하기도 하네.
되는대로 바쳐서는 아니 되고 이처럼 행하되
한 평생이 다하도록 공양을 올리는 것이라네.
백 가지 진귀한 음식에는 모두 아름다운 이름이 있나니
정갈하고 정성을 다해 하나하나 준비를 해야 하네.
감로의 밥을 황금 주발에 담아 바치고
제호의 음료를 옥 사발에 담아 바친다.
메벼와 기장밥이 어찌 순타(純陀)의 공양과 다를 것이며
우유죽이 두 여인의 공양과 다를 것인가.
이와 같이 날마다 공양을 올리면
항하사의 보살이 그 모습을 드러내리라.

둘째, 62억 항하사의 보살에게 의복을 공양한다는 것은 이러이러하다.

훌륭한 옷을 공양하면
그 공덕은 무량무변하다.
인간 세상의 비단만으로
천궁(天宮)의 모습을 만들라.
영락(瓔珞)으로 몸을 꾸미기도 하고
보관(寶冠)으로 머리를 장식하기도 하라.
울긋불긋 오색 빛이 반짝이는가 하면
선들선들 물결이 일기도 한다.
일생동안 공양을 그치지 않으며
피륙을 바치도록 하라.
금란(金襴)으로 무릎 가를 장식하고
은빛 명주를 어깨에 걸쳐 놓는다.
겨울에는 더없이 따뜻하게 해야 하고
여름에는 가벼운 비단으로 공양해야 하리.

늙어서까지 일생동안 공양을 계속하면

반드시 서방정토에서 노닐 수 있으리.

第三, 臥具者, 或象牙爲床, 金蓮作座, 錦絪[48]綺褥, 氈毯氍毺,[49] 一一事事自手鋪陳, 多處處將心供養.

若將臥具廣鋪陳, 供養還須事事新,

白角簟[50]中安錦褥, 象牙床上布紅絪.

時時掃灑檀[51]香水, 處處莊嚴淨土塵,

六十二億菩薩衆,[52] 朝朝供養倍精勤.

第四, 醫藥者云云.

人間醫藥實難量, 先且尋求要好方,

奉佛永交增福利, 獻僧長得滅災殃.

---

48 ‘絪’은 ‘茵’과 같다. 『漢書』 「霍光傳」 “畵繡絪馮”에 대한 顔師古의 주석은 如淳을 인용하여 “絪亦茵”이라 하였다. [校注] 『說文解字』 艸部 : “茵, 車重席也. 從艸因聲. 鞇, 司馬相如說茵從革.” 이로 보아 풀을 엮어 만든 것을 ‘茵’이라 하고, 가죽으로 만든 것을 ‘鞇’, 실로 만든 것을 ‘絪’이라 함을 알 수 있다. 무엇으로 만들었느냐에 따라 글자의 형태가 변하고 있다. 이는 문자가 파생되는 과정의 일면을 보여준다.

49 氈毯氍毺 : 原卷에서는 ‘氊毯氍[illegible]’으로 되어 있다. 편방 ‘毛’가 모두 글자의 좌측에 위치해 있다. 형성자의 대부분이 좌측이 뜻을, 우측이 소리를 나타내는 규칙에 부합하고 있다. ‘氊’은 ‘氈’의 속자이며 ‘氈’과 같다. ‘氍’은 ‘氍’의 속자로서 『龍龕手鏡』에 보인다. ‘[illegible]’은 ‘毺’의 俗寫이며 ‘毺’은 ‘毹’의 속자이다.(『正字通』 毛部 : “毹, 同氍, 俗作毺.”) ‘氍毹’ 역시 ‘융단’, ‘모포’ 같은 부류이다. 『廣韻』 虞韻引 「風俗通」 云 : “털로 짠 요를 氍毹라 부른다(織毛褥謂之氍毹).”

50 ‘簟’은 原錄에서는 ‘箄’로 되어 있다. ‘箄’는 시루 바닥을 덮는 대자리, 혹은 바구니 모양의 대나무 그릇을 말하는 까닭에 문맥에 부합하지 않는다. 原卷을 검토해보면 이 문구의 맨 앞 여백에는 ‘簟’자가 하나 있는데 이는 문중의 ‘箄’자를 ‘簟’으로 고친다는 의미이다. ‘簟’은 대자리를 가리키며 문맥과도 잘 어울린다. 이에 의거하여 바로잡는다.

51 ‘檀’은 原錄에서는 ‘擅’으로 되어 있는데 徐震堮은 이를 ‘檀’으로 보아야 한다고 하였다. [校注] 原卷에서는 이 글자의 좌측 부분이 ‘扌’형태로 되어 있는데 이는 ‘檀’자의 俗體이다.(필사권에서 ‘木’ 편방은 흔히 ‘扌’ 형태로 되어 있어 ‘手’ 편방과 혼동을 초래한다)

52 [原校] 原卷은 ‘所’자로 되어 있고 그 옆에 ‘衆’자가 덧붙여 있다. 여기서는 ‘所’를 버리고 ‘衆’을 택한다.

令人擣合[53]交(教)如法, 及月收來必異常,

莫說來生[54]無病患, 且交(教)見世命延長.

셋째, 와구(臥具)라는 것은, 상아로 만든 침대, 연꽃으로 엮은 의자, 향기로운 풀과 비단으로 만든 자리, 양탄자, 모포 등을 손수 하나하나 직접 깔고 곳곳마다 마음을 다해 공양 올리는 것을 말한다.

만일 와구를 넓게 깔아 공양하려 한다면
모든 것을 새롭게 해야만 하리.
흰 빨로 만든 대자리에는 비단 깔개를 깔고
상아로 만든 침상에는 붉은 요를 깔도록.
자주자주 단향(檀香)의 향수로 청소를 하고
곳곳마다 정토의 티끌로 장식하라.
62억 보살들에게
날마다 정성을 다해 공양을 올리리라.

넷째, 의약품 운운한 것은,

인간 세상의 의약은 실로 헤아리기 어렵나니
먼저 좋은 처방을 찾아야 하리.
부처님께 바치면 영원토록 공덕이 늘고

---

53 '擣'는 原卷에서는 '搗'로 되어 있는데 이는 곧 '搗'이다. '搗'는 '擣'의 속자이다. 『干祿字書』, 『廣韻』, 『龍龕手鏡』 등에서 보인다. 돈황사본에서도 자주 보인다. '擣'는 '搗'로 적기도 하는데 이것은 비교적 후기에 생겨난 속자인 듯하다. 돈황사본에서는 가끔 그 예가 보인다. 『碑別字新編』에서는 '擣' 뒤에 '搗'는 있으나 '搗'는 보이지 않는다. 上海圖書館 所藏 述古堂 影印 宋 鈔本 『集韻』 晧韻에서는 "[illegible]擣搗: 說文: 手椎也. 一曰築也. 或作擣、搗."라는 기록이 있다. 앞뒤에서 열거한 글자가 똑같지 않은데 '搗'자가 옳은 것 같다.(『廣韻』 晧韻에서는 '擣'를 '搗'라 적기도 한다고 하였을 뿐 '搗'자는 나와 있지 않음은 그 증거이다) 앞 글자를 原錄에서는 '搗'로 적고 있고 '搗'라 교정하였는데 이는 불필요하다. '擣合'은 '갈아서 조제하다'는 뜻이다. P.3833 王梵志 詩: "年年合仙藥, 處處求醫方." 이 '合'자의 의미는 이와 같다.

54 '生'은 原錄에서는 '世'로 오록되어 있다. 潘重規는 原卷에서는 '生'으로 되어 있다고 하였는데 이는 옳다. '來生'은 '來世'와 같다. 불교에서는 사람이 죽으면 거듭해서 태어난다고 하는데, 이번 생을 뜻하는 今生에 대응하여 다음 생을 來生이라 부른다.

승려에게 바치면 오래도록 재앙을 없앨 수 있다.
사람들에게 [여래의] 가르침에 맞게 빻아 조제토록 하라.
한 달이 지나면 남다른 효과를 거둘 것이다.
내생에는 병환 없고
수명도 늘어나리라 말하지 말라.

如[55]上四事供養, 若有一人以四事供養, 又受持六十二億恒河沙菩薩名字, 所得功德, 佛不自言, 乃問無盡意菩薩, 言多否?

此人供養不休, 四事般般皆有,
更兼一志受持, 六十二億沙數.
盡生供養不停, 功得[56]名爲多否
世尊不自說之, 遂問觀音不謬.
四般供養卒難偕, 又顯聖名聖意開,
非唯福利千千億, 兼使災消萬萬垓.[57]
世尊不自親稱讚, 總要諸多菩薩裁,
卽問會中無盡意, 名爲多不唱將來.

經:「於汝意云何?是善男子善女人, 功德多不, 無盡[意]言; 甚多, 世尊.」

言「於汝意云何」,[58] 問無盡意也. 善男子者, 諸大菩薩方名善男子, 供養六十二億恆河沙菩薩人, 佛道此人, 功德我自知, 於汝意云何?

---

55 '如'는 原錄에서는 '以'라 오록되어 있다. 여기서는 原卷에 의거하여 바로잡는다.

56 '得'은 '德'과 통한다. 原錄에서는 직접 '德'으로 수정하였는데 이는 타당하지 못하다.

57 '垓'는 數의 단위로서 十京이 一垓이다. 지극히 많은 수를 가리킨다. 『太平御覽』 卷750 引用 「風俗通」: "십만을 億이라 부르고, 십억을 兆라 부르며, 십조를 京이라 부르고 십경을 垓라 부른다(十萬謂之億, 十億謂之兆, 十兆謂之經(京), 十經謂之垓)."

58 '云何'는 原卷에서는 草書로 되어 있는데 모습이 '前'자와 유사하다. 原錄에서는 '前'자로 되어 있다. [徐震堮] 경문에 의거해보건대 '前'은 응당 '云何'가 되어야 한다. [校注] '前'은 '云何' 두 글자를 한 글자로 誤讀한 것이다. 서씨의 견해에 의거하여 바로잡는다.

能行菩薩總名善男云云.

修行淨行不貪嗔, 向佛於僧[59]意自純,

每日參禪求問道, 終年結社作良因.

不交意地迷三或,[60] 豈遣心田[61]染[62]六塵,

凡是修行諸弟子, 經中喚作善男身.

지금까지 네 가지 공양에 대해 설하였다. 만일 어떤 사람이 이 네 가지로써 공양을 올리고 또 62억 항하사 보살의 이름을 수지한다면, 얻게 되는 공덕이 많은지 어떤지를 부처 스스로 말하지 않고 무진의보살에게 묻는다.

이 사람은 공양을 그치지 않고

네 가지 공양을 두루 갖추었네.

---

59 '向佛於僧'은 '對佛對僧'과 같다. '向'과 '於'는 같은 뜻이다. 돈황변문에서 '於'와 '向'은 서로 대응되어 쓰이는 경우가 많다. 「目連變文」: "三寶에 대한 깊은 믿음이 있었으며 十善을 정성으로 행하였다(於三寶有信重之心, 向十善起精崇之志)." P.2418 「父母恩重經講經文」: "六道 속을 오가고 三途 안에서 죽었다 다시 살아난다(於六道中來又去, 向三途內死還生)." 러시아 所藏 符盧格 編 365호 「妙法蓮華經講經文」: "보살에게 공경의 마음 생기지 않고, 제천의 길상함에 예배드리지 않네(不於菩薩生恭敬, 不向諸天禮吉祥)." 등에서 보이듯이 '向'은 모두 '於'의 의미로 쓰이고 있다. 또 같은 365호 「妙法蓮華經講經文」: "마음을 오로지하지 않고 원하지도 않으며, 부처를 대하고 승려를 대함에 있어 경거망동한다. 부처가 말씀하시길, 그 자가 찾아온다 할지라도 그에게 오묘한 이치를 설하지 말라(不精專, 非志意, 向佛對僧且容易; 佛言彼若到來時, 不要與他宣妙理)." 본문의 '向佛於僧'은 이 "向佛對僧"과 같다. '向'은 '於'와 같으며 또 '對'와도 같다. 『通釋』은 '向佛於僧'의 '向'과 '於'가 '敬愛하다', '厚待하다'는 뜻이라고 하였는데 그런 것 같지 않다.

60 '或'은 原錄에서는 '䎸'로 되어 있고 '惑'이라 교정하였다. 【校注】 '䎸'은 '或'의 俗體이고 '或'은 '惑'의 古字이지 '䎸'이 곧 '惑'자인 것은 아니다. 아래 문장 "或見歡娛花樹下, 或逢寂寞遠江頭"의 '或'자는 原卷에서는 모두 '䎸'으로 되어 있다. 또 「隋張伻墓誌」에서도 '或'자가 '䎸'으로 되어 있음은 그 증거이다. '三惑'은 사람을 유혹하는 세 가지 번뇌를 말하는데 술과 미색, 재물이 여기에 속한다.

61 '田'은 原錄에서는 '因'으로 되어 있다. 【潘重規】 原卷은 본래 '曰'로 되어 있고 그 위에 다시 '田'으로 고쳐 적었다. 【校注】 반씨의 견해는 옳다. '心田'은 앞 구 '意地'와 대구가 된다. 이에 의거하여 바로잡는다.

62 '染'은 原卷에서는 '[illegible]'로 되어 있는데 이는 곧 '染'자의 俗體이다. 原錄에서는 '涉'이라 오록하였다. 『新書』도 이와 같다.

또 일념으로 [보살의 명호를] 수지하는데
그 수가 62억 항하의 모래알이라네.
죽을 때까지 공양을 그치지 않으니
그 공덕 많은가 그렇지 않은가.
세존은 스스로 말하지 않고
어긋남이 있는지 관음보살에게 묻는다.
네 가지 공양을 함께 하기는 어려울 뿐더러
또 명호를 수지하니 성인의 뜻이 열린다.
단지 수천 억의 복덕이 있을 뿐 아니라
수만 해(垓)의 재앙을 소멸시킨다.
세존은 스스로 찬탄하지 않고
여러 보살들 스스로 헤아려보라신다.
좌중의 무진의보살에게 묻는데
그 공덕이 많은지 어떤지를 묻는 창이 곧 나온다.

경전에서 이르기를, "그대는 어떻게 생각하느냐? 이 선남자 선녀인은 공덕이 많은가 그렇지 않은가? 무진의보살이 대답하기를, 대단히 많습니다. 세존이시여."

'그대는 어떻게 생각하느냐'는 무진의보살에게 묻는 것이다. 선남자는 모든 보살을 말하기도 하고 62억 항하사 보살을 공양한 사람을 말하기도 한다. 부처는 이 사람의 공덕이 많음을 알지만 그대는 어떻게 생각하느냐고 묻고 있다. 보살행을 실천하는 사람을 선남자라고 부른다.

청정한 수행을 하여 탐하지도 성내지도 않으며
부처와 승려를 대하니 마음이 절로 깨끗해진다.
날마다 참선을 하며 도를 구하니
한 해 내내 단체를 조직하여 좋은 인연을 만든다.
마음이 삼혹(三惑)에 미혹되지 않으니
어찌 마음이 육진(六塵)[63]에 오염될 수 있으리.

무릇 수행하는 불제자들은
경전 속의 선남자가 되어야 하리.

言善女人者, 能持淨戒, 解念眞經, 不貪聲色云云.

不把花鈿粉飾身, 解持佛戒斷貪嗔,
數珠專念彌陀佛, 心地長修解脫因.
三八鎭遊諸寺舍, 十齋長是[64]斷昏(葷)辛,
如斯淨行淸高衆, 經內呼爲善女人.
佛道善男善女, 供養受持無數,
能將佛事爲心, 不把世緣作務.
六十二億恆沙, 菩薩實知心普,
功夫滿足之時, 這個名爲多否.
佛言供養最爲多,[65] 是[66]事精强更不過,

---

63 중생의 참된 마음을 더럽히는 색(色), 성(聲), 향(香), 미(味), 촉(觸), 법(法)을 통틀어 이르는 말. '육경(六境)'이라고도 함.

64 '是'는 原錄에서는 '具'로 오록하였다. 【校注】 原卷에서는 '[illegible]'로 되어 있는데 이는 '是'자의 草書이다. 본권에서 '是'자는 모두 이 형태로 되어 있다. 예를 들어 아래 문장 "或是身作貧人, 或是富貴"의 '是'자 역시 原卷에서는 '[illegible]'로 되어 있다. 그리고 '具'자는 본권에서는 '[illegible]'로 되어 있거나 '具'로 되어 있어서 '是'자와는 구분된다. "十齋長是斷葷辛"은 十齋日에는 채식만을 하고 육식을 하지 않음을 말한다. 불교에서는 매월 1, 8, 14, 15, 18, 23, 24, 28, 29, 30일을 십재일로 정해놓고 이 날은 채식을 하며 짐승을 잡는 것도 금지하고 있다. 宋 趙與時 『賓退錄』을 참조 바란다.

65 原錄에서는 이 문구 앞에 '不可摩' 세 글자가 더 있다. 【原校】 '不可摩' 세 자는 原卷에 있는데 무슨 뜻인지 모르겠다. 또 '難量' 두 글자가 '爲多' 두 자 옆에 적혀 있는데 여기서는 '難量'을 버리고 '爲多'를 택한다. 【潘重規】 ('不可摩'는) 앞 구 "這個名爲多否"에 속하는 듯하다. '摩'는 '麽'와 같으며 '많다고 말할 수 없다'는 뜻이다. 【校注】 이 문구는 본래 "佛言供養最難量"이다. '難量' 우측에 '爲多' 두 자가 덧붙어 있고 이 문구 위쪽에는 또 '不可摩' 세 글자가 있다. '最難量'은 문맥상 통하기는 하나 '量'자가 뒤의 '過', '何', '河', '多' 등의 글자와 압운이 안 되는 까닭에 다른 글자로 대체하게 된 것이다. 이 문구 위쪽의 '不可摩' 세 글자는 아마도 '最難量' 세 글자를 대체하려는 의도인 것 같다. '不可摩'는 '不可近'이며('摩'에는 '근접하다'는 뜻이 있다) '最難量'과 같은 뜻이고 '摩'자도 앞뒤 글자와 압운이 된다. 어쩌면 작자는 '不可摩'가 타당하지 않다고 여겨 그 옆에 '爲多' 두 자를 덧붙여서 본래의 '難量'을 수정한 것 같다. 게

若有智人能計算, 此人功德復如何.

佛旣問, 沒偏坡(頗),[67] 福田沙數等恆河,

大士名爲無盡意, 答言功得(德)實爲多.

故經云:「甚多世尊」云. 言世尊者, 且一切智具足,[68] 三障斷除, 入三解脫門, 得四無畏,[69] 五根堅固, 六度周圓, 七覺支分開張, 八聖道花[70]紛馥. 斷地前[71]之[72]煩惱, 證十地之眞如, 百千[73]功得(德)周圓, 萬

다가 '多'자는 운도 들어맞는다. 따라서 '不可摩' 세 글자는 삭제해야 마땅하다. 반씨가 '不可摩'는 앞 구에 속하는 것 같다고 했는데, 이는 문장의 규칙에도 맞지 않을뿐더러 의미상으로도 맞지 않기 때문에(앞뒤 문장에서는 모두 선남선녀들이 공양을 올린 공덕이 많다고 말하고 있는데 이곳에서는 오히려 "不可名多(많다고 말할 수 없다)"라고 하고 있으니 어찌 모순이 아니겠는가!) 이 의견에는 결코 따를 수 없다.

66 '是'는 原卷에서는 '𣥺'로 되어 있는데 이는 곧 '是'자의 草書이다. 原錄에서는 '具'로 오록하였다. 『新書』 역시 이와 같다. '是事'는 '凡事'와 같다. '是'는 '모든', '일체'의 뜻이다. 『詩詞曲語辭匯釋』을 참조 바란다.

67 '坡'와 '頗'는 동음으로 서로 통용된다. 原校에서는 "陂－頗"라 하였는데 실로 부질없는 일이 아닐 수 없다.(『廣韻』에 의하면 '陂'는 彼爲切 혹은 彼義切로서, '坡'와는 성모나 운모 모두 서로 다르다)

68 '且一切智具足'은 原錄에서는 '且(具)一切智具(慧)果'로 오록되어 있다. 여기서는 原卷에 의거하여 바로잡는다. 『新書』 역시 이와 같다. '一切智'는 불교 술어로서 일체를 알아내는 지혜를 가리킨다. 일체지를 구족한 자를 부처라 이른다. 『智度論』 권2: "물음: 일체지인이란 어떤 부류의 사람을 말하는가? 답: 첫째가는 큰사람, 즉 삼계의 존자를 말하는데 이를 부처라 이른다(問者: 有一切智人, 何等人是? 答曰: 是第一大人, 三界尊, 名曰佛)."

69 '畏'는 原錄에서는 '晨'으로 되어 있고, 그 주석에서는 "본래 '㬠'로 되어 있는데 '晨'자인 듯하다"고 하였다. [徐震堮] 이 글자는 응당 '畏'가 되어야 한다. '四無畏'는 『智度論』에 보인다. [校注] 서씨의 견해는 옳다. '畏'자는 原卷에서는 본래 '㫮'로 적혀 있는데 이는 '畏'의 俗體字이다. 부처는 四無畏를 갖추었다. 사무외는, 일체지를 지녀서 두려움이 없는 것(一切智無所畏), 온갖 번뇌를 끊어 두려움이 없는 것(漏盡無所畏), 불도를 장애하는 법을 말함에 두려움이 없는 것(說障道無所畏), 고통을 없애는 도를 말함에 두려움이 없는 것(說盡苦道無所畏)을 말한다. 『智度論』 권48 및 권25에 보인다.

70 '花'자는 原錄에서는 누락되었다. 潘重規는 原卷에서는 '花'자가 있다고 하였는데 이는 옳다. 이에 의거하여 보충한다.

71 [原校] '地'는 '九'가 되어야 할 듯하다. [潘重規] '地' 앞에 '九'자가 빠진 것 같다. [校注] '地前'은 불교 용어로서 다음 구 '十地'와 대응된다. 보살의 수행 단계 중 부처에 가장 근접한 10가지 경지를 '十地'라 하고, 십지 이전의 凡夫 菩薩을 '地前'이라 부른다. 원문은 '地前'의 번뇌를 끊고 十地의 眞如를 증득하였다는 뜻으로서 문맥상 아

億化身自在. 此方他土, 無不歸依, 天上人間, 悉皆瞻禮.

世出世間皆盡化, 只此名爲大世尊,
世尊普告斷疑懷, 功得(德)如今不可裁.
若據觀音垂妙力, 還同諸佛座[74]花臺,
六十二億雖無量, 百歲身形實異裁.[75]
若有一時同禮拜, 一般獲福唱將來.

'선녀인'은 계법(戒法)을 지닐 수 있어야 하고 진경(眞經)을 이해하고 염송할 수 있어야 하며 아름다운 소리와 안색을 탐하지 않아야 한다.

꽃 비녀로 육신을 치장하지 않고
부처의 계율을 이해 수지하여 탐진(貪瞋)을 끊었네.
염주를 쥐고서 전심으로 아미타불을 부르고
마음을 오래도록 닦아 해탈의 업인을 만든다.
삼팔일(三八日)[76]에는 항상 모든 사찰을 유력하고
십재일(十齋日)[77]에는 육식을 하지 않는다.
이처럼 청정한 수행을 하여 순결하고 고상한 중생들을
경전에서는 선녀인이라 부른다.
부처께서 말씀하시는 선남자 선녀인은
무수히 공양 올리고 명호를 수지하며
부처님 섬기는 것으로 마음을 삼아

무런 하자가 없다. 따라서 訛字나 脫字도 없다.

72 '之'자는 原錄에서는 누락되어 있다. 潘重規는 原卷에서는 '之'자가 있다고 하였는데 이는 옳다. 이에 의거하여 바로잡는다.

73 '千'은 原錄에서는 '年'으로 오록되어 있다. 原卷에 의거하여 바로잡는다.

74 [潘重規] '座'는 '坐'와 통한다.

75 [潘重規] '裁'는 '哉'와 통한다.

76 매월 음력 8일·18일·28일을 말함.

77 매월 팔재계(八齋戒)를 지켜 몸과 마음을 깨끗이 하고 부정(不淨)한 일을 멀리하도록 정해진 열흘. 이날에는 여러 천왕(天王)이 온 천하를 돌아다니며 관찰하므로, 그날에 배정된 부처와 보살의 이름을 집중하여 생각하면 죄를 덜고 복을 받는다고 한다. 매달 1일·8일·14일·15일·18일·23일·24일·28일·29일·30일을 말함.

세간의 인연에 연연해하지 않는 자를 말한다.
62억 항하의 모래알만큼
수많은 보살을 그 마음은 알고 있다네.
그 정성 가득하였을 때
이 공덕은 많다고 할 수 있는가?
부처님께서는 이 공양은 [공덕이] 가장 많으니
그 어떤 것보다도 뛰어나고 강하다 하셨네.
만일 지혜로운 자가 있어 이 [공덕을] 셈해낼 수 있다면
이 사람[78]의 공덕은 얼마라 할 것인가.
부처님의 질문은 편파적이지 않은데
그 복전(福田)은 항하의 모래알만큼 많다네.
무진의라 불리는 이 보살은
실로 그 공덕 매우 많다 답한다.

그리하여 경전에서는 "대단히 많습니다. 세존이시여"라고 한 것이다. 세존은 일체지(一切智)를 구족하시고, 삼장(三障)[79]을 끊으시고, 삼해탈문(三解脫門)[80]에 들어서시고, 사무외(四無畏)를 얻으시고, 오근(五根)[81]이 견고하시고, 육바라밀을 두루 행하시고, 칠각지(七覺支)[82]를 활짝 여시고, 팔성도(八聖道)[83]의 꽃을 향기로이 피우셨다. 지전(地前)[84]의 번뇌를 끊어 십

78 선남자 선녀인을 말함.

79 불도를 수행하여 착한 마음이 생기도록 하는 데 장애가 되는 세 가지. 번뇌장, 업장, 보장이다.

80 해탈을 얻는 세 가지 방법. 공해탈문(空解脫門), 무상해탈문(無相解脫門), 무원해탈문(無願解脫門)이다.

81 번뇌를 누르고 깨달음의 길로 이끄는 다섯 가지 근원. 신근(信根), 정진근(精進根), 염근(念根), 정근(定根), 혜근(慧根)을 이른다.

82 불도 수행에서 참과 거짓, 선악을 살피어서 올바로 취사선택하는 일곱 가지 지혜. 칠각분(七覺分)이라고도 함. 택법 각분, 정진 각분, 희각분, 제각분, 사각분, 정각분, 염각분을 이른다.

83 깨달음과 열반으로 이끄는 올바른 여덟 가지 길. 팔정도(八正道)라고도 함. 정견(正見), 정사유(正思惟), 정어(正語), 정업(正業), 정명(正命), 정정진(正精進), 정념(正

지(十地)[85]의 진여를 증득하셨고, 수천의 공덕을 두루 갖추어 수억의 화신을 마음대로 만들어내신다. 이 나라 저 나라 할 것 없이 [세존께] 귀의하지 않는 자 없으며, 하늘나라와 인간 세상 모두가 우러르며 절을 올린다. 속계(俗界)와 법계(法界)에서 모두를 교화하시니 이 분을 일컬어 대세존이라고 한다.

세존은 의심하는 마음을 끊을 것을 널리 알리시며
그 공덕은 이 자리에서 헤아릴 수 없다 하시네.
관음보살께서 그 오묘한 힘을 드리우시면
제불과 더불어 연화대에 앉으시리라.
62억[에 달하는 보살은] 비록 한량이 없지만
백 년 동안의 육신은 실로 드물기만 하다.
만일 그를 향해 한차례 예배 올리면
복을 얻게 되리라는 창이 곧 나오리라.

經云:「佛言:若復有人受持觀世音菩薩名號, 乃至一時禮拜供養, 是二人福正等無異, 於百千萬億劫不可窮盡.」

佛言者, 卽佛告一般也. 言佛者有二義:一者, 如睡眠[86]覺, [二者]如蓮花開. 如睡眠[覺]者, 夜永忽然睡[87]夢見遊於諸道, 或遊花下, 或

念), 정정(正定)이다.

84 보살의 수행 단계 중 부처에 가장 근접한 10가지 경지를 '십지'라 하고, 십지 이전의 보살을 '지전(地前)보살'이라 부른다.

85 보살이 수행하는 오십이위(五十二位) 단계 가운데 제41위에서 제50위까지의 단계. 환희지(歡喜地), 이구지(離垢地), 명지(明地), 염지(焰地), 난승지(難勝地), 현전지(現前地), 원행지(遠行地), 부동지(不動地), 선혜지(善慧地), 법운지(法雲地)이다. 부처의 지혜를 생성하고 온갖 중생을 교화하여 이롭게 하는 단계이다.

86 '睡眠'은 原錄에서는 '睡眼'으로 오록되어 있다. 【徐震堮】 '睡眼'은 '睡眠'으로 보아야 할 것 같다. 이것은 原卷의 오류가 아니라 校錄者의 실수일 것이다. 【校注】 서씨의 견해는 옳다. 原卷은 본래 '睡眠'으로 되어 있는데 原錄에서 '睡眼'으로 오록하였다. 여기서는 原卷에 의거하여 바로잡는다.

87 原錄에는 '睡'자가 없다. 原卷에는 '睡'자가 '然', '夢' 두 글자 우측에 덧붙어 있다. 이

是身作貧人, 或是富貴, 總在夢中.

寒更漏永睡稠繆,[88] 魂夢將心處處遊,
或見歡娛花樹下, 或逢寂寞遠江頭.
或歸鄉井心中喜, 或夢他鄉客思遊.[89]
恰被曉鍾[90]驚覺後, 夢中行處一時休,
居在無常夜永, 還同永漏[91]更長,
貪嗔煩惱昏沈, 也似睡夢何別.
暫得身居天上, 還如花下一般,
卻歸世上爲人, 便似江頭寂寞.
或卽身貴榮貴,[92] 不殊夢裏喜歡,
忽然處在貧窮, 還似夢中惡發.
無明生死夜長遙, 六道循環自感招,
天上暫隨波浪起, 人間長被業風[93]飄.

에 의거하여 보충한다. 아래 문장 "也似睡夢何別" 여기서도 '睡夢'이 붙어 사용되고 있음을 볼 수 있다.

88 '繆'는 原卷에서는 '穋'로 되어 있는데 이는 앞의 '稠'자와 관련하여 편방이 바뀐 것 같다. '稠繆'는 '綢繆'와 같다.

89 【徐震堮】'遊'는 '憂'가 되어야 할 듯하다. '憂'는 앞 구 '喜'자와 대응되며 구체적 내용은 뒤에 나오는 "還似夢中惡發"을 말한다.

90 '鍾'은 고대에는 '鐘'과 통용되었다. 『干祿字書』: "鍾鐘 : 上酒器, 下鐘磬字, 今並用上字." 原校에서는 '鍾'을 '鐘'이라 교정하였는데 이는 불필요하다. 이하 똑같다.

91 永漏 : 劉堅은 '漏永'이라 교정하였다. 項楚는 "還同永漏更長"은 "猶如永漏, 而更加久長"의 의미이라 하면서 '永漏'는 오류가 아니라 하였다. 항씨의 견해는 옳다.

92 '身貴榮貴'는 의미가 중복되고 있다. 앞의 '貴'자는 뒤의 '貴'자와 관련하여 생긴 오류로 보이며 마땅히 '登'이나 '得'과 같은 동사가 되어야 할 것 같다. 아래 문장 "晨朝淸爽好追尋"의 '淸'자는 原卷에서는 본래 '追'로 되어 있는데 그 오른쪽 옆에 '淸'자를 적어둠으로써 '追'를 '淸'으로 고칠 것을 표시하고 있다. 여기서 잘못 쓰인 '追'자 역시 뒤의 '追尋'의 '追'자와 관련되어 생긴 것이다.

93 '風'은 原卷에서는 '𠙗'로 되어 있는데 이는 '風'자의 草書이다(본권의 '風'자는 모두 이 형태로 되어 있다) 原錄에서는 이를 '行'으로 오록하였다. 『新書』도 이와 같다. '業風'은 불교 용어로서, 선악의 업은 인간으로 하여금 三界를 윤회하게 만드는 까닭에 '風(바람)'에 비유된다. S.2614 「大目乾連冥間救母變文」: "중생의 업보란 바람에 흩날리는 듯하네(衆生業報似風飄)." "쇳물을 부어 城을 짓고 銅으로 벽을 만들었다

悲啼只爲身貧病, 歡喜還緣遇富饒,
成佛似鍾驚覺後, 万般煩惱一時消.

言蓮花忽開者, 似秋池碧沼, 小浦長溪, 有[94]萬朵蓮花.

碧水淸波映[95]石臺, 白蓮花蘂不全開,
遊人四散還嫌晩, 蝴蝶高飛恨未裁.
美女摘時皆卻去, 魚(漁)人不見又須迴,
雖然蘂[96]內含香氣, 爭那金風未到來.
佛性眞如望寶臺, 只緣功得(德)未全開,
天龍四散皆嫌晩, 菩薩歸依恨不裁.[97]
八部禮時皆卻去, 四生覓處又輪迴,
忽然智惠(慧)風吹了, 万種分身[98]總到來.

네. 業風이 우레처럼 한바탕 불어댄다(灌鐵爲城銅作壁, 業風雷振一時吹).” 그 의미가 서로 유사하다.

94 ‘有’는 原卷에서는 ‘𠂇’로 되어 있는데 이는 ‘有’자의 草書이다. 原錄에서는 이를 ‘如’로 보았는데 오류로 보인다. 『新書』 역시 이와 같다.

95 ‘映’은 原卷에서는 ‘暎’으로 되어 있는데 이는 ‘映’의 속자이다.(『集韻』 映韻에 보임)

96 ‘蘂’는 原錄에서는 ‘蕊’로 되어 있다. 그런데 위 문장 “白蓮花蘂不全開”에서는 또 본래대로 ‘蘂’로 적고 있어 일관성이 없다. ‘蘂’와 ‘蕊’는 同字의 異體字이다. 오늘날에는 ‘蕊’로 많이 쓰인다.

97 ‘裁’는 原錄에서는 ‘栽’로 되어 있다. 徐震堮은 앞의 “蝴蝶高飛恨未裁”구를 두고 “‘恨未裁’와 뒤의 ‘恨不裁’ 중에서 하나는 오류이다. 그러나 그 의미를 알 수가 없어 어느 것이 옳은지 모르겠다”고 하였다. [校注] ‘栽’는 原卷에서는 ‘裁’로 되어 있다. 이에 의거하여 바로잡는다. ‘裁’는 ‘헤아려 단정하다’, ‘추측하다’는 뜻이다. 『淮南子』「主術訓」: “백성을 취하게 되면 그 역량은 가늠할 수 없게 된다(取民則不裁其力).” 高誘注: “裁, 度.” 本篇 위 문장: “功得(德)如今不可裁.” P.2418 「父母恩重經講經文」: “어머니의 은덕은 헤아리기 힘든 것이라, 무수한 경전과 論疏로도 이루 다 찬미할 수가 없다네(慈母德, 卒難裁, 万論千經贊莫偕).” P.3079 「維摩詰經講經文」: “길쌈질도 상상하기 어려울 만큼 능란하니, 뜻에 맞게 공양 올리고 시중들 수 있을 것이네(有斜指, 巧難裁, 供養祗承順意懷).” 이들 ‘裁’자 역시 모두 같은 의미다. ‘恨未裁’와 ‘恨不裁’는 곧 ‘恨未可裁’, ‘恨不可裁’이며(이는 ‘不思議’가 곧 ‘不可思議’임과 같다), 恨을 헤아릴 수 없음을 말한다.

98 ‘身’은 原錄에서는 ‘生’으로 오록되어 있다. 潘重規는 原卷에서는 ‘生’으로 되어 있다고 하였는데 이는 옳다. 이에 의거하여 바로잡는다.

只在三千世界, 還同池沼一般,
衆生盡把眞心, 還似蓮花未坼.[99]
諸佛化君不得, 也同遊客卻迴,
菩薩到來不逢, 便是採蓮人去.
羅漢嫌君不度, 還同舞蝶不來,
聲[100]聞見了卻歸, 便是遊人不至.
凡夫三界似池塘, 佛性長含解脫香,
未遇善緣相鼓擊, 且遭煩惱相埋藏.
千生萬劫長如此, 六道三途不可忘,
智惠(慧)好風吹散後, 三身四智自開張.

경전에서 이르기를, "부처님께서 말씀하셨다. 만일 어떤 이가 관세음보살의 명호를 수지하거나 한번이라도 예배를 드리고 공양을 올린다면, 이 두 사람의 복은 똑같아 아무런 차이가 없으며 수천 수억 겁이 흘러도 다함이 없느니라."

'부처님께서 말씀하셨다'는 부처님이 일반 중생에게 알리는 것이다. '부처님'에는 두 가지 의미가 있다. 하나는 '수면각(睡眠覺)'이고 또 하나는 '연화개(蓮花開)'이다. '수면각'이라는 것은 밤에 잠을 자다 홀연 꿈을 꾸는데, 여러 거리를 돌아다니기도 하고 꽃 아래서 노닐기도 하며, 가난한 사람이 되기도 하고 부귀한 사람이 되기도 한다.

한기가 스미는데 언제까지나 수면에 빠져
꿈속에서 마음이 이곳저곳을 노닌다.

99 '坼'은 原卷에서는 '折'로 되어 있고 袁賓은 이를 '坼'으로 교정하였는데 이는 옳다. '坼'은 '터지다'는 뜻으로 문맥에도 부합된다. 이에 의거하여 수정한다.

100 '聲'은 原卷에서는 '斉'으로 되어 있는데 이는 응당 '聲'자가 되어야 한다. 위 문장 "解念眞經, 不貪聲色"의 '聲'자 역시 原卷에서는 ' '로 되어 있음을 참고할 필요가 있다. 原錄에는 '齊'로 되어 있는데 이는 오류이다. '聲聞'은 앞 두 聯의 '諸佛', '菩薩'과 함께 四諦의 진리를 깨달아 득도한 자를 가리키며, 문맥상으로도 어울린다. 『新書』 역시 이와 같다.

꽃나무 아래서 즐거이 노는가 하면
저 멀리 강가를 고즈넉이 거닐기도 하고
고향으로 돌아가 기쁜 마음이 되는가 하면
타향을 떠돌며 근심스러워하기도 한다.
새벽 종소리에 놀라 깨어나니
꿈속에서 노닐던 곳들이 일시에 사라진다.
무상하고 긴 어둠 속에서 지내면서
영원한 번뇌는 더욱 깊어진다.
탐욕과 분노라는 번뇌는 [정신을] 혼미하게 만드니
꿈속과 다를 게 무언가.
잠시 육신이 천상(天上)에 거하는 것은
꽃나무 아래서나 마찬가지.
세상으로 돌아와 사람이 되는 것은
강가의 적막함과 같도다.
육신의 부귀영화
꿈속의 즐거움과 다를 바 없고
홀연 빈궁함에 떨어지는 것도
악몽을 꾼 것과 다를 바 없다.
무명(無明)의 [중생들에게] 생사의 밤은 길고도 먼데
육도(六道)의 윤회는 스스로가 불러온 것.
천상에 잠시 파도가 일면
인간 세상에는 오래도록 업풍(業風)이 불어댄다.
슬피 우는 것은 육신이 가난하고 병들어서이고
기뻐하는 것은 부유하고 풍족해서라네.
성불을 이루면 종소리가 잠을 깨우듯이
수많은 번뇌가 일시에 사라진다.

'연화홀개(蓮花忽開)'라는 것은 가을 연못이나 푸른 늪지, 혹은 작은 개

펄이나 긴 계곡에 만 송이의 연꽃이 피었음을 말한다.

푸른 물 맑은 파도 석대(石臺)를 비추는데
백련(白蓮)은 완전히 피어나지 않았다.
유람 나온 자는 사방으로 흩어지며 [백련의] 더딤을 싫어하고
나비는 높이 날아다니며 못내 아쉬워한다.
아름다운 여자는 때가 되어 모두 떠나가고
고기잡이도 돌아가야 한다.
비록 꽃술 안에 향기를 담고 있지만
어찌하여 가을바람은 불어오지 않는가.
불성(佛性)과 진여(眞如)는 보대(寶臺)를 바라보고 있지만
공덕[의 부족] 때문에 아직 완전히 열리지 않았다.
천룡은 사방으로 흩어지며 [불성이] 더디게 열림을 싫어하고
보살은 귀의하며 못내 아쉬워한다.
팔부대중은 예배를 올릴 때 모두 돌아가 버리고
사생(四生)은 또다시 윤회한다.
홀연 지혜의 바람 불어오니
수많은 분신(分身)들이 이른다.
삼천세계(三千世界)에 머무는 것은
연못이나 늪과 다를 바 없다.
중생은 모두 진심(眞心)을 쥐고 있지만 [발현되지 않은 것은]
연꽃이 아직 피어나지 않은 것과 똑같다.
제불은 그대를 교화하지 못하고
유객(遊客)과 함께 돌아간다.
보살이 와도 만나지 못하고
연꽃을 따는 사람은 떠나버린다.
아라한은 그대가 헤아리지 못하고
춤추는 나비와 함께 돌아가 오지 않음을 싫어한다.

성문은 그 모습을 보고 돌아가 버리니
유객은 오지 않는다.
범부의 세계는 연못과 같고
불성은 오랫동안 해탈의 향기를 머금고 있다.
서로 북을 두드려 주는 좋은 인연을 만나지 못하고
번뇌를 만나자 서로를 묻어서 감춘다.
세세생생 만겁은 이처럼 길고
육도(六道) 삼도(三途)는 잊을 수 없다.
지혜의 바람 불어오니
삼신(三身)[101]과 사지(四智)[102]가 절로 열린다.

佛道 : 若有善女善男, 能受持觀世音菩薩名號, 乃至一時禮拜供養, 與前來供養六十二億菩薩之人, 一般功得(德)一等. 言一時, 卽十二時, 佛令[103]一日六時供養云云.

若是寅時, 好申[104]供養.
諸佛遊行, 世間歸向.
日初落兮天地清, 日初出兮天地朗.[105]

---

101 성질에 따라 나눈 부처의 세 가지 몸. 법신(法身) 보신(報身) 응신(應身)이 있다.

102 불과(佛果)에 이르러 모든 부처가 갖추는 네 가지 지혜. 대원경지, 평등성지, 묘관찰지, 성소작지이다.

103 '令'은 原錄에서는 '言'으로 오록되어 있다. 潘重規는 原卷에서는 '令'으로 되어 있다고 하였는데 이는 옳다. 이에 의거하여 바로잡는다.

104 '申'은 '陳'이다. 아래 문장 "此際若能申禮拜, 十方化佛總親臨"의 '申'자도 같은 뜻이다. 原校에서는 '申'을 '生'으로 교정하였는데 그럴 필요 없다.

105 이상의 6구가 原錄에서는 "若是寅時 : 好申供養諸佛, 遊行世間歸向清. 日初落兮天地陵, 日初出兮天地朗"으로 되어 있다. 徐震堮은 "'清'자는 衍字이다. '向'은 '朗', '量'과 압운된다"고 하였고, 劉凱鳴은 '陵'을 '冥'으로 교정하였다. 【校注】 原卷에서는 '歸向' 다음에 '清'자가 없다. 그러나 '日初落' 이 聯의 윗부분에 '青'자가 있는데 이는 이 聯 중의 '陵'을 '清'으로 수정할 것을 가리키는 것이다. 교록자는 필사본의 수정 방식에 대해 이해를 하지 못하여, 다음 聯의 앞 공백에 적혀 있는 '清'자를 '歸向' 뒤에 연이어 적고, 다시 誤字인 '陵'자를 적힌 그대로 기록함으로써 연속 두 차례의 착오를 범

此時禮拜歸依, 功德感招無量.

晨朝淸爽好追尋, 砌上庭前霧色侵,

早日東方明未出, 蟾蜍西面影初沈.

情田潔淨塵皆息, 意地[106]晴明道力深,

此際若能申禮拜, 十方化佛總親臨.

第二午時 :

若是正當午際, 好須[107]禮拜世尊,

日輪正在中天, 還似佛居寶座.

菩薩願行敎化, 法王欲擬說經,

此時禮拜志心, 堪與衆生長福.

午時供養[108]福難量, 諸佛端然坐道場,

白玉碗中添淨水, 黃金爐裏爇名香.

舖陳法坐[109]來祈請, 佛滅經文待[110]讚揚,

此際虔心生鄭重, 必敎功德勝尋常.

부처님께서 말씀하셨다. 만일 어떤 선남선녀가 관세음보살의 명호를 수지하거나 한번이라도 예배를 드리고 공양을 올리면 그 공덕은 지금까

하고 있다.

106 '地'는 原錄에서는 '把'로 오록되어 있다. 【徐震堮】 '把'는 응당 '地'가 되어야 한다. 530쪽 "可於意地發精虔"이 그 증거가 된다. 【校注】 原卷에서는 본래 '地'자로 되어 있다. 이에 의거하여 바로잡는다.

107 '須'는 原錄에서는 '便'으로 오록되어 있다. 潘重規는 原卷에서는 '須'로 되어 있다고 했는데 이는 옳다. 이에 의거하여 바로잡는다.

108 '供養'은 原卷에서는 '供ㅡ'으로 되어 있는데 이는 '供養'을 생략하여 적은 것이다. '供養'은 본편의 상투어로서 앞에서 이미 수차례 보인바 있다. 따라서 이 부분을 축약형으로 표기하려면 뒤 문장 역시 모두 이 축약된 형태로 적어야 한다. 여기서는 교정을 거쳐 직접 '供養'이라 적는다. 原錄에서는 '供[養]'이라 하였는데 이는 이치에 맞지 않는다.

109 '法坐'는 곧 '法座'이다. 자리를 뜻하는 '座'는 후기 분화자이다. 아래 문장 "供養佛僧於坐下"의 '坐' 역시 '座'이다.

110 '待'는 原錄에서는 '詩'로 오록되어 있다. 潘重規는 原卷에서는 '待'로 되어 있다고 했는데 이는 옳다. 이에 의거하여 바로잡는다.

지 62억 보살에게 공양한 사람의 공덕과 같아진다. '일시(一時)'는 '십이시(十二時)'이며, 부처는 하루에 여섯 차례 공양할 것을 말씀하셨다.

인시(寅時)가 되면
공양을 올리라.
제불(諸佛)이 유행(遊行)을 나서면
세간의 [중생들은 부처에] 귀의하리라.
해가 막 저무니 천지가 맑아지고
해가 막 솟아오르니 천지가 밝아진다.
이때 예배 올리고 귀의하면
공덕은 한량없게 되리라.
새벽에는 맑고 상쾌하여 [소망을] 추구하기 좋은데
섬돌 위 뜰 앞에는 안개가 깔린다.
이른 새벽이라 동녘은 아직 밝아오지 않은데
두꺼비는 사면에서 모습을 숨기기 시작한다.
마음은 깨끗해져 티끌이 모두 사라지고
의식은 청명해져 도력이 깊어진다.
이때 만일 예배를 올린다면
십방(十方)의 화신불께서 모두 친히 이르시리라.

둘째 오시(午時):

정오가 되면
세존께 예배를 올려야 하리.
태양이 하늘 한가운데 떠있으니
마치 부처가 보좌(寶座)에 앉아 계신 듯하네.
보살은 교화를 행하고자 하고
부처는 경전을 설하고자 하네.
이때 전심으로 예배를 올리면
중생들의 복덕은 늘어나게 되리라.

정오의 공양에는 헤아릴 수 없는 큰 복이 있나니
제불이 단엄하게 도량에 앉아 계신다.
백옥의 주발에 깨끗한 물을 담고
황금의 향로에 향기로운 향을 피운다.
법좌(法座)를 마련하고서 간절히 기구하니
부처 열반하시니 경문은 찬양을 기다린다.
이때 경건한 마음에 정중함이 생겨나니
반드시 공덕은 예사롭지 않으리.

第三黃昏:

黃昏時節獻香花, 定與門徒長道牙.[111]
日影沈時須覺悟, 蟾蜍出卽便諮嗟.
浮生歲月如流水, 世露[112]光陰似落花,
此際十方皆暗昧, 聖賢多在善人家.

初夜與中夜、後夜, 此三時亦須禮拜供養於[113]佛:

二更纔動名初夜, 供養佛僧於坐下,
逡巡時節到三更, 中夜亦須思教化.
後夜深, 須淨意, 莫逞無明恣眠睡.[114]

---

111 [潘重規] '道牙'는 곧 '道芽'이다. [校注] '芽'는 '牙'에서 분화되어 생긴 글자다.

112 蔣冀騁은 '露'를 '路'로 교정하였는데 이는 따를 만하다. '世路'는 '인간 세상의 길'을 뜻한다. 劉禹錫「酬樂天偶題酒瓮見寄」詩: "그대가 명예를 내던지는 용단을 내린 후 世路의 영락을 몇 차례나 보았는가?(從君勇斷抛名後, 世路榮枯見幾回?)" 唐 張喬「贈頭陀僧」詩: "世路가 모두 환상임을 이미 알고 있되, 佛法이 적막한 것은 깨닫지 못하네(已知世路皆虛幻, 不覺空門是寂寥)." 여기서의 '世路' 역시 같은 뜻이다.

113 '於'는 原錄에서는 '求'로 되어 있다. [校注] 原卷에서는 'す'로 되어 있는데 이는 응당 '於'자의 草書이다. 『新書』 역시 이와 같다.

114 '眠睡'는 原錄에서는 '眼睡'로 되어 있다. [徐震堮] '眼睡'는 누차 보이는데 모두 '眠睡'가 되어야 한다. 이것은 교록자가 오판한 듯하다. [校注] 原卷에서는 모두 '眼睡'로 되어 있는데 이는 '眠睡'인 듯하다. '民'자는 돈황사본에서 흔히 '艮'로 표기되곤 하는데, 이리하여 '眠'을 '眼'이라 적은 게 아닌가 한다. P.2418「父母恩重經講經文」: "마

殘燈切要再重挑, 頻頻更要添香水.

轉精勤, 莫容易, 夜竫(靜)三更思妙理,

此時禮拜佛兼僧, 最好將身求出離.

後夜三更供佛僧,[115] 須知功德卒難稱,

爐中莫使無殘火, 籠裏休教暗燭燈.

請佛坐禪心點點,[116] 聖賢息念坐澄澄,

此時禮拜偏添福, 免被無明睡思仍.

上來六時之內, 有一人受持觀世音名號, 乃至禮拜者, 所德(得)功德, 與供養稱念六十二億恆河沙菩薩之人, 功德一般云云.

只此六時之內, 有人能就[117]一時,

好生供養觀音, 還要虔恭禮拜.

所得身中功德, 便共前人[118]一般,

른 곳은 자식이 눕고, 습한 곳은 어미가 잠잔다(乾處兒臥, 濕處母眠).” 이 ‘眠’ 역시 ‘眠’자이다. 이러한 예는 부지기수다.

115 이 문구의 앞 여백에는 ‘⺄’라 적혀 있는데 문맥상 아무런 관련이 없어 보여 삭제하였다. 原錄에서는 이를 곡조를 표시하는 것으로 이해하여 ‘仄’이라 교정하였다. [校注] 「妙法蓮華經講經文」어느 편에서도 곡조 부호를 사용한 예는 없다. 이곳에서만 유독 등장한다는 것은 온당치 못하다. 原校는 정확하지 않은 듯하다.

116 點點 : 袁賓은 ‘斂斂’의 오자라고 보았는데 이는 정확하지 않다. 字形으로 보아 ‘默默’의 오자인 듯하다.

117 ‘能就’는 原錄에서는 ‘就能’으로 되어 있다. 徐震堮은 ‘就能’ 두 글자가 뒤바뀌어야 한다고 하였는데 이는 지극히 옳다. 原卷에서는 본래 ‘能就’로 되어 있다. 이에 의거하여 바로잡는다.

118 ‘前人’은 앞에서 언급했던 사람을 가리킨다. 위 문장 “上來六時之內, 有一人受持觀世音名號, 乃至禮拜者, 所德(得)功德, 與供養稱念六十二億恆河沙菩薩之人, 功德一般云云.” 이른바 ‘前人’은 바로 ‘供養稱念六十二億恆河沙菩薩之人’이다. 본편에서는 여러 차례 이 ‘供養稱念六十二億恆河沙菩薩之人’에 대해 언급을 하고 있는 까닭에 단지 ‘前人’이라고만 부르고 있는 것이다. 위 문장에서 또 “佛道 : 若有善女善男, 能受持觀世音菩薩名號, 乃至一時禮拜供養, 與前來供養六十二億菩薩之人, 一般功得(德)一等” ‘前人’은 또한 이 ‘與前來供養六十二億菩薩之人’을 가리키기도 한다. 唐 崔令欽 『教坊記』 : “소오노의 아내 장소랑은 가무에 능했다. 그녀를 초대한 사람이 있자 소오노는 아내를 따라갔다. 초대한 자가 그를 빨리 취하게 할 생각으로 그에게 술을 거듭 권했다(蘇五奴妻張少娘善歌舞, 有邀迓者, 五奴輒隨之. 前人欲得其速醉, 多勸酒).” 여기서

六十二億雖多, 此乃正等無異.

少許時中行不難, 還能禮拜使心堅,

六十二億雖無量, 兩個因緣恰一般.

佛自説, 表奇哉, 爲顯觀音力普垓,[119]

由恐會中人不信, 更作何讚嘆唱將來.

[經][120]:「無盡意, 受持觀世音菩薩名號, 得如是無量無邊福德之利」云云.

鏡喻[121]云云.[122]

셋째 황혼(黃昏):

황혼 무렵에 향기로운 꽃을 바치면

불도들의 도심은 늘어나게 되리라.

해가 저물 때 깨달아야 하리니

두꺼비가 나오면 한숨짓게 되리라.

덧없는 인생 흐르는 물과 같고

이 세상의 세월은 떨어지는 꽃과 같다.

십방(十方)이 모두 어두워지는 이때

성현은 모두 선인(善人)의 집에 머무신다.

초야(初夜)와 중야(中夜)와 후야(後夜) 삼시(三時)에도 부처에게 예배와 공

말하는 '前人'은 앞서 언급한 '邀迓者'를 가리키는 것으로, 본 변문의 용법과 똑같다. 혹자는 '前人'을 '타인'이나 '다른 사람'으로 보기도 하는데 사실과는 좀 거리가 있는 것 같다.(周一良, 「'賜無畏'及其他, 1983년 全局敦煌學術討論會文集; 段觀宋「唐宋詞語考釋」『古漢語硏究』 1989년 제1기를 참조 바람」)

119 '普垓'를 혹자는 '普該'로 보아 '해박하고 모든 것을 다 갖추다(廣博該備)'로 이해하기도 한다.

120 [原校] '經'자는 『妙法蓮華經』에 의거하여 보충한 것이다.

121 '喻'는 原卷에서는 좌측 편방이 'ᄿ' 형태로 되어 있는데 이는 마땅히 '喻'자이다. 돈황사본에서 '口' 편방은 흔히 이 같은 형태로 표기되곤 한다(980쪽 주석 12)번 참조 바람) 原錄에서는 '渝'로 되어 있는데 정확하지 못하다.

122 原卷은 여기에서 끝난다. 문맥으로 보아 全篇은 아직 완결되지 않았다.

양을 올려야 한다.

초야(初夜)란 이경(二更)을 말함인데
법좌 아래서 불승(佛僧)께 공양 올리라.
잠깐 사이에 삼경(三更)이 되는데
중야(中夜) 때 역시 [부처의] 교화를 생각해야 하리.
후야(後夜)가 깊어지면 마음을 깨끗이 해야 하나니
무명(無明)으로 인해 수면에 떨어지지 말지어다.
등불이 잦아들면 거듭 심지를 돋우어야 하고
자주 공덕수(功德水)를 더해야 한다.
마음을 가다듬어 경박하지 말 것이며
고요한 삼경(三更)에는 오묘한 가르침을 떠올려야 하리.
이때 불승(佛僧)에 예배 올리며
육신이 세간을 벗어나기를 간구하라.
후야(後夜) 삼경 때 불승에 올리는 공양에는
헤아릴 수 없는 공덕이 있음을 알아야 하리.
향로 속의 향불 꺼지지 않도록 하고
등롱 속의 등불 어두워지지 않도록 할 것이다.
부처를 모시고 좌선하니 마음이 고요해지고
성현[을 모시고 좌선하니] 잡념이 사라지며 자리가 맑고 깨끗해지네.
이때 예배를 올리면 복덕을 더하게 되니
무명으로 인해 수면에 떨어지지 말지니.

지금까지 육시(六時)에 걸쳐 관세음보살의 명호를 수지하고 예배를 올리는 사람이 얻게 되는 공덕은 62억 항하사만큼의 보살에게 공양을 올리는 사람의 공덕과 같음을 이야기하였다.

이 육시 동안에
어떤 이가 단 한 차례만이라도

관음보살에게 정성으로 공양 올리고
경건하게 예배를 드리면
그 몸이 받는 공덕은
앞서의 사람이 받는 공덕과 같다네.
62억은 비록 많은 수이나
[그 공덕은] 이것과 똑같아 아무런 다름이 없다네.
잠깐 동안 [예배를] 드리는 것은 어렵지 않으나
그 예배로 인해 마음은 단단해지네.
62억은 비록 한량이 없으나
이 둘의 인연은 똑같다.
부처 스스로 그 기이함을 말씀하시어
관음보살의 위신력을 드러내셨다.
이 법회 중에서 믿지 못하는 이가 있을 듯하여
거듭 찬탄하는 창이 곧 나오리라.

경전에서 이르기를, "무진의보살이여, 관세음보살의 명호를 수지하면 이처럼 무량무변의 복덕을 얻게 된다."

거울의 비유 운운

묘법연화경강경문 4(妙法蓮華經講經文四)[1]

(前缺)

恰似爐中餬餅,[2] 喫來滿口馨香。
還同坐上眞經, 聞了心中滅罪。
若要造得胡餅, 須教火下停騰。[3]

1 原卷의 編號는 러시아 소장 符盧格 編 365호이며, 原卷 뒷면에 씌어있다. 『敦煌變文集』에 수록되어 있지 않다. 본편과 관련된 기타 설명은 「妙法蓮華經講經文(二)」 교주 (1)을 참조 바란다. 본편의 경문은 鳩摩羅什 譯 『妙法蓮華經』과 闍那崛多 譯 『添品妙法蓮華經』 권7의 「觀世音菩薩普門品」에 의거하고 있다. 인용하고 있는 경문은 「妙法蓮華經講經文(三)」과 대체로 연결되고 있다.(중간에 "無盡意菩薩白佛言 : 世尊, 觀世音菩薩云何遊此娑婆世界" 한 구가 빠져 있다)

2 '餬餅'은 응당 아래 문장의 '胡餅'으로 보아야 한다. '餬'자는 아마도 '餅'자와 관련하여 '食' 편방을 첨부해 넣은 것 같다. '胡餅'은 그 제조방법이 오랑캐 지역에서 유래한 까닭에 이렇게 불린 것이다. 宋高承 『事物紀元』 9와 釋名 釋飮食 '胡餅' 항목을 참조 바란다.

3 '停騰'은 '斟酌'으로, 여기서는 불(火)의 세기와 시간을 알맞게 해야 함을 가리킨다. 方干 「贈夏侯訐事」 詩 : "講論參同深到骨, 停騰姹女立成銀." 여기서 뒤 구는 수은을 조

若要聽得眞經, 須藉法師都講。

西面高登法座,[4] 還同搜麵[5]一般。

這邊著力吟哦, 還似入爐補火。[6]

不喫三個五個, 腹中未免饑虛。

不聞一句一言, 心上難消罪障。

今日好生奉勸, 認取一上蓮坐。

便同弟子家中, 勸客敎餐[7]胡餅。

若問[8]最好是上州, 胡餅爐間滿市頭。[9]

製造得來多氣味, 調和直是足鹽油。

團團恰似天邊月, 點點還如水上漚。

若裹菜蔬三五啖, 摩挲肚子飽咳咳。[10]

登法座, 好吟哦, 搜麵都來不校多。[11]

절하여 은을 만듦을 말한다. '停騰'의 의미가 본편과 서로 통하고 있음을 알 수 있다.

4 '法座' 두 글자는 原卷에는 빠져 있다. 孟校에 의거하여 임의로 보충한다. 아래 문장 "登法座, 好吟哦." 이는 참고할 필요가 있다.

5 '搜麵'은 응당 '溲麵(밀가루를 반죽하다)'으로 보아야 한다. 과자나 떡을 만들 때 물이나 우유 등으로 밀가루를 잘 반죽해야 한다. 『廣韻』有韻 : "溲, 溲麵." 『齊民要術』 餠法 : "세환병이나 절병은 모두 꿀물로 밀가루를 잘 반죽해야 한다. ……(細環餠、截餠, 皆須以蜜調水溲麵. ……)"

6 '補火' 두 글자는 原卷에서는 덧칠해져 선명하지 않다. 여기서는 孟校에 의거하여 기록한다.

7 '餐'은 原卷에서는 '喰'으로 되어 있는데 이는 '餐'의 속자이다. 『龍龕手鏡』口部 : "喰, 俗餐、孫二音." 'can'이라 발음할 때는 '餐'의 속자로서 사용될 경우이다.

8 '問'은 原卷에서의 자형이 무슨 글자인지 알아보기 어렵다. 여기서는 그 자형과 문맥에 의거하여 '問'으로 기록한다. 孟校에서는 '於'로 되어 있는데 문맥에 맞지 않는다.

9 '市頭'는 '시장', '거리'를 말한다. '頭'는 접미사로서 아무런 뜻도 없다. 宋 灌圃耐得翁 『都城紀勝』 鋪席 : "융화방에서 시남방까지를 '珠子거리'라 부르는데 물건을 사고파는 자가 萬을 헤아린다(自融和坊到市南坊, 謂之'珠子市頭', 如遇買賣, 動以萬數."

10 '摩娑'는 '摩挲', '摩莎'라고도 하는데 '어루만지다'는 뜻이다. 釋名 釋姿容 : "摩娑, 猶末殺也, 手上下之言也." 또 '咳咳'는 즐거워하는 모습이다. '飽咳咳'는 배불리 먹고 나서 기뻐하는 모습을 가리킨다. 『通釋』의 해당항목을 참조 바란다.

11 '校'는 原卷에서는 본래 '敎'로 되어 있고 그 우측에 '校'라 덧붙여 있다. 이에 의거하여 수정한다. '校'는 '差'이다. '不校多'는 '不差多'이다. 皮日休 「汴河懷古」 詩 : "만일

佛性爐中添火爐, 眞如案上熟柔(揉)搓。
門前接客憑都講, 堂裏看爐問法和。[12]
不問高低皆與喫, 好生擨劑[13]也唱將來。

(앞부분 빠져 있음)

마치 화로 속의 떡을
한입 깨무니 입 안 가득 향기가 차듯이
나란히 앉아 진경(眞經)을 받들며
설법을 들으니 마음속의 죄가 사라진다.
만일 떡을 만들고자 한다면
불(火)의 세기와 시간을 알아야 하리.
만일 진경을 듣고자 한다면
법사(法師)와 도강(都講)에 의지해야 하리.
서쪽을 바라보고 법좌에 높이 오르는 것은
밀가루를 반죽하는 것과 똑같고
여기서 힘써 독송하는 것은
화로 속에다 불을 더하는 것과 마찬가지.
[떡] 네댓 개를 먹지 않으면
뱃속은 굶주림을 면치 못하고
한마디 설법도 듣지 않는다면

물 위의 궁전 龍舟의 일이 없었더라면 우임금의 공적과도 별 차이가 없었으리라(若無水殿龍舟事, 共禹論功不較多)." [校注] '教'자에는 '差'의 의미가 있다. 877쪽 주석 121)번을 참조 바란다. 이 문구는 法師와 都講이 법좌에 올라 강경하는 것은 밀가루를 반죽하는 것과 다름없다는 뜻이다. 위 문장 "西面高登[法座], 還同搜(溲)麵一般"의 의미와 똑같다.

12 '法和'는 法師를 말하는 것 같다. 아래 문장 "這人年少又無知, 愛向經中取次疑. 或請法和唱曲子, 或教都講綴閑詞." '都講'과 대구를 이루고 있는 이 '法和' 역시 같은 뜻이다.

13 '擨'은 '絶'과 같다. 『集韻』 薛韻에서 '絶'은 '手'를 덧붙여 '𢹂'로 표기하기도 한다고 하였는데 '擨'은 그 변형이다. 『龍龕手鏡』 手部: "擨, 子雪反, 手一斷也." '擨劑'는 동의의 중첩어로서('劑'에도 '자르다'는 의미가 있음) '판단하여 처리하다', '배분하다'는 뜻이다. 변문 중에서는 '剸裁'라는 단어도 자주 보이는데 이 역시 같은 의미다.

마음속의 업장은 사라지기 어렵다.
오늘 진심으로 받들어 권하니
마침내 연화좌에 오르신다.
마치 불제자의 집안에서
손님에게 떡을 권하는 것과 같다.
가장 훌륭한 것이 상주(上州)인지를 묻는다면
화로 속의 떡은 거리에 넘쳐나리.
[떡을] 만드니 떡 냄새가 물씬 풍겨오는데
[떡 속에] 넣은 거라곤 소금과 기름뿐.
둥글둥글한 [떡] 모양은 하늘에 떠 있는 달 같고
점점(點點)한 모양은 물거품 같다.
야채에 싸서 네댓 입 먹으면
배를 어루만지면서 해해거린다.
법좌에 올라 독송하는 것은
밀가루를 반죽하는 것과 다름이 없다.
불성(佛性)은 화로 속의 불씨를 더해주고
진여(眞如)는 탁자 위의 [밀가루를] 꼼꼼히 주무른다.
문 앞에서 객(客)을 접대하며 도강(都講)에 의지하고
당(堂) 안에서 화로를 바라보며 법사에게 묻는다.
[근기(根機)의] 높고 낮음을 따지지 않고 모두에게 먹어라 건네니
마음으로 판단하여 대처한다는 창(唱)이 곧 나온다.

經云:「雲何而爲衆生說法, 方便之力, 其事雲何?」

言「雲何而爲衆生說[法],」[14]者, 卽無意菩薩問觀世音菩薩, 何人說法也。夫說法且須契理契根。薩遮尼乾子經云「不令爲五般人說法, 律戒

14 '法'자는 문맥에 의거하여 보충한 것이다.

亦同。不得爲持刀人說法; 人持仗, 不得爲說法; 人在高坐, 已在下坐, 不得爲說法; 人在前行, 已在後行, 不得爲說法; 人不供敬,[15] 不得爲說法」云云

弟一, 人持刀不得爲說。

若有一般[16]弟子, 把口刀於手裹。
近前擬問法來, 便要聞於了義.[17]
不精專, 非志意, 向佛對僧且容易。
佛言彼若到來時, 不要與他宣妙理。
一類凡夫我慢高,[18] 是非波浪漲滔滔,
向僧未肯低頭禮, 入寺何曾敬玉毫。
聞法便須生鄭重, 聽經還要意堅勞(牢)。
虔恭似騰將財施, 不得聞經手把刀。

弟二, 持仗不得爲說法。

有人持棒兼持仗, 擬近說經高坐上。
不能法事心專, 不用一心申供養。
請談經, 教說法, 心近不能自收攝。
佛言若有此人來, 不要向强疥迎接。
此人持棒偶閑行, 便到伽藍入梵庭。
意行尋常多待慢,[19] 心中都總不虔誠。
逢僧若不低頭禮, 遇法何曾側耳聽。
若是如斯人請益, 不須爲說法花蓮(經)。

---

15 '供敬'은 응당 '恭敬'으로 보아야 한다. 아래 문장 "不恭敬, 或喜笑, 不得爲說法" 여기서는 마침 '恭敬'으로 되어 있다.

16 '一般'은 '一班'과 같다.

17 '了義'는 불교어로서 진실의 의리를 직접적으로 명백하고 완전하게 나타내는 일을 말한다.

18 '我慢'은 불교어로서 자신을 믿어 스스로를 높이는 것이다.

19 '待慢'은 응당 '怠慢'으로 보아야 하며 다음 구 '虔誠'에 대응한다.

경전에서 이르기를, “[관세음보살은] 어떻게 중생들에게 설법을 하셨습니까? 방편의 힘은 어떤 것이었습니까?”

“어떻게 중생들에게 설법을 하셨습니까?”라고 말한 것은 무진의보살이 [부처님에게] 관세음보살이 어떤 사람들에게 가르침을 설하였는지를 묻는 것이다. 무릇 설법은 이치와 뿌리에 맞아야 한다. 『살차니건자경』에서 이르기를, “다섯 부류의 사람들에게 설법을 해서는 안 되는데, 그 계율은 똑같다. 칼을 찬 사람에게 설법해서는 안 되고, 방망이를 든 사람에게 설법해서는 안 되고, 다른 사람은 높은 곳에 앉아 있는데 자신은 낮은 곳에 앉아 있는 사람에게 설법해서는 안 되고, 다른 사람은 앞에 가고 있는데 자신은 뒤를 따라가는 사람에게 설법해서는 안 되고, 남을 공경하지 않는 사람에게 설법해서는 안 된다.” 운운

첫째, 칼을 찬 사람에게 설법해서는 안 된다.

한 무리의 불도들이
칼을 손에 들고서
가까이 다가와 불법(佛法)을 물으며
불교의 의리(義理)에 대해 듣고자 하네.
정성스럽지도 전일(專一)하지도 않으며
부처와 승려를 쉽사리 대하네.
부처께서는 그가 만일 가까이와도
그에게 묘법을 설하지 말라 하셨네.
스스로를 높이는 부류의 무리는
옳고 그름을 가르는 파도가 일렁거리며
승려를 대하여도 머리 숙여 예를 올리지 않고
사찰에 들어서도 불상에 경의를 표한 적 없네.
법문을 들으려면 정중해야하고
경문을 들으려면 의지가 굳어야 한다.
경건하고 공손함은 재물 보시보다도 훌륭하니

경문을 듣고자 하면서 손에 칼을 쥐어서는 안 된다.

둘째, 방망이를 든 사람에게 설법해서는 안 된다.

어떤 이가 방망이며 몽둥이를 들고서
법좌 가까이 다가와 설법을 들으려 하면서도
가르침대로 마음을 오로지하지 않고
일심으로 공양을 올리지도 않네.
설경을 청하고 설법을 듣고자 하나
마음은 스스로를 단속하지 못하네.
부처께서는 이 같은 자가 올지라도
억지로 마중 나가지 말라 하셨네.
이 사람은 방망이를 들고서 이리저리 거닐다가
우연히 가람에 들러 법회에 들어온 거라네.
뜻과 행동이 항상 게으르고
마음은 경건한 적이 없다네.
스님을 만나도 머리 숙여 예를 올리지 않고
가르침을 들어도 귀 기울인 적 없네.
설령 이 같은 자가 법문을 청해도
법화경을 설해서는 아니 된다네.

弟三, 人在高坐, 己在下 ……

若居高處坐, 獨自爭人我。
因循問事儀, 容易論眞果。
身心又不專, 意地多慵墮。
縱然與說經, 卻是增他過。
彼人高處坐安詳, 自己身居在下方。
妙法何須專業贊, 眞經不得爲宣揚。
他家意裏多疑悞, 聞了身心亂改張。[20]

低處與他談妙法, 交(教)伊長短作災殃。

弟四, 人在前, 己在後; 或人在平穩大道, 己在細夾(狹)逕云云。

若人大路行次,[21] 己身小逕時,

縱然擬問事由, 不要與他解說。

聞了增他罪障, 聽時心也不專。

只緣佛法難聞, 不合容易解說。

他居大道極通容, 己在傍邊小逕中。

彼既安然無障滯, 自還屈曲有西東。

直饒要說難思法, 不用宣揚解脫宗。

不是世尊惜妙法, 緣伊相貌不乾(虔)恭。

셋째, 다른 사람은 높은 곳에 앉아 있는데 자신은 낮은 곳에……

높은 곳에 앉는다는 것은

스스로 남과 나를 다투는 것과 같네.

건성으로 일의 절차를 묻고

함부로 진과(眞果)를 논하려 하네.

몸과 마음이 한결같지 않고

뜻은 나태해지기 십상이네.

설사 그에게 가르침을 설한다 할지라도

그의 허물을 더해주는 것밖에 안 되네.

다른 사람은 높은 곳에서 편안히 앉아 있는데

20 '改'는 原卷에서는 '𢻃'로 되어 있는데 이는 '改'의 속와자인 듯하다(돈황사본에서 '改'는 흔히 '𢻃'로 표기된다) '改張'은 '改弦更張(금슬의 줄을 새로 갈다는 뜻. 제도나 방법 등을 바꾸다는 의미로 파생됨)'의 축약이다. S.4571 「維摩詰經講經文」: "서둘러 空王에 예배 올려야 할 것이니 寶蓋의 장식을 바꾸지 말 일이다(直宜早去禮空王, 寶蓋莊嚴莫改張)."

21 '次'는 '時'이다. 돈황본「搜神記」段孝眞 항목: "1개월여 지나서 한나라 경제는 뭇 신하들을 모이도록 하였고, 한창 조회를 열고 있을 때 단효진은 표문을 들고 조정으로 나아갔다(經一月餘日, 漢景帝大會群臣, 政(正)朝之次, 眞卽將表而詣殿前)." 「廬山遠公話」: "감탄하고 있는데 구경꾼들은 더욱 늘어났다(嘆念之次, 看人轉多)."

자신은 낮은 곳에서 머무네.
묘법은 어찌 찬탄되어야만 하는 걸까 [하고 의심하니]
[그에게] 진경(眞經)은 선양되어서는 안 되네.
그의 마음에 의심이 많으니
[설법을] 들어도 몸과 마음이 제멋대로 날뛰네.
낮은 곳에서 그에게 묘법을 얘기하면
그의 결점은 재앙이 되고 말리라.

넷째, 다른 사람은 앞에 가고 있는데 자신은 뒤를 따라가거나, 아니면 다른 사람은 평안히 대로를 걷고 있는데 자신은 좁은 샛길을 가고 있는 [사람에게 설법해서는 안 된다]. 운운

다른 사람은 큰길을 가고
자신은 샛길을 갈 때
설령 그 이유를 묻더라도
그에게 설명하지 말지어다.
[설명을] 들어도 그의 죄의 업장은 더해질 뿐이고
그의 마음도 한결같지 못할 따름이네.
부처의 가르침은 듣기 어려운 것인지라
함부로 설해져서는 아니 되네.
그는 큰길에서 지내며 많은 것을 받는데
자신은 그 곁 샛길에 머물고
그는 편안히 아무런 장애도 없는데
자신은 여러 굴곡을 겪고 있네.
설령 불가사의한 가르침을 설하려 할지라도
해탈종(解脫宗)을 선양할 필요는 없다네.
이는 세존께서 묘법을 아껴서가 아니라
그 자의 태도가 공손하지 않아서라네.

弟五, 不恭敬。或喜笑, 不得爲說法。

若有一般弟子, 尋常戲笑經聞。[22]

不徒(圖)來滅罪消災, 且要解愁解悶。

或請師僧和尙, 家中開建道場。

盛教雜語雜言, 且要親情解悶。

如此之人請相命, 不須與說法華經。

這人年少又無知, 愛向經中取次疑。

或請法和唱曲子, 或教都講綴閑詞,

不徒(圖)滅罪兼增福, 且要歡心展皺眉。

經內分明佛戒約, 莫教與說不思議。

有二種人堪聞法 : 一者好樂經曲(典); 二者不學[23]外[道]邪教, 如雪山童子因半偈已捨身云云。

若人深信表專情, 絶遇經文便志聽。

只就三乘求解脫, 長於五性悟無生。

逢僧合掌專專禮, 見佛虔心步步迎。

世上有人長似此, 便須與說法花經。

二者不受外道邪教云云。

若人修道行無邪, 不聽邪神重出家。

廟裏未曾嚴[24]酒脯, 佛前長是獻香花。

若逢外道無心近, 忽遇眞僧有意誇。

如似善人眞帝[25]敬, 始堪與說白蓮花。

다섯째, 남을 공경하지 않거나 희희낙락하는 자에게는 설법해서는 안 된다.

---

22 '經聞'은 '經文'으로 보아야 할 것 같다. 돈황사본에서 '文'과 '聞'은 통용된다.

23 '學'은 原卷에서는 속자 '斈'로 되어 있는데 여기서는 '受'자의 형와자인 듯하다. 아래 문장 "二者不受外道邪教"에서는 '受'자로 되어 있음을 확인할 수 있다.

24 '嚴'은 '정돈하고 꾸미다', '구입하다'는 뜻이다.

25 '帝'자는 문맥상 어울리지 않는다. '諦'로 보아야 할 것 같다.

한 무리의 불교도들이
자주 경문을 보며 희희낙락거리고
죄업과 재앙을 소멸시키려 하지 않고
근심과 번민을 없애려고 한다.
어떤 이는 스님을 모셔다놓고
집안에 도량을 열어놓고서
허황된 가르침을 주워섬기도록 하며
가슴속의 번민을 벗어버리고자 한다.
이 같은 자는 관상쟁이를 불러다놓은 것이니
[그런 자에게] 법화경을 설해서는 아니 된다.
이 자는 나이도 적고 무지하여
경전을 의심하기를 좋아한다.
어떤 이는 법사(法師)를 모셔다가 노래를 부탁하고
어떤 이는 도강(都講)에게 한가한 가사나 짓게 한다.
죄를 없애 복 지을 생각은 하지는 않고
환락으로 근심의 주름살 펼 생각만 하는구나.
경전에 부처의 계율을 확실히 밝혀 놓았나니
[이 자에게] 불가사의한 [법문을] 설하지 말지어다.

두 부류의 사람들은 법문을 들을 수 있다. 한 부류는 대승의 경전을 좋아하는 자이고, 또 한 부류는 외도의 삿된 가르침을 배우지 않는 자이다. 이를 테면 절반의 게송을 얻기 위하여 육신을 버린 설산동자와 같은 이들이다.

깊이 믿고 정성을 다하는 사람만이
경문을 접하고서 그것을 듣기를 원한다.
다만 삼승(三乘)을 따르며 해탈을 구하고
오성(五性)[26]을 기르고 무생(無生)[27]을 깨닫는다.
승려를 만나면 합장하며 정성껏 예를 표하고

부처를 뵈면 경건한 마음으로 한 걸음 한 걸음 영접한다.
세상에 이와 같은 사람이 있으면
그에게 법화경을 설하라.

두 번째 부류는 외도의 삿된 가르침을 받아들이지 않는 자이다. 운운

수행을 하여 행동에 삿됨이 없는 사람은
사신(邪神)의 가르침을 좇아 집을 나서는 일이 없다.
사당 안에 술과 포를 바친 적 없고
불상 앞에 오랫동안 향기로운 꽃을 바친다.
외도를 만나도 그를 가까이 하려는 마음 없고
홀연 참된 승려를 만나면 그를 찬양하고자 한다.
마치 선인(善人)이 참된 진리를 공경하듯 해야
비로소 연화경을 설해줄 만하도다.

所以無盡意言 :「雲何而爲衆生說法, 方便之力, 其事雲何?」 經有三種方便 : 爾時世尊從三昧安詳而起, 是身方便; 告舍利, 語方便; 諸佛智惠(慧)甚深, 難解難入, 意方便。尋念過去佛, 思唯不說法云云。

弟一, 意方便。

若論諸佛所歸止, 清淨之心難可議。
群生歷劫不曾知, 我輩千生難可値。
佛慈悲, 興二利, 出世殷勤心莫比。
故於靈鷲道場中, 萬計千方相指示。
世尊實性大難尋, 杳杳冥冥理甚深。
旣似撲(璞)中有白玉, 還如礦內見黃金。
也同圭寶[28]泥中沒, 好似明珠水裹沉。

26 중생이 본디부터 가지고 있는 다섯 가지 성품. 보살정성(菩薩定性), 독각정성(獨覺定性), 성문정성(聲聞定性), 삼승부정성(三乘不定性), 무성유정(無性有情)을 이른다.

27 모든 법의 실상(實相)은 나고 없어짐이 없음.

直爲能行意方便, 遂令我輩誠眞心。

弟二, 語方便者。諸法本性自離, 故佛我(我佛)以方便故, 爲天人說如此法, 語方便也云云。

眞如妙道本難宣, 我佛慈悲爲有緣。

先向鹿園談四諦, 又來鷲嶺說眞詮。

聲聲句句悲心重, 字字行行妙理全。

此是經中方便力, 百般妙法與人傳。

弟三, 身方便。佛本眞身, 本無生滅, 爲衆生故, 示有去來雲。降生王宮, 雙林入滅; 出五濁之頑嚚, 證三身之淸淨。

如碧水之蓮開, 似秋潭之月影。隨機感以無窮應心緣而不定。大化小化, 還從悲願而興名; 身萬身, 皆是慈光而分影。

佛身方便實難量, 能滿三千與十萬。

煩惱海中爲道首,[29] 瀑流波上作舟航。

隨機隨念分慈力, 如月如霞獨惠光。

若是分身方便者, 須知只有法中王。

觀音亦有智光開, 方便分形更不推。

菩薩當時全掌問, 世尊便與巧心裁。

聞名決定添功得(德), 見影多應滅障災。

十九種身隨類化, 最初作佛唱將來。

그리하여 무진의보살이 말하였다. "[관세음보살은] 어떻게 중생을 위하여 가르침을 설하셨습니까? 방편의 힘은 또 어떤 것이었습니까?" 여기에는 세 가지 방편이 있다. 이때 세존께서는 삼매에서 천천히 깨어나시니 이는 신방편(身方便)이고, 사리불에게 알려주시니 이는 어방편(語方便)이며, 제불의 지혜는 매우 깊어 이해하기 어려우니 이는 의방편(意方便)이다.

---

28 '寶'는 原卷에서는 '宀'으로 되어 있는데 이는 '寶'의 간략화된 속자이다. 736쪽 주석 41)번을 참조 바란다.

29 '道首'는 '導首'이며 이는 '導師'와 같다.

첫째는 의방편이다.

제불이 돌아가 머무는 곳에 대해 얘기하자면
그 청정한 마음은 무어라 말하기 어렵네.
뭇 중생들은 몇 겁이 지나도 깨닫지 못하고
우리 같은 무리들은 수천 번의 삶을 살아도 [부처를] 만나기 어렵네.
부처는 자비롭게도 이리(二利)[30]를 발하시어
출세(出世)[31]에의 간절한 마음은 비할 바가 없도다.
그리하여 영취산 도량에서
수많은 방편으로 가르침을 보이셨네.
세존의 본성은 추구하기 매우 어렵나니
어두침침하고 아득하여 그 이치 심오하기 짝이 없네.
마치 옥돌 속에 백옥이 들어 있는 듯하고
쇳돌 속에서 황금 발견하듯 하다네.
옥으로 만든 홀(笏)이 진흙 속에 파묻혀 있는 듯하고
아름다운 구슬이 물속에 가라앉아 있는 듯하네.
의방편을 행할 수 있으심에
마침내 우리 같은 중생들은 진심(眞心)을 알게 되었네.

둘째는 어방편이다. 제법은 내버려두면 절로 멀어지는 까닭에 우리 부처께서는 방편을 사용하시어 천인에게 이 같은 가르침을 설하시니, 이것이 바로 어방편이다.

진여(眞如)의 묘한 이치는 본래 전하기 어려운데
우리 부처께서는 자비롭게도 인연을 맺으셨다.
먼저 녹야원으로 향하시어 사제(四諦)를 설하시고
영취산에 오시어 진리의 글귀를 말씀하시었다.
한 마디 한 문구마다 애통한 마음 무겁고

30 자리(自利)와 이타(利他)를 아울러 이르는 말.
31 불보살이 중생을 제도하려고 중생의 세계에 나타남.

한 글자 한 행마다 오묘한 이치를 두루 갖추셨다.
이것이 경전에서 말하는 방편의 힘이나니
[이로써] 수많은 묘법을 중생들에게 전하시었다.

셋째는 신방편이다. 부처는 본래 진신(眞身)이라서 태어남도 죽음도 없으나 중생을 위하여 생사를 보여주셨다. 왕궁에서 태어나 쌍림(雙林)에서 돌아가시었다. 오탁(五濁)[32]의 우매함과 간사함으로부터 벗어나 삼신(三身)[33]의 청정함을 증득하셨다. 마치 푸른 물위에 피어 있는 연꽃 같고 가을철 연못에 비친 달그림자 같다. [중생의] 근기(根機)에 따라 감응이 무궁하고 [중생의] 마음에 응대함에 정해진 바가 없다. 대화신(大化身) 혹은 소화신(小化身)이든지 간에, 중생을 구제하겠다는 비원(悲願)[34]으로부터 명호를 일으킨다. 수만 수억의 육신은 모두 자비의 빛이 투영되어 나타난 것이다.

부처의 신방편은 실로 가늠하기 어렵나니
삼천세계와 십방(十方)을 가득 채울 정도라네.
번뇌의 바다 한가운데서 도사(導師)[35]가 되어주시고
거세게 이는 파도 위에서 나룻배 되어주신다.
[중생의] 근기와 마음에 따라 자비의 힘을 나누시니
마치 달이나 노을이 지혜의 빛을 비추는 듯하다.
분신(分身)이라는 방편은
오직 법왕(法王)만이 할 수 있음을 알아야 하리.
관음보살께서도 지혜의 빛이 열려
분신의 방편을 사양하지 않는다.
[무진의]보살은 이때 합장하고 여쭈니

32 세상의 다섯 가지 더러움. 명탁(命濁), 중생탁(衆生濁), 번뇌탁(煩惱濁), 견탁(見濁), 겁탁(劫濁)을 이른다.
33 성질에 따라 나눈 부처의 세 가지 몸. 법신, 보신, 응신을 이른다.
34 부처와 보살의 자비심에서 우러난 중생 구제의 소원.
35 어리석은 중생에게 바른길을 가르쳐서 깨닫는 경지에 들어가게 하는 사람.

세존은 기교한 마음으로 말씀하신다.
그 명호를 들으면 공덕이 더해지고
그 모습을 대하면 재앙이 소멸된다네.
대상에 따라 열아홉 가지 몸으로 변화하니
제일 먼저 부처로 변한다는 창이 곧 나오리라.

經云:「無盡意菩薩, 善男子, 若有國土衆生應以佛身得度者, 觀世音[36]卽現佛身而爲說法。」[37]

人家若要收財利, 須向堂前安下匱。
門徒若要善緣多, 須是將心收妙義。
有錢[38]財, 長富貴, 一世不尤多稱意。
聽經念佛得菩提, 萬劫千生長出離。
不收錢, 便窮悴, 因困恓惶惡行止。
不聞妙法聽眞經, 六道忙忙何準擬。[39]
法花經, 好道理, 還似金銀與羅綺。
奉勸門徒用意聽, 還似匱中穩安置。
聞經人待近花臺, 還似收錢匱裏排。

36 鳩譯經과 闍譯經에서는 '觀世音' 다음에 '菩薩' 두 글자가 있다.

37 이곳에는 본래 '匱'자가 있다. 이는 다음 행 "須向堂前安下匱"의 '匱'자와 관련하여 생긴 衍字인 까닭에 여기서는 삭제하였다. 돈황사본에서는 잘못 적은 글자가 있으면 흔히 해당 행의 앞 여백 부분에 고쳐 기록하고 있다. 이를 테면 본편 "莫教與說不思意" "忽遇眞僧有意誇" "還似匱中穩安置" "都講共君般物去" "鬱鬱黃花還自秀" "自在地前菩薩衆" "現化垂形教自在" 이들 문구의 '說', '誇', '置', '般', '花', '衆', '教'자에는 본래 모두 덧칠이 가해져 있고 그 행의 앞 여백에 수정하여 적고 있는 것이다. 衍字 '匱'는 아마도 이 같은 원인 하에서 생겨난 것일 것이다.

38 '錢'은 原卷에서는 '𫝀'으로 되어 있다. 아래 문장 "不收錢, 便窮悴" "還似收錢匱裏排"의 '錢'자 역시 이 형태로 되어 있다. 이는 '錢'의 속자이다. 어떤 경우는 '身'으로 적고 있는데 이는 오류다.

39 '準擬'는 '준비하다', '대처하다'는 뜻이다. P.2187「破魔變文」: "저 外道들이 마침내 이곳에 왔는데 어떻게 처리할까?(他外[道]等總到來, 如何準擬?)"

向下金銀千萬挺,[40] 角頭綾絹百千堆。

送來人客煎茶待, 教化師僧把捧推。

都講共君般物去, 揭工大匱著唱將來。

經 : 指前至「卽現佛身, 而爲說法」。

若有一輩衆生, 只要見佛身, 觀音菩薩與現佛身, 而爲說法。佛有三身, 菩薩與現者, 卽小化身也; 若是法身, 佛居法性土中, 凝然常靖諸佛所讓證之理; 若在人生身內, 名爲佛性, 成佛號大法䃀, 在纏卽名如來藏云云。

若說十方諸佛, 總有淸淨法身。

凝然常住之心, 菩薩未能得見。

萬法流行之本, 心夫共有不知。

直須諸佛道覺,[41] 方乃一般證悟。

法身無機複無形, 不變隨緣狀狀杳冥。

鬱鬱黃花還自秀, 叢叢翠竹本來靑。

修行劫滿功能正, 功德三僧祇劫行周圓,

佛性凝然常寂靜, 爭能說法化衆生.

경전에서 이르기를, "무진의보살이여, 선남자여, 만일 국토의 중생이 불신(佛身)을 뵙고 득도(得度)[42]를 하고자 한다면 관세음보살은 불신(佛身)을 드러내시어 가르침을 설하신다." 운운

그대가 만일 재물을 받고자 한다면

불당 앞에 복전함을 마련해 놓아야 할 것이고

불도들이 만일 착한 인연을 많이 쌓고자 한다면

마음으로 오묘한 의리를 받아들여야 한다.

---

40 '挺'은 '鋌'과 같다. 112쪽 주석 173)번을 참조 바란다.

41 '覺'은 原卷에서는 '吝'으로 되어 있는데 이는 '覺'의 와자로 보인다. 700쪽 주석 177)번을 참조 바란다.

42 미혹의 세계를 넘어 깨달음의 경지에 이름.

재물이 생기고 지위가 높아지면
한 생애 동안 근심 없이 마음이 흡족할 것이고
경전을 듣고 부처를 염송하여 보리를 얻으면
만겁 일천의 생애 동안 출리해탈(出離解脫)[43] 할 것이로다.
재물을 받지 않으면 이내 곤궁해지고 초췌해져
곤곤하고 허둥대니 어느 때나 악행을 그칠 것이고
묘법을 듣지 않고 진경(眞經)을 받아들이지 않으면
육도(六道)를 바삐 오가니 어찌 대처할 수 있으리.
법화경은 훌륭하고 올바른 이치인지라
금은 같고 비단 같도다.
문도들이여, [묘법을] 정신 차려 듣기를
마치 복전함을 공손히 마련해놓듯이 하라.
경문을 듣기 위해 절집에 들어가고 연화좌로 다가서기를
마치 돈을 받으려 복전함을 안치해놓듯이 하라.
아래에는 천만 정(鋌)의 금이며 은이 있고
구석에는 수천 더미의 비단이 쌓여 있다.
차 끓여 손님을 접대하고
중생을 교화하는 승려를 받들어 모신다.
도강이 그대와 함께 물건을 옮겨
복전함을 열어젖히는 창이 곧 나온다.

경전에서 이르기를, "불신(佛身)을 드러내시어 가르침을 설하신다."

만일 한 무리의 중생들이 부처의 몸을 뵙고자 한다면 관음보살은 부처의 몸을 드러내어 가르침을 설하신다. 부처께서는 세 가지 몸(三身)을 지니고 계시는데, 보살이 드러낸 몸은 바로 소화신(小化身)이다. 법신(法身)이란, 부처께서 법성토(法性土)[44]에 머무시면서 제불이 증득한 법리(法

43 미혹(迷惑)의 세계에서 벗어나 해탈의 경지에 이름.
44 삼불토의 하나. 여래의 법신이 사는 정토이다.

理)를 평안하고 고요하게 간직하고 계신 몸을 말한다. 중생의 몸 안에 있게 되면 [법신은] 불성(佛性)이라 불리고, 부처가 되면 대법신(大法身)이라 불리며, 덮여서 가려지면 여래장(如來藏)이라 불린다. 운운

십방(十方)의 제불로 말하자면
[그들은] 청정한 법신을 지니고 있네.
생멸의 변화가 없는 평안한 마음을
보살은 바라볼 수가 없네.
만법(萬法)의 근본이 되는 법신을
범부(凡夫)는 지니고 있음에도 그 사실을 알지 못하네.
제불(諸佛)이 도를 이루고서야
비로소 일반인이 깨닫게 되네.
법신은 모습도 형상도 없고
대상에 따라 변화하지 않는 오묘한 존재라네.
울창한 국화는 절로 빼어나고
무성한 푸른 대나무는 본디가 푸르다.
영겁의 세월 동안 수행을 쌓으니 공덕이 바로서고
공덕이 원만해지니 절로 밝아진다.
불성은 평온하고 언제나 고요하기만 한데
어떻게 가르침을 설하여 중생을 교화할 것인가.

第二報身. 有二種: 一者自受用報身; 二者他受用報身. 且自受用報身, 卽是大智惠, 卽是自受用, 廣大法樂於此身上變起十重. 他用身, 爲十地菩薩說法; 自用身, 不曾說法. 果起酬因, 名報爲酬, 三大阿僧祇劫所修行, 故名報. 直至十地滿心, 等覺位後, 念有無量無邊同類菩薩道. 此菩薩與佛於色究竟天上, 有一高坐, 此名大寶花王座. 此菩薩纔登此座, 身遍無量無邊法界, 眼耳鼻舌皆遍法界, 無量善根所引, 故名自受. 亦爲菩薩說法, 唯佛與佛乃能相見云云.

我佛修行已滿, 三無數劫周圓.

十地旣已畢功, 萬行事須報答.

向色究竟天上, 座名大寶花王.

同類菩薩相隨, 送上此中高座.

菩薩旣上座已, 六根遍滿十方.

百千功德莊嚴, 始號報身自在.

三僧祇劫行周圓, 始座花王究竟天。

無限善根皆起引, 幾多智惠自招然。[45]

酬報因中行底行, 故敎作用滿三千。至此位中修行足, 十方化佛總齊肩。

弟三化身者。此身自有三種：一, 大化身; 二, 小化身; 三, 隨類化身。大化身者, 爲地前四加行位中菩薩, 現一千丈身, 故名大化云云。

菩薩修道未圓, 不自居於地上。

須遇諸佛 修, 乃至化身千丈。

光明照耀無邊, 相好端 難狀。

此身我輩凡夫, 未得將心歸向。

千丈分輝不可名, 圓通相好有光明。

巍巍作用超三界, 皎皎神通爲四生。

自在地前菩薩衆, 方能見佛此身形。

凡夫下智無因見, 爭肯親來爲說經。

둘째는 보신(報身)이다. 여기에는 두 가지가 있다. 하나는 자수용(自受用)보신이고, 또 하나는 타수용(他受用)보신이다. 자수용보신은 곧 대지혜이시며, [법문을] 스스로 수용하는 불신으로서, 광대한 법락(法樂)은 이 보신으로부터 십중(十重)으로 변화되어 생겨났다. 타수용보신은 십지(十地)보살을 위하여 가르침을 설하나 자수용보신은 가르침을 설하지 않는

45 '招然'은 '이처럼 불러일으키다'는 뜻이다. 664쪽 주석 276)번을 참조 바란다.

다. [보살의] 인행을 닦아서 [깨달음의] 과보를 얻는 까닭에 [보신을] 수인감과지신(酬因感果之身)이라 부른다. 삼대아승기겁 동안 수행을 쌓는 까닭에 보신이라 부른다. 십지가 가득차서 등각(等覺)의 위치에 오른 후 무량무변의 보살도를 이루고자 하였다. 이 보살은 부처와 함께 색구경천(色究竟天)에 머물고 계신데 여기에는 대보화왕좌(大寶花王座)라 불리는 보좌가 하나 있다. 이 보살께서 이 보좌에 오르니 몸이 무량무변한 법계에 두루 퍼져 눈, 귀, 코, 혀 모두가 법계에 산재하게 되었으며 한량없는 선근(善根)을 가져오는 까닭에 '자수(自受)'라 불린다. 보살을 위하여 가르침을 설하는데 오직 부처만이 만날 수 있다. 운운

우리 부처의 수행은 이미 원만한데
삼무수겁 동안 두루 갖추신 것이라네.
십지(十地)의 공덕을 이미 닦았으니
수행에는 보답이 있게 마련이네.
색구경천으로 향하니
대보화왕좌라는 보좌가 있거늘
동류의 보살들은 그의 뒤를 따르며
그더러 이 보좌에 앉으라 권한다.
보살이 보좌에 앉으니
육근(六根)[46]이 십방에 가득 찬다.
수백수천의 공덕으로 장엄하니
비로소 자재(自在)한 보신으로 화한다.
삼아승기겁 동안 수행이 원만하여
비로소 색구경천의 보화왕좌에 오르신다.
한량없는 선근이 이로써 일어나고
무한한 지혜가 절로 생겨난다.

---

46 육식(六識)을 낳는 눈, 귀, 코, 혀, 몸, 뜻의 여섯 가지 근원.

이는 수행에 대한 보답인 까닭에
그 공능 삼천세계를 가득 메운다.
이 계위(階位)에서의 수행이 원만해지니
십방의 화신불과 어깨를 나란히 한다.
원상(圓相)[47]은 훌륭하고 광명을 발하는데
한번 얻으니 만겁 동안 평안하다.
자수용신(自受用身)은 사람들이 보지 못하니
일찍이 중생을 위하여 가르침을 설한 적이 없도다.

셋째는 화신(化身)이다. 여기에는 세 가지가 있는데 대화신(大化身)과 소화신(小化身)과 수류화신(隨類化身)이 그것이다. 첫 번째 대화신은 십지(十地) 이전의 사가행위(四加行位)에 머물고 있는 보살로서 일천 장(丈)의 몸을 드러내는 까닭에 대화(大化)라 부른다. 운운

보살은 수행이 아직 원만하지 못함에
땅 위에서 머물지 않는다.
제불이 수행을 권함에 따라
천 장(丈)의 화신이 된다.
광명이 가없이 비치고
상호는 단엄하여 형용하기 어렵다.
이 화신에게 우리 같은 범부는
마음으로 귀의하지 못한다.
천 장의 광휘는 뭐라 명명할 수 없고
법성(法性)을 깨우쳐 상호(相好)에는 광명이 어린다.
우뚝 솟아 그 역할은 삼계(三界)를 초월하고
환한 신통력으로 사생(四生)으로 화한다.
자유로운 지전(地前)의 보살 무리

47 선원(禪院)에서, 중생이 본디부터 갖추고 있는 깨달음의 모습을 상징하기 위하여 그리는 둥근 꼴의 그림.

이제는 부처의 이 같은 모습을 뵐 수 있네.
지혜가 낮은 범부들은 부처를 뵐 인연이 없으니
어찌 경전을 설하고자 몸소 오실 수 있을까.

第二, 小化身者, 二千年前, 王宮生是也。卽丈六金身, 爲人天二乘人說法, 觀世音菩薩現此身云云。

我佛如來居三界, 丈六化身功德𪓗。[48]
爲與凡夫說法門, 現化身垂形教自在。
便從天上降王宮, 又向靈山開法會。
三千界內廣宣揚, 運載衆生心廣大。
我佛慈悲無等倫, 爲憂三界度迷津。
垂形只爲開方便, 說法還教利世人。
示現修行方作佛, 圓容根性爲談經。
無邊變現神通力, 此個名爲小化身。

第三, 隨類化身者, 或作猿猴鹿馬云云。念爾彌猴欲入定,[49] 爲瞿師羅(罷)現三尺身。

昔有瞿師長者, 身長三尺已來。[50]
爲緣羞見如來, 所以不曾聞法。
我佛哀愍之[51]故, 也現三尺身形。
向伊家內說經, 便乃發心禮拜。
長者身材三尺長, 尋常羞見法中王。

---

48 '𪓗'는 '매우(극히) 많다'는 뜻이다. S.4571 「維摩詰經講經文」: "수미산을 능가할 만큼 福德이 강하며 해와 달을 손으로 떠받칠 만한 威神을 지녔다(止住須彌福德强, 手扶日月威神𪓗)." 『通釋』의 해당항목을 참조하라.

49 이상 일곱 자는 原卷에서는 작은 글씨로 두 행에 걸쳐 적혀 있다.

50 '已來'는 '전후', '위아래'라는 뜻으로서 대략의 수를 가리킨다.

51 '之'는 原卷에서는 '了'로 되어 있다. 돈황사본에서 '之'와 '了'는 형태가 비슷하여 오용되는 경우가 많다. 여기서는 문맥에 의거하여 바로잡는다.

如來直爲多方便，我佛慈悲道力强。
便乃隱其淸淨相，不敎大放白毫光。
也逞[52]三尺同其類，大小高低恰相當。

두 번째는 소화신(小化身)으로, 2천 년 전 왕궁에서 모습을 보이셨다. 즉 일장육척의 금빛 몸으로 인천(人天)과 이승(二乘)을 위하여 가르침을 설하셨는데, 관세음보살이 이 몸을 드러내신 것이다. 운운

우리 부처 여래는 삼계에 거하시는데
일장육척의 화현된 몸으로서 무량의 공덕을 지니신다.
범부를 위하여 법문(法門)을 설하시고자
모습을 드러내시니 가르침이 자유롭다.
천상에서 왕궁으로 강림하시고
다시 영산에서 법회를 여신다.
삼천세계에서 널리 가르침을 펼치시니
교화되는 중생의 마음은 광대하다.
우리 부처는 견줄 바 없는 자비심으로
삼계(三界)를 염려하여 미망(迷妄)으로부터 제도하신다.
방편의 하나로써 모습을 드러내시어
가르침을 설하여 세상 사람들을 이롭게 하신다.
부처의 모습으로 화현하시어
근성에 맞추어 경문을 설하신다.
가없는 신통력을 보이시니
이를 일러 소화신이라 부른다.

세 번째는 수류화신으로, 원숭이나 사슴, 말로 모습을 바꾸기도 한다. 구사라(瞿師羅)를 위하여 삼 척의 몸으로 화하시었다.

지난 날 구사라라는 장자가 있었는데

52 '逞'은 응당 '呈'으로 보아야 한다. 드러내 보인다는 뜻이다.

신장이 삼 척 가량 되었다.
여래를 뵙기를 부끄러워했던 까닭에
가르침을 들어본 적이 없었다.
우리 부처 그를 불쌍히 여겨
삼 척의 몸으로 모습을 드러내셨다.
그의 집 안에서 경문을 설하니
그는 곧 발심하고 예배를 올렸다.
장자는 삼 척의 신장을 하고 있는데
법왕을 만나 뵙는 것을 늘 부끄러워했다.
여래께서는 여러 방편을 지니셨고
우리 부처는 자비로우시며 도력(道力)도 강하시다.
그리하여 청정한 모습을 감추시고
백호의 광휘도 비추지 않으시며
그와 똑같이 삼 척의 모습을 나타내시니
몸집이나 키가 서로 비슷하였다.

五百婆羅門睹灰身而起信。啓花之道。[53]
昔有五百長者, 身色一似黑灰。
知佛現大光明, 不敢向前禮拜。
我佛只爲憐湣, 怕伊心地羞慚。
忽然變卻金容, 也作灰身形狀。
此人灰相黑僾僾,[54] 終日羞慚惡業深。
欲禮毫光長隱映,[55] 每逢妙相卽沉吟。

---

53 '啓花之道'는 두 행에 걸쳐 작은 글씨로 적혀 있다. '花'는 '化'로 보기도 한다.
54 '僾'은 原卷에서는 '[illegible]'로 되어 있는데 이는 속자이다. 「魏義橋象碑」에서도 이 글자가 보인다. '僾僾'은 못생기고 누추한 모습을 형용한다.
55 '映'은 原卷에서는 우편방이 '英'으로 되어 있는데 이는 '映'의 속자이다. 『集韻』에 이 글자가 실려 있다. 『說文新附』: "映, 隱也." '隱映'은 동의의 중첩어로서 '숨다'는 뜻

佛緣教化令生信，隱卻渾身紫磨金。

五百之徒纔見了，一時禮拜稱其心。

此是隨類化身云云。經云「若衆生要見佛身」者，菩薩云云。

若此娑婆世界，百億四州之內，

其中也有衆生，便見佛身相對。

不求菩薩神通，不要聲聞自在。

直須得見世尊，方肯發心禮拜。

一類衆生見解强，發心修道不同常。

不于菩薩生恭敬，不向諸天禮吉祥。

羅漢度伊都不采，[56] 聲聞說法不瞻相。

每朝合掌焚香侍，只願親逢大法王。

觀音菩薩乃現佛身，隱卻菩薩容儀，變作金仁[57]之相好。

也有三十二相，也具八十隨形，

也教足躡千輪，也有胸題萬字。[58]

也有毫光隱隱，也有金色輝[輝]。

衆生一見同瞻禮，決定消災滅禍殃。

菩薩爲其現得此相?緣觀音菩薩久遠劫來曾成佛，號曰正法明如來。[59]

若論菩薩有威神，化現功能絶等倫。

悲願弘深如大海，法門垓廣[60]似微塵。

解圓相好舒慈眼，能放毫光度世人。

이다.

56 ‘採’는 ‘상대하다’, ‘거들떠보다’는 뜻이다. 후에는 ‘睬’로 분화되어 표기된다.

57 ‘仁’은 ‘人’과 같다. ‘金人’은 황금빛 사람으로 부처를 가리킨다.

58 ‘万字’는 곧 ‘卍’자를 말한다. 『龍龕手鏡』 雜部 : “卍의 음은 万이며, 여래의 몸에 있는 길상무늬이다(卍, 音万, 是如來身有吉祥文也).”

59 ‘法’은 原卷에서는 ‘德’으로 되어 있는데 이는 ‘法’자의 오자일 것이다(‘德’의 草書는 ‘法’자와 형태가 유사하다) 여기서는 문맥에 의거하여 바로잡는다. 관세음보살은 과거에 이미 부처의 경지에 이르렀었는데 정법명여래는 관세음보살 성불 당시의 명호이다.

60 ‘垓’는 ‘該’가 되어야 할 것이다. ‘該廣’은 ‘해박하다’는 뜻이다.

莫怪觀音能作佛, 直緣久是法王身。

衆生見說座花, 方肯聞經道眼開。

大士旣能爲顯現, 觀音便與救倫佪(輪回)。

舒惠眼, 破昏埋(霾), 說法投機是弁(辯)才。

若要辟支佛身現, 也須教化唱將來。

經云:「應以辟支佛身得度者, 卽現辟支佛身而爲說法。」[61]

오백의 바라문은 잿빛 몸을 대하자 믿음이 생겨났다. 계화지도.

지난날 오백의 장자가 있었는데

몸 빛깔이 검은 잿빛이었다.

[그들은] 부처께서 대광명을 발하시는 것을 알자

감히 앞으로 나아가 예배를 올리지 못했다.

우리 부처는 연민의 마음으로

그들이 부끄러워할 것을 염려하여

홀연 황금빛 모습을 감추시고

잿빛 모습으로 화하시었다.

잿빛 용모의 그들은 검고 못생긴 것이

깊은 악업 때문이라 여기며 항상 부끄러워하였다.

백호(白毫)의 광휘에 절을 올리고 싶었지만 오랫동안 모습을 숨기며

[부처의] 오묘한 모습을 대할 때마다 앓는 소리만 할 뿐이었다.

부처께서는 그들을 교화시켜 믿음을 주고자

자마황금빛으로 빛나는 몸 전체를 감추시었다.

오백의 무리들은 비로소 그를 뵙고

다함께 예배 올리며 그 마음을 찬양하였다.

이것은 수류화신(隨類化身)이다. 경전에서 말하기를 "만일 중생이 부처의 몸을 보고자 한다면" 보살 운운.

---

61 권말에는 본래 "合藥 四時凋變云云"이라는 문구가 있는데 문맥에 부합되지 않는 까닭에 삭제한다.

이 같은 사바세계에도
백억의 사주(四州) 안에도
그 속에는 부처의 모습을 대하려는
중생이 있게 마련이다.
보살의 신통력을 구하지 않고
성문의 자유로움도 원하지 않으며
오직 세존만을 뵙고서
발심 예배 올리고자 한다.
이 부류의 중생은 견해가 강하여
발심 수도함에 보통 사람과 같지 않다.
보살을 공경하지도 않고
제천에게 절을 올리지도 않는다.
아라한이 그들을 제도하려해도 거들떠도 안보고
성문이 가르침을 설해도 우러러보지 않는다.
매일같이 합장하고 향을 사르며
대법왕을 친견하기만을 바란다.

관음보살은 이리하여 부처의 몸을 현시하시니, 보살의 용의를 감추시고 금인(金人)의 모습으로 화하시었다.

32상을 지니셨고
80종호도 갖추셨다.
발에는 수레바퀴 표지가 있고
가슴에는 만(卍)자도 새겨 있다.
휘황한 광명을 발하는 백호도 지녔고
반짝이는 황금색도 갖추었다.
중생은 이를 보고 발심하여
세존과 다름없다 말한다.
보살은 신통하고 오묘한 힘을 지니셨으니

법왕의 몸으로 화하시었다.
가슴에는 만(卍)자가 어렴풋하고
발바닥에는 수레바퀴 표시가 뚜렷하다.
정수리 위에는 푸른 감색의 머리카락이 있고
미간에서는 백호의 광명이 발한다.
중생은 그를 뵙고는 우러르며 예배를 올리니
분명 재난과 앙화(殃禍)는 사라지고 말리라.

보살은 어찌하여 이 같은 모습을 보이신 것인가? 관음보살은 아주 오랜 세월 이전에 이미 부처가 되었는데 정법명여래라 불렀다.

보살이 지닌 위신력으로 말하자면
화현의 능력은 단연 비교될 바 없다.
비원(悲願)은 대해와 같이 깊고
법문(法門)은 작은 티끌처럼 해박하도다.
상호(相好)를 갖추고 자비의 눈으로
백호의 광명을 발하시어 세인을 제도하신다.
관음이 부처가 될 수 있음을 이상히 여기지 말라.
오랫동안 법왕의 몸이었던 까닭이로다.
중생은 법을 설하는 연화좌를 보고는
설법을 들어 도안(道眼)을 열고자 한다.
보살은 뚜렷하게 모습을 나타낼 수 있고
관음은 [중생을] 윤회에서 구해내신다.
지혜의 눈을 뜨고 어리석음을 부수라.
근기에 따라 가르침을 설하는 것이 변재(辯才)이다.
벽지불의 모습을 보여야 할 때에는
[벽지불이 되어] 교화를 한다는 창이 곧 나온다.

경전에서 이르기를, “벽지불의 모습으로 교화해야 할 중생에게는 벽지불의 모습으로 가르침을 설하신다” 하였다.

유마힐경강경문 1(維摩詰經講經文一)[1]

(上缺)[2]□應, 所表何題? 今□□□者, □題有十□[3]解信, 不敢廣談, 聊

1 王慶菽 [原校] 본권 편호는 S.4571이다. 표제는 본래 빠져 있는데 내용이 『維摩詰所說經』에 근거하고 있는 까닭에 임의로 제목을 달았다. 『維摩詰所說經』을 연역하고 있는 강경문은 모두 7권이다. 경전은 姚秦 승려 구마라집 역본을 따르고 있다. [校注] 『變文集』에 실려 있는 P.2122「維摩詰經講經文」 1종은 사실 「維摩經押座文」의 일부분이다. 따라서 여기서는 압좌문 부분으로 옮겼다. 이밖에도 러시아에는 유마힐경을 연역한 강경문 2종이 있다. 따라서 총 8권 7종(P.3079와 북경도서관 光字 94호는 동일한 내용)이 있는 셈이다. 유마힐경은 3권 14품으로 되어 있다. 앞의 7종 강경문은 모두 유마힐경의 앞 5품을 연역한 것이다. 이는 경전의 3분의 2에 해당하는 강경문이 아직 발견되지 않았음을 뜻한다. 앞 5품에 해당하는 강경문 역시 이미 훼손되어 완전하지 못하다. 본편이 연역한 경문은 「佛國品第1」의 전반부이다.

2 [原校] 본권은 본래 여러 쪽으로 분리되어 있다. 런던박물관은 이를 정리하면서 순서를 잘못 배열해 놓아 문맥이 통하지 않는다. 여기서는 『維摩詰經』 경문의 순서에 의거하여 권자의 배열을 바로잡았다. 예를 들어 경전의 앞 구인 '如是我聞一時'을 연역한 강경문을 原卷에서는 (7) (9) (8) (5) 순서로 배열해 놓았으나 여기서는 (1) (2) (3) (4) 순서로 바로잡았다. 또 原卷은 매 쪽의 앞부분과 끝부분이 모두 잔결되어 있는 까닭에 본권에서는 문미에는 (原文至此殘闕), 다음 행의 서두에는 (首缺)이라 표기해 두었다.

陳[4]五種. 且弟[5]一, 依顯揚論 : 信爲七聖財之元胎.[6] 謂信是[7]一數, 爲七聖財.[8] 若世財爲生死之本, 能沉溺有情, 出世財者, 得菩薩[9]解脫之樂. 夫欲求寶, 先有其信,[10] 如世商人入海求寶, 喩修行人於眞如法中

---

3 앞부분의 잔결이 좀 심하다. 原錄에서는 "(上缺)□有何所□表□□□□□者□□有□"로 되어 있다. 楊雄은 이를 본문과 같이 교정하였는데 원문에 부합되는 까닭에 여기서는 이를 따른다.

4 '聊陳'은 原錄에서는 결문으로 되어 있다. 『新書』는 原卷에서는 '輒陳' 두 글자로 되어 있다고 하였고, 楊雄은 '聊陳'으로 보았다. [校注] '聊'자는 原卷에서는 중간부분이 빠져 있고 좌반부의 자형이 '耳'와 '車'의 중간 형태로 되어 있다. 아래 문장 "若據慈恩解信, 理有十般, 不敢廣談, 聊申五種"에 의거하건대 '聊'자로 본 楊雄의 견해가 옳다. 따라서 이를 따른다.

5 '弟'자는 '第'의 고자이다. 본권에서는 순서를 뜻하는 글자로 '弟'와 '第'(통상적으로 쓰인 '苐'는 '第'의 속자이다)가 모두 보인다. 古書의 원모습을 그대로 남길 필요가 있다. 原錄에서는 '弟'자를 모두 '第'로 수정하였는데 이는 불필요해 보인다.

6 '元'은 原卷에서는 '无'으로 되어 있는데 이는 '元'의 필사체이다. 아래 문장 "解信是七種聖財之元胎"의 '元'자 역시 이 형태로 되어 있다. 原錄에서는 모두 '无'로 기록하였는데 이는 오류이다. 『新書』 역시 이와 동일하다. 『爾雅』 釋詁에서는 "元、胎, 始也." 로 되어 있는데 문중의 '元胎'는 '第一'의 뜻이다. 불교에서는 信(正法을 신수함) · 戒(계율을 지킴) · 聞(가르침을 들음) · 慚(죄를 스스로 부끄러워함) · 愧(자신의 죄를 남에게 고백하여 용서를 빎) · 捨(모든 것으로부터 자유로움) · 慧(지혜로 사리를 분별함) 일곱을 七聖財라고 일컫는데 '信'이 맨 처음에 위치하는 까닭에 '信'을 七聖財의 '元胎'라고 한다.

7 '是'는 原錄에서는 '昃'으로 되어 있고 '靈'으로 교정하였는데 이는 잘못이다. 『新書』는 原卷에서는 '是'로 되어 있다고 했는데 이는 옳다. 여기서는 이에 의거하여 바로잡는다.

8 原錄에서는 '爲七聖財'가 윗 문구에 붙어 있다. 楊雄은 '數' 뒤에 마침표를 찍어야 하고 '爲七聖財' 앞에는 '信 · 戒 · 聞 · 捨 · 慧 · 慚 · 愧' 일곱 글자가 누락됐다고 하였다. [校注] '數'자 뒤에는 쉼표를 붙여야 하고 '一數'는 첫 번째 숫자를 가리킨다. 즉 아래 문장 "七聖財中爲弟一"이라는 뜻이다. 아래 문장 "信爲一數"의 '一數'와 같은 뜻이다. '爲七聖財'는 '信'이 七聖財의 하나임을 가리키는 까닭에 그 앞에 信 · 戒 · 聞 등의 일곱 글자를 보충할 필요는 없다. 아래 문장 "先須有信, 信爲七聖財"에도 '信爲七聖財'라는 문구가 있는데 이는 그 증거이다.

9 '菩薩'은 原卷에서도 이렇게 되어 있는데 原錄에서는 俗體인 '卄'라 고쳐 적고 있다. 原錄은 매번 俗體로 고쳐 적고 있는데 – 예를 들면 아래 문장 "菩提心裏自然成"의 '菩提'를 原錄에서는 '𡎺'라 적고 괄호 안에 '菩提'라 덧붙이고 있는데 原卷은 본래 '菩提'로 되어 있으며, "敎化王孫, 令往菴園, 禮佛聽法"의 '佛'자는 原錄에서는 '仏'로 적고 있는데 이 역시 原卷에서는 '佛'로 되어 있다 – 이들은 모두 교감의 범례에 맞지 않는다.

求寶, 卽知佛身體上, 有河[11]沙万德法寶. □□□究竟可證之處, 先須有信, 信爲[12]七聖財. 所以[13]淨名經云: 資財無量, 攝諸貧民. 此性[14]七聖財, 能於現在, 未來俱益. 若世財但利現在, 不[15]能濟嶮道. 弟二, 依唯識論云: 信如水淸珠,[16] 能淸於濁水, 能治不信. [□□](不信)[17]自性混濁. 意云: □[18]信自性渾濁, 如泥秋(鰍)[19]魚, 將身入淸水, 水亦變爲泥. 若將珠投之, 隨珠濁水便淸. 弟三, 依俱舍論云: 信拔衆生, 出生

---

10 原卷에서는 '其信' 뒤에 아무런 누락된 글자가 없는데 原錄에서는 두 개의 궐문 부호를 넣고 있다. 이는 오류다.

11 '河'는 原錄에서는 '何(河)'로 되어 있다. [校注] 原卷은 본래 '河'로 되어 있으며 오자도 아니다. 이에 의거하여 바로잡는다.

12 原卷에서 '爲'자는 많이 훼손되었으나 '爲'자로 보인다. 위 문장 "(信)爲七聖財"라는 문구는 그 증거이다. 原錄에서는 '有'로 되어 있는데 그 의미가 통하지 않는다.

13 '所以'는 原錄에서는 궐문으로 되어 있다. 『新書』는 原卷에서는 '所以' 두 글자로 되어 있다고 하였다. 이에 의거하여 보충한다.

14 '性'자는 原卷에서는 희미하여 판독하기 힘들다. 오류가 있는 듯하다.

15 '不'은 原錄에서는 '不□'로 되어 있다. [校注] "不能濟嶮道"만으로 문맥은 족히 통한다. '不'자 뒤에 궐자가 있을 것 같지 않다. 아래 문장 "身中七聖之財, 能救當來嶮道"은 그 의미가 이와 정반대되고 있는데 참고할 필요가 있다.

16 '水淸珠'는 原錄에서는 '水淸□'로 되어 있다. [徐震堮] '淸'은 '精'이 되어야 하고 그 뒤의 궐자는 '珠'자이어야 한다. 518쪽 첫줄의 '淸' 역시 '精'이 되어야 한다. 아래 문장 "信心喩似承(水)精珠"에서 이 문구가 보인다. [校注] 궐자가 '珠'가 되어야 한다는 서씨의 견해는 옳다. 原卷의 이 글자는 희미한데 본래 '珠'자인 듯하다. 그러나 '淸'을 '精'으로 본 것은 정확하지 않다. 玄奘 譯『成唯識論』권6: "云何爲信? …… 如水淸珠, 能淸濁水." 이는 '淸'자가 오류가 아님을 보여준다. '水淸珠'는 물을 맑게 하는 구슬을 가리키는 것 같다. 아래 문장 "信心喩似承(水)精珠"의 '精'자는 '淸'으로 교정되어야 한다.

17 原卷에서는 '不信'이 중복되지 않는다. 여기서는 문맥에 의거하여 보충한다. '不信'과 '信'은 모두 불교술어이다. 『阿毘達磨俱舍論』 卷4: "不信이란 마음이 청정하지 않은 상태를 말하며 앞서 말한 '信'과 대비된다(不信謂心不澄淨, 是前所說信所對治)."

18 궐자는 응당 '不'자가 되어야 한다.

19 '泥秋'는 原錄에서는 '泥狀(鯢鰍)'으로 되어 있다. [校注] '狀'자를 『新書』는 原卷에서는 '秋'로 되어 있다고 하였는데 이는 옳다. 이에 의거하여 바로잡는다. 또 原校에서 '泥'를 '鯢'라 하였는데 이는 잘못이다. '泥鰍'는 미꾸라지를 말한다. 항상 진흙 속에서 산다하여 붙여진 이름이다. 俗書에서는 '鯢鰍'라 적기도 하는데 '鯢'는 '鰍'자와 관련하여 생겨난 속자이다. 교감자가 '泥'를 '鯢'로 수정한 것은 취사선택을 잘못한 것이다.

死泥. 意云：正法爲佛手, 信爲衆生手, 卽序分也, 兩手相接, 出生死泥. 弟四, 信者, 如人泛大溟海, 假手行舟, 渡生死河, 信爲其手. 弟五, 如華嚴經云：如人有手, 自在採取珍寶; 若無手者, 定[20]無所獲; 入佛法者, 亦復如是. 已下不能廣解也.

(앞부분 잔결됨) (　　　　　)은 무슨 제목인가? 지금 (　)에는 열 가지 (　　　　　) ‘신(信 : 믿음)’에 대한 해석이 있는데, 이를 감히 길게 얘기할 수는 없고 다섯 가지를 잠시 말해보기로 한다. 첫째, 현양론(顯揚論)에 의거하건대, ‘신(信)’은 칠성재(七聖財) 중의 처음이다. ‘신(信)’은 칠성재 중에서 첫 번째이다. 만일 세상의 재물을 생사의 근본으로 여긴다면 중생은 그 속에 빠지고 말 것이고, 세상의 재물에서 벗어날 수 있다면 해탈하는 보살의 즐거움을 얻게 될 것이다. 보물을 구하고자 한다면 먼저 ‘신’이 있어야 한다. 마치 속세의 장사치가 바다 속으로 들어가 보물을 구하고, 수행하는 사람이, 부처의 육신에 항하사만큼의 보배가 있음을 알고, 진여(眞如)의 법(法) 속에서 보물을 구하는 것과 같다. (　　　) 증득하기 위해서는 결국 무엇보다 ‘신’이 있어야 하고, ‘신’은 곧 칠성재이다. 그리하여 『정명경(淨名經)』에서는 “자재(資財)가 무한하여 모든 가난한 자를 돕는다”고 말한다. 이 칠성재는 현재와 미래 모두에 이로울 수 있다. 만일 세상의 재물이 단지 현재에만 이롭다면 이것은 우리를 험로에서 구제해줄 수 없다. 둘째, 유식론(唯識論)에 의거하건대, ‘신(信)’은 수청주(水淸珠)와 같아서 더러운 물을 깨끗하게 할 수 있고 불신(不信)을 치료할 수 있다. 불신은 그 성질이 혼탁하다. 이 말은 마치 미꾸라지가 깨끗한 물에 들어가면 그 물 역시 흙탕물로 변하고 마는 것처럼 불신은 본성이 맑지 못하다는 것이다. 그런데 만약 그 속에 진주를 던지면 그 물은 진주를 따라 깨끗해진다. 셋째, 구사론(俱舍論)에 의거하건대, ‘신(信)’

20 ‘定’은 原錄에서는 ‘空’으로 되어 있다. [校注] 原卷에서는 ‘[illegible]’로 되어 있는데 이는 ‘定’자이다. 아래 문장 “信心若解修持得, 必定行藏沒疏失” “有手方能避嶮希(巇), 無時必定遭沈溺”의 ‘定’자는 原卷에서는 모두 이 형태로 되어 있다.

은 중생을 생사의 진흙탕에서 벗어나게 한다. 정법은 부처의 손이고, '신'은 중생의 손인데, 이는 곧 서분으로서, 두 손을 맞잡아 생사의 진흙탕에서 벗어나게 된다. 넷째, '신(信)'이라는 것은, 망망대해를 표류하는 사람이 손에 의지하여 배를 저어 가듯이, 생사의 강을 건너는 사람에게 '신'은 곧 그 손이 되는 것이다. 다섯째, 『화엄경(華嚴經)』에서는 "사람에게는 손이 있어 진귀한 보물을 캐낼 수가 있다. 만일 손이 없다면 아무것도 캐낼 수가 없다. 부처의 가르침에 들어선 자에게 있어서 ['신'은] 그 손과 같은 것이다"고 하였다. 더 이상 상세히 설명하지는 않겠다.

若論經首置「如是」兩字, 已(以)表信[21]者, 若據慈恩解信, 理有十般, 不敢廣談, 聊申五種: 且第一、依顯揚論, 解信是七種聖財之元胎, 所[22]謂信、戒、聞、捨、惠、慚、愧爲七聖財,[23] 信爲一數. 且信名除疑財, 旣能發信, 除蕩疑心, 悟身邊有出世之財, 知經內有成佛之路. 遂除懈怠, 便卽進修. 喻如入海無殊, 恰似求珠不異. 若能入海, 必遇金銀. 解聽經文, 定[24]獲聖果. 世上七珍之寶, 偏除現在貧窮; 身中七聖之財, 能救當來嶮道. 兼[25]由起信差與揀[26]擇, 所已(以)經云勸令悟解. 第二、

21 '信' 뒤에 原錄에서는 '也'자가 있다. 原卷을 세밀히 살펴보면 '也'자는 이미 덧칠해져 있는 듯하기에 기록해서는 안 된다.

22 '所'는 原錄에서는 '可'로 오록되어 있다. 『新書』는 原卷에서는 '所'로 되어 있다고 했는데 이는 옳다. 이에 의거하여 바로잡는다.

23 '捨'는 原錄에서는 '相'으로 오록되어 있다. 『新書』는 原卷에서는 '捨'로 되어 있다고 했는데 이는 옳다. 이에 의거하여 바로잡는다. 또 '惠'는 '慧'와 같다. 信·戒·聞·捨·慧·慚·愧는 七聖財이다. 原錄에서는 "信戒聞相惠, 慚愧爲七聖財"라 하였는데 이는 잘못이다.

24 '定'은 原卷에서는 '之'로 되어 있으나 문맥에 맞게 '定'으로 교정한다. '定'은 속체로 '㝎'으로 적기도 한다.(『干祿字書』에 보임) 본편 아래 문장 "兩手旣能相接, 定出生死之泥"의 '定'자가 原卷에서는 '㝎'으로 되어 있다. '㝎'자에서 윗부분만 빠지면 '之'가 된다. "若能入海, 必遇金銀; 解聽經文, 定獲聖果." 이 문구는 앞뒤가 대구가 되고 있으며 문맥이 뚜렷하다. 原錄의 '之'로 보면 의미가 통하지 않는다.

25 '兼'은 原錄에서는 '急'으로 되어 있다. 『新書』는 原卷에서는 '良'으로 되어 있다고 하였고, 楊雄은 原卷에서는 '兼'으로 되어 있다고 하였다. 【校注】 양씨의 견해가 옳다.

依唯識論云: 信如水清珠,[27] 能清於濁水者. 喻若一池淨水, 徹底澄清, 觀瞻而[28]鏡面無殊, 體瑩而琉璃不異, 自然清淨, 豈有灰塵. 忽被個泥秋(鰍)之魚, 抛入水池之內, 渾身不淨, 遍體腥膻,[29] 滿池之清水渾濁, 徹底之澄泉臭穢. 未委作何計較, 令水體而再伏(復)本源;[30] 不知有甚因依, 遣池內之[水]卻令清淨.[31] 幸有明珠一顆, 精[32]光之皎潔無假(瑕), 但將放在池中, 其水自然清淨. 煩惱喻如濁水, 信心便是明珠, 信心若堅勞,[33] 煩惱自然清淨.

경문 서두의 "여시(如是)"라는 두 글자를 논하자면, 이것은 '신(信)'을 표시한 것이다. 자은(慈恩)의 '신(信)'에 대한 설명에 의하자면, 거기에는 열

이에 의거하여 바로잡는다.

26 '諫'은 '揀'과 통한다. 原錄에서는 직접 '揀'으로 수정하였는데 이는 옳지 못하다.

27 '珠'는 原錄에서는 '沫(珠)'로 되어 있다. 『新書』는 原卷에서는 본래 '珠'자(초서로 되어 있음)로 되어 있다고 했는데 이는 옳다. 이에 의거하여 바로잡는다.

28 '而'는 '如'와 통한다. 아래 문장 "體瑩而琉璃不異"의 '而'도 이와 같다.

29 '腥膻'는 '腥臊'가 되어야 한다. '膻'는 '臊'의 聲旁替換字(글자의 소리부분을 다른 글자로 대체한 글자)일 것이다.

30 【楊雄】 '源'은 '原'이 되어야 한다.

31 原錄에서는 '之'자 뒤에 '水'자를 보충하였다. 【校注】 '水'자를 보충할 필요 없다. "遣池內之却令清淨"과 앞의 "令水體而再復本原"는 대구가 되고 있는데 '之'와 '而'가 서로 통용되고 있는 것으로 보아 '之'는 '而'와 같다. 清 吳昌瑩 『經詞衍釋』 卷9: "之, 猶而也." 본편 아래 문장: "六和敬을 실천하는 승려들은 대숲에 난 小路에 앉아 먼 발치서 여래를 바라본다. ( )은 푸른 이끼를 밟고 서서 대각을 우러러본다(更有六和上士, 坐竹徑而遙視如□(來); □□□□, 躡莓苔之仰瞻大覺)." 「佛說觀彌勒菩薩上生兜率天經講經文」: "가슴에는 卍자가 적혀 있고 발은 千文을 밟고 있으며, 열 손가락은 가늘고도 길며 그물 같은 막이 있고 두 팔은 곧게 뻗어 무릎을 덮는다(胸題万字, 足蹈千文. 十指纖長之網漫, 雙臂修直而綿覆)." P.2292 「維摩詰經講經文」: "기와와 자갈에 광채가 돌게 하셨고, 마른 나무에 꽃이 피게 하셨다(令瓦礫以生光, 遣枯林之花秀)." 이 두 예문에서 '之'와 '而'는 같은 의미로 서로 혼용되고 있다. 뒤의 예문에서 '之'와 '以'는 대구가 되고 있는 것으로 보아, '之'는 '以'와 같고 '以' 역시 '而'와 같다.

32 '精'은 原卷에서는 '積'으로 되어 있다. 潘重規는 '精'자가 되어야 한다고 했는데 이는 옳다. 原錄에서는 '積'으로 되어 있는데 이는 오류로 보인다.

33 '若堅勞'는 原錄에서는 '堅若勞'로 적었다. 【徐震堮】 '堅若勞'는 '若堅牢'가 되어야 한다. 【校注】 서씨의 견해는 옳다. 原卷은 본래 '若堅牢'로 되어 있는데 '勞'는 '牢'의 동음가차자이다.

가지가 설명되어 있지만, 그 전부를 다 얘기할 수는 없고 간략하게 다섯 가지만을 설하겠다. 첫째, 현양론(顯揚論)에 의거하건대, '신(信)'은 칠성재의 첫 번째이다. 이른바 신(信 : 정법을 믿고 받아들임)·계(戒 : 계율을 지킴)·문(聞 : 가르침을 들음)·사(捨 : 모든 것으로부터 자유로움)·혜(慧 : 지혜로 사리를 분별함)·참(慚 : 죄를 부끄러워함)·괴(愧 : 자신의 죄를 남에게 고백하여 용서를 빎)를 칠성재라 하는데 이중에서 '신'이 그 첫 번째가 되는 것이다. 그리고 '신'은 제의재(除疑財 : 의심을 없애는 재물)라고도 하는데 이는 의심하는 마음을 제거하고 믿음을 불러온다. 그리하여 자신의 몸 가까이에 출세간의 보물이 있고 경전 안에 성불의 길이 들어있음을 깨닫게 되어, 마침내 게으름을 없애고 수행에 힘쓰게 된다. 이는 마치 바다에 들어가 보물을 구하는 것과 다름이 없다. 만일 바다에 들어갈 수만 있다면 반드시 보물을 구하게 되고, 경문을 들을 수 있다면 반드시 성과(聖果)를 얻게 될 것이다. 세상에는 일곱 가지의 진귀한 보물이 있어 현재의 빈궁함을 없애고, 육신 속에는 칠성재가 있어 앞으로의 험로에서 구제될 수 있다. '신'의 차이에서 선택이 있는 까닭에 경전에서 "권령오해(勸令悟解 : 깨닫도록 권고함)"라 한 것이다. 둘째, 유식론에 의거하건대, '신'은 더러운 물을 깨끗하게 하는 수청주(水淸珠)와 같다. 비유하자면, 한 연못의 물이 맑기가 거울을 바라보는 듯하고 유리와 다를 바 없을 만큼 깨끗하니, 이는 그 본성이 저절로 그렇게 청정한 것이거늘 어찌 먼지가 있을 수 있을 것인가. 그런데 갑자기 미꾸라지 한 마리가 연못 속에 던져지면, 그 미꾸라지는 온몸이 더럽고 비린내가 나서, 연못의 맑던 물은 한순간에 더러워지고 그지없이 깨끗하던 물은 악취를 풍기게 된다. 어떤 방법으로 그 물을 본래의 깨끗함으로 되돌릴 수 있을지 알 수가 없고, 어떻게 해야만 그 연못의 물을 깨끗하게 할 지 알 수가 없다. 그런데 다행히 눈부시게 빛나고 흠이 없는 명주(明珠) 한 알이 있어 그것을 연못에 넣기만 하면 그 물은 저절로 깨끗해진다. 번뇌는 혼탁한 물과 같고 신심(信心)은 명주와 같다. 신심이 두터우면 번뇌는 저절로 깨끗해진다.

第三, 依俱舍論云：解[34]信能拔衆生出生死泥. 意云：正法如佛手, 信爲衆生手, 兩手旣能相接, 定出生死之泥, 永抛三界之中, 不住四生之內, 改愚癡而卻爲智惠, 變懈怠而令作精勤. 量[35]由自己信心, 認得人間善惡. 所已論云：能拔衆生[□□](出生)[36]死泥. 第四, 論云：信者, 如人[37]泛大溟海, 假自手已(以)行舟者. 且如人將投大海, 願泛洪波, 不揮篙[38]而難已(以)行舟, 不擧棹[39]而如何進步. 須憑自手, 方可施爲. 若無手而沈溺滄波,[40] 自有手而必達彼岸. 經內信心爲首, 人間生死爲河, 信心識內[41]不堅勞(牢), 生死河中定[42]晚出. 今則旣於經首, 勸發信心,

---

34 '解'는 原錄에서는 '所'로 되어 있다. 潘重規는 原卷에서는 '解'로 되어 있다고 했다. 이에 의거하여 바로잡는다.

35 '量'은 '良'으로 보아야 한다.

36 '出生' 두 글자는 위 문장에 의거하여 임의로 보충하였다. 『阿毘達磨俱舍論』 권1: "다음으로 마땅히 부처님의 利他의 덕의 원만함에 대해 찬탄해야 하리라. '중생을 건져 올려 생사의 늪에서 나오게 하셨다'고 말함에 있어, 그 같은 생사는 바로 온갖 중생들이 빠져있던 곳으로 가히 빠져 나오기가 대단히 어렵기 때문에, 그래서 '늪'에 비유한 것이다. 즉 중생들이 그 가운데 침몰하여 있어도 구제하는 이가 없으니, 세존께서 그들을 불쌍하고 가련히 여겨 근기에 따라 그에 상응하는 正法의 가르침과 손길을 주어 [생사의 늪에서] 건져 올려 빠져 나오게 하신 것이다(次當讚佛利他德圓, 拔衆生出生死泥者, 由彼生死是諸衆生沉溺處, 故難可出, 故所以譬泥, 衆生於中淪沒無救, 世尊哀愍, 隨授所應正法教手拔濟令出)." 原錄에서는 "能拔衆生生死泥"라 하여 임의로 '生'자를 보충하고서 아무런 설명도 되어 있지 않다.

37 '人'은 原卷에서는 '入'으로 되어 있다. 潘重規는 돈황사본에서 '人'과 '入'은 흔히 구분이 안 된다며 '人'으로 보아야 한다고 하였다. 【校注】 위 문장 "信者, 如人泛大溟海"에서는 '人'으로 되어 있다. 이에 의거하여 바로잡는다.

38 '篙'는 原錄에서는 '停'으로 되어 있다. 【徐震堮】 '停'은 '篙'의 오자로 보인다. 【校注】 原卷은 본래 '[illegible]'로 되어 있는데 이는 '傐'자이며, '傐'는 '篙'의 속자이다.('篙'의 대죽머리는 그 재질을 말한 것이고, '傐'의 사람인 편방은 삿대를 사람이 잡음을 말한 것이다)

39 '棹'는 原卷에서는 '棹'로 되어 있는데 이는 '棹'자임이 틀림없다. 原錄에서는 '掉'로 되어 있는데 정확하지 못하다.

40 '波'는 原錄에서는 '海'로 되어 있다. 『新書』는 原卷에서는 '波'로 되어 있다고 하였다. 이에 의거하여 바로잡는다.

41 '心識'은 '心'이다. 불교에서는 '識'을 '心'의 別名으로 사용한다. 『文選』 晏延年 「五君詠」 詩 李善注: "識은 心의 다른 이름이다. 평온하여 움직이지 않음을 心이라 하고, 옳고 그름을 판단하는 것을 識이라 한다(識, 心之別名, 湛然不動謂之心, 分別是非謂

聽如來指示之言, 是我輩修持之處. 弟五, 華嚴經中解信者, 如人有手, 自在採取珍寶, 若無手者, 定[43]無所獲. 喩[44]我輩將看經敎, 須發信心, 信心生而智惠生, 信心滅而愚癡盛. 聽聞經敎, 如逢七寶之山, 解起信心, 認得一乘之理. 如或信心不起, 似無手足一般, 直饒得到寶山, 空手並無所獲. 今於[45]經首放安[46]「如是」之[□](者), 一爲結集之詞, 二要勸人生信. 五般道理, 各有敎文, 以非虛謬之詞, 總是如來之語.

셋째, 구사론(俱舍論)에 의거하건대, '신(信)'은 중생을 생사의 늪에서 벗어나게 해준다고 하였다. 이 말은 정법(正法)은 부처의 손과 같고, '신'은 중생의 손과 같은데, 이 두 손이 서로 맞잡게 되면 생사의 늪에서 벗어날 수 있고 영원히 삼계(三界)를 왕래하지 않고 사생(四生) 속에서 머물지 않게 되며, 어리석음을 지혜로 바꿀 수 있게 되고 게으름을 정진(精進)으로 변화시킬 수 있게 된다. 그리하여 구사론에서 '신'은 중생을 생사의 늪에서 구해낼 수 있다고 한 것이다. 넷째, 논(論)에서 말하기를, '신'은 망망대해를 표류하는 사람이 자신의 손에 의지하여 배를 나아가게 하는 것과 같다고 하였다. 대해에 뛰어들어 커다란 파도를 넘으려는 사람은 삿대를 휘젓지 않고서는 배가 나아가기 어렵고, 노에 의지하지 않고서는 아무리해도 앞으로 나아갈 수 없다. 반드시 자신의 손에 의지해야만

之識)." 本篇 아래 문장 "是故經中廣讚揚, 萬般一切由心識." 여기서의 '心識'도 같은 뜻이다. 袁賓은 "信心識內"의 '識內'를 '設若'의 音差로 여겼는데 이는 따를 만하지 못하다.

42 '定'은 原錄에서는 궐문으로 되어 있다. 楊雄은 原卷에 남은 字形과 문맥에 비춰 '定' 자일 것으로 교감하였는데 지극히 옳다. 이에 의거하여 보충한다.

43 '定'은 原卷에서는 '[illegible]'로 되어 있는데 이는 '定'자이다. 原錄에서는 '空'으로 되어 있는데 이는 잘못이다.

44 '喩'는 原錄에서는 '前'으로 되어 있다. 『新書』는 原卷에서는 '喩'로 되어 있다고 하였다. 이에 의거하여 수정한다.

45 '於'는 原卷에서는 '[illegible]'로 되어 있는데 이는 '於'자의 초서이다. 原錄에서는 '如'로 되어 있는데 이는 잘못이다.

46 '得安'은 原錄에서는 '[illegible]'로 되어 있고 '得置'로 교정하였다. 潘重規는 原卷에서는 '[illegible]'로 되어 있고 '放安'으로 교정하였다. [校注] 原卷에서는 '[illegible]'로 되어 있는데 이는 '得安'의 초서체이다.

비로소 실행될 수 있다. 만일 손이 없다면 시퍼런 파도 속에 빠져 죽게 될 것이고, 손이 있다면 반드시 저쪽 강가에 도달할 수 있을 것이다. 경문에서는 '신심(信心)'을 맨 처음으로 삼고 있는데, 인간의 생사는 강과 같아서 '신(信)'이 굳지 못하면 생사의 바다에서 빠져 나오기 어렵다. 지금 경문의 서두에서, 믿음을 가지고서 여래의 가르침을 귀담아 들을 것을 권하고 있으니, 이는 우리가 염두에 두어야 할 사항이다. 다섯째, 『화엄경(華嚴經)』에서는 '신(信)'을 인간의 손에 비유하고 있다. 인간은 손이 있음으로 해서 진귀한 보물을 캐낼 수가 있다. 만일 손이 없다면 아무 것도 얻을 수가 없다. 경전의 가르침을 배우려는 우리는 반드시 믿음을 지녀야 할 것이니, 믿음이 생기면 지혜가 자라나고 믿음이 사라지면 어리석음이 성해진다. 경전의 가르침을 듣는 것은 칠보(七寶)로 된 산을 만나는 것과 같다. 믿음이 생겨나면 일승(一乘)의 이치를 이해하게 된다. 믿음이 없다는 것은 손발이 없는 것과 같아서 보산(寶山)을 대하고서도 빈손이 되어 아무 것도 얻지 못한다. 지금 경문의 서두에 "여시(如是)"라 말한 것은 결집(結集)의 언사로 삼으려는 것이고, 또 하나는 중생의 마음속에 믿음을 불러일으키고자 함이다. 이 다섯 가지 이치에는 각기 그 가르치는 바가 있으니, 이들은 헛된 말이 아니라 모두 여래의 말씀인 것이다.

信心若解修持得, 必定行藏沒疏失,
惡事長時與破除, 善緣未省[47]教沈屈.
尋常擧動見聞深, 凡所施爲功行密,
是故經中廣讚揚,[48] 萬般一切由心識.

---

47 '未省'은 原錄에서는 '未者'로 되어 있다. 袁賓은 '者'를 '省'으로 보았는데 이는 옳다. 原卷에서는 사실 '省'자로 되어 있다. '省'은 '曾(일찍이)'의 뜻이고, '未省'은 '未曾'이다. P.2931 「佛說阿彌陀經講經文」: "계율을 항상 지켜 어긴 적 없고, 威儀도 잠시나마 잃은 적 없네(軌範每常長不闕, 威儀未省暫離身)." 이 '未省' 역시 같은 뜻이다.

48 '讚'은 原卷에서는 '囋'으로 되어 있는데 이는 '讚'의 속자이다. 『古今韻會擧要』 翰韻

信心最上說功能, 七聖財中爲第一,
休向[49]頭頭[50]作妄緣, 直[51]須處處行眞(斟)酌.
斷除邪見絶施爲, 莫把經文起違逆.
是故經中廣讚揚, 萬般一切由心識.
信心喩似承(水)[52]精珠, 濁水偏能令變易.[53]
直使流泉染[54]渾時, 方知珠寶功勳力.
還須念念發精勤, 莫遣[55]頭頭行遊逸.
智惠[56]愚癡咫尺間, 萬般一切由心識.[57]
衆生煩惱被纒縛, 生死泥中久涉曆(歷),

: "讚, 或作囋."

49 '向'은 原錄에서는 '白'으로 되어 있는데 이는 오류이다. 楊雄은 原卷에서는 '向'으로 되어 있다고 하였는데 이는 옳다. 이에 의거하여 바로잡는다. 袁賓은 '白'을 '自'라 교정하였는데 정확하지 못하다. '向'은 '於'의 뜻이다. 아래 문장 "休於世上求榮貴, 休向人間覓利名." "長時事事發精勤, 不向頭頭生指擄." 이들 '向'자 역시 같은 뜻이다.

50 '頭頭'는 '事事', '樣樣', '件件', '時時'라는 의미를 모두 가지고 있다. 여기서는 '時時'의 뜻이다. 아래 문장 "還須念念發精勤, 莫遣頭頭行遊逸." "阿難名字頭頭喚, 囑付言音處處陳." "在毗耶城內, 頭頭接物, 處處利生." 이들 예문 중의 '頭頭' 역시 모두 '時時'라는 뜻이다.

51 '直'은 原錄에서는 '眞'으로 오록되어 있다. 『新書』는 原卷에서는 '直'으로 되어 있다고 하였는데 이는 옳다. 이에 의거하여 바로잡는다.

52 '水'는 原錄에서는 '承(水)'로 되어 있다. 【校注】 原卷은 본래 '水'로 되어 있다. 글자의 위쪽 끝부분이 왼쪽으로 조금 구부러져 있는데 이것은 필사한 데서 비롯된 것이다. 이를 原錄에서 '承'이라 한 것은 잘못이다.

53 '令變易'는 原錄에서는 '教令變'으로 되어 있다. 『新書』는 原卷에서는 '令變易'로 되어 있다고 하여 '易'자가 압운자가 되고 있다. 이에 의거하여 바로잡는다.

54 '染'은 原錄에서는 '深'으로 오록하고 있다. 『新書』는 原卷에서는 '染'으로 되어 있다고 하였는데 이는 옳다. 이에 의거하여 바로잡는다.

55 '遣'은 原錄에서는 '使'로 오록하고 있다. 『新書』는 原卷에서는 '遣'으로 되어 있다고 하였는데 이는 옳다. 이에 의거하여 바로잡는다.

56 '惠'는 原錄에서는 '慧'로 되어 있다. 【校注】 原卷에서는 '惠'로 되어 있다. '惠'와 '慧'는 고대에는 통용되었다. 총명하고 지혜롭다는 뜻으로 돈황사본에서는 '惠'자가 더 자주 사용되고 있다. 따라서 '惠'자를 굳이 수정할 필요가 없다.

57 【原校】 '由心識' 세 글자는 단지 첫 번째 구에만 있고 그 뒤에서는 모두 '-'로 문구의 중복을 표시하고 있다. 여기서는 첫 번째 구에 의거하여 보충해 넣는다.

我等□[58]能發[59]信心, 如來引接令敎出.
便令證得解脫身, 抛卻形軀虛幼(幻)質,
是故如來廣讚揚, 萬般一切由心識.
如人泛海欲行舟, 萬里波瀾看咫尺,
有手方能避嶮希(巇), 無時必定遭沈溺.
能將機櫓兩[60]邊揉, 解把槁樣[61]來往摵.[62]
喩似門徒起信心, 萬般一切由心識.
如人得到寶山中, 百種珠珍遍尋覔,
有手方能採得他, 無時空往終無益.
經文深妙理難過,[63] 無上菩提從此出.
只要門徒發信根, 萬般一切由心識.
旣聞時, 須發側,[64] 勤把經文與尋覔.[65]

---

58 徐震堮은 결자가 '如'자일 것이라고 보았는데 사실에 가깝다.

59 '發'은 原錄에서는 결문으로 되어 있는데 徐震堮은 '發'자일 것이라 하였다. 『新書』는 原卷에서는 '發'자로 되어 있다고 하였다. 이에 의거하여 보충한다.

60 '兩'은 原卷에서는 '𠄡'으로 되어 있는데 이는 '兩'자의 초서체이다. 原錄에서는 '身'으로 오록되어 있다. 『新書』도 이와 같다.

61 '槁'는 原卷에서는 '㮴'로 되어 있는데 이는 '槁'자이다. '槁'는 '篙'의 편방을 바꾼 속자일 것이다.('竹'이나 '木' 편방은 모두 形符로 뜻을 표시한다. 『干祿字書』를 보면 '篙'자는 '檣'로 적기도 한다. 대죽머리로 적기로 하고 나무목 편방으로 적기도 한다) 『文選』左思 「吳都賦」 '槁工檝師' 李善注 引用 劉逵曰: "方言云: 刺船曰槁." 六臣注本에서는 '槁'가 '篙'로 되어 있다. 또 '樣'은 '摚'과 같고 '摚'은 또 '撐'의 속자이다. 『正字通』 手部: "摚, 俗撐字." '撐'의 後起 俗字가 '撑'이다. '撑'은 상앗대로 배를 미는 것을 뜻한다.

62 '摵'은 『說文解字』에서 말하기를 "捎也. 從手、戚聲. 沙劃切"이라 하였다. 拂(털다) · 掠(스치다) · 撑(지탱하다) 등의 의미로 보인다.

63 【楊雄】 '理難過'는 의미가 통하지 않는다. '過'는 '遇'의 형와자이다. 【校注】 본문에서 '過'는 '넘어서다'는 뜻임이 분명하다. 따라서 '過'는 잘못이 아니다. 아래 문장 "只緣智惠過人解, 爲有聰明出衆群." 이 '過' 역시 같은 뜻이다.

64 '發側'은 原錄에서는 '斧側'으로 되어 있다. 陳治文은 이를 '頫矢'라 교정하고, 袁賓은 '俯側'이라 교정하였는데 둘 다 정확하지 못하다. 【校注】 원문은 사실 '發側'으로 되어 있다. '側'은 '惻'으로 보아야 할 것 같다.(『說文通訓定聲』: "側, 假借爲惻." 고대에 '側'과 '惻'은 통용되었음을 보여준다) '惻'은 간절하다는 뜻이다. 본편 아래 문장에 "經文止(指)引好修行, 只是徒(圖)心發赤誠"이란 문구가 있는데 '發側'은 '發赤誠'의 의

好向情田[66]自覺知, 休將心行成慳𢲅(僻),
惡緣須向意中除, 善事莫臨苦上憶,[67]
所以如來說此經, 總教平穩行心識.
믿음 없이 수행하면
행장(行藏)은 사라지게 마련인 법.
악한 일은 오랫동안 파멸을 불러오고
선한 인연은 여태껏 굴욕을 강요한 적 없네.
항상 거동과 견문이 심오하니
수행의 공부가 엄밀해진다.
이리하여 경전에서는 널리 찬양을 하니
온갖 일은 모두 마음에서 비롯된다네.
맨 처음 신심의 효능을 얘기하건대
칠성재 중에서 으뜸이라네.
망연(妄緣) 맺기를 그만두고
어디서건 반드시 숙고해야 하리.
사견(邪見)을 끊고 제멋대로 행동하지 말 것이며
경문의 가르침에 어긋남이 없어야 할지니.
이리하여 경전에서는 널리 찬양을 하니
온갖 일은 모두 마음에서 비롯된다네.
믿음은 수청주(水淸珠)와 같아서
탁한 물을 변화시킬 수 있네.

미일 것이다. 楊雄은 '發側'을 '發誓(矢)'로 보았는데 정확하지 못하다.

65 '覓'은 原錄에서는 궐문으로 되어 있다. 『新書』는 原卷에서는 '覓'으로 되어 있다고 하였는데 이는 옳다. 이에 의거하여 보충해 넣는다.

66 '情田'은 原錄에서는 '情由'로 되어 있다. 【楊雄】 '情由'는 '情田'의 잘못이다. 【校注】 양씨의 견해는 옳다. 原卷은 본래 '情田'으로 되어 있다.

67 '上憶'은 原錄에서는 '正(止)境'으로 오록되어 있다. 『新書』는 原卷에서는 '上憶'으로 되어 있다고 하였는데 이는 옳다. 이에 의거하여 바로잡는다. 닥쳐서 부처 다리를 안아서는 안 됨을 이 문구는 말하고 있다.

흐르는 샘물이 혼탁해지고서야
비로소 보주(寶珠)의 공로를 깨닫게 된다.
항상 성실하고 부지런하여
모든 일들에 방일(放逸)하지 말 것이다.
지혜와 우둔은 지척에 있는데
온갖 일은 모두 마음에서 비롯된다네.
중생은 번뇌의 속박을 떨쳐버리지 못하고
생사의 늪에서 오랫동안 헤매고 있다.
우리에게 믿음이 생긴다면
여래께서는 우리를 [생사의 늪에서] 구제해주시고
해탈을 증득할 수 있게 해주시니
[우리는] 허망한 육신을 내던지게 될 것이네.
이리하여 여래께서는 널리 찬양을 하니
온갖 일은 모두 마음에서 비롯된다네.
어떤 이가 바다에서 배를 저어 나아가는데
만 리나 되는 파도가 지척에 있으니
손(手)이 있어야 그 험준함을 피할 수 있거늘
손이 없다면 필경 빠져 죽고 말 것이다.
노를 양쪽에서 휘젓고
삿대로 배를 밀며 나아가는 것은
불도(佛徒)에게 믿음이 생기는 것과 같나니
온갖 일은 모두 마음에서 비롯된다네.
어떤 이가 보산(寶山)에 이르러
수많은 보물을 도처에서 찾았는데
손이 있으면 그것들을 캐낼 수 있지만
손이 없다면 아무런 이득도 얻을 수 없다네.
경문은 오묘하여 그 이치를 넘어서기는 어렵나니

무상(無上)의 보리(菩提)는 이로부터 생겨난다.
불도들이여, 믿음을 가져라.
온갖 일은 모두 마음에서 비롯되는 법.
이 말을 들었으면 간절히 원할 일이며
부지런히 경문을 구하도록 하라.
선한 마음씨를 스스로 깨달아
마음이 인색해지고 편벽되지 않도록 하라.
악연(惡緣)을 마음속에서 없애고 선행을 행할 일이니
고통이 닥친 뒤에야 이를 떠올리지 말 것이다.

平 經文止[68]引好修行, 只是徒[69]心發赤誠.
拂擳(拭)意珠令皎潔, 洗磨心鏡自分明.
慈悲作用勤修進, 懈怠施爲旋改更.
總遣信生教悟解, 從頭皆與斷擬(疑)□.[70]
信心若解聽眞經, 智惠心頭旋旋生,
心上莫令教執著, 心中勤與斷無明.
心能了處頭頭了, 心若精時事事精,
一念信心堅固得, 菩提[71]心裏自然成.

---

68 '止'는 原錄에서는 '正'으로 되어 있다. 『新書』는 原卷에서는 '止'로 되어 있다고 하였는데 이는 옳다. 이에 의거하여 바로잡는다. 또 楊雄은 '止引'은 '指引'이 되어야 한다고 했는데 이는 따를 만하다. '止'와 '指'는 음이 비슷하며 서로 통용된다. 아래 문장 "只是如今彈止頃"의 '止'를 原校는 '指'라 교정하였는데 이는 그 증거이다. S.3872 「維摩詰經講經文」: "나계범왕이 지적하여 인도하는데, 그 말이 창으로 곧 나온다(螺髻梵王請指引, 分明更說唱將來)." '指引'이라는 단어가 사용되고 있음을 볼 수 있다.

69 '徒'는 '圖'와 통한다.

70 原校는 결자를 '猜'자로 보았다. 徐震堮은 '猜'자는 앞뒤 문맥과 어울리지 않는다며 '情'자인 듯하다고 하였다. [校注] '情'자가 옳다. S.3872 「維摩詰經講經文」: "복덕과 지혜가 더해지고 의심을 끊게 되니(添福惠, 斷疑情)." '斷疑情'이라는 말이 쓰이고 있음은 그 증거이다.

71 '菩提'는 原錄에서는 '擠'로 되어 있다. 여기서는 原卷에 의거하여 수정한다. 본권에

邪心不要亂施程,[72] 邪見直須旋改更.
邪行思量頻與斷, 邪婬斟酌早宜停.
邪癡多是愚人作, 邪曲爭教智者行,
邪諂若能除戒得, 菩提心裏自然成.
休教煩惱[73]久纏縈, 休把貪嗔起戰爭,
休遣信根沈愛網, 休令迷性長愚情,
休於世上求榮貴, 休向人間覓利名,
休得百般愚見解, 菩提心裏自然成.
聽經只要信心開, 切怕門徒起妄猜,
迷了菩提多諫斷, 悟時生死免輪迴.
休貪愛戀人間寶, 須是希求出世財,
如是與君解了也, 我聞次弟處唱將來.

평(平) 경문은 [불도들을] 수행으로 인도하니
[그대들은] 마음으로부터의 적성(赤誠)을 발할 일이다.
마음속의 구슬을 말끔히 닦아 맑게 하고
마음속의 거울을 씻어 밝게 만든다.
자비심은 부지런히 수행하게 만들고
게으른 마음을 없애며,
믿음은 깨달음을 가져오고
의심하는 마음을 철저히 없앤다.
믿음 있는 이가 진경(眞經)을 듣게 되면
마음에서 지혜가 끊임없이 솟아난다.

서는 '菩提'를 '𦬇'라 적지 않는다. 原錄에서는 대부분 속자를 택하여 '𦬇'라 적고 있는데 이는 타당하지 못하다. 이하에서는 모두 原卷을 따라 바로잡되 별도로 주를 달지 않는다.

72 '程'은 '逞'과 같다.

73 '惱'는 原卷에서는 '㛴'로 되어 있는데 이는 '惱'의 속자이다. 『集韻』 皓韻 : "燠, 熱貌. 或作㛴." '燠'는 '惱'의 後起 俗字이다.

마음에 집착이 일어나지 않도록 하고
마음속의 어리석음을 부지런히 없애라.
마음이 분명해지면 모든 일이 분명해지고
마음이 면밀해지면 모든 일이 면밀해진다.
한순간이라도 믿음이 깊어지면
보리(菩提)는 마음속에서 절로 생겨난다.
사심(邪心)이 함부로 날뛰지 않게 할 것이고
사견(邪見)은 즉시 고쳐야 하는 것.
사행(邪行)은 끊어 버리고
사음(邪婬)은 서둘러 그쳐야 하는 것.
사치(邪癡)는 어리석은 자가 저지르게 마련이고
사곡(邪曲)은 어찌 지혜로운 이가 행하랴.
사첨(邪諂)을 제거하여 계(戒)를 얻게 된다면
보리는 마음속에서 절로 생겨난다.
번뇌가 그대를 속박하지 않도록 하고
탐욕과 분노가 일어나지 않도록 하라.
믿음이 애욕의 그물에 빠지지 않도록 하고
미혹된 본성이 어리석음을 키우지 않도록 하라.
세상이 영화와 부귀를 추구하지 않도록 하고
인간이 이익과 명성을 구하지 않도록 하라.
여러 어리석은 견해가 사라지면
보리는 마음속에서 절로 생겨난다.
경문을 들으려면 믿음이 있어야 하거늘
조급한 불도(佛徒)는 망령된 의심을 품는다.
의심을 끊고 보리를 깨달으라.
이를 깨달으면 생사(生死)는 윤회를 면하게 된다.
세간의 보물을 탐하는 마음을 그치고

출세간의 재보(財寶)를 희구해야 하리.
지금까지 그대들에게 강설을 하였는데
다음으로 '아문(我聞)'이 창(唱)으로 나오리라.

經曰:「我聞.」此唱分兩[74]段, 先問答「我」義, 後「我聞」合擇(釋). 問: 諸教之中, 皆破我執, 如何經首却[75]標「我」名? 問[76]:智度論云:有五種不淨, 皆破我執. 且第一, 種子不淨. 內卽[77]諸葉(業)煩惱, 外種父母遺體. 智論[78]云:

是身種不淨, 非由[79]妙寶物,
不從白淨生,[80] 但從穢[81]道出.

第二, 住[82]處不淨, 於母腹中, 智論云:

是身如臭[83]穢, 不從花開生,[84]

74 '兩'은 原錄에서는 '多'로 오록되어 있다. 여기서는 原卷에 의거하여 바로잡는다. 『新書』도 이와 같다.

75 '却'은 原錄에서는 궐문으로 되어 있다. 楊雄은 原卷의 殘形과 문맥에 의거하여 '却' 자일 것으로 여겼는데 이는 옳다. 이에 의거하여 보충해 넣는다.

76 '問'은 『新書』에서는 '答'자의 오류일 것으로 보았다. 楊雄은 '問'자는 연문이라고 하였다. 양씨의 견해가 사실에 가깝다. 뒤의 단락 역시 묻는 내용이다.

77 '卽'은 原錄에서는 '有'라 오록하였다. 楊雄은 原卷에서는 '卽'으로 되어 있다고 하였는데 이는 옳다. 이에 의거하여 바로잡는다.

78 [徐震堮] '智論'은 '智度論', 즉 '大智度論'이 되어야 한다. 이하 동일하다. [校注] '智論'은 '智度論'의 약칭이다.('智度論'이란 명사는 앞에서 이미 쓰인 바 있다. 따라서 약칭을 사용하고 있다하여 독자의 오해를 불러일으키지는 않는다) 이것은 필사자가 고의로 생략한 것이지 실수로 글자가 누락된 것이 아니다.

79 '由'는 『智度論』(中華書局 影印 金藏本. 이하 동일함)에서는 '餘'로 되어 있다.

80 이 문구는 『智度論』에서는 '不由浮白生'으로 되어 있다.

81 '穢'는 『智度論』에서는 '尿'로 되어 있다.

82 '住'는 『智度論』에서는 '生'으로 되어 있다.

83 '臭'는 原錄에서는 '是'로 오록되어 있다. 여기서는 原卷에 의거하여 바로잡는다. 『智度論』에서 이 문구는 '是身爲臭穢'로 되어 있다.

84 [徐震堮] '開'는 '間'이 되어야 한다. [校注] 『智度論』 金藏本에서는 '開'로 되어 있고, 『房山雲居寺石經』, 『磧砂藏』 등 판본에서는 '間'으로 되어 있다. '間'으로 보는 게 의미상 비교적 어울린다.

不因薝蔔生,[85] 又不出寶山.

第三, 自體[86]不淨, 爲四大變成爲假食.[87] 資(智)論云:

地水火風質, 能變成不淨,

傾[88]海洗[89]此身, 不能令香潔.

第四, 外相不淨, 九孔常流. 智論云:

種種不淨物, 充滿於身內,[90]

常流出不止, 如漏囊成[盛]物.

第五, 究竟不淨, 終歸敗壞. 智論云:

審諦觀此身, 必歸[91]於死處,

---

85 '不因薝蔔生'은 『智度論』에서는 '亦不從瞻蔔'으로 되어 있다. '薝蔔'은 '瞻蔔'이며 '瞻博', '瞻波迦' 등으로 적기도 한다. 이는 범어 campaka의 음역이며 '金色花'로 의역되는데, 그 꽃은 매우 향기롭고 향기가 멀리까지 퍼진다. 玄應 『一切經音義』 권21에 자세히 설명되어 있다.

86 '體'는 『智度論』에서는 '性'으로 되어 있다.

87 '爲'자는 原錄에서는 누락되어 있다. 여기서는 原卷에 의거하여 보충해 넣는다. '假'는 原卷에서는 '叚'로 되어 있으며 이는 '叚'의 俗體로서 '叚'와 '假'는 같다. 原錄에서는 '改'로 되어 있는데 이는 오류이다. 불교에서는 인간의 육신은 地·水·火·風 四大가 잠시 화합하여 이루어졌다고 보고 있다. S.3872 「維摩詰經講經文」: "나의 몸에 집착하고 나의 눈과 손에 집착하면 지·수·화·풍이 잠시 모여 이루어진 것이라(執我身, 我眼手, 地水火風假合就)." "我等凡夫, 內心不淨, 雜惡充滿, 三十六物, 共成此身. …… 假以飮食, 以活其命." 여기서 말하는 '假食'은 바로 이것을 말하는 것으로 보인다.

88 '傾'은 原錄에서는 '頎'로 오록되어 있고, 徐震堮은 '傾'이 되어야 하였다. 【校注】 原卷에서는 본래 '傾'자로 되어 있다. 『智度論』에서도 '傾'으로 되어 있다. 이에 의거하여 바로잡는다.

89 '洗'는 『智度論』 金藏本 등에서는 본래 '淨'으로 되어 있으며, 『房山雲居寺石經』과 麗藏本에서는 '洗'로 되어 있다.

90 '於身內'는 原錄에서는 '㪅'로 되어 있고 그 교주에서 "원래는 세 글자만 있는데 '㪅'자는 무슨 글자인지 알 수가 없다." 【徐震堮】 '㪅'은 응당 '於身內'가 되어야 한다. 【校注】 '㪅'로 보이는 原卷의 글자는 사실 '於'자와 '身'자의 상반부, '身'자의 하반부와 '內'자가 잔결된 것이다. 따라서 '於身內'로 본 서씨의 견해는 지극히 옳다. 『房山雲居寺石經』에서 '於身中'으로 되어 있는 것을 제외하면, 『智度論』의 각 판본들에서는 모두 '於身內'로 되어 있다.

91 '歸'는 原錄에서는 '得'으로 오록되어 있다. 『新書』는 原卷에서는 '歸'로 되어 있다고 하였는데 이는 옳다. 이에 의거하여 바로잡는다. 『智度論』에서 이 문구는 '終必歸死

難禦[92]無返覆,[93] 背[94]恩如小兒.[95]

意云:供事百年, 豈知恩義壽暖, 及識三法, □□□□□□慚注報恩酬德. 智論偈云:

□□□□□, 暖氣且失待. (原文至此殘缺)

(首缺)去時豈能□, □□□□□.

□哉[96]泡幼(幻)身, 畢竟□□□.

□□□□□, 終是蠅蛆呞.[97]

裝色熾盛時, 處處逐榮樂.[98]

但暢眼前歡, 寧知沒後惡.

送屍荒野山, 兩眼烏鷲喲.[99]

處'로 되어 있다.

92 '難禦'는 原錄에서는 '雖禦'로 되어 있다. 徐震堮은 『智度論』 원문은 '難御'로 되어 있다고 하였다. 【校注】 '雖'자는 原卷에서는 사실 '難'으로 되어 있다. 이에 의거하여 바로잡는다. '禦'는 응당 '御'로 보아야 하며 '부리다', '제어하다'는 뜻이다.

93 '返覆'은 『智度論』에서는 '反復'으로 되어 있는데 '反'자가 옳다.

94 '背'는 原錄에서는 '皆'로 되어 있다. 徐震堮은 『智度論』 원문에서는 '背'로 되어 있다고 하였다. 【校注】 '背'자는 原卷에서는 '肯'로 되어 있는데 이는 '背'의 속체이다.(돈황사본에서 '背'자는 흔히 이 형태로 되어 있다) 이에 의거하여 바로잡는다. 『新書』도 이와 같다.

95 徐震堮은 '小兒'가 『智度論』 원문에서는 '小人'으로 되어 있다고 하였다. 【校注】 '小兒'는 '小人'과 같은 말이다. '兒'에는 경멸의 의미가 담겨 있다. 南朝 梁 蕭統 『陶淵明傳』: "내 어찌 다섯 말의 쌀 때문에 시골 소인배에게 허리를 굽히겠는가?(我豈能爲五斗米折腰向鄉里小兒?)"

96 '哉'자는 原錄에서는 궐문으로 되어 있다. 여기서는 原卷에 의거하여 보충해 넣는다.

97 '呞'는 原錄에서는 '哺'로 되어 있다. 『新書』에서는 '嗍'으로 되어 있는데 모두 틀렸다. 原卷을 자세히 살펴보면 이 글자는 '呞'이다. 이에 의거하여 바로잡는다. 『集韻』 合韻: "呞, 啖也."

98 '樂'은 原錄에서는 궐문으로 되어 있다. 楊雄은 原卷의 殘形에 의거하여 '樂'자가 되어야 한다고 했는데 이는 옳다. 原卷에서는 '樂'자의 왼쪽 상반부만 남아 있다.

99 '喲'자를 蔣禮鴻은 『變文字義待質錄』에 포함시켰다. 王貞珉은 "『龍龕手鏡』 口部에서는 '喲, 俗, 觜、角二音.'이라 하였다. 여기서는 '嘴'의 속체자이다"고 하였다. 吳小如는 "喲은 '啄'의 이체자로 생각되며 여기서는 곧 '啄'자이다"고 하였다. 陳治文은 '喲'은 '啅'의 형와자라고 하였다. 【校注】 오씨의 견해가 사실에 가깝다. '喲'은 '啄'의 換旁俗字(편방을 바꾼 속자)로 보인다. 『廣韻』 屋韻에서는 별도로 '喲'자를 두고 古祿

切思如此身, 何處有貪著.

경전에서 말하기를, "나는 들었다.(我聞)" 이 창(唱)은 두 단락으로 나뉘는데, 먼저 "아(我)"의 뜻을 묻고 답한 다음에 "아문(我聞)"을 함께 설명한다. 문(問) : 어떤 가르침에서건 모두 아집을 부수라고 하는데, 어찌하여 경의 첫머리에서 "나는(我)"이라고 적고 있는 것인가? 『지도론(智度論)』에서는 다섯 종류의 더러움(不淨)이 있기에 아집을 없애버려야 한다고 말한다. 첫째는 종자부정(種子不淨 : 씨앗이 더러움)이다. 안에는 모든 업의 번뇌가 있고, 겉에는 부모가 남겨 준 몸이 있다. 『지도론』은 말한다.

이 육신의 종자는 깨끗하지 못한데
오묘한 보물에서 생겨난 것이 아니고
새하얀 깨끗함에서 나온 것도 아니며
더러운 길에서 생겨났도다.

둘째는 생처부정(生處不淨 : 태어난 곳이 더러움)으로, 모친의 배속이 그렇다. 『지도론』은 말한다.

이 몸은 이처럼 악취 나고 더러운데
꽃 속에서 태어난 것도 아니고
첨복수(瞻蔔樹)에서 태어난 것도 아니며
보산(寶山)에서 나온 것도 아니라네.

셋째는 자성부정(自性不淨 : 본성이 더러움)으로, [육신은] 사대(四大)가 임시로 모여 이루어진 것이다. 『지도론』은 말한다.

지(地)·수(水)·화(火)·풍(風)은
부정(不淨)함으로 변화할 수 있으니
바닷물을 쏟아 부어 이 몸을 씻어도
[이 몸은] 향기로워지거나 깨끗해질 수 없다네.

넷째는 외상부정(外相不淨 : 겉모습이 더러움)으로, 아홉 개의 구멍에는 항

切이라 설명하고 있어 또 다른 글자로 인식되고 있다.

상 [더러운 액이] 흐르고 있다. 『지도론』은 말한다.

오만가지 더러운 것들
몸속에 그득하여
쉴 새 없이 흘러내리는데
마치 구멍 난 주머니가 물건을 담고 있는 듯하네.

다섯째는 구경부정(究竟不淨 : 궁극적인 더러움)으로, 결국에는 손상되고 말 것이다. 『지도론』은 말한다.

이 몸을 살펴 바라보니
결국에는 죽음으로 돌아갈 것이고
통제하기 어려워 반복됨이 없으니
은혜를 저버리는 게 꼭 소인배 같도다.

뜻은 이러하다. 백 년을 받들어 모셨지만 어찌 은의(恩義)를 알고 수난식(壽煖識) 삼법(三法)을 알 것인가. (   ) 서서히 은덕에 보답할 것이다. 『지도론』은 말한다.

(   )
온기를 잃어버린다. (원문은 여기에서 잔결된다)
(앞부분 빠져 있음) 떠날 때 어찌( )
(   )
물거품과 같은 헛된 육신
결국에는 (   )
(   )
종국에는 파리와 구더기가 먹게 되네.
화려하게 단장했을 적에는
도처에서 영락을 추구하며
눈앞의 즐거움을 마음껏 누리나니
어찌 알랴, 사후(死后)의 추함을.
시신은 황막한 야산으로 보내지고

두 눈은 까마귀와 독수리가 쪼아댄다.
이 같은 육신을 떠올려보면
어찌 탐욕과 집착이 있을 것인가.

問 : 如此之身, 豈有我耶?答 : 我六種, 所謂一、橫計我, 二、俱生我, 三、慢我, 四、五蘊假我, 五、世流布我, 謂西國人相見, □□稱於我. 六、人自在我. 今阿難所稱, 是第四五蘊假我, 第五世流布我. 謂順世教化, 故向[100]凡夫稱「我」, 已(以)順世流. 阿難聖人, 何不順教, 稱「無我」耶? 答 : 若稱「無我」, 恐衆生生怖畏[101]心. 謂凡夫執身有我, 方乃隨順, 各懷勝心, 願□□□. 若言無我, □□□身(原文至此殘缺)

문(問) : 이 같은 육신이거늘 어찌 '아(我)'라고 하는 것인가? 답(答) : '아(我)'에는 여섯 가지가 있다. 첫째, 횡계아(橫計我), 둘째, 구생아(俱生我), 셋째, 만아(慢我), 넷째, 오온가아(五蘊假我), 다섯째, 세류포아(世流布我), 여섯째, 인자재아(人自在我)가 그것이다. 지금 아난이 말한 '아(我)'는 네 번째의 오온가아와 다섯 번째의 세류포아이다. '순세교화(順世教化 : 세속에 순응하며 중생을 교화함)'라는 말이 있듯이, 범부에게 '아'라고 함으로써 세속에 순응한 것이다. 아난은 성인(聖人)이거늘 어찌 가르침에 따라 '무아(無我)'라 말하지 않았는가? 답(答) : 만일 '무아'라고 말했다면 중생은 의구심을 갖게 될 것이다. 범부는 육신과 '아'에 집착하기 때문에 그것을 따르는 것이다. 만일 '무아'라 했다면 (   ) (원문은 여기서 잔결됨)

(首缺)當果□□□□□□□□□□我修行爲誰, 恐衆生生於退心, 故向[102]

100 '向'은 原錄에서는 '問'으로 되어 있다. 袁賓은 '向'자를 잘못 적은 것이라고 하였는데 이는 옳다. 原卷에서는 본래 '向'으로 되어 있다. 이에 의거하여 바로잡는다.

101 '畏'는 原卷에서는 '愄'로 되어 있는데 이것은 앞의 '怖'자와 관련하여 편방을 첨가한 것이다.

102 '向'은 原錄에서는 '聞'으로 되어 있는데 袁賓은 이를 '向'이라 보았다. 『新書』는 原卷에서는 '同'으로 되어 있다고 하였다. 【校注】 原卷은 이 글자가 뚜렷하지 않다. '向'자

衆生稱「我」. 後合釋「我聞」者, 「我聞」兩字, 是阿難所稱, 我從佛邊[103] 聞如是法, 故曰「我聞」. 問 : 阿難是佛得道夜生, 廿方爲侍者,[104] 從前教法, 未曾聞, 故何[105]稱我聞. 答 : 一若依諸部律中, 佛爲再說. 問 : 何故再說?答[106] : 準[107]報恩經云 : 佛令阿難爲侍者, 阿難就佛乞於三願 : 一、不願著故衣, 二、不得誠別請, 三、卄五年前教法, 爲我再說. 又有解云 : 阿難得佛受[108]記之時, 自然悟解. 法花經云 : 世尊甚希有, 令我念過去, 無量諸佛法, 如今日所聞. 已下不能廣解, 總因適來所唱經文道 : 「如是我聞.」

經云「我聞」者, 是阿難所稱之語, 因迦葉結集之時,[109] 說妙法於畢

같기도 한데 '口' 위에 가로획이 그어져 있다. 문맥에 비춰보아 '向'자가 옳다. 앞의 "故向凡夫稱我"라는 문구는 그 증거가 된다.

103 '邊'은 '處'이다. P.2418 「父母恩重經講經文」: "백부와 숙부가 계신 곳에서는 존경하는 마음을 갖지 않고, 두 부모님 곁에서는 공경하고 받들 생각 않았다네(爲伯叔處無心起崇敬, 二親邊不省生虔奉)." '邊'과 '處'는 같은 의미로 서로 대구가 되고 있다.

104 [楊雄] 佛典에 따르면 阿難은 25세에 출가하여 석가모니를 따랐다. 본편 아래 문장 阿難 三願에도 "卄五年前教法, 爲我再說"이란 문구가 있다. 따라서 '廿'자 뒤에 '五'자를 보충해 넣어야 옳다.

105 [原校] '何'자는 衍文으로 생각된다. [徐震堮] '何'자는 衍文이 아니라 '故'자와 실수로 도치된 것으로 물어보는 말이다. 『新書』는 서씨의 견해를 따르고 있으며 '故'자는 앞 구에 속하는 것으로 보아야 할 것 같다고 하였다. [校注] 서씨의 견해가 옳다. 아래 문장 "何故再說"에서 '何故'라는 문구가 보인다.

106 '答'은 原錄에서는 '若'으로 오록되어 있다. 楊雄은 原卷에서는 '答'으로 되어 있다고 하였는데 이는 옳다. 이에 의거하여 바로잡는다.

107 '準'은 原錄에서는 '唯'로 오록되어 있다. 『新書』는 原卷에서는 '準'으로 되어 있다고 하였는데 이는 옳다. 이에 의거하여 바로잡는다. 楊雄은 '唯'자가 衍文으로 생각된다 하였는데 이는 정확하지 못하다. '準'은 '의거하다', '따르다'는 뜻이다. 「金剛般若波羅密經講經文」: "여래가 중생을 제도했다라고 말하지 말라는 것은 평등의 이치에 의거하여 중생은 없다는 것입니다(言勿謂如來度衆生者, 准平等理中無衆生也)." "若准佛意本來云, 卽非定性一合相也."

108 '受記'는 '授記'가 되어야 한다. '受'와 '授'는 필사본에서 흔히 통용된다.

109 이 문구는 原錄에서는 '因迦□□棄結集之時'로 되어 있다. 潘重規는 "原卷에서는 '迦葉'으로 되어 있는데 『變文集』에서 '葉'을 '棄'라 오록하고 또 두 개의 궐문을 첨가하였다"고 적고 있다. [校注] 原卷에서는 '迦' 다음에 희미하여 판독이 안 되는 한 자 혹은 두 자 정도가 있으며, 그 뒤에 다시 '棄'자가 더 있다. 반씨의 견해는 原卷에 맞지 않는다. 蔣禮鴻은 '棄'는 '乘'의 형와자라며 '迦□□棄'은 '迦葉三乘'이 되어야 한다

缽羅窟中,[110] 擊揵植[111]向[112]須彌山頂上, 這日阿難昇座現三十二相之身, 衆聖觀瞻, 有八十端嚴之貌. 皆生異念, 咸起擬(疑)心, 阿難纔唱於「我聞」, 羅漢盡除於錯見. 而又阿難稱「我聞」者, 有何道理; 意云: 一切諸經律部, 選甚大乘小乘,[113] 皆於往日之時, 親向佛邊聽受. 或在[114]毗耶國內, 或於王舍城中, 鷲峰之大闡三乘, 祇樹之廣談四諦, 自後或於壙野, 或在山林, 金言而句句親聞, 玉偈而行[行]聽受, 三藏教法, 無不通明, 一曆(歷)耳根, 未曾妄(忘)失. 今則傳持末代, 利益衆生, 爲於佛處親聞, 故唱「我聞」之字. 問: 阿難言一切衆經, 稱「我聞」者, 事亦不然. 且世尊初成正覺, 阿難方始誕生, 後乃年至卄[五],[115] 方與佛爲弟子, 已前教法, 何得聞之? 今稱「如是我聞」, 應莫經中虛謬?答: 今據諸部律中, 佛爲再說.

(앞부분 잔결됨) ( ) 한다면 중생에게 되

고 하였는데 이는 사실에 가깝다. 여기서는 이 견해를 따른다. 迦葉은 大迦葉波이며 일찍이 석가모니의 유촉을 받들어 三乘의 경전을 결집하였다. 『大唐西域記』 권9에 상세히 설명되어 있다.

110 '畢缽羅窟'은 '卑鉢羅石室'이라고도 부른다. 동굴 위에 華鉢羅樹가 무성히 자라고 있어서 붙여진 이름이다. 석가모니는 그 속에서 생활한 적이 있었으며, 大迦葉波가 불전을 결집한 곳이기도 하다. 原錄에서는 고유명사부호가 단지 '畢鉢' 두 자에만 그어져 있는데 이는 타당하지 못하다.

111 '揵植'은 '犍椎'이다. 범어 Ghantā의 음역이며, 鐘·磬·打木 등으로 의역된다. 때려서 소리를 내는 물건에 대한 통칭이다. 『佛學大辭典』 「犍稚」 항목에 상세한 설명이 있다.

112 原錄에서는 '向' 앞에 '於'자가 더 있다. 蔣禮鴻은 '於'자는 연문이라 하였는데 이는 지극히 옳다. 原卷에서 '於'자는 본래 덧칠해진 것이라 여기서는 삭제하여 바로잡는다.

113 '選甚'은 '어쨌든(管甚)', '막론하다(論甚)'와 같다. '選甚大乘小乘'은 '대승 소승을 막론하고'란 뜻이다. 『花草粹編』 卷9 無名氏 「滿庭芳」詞: "남쪽 고을 북쪽 마을 가릴 것 없이 가는 곳 마다 술이 호리병에 가득하네(選甚南州北縣, 逢着處酒滿葫蘆)." 이 '選甚'도 같은 뜻이다. '選甚'이 이 의미로 사용되고 있음은 『詩詞曲語辭匯釋』에서 이미 언급되고 있는데, 거기서 거론된 사례들은 모두 南宋 이후의 詩詞曲들이다. 본편은 그 사례로서는 가장 시기적으로 이른 것이다.

114 '或在'는 原錄에서는 '我於'라 오록하였다. 『新書』에서는 '或於'라 하였다. 楊雄은 原卷에서는 '或在'로 되어 있다고 하였는데 이는 옳다. 이에 의거하여 바로잡는다.

115 原卷에서는 '五'자가 없다. 楊雄의 견해를 따라 보충해 넣는다.

심(退心)이 생길까 염려하여 그들을 향해 '아'라고 말한 것이다. 다음에는 '아문(我聞)'을 함께 설명한다. '아문' 이 두 글자는 아난이 말한 것으로, '나'는 부처의 곁에서 이 같은 가르침을 들었기에 '아문'이라 한 것이다. 문(問) : 아난은 부처가 득도한 날 밤에 태어나 스무 살이 되어서야 부처를 모셨기 때문에 이전의 설법은 듣지 못했을 터인데 어찌하여 '아문'이라 했는가. 답(答) : 제부율(諸部律)에 따르면 부처는 다시 설법을 하였다. 문(問) : 무슨 까닭으로 다시 설법을 했는가? 『보은경(報恩經)』에 따르면, 부처께서 아난을 시자(侍者)로 삼고자 하였을 때 아난은 부처에게 세 가지 소원을 빌었다. 첫째는 낡은 옷을 입지 않는다는 것, 둘째는 별청(別請)[116]에 대해 훈계하시지 말 것, 셋째는 25년 전의 교법을 '나'를 위해 다시 설하여 주시는 것이었다. 여기에는 또 다른 해설이 있다. 그것은 아난이 부처로부터 수기(授記)를 받을 때 저절로 깨우치게 되었다는 것이다. 『법화경(法華經)』은 말한다. "참으로 희한합니다, 세존이시여. 제가 지난 과거를 생각하는데 무량(無量)의 모든 불법(佛法)들이 마치 지금 듣고 있는 것 같았습니다." 더 이상 길게 설명하지 않겠다. 결국 이러한 원인으로 '여시아문'이라 한 것이다.

경문의 '아문(我聞)'은 아난이 한 말이다. 가섭이 삼승(三乘)의 교법을 결집을 하기 위해 필발라굴에서 묘법을 설하는데 수미산 꼭대기에서 종소리가 울려 퍼졌다. 이때 아난이 그 자리에 나타났는데 32상을 갖추고 있었다. 그곳에 있던 여러 성자들이 그를 바라보니 80종호를 갖춘 단엄한 모습이었다. 모두들 이를 기이하게 여기며 의심하자 아난은 '아문'이라 외쳤다. 그러자 나한(羅漢)들은 모두 오해를 풀었다. 여기서 아난이 '아문'이라 한 것은 무슨 근거가 있는가? 그 뜻은 이렇다. 대승과 소승을 막론하고, 모든 경부와 율부 일체를 지난날 부처의 옆에서 직접 들었다

116 '별청'이란 재가자가 여러 승려들 중에서 특히 한 사람만을 청하여 공양하는 일을 말한다. 불교에서는 별청을 하지도 말고 받지도 말라고 하는데, 이를 어기는 것 역시 가벼우나마 죄가 된다고 한다. 역자 주.

는 것이다. 비야국 혹은 왕사성, 혹은 경봉(鷲峰)에서의 삼승(三乘) 설법, 기원정사(祇園精舍)에서의 사체(四諦) 교설, 그 후에 있었던 광야나 숲속에서의 불언 한마디 한마디를 직접 들었고, 게송 한 줄 한 줄을 새겨들었다. 그리하여 삼장(三藏)의 교법을 이해하지 못함이 없었다. 한번 들으면 잊어버리는 경우가 없었다. 이제 후세에 이를 전하여 중생을 이익 되게 하고자, 부처로부터 직접 듣는 것처럼 '아문'이라 말한 것이다. 문(問) : 아난은 일체의 경전을 말할 때 매번 '아문'이라 말하고 있는데 사실은 그렇지 않다. 아난은 세존이 처음 정각을 이루었을 때서야 태어났고, 25세가 되어서야 부처의 제자가 되었는데 이전의 설법을 어떻게 들었겠는가? 그런데 지금 '여문아시'라고 하고 있으니 이는 모두 거짓이 아닌가? 답(答) : 제부율(諸部律)에 의하면 부처는 [아난에게] 다시 설법을 하셨다.

又問何爲再說?答 : 報恩經云 : 佛向大圓鏡上後德智中, 觀阿難而久已根熟, 與世尊而堪爲侍者. 佛乃頻過御菀(苑), 數到王宮, 設方便之言音, 開誘化之門路, 與談三界, 爲說四生, 令知幼(幻)質之非堅, 遣悟[117]榮花之不久. 時阿難旣聞佛語, 遂卽發心, 雖[118]諦受已歸依, 乞世尊之三願 : 一、不願著佛故衣. 二、不得諴我別請. 三、卄年前所談之敎,[119] 爲我再宣. 阿難啓告, 佛起慈悲, 尋時便度出家, 證得須陀洹果. 卄年前已談敎法, 佛爲再宣. 今於經首之前, 敢唱[120]「我聞」二字. 又難[121]云 : 一切衆經, 皆破我執, 阿難何得稱於我名?答 : 若言無

117 '悟'는 原錄에서는 '語'라 오록되어 있다. 原卷에 의거하여 바로잡는다.

118 '雖'는 原錄에서는 '雖(離或羅)'라 되어 있으며 '諦'와 함께 앞의 '遂卽發心'에 붙여 읽고 있다, [校注] '雖'가 原卷에서는 '雖'라 되어 있는데 이는 '雖'의 속자이다. 아래 문장 "經中雖道於我聞"의 '雖' 역시 原卷에서는 '雖'로 되어 있음은 그 예이다. 원문은 마땅히 '發心'에서 끊어 읽고 '雖諦'는 뒷 구에 붙여 읽어야 한다.

119 '敎'는 原錄에서는 '數'라 오록되어 있다. 『新書』는 原卷에서는 '敎'라 되어 있다고 하였는데 이는 옳다. 이에 의거하여 바로잡는다. 또 楊雄은 '卄' 뒤에 '五'자를 보충하였는데(이하 동일) 이는 옳다. 여기서는 이를 따른다.

120 [徐震堮] 문맥으로 보아 '敢唱'은 '故唱'이 되어야 한다.

我, 恐衆生起退敗之心, 權順世流, 從我輩興進修之意. 已除我執, 賈(假)立其名. 經中雖道於我聞, 聖上全無於我見. 聊申略解, 不備廣談, 聽時速起[□](於)[122]信心, 聞者早生於悟解.

문(問) : 왜 다시 설법을 하셨는가? 답(答) : 『보은경(報恩經)』은 말한다. 부처께서 대원경지(大圓鏡智)의 지혜로 아난의 근기(根機)가 이미 무르익었음을 보시고 그를 시자로 삼으셨다. 부처께서는 자주 어원(御苑)이나 왕궁에 가셔서 [아난 교화를 위한] 한 방편으로 설법을 하시어 교화의 문을 여셨다. 삼계(三界)을 설하시고 사생(四生)을 논하시어 그가 육체의 허망을 깨닫도록 하시고 부귀영화의 무상함을 이해토록 하셨다. 이때 아난은 부처님의 말씀을 듣고 발보리심하여 부처에 귀의하면서 세존께 다음과 같은 세 가지를 서원하였다. 첫째는 부처님께서 입으시던 옷을 입지 않게 해주시고, 둘째는 자신이 따로 공양을 받을 수 있도록 해주시고, 셋째는 25년 전의 교법을 자신을 위해 다시 설해주시는 것이었다. 아난의 서원에 부처님께서는 자비를 베푸셨다. 아난은 그 즉시 출가를 하였고 곧 수타원과(須陀洹果)를 증득하였다. 25년 전의 설법을 부처님은 다시 말씀하셨다. 지금 경전의 첫머리에 '아문'이라 말하고 있는 것은 바로 이 때문이다. 문(問) : 일체의 경전은 모두 아집을 버릴 것을 얘기하는데 아난은 어찌하여 '아'라고 말하였는가? 답(答) : 만일 '아'라고 말하지 않았다면 중생들은 아마도 믿음이 흔들렸을 것이니, 이는 세류에 순응하여 우리 같은 중생들을 수행케 하고자 한 것이다. 아집을 버리고서 잠시 '아'라는 말을 썼던 것이다. 경전에서는 비록 '아문'이라 말하고 있지만 성자에게 아견(我見)이란 전혀 없다. 지금까지 간략히 해설을 하였고 더 이상 거론하지는 않겠다. 듣는 동안 믿음을 갖도록 하라. 그리하

121 原校는 '難'을 '問'으로 보았는데 이는 잘못이다. 『新書』는 '難'을 '詰難'으로 해석하여 '難'자를 수정할 필요가 없다고 하였는데 이는 옳다.

122 原卷에서는 '어'자가 없다. 여기서는 문맥에 비춰 임의로 보충해 넣는다. 위 문장 "經中雖道於我聞, 聖上全無於我見" "阿難纔唱於我聞, 羅漢盡除於錯見." 이들 문구 속에 '於'자가 두 번 들어있음은 참고할 필요가 있다.

면 조만간 깨달음을 얻게 될 것이다.

側吟:

阿難欲擬宣佛語, 羅漢之中傳美譽,
昔日多聞衆共推, 此時聰惠人皆許.
當時窟內結集時, 不計高低相贊擧,[123]
忽現三十二相形, 教他滿會生疑慮.
忽然聽唱我聞名, 會下喧喧方指住,[124]
滿窟高僧始信知, 一筵羅漢皆開悟.
此時結集正經文, 總是如來金口語,
今日分明說似君, 途教[125]人衆除疑慮.
萬千經典息(悉)通達, 聞者咸能生戀募(慕),
往日皆於法會中, 親曾聽受如來處.
三乘五姓遠流通, 八難四生令離苦,
後代傳持事不虛, 從教[126]人衆除疑慮.
釋迦尊, 悲願主, 說法頭頭蒙告御(喩或語),
悉遣虔心聽受持, 令[127]於末代流傳取.
聲聞數內獨稱吾, 大衆筵中長囑付,
今日經中道我聞, 總教各各無疑慮.

123 '擧'는 '譽'로 보아야 할 것 같다. '贊譽'는 같은 의미의 글자가 결합된 복합어이다.

124 '指住'는 楊雄은 '止住'로 보아야 한다고 하였는데 이는 사실에 가깝다.

125 '途'는 項楚는 '圖'가 되어야 한다고 하였는데 옳다. 劉堅은 '徑'이라 보았는데 정확하지 못하다.

126 【楊雄】 '從'은 '總'의 音訛字로 보인다. 【校注】 '從'은 응당 '徒'가 되어야 한다. 형와자이다. '徒'는 다시 '圖'로 보아야 한다. 위 문장 "今日分明說似君, 總教各各除疑慮" 아래 문장 "只爲如來演法音, 圖交(教)凡衆沾甘露." 이 두 예문이 이와 비슷한 문형을 보이고 있음은 참고할 필요가 있다.

127 '令'은 原錄에서는 '今'으로 오록되어 있다. 楊雄은 原卷에서는 '令'으로 되어 있다고 하였는데 이를 옳다. 이에 의거하여 바로잡는다.

佛威神, 今曉悟, 未省[128]經文[129]生猒募(慕).

聽受身心法會[130]中, 未曾妄(忘)[131]失於片句.[132]

長時事事發精勤, 不向頭頭生楨擄,[133]

今日分明說似君, 總教各各除疑慮.

平 當日牟尼大世尊, 每於法會說經文,

阿難名字頭頭喚, 囑付言音處處陳.[134]

我要流傳於末代, 汝須[135]記當[136]莫因循.

今朝結集如來教, 所以經中道我聞.

□□□□□□□, □□見解豈堪□(原文至此殘缺)

---

128 '未省'은 原錄에서는 '未者'로 오록되어 있다. 袁賓은 '者'를 '省'이라 교정하였는데 이는 옳다. 原卷은 본래 '省'자로 되어 있다. 이에 의거하여 바로잡는다.

129 '文'은 原錄에서는 '云'으로 오록되어 있다. 楊雄은 原卷에서는 '文'으로 되어 있다고 하였는데 이를 옳다. 이에 의거하여 바로잡는다.

130 '法會'는 原卷에서는 '法𰀀'으로 되어 있는데 이는 '法會'를 줄여 쓴 것으로 보인다.('法會'라는 말이 앞에서 이미 나왔기 때문에 줄여 쓴 것이다) 原錄에서는 '法法'이라 적고 '諸法'이라 교정하였는데 이는 잘못이다. 『新書』는 '法法'은 오류가 아니라고 하였는데 이는 잘못으로 보인다.

131 '妄'자는 楊雄의 견해를 따른 것이다. 위 문장 "一曆(歷)耳根, 未曾妄(忘)失." 原校에서 '妄'은 '忘'이라 하였는데 이는 옳다.

132 『新書』에서는 '行'이 原卷에서는 '片'으로 되어 있다고 하였다. 【校注】 原卷의 字形은 '行'과 '片'의 중간 형태로 되어 있는데 '行'자로 보는 것이 더 합당하다. '行句'는 한 행 한 구를 말한다. 위 문장 "金言而句句親聞, 玉偈而行[行]聽受." 여기서 '行行'과 '句句'가 대구가 되고 있음은 그 증거가 된다.

133 '楨擄'는 앞으로의 교정이 필요한 부분이다.('楨'은 原卷에서는 왼쪽부분이 '扌'자 형태로 되어 있는데 이는 마땅히 '楨'자이다. 아래 문장 "乾坤如把繡屛楨"의 '楨'자가 原卷에서는 '揁'으로 되어 있는데 이는 그 증거이다) 原錄에서는 '指擄'로 되어 있는데 이는 原卷에 부합하지 않는다.

134 '陳'은 原卷에서는 초서체 '陳'으로 되어 있다. 原錄에서는 이를 '陣'으로 오록하였다.

135 '汝須'는 原卷에서는 본래 '須汝'로 되어 있고 오른쪽 옆에 (도치를 뜻하는) '乙' 부호가 붙어 있다. 이에 의거하여 바로잡는다. 原錄에서는 '須汝'라 잘못 기록하고 있다.

136 潘重規는 '記當'의 '當'이 原卷에서는 '受'로 되어 있다고 하였다. 【校注】 原卷에서는 '[illegible]'로 되어 있는데 이는 '當'자의 초서체이다. 반씨의 견해는 틀렸다. '記當'은 곧 '記'이며 '當'은 타동사 뒤에 붙이는 어조사로서 특별한 의미는 없다. 본편 아래 문장 "時寶積等旨受維摩勸誘, 記當居士教招." 이 '記當' 역시 같은 뜻이다. 『通釋』의 '當' 항목을 참조 바란다.

측음(側吟): 아난은 부처의 가르침을 설하여
나한들 사이에 훌륭한 명예를 전하고자 하였네.
지난날의 다문(多聞)으로 모두가 그를 천거하니
이때 지혜로운 자들 모두가 승인한다.
동굴 안에서 결집을 하는데
[수행의] 깊고 옅음을 가리지 않고 모두가 찬탄한다.
홀연 32상의 모습이 나타나니
자리에 모인 모두가 의아해한다.
문득 '아문(我聞)'이라는 외침이 들리자
법회의 수런거림이 잦아들었다.
동굴 속의 고승들은 믿어 알게 되었고
자리하고 있던 나한들은 모두 깨닫게 되었다.
이때 경문을 결집하는데
모두가 여래의 금구(金口)에서 나온 설법이로다.
마치 지금 그대에게 설하는 듯 하는 것은
중생들의 의혹을 없애고자 해서라네.
수많은 경전에 모두 통달하니
듣는 자는 모두 흠모의 정이 생기네.
모두 지난날 법회에서
여래로부터 직접 들은 거라네.
삼승(三乘)과 오성(五姓)[137]이 멀리까지 전해지고
팔난(八難)[138]과 사생(四生)[139]의 고통을 없앤다.

137 중생이 본디부터 가지고 있는 다섯 가지 성품. 보살정성(菩薩定性), 독각정성(獨覺定性), 성문정성(聲聞定性), 삼승부정성(三乘不定性), 무성유정(無性有情)을 이른다.

138 부처를 보지 못하고 불법을 듣지 못하는 여덟 가지의 장애와 어려움. 재지옥(在地獄), 재아귀(在餓鬼), 재축생(在畜生), 재장수천(在長壽天), 재울단월(在鬱單越), 맹롱음아(盲聾瘖瘂), 세지변총(世智辯聰), 불전불후(佛前佛後)의 어려움이다.

139 생물이 태어나는 네 가지 형태. 태생(胎生), 난생(卵生), 습생(濕生), 화생(化生)이다.

후세에 그 가르침을 제대로 전하고
중생의 의혹을 없애고자 해서였다.
석가모니 존자, 비원(悲願)의 주인공
설법 하나하나를 알린다.
모두 경건한 마음으로 [가르침을] 듣고 수지하여
후세에까지 전해지도록 하라.
성문들 속에서 홀로 '나'라고 하니
모두들 법석(法席)에서 연신 [그에게 설법을] 청한다.
지금 경전에서 '아문'이라 말한 것은
각자의 의심을 없애기 위함이었다.
부처의 불가사의한 힘을 깨달아
일찍이 경문을 싫어한 적 없었고
몸과 마음으로 법회의 가르침을 들으니
한 행 한 구조차 잃어버린 적이 없었다.
오랫동안 모든 일에 부지런하여
한순간이라도 나태한 적이 없었다.
마치 지금 그대에게 설하는 듯 하는 것은
중생들의 의혹을 없애고자 함이로다.

평(平) 이날 석가모니 대세존께서는
법회에서 경문을 설하실 때마다
아난의 이름을 매번 불러
한마디 한마디를 기록하게 하셨다.
나는 후세에까지 [교법을] 전하고자 하니
그대는 잘 기록하여 제멋대로 하지 말지니.
오늘 여래의 가르침을 결집하는데
이 때문에 경문에서 '아문'이라 하였다.
( )

(　　　　　　　　　　　　　　　　　　)

(원문은 여기에서 잔결됨)

(首缺)遺佛入滅爲波旬, 愚癡□□□□論,
只緣自己多[140]邪曲, 剛[141]著言詞請世尊.
今日結集當日法, 昔時經教此時陳,
阿難受得如來語, 所以經中道我聞.
處處如來說[142]法門, 阿難佛囑最慇懃,
只緣智惠過人解, 爲有聰明出衆群.
見解自知無拙惡, 情田[143]爭[144]不感深恩,
今朝結集三乘教, 所以經文道我聞.
珍重牟尼主, 黃金丈六身,
面圓如皎月,[145] 螺髻[146]若青雲.

140 '多'는 原錄에서는 '自'로 오록되어 있다. 『新書』는 原卷에서는 '多'로 되어 있다고 하였는데 이는 옳다. 이에 의거하여 바로잡는다.

141 '剛'은 原錄에서는 '削'로 되어 있고, 『新書』는 이를 '別'로 보았는데 둘 다 정확하지 않다. 原卷을 세밀히 검토해보면 '剛'자임을 알 수 있다. '剛'은 '한사코', '기어이'의 뜻이다. P.2305 「妙法蓮華經講經文」: "무슨 생각으로 榮華를 내던지면서까지 기어이 묘법연화경을 듣고자 하시는가!(有何意, 捨榮花, 剛要求聞妙法花!)" 이 '剛'자도 같은 의미이다. 『詩詞曲語辭匯釋』과 『通釋』에 상세히 설명되어 있다.

142 '說'은 原錄에서는 '流'로 되어 있다. 楊雄은 '流'는 '留'와 통한다고 하였다. 【校注】 原卷에서는 사실 '説'로 되어 있는데 이것은 '說'자의 俗體이다. 이에 의거하여 바로잡는다.

143 '情田'은 原錄에서는 '情由'로 되어 있다. 楊雄은 '情由'는 '情田'이 되어야 한다고 하였다. 【校注】 原卷에서는 사실 '情田'으로 되어 있다. 이에 의거하여 바로잡는다. '情田'은 불교술어로서 '心田'과 비슷한 뜻이다. 주석 66)번을 참조 바란다.

144 【楊雄】 '爭'은 '怎'과 통한다. 【校注】 '爭'에는 본래 '怎'의 의미를 가지고 있는데 당오대의 시문 중에서 자주 보인다. '怎'자는 송대 이후에 비로소 출현한다. 呂叔湘의 고증에 따르면 '爭'과 '怎'은 연원뿐만 아니라 聲韻도 전혀 다른 까닭에 이 두 글자가 전변되었을 가능성은 희박하다. 呂叔湘 『近代漢語指代詞』에 상세한 설명이 있다. 그러므로 '爭'자는 굳이 수정할 필요가 없다.

145 '月'은 原錄에서는 '日'로 되어 있다. 【校注】 原卷에서는 사실 '月'자로 되어 있다. '皎月'은 부처를 비유한 것이다. 아래 문장 "皎潔圓明, 似月處清霄之內"에서 부처를 달

蕩蕩應難及, 巍巍莫比[147]輪(倫),
鷲峰親說法, 一一我曾聞.
當日菴園會, 相隨佛世尊,
聖賢多示現, 長者化王孫,
各各抛三殿, 人人捨六塵.
毗耶親說法, 一一我曾聞.
廣讚西方事, 彌陀化主身.
金繩金界道, 寶殿寶香勳(薰).
遣衆生虔敬, 教人發志勤,
祇園親說法, 一一我曾聞.
每共常隨衆, 經行諸國頻,
有時談四諦, 或卽讚三乘,
教化群生類, 令抛虛幻身.
鹿園親說法, 一一我曾聞.
帝釋皆來請, 開張六度因,
總齊心悟解, 布施佛珠珍.
說富貴如風燭, 言榮花[148]似電雲,
天宮親說法, 一一我曾聞.
更被修羅衆, 皆來請益頻,

에 비유하고 있음은 그 증거가 된다.

146 '螺髻'는 原卷에서는 '騾鬔'로 되어 있는데 이것은 '螺髻'의 속체이다. '螺髻'의 '螺'는 본래 '虫' 편방인데 '髻'의 영향을 받아 이와 유사한 편방으로 변하여 '鬉'가 된 것이다. 『龍龕手鏡』 镸部: "鬉, 俗, 落禾反." 즉 '螺'의 속자이다. '騾'는 또 '鬉'의 생략형 변체자이다. '鬔'은 '髻'자를 적는 과정에 생겨난 변체자이다.('髟' 편방 글자는 보통 '镸'을 글자 좌측에 적고 '彡'은 글자의 우측 윗부분에 적는다) 原錄에서는 '騾髺'이라 적고 있는데 이는 사실과 다르다.

147 '比'는 原錄에서는 '此'라 오록하였다. 『新書』는 原卷에서는 '比'로 되어 있다고 하였는데 이는 옳다. 이에 의거하여 바로잡는다.

148 '榮花'는 '榮華'이다. 앞의 '富貴'와 대응된다. 위 문장 "令知幼(幻)質之非堅, 遣悟榮花之不久." 이 '榮花' 역시 '榮華'를 뜻한다.

和平令苑(宛)順, 除蕩劫貪嗔.
敎發慈悲行, 休興鬥戰軍,
須彌山說法, 一一我曾聞.
龍衆[149]來相請, 齊將願力申,
笙歌聲遼遶, 花雨落芬芬,
地振山川動, 風吹草木春,
龍宮親說法, 一一我曾聞.
哀愍衆生類, 閑於地獄巡,
刀山靑似鏡, 劍樹白如銀,
爐炭停煙焰, 鑊湯罷沸騰,
冥司親說法, 一一我曾聞.
總是經中說, 殊非謬剸裁.[150]
我聞羅漢唱, 如是佛親開,
聽受除煩惱, 聞經滅妄猜,
我聞解了也, 次第處唱將來.

(앞부분 빠져 있음)

부처가 파순(波旬)을 굴복시키고
(　　　　　　　　　　　　　)
스스로가 요사스럽고 교활하여
한사코 언사에 집착하여 세존에게 청한다.

---

149 ‘衆’은 原錄에서는 ‘泉’으로 오록되어 있다. 楊雄은 原卷에서는 ‘衆’으로 되어 있다고 하였는데 이는 옳다. 이에 의거하여 바로잡는다.

150 [徐震堮] ‘剸’은 ‘剬’과 같으며 ‘制’라 적기도 한다. [校注] ‘剸’은 굳이 수정할 필요가 없을 것 같다. 玄應『一切經音義』 권14 인용 通俗文: “截斷日剸” 그리고 ‘裁’의 본뜻은 ‘재단하다’로서 ‘剸’과 그 의미가 비슷하다. 그러므로 ‘剸裁’는 비슷한 의미의 글자가 결합된 복합어이며, 후에 ‘판결하다’, ‘처리하다’는 의미로 확장되었다. ‘殊非謬剸裁’는 ‘절대 제멋대로 주장하는 것이 아니다’는 뜻이다. P.2292「維摩詰經講經文」: “四心의 청정한 도량을 얘기했는데 모든 것은 마음이 결정하는 것(四心淸淨道場排, 總在心王爲剸裁).” 이 ‘剸裁’도 같은 뜻이다. 袁賓『變文詞語考釋錄』을 참조 바란다.

이제 오늘날의 교법을 결집하는데
지난날의 가르침을 지금 설하려 한다.
아난은 여래의 말씀을 수지함으로써
경전에서 '아문'이라 말하였네.
곳곳에서 여래께서 법문을 설하시며
아난에게 은근하게 촉탁하였네.
이는 [아난의] 지혜가 탁월하고
총명하기가 누구보다 앞섰기 때문이었네.
견해에 졸악함이 없음을 스스로가 알기에
어찌 깊은 은혜를 느끼지 않으리오.
오늘 아침 삼승(三乘)의 교법을 결집하는데
이리하여 경문에서 '아문'이라 말하였네.
진중(珍重)하신 석가모니부처님
일장육척의 황금빛 체구.
얼굴은 밝은 달과 같고
머리카락은 푸른 구름을 닮았다.
크고 커서 함께 하기 어렵고
높고 높아 견줄 이 없다네.
영취산에서 친히 하신 설법
나는 하나하나 들어보았다네.
이날 암라원(菴羅園)에서 법회가 열렸는데
서로가 불세존을 따르고
수많은 성현이 그 모습을 드러내고
장자(長者)는 왕손을 교화하였다.
각자 황궁을 내던지고
사람마다 육진(六塵)을 버린다.
비야리성에서 친히 하신 설법

나는 하나하나 들어보았다네.
서방(西方)에서의 일을 널리 기리는데
미타(彌陀)가 중생 교화의 주인이라네.
황금으로 온 땅을 가득 채우고
화려한 궁전에는 보배로운 향기.
중생을 경건하게 하고
사람을 교화하여 그 뜻을 성실하게 하셨네.
기원정사에서 친히 하신 설법
나는 하나하나 들어보았네.
매번 늘 세존의 무리를 따르며
여러 나라를 두루 경행하였네.
사체(四諦)를 설하기도 하고
삼승(三乘)을 찬양하기도 하며
중생을 교화하며
헛된 육신을 내던지도록 하셨네.
녹야원에서 친히 하신 설법
나는 하나하나 들어보았다네.
제석이 [설법을] 간청하여
육바라밀의 인연을 설하시니
모두 한마음으로 깨달음을 얻고
부처님께 보주(寶珠)를 보시하였네.
부귀는 바람 앞의 등불과 다름없고
영화는 번개나 구름 같다 하셨네.
천궁에서 친히 하신 설법
나는 하나하나 들어보았다네.
또 수라(修羅)의 무리가
찾아와 이득 됨을 간청하니

화평함을 설하시어 그들을 유순하게 하시고
탐욕과 분노를 제거하셨네.
자비행을 유발하시고
싸움을 그만두게 하셨네.
수미산에서 친히 하신 설법
나는 하나하나 들어보았다네.
용의 무리가 찾아와 설법을 청하며
일제히 원력(願力)을 세웠네.
생황 소리 울려 퍼지고
꽃비가 어지러이 날렸네.
땅이 흔들리고 산천이 요동치고
바람이 초목에 불어왔네.
용궁에서 친히 하신 설법
나는 하나하나 들어보았다네.
중생을 가엾게 여기시어
지옥을 순례하셨는데
도산은 거울처럼 시퍼렇고
검수는 은처럼 새하얬다.
불화로에서는 화염이 멈추고
가마솥은 끓어오르기를 그만두었다.
저승에서 친히 하신 설법
나는 하나하나 들어보았다네.
이 모두는 경전의 말씀이라
제멋대로 해대는 말이 아니네.
'아문'은 나한의 말이고
'여시'는 부처님께서는 친히 하신 말씀이네.
이 경전을 들으면 번뇌가 사라지고

망령된 의심이 소멸될 것이네.
'아문'에 대한 설명을 마쳤으니
이어서 창(唱)이 곧 나오리.

經曰[151]:「一時」. 一時者, 誺異[152]餘時, 故曰一時. 又解云: 說者聽者共[153]相會遇, 更無前後, 啐啄同時, 故曰一時.

經云: 一時者, 於是我佛在毗耶城內, 菴羅園中, 將興方便之門, 欲啓慈悲之願, 爲救四生熱惱, 愍傷三界含靈, 說法而廣度有緣, 利益而不論高下. 這日地搖六振, 天雨四花, 十方之賢聖俱臻, 八部之龍神盡至, 於是人天皓皓,[154] 聖衆喧喧, 空中散新色之衣, 地上排七珍之寶, 帝釋梵王之衆, 捧玉案於師子座前; 龍王夜叉之徒, 執寶幢於世尊四面. 各各盡辭於天界, 一時總到[□](於)[155]菴園, 螺鈸擊掙摐[156]之聲, 音樂奏嘈囋[157]之曲. 更有阿修羅等, 調飅[158]玲玲之[159]琵琶, 緊那羅王,

151 '曰'은 原錄에서는 '云'으로 오록되어 있다. 楊雄은 原卷에서는 '曰'로 되어 있다고 하였는데 이는 옳다. 이에 의거하여 바로잡는다.

152 【潘重規】'誺'은 '揀'이 되어야 한다. 【校注】 반씨의 견해는 옳다. '揀異餘時'는 선택한 것이 그때가 아니라 이때라는 말이다.「金剛般若波羅密經講經文」: "순리대로 이룸으로써 오히려 드러나니 범부와의 다른 점을 분별한 것이지요(順成返顯, 揀異凡夫)." 또「雙恩記」: "한번은(一時)'이란 부처님이 모임 중에 최고 경계에 대하여 말씀하시면서, 항시 '한번은'이라고 언급하시어 다른 때와 구별 지으셨다('一時'者, 師子合會, 說聽究竟, 摠言一時, 揀異餘時)." 이처럼 모두 '揀'으로 되어 있다.

153 '共'은 原錄에서는 '互'로 오록되어 있다.『新書』는 原卷에서는 '共'으로 되어 있다고 하였는데 이는 옳다. 이에 의거하여 바로잡는다.

154 '皓皓'는 '浩浩'와 같다. '요란하다'는 뜻이다.

155 이 구문은 변려문이다. '到' 뒤에 '於'자 하나가 누락된 것으로 생각된다. 이에 의거하여 임의로 보충해 넣는다.

156 '掙摐'은 의성어로서 '琤瑽'과 같다.

157 '嘈囋'은 소리가 번잡한 모습을 가리킨다.

158 原校에서는 '飅'을 '颯'이라 하였다. 【潘重規】『龍龕手鏡』에서는 '飅, 音瑟, 飋飅, 風聲.'이라 하였고, 또 '颬, 凋·伷二音'이라 하였다. 따라서 '調飅'은 곧 '颬飅'이다. 【校注】'飅'과 '颯'은 자형과 소리가 모두 다른 까닭에 原校를 따를 수 없다. 반씨의 견해는 오류가 더 심하다. '調'는 뒤의 '敲'자와 대구가 되며 둘 다 구문 속에서 술어동사이다.('調'는 악기를 연주함을 가리킨다) 그리고 '飅玲玲'은 뒤의 '駮犖犖'과 대구가

敲駮犖犖之羯鼓. 乾闥婆[160]衆, 吹妙曲於雲中. 迦樓羅王, 動簫韶於空裏. 齊來聽法, 盡願結緣, 遶紫磨之身形, 禮黃金之面貌. 皆焚[161]龍腦, 競爇檀栴, 虔恭者憶憶(億億)垓垓, 贊嘆者千千萬萬, 一時總到菴園會中, 睹大聖之希逢, 候如來之說法. 更有幾多羅漢, 無限聖人, 皆到筵中, 盡臨法會. 並乃神情爽朗, 儀貌孤標, 持五掇[162]而此土化緣, 杖六闠而他[方]遊曆(歷). 三底異越,[163] 和雲水已(以)隨身, 五德超倫, 共溫恭而淡佇. 身堅離染, 身爲相貌之身. 行解行時, 行作出塵之行. 三明曉了, 八解周圓, 以出離於娑婆, 不沈埋於生死. 當初佛會, 欲擬說經, 無前後而趨筵, 盡一時而赴會, 如雞附[164]卵, 啐啄同時, 所以經云, 故

되며 둘 다 의성어이다. 따라서 '調飋'이 하나의 단어가 될 수 없다. '飋'은 '瑟'의 가차자이고, '飋玲玲'은 비파소리를 나타낸다. 아래 문장 "更有迦羅樓衆, 奏瑟瑟之淸音." 여기서 '瑟瑟'이 음악소리를 나타내고 있음은 그 증거가 된다.

159 原錄에는 '之' 뒤에 '瑟'자가 더 있고 그 교주에는 "'瑟'자는 衍文으로 보인다" 하였다. [校注] 原卷에서 '瑟'자는 덧칠을 가하여 삭제한 것이라 기록해서는 안 된다. 『新書』 역시 이와 같다.

160 '乾闥婆'는 原卷에서는 '乾婆闥'로 되어 있다. '婆'자 오른쪽 아래에 갈고리(乙) 모양의 부호가 붙어 있다. '婆'와 '闥'자를 도치시킴을 뜻한다. 原錄에서는 이를 '婆乾闥'로 잘못 기록하였다.

161 '焚'은 原錄에서는 '梵'으로 되어 있다. 徐震堮은 이를 '焚'으로 교정하였다. [校注] 原卷에서는 사실 '焚'자로 되어 있다. 이에 의거하여 바로잡는다.

162 '五掇'은 '五綴'이 되어야 한다. '綴'과 '掇'은 음이 유사하며 통용된다. 아래 문장 "能持五掇入王城"의 '五掇' 역시 '五綴'이 되어야 한다. '五綴'은 '五綴鉢', 즉 다섯 군데의 흠을 수선한 鉢盂를 가리킨다. 불교의 계율에 따르면, 발우는 다섯 군데를 수선하게 되면 더 이상 사용하지 않아도 되고, 다섯 군데가 안 되면 새 것으로 바꾸어서는 안 된다. 『四分律』 권9에 상세히 설명되어 있다. '五綴鉢'은 매우 오랜 시간 사용했음을 암시한다.

163 '衣'는 原錄에서는 '底'로 오록되어 있으며, 楊雄은 '衣'가 되어야 한다고 하였다. [校注] 原卷은 사실 '衣'로 되어 있다. 이에 의거하여 바로잡는다. '三衣'는 불교의 비구들이 입는 세 가지 의복을 말한다. 『大唐西域記』 卷2 : "사문의 법복으로는 세 가지 옷이 있다. …… 삼의를 입는 법은 종족에 따라 같지 않아서, 혹은 가장자리가 넓고 좁은 차이가 있거나 혹은 엽(접는 곳)에 대소가 있다(沙門法服, 唯有三衣 …… 三衣裁製, 部執不同. 或緣有寬狹, 或葉有小大)." 통상적으로 승려의 옷을 가리킨다. 또 '越'은 '趣'의 형와자인 듯하다.

164 '附'는 張金泉은 '孚'로 보았는데(『說文解字』 爪部 : "孚, 卵孚也. 從爪從子." 그 후 '孵'라 적는다) 이는 정확한 견해이다. 『集韻』 虞韻 : "孚, 說文 : '卵孚也.' 古作附." 이는

曰「一時」.

경전에서는 "일시(一時)"라고 하였다. '일시'는 다른 때가 아닌 이때란 뜻에서 '일시'라고 말한 것이다. 또 다른 해석은, 말하는 자와 듣는 자가 앞뒤 없이 동시에 만나 행하는 까닭에 '일시'라고 한 것이다.

경전에서 말한 '일시'. 이때 부처님께서는 비야리성 암라원에서 방편의 문을 열어 자비의 서원을 펼치고자 하셨다. 사생(四生)의 번뇌를 구제하고 삼계(三界)의 중생들을 불쌍히 여겨 설법으로서 그들을 널리 제도하시니, 그 이로움이 [지위의] 높고 낮음을 가리지 않았다. 이날 땅이 육종(六種)으로 진동하고 하늘에서는 네 가지 연꽃이 비처럼 날렸으며, 십방의 성현들이 모여들었고 팔부(八部)의 용신(龍神)이 모두 이르렀다. 그리하여 인천(人天)[165]이 떠들썩하고 성자들은 요란했으며 허공에서는 신기한 옷들이 흩날렸고 땅위에는 칠보의 보물이 깔렸다. 제석과 범왕의 무리들은 사자좌(獅子座)에 옥으로 된 안석(案席)을 바쳤으며, 용왕과 야차의 무리들은 세존의 주위에서 보당(寶幢)을 들고 서있다. 모두가 천계(天界)를 떠나 일시에 모두 암라원에 이르렀다. 동발(銅鈸) 소리 요란하고 악기는 다채로운 음악을 연주했다. 게다가 아수라는 띵띵띵 비파를 타고, 긴나라왕은 둥둥둥 갈고(羯鼓)를 울렸다. 건달파 무리는 구름 속에서 기묘한 곡을 연주하고, 가루라왕은 허공에서 퉁소를 불었다. 일제히 법문을 들으러 와서 인연을 맺기를 원하며 자마금(紫磨金)의 육신을 빙 둘러싸고 황금빛 얼굴에 절을 올렸다. 다 같이 용향(龍香)을 사르고 앞 다투어 단향(檀香)을 태우는데, 성심으로 공경하는 이가 수억이고, 찬탄하는 이가 수천수만이었다. 일시에 모두 암라원 법회로 와서 위대한 성인을 찾아뵙고 여래의 설법을 기다렸다. 그리고 여러 아라한과 수많은 성인들이 법회에 함께 자리하였다. 그들은 표정이 밝고 풍모가 뛰어나며 오철발(五綴鉢)[166]을 들고서 이곳에 와 중생을 교화하는데, 육환(六環)

'附'자가 가차자로 흔히 쓰이고 있음을 보여준다.

165 인간계와 천상계의 중생.

의 석장(錫杖)을 짚으며 다른 지방을 유력하였다. 색다른 정취를 자아내는 삼의(三衣)를 걸치고서 흘러가는 구름이나 물처럼 정처 없이 떠도는데, 오덕(五德)은 무리에서 뛰어나고 [용모는] 공손하고도 단엄하다. 육신은 강건하여 더러움에서 벗어나 있고, 해행(解行)[167]을 행함에 있어 번뇌에서 벗어나는 수행을 행하였다. 삼명(三明)[168]에 밝고 팔해탈(八解脫)을 이루어 사바세계에서 벗어나 생사에 침몰되지 않는다. 부처님이 법회에서 경전을 설하려 한다는 소식을 듣고 앞 다투어 법석(法席)으로 달려와 일시에 법회에 이르렀는데, 그 모습이 마치 닭이 알을 부화시키고 알 속의 병아리와 함께 동시에 [껍질을] 쪼아대는 것과 같은 까닭에, 경전에서 '일시'라고 한 것이다.

龍天這日威儀熈, 隊仗神通實可愛.
帝釋忙忙掛寶衣, 仙童各各離宮內,
遙知我佛說眞經, 各發情誠[169]來禮拜,
盡向空中散妙花, 一時總到菴園會.
就中更有梵天王, 相貌巍巍多自在,
各各拋離妙寶宮, 人人略到娑婆界.

---

166 다섯 군데의 흠을 수선한 발우. 불교의 계율에 따르면, 발우는 다섯 군데를 수선하기 전에는 새 것으로 바꿀 수 없다고 한다.

167 불교의 이치를 이해하고 이를 실천으로 옮기는 일.

168 아라한이 가지고 있는 세 가지 지혜. 숙명명, 천안명, 누진명을 이른다.

169 [劉堅] '情'은 '精'이 되어야 한다. '情'과 '精'은 형태와 소리가 비슷하다. [校注] '情'자는 고칠 필요가 없다. '情誠'은 같은 의미의 글자가 결합된 합성어이다. '情'이 곧 '誠'인 것이다. 『淮南子』繆稱 : "무릇 어떤 행동에 정성이 들어가면 설령 잘못이 있다 하더라도 원망하지 않으며, 정성이 들어가지 않으면 설령 충성을 다한다 해도 싫어하게 된다(凡行戴情, 雖過無怨, 不戴其情, 雖忠來惡)." 高誘 注 : "情, 誠也." 嵇康「與山巨源絶交書」: "欲降心順俗, 則詭故不情." P.3079「維摩詰經講經文」: "부디 이 몸을 불쌍히 여기시어 저의 정성을 받아주시고 저의 마음을 굽어 살펴주시길(乞慈哀, 赴(副)我情成察我懷)." '情成'을 蔣禮鴻은 '情誠'이라 보았는데 이는 옳다. '情誠' 역시 같은 의미의 글자가 결합된 합성어이다.

皆持花果足[170]威光, 盡是神通[171]無障礙,
聞佛欲說大乘經, 一時總到菴園會,
阿修羅衆聖[172]偏殊, 覆海移山功力大,
止[173]住須彌福德强, 手[174]扶日月威[175]神熈.
可於意地發精虔, 只是心田興妒[176]害,
當日遙聞法義開, 一時總到菴園會.
乾闥婆衆亦歸依, 歌樂長於心上愛,
每向佛前奏五音, 恰如人得眞三昧,
琵琶絃上韻春鶯,[177] 羯鼓杖頭敲玉碎,

---

170 ‘足’은 原錄에서는 ‘呈’으로 오록되어 있다. 여기서는 原卷에 의거하여 바로잡는다.

171 ‘通’은 原錄에서는 ‘道’로 오록되어 있다. 潘重規는 原卷에서는 ‘通’으로 되어 있다고 하였는데 이는 옳다. 이에 의거하여 바로잡는다.

172 ‘聖’은 ‘神通’이다. 아래 문장 “有人告託解楊聾, 邪路求財能似聖.” 『通釋』의 해당 항목을 참조 바란다.

173 ‘止’는 原錄에서는 ‘上’으로 오록되어 있다. 여기서는 原卷에 의거하여 바로잡는다.

174 ‘手’는 原錄에서는 ‘平’으로 되어 있다. ‘平扶日月’은 해독이 안 된다. 原卷을 세밀히 살펴보면 ‘平’자는 사실 ‘手’자인 것을 알 수 있다. ‘手扶日月’은 광대한 신통력을 형용한 것이다. 아래 문장 “乾坤推吸(岌)沓, 日月手瀾彰(攔障).” S.2440 「維摩經押座文」: “智力의 신통함은 헤아리기 힘드나니, 손으로 해와 달을 흔들고 수미산을 움직이시네(智力神通難可測, 手搖日月動須彌).” 『大智度論』 卷2: “손으로 해와 달을 어루만지고 갖가지 신통력을 드러내 보이신다(手摩日月, 現種種神變).” 『翻譯名義集』 卷4: “손바닥으로 해와 달을 가리니 세상 사람들은 이를 두고 일식, 월식이라 부른다(擧手掌障日月, 世言日月蝕).” 모두 같은 뜻으로 사용되고 있다.

175 ‘威’는 原錄에서는 ‘感’으로 되어 있고 徐震堮은 이를 ‘威’라 교정하였다. 【校注】 原卷에서는 사실 ‘威’자로 되어 있다. 이에 의거하여 바로잡는다.

176 ‘妒’는 原卷에서는 ‘姤’로 되어 있다. 【徐震堮】 ‘姤’는 ‘妒’가 되어야 한다. 각 권자에서 ‘妒’는 종종 ‘姤’로 표기되고 있다. 【校注】 ‘姤’는 ‘妒’의 속자이다. 慧琳 『一切經音義』 卷14: “妒嫉, (妒)從女戶聲. 俗用從后從石者, 並非也.” 또 卷30: “嫉妒, 說文並形聲字, 經作姤, 非也.” 卷100: “嫉妒, 下都固反. 說文: 婦妒夫也. …… 從女從戶, 形聲字也. 有從后或從石, 皆非也.” 慧琳은 ‘妒’자를 ‘姤’라 적는 것은 틀린 것이라고 말하고 있지만, 이는 ‘妒’자가 俗書에서 자주 ‘姤’로 표기되고 있었음을 분명히 보여준다. 『龍龕手鏡』 女部: “姤, 俗; 妒, 通; 妬, 正: 當故反, 害也.” 이것은 ‘姤’자의 音과 사용 정황에 대한 실재 기록이다. 이하에서는 모두 正字 ‘妒’로 고친다.

177 ‘春’은 原錄에서는 ‘沓(春)’으로 되어 있다. 【校注】 原卷에서는 사실 ‘春’자로 되어 있다. 이에 의거하여 바로잡는다. 또 ‘鶯’자는 原卷에서는 ‘鸎’으로 되어 있는데 이것은

當日遙聞法義開, 一時總到菴園會.
諸天人衆莫知涯, 各向空中持傘蓋,
百寶冠中惹瑞霞, 六殊(銖)衣上饒[178]光彩.
皆陳異寶表[179]殷勤, 盡獻[180]香花申懇戴,
當日遙聞欲說經, 一時總到菴園會.
百千釋梵聖賢身, 咸具[181]威儀皆廣大,
一志修行絶四流, 網羅割斷抛三界.
住山中, 居窟內, 或卽[182]坐禪或嘆唄.
知佛欲說大乘經, 一時總到菴園會.
久修因, 兼奉戒, 苦切練麽(磨)[183]心不退,
誓出煩籠[184]生死河, 已達聖智惠[185]眞如海.

'鸎'의 속자이다. 『龍龕手鏡』 鳥部 : "鸎, 俗; 鸎, 正 : 鳥耕反, 黄一也." 『廣韻』, 『玉篇』, 『龍龕手鏡』에서는 모두 '鸎'과 '鶯'을 별개의 글자로 보고 있다. '鸎'은 黄鸎을 가리키고, '鶯'은 '鳥有文'이라 訓讀한다. 『集韻』에서는 '鸎'은 '鶯'의 이체자라고 하였다. 후세에는 아무런 구분 없이 사용되는 듯하다. 原錄에서는 '鸎'을 '鶯'으로 교정하였는데 그 의미는 맞을지언정 그 변화에 대한 설명이 제시되어 있지 않다.

178 '饒'는 原錄에서는 '鐃'로 되어 있다. 徐震堮은 이를 '饒'라 교정하였다. 【校注】 原卷의 '鐃'자는 좌측 절반이 덧칠해져 있다. 이미 '饒'자로 수정한 것으로 보인다.

179 '表'는 原錄에서는 '若'이라 오록되어 있다. 『新書』는 原卷에서는 '表'로 되어 있다고 하였는데 이는 옳다. 이에 의거하여 바로잡는다.

180 '獻'은 原錄에서는 '向'이라 오록되어 있다. 楊雄은 原卷에서는 '獻'으로 되어 있다고 하였는데 이는 옳다. 이에 의거하여 바로잡는다.

181 '具'는 原錄에서는 '其'라 오록되어 있다. 『新書』는 原卷에서는 '具'로 되어 있다고 하였는데 이는 옳다. 이에 의거하여 바로잡는다.

182 '卽'은 原錄에서는 '歸'라 오록되어 있다. 楊雄은 原卷에서는 '卽'으로 되어 있다고 하였는데 이는 옳다. 이에 의거하여 바로잡는다.

183 '練麽'는 原校에서는 '麽'를 '魔'로 교정하였다. 【徐震堮】 '練'은 '煉'이 되어야 한다. 필사본에서 '煉'은 흔히 '練'으로 표기된다. 【校注】 '煉'과 '練'은 모두 '수련'의 의미인 까닭에 '練'자는 굳이 고칠 필요가 없다. '麽'는 '磨'로 보아야 한다. '練磨'는 불교술어로서, 보살이 三退屈에 빠지지 않기 위해 길러야 할 세 가지 마음 수련을 말한 것이다. 『唯識論』 권9에 상세한 설명이 있다.

184 '煩籠'은 번뇌라는 새장을 말한다. 原校에서는 '煩'을 '樊'으로 교정하였는데 정확하지 못하다. 「金剛般若波羅密經講經文」 주석 246)번을 참조 바란다.

185 '智惠'는 原錄에서는 '聖智'라 오록되어 있다. 楊雄은 原卷에서는 '智惠'로 되어 있다

能持五掇入王城, 解執六闔他界外,

知佛欲說大乘經, 一時總到菴園會.

平 當日如來欲說經, 幾多賢聖譽[186]先知,

忙忙天上抛歡樂, 浩浩雲中整寶衣,

帝釋虛徐[187]誇隊仗, 梵王行里[188]逞威儀,

高低總到菴園會, 所以經文道一時.

無限龍神遍四唯(維), 百千音樂滿空吹.[189]

爲逢賢聖趨筵速, 只見天花[190]到處飛,

雲內唯觀人闐[191]塞, 空中不見日光輝,

逡巡[192]總到菴園會, 所已經文道一時.

羅漢忙忙逞變威, 罷鋪[193]針毳補田衣,

고 하였는데 이는 옳다. 이에 의거하여 바로잡는다.

186 [徐震堮] '譽'는 '預'가 되어야 한다.

187 '虛徐'는 原卷에서는 '靈深'으로 오록되어 있다. 『新書』는 原卷에서는 '虛徐'로 되어 있다고 하였는데 이는 옳다. 이에 의거하여 바로잡는다.('虛'자가 原卷에서는 '虗'로 되어 있는데 이는 '虛'의 속자이다. 본권에서 '虛'자는 모두 이 형태로 되어 있다) 楊雄은 '靈深'을 '靈神'으로 보았는데 정확하지 못하다. '虛徐'는 유유자적한 모습이다.

188 '里'는 蔣禮鴻은 '李'라 교정하였는데 이는 옳다. '行李'는 '먼 길을 떠남'을 뜻한다. 蔡琰 「胡笳十八拍」: "지난 날 추억하니 먼 길 떠나기 힘드네(追思往日兮行李難)."

189 '滿空吹'는 原錄에서는 '滿叨空'이라 오록하였다. 潘重規는 '叨'가 原卷에서는 '吹'라 되어 있다며 '滿吹空'으로 보았다. [校注] 原卷은 사실 '滿空吹'로 되어 있다. '吹'는 앞뒤의 '唯', '飛' 등의 글자와 압운이 되고 있다. 이에 의거하여 바로잡는다.

190 '花'는 原錄에서는 '龍'으로 오록되어 있다. 楊雄은 原卷에서는 '花'로 되어 있다고 하였는데 이는 옳다. 이에 의거하여 바로잡는다.

191 '闐'는 原錄에서는 '閻'으로 되어 있다. 徐震堮은 이를 '闐'으로 보았고, 蔣禮鴻은 '闐'으로 교정하였다. [校注] 장씨의 견해가 옳다. 原卷은 사실 '闐'으로 되어 있다. 이에 의거하여 바로잡는다. 『新書』도 이와 같다.

192 '逡巡'은 '頃刻'과 같다. 아래 문장 "逡巡便出菴園, 傾剋(頃刻)卻看居士." '逡巡'과 '頃刻'이 同義의 대구를 이루고 있음을 볼 수 있다. 『通釋』에 자세한 설명이 있다.

193 '羅鋪'는 '排鋪' 혹은 '擺鋪'로 보아야 할 것 같다. '안배하다', '준비하다'는 뜻이다. 明人 作『金瓶梅詞話』 34回: "賊囚, 倒且是會排鋪撰錢." 또 43回: "把局儿牢鋪擺, 情人終久再歸來." '排鋪'와 '鋪擺'의 의미도 이와 유사하다. "排(罷)鋪針毳補田衣"는 '바늘과 실을 준비하여 가사를 깁다'는 뜻으로 '법회에 나아갈 준비를 함'을 암시한다. '田衣'는 가사를 말하며 동물의 가는 털로 짜서 만든다.

察(刹)那恐怕呈(程)途遠, 傾剋(頃刻)由(猶)疑赴會遲.
身上一條雲作被,[194] 面門兩[195]點雪成眉,
神通總到菴園內, 所已經中道一時.
百千聖衆鬧喧喧, 各各身心發志虔,
念念盡來趨寶座, 人人皆欲禮金僊.
雲中只見天花墜, 室[196]內唯聞龍腦煙,
只是如今撣止傾(彈指頃), 一時總到法王前,
若凡若聖遠徘徊, 總向菴園法會排,
滿意盡希傾法雨, 一心專望振春雷.
虔恭各各言希有, 合掌顒顒贊善哉,
當日一時齊赴會, 在何所[197]聽說也唱將[來].[198]

이날 용천(龍天)은 매우 위엄스럽고
대오의 신통력은 실로 대단하다.
제석은 서둘러 보의(寶衣)를 걸치고
선동(仙童)은 각자 천궁을 떠났다.
부처님이 진경(眞經)을 설하리라는 것을 알고는
각자 정성을 들여 절을 올리는데
모두가 허공에 오묘한 꽃을 흩뿌리며
일시에 암라원의 법회에 이르렀다.
그중에는 범천왕도 와 있는데
그 모습 우뚝하고 자재(自在)하다

194 [楊雄] '被'는 '帔'가 되어야 한다.

195 '兩'은 原卷에서는 '[illegible]'로 되어 있는데 이것은 '兩'의 초서체이다. 原錄에서는 '多'라 오록하였다.

196 '室'은 原錄에서는 '雲'으로 되어 있어 앞 구 '雲'자와 중복이 되고 있다. 原卷을 자세히 살펴보면 본래 '室'자인 듯하다. 이에 의거하여 바로잡는다.

197 '所'는 原錄에서는 '聽'으로 오록되어 있다. 楊雄은 原卷에서는 '所'로 되어 있다고 하였는데 이는 옳다. 이에 의거하여 바로잡는다.

198 [原校] '來'자를 앞의 사례에 의거하여 보충한다.

각자 보궁(寶宮)을 떠나와
다들 사바세계에 와 있다.
모두 꽃과 과일을 들고서 위광을 밟고 섰고
신통하여 아무런 장애도 없다.
부처님이 대승경을 설하신다는 소식을 듣고
일시에 암라원 법회에 모였도다.
아수라(阿修羅)는 신통력이 남달라
바다를 뒤엎고 산을 옮길 만큼 공덕이 크고
수미산을 능가할 만큼 복덕(福德)이 강하며
해와 달을 손으로 떠받칠 만한 위신(威神)을 지녔다.
마음은 정성스럽고 경건하나
시기와 질투의 심지를 지녔네.
이날 법회가 열린다는 소식을 듣고서
일시에 암라원의 법회로 모였다.
건달바(乾闥婆)도 귀의하였는데
노래와 음악이 마음속에서 자라난다.
부처님 앞에서 오음(五音)을 연주하니
흡사 인간이 진여삼매(眞如三昧)를 얻은 듯하다.
비파의 현에서는 봄날의 꾀꼬리가 울고
갈고의 채에서는 옥 부서지는 소리가 난다.
이날 법회가 열린다는 소식을 듣고서
일시에 암라원의 법회로 모였다.
제천의 천신들은 그 끝을 알 수 없는데
각자 허공에서 산개(傘蓋)[199]를 들고 있는데
보관에서는 상서로운 노을이 뿜어져 나오고

199 불좌(佛座) 또는 높은 좌대를 덮는 장식품.

육수의(六銖衣)[200]에서는 광채가 번득인다.
모두 기이한 보물을 늘어놓으며 은근함을 표하고
향화(香花)를 바치며 간절함을 내비친다.
이날 경전을 설하신다는 소식을 듣고
일시에 암라원의 법회로 모였다.
수백수천의 제석과 범천의 성현들은
모두가 위의를 갖추고 있는데
일념으로 수행하여 사류(四流)를 끊고
삼계(三界)의 왕래를 잘라 내던졌네.
산속에서 살고 동굴 속에서 지내며
좌선을 하거나 [부처의 공덕을] 찬탄하네.
부처님께서 대승경을 설하려 하신다는 소식에
일시에 암라원의 법회로 모였다.
오랫동안 업인(業因)을 닦고 계율을 지키며
고통 속에서도 꿋꿋이 연마하며 마음에 불퇴심이 인다.
번뇌의 새장과 생사의 강에서 벗어나기를 서원하니
지혜의 바다에 이미 다다랐도다.
오철발을 가지고서 왕성에 들어가고
석장을 짚으며 다른 지방으로 떠돌다가
부처님께서 대승경을 설하려 하신다는 소식에
일시에 암라원의 법회로 모였다.
평(平) 이날 여래께서 설경(說經)하려 하심에
여러 현성들 이를 미리 알고서

200 '수(銖)'는 무게의 단위. 양(兩)의 24분의 1로 극소량을 나타냄. 육수의는 지극히 가벼운 옷을 형용한다. 『장아함경(長阿含經)』에 의하면 도리천(忉利天)의 천의(天衣)는 무게가 6수이고, 도솔천(兜率天)은 2수 반, 화락천(化樂天)은 1수, 타화자재천(他化自在天)은 반(半)수라 한다.

황급히 천상의 환락을 내던지고
광대하게 구름 속에서 화려한 옷을 갖춰 입었다.
제석천은 으스대며 대오를 과시하고
범천왕은 길을 떠나며 위의를 드러낸다.
[지위의] 높고 낮음을 가리지 않고 모두 암라원에 이르니
경문에서는 '일시'라고 한 것이다.
무수한 용신들이 사방에 편재해 있고
수백수천의 음악소리는 허공에 가득하다.
현성(賢聖)을 만나고자 법연(法筵)으로 바삐 나아가는데
천화(天花)는 도처에서 흩날리고 있다.
구름 속은 사람들로 빼곡하여
하늘에는 햇빛도 보이지 않는다.
잠깐 사이에 모두 암라원 법회에 이른 까닭에
경문에서는 '일시'라고 한 것이다.
아라한은 위엄을 부리며 바삐
바늘과 실을 가져다 가사(袈裟)를 깁는다.
짧은 순간 갈 길이 멀 것을 염려하고
혹시 늦지 않을까를 걱정한다.
수백수천의 성인(聖人)들은 떠들썩한데
각자의 몸과 마음속에는 경건함이 깃든다.
잠깐 사이에 일제히 보좌(寶座)로 나아가며
다들 부처에 절을 올리고자 한다.
구름 속에서는 천화(天花)가 흩날리고
방안에서는 용뇌(龍腦)의 향기가 느껴지는데
이제 탄지경의 짧은 동안에
모두가 법왕(法王) 앞에 이르렀다.
범인(凡人)과 성인(聖人)이 멀리서 배회하더니

암라원 법회에 이르러 늘어서있네.
오로지 법우(法雨)가 내리기를 고대하고
설법이 춘뢰(春雷)처럼 울려퍼지기를 온 마음으로 갈망하네.
참으로 드문 일이라며 다들 황공해하며
합장하고 서서 훌륭하도다, 찬탄하네.
이날 일시에 모두 법회에 왔는데
어느 곳에서 설법을 듣게 되는지 그 창(唱)이 곧 나오리라.

(首缺)衆所知識」, 乃至「已[201]( )是位登十地, 法究一乘, □道( )四弘誓之願[202]心未滿,[203] 背[204]□昏( )穢邦. 助釋迦之視現[205]身形, 位婆娑[206]而化諸群品. 河沙界而衆知衆識, 憶(億)萬土而響德[207]聞名. 智惠頗彰, 神通大建, 作法門之牆塹,[208] 爲佛使之

---

201 아래 문장에서 연역한 바에 의하면, 여기서 인용되는 문장은『維摩詰所說經』佛國品의 경문이 되어야 한다. "經云:'(菩薩三萬二千)衆所知識', 乃至 '已(以)(現其身)'"이 되어야 할 것 같다. 이리 보면 뒤의 인용 경문 "爲大醫王, 若(善)療衆病, 應病與藥令得服行"과도 꼭 들어맞는다.

202 '之願'은 原錄에서는 임의로 이를 도치시켜 '願之'라 하였다. 【校注】 '四弘誓之願心'은 '四弘誓願'을 말한다. '之願' 두 글자는 도치시킬 필요가 없다. '四弘誓願'은 '四弘誓'로 약칭되는데, 모든 보살의 네 가지 큰 서원을 가리키는 불교술어이다. 모든 중생을 제도하고, 모든 번뇌를 끊고, 모든 가르침을 배우고, 모든 불도를 이루는 것을 말한다.

203 '滿'은 原錄에서는 결문으로 되어 있다. 潘重規는 原卷에서는 '滿'자로 되어 있다고 하였다. 이에 의거하여 보충한다.『新書』는 '未滿'을 뒤 문구에 속하는 것으로 보았는데 정확한 것 같지 않다.

204 '背'는 原卷에서는 '肻'로 되어 있는데 이는 '背'자이다.(돈황사본에서 '背'자는 흔히 이 형태로 되어 있음) 原錄에서는 '皆'로 되어 있는데 이는 오류로 보인다.

205 【徐震堮】 '視'는 '示'와 같다. 【校注】 서씨의 견해는 옳다. '示現'은 불교술어로서, 불보살이 機緣에 응하여 여러 가지 모습을 내보이는 것을 가리킨다. 위 문장 "聖賢多示現, 長者化王孫"에서 '示現'으로 되어 있음을 볼 수 있다.

206 '婆娑'는 原錄에서는 '娑婆'로 오록되어 있다. 여기서는 原卷에 의거하여 도치시킨다. '婆娑'는 불교술어로서, 범어 sabhā의 음역이며 '堪忍'이라 의역된다. 불교에서 말하는 삼천대천세계의 총칭을 가리킨다.

207 '響德'은 '嚮德'으로 보아야 할 것 같다. '嚮'은 '嚮慕(존경하다, 흠모하다)'를 말한다.

護持. 師子吼而天地鳴, 名聞遠而十方衆. 應四生之根器, 便爲弛張; 向三寶之良田, 紹隆不[209]絶. 普使於魔寃[210]稽首, 悉令於外□(道)傾心.[211] 淸淨之皎月無殊, 纏蓋之塵網永離,[212] 心常安住, 樂[213]無礙之解脫; 念定總持, 使辨才[214]而不斷. 布施誘慳貪之皃,[215] 持戒除毁禁之徒, 行忍辱而屛跡貪嗔, 發精進而全忘懈怠. 禪定乃一心不亂, 狂迷者睹相皆除. 智惠使萬法不移, 愚暗者敎招[216]曉會. 巧施方便, 勤行

---

208 '塹'은 原卷에서는 '壍'으로 되어 있는데 이것은 '塹'의 속자이다. 『玉篇』에 나와 있다.

209 '紹隆不絶'은 原錄에서는 '紹□□絶'로 되어 있다. 潘重規는 原卷에서는 '紹'자 뒤에 '隆'자가 있다고 하였는데 이는 옳다. 原卷을 세밀히 검토해보면 '絶' 앞의 궐문이 '不'자임을 알 수 있다. 이에 의거하여 보충해 넣는다. 『維摩詰所說經』 佛國品에는 "紹隆三寶, 能使不絶"이란 문구가 있는데 이것은 위 문장과 거의 일치한다. 이 단락의 변려문은 경문 「佛國品」의 앞부분 일부를 연역한 것인데 그 어휘의 사용이 경문과 대부분 일치한다. 그러나 『變文集』의 교록자는 이 사실을 염두에 두지 않아 많은 오류를 낳고 있다.

210 '寃'은 原錄에서는 '窕'으로 되어 있고 '窟'이라 교정하였다. 『新書』 '窕'은 '冤'자이다. 【校注】 原卷은 본래 '宂'로 되어 있는데 이것은 '冤'의 속자이다.(P.3697 「捉季布傳文」: "경이 말한 대로 체포령을 거둘 것이니, 맺혔던 원한을 풀었노라고 알려 주시오! (依卿所奏休尋捉, 解宂釋結罷言論)." 여기서의 '宂' 역시 '冤'자이다) '魔冤'은 '魔怨'이며, 마귀를 가리키는 불교술어이다. 唐 승려 湛然 『止觀輔行傳弘決』 卷2: "魔爲佛怨, 故云魔怨." 러시아 소장 플루크(Флуг) 편 96호 「雙恩記」: "이 같은 덕을 몸에 지녔기 때문에 마귀가 크게 놀라며 물러난 것이다(爲有如斯德在身, 魔怨所以長驚退)." "長遣魔怨懷怕懼, 方得名爲大比丘." 이들 '魔怨'도 같은 뜻이다. 경문 「佛國品」에는 "降伏魔怨, 制諸外道"라는 문구가 있는데 이것은 본 강경문 "普使於魔寃(怨)稽首, 悉令於外道傾心"이란 문구의 출처이다. '魔窕'을 '魔冤(怨)'이라 보아야 함은 의심의 여지가 없다.

211 이 문구는 原錄에서는 '悉令於□□□□心'으로 되어 있다. 潘重規는 原卷에 의거하여 '悉令於外□傾心'이라 보충하였는데 이는 지극히 옳다. 경문에 의거하면, '外'자 뒤의 결자는 응당 '道'가 되어야 한다. '外道'와 '魔冤(怨)'은 대구가 되며 문맥에도 부합된다.

212 경문 "悉已淸淨, 永離蓋纏"이라 되어 있다. 이에 의거하여 '塵' 뒤에 '網永離' 세 글자를 보충해 넣는다.

213 '住樂'은 原卷에서는 '樂住'로 되어 있는데 이는 실수로 도치된 것으로 보인다. 경문 "心常安住, 無礙解脫; 念定總持, 辨才不斷"에 의거하여 바로잡는다.

214 '辨才'는 '辯才'로 보아야 한다.

215 '皃'는 原卷에서는 '皃'로 되어 있는데 이것은 '皃'의 속서이다. 原錄에서는 이를 '見'으로 잘못 기록하였다. 뒤의 4구는 경문 "布施持戒, 忍辱精進"을 연역한 것이다.

憐愍之情; 善用和平, 接引愛增(憎)之輩.[217] 於化道之能令隨順, 自發心而轉不退輪, 得法相之淺深, 認衆生之根力.[218] 於大衆有仰瞻[219]之懇, 或說法無怖畏之懷, 智惠豈但(憚)[220]於化緣, 功德每修於心識. 色像本來之好醜, 形軀豈在於莊嚴. 名稱之遠遠皆聞, 須彌之高高不異. 信心不退, 堅牢而喩若金剛; 法寶潤澤, 利益而何殊甘露.[221] 言音柔耎, 微妙正眞; 深入化緣. 離諸邪見.[222] 歸向菩提之一路, 斷除空有之兩邊.[223] 講法如師子吼聲, 談論似春雷震響, 教化等量於高下, 根機取

216 '教招'는 '가르치고 권유하다'는 뜻이다. 아래 문장 "時寶積等旨受維摩勸誘, 記當居士教招" '勸誘'와 '教招'가 동의의 대구를 이루고 있다. 【校注】 '教招'는 '教詔'와 같다. '詔'는 '가르침'을, '招'는 '권유'를 말한다.('초'자가 이 뜻으로 사용되는 예는 古籍에서 자주 보인다) '詔'로 보느냐, 아니면 '招'로 보느냐는 의미는 다르나 둘 다 가능하다. 『通釋』에서는 '招'는 '詔'의 가차자라고 하였는데 이는 그렇지 않다.

217 '用'은 原錄에서는 '受'로 오록되어 있다. 潘重規는 原卷에서는 '用'으로 되어 있다고 하였는데 이는 옳다. 이에 의거하여 바로잡는다. 또 '憎'자는 原卷에서는 왼쪽 편방이 '忄'로 되어 있는데 이것은 '憎'자('忄' 편방은 속서에서 종종 '忄'로 표기되는데 그 형태가 '土' 편방과 매우 유사하다)이다. 原錄에서는 '增'으로 되어 있다. 이상 4구는 경문 "及方便力, 無不具足; 逮無所得, 不起法惡"을 연역한 것이다.

218 '根'은 原錄에서는 '相'으로 오록되어 있다. 楊雄은 原卷에서는 '根'으로 되어 있다고 하였는데 이는 옳다. 이에 의거하여 바로잡는다. 이상 4구는 경문 "已能隨順, 轉不退輪; 善解法相, 知衆生根"을 연역한 것이다.

219 '瞻'은 原錄에서는 '贍'으로 오록되어 있다. 原卷에 의거하여 수정한다.

220 '但'은 '憚'과 통한다. S.3491 「頻婆娑羅王后宮綵女功德意供養塔生天因緣變」: "날마다 三界를 오가는 수고를 꺼리지 않았다(日月三界, 不但往來之苦)." 原校에서는 이 '但'을 '憚'으로 보고 있다. 【校注】 경문 "蓋諸大衆, 得無所畏; 功德智慧, 以修其心." "智惠(慧)豈但(憚)於化緣"은 경문 "蓋諸大衆, 得無所畏"의 의미를 연용한 것이다. 原錄에서는 '但'을 '彈'으로 적고 '殫'으로 교정하고 있는데 모두 정확하지 못하다.

221 이상의 4구는 原錄에서는 "信心不退, 堅牢而喩若金剛法寶, 潤澤利益, 而何殊甘露"로 되어 있다. 【校注】 경문 "深信堅固, 猶若金剛; 法寶普照, 而(如)雨甘露"에 의거하여 구두점을 수정한다.

222 '耎'은 原卷에서는 글자 하반부가 '火'로 되어 있는데 이는 俗書이다. 『龍龕手鏡』 火部: "㶽, 而兖反, 柔也, 弱也." '耎'의 속자임을 알 수 있다. 이상 4구는 경문 "於衆言音, 微妙第一; 深入緣起, 斷諸邪見"을 연역한 것이다. 原錄에서는 "言音柔耎微妙, 正眞深入化緣. 離諸邪見 ……"으로 되어 있는데, 이리 보면 의미가 통하지 않는다.

223 '除'는 原錄에서는 '作'으로 오록되어 있다. 潘重規는 原卷에서는 '除'로 되어 있다고 하였는데 이는 옳다. 이에 의거하여 바로잡는다. 楊雄은 原卷에서는 '深'으로 되어 있다고 하였는데 이는 정확하지 못하다. 이상 2구는 경문 "有無二邊, 無復餘習"을

捨於淺深. 集衆寶而巧會法門, 似道師之能諳海路;[224] 珍寶而道師取得妙義, 而菩薩能詮見衆生之生死往來. 入惡道之修羅地獄, 盡河沙界之人心差□,[225] 一念皆知; 可塵億數[226]之煩惱蹐驅,[227] 分毫弁(辨)別. 惡趣之門窗永閉, 菩提之道路非遙. 而又變現難窮, 神工罕測. 攪長河爲蘇洛,[228] 只在逡巡; 變大地爲黃金, 都來湏尅(頃刻). □[229]肉山之魚米, 救飢餓之衆生. 須彌山向[230]手中擎, 大海水於毛內吸. 視慈雲則普垓三界,[231] 施利濟卽廣度四生. 無邊之智惠悉成, 諸佛之威儀皆悟. 善別三乘之理, 巧施六度之門. 瓔珞珊珊, 頭冠耀耀, 相嚴淸淨, 如蓮開碧沼[232]之中, 皎潔圓明, 似月處淸霄[233]之內. 如斯功行, 皆欲進修, 大

연역한 것이다.

224 '道師'는 '導師'이다. 이하 동일하다. '導師'는 불교술어로서, 중생을 불도로 인도하는 사람을 말하는데, 일반적으로 불보살을 통칭한다. 경문 "量集衆法寶, 如海導師了達諸法深妙之義"는 위 문장의 소의경문이다.

225 궐자는 原卷에서는 자형이 모호하여 판독이 어렵다. 項楚는 '殊'자로 보았다. '差殊'는 같은 의미의 글자가 결합된 합성어이다. S.3872「維摩詰經講經文」: "중생은 宿業이 무겁고 根機가 서로 다르다(卽是衆生宿業深重, 根智差殊)." 또「解座文匯抄」: "집으로 돌아가 각자의 잘못을 반성하시고, 좋은 일은 서로 권면하고 논하시기를(到家各自省差殊, 相勸直論好底事)." 이들에 모두 '差殊'라는 단어가 쓰이고 있다. 潘重規는 궐자는 원래 '護'자이며 '差互'로 보아야 한다고 하였다.

226 [項楚] 문중의 '塵億數'와 '河沙界'는 수량이 무수히 많음을 뜻하는 수사이다. '可'와 '盡'은 대구가 되며 둘 다 같은 의미로서, '滿'으로 해석해야 한다. 이것은 속어사로서 唐人의 詩文에서 자주 보이나 자전에는 실려 있지 않다.

227 '蹐驅'는 '崎嶇'와 같다. 합성어로서 소리를 취할 뿐 형태는 취하지 않는다.『文選』左思「魏都賦」: "山阜猥積而蹐踵." 李善 注: "『廣雅』曰: '蹐踵, 傾側也.'" '蹐踵' 역시 '崎嶇'를 뜻한다.

228 '蘇洛'은 '酥酪'과 같다. 原錄에서는 직접 '洛'을 '酪'으로 고쳤는데, 이는 타당하지 못하다.

229 궐자를 楊雄은 '化'자로 보았는데 사실에 가깝다. 아래 문장 "或逢飢饉劫, 化出米魚山." '化'자가 쓰이고 있음을 볼 수 있다.

230 '向'은 原錄에서는 '間'으로 되어 있는데, 徐震堮은 이를 '向'으로 보았다. [校注] 이 글자는 原卷에서는 하반부가 잔결되어 있는데 '向'자로 보인다. 이에 의거하여 바로잡는다.

231 '視'는 '示'로 보아야 한다. '示現'을 뜻한다. 또 '普垓'는 마땅히 '普該'로 보아야 한다.

232 '沼'는 原錄에서는 '治'로 오록되어 있다. 潘重規는 原卷에서는 '沼'로 되어 있다고 했는데 이는 옳다. 이에 의거하여 바로잡는다.

數標三萬二千, 總在菴園會裏.

(앞부분 잔결됨) 여러 사람에게 알려진"에서부터 "이미 (

) 십지(十地)[234]에 오르고 일승(一乘)[235]의 법문을 궁구하여 (

) 사홍서원은 (   ). 석가를 도와 모습을 드러내어 사바세계에서 수많은 중생들을 교화하였다. 헤아릴 길이 없는 무수한 세계에서 널리 알려지고 수억 개의 국토에서 그 이름 흠모되었다. 빛나는 지혜에 뛰어난 신통력을 지녀, 법문을 지키는 성곽과 참호와 같은 존재가 되어 부처를 수호하게 되었다. 사자후를 토하니 천지가 진동하고 명성은 멀리 십방(十方)의 중생에까지 들린다. 사생(四生)의 근기에 따라 교화를 펴서 삼보(三寶)의 양전(良田)이 계승되어 단절되지 않게 한다. 악마를 고개 숙이게 하고 모든 외도를 경복(敬服)시킨다. 청정한 밝은 달과 다를 바 없고, 이리저리 얽혀 있는 속세의 그물에서 영원히 벗어나 있다. 마음이 항상 안락하고 무애의 해탈을 즐긴다. 다라니를 염송하고 변재(辯才)가 끊이지 않는다. 보시로써 아끼고 탐하는 자들을 인도하고 지계(持戒)로써 계율을 훼손하는 무리를 제거하며, 인욕으로써 탐욕과 성냄을 물리치고 정진으로써 게으름을 잊는다. 흐트러짐 없는 선

233 '霄'는 原錄에서는 '宵'로 되어 있고 '霄'로 교정하였다. [潘重規] '淸宵'의 의미는 명확하다. 수정할 필요가 없다. [校注] 原卷은 본래 '霄'로 되어 있다. '霄'자가 옳다. '淸霄'는 '하늘'이다. 『文選』 楊雄 「甘泉賦」: "騰淸霄而軼浮景兮." 李周翰 注: "淸霄, 天也." 본편 아래 문장 "人與非人等, 淸霄熓塞排, 一時空裏降, 齊總下雲來." 또 "逈聳淸霄突屼高, 接連碧海天臺柱." P.3079 「維摩詰經講經文」: "푸른 하늘을 빙빙 돌고 맑은 허공을 선회한다(盤旋碧落, 宛轉淸霄)." 「葉淨能詩」: "짐은 어젯밤 삼경에 엽천사와 함께 월궁에 구경을 갔었소. 안팎의 맑은 하늘은 아득하고 누대와 전각들은 모두 들 기이하였소(朕昨夜三更, 與葉天師同往月宮觀看, 見內外淸霄逈然, 樓殿臺閣悉異)."

234 보살이 수행하는 오십이위(五十二位) 단계 가운데 제41위에서 제50위까지의 단계. 환희지(歡喜地), 이구지(離垢地), 명지(明地), 염지(焰地), 난승지(難勝地), 현전지(現前地), 원행지(遠行地), 부동지(不動地), 선혜지(善慧地), 법운지(法雲地)이다. 부처의 지혜를 생성하고 온갖 중생을 교화하여 이롭게 하는 단계이다.

235 부처의 법에는 여러 종류가 있으나, 중생의 정도에 맞추어 그렇게 설한 것일 뿐, 사실은 다 성불의 길을 가리키는 취지에서 벗어나지 않는다는 것. '승'은 교법을 상징한 것이니, 일승은 곧 '한 가지 가르침'이란 뜻이다.

정으로 미친 듯 헤매는 자들을 제도하고, 만법불이(萬法不二)의 지혜로써 어리석은 자들을 깨닫게 한다. 적절한 방편으로 연민의 정을 펼치고, 능숙한 화해술(和解術)로 애증의 무리들을 잡아 이끈다. 뛰어난 교화 능력으로 중생을 이끌고, 불퇴전의 마음으로 법의 심후함을 깨닫고 중생의 근기를 파악한다. 중생이 간절하게 바라면 무소외(無所畏)의 법문을 설하기도 하면서 중생 교화의 인연을 꺼리는 바 없으니, 그 공덕으로 마음을 닦는다. 외모의 미추(美醜)는 본래 정해져 있거늘 육신이 어찌 장식에 얽매일까. 명성이 멀리에까지 전해지니 높디높은 수미산과 다를 바 없다. 불퇴전의 신심(信心)은 단단하기가 금강석과 같고, [만물을] 윤택하게 해주는 법보(法寶)는 그 이익 됨이 감로와 다를 바 없다. 음성은 온유하고 미묘하며 교화의 인연으로 깊이 들어가서 모든 잘못된 소견을 끊어버린다. 보리의 길로 향하여 나아가니, 보리가 있느니 없느니 하는 두 가지 소견이 남아 있지 아니하다. 사자의 포효처럼 법을 연설하고 봄철의 우뢰처럼 이야기한다. 교화는 지위의 높고 낮음을 따지지 않고 동등하게 행하였으며 근기(根機)의 고하(高下)를 가려 그에 맞게 실행한다. [보살이] 여러 가지 법보를 모으는 것이 마치 해로에 익숙한 도사 같다. 도사는 진귀한 보물을 찾아내고 보살은 오묘한 의미를 설명한다. 생과 사를 오가는 중생을 바라보고 악도(惡道)의 수라지옥에 들어간다. 항하사와 같은 무수한 인심(人心)의 차이를 한 순간에 전부 깨닫고, 수많은 기구한 번뇌를 속속들이 알아차린다. 악도(惡道)의 창문을 영원히 닫으니 보리의 길이 멀지 않다. 신변(神變)은 다함이 없고 신묘한 재주는 헤아리기 힘들다. 큰 강물을 휘저어 타락(駝酪)으로 만들고 대지를 황금으로 변화시키는 것은 모두 한 순간의 일이다. 물고기와 쌀을 산처럼 만들어내 굶주린 중생을 구제한다. 수미산을 손으로 들어 올리고 대해의 물을 터럭으로 죄다 빨아들인다. 자비심을 드러내면 삼계(三界)를 뒤덮고 은택을 베풀면 사생(四生)을 널리 구제한다. 한없는 지혜 모두 이루고 제불의 위의(威儀)도 모두 깨닫는다. 삼승(三乘)의 이치를 올바르게 이해하고 육바라밀을 제대로 실행한다. 영락(瓔珞)은 짤그락거리고 보관(寶冠)은 반짝거리는데, 그 모습 엄숙하고 청초하기가 푸른 연못 속에 피어 있는 연꽃과 같고, 밝고 깨끗하기가 맑은 하늘 위에 떠 있는 달과 같다. 이와 같은 공덕과 덕행을 지니고서 수행을 하려는 이가 3만 2천에 달하는데, 그 모두가 암라원 법회로 모여들었다.

菩薩神通衆, 都三万二千,
威光多種種, 祥序[236]百□□.[237]
項臂垂瓔珞, 珠珍鬭[238]寶冠.
心心希聽受, 當日到菴園.
衆所皆知識, 文殊及普賢,
神通修具足, 功德悉周[239]圓.
巨海毛中吸, 須彌掌內安,
如斯功力大, 當日到菴園.
盡此娑婆界,[240] 黃金變[241]不離,
或逢飢饉劫, 化出米魚山.
善豁三乘理, 能開六度關,

236 '祥序'는 '庠序'와 같다.

237 궐자를 劉凱鳴은 '般般'이라 보았는데 이는 옳다. 潘重規는 原卷에는 '百' 뒤에 '般'자가 더 있다고 하였다.

238 '鬭'는 原卷에서는 '[illegible]'로 되어 있는데 이는 '鬭'의 속자이다. 본권에서 '鬭'자는 흔히 이 형태로 되어 있다. '鬭'는 '모아서 합치다', '모아서 맞추다'는 뜻이다. 『通釋』「鬭闞」 항목을 참조 바란다.

239 '周'는 原錄에서는 '因'으로 오록되어 있다. 여기서는 原卷에 의거하여 바로잡는다. 『新書』도 이와 같다.

240 '此娑婆'는 原錄에서는 '步娑婆'로 되어 있다. 여기서는 原卷에 의거하여 바로잡는다. 『新書』도 이와 같다.

241 '變'은 原錄에서는 '夢'으로 되어 있는데 그 의미가 잘 통하지 않는다. 原卷은 본래 '變'자인 듯하다. '變'자가 문맥에 더 어울린다. '黃金變不離'와 아래 문장 "化出米魚山"은 모두 문수 등 보살의 신통 광대함을 얘기한 것이다. 위 문장 "變大地爲黃金, 都來頃刻"은 이것이 '變'자임을 증명한다.

如斯功行力, 當日到菴園.
化物門門入, 名聞遠遠傳,
調柔諸外道, 伏練衆魔冤.[242]
智鏡能淸淨, 心珠[243]離蓋纏,
如斯功行足, 當日在菴園.
三界無俱(拘)繫, 十方去又還,
如雲寧障礙, 似日沒遮攔.[244]
皎皎波中月, 澄澄水上蓮,
幾多功行足, 皆已到菴園.[245]
隨順衆生意, 慈心滿大千,
凡夫多惡相, 弁(辨)認得根□.[246]
戒定心心進, 菩提[247]念念攀,
如斯功行[248]足, 當日在菴園.
智解無多種, 修持盡一般,
莊嚴皆光耀, 相好越人天.
聽法金臺畔, 經行[249]寶樹間,

242 '魔冤'은 '魔怨'과 같다. 앞서 이미 설명하였다. 原校에서는 '冤'을 '窟'이라 보았는데 이는 사실과 전연 다르다.

243 '珠'는 原錄에서는 '殊'라 오록되어 있다. 潘重規는 原卷에서는 '珠'로 되어 있다고 하였는데 이는 옳다. 이에 의거하여 바로잡는다.

244 '攔'은 原錄에서는 궐문으로 되어 있다. 潘重規는 原卷에서는 '攔'으로 되어 있다고 하였다. 이에 의거하여 보충해 넣는다.

245 '到菴園'은 原錄에서는 궐문으로 되어 있다. 潘重規는 '到菴園' 세 글자가 原卷에서는 생략부호로 되어 있다고 하였다. 이에 의거하여 보충해 넣는다.

246 궐자는 '源'자인 것 같다. '源'은 앞뒤 문장 '千', '攀', '園' 등 글자와 압운된다.

247 '菩提'는 原卷에서는 '𦬇'로 되어 있고 그 우측 옆에 '菩提' 두 자를 덧붙이고 있다. 이는 원 글자가 '菩提'임을 표시한다. 原錄에서는 '擅'라 되어 있는데 이는 옳지 못하다.

248 原卷은 초서체 '行'으로 되어 있다. 原錄은 이를 '力'이라 오록하였다.

249 原卷은 초서체 '行'으로 되어 있다. 原錄은 이를 '經'이라 오록하였다. 『新書』도 이와 같다. '經行'은 불교술어로서 일정한 장소를 이리저리 오가는 것을 말한다. 『南海寄歸內法傳』: "오천축에서는 출가인이든 세속인이든 간에 일정한 곳을 오가는 경행을

如斯功行足, 當日在菴園.
甘露時時洒, 能除熱惱煎,
金剛堅固力, 摧斫衆邪山.[250]
處處[251]談中道, 頭頭去二邊,
如斯功行足, 當日在菴園.
接引無辭憚, 高低未省[252]偏,
降魔師子吼, 講論電雷喧.
千力勳來就, 三乘會得全,
如斯功行足, 當日在菴園.
法寶皆能雨, 人求要不難,
早達滄海路, 已到七珍灘.

자주 행한다(五天之地, 道俗多作經行).” 본 강경문 위 문장: “매번 늘 세존의 무리를 따르며, 여러 나라를 두루 경행하였네(每共常隨衆, 經行諸國頻).” 「長興四年中興殿應聖節講經文」: “산이 크고 높다 해도 부처님은 경행을 하시지요(山旣高大, 佛每經行).” P.2931 「佛說阿彌陀經講經文」: “탐욕과 분노를 억제하고 망상을 없애며, 나무 아래를 거닐며 널리 진리를 구한다(禁制貪嗔除妄想, 經行樹下廣修眞).” S.6551 「佛說阿彌陀經講經文」: “오대산에서는 松竹을 기어오르며 經行을 삼는다(擬五臺山上, 攀松竹以經行).” 여기서의 ‘經行’ 모두 같은 의미이다.

250 ‘破’는 原錄에서는 ‘斫’로 오록되어 있다. 여기서는 原卷에 의거하여 바로잡는다. 또 ‘山’자가 原錄에서는 궐문으로 되어 있다. 潘重規는 原卷에서는 ‘山’으로 되어 있다고 하였다. 이에 의거하여 보충해 넣는다.

251 ‘處處’는 原錄에서는 궐문으로 되어 있다. 【校注】 原卷은 앞 글자의 윗부분이 잔결되어 있고, 뒷 글자는 중복부호로 되어 있다. 남아 있는 자형과 문맥에 비춰 보건대 이것은 ‘處處’임이 분명하다. ‘處處’는 뒤의 ‘頭頭’와 같은 의미로 서로 대구가 된다(‘頭頭’는 ‘時時’의 뜻이다). 위 문장 “아난의 이름을 이르는 곳마다 불러 한마디 한마디를 기록하게 하셨다(阿難名字頭頭喚, 囑付言音處處陳).” 아래 문장 “비야리성에 살면서 도처에서 사람들을 대하고 곳곳에서 중생을 이롭게 하였다(在毗耶城內, 頭頭接物, 處處利生).” P.2418 「父母恩重經講經文」: “도처에서 잡아끌어 (고통에서) 벗어나게 해주시고, 곳곳에서 인도하여 迷妄의 경계를 넘게 해주시네(處處提拔交出離, 頭頭接引越迷津).” ‘處處’와 ‘頭頭’가 대구로 쓰이고 있음은 그 증거이다.

252 ‘未省’은 原錄에서는 ‘末者’로 되어 있다. 潘重規는 原卷에서는 ‘來者’로 되어 있다고 하였다. 【校注】 原卷을 자세히 살펴보면 사실 ‘未省’으로 되어 있음을 알 수 있다. ‘未省’은 ‘未曾’이다. “接引無辭憚, 高低未省偏”은 위 문장 “教化等量於高下, 根機取捨於淺深”의 뜻이다.

地獄憂心切, 浮生[253]救苦專,
如斯功行足, 當日在菴園.
當日菴園會, 高低集聖賢,
如花攢碧落, 似[254]錦□□□.
競睹千珍座, 頻捻七寶冠,
珠珍聲曆曆,[255] 珂珮響珊珊.[256]
或執琉璢甀,[257] 或擎琥珀盤,
象牙□□□, □□□□□.
□□□□□, □發志虔□,
□□□□□, □□□□□. (原文至此殘缺)
신통력을 지닌 보살의 무리
모두 3만 2천에 달하는데
갖가지 위광(威光)과
여러 가지 단아한 자태

253 '浮生'은 原錄에서는 '浮心'으로 되어 있다. 潘重規는 '深心'이 되어야 한다고 하였다. 【校注】 原卷은 사실 '浮生'으로 되어 있다. 이에 의거하여 바로잡는다. 인생은 정처 없이 떠다니는 덧없는 것이라 하여 부생이라 일컫는다. 『莊子』 刻意: "삶이란 부평과 같고 죽음은 휴식과 같다(其生若浮, 其死若休)." P.2133 「妙法蓮華經講經文」: "덧없는 인생 흐르는 물과 같고, 이 세상의 세월은 떨어지는 꽃과 같다(浮生歲月如流水, 世露光陰似落花)." 이 '浮生' 역시 같은 뜻이다.

254 '似'는 原錄에서는 '如'로 오록되어 있다. 여기서는 原卷에 의거하여 바로잡는다.

255 '聲'은 原錄에서는 '齊'로 되어 있다. 潘重規는 原卷은 '聲'로 되어 있는데 이는 '聲'이라고 하였다. 이에 의거하여 바로잡는다. 또 '曆曆'은 '歷歷'으로 보아야 한다.

256 '珊珊'은 原錄에서는 궐문으로 되어 있다. 徐震堮은 '珊珊'으로 추정하였다. 潘重規는 原卷은 '珊珊'으로 되어 있다고 하였다. 이에 의거하여 보충해 넣는다.

257 '垂'는 原錄에서는 '盞'으로 되어 있다. 潘重規는 原卷은 '毬'로 되어 있고, 이는 '盞'자가 아닌 것 같다고 하였다. 【校注】 이것은 '垂'자를 잘못 적은 것이다. S.3050 「不知名變文」: "流中有七支蓮花." 맨 처음 글자는 '垂'자의 속서이다. '垂'는 '瓨'의 속자이다. 『說文句讀』 瓦部: "瓨, 字又作垂." 『龍龕手鏡』 瓦部: "瓫, 瓶也, 垂之大者也." 唐代 전후하여 '垂'는 술이나 차를 마시는 도구를 가리켰다. P.2718 「茶酒論」: "三文一瓨, 何年得富." P.2999 「太子成道經」: "撥掉乘船過大江, 神前傾酒三五瓨." '瓨'과 '瓨'은 모두 '甀'의 속자이다. '琉璢甀'은 유리로 만든 찻잔이나 술잔을 말한다.

목에는 영락을 드리우고
보관(寶冠)에는 진주가 박혀 있네.
마음마다 법문을 듣고자
이날 암라원에 이르렀네.
모두에게 알려져 있는
문수와 보현.
신통함을 갖추고 있고
공덕은 두루 원만하도다.
거대한 바다가 터럭 속으로 흡수되고
수미산이 손바닥 안에 놓인다.
이 같이 큰 공력의 소유자들이
이날 암라원에 모였도다.
이 사바세계 전부를
황금으로 변화시키는 것은 어렵지 않네.
기근이 닥치면
쌀과 물고기를 산더미처럼 만들어낸다.
삼승(三乘)의 이치에 통달하고
육도(六度)의 관문을 열 수가 있다.
이같이 공력이 큰 그들이
이날 암라원에 모였도다.
만들어낸 물건들이 집집으로 배분되니
그 명성 멀리까지 전해진다.
모든 외도를 유순하게 만들고
악마의 무리를 복종케 했네.
지혜의 거울은 [만물을] 깨끗하게 하고
마음속의 진주는 일체의 속박에서 벗어나 있네.
이 같은 공력을 갖춘 그들이

이날 암라원에 모였도다.
삼계(三界)에 구속됨 없이
십방(十方)을 [자유로이] 오간다.
마치 구름에게는 아무런 장애가 없고
어느 것도 해를 가로막지 못하는 것과 같다.
맑고 밝기로는 물속의 달과 같고
청초하기로는 물 위의 연꽃과 같네.
공덕과 수행이 구족된 그들이
모두 암라원에 모여들었다.
중생의 뜻을 따라
자비의 마음이 삼천대천세계를 가득 채운다.
범부가 지닌 여러 악상(惡相)
그 뿌리를 알아낸다.
계율과 선정(禪定)에 힘쓰니
지혜가 날로 자라난다.
공덕과 수행이 구족된 그들이
이날 암라원에 모여들었다.
지혜에는 여러 가지가 있을 수 없고
모두 한 가지를 수지하였네.
눈부시게 장엄하여
그 용모와 형상이 인천(人天)을 넘어선다.
황금의 누대 가에서 법문을 듣고
보수(寶樹) 사이를 산책한다.
공덕과 수행이 구족된 그들이
이날 암라원에 모여들었다.
감로를 수시로 뿌려
뜨거운 번뇌를 없애고

금강의 단단함으로
모든 사산(邪山)을 때려 부순다.
언제나 중도(中道)를 얘기하며
항상 양 극단의 견해를 없앤다.
공덕과 수행이 구족된 그들이
이날 암라원에 모여들었다.
제도(濟度)에 꺼리는 바 없고
[지위의] 높고 낮음에 따라 치우친 적 없다네.
사자후(獅子吼)에 마귀가 굴복하고
설법은 번개와 우레 소리처럼 요란하네.
수많은 공훈을 세우고
삼승(三乘)에 달통하였네.
공덕과 수행이 구족된 그들이
이날 암라원에 모여들었다.
법보의 비를 내리게 할 수 있기에
중생이 그것을 원해도 어렵지가 않다네.
이미 창해(滄海)의 길에 도달하고
칠진(七珍)의 물가에 도착하였네.
지옥에 대한 근심으로 마음이 절절해지고
덧없는 삶의 고통 구제하기에 마음 전일해지네.
공덕과 수행이 구족된 그들이
이날 암라원에 모여들었다.
이날 암라원 법회에
여러 성현들이 모여들었는데
그 모습이 마치 푸른 하늘에 꽃들이 모이는 것과 같고
비단 (   )와 같다.
온갖 보물로 장식된 보좌(寶座)를 앞 다투어 바라보고

칠보의 보관(寶冠)을 연신 만지작거린다.
진주 소리 잘그락거리고
패옥(佩玉) 소리 달그락거린다.
어떤 이는 유리로 된 잔을 들고 있고
어떤 이는 호박(琥珀)으로 된 소반을 들고 있다.
상아로 된 (　　　　　　　　　　)
(　　　　　　　　　　　　　　　)
(　　　　　　　　　　　　　　　)
(　　　　　　　) 경건해진다.
(　　　　　　　　　　　　　　　)
(　　　　　　　　　　　　　　　) (원문은 여기서 잔결되어 있음)

(首缺)[258]眼深(　　　　　　　　), (　　　　　　　　).
百脈酸因心□□, 四□□□□□□,
若能點藥求醫療, 日夜何愁病不除.
第二, 世間父母, 憂其男女病. 偈:
父母人間恩最深, 憂男憂女不因循.
那堪疾療瓲(尫)龜苦,[259] 豈謂纏痾惹患迍.[260]
藥餌未逢痊減得, 呻吟難止怨愁聞,

258 [原校] 이 단락은 原卷은 본래 아래 문장 "所以經云復有萬梵天王尸棄□□乃至天龍……" 뒤에 위치하나 이곳으로 옮김으로써 문맥이 비로소 통한다.

259 '龜'는 '羸'가 되어야 한다. 아래 문장 "父容日日尫龜, 母貌朝朝憔悴." 이 '龜' 역시 '羸'가 되어야 한다. '尫羸'는 마르고 약한 모습이다. 『抱朴子』 自敍: "홍 씨의 품성은 마르고 약하여 몸에 병이 많다(洪禀性尫羸, 兼之多疾)." 본편 아래 문장 "偃臥高床, 尫羸壞室." 「佛說觀彌勒菩薩上生兜率天經講經文」: "점차 늙어 쇠약해지고 점점 마르고 약해지며, 이전에 노래하고 춤추던 곳도 잊어버리지(漸成衰朽漸尫羸, 忘卻向前歌舞處)." 모두 같은 뜻이다.

260 '迍'은 原卷에서는 '迚'으로 되어 있는데 이것은 '迍'의 속자이다. 原錄에서는 '迋'로 되어 있는데 이는 사실이 아니다.

爲於兒子心心切, 恨不將身替病身.

菩薩憂念三界衆生, 愛如若子.[261] 所以向下[262]經云 : 「譬如長者, 唯有一子, 子若得病, 父母亦病. 云云.」 菩薩施於法藥, 所以觀音經云 : 「應以佛身得度者云云」乃至「地獄衆生病者, 內有三毒病」, 乃至「五苦八苦.」 若是世間醫者能醫身病, 菩薩法藥能醫得身心二病, 永出離於生死, 是名痊癒, 衆生病愈, 菩薩亦病愈.

經云 : 「爲大醫王, 若(善)療衆病, 應病與藥令得服行」者.

喻似世間恩愛, 莫越眷屬之情; 父母繫心最切, 是腹生[263]之子. 小時愛護, 看如掌上之珠; 到大憂怜, 惜似家中之寶. 抱持養育, 不彈(憚)劬勞. 咽苦[264]吐甘, 豈辭嫌厭. 迴乾就濕, 恐男女之片時不安; 洗浣濯時, 怕癡騃之等閑失色. 臨河傍井, 常憂漂溺之危; 弄犬[265]捻刀, 每慮嚙傷之苦. 世間之事, 都未諳知, 父母憂心, 漸令誘引. 年才長大, 稍會東西, 不然[266]遣學經營, 或卽令習文筆,[267] 男須如此, 女又別論. 每

261 '愛如若子'는 자신이 낳은 자식처럼 사랑한다는 뜻이다. 혹자는 '若子'를 '弱子'의 잘못이라 보는데 이는 정확하지 못하다.

262 '向下'는 '以下', '아래'의 뜻이다. P.2955 「佛說阿彌陀經講經文」 : "지금까지 부처님의 불가사의한 공덕을 노래하고, 서방에 훌륭한 새가 있음을 대략 설하였다. 이제 그 이름을 열거할 터인데, 道理가 어떠한지 알 수가 없다(上來一唱不思議, 總說西方有好鳥. 向下列其名字, 不知道理如何)." 이 '向下'는 '上來'와 대구가 되며 마찬가지로 '이하', '아래'의 뜻이다. '向下經'은 뒤의 경문 "譬如長者, 唯有一子, 子若得病, 父母亦病"을 이끌어낸다. 이 경문은 『維摩詰經』 文殊師利問疾品에 보인다. 原錄에서는 '向下經'에 서명 부호를 붙였는데 이는 크게 잘못된 것이다.

263 '腹生'은 '親生'이다.

264 '苦'는 原錄에서는 '其'로 오록되어 있다. 徐震堮은 '苦'가 되어야 한다고 하였다. [校注] 原卷은 '苦'자로 되어 있다. 이에 의거하여 바로잡는다.

265 '犬'은 原錄에서는 '戈'로 되어 있다. 袁賓은 이를 '狗'로 교정하였다. 潘重規는 原卷은 '犬'으로 되어 있다고 하였는데 이는 옳다. 이에 의거하여 바로잡는다. [校注] 原卷은 '犮'으로 되어 있는데 이는 '犬'의 속자이다. 원씨의 견해는 그 의미는 옳으나 정확한 글자는 아니다.

266 '不然'을 袁賓은 선택을 나타내는 접속사로서, '或卽', '或者' (혹은)에 해당한다고 하였는데 이는 옳다.

267 '文筆'은 '詩文'이다. 『文心雕龍』 總術 : "지금 사람은 흔히 文과 筆을 말하면서 韻이 없으면 筆이고 韻이 있으면 文이라고 여긴다(今人常言有文有筆, 以爲無韻者筆, 有

交不出閨幃,[268] 長使調脂弄麵.[269] 或親歌樂, 曲調分明. 或倣裁縫, 針頭巧妙. 男及弱冠, 女及笄□(年), 屬娉[270]婚姻, 盡皆次第. 頭頭憂念, 種種( )(原文至此殘缺)

(앞부분 빠져 있음)

韻者文也).” 『南齊書』 「武十七王傳」 竟陵文宣王子良: “저술한 바의 詩文이 수십 권으로 문채는 없고 勸戒의 내용이 많다(所著內外文筆數十卷, 雖無文采, 多是勸戒).”

268 ‘幃’를 蔣禮鴻은 ‘闈’라 보았는데 정확하다.

269 ‘麵’은 原卷에서는 ‘麵’으로 되어 있는데 이것은 속자이다. 『廣韻』 霰韻에 보인다. 原校는 ‘麵’자를 ‘面’으로 보았다. 徐震堮은 ‘麵’은 ‘粉’자의 의미인 것 같다며 ‘面’으로 교정해서는 안 된다고 하였다. 蔣禮鴻은 ‘麵’은 ‘脂粉’의 ‘粉’이라 하였다. 陳治文은 ‘麵’은 ‘麵粉’의 ‘粉’으로, “調脂弄麵”은 지분을 바르는 것이 아니라 요리하고 밥 짓는 것이라고 하였다. 그리고 그는 P.2418 「父母恩重經講經文」: “자수와 재봉질은 배울 뜻이 없고, 요리를 해 본 적도 밥을 지어 본 적도 없지(刺繡裁縫無意學, 調脂弄麵不曾爲).”를 그 증거로 들었다. 진씨의 견해가 비교적 합당하다.

270 ‘屬娉’은 原錄에서는 ‘□□騁(聘)’으로 되어 있다. [校注] ‘騁’ 앞에는 한 글자만 빠져 있다. ‘騁’과 그 앞의 글자는 原卷에서는 왼쪽 절반이 잔결되어 있다. 남아 있는 자형과 문맥에 비춰보아 ‘屬娉’이 되어야 할 것이다. ‘屬’은 ‘屬配’이다. 『廣韻』 燭韻: “屬, 付也.” 『尙書』 梓材: “至於屬婦” 孔穎達 注疏: “以妾屬於人, 故名屬婦.” 宋蔡沈傳: “婦之窮獨者則聯屬之, 使有所歸.” 「秋胡變文」: “여자는 태어나면서 바깥사람을 향하는 마음이 있어 천리라도 남편을 따라가는 것이니, 이제 당신에게 모두 맡겨 좋든 싫든 당신 뜻을 따르겠어요(女生外向, 千里隨夫, 今日屬配郎君, 好惡聽從處分).” ‘屬配’는 비슷한 의미의 글자가 결합된 합성어이다. ‘屬’과 ‘配’는 같다. ‘娉’은 ‘聘問’(『說文解字』 女部: “娉, 問也.” 段玉裁 注: “凡娉女及聘問之禮古皆用此字 …… 而經傳槪以聘代之, 聘行而娉廢矣.”) 혹은 ‘娉娶’(『玉篇』 女部: “娉, 娶也.”)를 가리키며, 의미가 확장되어 ‘장가들고 시집감’을 나타내기도 한다. 예를 들면 S.4511 「金剛醜女因緣」: “이 딸아이의 모습으로 말한다면, 자라서 누가 장가들려 할 것인가(若論此女形貌相, 長大將身娉阿誰?)” 『敦煌零拾』 本 「搜神記」: “문유의 부모는 빙이 돌아오지 않는 것을 보고 딸을 유원상에게 시집보내려 하였다(文榆父母, 見憑不還, 欲娉與劉元祥爲妻).” 또 P.2838 「傾杯樂」 詞: “堪娉與公子王孫, 五陵年少風流婿.” 여기서의 ‘娉’은 모두 ‘장가들고 시집감’을 뜻한다. 그러므로 ‘屬娉’은 여자가 시집가는 것을 가리킨다. P.2418 「父母恩重經講經文」: “아들이 성장하면 모름지기 혼인을 해야 함을 말했습니다. 이제부터는 딸을 어려서부터 가르쳐 성장하면 모름지기 다른 집안으로 시집보내야 한다는 내용입니다(上來說男旣成長, 須爲婚姻了. 從此女從幻幼小交示成長了, 須囑聘他門).” 또 “딸이라면 이리저리 시집갈 자리를 알아보고, 아들이라면 장가들게 하여 기쁨의 노래를 바치지(是女纏盤求囑娉, 是男婚娶致歌歡).” 여기서의 ‘囑娉’은 ‘屬娉’과 같다. 이는 참고할 필요가 있다. 본편 “男及弱冠, 女及笄年, 屬娉婚姻, 盡皆次第”의 ‘屬娉’은 ‘女及笄年’을 받아 말한 것이고, ‘婚姻’은 ‘男及弱冠’을 받아 말한 것이다. 그러면 문맥도 자연스럽게 통한다.

(　　　　　　　　　　　　　　)

(　　　　　　　　　　　　　　)

(　　　　　　　　　　　　　　)

(　　　　　　　　　　　　　　)

약을 구하여 병을 치료할 수 있다면
어찌 밤낮으로 병이 낫지 않음을 걱정할까.

둘째, 세간의 부모는 자식의 병을 근심한다. 게송:

인간(人間)에서 부모의 은혜가 가장 깊으니
아들딸 걱정으로 마음 편치 못하다.
자식이 병이 들면 부모는 바싹 마르고
병이 점점 더해지면 근심으로 어쩔 줄 모른다.
약을 먹지 못해 병이 더해만 가고
신음소리 그치지 않으니 원망과 근심 소리 들린다.
자식을 위하여 가슴 저미고
제 몸을 병든 자식 몸과 바꾸지 못함을 한스러워한다.

보살은 삼계의 중생을 걱정하고 자신의 친자식처럼 중생을 사랑한다. 그리하여 아래 경문에서는 말하기를, "(보살이 중생을 사랑하는 것은) 마치 장자(長者)에게 아들이 하나 있어, 그 아들이 병이 들면 부모 역시 병이 드는 것과 같다"고 하였다. 보살은 법약(法藥)을 베푸는 까닭에 『관음경(觀音經)』에서는 "불신(佛身)으로 제도되어야 하는 자가 있다면"운운 하였고 "지옥의 중생이 병이 들면 안으로 삼독(三毒)의 병이 든다." 하였으며 "다섯 가지 괴로움" "여섯 가지 괴로움"을 이야기 하였던 것이다. 만일 세간의 의원들이 육신의 병을 고칠 수가 있다면, 보살의 법약(法藥)은 육신과 마음의 병을 고쳐 영원히 생사에서 벗어날 수 있게 하는 까닭에 병이 나았다고 말하는 것이다. 중생의 병이 나으면 보살의 병 역시 낫는다.

경전에서 말하기를, "의사 중의 의사가 되어 중생의 병을 잘 치료하는데, 먼저 증세를 보고 약을 투여하여 중생으로 하여금 복용케 하여 병을 없앤다" 하였다.

세간의 은애(恩愛)로 말하자면 권속(眷屬)의 정을 넘어서는 것은 없다. 부모의 마음을 가장 붙들어 매는 것은 자신의 배로 낳은 자식이다. 어려서는 손바닥 위의 진주처럼, 커서는 집안의 보물처럼 자식을 대한다. 안아 기르며 수고로움을 꺼려하지 않고, 단 것은 뱉어 자식 주고 쓴 것은 자신이 먹으니, 어찌 싫다고 꺼려할까. 마른자리는 물러나고 진자리에 나아가며 자식이 한시라도 편안하지 않을까 염려한다. 옷을 세탁할 때에는 어리석음으로 변색될까를 염려한다. 물가나 우물가에 다가가면 물에 빠질까 염려하고, 개를 희롱하고 칼을 만지면 물리거나 베이지 않을까를 걱정한다. 세간의 일을 모두 알 수 없으니 부모의 근심은 점점 더해만 간다. 나이가 들어 철이 좀 들면 학교에 보내 장사를 배우게 하거나 시문(詩文)을 익히게 한다. 아들이라면 이리 할 것이고 딸이라면 이와는 다르다. 규방 밖으로 나가지 못하게 하며 요리하고 밥 짓는 일을 하게 하거나, 노래와 음악을 가까이 하여 곡조를 알도록 하며, 바느질을 가르쳐 솜씨를 기르게 한다. 아들이 약관(弱冠)의 나이가 되고 딸이 계년(笄年)의 나이가 되면 장가들이고 시집보낸다. 매사를 염려하고 (

) (원문은 여기에서 잔결됨)

(首缺)推(　　　　　　)[271]遣斷. 頻燒方紙, 向□□中□□□□; 數爇名香, 於寺院內許僧齋設.[272] 男女未教校憂疑,[273] 父容日日尫龜(羸), 母貌朝

271 原卷에서는 '推'자 뒤에 약 13자 정도가 빠져 있다. 마땅히 정확한 글자 수를 알 수 없는 궐문부호가 쓰여야함에도 原錄에서는 단지 '□' 한 개로 대신하고 있다. 이는 옳지 않다.

272 앞의 몇 구는 原錄에서는 "遣報斷頻情, 另低向□□□□□□數焚名香, 於寺院內, 許僧齋, 設……"로 되어 있다. 潘重規는 原卷에서는 '報'자가 없다고 하였는데 이는 옳다.(原卷에서는 '遣' 뒤의 한 글자가 매우 희미한데 이미 삭제시킨 것으로 보인다) '斷'자에서 문장을 끊는 게 낫다. '頻情另低'는 潘重規는 原卷에서는 본래 '頻燒方紙'로 되어 있다고 하였는데 이는 옳다. '紙'자는 본래 '絺'로 되어 있는데 이것은 '紙'의

朝憔悴. 纔聞減損,[274] 稍獲痊平, 渾家頓改憂愁, 父母當時歡悅. 菩薩心意亦復如然, 愍含識而意似親生, 怜凡夫而愛如赤子, 不欲見四生[275]流浪, 長行撈攎[276]之心; 嘆常於三界輪迴, 但作救拔之願. 愚情未悟,

---

속자이다. S.2073「廬山遠公話」: "取緸筆來度與" 이 '緸' 역시 '紙'자이다. 이는 좋은 증거가 된다. '向'자 뒤의 궐문 가운데 세 번째 글자가 '中'자임은 原卷에서 아직 판독이 가능하다. 潘重規는 '中'자와 그 뒤의 한 글자가 原卷에서는 '啓告' 두 글자라고 하였는데 原卷과의 자형에 부합되지 않는 까닭에 따를 만하지 않다. '中'자 뒤의 궐자는 세 개가 아니라 네 개다. 『新書』는 '中'자 뒤의 두 번째와 세 번째 궐자 부호를 삭제했는데 이는 잘못이다. '焚'자 우측에 '爇'자가 덧붙여 있다. 이에 潘重規는 '焚'을 '爇'로 수정하였는데, 여기서는 이를 따른다. '設'자는 앞 구에 붙여 읽어야 한다. '齋設'은 단을 설치하고 음식을 준비하여 신령의 보우를 기원하는 것을 말한다.

273 앞의 두 구가 原錄에서는 "[設]男女, 未教校憂疑"로 되어 있다. 【校注】 原卷은 본래 "男女未轉切憂疑"로 되어 있다. '轉切' 두 자의 우측에는 '教校'라고 덧붙여 있는데 이것은 '轉'자 앞에 '校'자 하나를 보충할 것을 가리킨다. 그런데 필사자는 음이 비슷한 '教'자로 잘못 적고서 연이어 '校'자를 적어 오류를 수정하였다. 그러므로 원문은 "男女未校, 轉切憂疑"가 되어야 한다. '未校'는 병이 아직 치유되지 않음을 가리킨다. '校'자에는 '병 치유'란 뜻이 있다. 여기에 대해서는 『通釋』에 자세히 나와 있다. P.2418「父母恩重經講經文」: "자식이 병들면 어머니는 근심을 하고, 낫지 않으면 끝내 피눈물을 흘린다네(女男得病阿娘憂, 未教終須血淚流)." '未教'는 '未校'이며 병이 아직 낫지 않음을 가리킨다. 돈황사본에서는 누락된 글자를 첨가한다거나 오자를 수정함에 있어 보통 우측 옆에 덧붙이는 방법을 사용하는데, 이번은 글자를 보충하는 경우이다. 原錄은 오자를 수정하는 것으로 잘못 판단하여 '轉切'을 '教校'로 고침으로써 문맥이 통하지 않게 되었다.

274 '減損'은 병세가 호전된 것을 가리킨다. 『說文解字』 手部: "損, 減也." '減損'은 같은 의미의 글자가 결합된 합성어이다. '損'은 '減'과 같은 뜻이다.

275 '生'은 原錄에서는 '坐'로 오록되어 있다. 楊雄은 原卷에서는 '生'으로 되어 있다고 하였는데 이는 옳다. 이에 의거하여 바로잡는다. '四生'은 불교술어로서, 胎生(사람·동물 등)·卵生(물고기·새 등)·濕生(곤충)·化生(제천·지옥 등. 의탁하는 바 없이 업력에 의하여 생겨남)을 가리킨다.

276 '撈攎'의 '撈'자는 原卷에서는 '木' 편방으로 되어 있다. 필사본에서 '木' 편방과 '手' 편방은 구분 없이 혼용되고 있다. 따라서 여기서는 직접 '手' 편방 '撈'라 적는다. 原錄에서 '撈攎'은 모두 '木' 편방으로 되어 있는데, 그렇게 놓고 보면 의미가 통하지 않는다. '撈攎'은 '(물속에 있는 것을) 건져내다'는 뜻이다. 慧琳 『一切經音義』 권79 인용 方言: "撈, 攎取也." '撈攎'은 같은 의미의 글자가 결합된 합성어이다. '撈'와 '攎'은 같은 뜻이다. 蘇軾 「奏浙西災傷第一狀」: "聞舉家田苗沒在深水底, 父子聚哭, 以舡筏撈攎." 이것은 바로 그 의미다. 불교에서는 속세를 苦海로 보고 있다. 그래서 문중에서는 중생에 대한 보살의 구제를 '撈攎'에 비유하고 있다.「維摩碎金」: "汝還知菴園有佛, 撈攎衆生." 비유하는 바가 이와 동일하다.

被[277]六塵鎮昧於情田，眞理難分，致三毒長時於染汚．菩薩每觀於我輩，恰同病患之無殊；聖人常見於凡流，一似纏疴之不異．所以擣[278]羅法藥，應病根機，總令誠斷於貪嗔，悉遣修持於智惠．四流波上，遣不憂沉汎[279]之危；六道輪中，教永斷去來之逕．捨無常之五[280]蘊，獲五分之法身；證無漏之菩提，抛有爲之相貌．方稱菩薩，始號醫王，河沙煩惱病消除，菩薩慈悲方願滿．所以經云：「以現其身爲大醫王，善療衆病，應病與藥，令得服行」乃至「如是等三万二千人.」

(앞부분 잔결됨) (　　　　　　) 지전(紙錢)을 태우고 (

　　　　) 보배로운 향을 사르며 사원 내에 단(壇)을 마련하여 신령의 보우를 기원한다. 자식의 병이 낫지 않으면 근심은 더해만 가, 부친은 날로 파리해져가고 모친은 하루하루 초췌해져간다. 병이 호전되거나 치유가 되면 온 집안은 일시에 근심걱정이 걷히고 부모는 비로소 기뻐한다. 보살의 마음 역시 이러하다. 중생을 가엾게 여기기를 마치 친생 자녀를 대하듯 하고, 범부(凡夫)를 불쌍히 여기기를 마치 갓난아이를 사랑하듯 한다. [중생이] 사생(四生)을 떠도는 것을 차마 바라보지 못하여 오랜 시간 중생을 구제한다. 삼계(三界)의 윤회를 한탄하고 중생 구제를 서원하나, 어리석은 중생은 이를 알지 못하고 육진(六塵)에 마음이 어두워

277 '被'는 原錄에서는 '破'로 오록되어 있다. 潘重規는 原卷에서는 '被'로 되어 있다고 했는데 이는 옳다. 이에 의거하여 바로잡는다. 불교에서는 色・聲・香・味・觸・法을 '六塵'이라 하여, 이것이 깨끗한 마음을 물들이고 번뇌에 빠져들게 한다고 보고 있다. '被六塵'과 '破六塵'은 서로 상반된 의미이다.

278 '擣'는 原卷에서는 '搗'로 되어 있는데 이는 '擣'의 속자이다. 原錄에서는 '搗'로 되어 있는데 이는 타당하지 못하다. 「妙法蓮華經講經文(3)」의 주석 49)번을 참조 바란다.

279 '沉汎'은 原錄에서는 '沉沉'으로 되어 있다. 徐震堮은 '沉溺'으로 보아야 할 것 같다고 하였는데 정확하지 못하다. 潘重規는 原卷에서는 '沉汎'으로 되어 있다고 했는데 이는 옳다. 이에 의거하여 바로잡는다.

280 '五'는 原錄에서는 '立'으로 오록되어 있다. 潘重規는 原卷에서는 '五'로 되어 있다고 했는데 이는 옳다. 이에 의거하여 바로잡는다. '五蘊'은 불교술어로서, 色・受・想・行・識 다섯 요소가 잠시 결합하여 이루어진 身心을 가리킨다. 불교에서는 인간의 육신은 무상한 것이며, 비록 오온이 결합되어 이루어진 것이나 번뇌와 윤회가 없을 수 없는 까닭에 "捨無常之五蘊"해야 한다고 주장한다.

져 진리를 깨닫지 못하고 오랫동안 삼독(三毒)에 더렵혀져 있다. 보살은 이러한 중생을 대할 때면 마치 환자를 대하듯 하고, 성인이 범부를 대할 때면 병자를 대하듯 한다. 그리하여 법약(法藥)을 지어 병의 뿌리를 치료하니, 결국 중생은 탐욕과 분노의 마음을 끊고 지혜를 수지하게 된다. 생사(生死)의 파도 속에서도 침몰의 위태로움을 염려하지 않게 하고, 육도(六道)의 윤회 속에서도 왕래하는 소로(小路)를 영원히 끊어버리게 한다. 무상(無常)한 육신을 버리고 오분법신(五分法身)[281]을 갖추며, 무루(無漏)의 보리를 증득하고 유위(有爲)의 형상을 내던진다. 보살을 의원(醫員) 중의 의원이라고 부르는데, 항하(恒河)의 모래알만큼 많은 번뇌의 병을 제거해버리니 보살의 자비는 참으로 넉넉하다.

그리하여 경전에서는 말하기를, "의원 중의 의원으로 그 몸을 현시하시어 수많은 병들을 치료하심에, 질병에 맞게 중생들에게 약을 내어 복용케 한다." 하였고 "이 같은 이가 3만 2천이었다"고 하였다.

> 若論菩薩修持行, 喜捨功能堪讚詠.
> 三大僧祇捨愛憎,[282] 四弘願力難相並.
> 愛慈悲, 嫌諂佞,[283] 救療衆生終未定,
> 愍恤長時繫在心, 恰如父母憂怜病.
> 在凡夫, 長暗暝, 鎮[284]染貪嗔難制[285]整,

281 최고의 깨달음의 자리인 무학(無學)의 경지에 이른 사람이 갖추어야 할 다섯 가지 법신. 계신(戒身), 정신(定身), 혜신(慧身), 해탈신, 해탈지견신이다.

282 '憎'은 原卷에서는 '忄'이 '忄'으로 되어 있는데 이는 '心' 편방의 속체이다. 이를 原錄에서는 '增'으로 오록하였다.

283 '佞'은 原卷에서는 우측 부분이 '妾'으로 되어 있다. 이는 '佞'의 속자이다. 『干祿字書』에 보인다.

284 '鎮'은 原錄에서는 '鎖'로 오록되어 있다. 潘重規는 原卷에서는 '鎮'으로 되어 있다고 했는데 이는 옳다. 이에 의거하여 바로잡는다.

285 '制'는 原錄에서는 '剬'로 오록되어 있다. 潘重規는 原卷에서는 '制'로 되어 있다고 했는데 이는 옳다. 이에 의거하여 바로잡는다.

事事貪婪似綿[286]牽, 頭頭忘(妄)念[287]如針釘.
縱交[288]有漏姿(恣)狂迷, 鬭騁[289]無明誇拗硬,
菩薩慈悲繫在心, 恰如父母憂怜病.
爲凡夫, 聲色媚, 虛妄攀緣遂矯僞,
萬種歌中悅愛情, 三春境上迷眞性.
人間恣[290]縱悟心田, 地獄如何謾業鏡,
菩薩慈悲與藥醫, 恰如父母憂怜病.
每胷毫,[291] 多諍競,[292] 善事聞時都不聽,
設使迴心只暫時, 不曾貯意能長永.
贖香錢減[293]兩三文, 買笑銀潘[294]七八挺,

286 '線'은 原錄에서는 '綿'으로 오록되어 있다. 楊雄은 原卷에서는 '線'으로 되어 있다고 했는데 이는 옳다. 이에 의거하여 바로잡는다.

287 '念'은 原錄에서는 '令'으로 되어 있다. 徐震堮은 '念'이 되어야 할 것 같다고 하였고, 潘重規 역시 '念'이 되어야 할 것이라고 하였다. [校注] 原卷은 본래 '念'자로 되어 있다. 이에 의거하여 바로잡는다.

288 '交'는 原錄에서는 '文'으로 오록되어 있다. 潘重規는 原卷에서는 '交'로 되어 있다고 했는데 이는 옳다. 이에 의거하여 바로잡는다. '交'는 '敎'와 같은 뜻이다.

289 '騁'은 原錄에서는 '聘'로 오록되어 있다. 潘重規는 原卷에서는 '騁'으로 되어 있다고 했는데 이는 옳다. 이에 의거하여 바로잡는다.

290 '恣'는 原錄에서는 '姿'로 오록되어 있다. 潘重規는 原卷에서는 '恣'로 되어 있다고 했는데 이는 옳다. 이에 의거하여 바로잡는다.

291 '胷'은 原卷에서는 글자 윗부분 '乂'이 '又'로 되어 있는데 이것은 '胷'자의 필사과정에서 생겨난 변체자이다. '胷'은 '匈(胸)'의 별체자이다. 『說文解字』勹部에 보인다. 原錄에서는 '胥'으로 되어 있는데 이는 사실과 다르다. 徐震堮은 '胥毫'를 '兇豪'라 보았는데 따를 만하다.

292 [徐震堮] '諍'은 '爭'이 되어야 한다. [校注] '諍'과 '爭'은 고대에는 통용되었다. '諍'은 수정할 필요가 없다. 『集韻』「諍韻」: "諍, 通作爭."

293 '錢'은 原卷에서는 '𫝆'으로 되어 있는데 이것은 '錢'의 속자이다. 「長興四年中興殿應聖節講經文」: "빚진 나랏돈 장부에서 이름을 지워주네(欠負官錢勾却名)." 原卷에서는 '錢'이 '𫝆'으로 되어 있다. 「佛說觀彌勒菩薩上生兜率天經講經文」: "예를 들어 進士는 재상이 묘당에 앉아 하루에 萬 전을 삼키는 걸 보고서 고심하며 시를 짓고 부를 짓지요(喻如進士, 爲見宰相身坐廟堂, 日食萬錢, 遂苦心爲詩作賦)." 마찬가지로 原卷에서는 '錢'이 '𫝆'으로 되어 있다. 宋 孫奕『示兒編』卷22 인용「字譜總論訛字」: "又如顧之頋、錢之𫝆、齊之斉 …… 凡此皆俗字也." 繆荃孫이 『京本通俗小說』의

菩薩慈悲與藥醫，恰如父母憂怜病.
厭善緣，貪惡境，早晚情田能戒省,[295]
萬種隨心沒感慚，纖毫爲(違)意嫌災横.
鎮壊(禳)宅舍覓高榮，卜問邪師求喜慶,
菩薩慈悲與藥醫，爲君耽染[296]愚癡病.
沒尊卑，少遵敬，我慢貢高[297]今古映,
倣習肖鹿[298]惡紹名,[299] 不歸禮樂謙恭令.
唯於見解縱乖愚，早晚行藏能撥淨,
菩薩慈悲與藥醫，爲君耽染剛强病.

배경을 적을 때 '錢'자를 모두 '𫝆'으로 적고 있음은 참고로 삼을 만하다. 原錄에서는 '𫝆'를 '分'으로 오록하였고, 『通釋』은 '分減'은 '자기 몫을 남에게 제공하다'는 뜻으로 보았는데, 이는 잘못이다.

294 '潘'은 '拌'이 되어야 한다. 『方言』 권10 : "楚人凡揮棄物，謂之拌." 이 글자는 '拚'으로 적기도 한다. 『廣韻』 桓韻 : "拌，棄也. 俗作拚." 「捉季布傳文」의 주석 373)번을 참조 바란다.

295 '省'은 原錄에서는 '者'로 되어 있다. 潘重規는 原卷은 '省'으로 되어 있다고 하였다. 이에 의거하여 바로잡는다.

296 '染'은 潘重規는 原卷에서는 '深'으로 되어 있다고 하였는데 이는 정확하지 못하다. 原卷에서는 '染'으로 되어 있는데 이는 오류가 아니다.

297 '貢高'에서 '不歸'까지의 14자는 原錄에서는 실수로 누락되어 있다. 『新書』는 原卷에 의거하여 보충해 넣었다. 여기서는 이를 따른다. '我慢貢高'는 불교술어로서, 자신에 집착하고 교만하게 행동하는 것을 말한다. 『佛學大辭典』과 『通釋』의 '貢高' 항목을 참조 바란다.

298 '肖鹿'은 潘重規는 '兇麁'가 되어야 한다고 하였다. 【校注】 '肖'은 '兇'과 통한다. 앞에서 이미 그 예를 들었다. '鹿'은 '麤'의 오자이고, '麤'은 '麤'의 속자이다. 『廣韻』模韻 : "麤，疏也，大也，物不精也. 本亦作麤." 『集韻』同部 : "麤，俗作麁、麤." '麤'자는 돈황 사본에서 흔히 '麤'로 표기되며 간혹 '麃'라 적기도 한다. P.2718 「茶酒論」 : "狀上只言麃豪酒醉，不曾有茶醉相言." '麃'은 '麤'이다. '麤'과 '麃'은 '鹿'과 형태가 유사하여 오록하기 쉽다. S.2073 「廬山遠公話」 : "여섯 해 동안 노예 삼아 집에서 부리며 때로는 거친 말로 상인을 꾸짖었으니(六載爲奴，驅使常在宅內，或卽鹿語嗔喝於上人)." 이 '鹿' 역시 '麤'의 오자이다.

299 '惡紹'는 '발전성이 없다', '나쁜 짓을 배우다'는 뜻이다. P.2418 「父母恩重經講經文」 : "莊園을 운영하며 온통 손해만 보고, 게을리 먹기만 하고 행실은 못됐으니 어찌 사람이 되리(產業莊園折損盡，慵饞惡紹豈成人)."

狂癡心, 煎似鍋, 焰焰添莘(薪)烺[300]天猛,

虛忘(妄)波瀾徹底渾, 貪婪山岳侵天逈,

有人告託解楊[301]聾, 邪路求財能似聖,

菩薩慈悲與藥醫, 爲君纏染貪嗔病.

自貧窮, 不歎命, 豈料榮枯皆分定,

睹物情懷發惡心, 見人於色行蛆佞.[302]

夜叉行解幾時抛, 羅刹機籌何日屛,

菩薩慈悲與藥醫, 爲君纏染狂迷病.

背[303]眞原, 驀[304]邪逕, 誇俊誇能頭上騁,

少盛當年說我强, 傳杯弄盞相邀請.

風前月下棳[305]新詩, 水畔花間翻惡令,

300 '烺'을 蔣禮鴻은 '焜'의 형와자라고 하였는데 이는 사실에 가깝다. [校注]『龍龕手鏡』火部 : "焜, 他歷反, 望見火貌也." 글자가 '焜'로 되어 있는데 이는 段玉裁의 의견에 신빙성을 더해준다. 그러나 '焜'은 古籍에서 사용된 예를 찾아볼 수 없는 僻字이다. 강경문은 일종의 민간문학(작자와 청중은 대체로 평범한 촌민이다)인데 이처럼 벽자를 사용했을 것 같지 않다. 게다가 문구의 구조로 보아 '天'자 앞의 글자는 동사가 와야 합당할 것 같은데 '焜'은 형용사 성질이 너무도 분명하다. 이 때문에 '烺'은 '烺'의 오자가 아닌가 생각된다. '烺'은 '烺'의 이체자이다.『正字通』火部 : "烺, 明也. 與朗通." '烺天猛'은 하늘까지 환할 정도로 화염이 맹렬함을 말하는 것 같다. 述古堂 影印 宋 抄本『集韻』蕩韻 '爣'자에는 "爣, 爣烺, 火貌." 여기서의 '烺'은 '烺'의 오자이다. '烺天'을 '烺天'이라 오록한 것과 같은 예이다. 이상의 두 가지 해석 가운데 어느 것이 나은지는 각자의 판단에 맡긴다.

301 [徐震堮] '楊'은 '陽'이 되어야 하며, 이것은 '佯'과 같다.

302 '蛆佞'의 '蛆'는 '狙'의 속자(『玉篇』,『廣韻』에 보임)이다. '佞'은 原卷에서는 우측 편방이 '妾'으로 되어 있는데 이는 '佞'의 속자이다. 앞에서 이미 설명한 바 있다. 玄應『一切經音義』 권1 : "狙佞 : 千餘反, 謂狙妬也. 下奴定反, 諂媚也." P.3716 王梵志 詩「尋常勤念善」: "心裏無狙佞, 何愁佛不成." 이 '狙佞'도 같은 뜻이다. 어원상으로 말하자면, '狙佞'은 '怚佞'의 가차자이다.『集韻』魚韻 '千餘切' 小韻內 : "怚, 妬也." 이로 보아 '狙'와 '怚'는 동음으로 서로 통용됨을 알 수 있다.

303 '背'는 原錄에서는 '皆'로 오록되어 있다. 여기서는 原卷에 의거하여 바로잡는다.

304 '驀'은 '뛰어넘다'는 뜻이다.『龍龕手鏡』馬部 : "驀, 踰也."『康熙字典』: "驀, 又超越也. 今俗猶言驀越." 原校에서는 '驀'을 '慕'라 하였는데 이는 전혀 사실과 다르다.

305 '棳'은 原錄에서는 '掇'이라 하였다. 여기서는 原卷에 의거하여 기록한다. '棳'은 '綴'과 통한다. S.2614「大目乾連冥間救母變文」: "이 지옥은 동서로 수백 리. 죄인은 멋

菩薩慈悲與藥醫, 爲君放[306]逸邪癡病.
忘(妄)[307]緣情, 難比娉,[308] 百歲爭知如電影,
好個聰明人相全, 忍交鬼使牛頭領.
凡夫遇境處昏衢, 不弁迷途[309]驀坑井,[310]
菩薩慈悲與藥醫, 總交痊癒衆生病.
보살의 수행으로 말하자면
기꺼이 그 능력을 바친다고 찬탄할 만하네.
삼아승기겁 동안 애증(愛憎)을 버리고
네 가지 큰 서원은 견줄 자 없다네.
자비를 사랑하고 아첨을 싫어하며
중생을 구제함에 다할 날이 없다네.
오랫동안 [중생을] 불쌍히 여기는 것은
마치 부모가 자식의 병을 염려하는 것과 같네.

대로 달아나니 그 어깨들을 서로 꿰맸다(此獄東西數百里, 罪人亂走肩相楔).” ‘肩相楔’은 곧 ‘어깨를 서로 엮다(肩相綴)’는 뜻이다. 宋 林逋 「寄太白李山人」: “身上只衣麤直楔, 馬前長帶古偏提.” ‘直楔’은 곧 ‘直綴’이다. 여기서 ‘楔’은 ‘綴’과 모두 통하고 있음을 알 수 있다. ‘綴新詩’는 ‘새로운 시를 창작함’을 말한다. ‘綴’은 ‘綴寫’(‘글을 짓다’는 뜻)를 가리킨다. P.3618 「秋吟」: “悶卽後園逞武藝, □□花下綴文章.” 이 ‘綴’자도 같은 뜻이다.

306 ‘放’은 原錄에서는 ‘好’로 오록되어 있다. 潘重規는 原卷에서는 ‘放’으로 되어 있다고 했는데 이는 옳다. 이에 의거하여 바로잡는다.

307 ‘忘’은 原卷에서는 ‘㤅’으로 되어 있는데 이것은 ‘忘’의 속자이다. 原錄에서는 ‘恶’라 하였는데 이는 사실과 다르다.

308 ‘娉’은 ‘並’으로 보아야 한다. ‘比並’은 같은 의미의 글자가 결합된 합성어이다. ‘並’과 ‘比’는 같은 뜻이다. ‘比並’은 당오대 시문에서 자주 보인다. 예를 들어 P.3079 「維摩詰經講經文」: “胡部도 이에는 비할 수 없고, 龜茲도 그와는 대적하기 어렵다(胡部莫能相比並, 龜茲不易對量他).”

309 ‘弁’을 楊雄은 ‘辨’으로 보았는데 이는 옳다. 또 原卷의 ‘途’자 우측 옆에 ‘徒’자가 덧붙어 있는데 이것은 본문과 상관없는 것 같다. 문맥에 의하면 ‘途’자가 옳다. 본편 주석 415)번을 참조 바란다.

310 ‘驀’은 ‘뛰어넘다’는 뜻이다. 原卷에서는 ‘慕’로 되어 있는데 이는 잘못이다. 앞서 설명한 바 있다.

범부는 지혜가 어둡고
탐욕과 분노에 더럽혀져 [감정을] 억제하기 어려우니
매사에 탐하는 마음이 끈에 이끌리듯 일어나고
하는 일마다 망령된 생각이 침이나 못처럼 고개를 든다.
번뇌가 미친 듯이 파고들고
무명(無明)이 제멋대로 날뛴다.
보살의 자비심은
마치 부모가 [자식의] 병을 염려하는 것과 같다.
범부는 성색(聲色)을 사랑하여
허망하게도 [마음은] 대상에 의지하여 거짓을 좇는다.
수만의 노래들 속에서 사랑에 빠져 기뻐하고
봄날의 풍광 속에서 진성(眞性)을 잃어버린다.
인간은 깨달음의 마음[悟心田]을 제멋대로 내버려두니
지옥의 업경(業鏡)[311]을 어찌 속일 수 있을까.
보살은 자비롭게도 법약을 내려 [중생을] 치료하는데
마치 부모가 [자식의] 병을 염려하듯 한다.
흉악한 자들과 자주 다투고
선한 일이 들려도 들으려 하지 않는다.
설령 마음을 돌이켜도 잠시뿐이라
마음속에 담아두지 않으니 어찌 오래갈 수 있으랴.
시줏돈 2, 3문(文)을 바쳐 죄를 덜려하고
유흥하는 데 은 7, 8정(挺)을 내버린다.
보살은 자비롭게도 법약을 내려 [중생을] 치료하는데
마치 부모가 [자식의] 병을 염려하듯 한다.
선연(善緣)을 싫어하고 악연(惡緣)을 탐하니

311 저승의 길 어귀에 있는 거울. 여기에 비추면 죽은 이가 생전에 지은 착한 일, 악한 일의 행업이 나타난다고 한다.

어느 때나 마음을 돌아볼 수 있을까.
마음 가는 대로 행해도 부끄러운 줄 모르고
조금만 자기 뜻에 어긋나도 불만스럽네.
집에서 신에게 제사지내며 영화(榮華)를 구하고
점쟁이에게 점을 쳐서 경사(慶事)를 좇는다.
보살은 자비롭게도 법약을 내려
어리석음에 빠진 그대의 병을 치료한다네.
연장자도 연하자도 없어 따르거나 공경하지 않으며
스스로 교만을 부린다.
흉악하고 못된 짓을 모방하여 배우며
예악(禮樂)과 겸공(謙恭)으로 돌아가지 않는다.
식견이 제멋대로이고 어리석으니
언제나 행적이 깨끗해지려나.
보살은 자비롭게도 법약을 내려
난폭함에 빠진 그대의 병을 치료한다네.
미치고 어리석은 마음은 끓어오르는 가마솥과 같아
땔나무가 더해짐에 그 불길이 하늘까지 비춘다.
허망한 물결은 [물을] 철저히 흐려놓고
탐욕은 높은 산이 되어 하늘까지 가 닿는다.
어떤 이는 귀머거리로 가장하는 것이
옳지 않은 방법으로 재물을 구하는 데 효과적이라 알린다.
보살은 자비롭게도 법약을 내려
탐욕과 분노에 빠진 그대의 병을 치료한다네.
빈궁해도 운명을 한탄하지 않으니
어찌 번성하고 쇠퇴함이 이미 정해져 있다고 생각할까.
물건을 보면 나쁜 마음이 생기고
색을 보면 교만하고 아첨한다.

야차의 행해(行解)는 언제나 내던질 것이고
나찰의 계책은 언제나 가려 막을 것인가.
보살은 자비롭게도 법약을 내려
광망(狂妄)되고 미혹된 그대의 병을 치료한다네.
진리를 외면하고 사도(邪道)를 넘어서며
재능이 뛰어남을 과시하며 마음 내키는 대로 움직인다.
젊었을 때는 내가 강하다 하고
술잔을 돌리며 서로에게 권한다.
바람 부는 달빛 아래서 시를 짓고
물가에 핀 꽃들 사이에서 술 마시며 추악한 놀이를 벌이네.
보살은 자비롭게도 법약을 내려
사악과 어리석음에 빠진 그대의 병을 치료한다네.
함부로 감정에 기대어 비교하기 어려우니
백년이 되어도 어찌 번개와 그림자 같음을 알 수 있으랴.
총명한 자는 완전하니
어찌 우두 귀신으로 하여금 이끌게 할 수 있으리.
범부가 어두운 거리에 처하여
길을 잃고 깊은 구덩이를 뛰어넘는다.
보살은 자비롭게도 법약을 내려
중생의 병을 치료한다네.

平 處處垂慈不偶然, 還如男女一般看,
提攜總出娑婆界, 救度皆拋苦惱原.
病眼未開怯矃染,[312] 患身難喩解纏綿,

312 '矃'을 顏若愚는 '瞀'의 이체자라고 하였는데 이는 옳다. 『說文解字』 目部 : "瞀, 惑也. 從目, 榮省聲." 段玉裁는 이를 "從目, 熒省聲"이라 수정하였다. 【校注】 熒・榮・螢은 모두 '炏'을 덧붙여 소리를 취했다. 그러므로 '矃'과 '瞀'은 '目'자를 덧붙여 뜻을 취하

人人盡遣休生滅, 菩薩悲怜始得安.
傷嗟病患久縈沈, 賢聖憂怜行願深,
解應根機相勸誘, 能將法藥與醫針.
菩提道路教登涉, 嶮惡門窗斷去尋,
個個總令齊悟了, 慈悲方始稱身心.
如斯功行救輪迴, 廣發悲憐[313]起愍哀.
手[314]內楊枝除障惱, 瓶中甘露滅迍災,
豈辭利濟勞兼倦, 不憚辛懃去又來.
長向娑婆與救度, 總交病眼豁然開.
鏘鏘穧穧[315]狀[316]嵬嵬, 總在菴園會裏排,
只候覺皇[317]傾法雨, 專希大聖振[318]春雷.

고 '焱'자를 덧붙여 소리를 취했다. '瞢'은 곧 '瞢'이다. '瞢染'은 '현혹되고 오염되다'는 뜻이다.

313 '憐'은 原錄에서는 '吟'으로 되어 있고, 楊雄은 '怜'이 되어야 한다고 하였다. 【校注】 原卷에서는 본래 '怜'으로 되어 있는데 이는 '憐'의 속자이다. 이에 의거하여 바로잡는다.

314 '手'는 原卷에서는 '手'의 초서체로 되어 있다. 原錄에서는 이를 '平'으로 오인하였다.

315 '穧'는 原卷에서는 '穧'로 되어 있는데 이는 '穧'의 속자이다. '穧'는 문중에서 응당 '濟'로 읽어야 한다. "鏘鏘穧穧"은 '무성하고 왕성한 모습(充盛)'을 가리킨다. 아래 문장 "이때 높디높은 聖主이시자 광대한 慈尊께서 성현의 무리 속에 머무시고 암라원 법회에 거하셨다. 8천의 聲聞은 그 모습이 성대하고, 3만의 보살은 위의가 대단하다(於是巍巍聖主, 蕩蕩慈尊, 居賢聖之中, 處菴園會裏, 聲聞可八千之衆, 道貌鏘鏘; 菩薩乃三萬餘人, 威儀濟濟)." S.3872 「維摩詰經講經文」: "왕자 중에 있게 되면 왕자들 가운데 으뜸이 되어 충성하고 효도하는 일을 보여준다(若在王子 …… 並須鏘鏘濟濟, 有孝有忠)." S.328 「伍子胥變文」: "바람은 가지를 울리지 않고 비는 흙덩이를 무너뜨리지 않았다. 사방으로 뻗은 거리는 넓고도 평평하게 뻗어 그 이름이 만대에 전해졌다(風不鳴條, 雨不破塊. 街衢道路, 濟濟鏘鏘)." 【校注】 『廣雅』 釋訓: "鏘鏘, 盛也." 『周禮』 曲禮: "大夫濟濟, 士蹌蹌." 陸德明의 釋文에 따르면 '蹌蹌'은 '鏘鏘'이라 적기도 한다. 鄭玄 注: "(濟濟, 蹌蹌)皆行容止之貌." 이 '濟濟'와 '鏘鏘'은 같은 뜻이다. 이 문구는 부처의 설법을 들으러 가는 불도들의 의욕적인 모습을 묘사한 것이다. 原錄에서는 '穧'을 '躋'라 교정했다. 여기서 한술 더 떠 『漢語大字典』은 '穧穧'은 '타악기 소리를 형용한 의성어'라고 하였다. 원래의 의미와는 전연 딴판이 아닐 수 없다.

316 '狀'은 原錄에서는 '杖'으로 오록되어 있다. 潘重規는 原卷에서는 '狀'으로 되어 있다고 했는데 이는 옳다. 이에 의거하여 바로잡는다.

頭冠耀處黃金蔟,[319] 衣縷褺[320]成錦葉堆,
萬萬層層光瑞彩,[321] 似一[322]林寶樹放[323]花開.
菴園浩浩聖賢[324]催, 瑞色祥雲遍九垓,
菩薩周圍三萬衆, 聲聞遶壤百千迴.
梵螺奏唄音寮(嘹)亮, 鈸磬轟敲韻聲催,

317 '覺'은 原錄에서는 '覓'으로 되어 있고, 徐震堮은 이를 '覺'이라 교정하였다. 劉凱鳴은 뒤에 수차례 '梵王'이 등장하고 있는 것으로 보아 '覓皇'은 '梵王'의 잘못이라고 하였다. [校注] 서씨의 견해는 옳다. 原卷의 '覓'은 본래 '覔'로 되어 있는데 이것은 '覺'의 속자이다.(돈황사본에서 '覺'은 자주 이 형태로 적고 있다) '覺皇'은 부처의 별칭이다. 아래 문장 "顒顒翹仰心專切, 萬萬千層禮覺皇." 여기에도 '覺皇'이란 명칭이 등장하고 있다. 유씨의 견해는 따를 만하지 않다.

318 [劉凱鳴] '振'은 '震'으로 고치는 것이 합당하다. [校注] '震'과 '振'은 고대에는 통용되었기에 굳이 '振'을 수정할 필요 없다. 강경문 중에 '振春雷', '振法雷' 등의 문구가 자주 등장하는데 이들 '振'자는 모두 수정할 필요가 없다.

319 '蔟'은 '모이다', '쌓이다'는 뜻이다. 『說文解字』: "蔟, 行蠶蓐." 말하자면 볏짚이나 보리 등을 쌓아 누에가 고치를 만들도록 하는 설비이다. 그 후 '한데 모으다'란 뜻으로 확장되었다. 『尙書大傳』 卷1 : "蔟以爲八." 鄭玄 注 : "蔟猶聚也." 오늘날에는 보통 '簇'으로 많이 적는데 이는 '蔟'의 후기분화자일 것이다.

320 '褺'은 原錄에서는 '揉'로 되어 있다. [校注] 原卷은 본래 '揉'로 되어 있고, 그 우측 옆에 '褺'자가 덧붙어 있다. 이것은 '揉'를 '褺'으로 수정함을 표시하기에 마땅히 '褺'으로 고쳐야 한다. 『說文解字』 衣部 : "褺, 重衣也." 문중의 '褺'은 '疊'의 동음 가차자이다. P.3697 「捉季布傳文」: "전창은 종이를 접고 입으로 붓끝을 빨아 글씨를 쓰는데, 그 드러나는 필세가 마치 구름이 흩어지는 것 같았다(典倉牒紙而捐筆, 便呈字勢似崩雲)." '牒'자가 P.3197, S.5439에서는 '褺'으로 되어 있다. '褺'과 '牒'은 모두 '疊'과 통하며 '접다', '개다'는 뜻이다.

321 '彩'는 原錄에서는 '影'으로 오록되어 있다. 여기서는 原卷에 의거하여 바로잡는다.

322 原錄에는 '一'자가 없다. 楊雄은 原卷에는 '一'자가 있다고 하였는데 이는 옳다. 이에 의거하여 보충한다.

323 '放'은 原錄에서는 '好'로 오록되어 있다. 潘重規는 原卷에서는 '放'으로 되어 있다고 했는데 이는 옳다. 이에 의거하여 바로잡는다.

324 [楊雄] 原卷에 의거하면 '聖賢'은 '賢聖'이 되어야 한다. [校注] 原卷에는 '賢聖' 우측 옆에 갈고리 모양의 부호가 있다. 따라서 原錄의 '聖賢'은 잘못이 아니다. 아래 문장 "闐塞菴園烈聖賢"에서도 '聖賢'으로 되어 있다. '聖賢'과 '賢聖'은 모두 聖者와 賢者를 가리키는데, 불경에서는 '賢聖'이라 부르고, 불경 이외의 경전에서는 '聖賢'이라 부른다. 그러나 강경문에서는 이 구분을 엄격히 지키지 않고 '賢聖'과 '聖賢'이 뒤섞여 나온다.

當日世尊欲說法, 因更有甚人來也唱將來.[325]

평(平) 곳곳에서 자비를 드리우는 것은 우연이 아니고

부모가 자식을 대하듯 하네.

손을 이끌어 사바세계에서 벗어나게 하고

제도하여 고뇌의 뿌리를 없애주네.

현혹되고 감염될까 두려워 병든 눈을 뜨지 않으니

병든 몸은 오래 되어 낫기 어렵네.

모든 사람이 생사를 멈춘 뒤에야

보살의 연민은 비로소 평온해진다.

아아, 병이 오래되고 중해지니

연민과 근심으로 성현의 행원(行願)[326]은 깊어만 간다.

근기(根機)에 맞게 권유하니

법약으로 치료가 가능하네.

보리의 길에 오르게 하고

험악한 문(門)과 창(窓)을 좇지 않게 하네.

중생 모두를 깨닫게 한 뒤에야

보살의 자비심은 그제야 만족해하네.

이 같은 공력으로 [중생을] 윤회에서 구하기 위해

널리 자비심을 발하고 연민을 품는다.

손에 든 버드나무 가지로 질병을 없애고[327]

병 속의 감로(甘露)로 재앙을 멸한다.

고생을 마다하지 않고 은택(恩澤)을 베푸시고

---

325 原卷에서는 '唱將來'의 '唱'자 뒤가 '了'로 되어 있다. 이는 생략부호로서 '唱將來'를 줄여 적은 것이다.

326 신행(身行)과 심원(心願)을 통틀어 이르는 말. 다른 이를 구제하고자 하는 바람과 그 실천 수행이다.

327 양류관음(楊柳觀音)이다. 한 손에는 버드나무 가지를, 또 한 손에는 정병을 들고서 중생들의 질병을 치료해준다고 한다.

이리저리 오가는 수고로움을 꺼려하지 않네.
오랫동안 사바세계를 제도하시니
중생의 병든 눈이 번쩍 떠지네.
[부처의 설법에] 열렬한 애정을 품고서
모두 암라원 법회로 모여들었다.
부처의 가르침, 비처럼 [만물을] 적셔주기를 고대하고
대성(大聖)의 가르침, 봄날의 우레처럼 울려 퍼지기를 희구한다.
보관(寶冠)은 황금으로 번쩍거리고
의복은 비단으로 이루어져 있다.
상서로운 빛살이 무수한 가닥으로 발산되는데
마치 보수(寶樹)에서 꽃이 피어나는 듯하다.
암라원에 수많은 성현들 모여들고
상서로운 구름은 구천(九天)에 드리워있다.
3만의 보살들이 주위에 모여 있고
성문이 수백수천 겹으로 에워싸고 있다.
범패 소리 울려 퍼지고
동발(銅鈸) 소리 요란하기만 하다.
이날 세존이 설법하고자 하는데
또 어떤 이들이 와 있는지 곧 창(唱)으로 나오리라.

經云:「復有萬二千天帝, 亦從餘四[328]天下來詣佛所而聽法」,[329] 乃

328 ‘四’는 原錄에서는 ‘曰’로 오록되어 있고, 徐震堮은 이를 ‘四’로 보았다. [校注] 原卷에서는 본래 ‘四’로 되어 있다. 『維摩詰經』 경문에서도 ‘四’로 되어 있다. 이에 의거하여 바로잡는다.

329 [校注] 『維摩詰經』 경문에는 “復有萬梵天王尸棄等從餘四天下來지佛所而聽法, 復有萬二千天帝亦從餘四天下來在會座, 並餘大威力諸天龍神、夜叉 …… 等悉來會座, 諸比丘、比丘尼、優婆塞、優婆夷俱來會座”라는 문구가 있다. 이 경문에 의거해 보면, 이상의 인용 경문은 “復有萬梵天王尸棄等從餘四天下來詣佛所而聽法”이 되어야 한다. 뒤에 나오는 8구의 偈文 역시 범천왕 등에 관한 것이다. 이 뒤에 나오는 “第二,

至「俱來會座」偈：

浩浩轟轟隊仗排，梵王天衆下天階，

分分空裏弦歌鬧，簇簇雲中錦繡堆.

龍惱[330]氤氳香撲撲，玉爐旋捧[331]色晅晅，[332]

總拋宮殿嬌奢事，入向菴園聽法來.

第二，萬二千天帝釋來，偈：

瓊樓玉殿整遨翔，彩女雙雙烈(列)[333]隊行，

雜寶樹林珍果美，六殊(銖)衣惹異花香.

流泉屈曲琉璃砌，臺檻高低翠翡[334]莊，[335]

聞道我佛宣妙法，總來瞻禮白毫光.

第三，天龍鬼神等來，偈：

闐塞虛空烈(列)鼓旗，奔雷掣電走分非，[336]

修羅展臂楨[337]雙眼，龍神降[338]腮努兩眉.

萬二千天帝釋來偈"는 '萬二千天帝'를 말한 것이다. 楊雄은 "來詣佛所而聽法"은 '來在會座'가 되어야 한다고 했는데 정확하지 않다.

330 [徐震堮] '惱'는 '腦'가 되어야 한다.

331 '旋'은 '旋'의 增旁 俗字이다. '旋捧'은 향 연기가 몽실몽실 피어오르는 모습을 가리킨다.

332 '晅晅'는 原錄에서는 우측 편방이 '宣'으로 오록되어 있다. 潘重規는 原卷에서는 '晅晅'로 되어 있다고 했는데 이는 옳다. 이에 의거하여 바로잡는다.

333 '烈'은 '列'과 통한다. 原錄에서는 직접 '列'로 수정했는데 이는 타당하지 못하다.

334 '翠翡'는 原卷에서는 '翠翡'로 되어 있는데 이는 '翠翡'의 속자이다. '翠翡'는 '翡翠'가 잘못 도치된 것이다. 原錄에서는 직접 '翡翠'로 수정하였는데 이는 관례에 맞지 않는다.

335 '莊'은 原卷에서는 '庄'로 되어 있는데 이는 '莊'의 속자이다. '莊'은 '妝'과 통하며 '장식하다'는 뜻이다.

336 '分非'는 '芬芳', '芬芬'과 같으며 '紛紛'의 뜻이다. 原校에서는 '紛飛'로 되어 있는데 이는 잘못이다. 『通釋』의 해당 항목을 참조 바란다.

337 [徐震堮] '楨'은 '睜'과 같다. [校注] 『廣韻』 靜韻："睜，眳睜，不悅視也." '睜'은 '睛'으로 적기도 한다. 『廣韻』 靜韻："睛，眳睜，不悅目貌. 出字林" '睜'자가 눈을 크게 뜨다는 뜻으로 쓰인 경우는 송대 이전의 典籍에서는 보이지 않고 비교적 후대의 일로 보인다.(원대의 詩文曲에서는 보임) 그러므로 서씨가 '楨'을 '睜'이라 교정한 것은 적당치 않아 보인다. P.2467 『眞藏經』 第3："爲人不信法，毁謗於賢良. 死受酆都報，劍樹碎形傷. …… 受報無休息，楨眼四邊張." 또 P.2418 「父母恩重經講經文」："共語高聲應對

監電[339]似身呈忿怒, 血盆如口震雄威,

忙忙雲裏相催促, 猶怕菴園聽法遲.

第四, 比丘、比丘尼等四衆來, 偈:

四衆奔[340]波意似催, 曉雞纔署(曙)[341]禁宮開,

六和似月孤高仕,[342] 八敬如蓮冰雪裁.[343]

一國綺羅闐塞路, 萬門英信[344]滿長街,

人, 擬嗔嗔眼如相喫." 또 "應對高聲由(猶)可怒(恕), 嗔眉努眼更堪傷." '掅', '嗔'은 '楨'과 의미가 완전히 똑같음을 알 수 있다. 같은 글자를 달리 기록한 것이다. 이들 글자들의 본자는 '瞪'일 것이다. 『玉篇』: "瞪, 直耕切, 怒目直視貌." '貞'과 '楨'은 『廣韻』에 따르면 陟盈切이고, '瞪'과 마찬가지로 梗攝字이다. 이들은 음이 비슷하여 서로 통용되었던 것이다. 『字彙』 巾部: "幀, 亦作幁." 『正字通』 巾部: "幀, 幁、幨並同, 絹畵在竹格也." '幀'자는 '幁', '幨'으로 적기도 한다. 이는 '楨' 등의 글자가 '瞪'과 통용됨을 방증한다.

338 [徐震堮] '降'은 '隆'이 되어야 할 것 같다. [校注] 蔣禮鴻은 '降'은 '胮'이 되어야 하며, '胮'자에는 '부어오르다'와 '불어서 커지다'는 두 가지 의미가 있다. '胮肥'는 두 볼을 불룩하게 한다는 뜻이다. 장씨의 견해는 옳다.

339 [徐震堮] '監電'은 '藍靛'의 오류인 듯하다. [校注] 아래 문장 "身色皆藍淀(靛), 情田盡虎狼." 서술하는 내용이 이것과 똑같다. 서씨의 견해는 옳다.

340 '奔'은 原校에서는 '逩'으로 되어 있는데 이는 '奔'의 增旁 속자이다.('奔'자는 달리는 것과 관련이 있는 까닭에 '辶' 편방을 덧붙인 것)

341 '署'는 原錄에서는 '暑'로 오록되어 있다. 여기서는 原卷에 의거하여 바로잡는다. '署'는 '曙'의 省旁字(편방을 생략한 글자)이다.

342 '仕'는 '士'로 보아야 한다. '六和'는 六和敬을 갖춘 비구를 가리킨다.

343 '裁'는 '材'로 보아야 한다. '八敬'은 八敬戒를 지닌 비구니를 가리킨다. '冰雪材'는 비구니의 고결한 품행을 비유한다.

344 '英信'은 原錄에서는 '莫信'으로 되어 있다. 徐震堮은 '慕信'으로 보아야 할 듯하다고 하였고, 袁賓은 아래 문장 "萬千英彥, 無數綺羅"을 증거로 제시하며 '英彥'의 형와자라고 하였다. 또 楊雄은 아래 문장 "羅綺擕香印, 英賢掌寶幢"을 증거로 제시하며 '英賢'의 형와자라고 하였다. [校注] 원씨가 말한 '英'자는 옳다. 이 글자는 原卷에서는 본래 '莫'으로 되어 있는데 이는 '英'자의 속서이다. 楊雄이 말한 '英賢'의 '英'은 原卷에서는 '莫'으로 되어 있다. 袁賓이 말한 '英彥'의 '英'은 原卷에서는 '英'으로 되어 있다. 또 『碑別字新編』에는 '英'자의 이체자가 제시되어 있는데 여기에는 '萸'이나 '莫'과 같은 형태가 있다. 참고할 필요가 있다. '信'자는 '彥'이나 '賢'자와는 형태나 소리가 완전히 다르다. 원씨나 양씨의 견해 둘 다 오류로 생각된다. '信'자는 굳이 수정할 필요가 없다. '英信'은 뛰어난 信士를 가리킨다. '信'은 '信士', 즉 경문에서 언급한 바의 우바새를 말한다. 이상의 4구에서 '六和'는 비구, '八敬'은 비구니, '綺羅'는 비단

高低[345]隊隊如雲雨, 總到菴園會裏來.

所以經云:「復有萬梵天王尸棄□」,[346] 乃至天龍、夜叉[347]、比丘尼等, 俱來會座.

경전에서 말하기를, "또 1만 2천의 범천(梵天)이 다른 사대주로부터 부처님 계신 곳으로 찾아와 가르침을 듣고자"에서부터 "모두 법회에 이르렀다"까지. 게송:

요란하게 굉음을 울리는 대오(隊伍)
범천의 무리가 하늘에서 내려온다.
허공에서 현가(絃歌)가 어지러이 울려 퍼지는데
뭉게뭉게 구름 속에서 화려한 비단옷의 무리가 내려온다.
용뇌(龍腦) 향기 물씬 풍기고
옥로에서는 하얀 향 연기 몽실몽실 피어오른다.
천궁의 호화로움 모두 버리고
법문 들으러 암라원에 모였다.

둘째, 1만 2천의 제석천이 도착하였다. 게송:

옥의 누각과 궁전은 날아오르는 듯 정연한데
채녀들은 쌍쌍이 대오를 이루고 있네.
보수(寶樹)로 가득한 숲에서는 진귀한 과일이 열매 맺고
육수의(六銖衣)에서는 기이한 꽃향기가 풍긴다.

을 걸친 우바리, '英信'은 우바새를 각각 가리킨다. 문맥도 잘 통한다.

345 '低'는 原錄에서는 '僧'으로 오록되어 있다. 潘重規는 原卷에서는 '低'로 되어 있다고 했는데 이는 옳다. 이에 의거하여 바로잡는다. '高低'는 '上下'를 말하며 본편에서 자주 쓰인다. 예를 들면 위 문장 "高低總到菴園會" "當日菴園會, 高低集聖賢"과 같은 문구들이다.

346 原卷에서는 한 글자만 잔결된 것 같은데 이는 '等'자일 듯하다. 原錄에서는 '□□'으로 되어 있다.

347 '夜叉' 이하는 原卷에서는 위 문장 "頭頭憂念, 種種( )" 뒤에 잘못 붙어 있다. 문맥과 잔권의 형태로 보아 '夜叉'운운은 '天龍' 뒤에 붙어야 한다. 原校에서는 '天龍' 뒤 '夜叉' 앞에 궐문이 있다고 하였는데 이는 정확하지 않다.

구불구불 흐르는 샘과 유리(琉璃)로 된 섬돌
비취로 아름답게 장식된 누대 난간.
부처님께서 묘법을 설한다는 소식을 듣고
일제히 이르러 백호(白毫)의 광휘에 절을 올린다.

셋째, 천인과 용왕, 귀신들이 도착하였다. 게송:

허공 가득 북과 깃발 늘어서 있고
우레 울리고 번개 치며 이리저리 내달린다.
수라는 팔을 치켜들며 두 눈을 부라리고
용신은 볼을 불룩이며 두 눈썹을 치세운다.
짙푸른 몸뚱이는 분노를 드러내고
핏사발 같은 주둥이는 위엄을 표출한다.
구름 속에서 서로를 재촉하며
암라원의 법회에 늦을까 염려하네.

넷째, 비구와 비구니 등 사부중(四部衆)이 이르렀다. 게송:

사부중은 재촉하듯 달려오고
날이 밝아오자 금궁이 열린다.
비구는 달처럼 고고하고
비구니는 연꽃처럼 고결하다.
나라 안의 우바리가 도로를 가득 메우고
온 집안의 우바새가 길을 가득 채웠다.
무리들이 구름과 비처럼
모두 암라원 법회로 모여들었다.

그리하여 경전에서는 "또 1만의 범천왕과 천룡·야차·비구니 등이 모두 와서 회중에 앉았다"고 하였다.

於是四天大梵, 思法會而散下雲頭, 六欲俱天, 相[348]菴園而趨瞻聖主. 各將侍從天女天男, 盡擁嬪妃, 逶迤遙拽,[349] 別天宮而雲中苑(宛)

轉, 離上界而霧裏盤旋, 頂戴珠珍, 身嚴玉珮. 執金幢[350]者分分(紛紛)雲墜, 擎寶節者苒苒煙籠. 布[351]樂器於青霄, 散祥花於碧落, 皆呈法曲, 盡捧名衣, 思大聖之情專, 想慈尊而意切, 總發難遭之解, 咸[352]伸敬禮之猶. 瑪瑙[353]盃中琥珀傾, 象牙盤裏眞珠撒, 栴檀[354]靄靄, 龍麝勳勳(薰薰), 情田早啓於虔祈, 雅旨倍生於翹仰. 更有諸天人衆, 向大覺以歸心, 八部龍神, 望金僊而啓首.[355] 龍王龍獸, 赫亦(奕)[356]威光, 龍子龍孫, 騰身自在, 跳躑[357]踴躍, 廣現神通, 不施忿怒之容, 盡發慈悲之願. 更有三頭八臂, 五眼六通, 掣霜劍而夜月[358]藏光, 掛金甲而朝霞斂[359]耀. 呼吸毒氣, 鼓擊狂風, 得海底之沙飛, 使天邊之霧卷. 擲崑崙

348 楊雄은 '相'을 '想'으로 보았는데 이는 옳다. '想'은 앞의 '思'와 동의어로 쓰이고 있다. 아래 문장 "思大聖之情專, 想慈尊而意切" 여기서의 '想'과 '思'는 같은 뜻으로 사용되고 있음은 그 증거이다.

349 '遙拽'는 '搖拽'로 보아야 한다. 아래 문장 "山川響振, 天地傾遙"의 '遙' 역시 '搖'로 보아야 한다.

350 '幢'은 原卷에서는 '憧'으로 되어 있는데 이는 '幢'의 속자이다. '巾' 편방과 '忄' 편방은 俗書에서 혼용되고 있는 까닭에 필사본에서 '巾' 편방의 글자는 종종 '忄' 편방의 것으로 기록되곤 한다. 原錄에서는 '憧'으로 되어 있는데 이는 잘못이다.

351 '布'는 原錄에서는 '希'로 오록되어 있다. 潘重規는 原卷에서는 '布'로 되어 있다고 하였는데 이는 옳다. 이에 의거하여 바로잡는다.

352 '咸'은 原錄에서는 '感'으로 되어 있다. 徐震堮은 이를 '咸'으로 보았다. 【校注】 原卷에서는 본래 '咸'자로 되어 있다. 이에 의거하여 바로잡는다.

353 '瑪'는 原錄에서는 '駐'로 되어 있다. 【校注】 原卷에서는 '駐'로 되어 있는데 이것은 '瑪'자의 변체이다.

354 '栴檀'은 原錄에서는 '檀栴'으로 오록되어 있다. 潘重規는 原卷에서는 '栴檀'으로 되어 있다고 하였는데 이는 옳다. 이에 의거하여 바로잡는다. 『玉篇』木部: "栴檀, 香木." 문중에서는 栴檀香을 가리킨다. 楊雄은 原卷에서는 '旃檀'으로 되어 있다고 했는데 이는 정확하지 못하다.

355 '啓首'를 徐震堮은 '稽首'라 교정하였는데 이는 정확하다. 아래 문장 "這日何砂意之稽首"의 '稽'자는 原卷에서는 본래 '啓'로 되어 있고 다시 그 옆에 '稽'자를 덧붙여 바로잡았다. 이는 '稽'와 '啓'가 음이 유사하여 오용되기 쉬움을 보여준다.

356 '亦'은 原錄에서는 '示'로 오록되어 있다. 潘重規는 原卷에서는 '亦'으로 되어 있다고 하였는데 이는 옳다. 이에 의거하여 바로잡는다. '亦'은 '奕'의 省旁字이다.

357 '跳躑'은 '跳躍'이다.

358 '月'은 原錄에서는 '目'이라 오록되어 있다. 潘重規는 原卷에서는 '月'로 되어 있다고 하였는데 이는 옳다. 이에 의거하여 바로잡는다.

山[360]於背上, 納滄海水於腹中. 眼舒[361]走電之光, 口[362]寫血河之色. 總來聽法, 皆願結緣. 一群群矕日曼空,[363] 一隊隊遮雲滿霧. 咸離寶殿, 下到娑婆. 只如彈指中間, 已入菴園會裏. 更有毗耶城內, 無限聽流, 高低之仕[364]女兩徒, 凡聖之僧尼二種, 咸持花果, 也捧珠珍. 車軒之紫陌喧喧, 羅綺之紅塵壤壤. 乾坤晃耀, 日月光輝. 滿園如萬種花敷, 遍野似千般障展, 皆趨聖會, 齊赴法筵. 遶白玉之蓮花, 上黃金之講殿. 傾瞻[365]化主, 翹仰慈尊. 同渴士欲飮於瓊將(漿), 比旱苗[366]待沾[367]於春雨. 滿意望宣於妙法, 誠心願證[368]於春雷. 闐塞菴園烈[369]聖賢, 駢闐佛會排龍鬼.

---

359 '斂'은 原卷에서는 우측 편방이 '殳'로 되어 있는데 이는 '斂'의 속자이다. 劉凱鳴과 袁賓은 모두 '斂'의 형와자 하였는데 완전히 옳다고는 볼 수 없다.

360 '山'은 原錄에서는 '上'으로 오록되어 있다. 潘重規는 原卷에서는 '山'으로 되어 있다고 하였는데 이는 옳다. 이에 의거하여 바로잡는다.

361 '舒'는 原錄에서는 '斜'로 되어 있다. 劉凱鳴은 '斜'는 '射'자를 잘못 적은 것이라 하였는데 정확하지 못하다. [校注] 原卷에서는 사실 '舒'로 되어 있다. 이에 의거하여 바로잡는다. 아래 문장 "舒紫磨之身光, 超過南北"의 '舒'자는 이와 같은 쓰임이다.

362 '口'는 原卷에서는 '只'로 되어 있다. 徐震堮은 이를 '口'로 보았는데 이는 옳다. 이에 의거하여 바로잡는다.

363 '矕日'은 原錄에서는 '矕目'으로 되어 있다. 『通釋』은 '矕目'은 광채가 매우 빛나고 아름다워 눈부시다는 뜻이라고 하였다. [校注] '目'자는 原卷에서는 사실 '日'로 되어 있다.(楊雄의 교주도 이와 동일함) '矕日曼空'은 뒤의 '遮雲滿霧'와 대구가 되며 '日', '空', '雲', '霧'와 같은 동류의 단어들이 사용되고 있다. '目'자는 이들 부류의 단어가 될 수 없다. '矕'은 '瞢'의 별체자로서, 문중에서는 '가리다'는 뜻으로 사용되었다.('矕'은 뒤의 '遮'와 대구가 되며 같은 뜻이다) 또 '曼'자를 蔣禮鴻은 '漫'으로 보았는데 옳다.

364 '仕'는 '士'와 통한다.

365 '瞻'은 原錄에서는 '瞻'으로 되어 있다. 徐震堮은 이를 '瞻'으로 교정하였다. [校注] 原卷에서는 본래 '瞻'으로 되어 있다. 이에 의거하여 바로잡는다.

366 '苗'는 原卷에서는 '苖'로 되어 있고 '苗'라 교정하였는데 이는 옳다. 여기서는 이를 따른다.

367 '沾'은 原錄에서는 '沐'으로 오록되어 있다. 潘重規는 原卷에서는 '沾'으로 되어 있다고 했는데 이는 옳다. 이에 의거하여 바로잡는다.

368 '證'은 마땅히 '振'이 되어야 한다. '振春雷'는 본편에서 자주 등장한다. 아래 문장 "只希大振於春雷, 咸願廣沾[□](於)法雨." 문형이며 의미가 서로 비슷하다.

369 [徐震堮] '烈'은 '列'과 같다.

所以經云道:「復有萬梵王尸棄等, 從餘四天下, 來詣佛所而聽法」,[370] 乃至「俱來會座」云云.

이때 사왕천(四王天)이 법회에 가기 위해 구름을 타고 내려오고, 육욕천(六欲天)의 천인들이 암라원으로 달려와 성주(聖主)를 우러러본다. 각자 천남천녀들을 시종으로 거느리고 비빈을 곁에 대동하고서 서서히 하계로 내려오는데, 천궁을 떠나 구름에서 빙글 돌고 상계(上界)를 떠나 안개 속을 선회한다. 머리에는 진주를 달고 몸에는 옥패를 차고 있다. 황금 깃발을 든 자들은 어지러이 구름을 타고 내려오고, 보절(寶節)을 든 자는 짙은 안개에 싸여 있다. 푸른 하늘에 악기를 배열하고 푸른 하늘에서 상서로운 꽃을 뿌린다. 모두 법곡(法曲)을 연주하고 훌륭한 옷을 바치며 대성(大聖)의 마음에 흡족하고 자존의 뜻에 부합되기를 바란다. 자존을 만나기 어려운 까닭에 모두 그에게 공경을 표한다. 마노(瑪瑙) 술잔에 호박(琥珀)이 들어 있고 상아(象牙)로 된 쟁반에 진주가 흩뿌려져 있다. 전단(栴檀) 향기 짙게 피어오르고 사향(麝香) 향기 훈훈하게 전해오는데, 마음은 벌써 경건하게 기도드리고 공경의 마음은 더해만 간다. 또 제천의 천인들 대각(大覺)께 마음이 쏠리고, 팔부용신(八部龍神)은 금선(金仙)을 향하여 머리를 조아린다. 용왕은 그 위광을 떨치고 용왕의 자손들은 마음대로 몸을 솟구치기도 하고 뛰어오르기도 하면서 널리 신통력을 내보이는데, 분노하는 모습은 보이지 않고 모두 자비를 베푸시기를 고대하고 있다. 또 삼두팔비(三頭八臂)는 오안(五眼)과 육신통(六神通)을 지녔는데, 날카로운 칼을 빼드니 야월(夜月)이 빛을 잃고 황금 갑옷을 걸치니 아침놀이 빛을 거둔다. 독기를 호흡하고 북을 두드려 광풍을 일으키니 바다

370 【楊雄】 이것은 『維摩詰所說經』 원문을 인용한 것이다. 경문에 따르면 '所'자 뒤에 콤마를 찍고, '而'자 뒤에 '爲'자 하나가 빠졌다. 【校注】 강경문은 민간문학이다. 경문 인용에 있어 반드시 원문과 똑같아야 할 필요는 없다. 게다가 근거로 삼고 있는 저본 역시 오늘날의 판본과 반드시 일치한다고는 볼 수 없다. 따라서 자구의 차이에 구애되어서는 안 된다. 資福藏 麗藏 『房山雲居寺石經』 등의 판본에서는 본편의 인용과 같이 '而'자 뒤에 '爲'자가 없다. 따라서 '爲'자를 보충할 필요는 없다.

밑의 모래가 날리고 하늘가에 안개가 자욱이 깔린다. 곤륜산을 짊어지고 창해(滄海)의 물을 모조리 들이마신다. 눈은 번갯불 같은 빛을 발하고 입은 핏빛이다. 모두 법문을 들으러 와서 좋은 인연을 맺기 바라는데, 한 무리 한 무리마다 태양을 가리고 허공을 가득 메웠으며 한 대오 한 대오마다 구름을 가리고 안개를 뒤덮었다. 이 모두가 보전(寶殿)을 떠나 사바세계로 내려오는데 눈 깜짝할 사이에 이미 암라원 법회에 이르렀다. 또 비야리성에는 헤아릴 수 없는 청법인(聽法人)이 있었으니 지위가 높거나 낮은 남녀의 무리와 수행이 깊거나 얕은 비구 비구니들이 자리하고 있었다. 모두들 꽃과 과일을 들고 진주를 받드는데 수레소리 거리에 요란하고 비단 옷에서는 먼지가 풀풀 인다. 하늘과 땅이 밝게 빛나고 해와 달이 아름답게 빛을 발하는데, 암라원을 가득 메운 모습이 마치 만 가지 꽃이 피어 있는 것 같고 들판을 가득 메운 모습이 마치 천 가지 병풍이 펼쳐져 있는 것 같다. 모두 성스러운 법회로 달려오고 모두 법석(法席)으로 나아가서 백옥과 같은 연꽃을 에워싸고 황금의 강단으로 나아간다. 화주(化主)[371]를 바라보고 자존(慈尊)을 발돋움을 하고 우러르는데, 그 모습이 마치 목마른 이가 물을 갈구하는 듯하고 말라비틀어진 모가 봄비를 기다리는 듯하다. 전심으로 묘법을 갈망하고 성심으로 춘뢰를 떨치시기를 기원한다. 이렇게 암라원 가득 성현(聖賢)이 늘어서 있고 법회 가득 용귀(龍鬼)가 줄지어 서있다.

이리하여 경전에서는 "또 대범천을 비롯한 1만의 범천들이 사대주로부터 찾아와 부처님께 절하고 가르침을 듣고자 하였다"에서 "모두 회중에 모였다"까지 라고 했다.

大梵諸天衆, 遙聞法會張,
喧喧皆讚嘆, 浩浩總談揚.

371 부처의 다른 이름. 중생을 교화하는 주인이라는 뜻이다.

彩霧呈佳瑞, 霞雲現[372]吉祥,
摐摐[373]排隊仵(伍), 瞻禮法輪王.
帝釋離宮殿, 儀容喜倍常.
磬螺聲[374]響亮, 珂珮[375]韻玎璫.
競捧琉璃寶, 齊擎龍腦香.
摐摐排隊仵(伍), 瞻禮法輪王.
無限天龍衆, 相催更又忙,
心中傾懇志, 雲內禮毫光.
身色皆藍淀(靛), 情田盡虎狼,
摐摐排隊伍, 瞻禮法輪王.
無限羅叉衆, 跳躑喜三場,
高高雲上湧, 閃閃電中藏.
頭髮比沙森, 身毛摘色狂,
摐摐排隊伍, 瞻禮法輪王.
無限乾闥衆, 爭捻樂器行,

372 '現'은 原錄에서는 '珮'로 오록되어 있다. 楊雄은 原卷에서는 '現'으로 되어 있는 것 같다고 했는데 이는 옳다. 이에 의거하여 바로잡는다.

373 '摐摐'은 '어지럽게 뒤얽혀 있는 모습'이다. 『通釋』에서는 '완벽하게 준비하다'고 해석하였는데 정확하지 못하다.

374 '聲'은 原卷에서는 '斉'으로 되어 있는데 이는 '聲'의 俗書이다.(아래 문장 "蟬聲返覆穿疏牖" "滿枕之蟬聲聒聒" "浩浩而齊聲讚嘆." 이들 구문에서의 '聲'자가 原卷에서는 각각 '斉', '斉' 형태로 되어 있음을 참고할 필요가 있다) '聲'은 뒤의 '韻'자와 대구가 된다. 原錄에서는 '齊'로 되어 있는데 이는 잘못이다.

375 [楊雄] '珮'는 '貝'가 되어야 한다. '珂貝'는 불전에서 자주 등장하는 관용어이다. 慧琳 『一切經音義』 권25 : "貝 …… 螺屬也. 出海中, 色白如雪 ……" 558쪽(본편 아래 문장)의 "敲磕而塞堦珂珮"의 '珮'도 이와 똑같다. [校注] 『玉篇』 玉部 : "珮, 玉佩也. 本作佩, 或從玉." '珂珮'는 '珂佩'이며, 옥이나 조개껍질로 만든 장신구를 가리킨다. 『太平御覽』 卷942 인용 「雲南記」 : "新安蠻婦人 …… 繞腰以螺蛤聯穿繫之, 謂爲珂珮." 본편 아래 문장 "手撼珊瑚鸚鵡動, 風搖珂珮鳳凰偏." 이 '珂珮' 역시 옥으로 만든 장신구를 가리킨다.(바람이 불어와 장신구가 흔들리는 모습이 마치 봉황이 바람을 타고 날아오르는 듯함) 『雍熙樂府』 「新水令追韓信」 : "我則見煙水潺潺, 珂珮珊珊." 이 '珂珮'도 같은 뜻이다. 양씨의 견해는 따를 만하지 못하다.

琵琶絃上急，揭[376]鼓杖頭忙．
競奏簫兼笛，齊吹笙與篁(簧)，
摐摐排隊伍，瞻禮法輪王．
無限修羅衆，皆擎日月光，
嗔心迴躍躍，喜色改鏘鏘．
旋遶須彌畔，[377] 趨臻寶座傍，
摐摐排隊伍，瞻禮法輪王．
無限迦樓衆，雄雄氣宇長，
毒龍由被喫，猛獸等閑傷．
口眼喊喲哈，[378] 觔[379]拳怒健剛，
摐摐排隊伍，瞻禮法輪王．
無限那羅衆，神通解湧𨖧，
乾坤推吸呇，[380] 日月手闌彰．[381]
盡欲菴園聽，皆焚海岸香，
摐摐排隊伍，瞻禮法輪王．
人與非人等，淸霄攢塞排，

376 【徐震堮】'揭'는 '羯'이 되어야 한다.

377 '畔'은 原錄에서는 '爨'으로 오록되어 있다. 徐震堮은 이를 '畔'으로 교정하였다. 【校注】 原卷에서는 본래 '畔'으로 되어 있다. 이에 의거하여 바로잡는다.

378 '喲'은 原卷에서는 그 자형을 판독할 수 없다. 原錄에서는 '喲'이라 하였는데 의심스럽다.('喲'자는 청대 이전의 典籍에서는 보이지 않는다. 이 글자는 근대에 생겨난 新字이다)

379 '觔'은 문중에서는 '筋'의 별체자로 쓰였다. '筋'의 속자로 '筋'이 있는데 '觔'은 이 글자의 대죽머리를 생략한 것 같다.

380 【項楚】'吸'은 '岌'의 訛字이다. '岌呇'은 요란한 소리를 형용한 것이다. 『文選』「長笛賦」에 보인다.

381 '手闌彰'은 原錄에서는 '平瀾闌彰'으로 되어 있다. 潘重規는 '瀾'은 原卷에서는 '闌'으로 되어 있다고 했는데 이는 옳다. 또 '平'자는 原卷에서는 사실 '手'로 되어 있다. 이에 의거하여 바로잡는다. '闌'은 가로막다는 뜻이며, 후대에는 '攔'으로 표기된다. '彰'은 '障'과 통한다. "日月手闌障"은 광대한 신통력을 형용한 것이다. 본편 주석 165)번을 참조 바란다.

一時空裏降, 齊總下雲來.
瑞彩千般擁, 祥花萬種堆,
象牙攢匼匝,[382] 龍腦熱徘徊.
更有毗耶衆, 奔波百萬堆,
六和持寶缽, 八敬捧金臺.
羅綺擕香印, 英賢掌寶槐.[383]
滿街塡塞鬧, 喜遇覺花開.
競到菴園會, 駢塡卒莫裁,
稠盈難下脚, 闐塞坐莓苔.
各各稱希有, 人人讚善哉,
世尊現何祥瑞也, 便請唱將來.
대범천의 범천들이
법회가 열린다는 말을 멀리서 듣고
시끌벅적 찬탄하고
요란하게 찬양한다.
오색 안개는 서상(瑞祥)을 드러내고

382 '匼匝'은 原錄에서는 '迨匝'으로 되어 있다. 【楊雄】 原卷에서 '匝'은 '迎'으로 되어 있다. 다음 구 "龍腦熱徘徊"가 나오는데 '迨迎'과 '徘徊'는 마침 대구가 되고 있다. '迎'자가 옳다. 【校注】 '徘徊'는 疊韻의 복합어로서, '迨迎'과 대구가 될 수 없다. 양씨의 견해는 옳지 않다. '迨迎'은 原卷에서는 본래 '迨迊'으로 되어 있는데 이는 사실 '匼匝'의 속서이다. '匚' 편방은 속서에서 흔히 '辷'이나 "廴으로 표기된다. 예를 들면 '匹'을 '迊'로, '匠'을 '近'으로(『干祿字書』에서 보임), '匣'을 '運'(P.3618 「秋吟」에 보임)으로 적는 것이다. 여기서 다시 변하여 '辶'로 적기도 한다. 唐 張守節 『史記正義』論字例에서 "匱匠從走"라 한 것은 이를 두고 한 말이다. 또 '廴'이나 '㢟'으로 적기도 하는데, 예를 들면 '匡'을 '進'(S.5441 「捉季布傳文」에 보임)으로, '匝'을 '迊'(S.2614 「大目乾連冥間救母變文」에 보임)으로 적고 있는 것이다. 그러므로 '匼匝'은 '匼迊'(『龍龕手鏡』 广部 '匼'자 주석에 보임)이나 '迨迊'(P.2319 「大目乾連冥間救母變文」: "不問貧富坊巷, 行於(已)迨迊, 總不見阿娘"에 보임)으로 변하였다. '迨迊'은 '迨迊'의 변형이다. '匼匝'은 '주위에 몰려 있음'을 뜻한다.(『說文解字』에서는 '匌帀'으로 되어 있다)
383 '寶槐'은 '寶槐'가 되어야 할 것 같다. '槐綬(印綬)' 같은 것을 가리킨다.

노을과 구름은 길상을 내비치는데
어지러이 줄 지어 서서
법륜왕을 향하여 절을 올린다.
제석이 천궁을 떠나는데
그 모습 유달리 환희에 차있다.
음악이 요란하게 울려 퍼지고
옥패는 잘그락거린다.
앞 다투어 유리의 보좌를 받들고
일제히 용뇌향을 사른다.
어지러이 줄 지어 서서
법륜왕을 향하여 절을 올린다.
무수한 천룡의 무리는
서로를 재촉하며 더욱 바쁜데
마음속의 생각 간절하여
구름 속에서 백호(白毫)의 빛을 향해 절을 올린다.
몸 빛깔은 다들 짙은 남색이고
마음은 모두 범과 늑대 같은데
어지러이 줄 지어 서서
법륜왕을 향하여 절을 올린다.
무수한 나찰의 무리는
기쁜 나머지 허공으로 튀어 오르는데
높디높은 구름 위로 솟구쳐 오르기도 하고
번쩍거리는 번개 속으로 사라지기도 한다.
머리카락은 나무가 빽빽이 들어서 있는 것 같고
몸에 난 터럭은 색광(色狂)을 가려내는데
어지러이 줄 지어 서서
법륜왕을 향하여 절을 올린다.

무수한 건달바의 무리
앞 다투어 악기를 불어대는데
비파의 현은 조급하고
갈고의 북채는 바쁘다.
경쟁하듯 피리를 불어대고
일제히 생황을 연주하는데
어지러이 줄 지어 서서
법륜왕을 향하여 절을 올린다.
무수한 아수라의 무리
해와 달의 광휘를 높이 치켜드는데
분노의 마음은 환희로 바뀌어
희색이 넘쳐흐른다.
수미산 주위를 선회하다가
보좌(寶座) 곁으로 달려 나가는데
어지러이 줄 지어 서서
법륜왕을 향하여 절을 올린다.
무수한 가루라의 무리
그 위세가 당당한데
독룡을 집어삼키고
맹수를 상처 입힌다.
눈과 입으로 성을 내고
힘줄은 치솟는 분노로 강건해지는데
어지러이 줄 지어 서서
법륜왕을 향하여 절을 올린다.
무수한 긴나라의 무리
신통력은 잠깐 사이에 물을 끓어오르게 하고
굉음을 지르며 하늘과 땅을 밀어젖히고

해와 달을 손으로 가로막는다.
암라원의 법문을 듣고자
모두 해안국(海岸國)의 향을 불사르며
어지러이 줄 지어 서서
법륜왕을 향하여 절을 올린다.
천인과 귀신들이
창공을 메우듯 줄지어 서 있다가
일시에 허공에서 하강하는데
일제히 구름을 타고 내려온다.
천 가지 상서로운 놀빛이 비쳐들고
만 가지 상서로운 꽃이 흩날린다.
상아(象牙)가 주위에 널려 있고
용뇌(龍腦) 향기 은은하다.
또 비야리성의 중생들
헤아릴 수 없이 밀려드는데
육화경(六和敬)[384]을 실천하며 보배로운 바리때를 들고
팔경법(八敬法)[385]을 지키며 황금 누대를 떠받든다.
화려한 옷에 향기로운 향을 들고서
영현(英賢)들은 인수(印綬)를 들고 있다.
거리 가득 모여들어

384 불교교단의 화합을 위해 설정한 여섯 가지 계율. 몸으로 화합하여 공경하고, 입으로 화합하여 공경하고, 뜻으로 화합하여 공경하고, 계행으로 화합하여 공경하고, 소견으로 화합하여 공경하고, 이익으로 화합하여 공경하는 것이다.

385 비구니가 지켜야할 여덟 가지 계율. ① 비구니는 보름마다 비구의 지도를 받으라, ② 비구를 따라 안거(安居)하라, ③ 안거가 끝나면 자자(自恣 : 자신이 범한 죄를 대중 앞에서 고백하고 참회하는 것)하는 상대를 비구로 하라, ④ 비구에게 구족계를 받으라, ⑤ 비구를 비방하지 말라, ⑥ 비구의 죄를 들어 잘못을 말하지 말라, ⑦ 가벼운 죄를 범했을 때는 비구에게 가서 참회하라, ⑧ 출가수계(出家受戒)를 받고 100년이 지난 비구니라 할지라도 새로 수계 받은 비구를 예우하라 등이다.

부처와의 만남을 기뻐한다.
앞 다투어 암라원 법회로 몰려드는데
그 모습 끊임없이 이어진다.
발 디딜 틈 없이 빼곡하고
푸른 이끼처럼 자리를 그득 메웠다.
다들 참으로 드문 일이라 말을 하고
모두들 훌륭하도다 찬탄한다.
세존께서 어떠한 상서로움을 내보이시는지
곧 창(唱)으로 나오리라.

(首缺)賢聖[386]同□□□□, □□□□□□□,
滿園菩薩星冠[387]蔟, 一會□□□□□.
魚梵奏時聲了遶,[388] 金幢搖處韻釘鐺,
顒顒翹仰心專切, 萬萬千層禮覺皇,

第二, 辟[389]如須彌山王顯于大海, [安處衆寶][390]師子之坐.[391] 偈:
佛力難思變現强, 逈於群衆獨[392]超詳,
巍巍岳色沖天淨, 蕩蕩金容比日光.
三界鎭時爲巨燭, 四生長是□□□,

386 '賢聖'은 原錄에서는 '聖賢'으로 오록되어 있다. 潘重規는 原卷에서는 '賢聖'으로 되어 있다고 하였다. 이에 의거하여 바로잡는다.
387 '冠'은 原錄에서는 '訝'으로 되어 있다. 潘重規는 原卷에서는 '冦'으로 되어 있는데 이는 곧 '冠'자라고 하였다. 【校注】 반씨의 견해는 사실에 가깝다. '星冠'은 무수한 보살을 비유한다. 아래 문장 "如衆星攢於夜月, 似群岳蔟於須彌"을 참고할 필요가 있다.
388 '了遶'는 '繚繞(피어오르다, 감돌다)'와 같다.
389 '辟'은 '譬'로 보아야 한다. 『維摩詰經』 경문에서는 '譬'로 되어 있다.
390 '安處衆寶' 네 글자는 原卷에는 없다. 『維摩詰經』 경문에 의거하여 임의로 보충한다. 본편 아래 문장의 인용경문 역시 이 네 글자가 있다.
391 '坐'는 '座'와 같다. 『維摩詰經』 경문에서는 '座'로 되어 있다.
392 '獨'은 原錄에서는 '揭'로 오록되어 있다. 潘重規는 原卷에서는 '獨'으로 되어 있다고 하였다. 이에 의거하여 바로잡는다.

須彌高廣將爲喩, 顯我如來大法王.

第三, 弊[393]於一切諸來大衆. 偈:

盛德巍巍逈不群, 此時方顯相儀眞,
黃金足下千花印, 紫磨胸前万字新.
青眼似蓮澄碧沼,[394] 白毫[395]如鍊[396]照乾坤,
菴園聖[397]會何(河)[398]沙衆, 沒一個端嚴似世尊.

所以經云:「弊(蔽)於一切諸來大衆.」

(앞부분 빠져 있음) 성현은 (   )
(   )
한량없는 보살들이 암라원에 모여들고
(   )
범패 소리 피어오르고
당번(幢幡)[399]은 이리저리 나부낀다.
공손히 우러르며 마음 더욱 전일해지는데
수천수만이 각왕(覺王)[400]에 절을 올린다.

둘째, 수미산이 바다 위에 나타난 듯 여러 보배로 꾸민 사자좌에 앉으셨다. 게송:

---

393 '弊'는 '蔽'와 통한다. 『維摩詰經』 경문에서는 '蔽'로 되어 있다.

394 '沼'는 原錄에서는 '治'로 오록되어 있다. 潘重規는 原卷에서는 '沼'로 되어 있다고 하였다. 이에 의거하여 바로잡는다.

395 '白'자는 原錄에서는 궐문으로 되어 있다. 徐震堮은 궐문이 '白'자가 되어야 한다고 했는데 정확하다. 이 글자는 原卷에서는 파손되어 있지만 세밀히 살펴보면 '白'자임을 알 수 있다. 이에 의거하여 보충한다. '白毫'는 여래 32상의 하나이다. 두 눈썹 사이의 하얀 터럭을 말하는데 오른쪽으로 말려 있다. 마치 하늘의 태양처럼 밝은 빛을 발한다. 隋嘉祥『法華義疏』 권3에 상설되어 있다. 아래 문장 "放白毫之眉相, 閃爍東西"에서도 '白毫'라는 문구가 보인다.

396 '鍊'을 徐震堮은 '練'이라 교정하였다.

397 '聖'은 原錄에서는 '盛'으로 오록되어 있다. 여기서는 原卷에 의거하여 바로잡는다.

398 '何'는 '河'와 통한다. 原錄에서는 임의로 '河'로 수정하였는데 이는 옳지 못하다.

399 법회 따위의 의식이 있을 때에, 절의 문 앞에 세우는 깃발.

400 깨달음의 가장 높은 위치에 있다는 뜻으로, '부처'를 달리 이르는 말.

부처의 변현력(變現力)은 상상하기 힘드니
수많은 무리 속에서 홀로 우뚝하도다.
높디높은 산봉우리가 하늘 높이 솟아있는데
황금빛 얼굴은 햇살처럼 훤칠하다.
삼계(三界)를 교화할 때는 거대한 등불이 되고
사생(四生)을 (　　　　　　　　　　　　)
높고 넓은 수미산처럼
우리 여래 대법왕께서 나타나시었다.

셋째, 모든 대중을 압도하였다. 게송:

높디높은 성덕(盛德)은 무리를 벗어나는데
이때 그 참 모습을 내보이신다.
황금빛 발아래로 온갖 꽃이 피어나고
자마황금 가슴에는 만(卍)자가 새롭다.
맑은 눈은 푸른 연못에 핀 연꽃 같은데
백호는 하늘과 땅을 두루 비춘다.
암라원에 모인 수많은 성인과 중생들
모두가 단엄하여 세존을 닮아 있다.

그리하여 경전에서는 "모든 대중을 압도하였다"고 한 것이다.

於是巍巍聖主, 蕩蕩慈尊, 居賢聖之中, 處菴園會裏, 聲聞可八千之衆, 道貌鏘鏘; 菩薩乃三萬餘人, 威儀濟濟. 梵王之獻花獻果, 合掌勤勤; 帝釋之持蓋持鬘,[401] 虔誠切切. 天龍及夜叉之輩, 想金容而翹注不移; 修羅與羅刹之徒,[402] 瞻玉毫[403]而志心暮(慕)戀. 更有迦羅樓[404]

401 '鬘'은 原卷에서는 '鎊'으로 되어 있는데 이는 '鬘'의 이체자인 '鎊'의 변형이다. '鬘'은 '華鬘', '花鬘'이라고도 부르며 '瓔絡'을 가리킨다.

402 '徒'는 原錄에서는 '清'으로 되어 있다. 徐震堮은 이를 '儔'의 형와자로 보았고, 劉凱鳴은 '群'의 음와자로 보았으며, 潘重規는 '妻'의 음와자로 보았는데 모두 정확하지

衆, 奏瑟瑟之[405]淸音; 緊那羅王, 調鈴鈴[□](之)雅樂. 簫笛絃管, 螺鈸鉑銅, 齊聲而競[406]演宮商, 合韻而皆吟法曲. 更有六和上士, 坐竹徑而遙視如□(來); □□□□,[407] 躡莓苔之[408]仰瞻大覺. 萬千英彥, 無數綺羅, 心貞志而躍躍興興, 體逶迤而遙遙[409]拽拽. 滿筵大衆, 合會天人, 圍世尊而百匝千番, 在菴園而駢塡闐[410]塞. 如衆星攢於夜月, 似群岳

못하다. 原卷의 글자를 자세히 살펴보면 '[illegible]'로 되어 있는데 이는 '徒'의 초서체이다. 돈황사본에서 '徒'자는 흔히 '[illegible]'로 표기된다. 본문의 글자는 그것의 변형이다. "修羅與羅刹之徒"는 위 문장 "天龍及夜叉之輩"와 대구가 되며 문맥에도 부합된다.

403 [劉凱鳴] '毫'는 '貌'의 오자이다. '玉貌'는 변문에서 자주 쓰인다. [校注] '玉毫'는 불교 술어로서 佛光을 가리킨다. 慧琳『一切經音義』卷11 : "玉毫, 胡高反, 假借字也. 正體從毛作毫. 言玉毫者, 如來眉間白毫毛也, 皓白光潤, 猶如白玉. 佛從毫相放大光明照十方界, 故云玉毫瑞色也." 본편 아래 문장 "瞻視玉毫無暫捨, 只希金口早宣揚" 또 "帝子庶人生踴躍, 一時遙禮玉毫中." P.2292「維摩詰經講經文」: "하얀 백호는 눈부신 빛을 쏘아 천지의 색깔을 바꾼다(皎皎玉毫, 燦爛而乾坤換色)." 이들 '玉毫'는 모두 같은 뜻이다. 유씨의 견해는 옳지 않다.

404 原卷에는 '樓' 뒤에 '羅'자가 쓸데없이 더 붙어 있다. 여기서는 楊雄의 교주에 의거하여 삭제한다. 불교는 제천의 귀신과 용을 八部로 나눈다. '迦樓羅'는 금시조를 말하고 뒤의 '緊那羅'와 대구가 된다. 이 둘은 각각 팔부의 하나다. 原錄에서는 '迦羅樓羅'와 '緊那羅王'에 고유명사 부호를 붙였으나 불필요하다.

405 '瑟瑟之'는 原錄에서는 '瑟了了'로 되어 있다. [郭在貽] '了'자는 '瑟'의 중복부호인 'ㄋ'이고, 두 번째 '了'는 衍文이다. [潘重規] 原卷은 '瑟瑟'인데『變文集』에서는 '瑟了了'라 오록하였다. [校注] 原卷에서는 본래 '瑟ㄋʒ'로 되어 있는데 'ㄋ'는 '瑟'의 중복부호이다. (돈황사권에서의 중복부호는 대개 이 형태로 되어 있어서 '了'자와 쉽게 혼란을 일으킨다) 'ʒ'는 '之'자의 초서체이다. 위 문장 "天龍及夜叉之輩"와 아래 문장 "安處衆寶師子之坐"의 '之'자가 原卷에서는 모두 이 형태로 되어 있음을 염두에 둘 필요가 있다. 이 문구에서의 '之'자는 연문이 아니라 다음 구 '鈴鈴' 뒤에 누락된 '之'자이다.

406 '競'은 原卷에서는 '竟'으로 되어 있고, 徐震堮은 이를 '競'자로 보았다. '竟'은 '競'의 속자이다. 필사본에서 자주 보인다. 原校에서는 '並'으로 되어 있는데 이는 잘못이다.

407 原卷과 문맥에 의거하건대 이곳에는 네 글자가 잔결되었다. 原錄에서는 세 개의 빈칸을 남겨 놓았는데 정확하지 못하다. 앞 두 개의 궐자는 '八敬'인 듯하며, 앞의 '六和'와 대구가 된다.

408 [徐震堮] '之'는 '而'가 되어야 한다. [校注] '之'는 '而'와 같기에 '之'자는 굳이 수정할 필요가 없다. 위 문장 주석 31)번을 참조 바란다.

409 '遙遙'를 楊雄은 '搖搖'로 보았는데 이는 옳다.

410 '闐'은 原卷에서는 '[illegible]'로 되어 있는데 이것은 '闐'자이다. 原錄에서는 '[illegible]'으로 되어 있는데 이는 사실이 아니다.

蔟於須彌. 落落無倫, 堂堂[□□],[411] 菩薩迥然之相好, 天人多種而莊嚴,[412] 梵王威德故難論, 帝釋形儀渾不及. 若對我佛福相, 無漏眞容. 狀螢火敵於日輪, 同丘土齊於山岳. 實難疋喻, 莫已等量, 難將[413]有相之身, 陪厠[414]無爲之體. 致使佛光最[415]勝, 掩耀群霞. 聖力獨超, 遮闌宇宙. 今則[416]菴園演唱, 法會開宣, 如須彌迥聳於千峰, 似巨海淹流於萬派.[417] 所以龍天仰望, 賢聖瞻攀, 人人歌希有之鋏,[418] 個個稱善哉之字. 這日何砂[419]意之稽首, 塵數心之歸依, 只希大振於春雷, 咸願廣沾[420][□](於)[421]法雨. 聖心未測, 聖意難思, 聖貌忻忻, 聖顏躍躍.

---

411 原卷에서는 '堂堂' 뒤에 두 글자가 빠져 있다. "堂堂□□"은 "落落無倫"과 대구가 된다. 原錄에서는 '堂堂菩薩'네 글자를 붙여 읽고 있는데 이는 잘못이다.

412 '莊嚴'은 原卷에서는 '嚴莊'으로 되어 있고 그 옆에 갈고리 부호가 붙어 있다. 이에 의거하여 도치시켰다. 原錄에서는 '嚴莊'으로 되어 있다.

413 '將'은 原錄에서는 '得'으로 오록되어 있다. 楊雄은 原卷에서는 '將'으로 되어 있다고 했는데 이는 옳다. 이에 의거하여 바로잡는다.

414 '厠'은 原卷에서는 '瘌'으로 되어 있다. 潘重規는 『龍龕手鏡』의 "瘌, 俗音厠"을 인용하며 '厠'의 속자라고 하였다.

415 '最'는 原錄에서는 '取'로 되어 있다. 【校注】 原卷에서는 '冣'로 되어 있는데 이것은 '最'자이다. 돈황사본에서 '最'자는 흔히 '冣' 혹은 '冣'로 표기된다. 예를 들면 P.2299 「太子成道經」: "無憂花色冣宜觀." 여기서의 '冣'는 곧 '最'이다. '最勝'은 아래 문장 '獨超'와 짝이 된다. 原錄에서는 '取'로 되어 있는데 이는 잘못이다.

416 '今則' 두 글자는 原錄에서는 누락되어 있다. 潘重規는 原卷에는 이 두 글자가 있다고 하였다. 이에 의거하여 보충한다.

417 '派'는 原卷에서는 '泒'로 되어 있는데 이는 '泒'의 속서이다.(『龍龕手鏡』: "瓜部與爪部相濫." 돈황사본에서 '瓜' 편방은 흔히 '爪' 형태로 표기되곤 한다) '泒'는 또 '派'의 속자이다.(『干祿字書』에 보임)

418 이 글자는 原錄에서는 '鋏'로 되어 있다. 蔣禮鴻은 「變文字意對質錄」에 포함시켰다. 앞으로의 연구가 필요하다.

419 '砂'자는 原錄에서는 궐문으로 되어 있다. 【徐震堮】 '何□'은 '河沙'이다. '河沙意'는 '塵數心'에 대응된다. 【校注】 서씨의 견해는 옳다. '砂'자는 原卷에서는 좌측 상반부만 남아 있는데 본래 '砂'자인 듯하다. 이에 의거하여 보충한다.

420 '沾'은 原錄에서는 '治'로 되어 있다. 徐震堮은 이를 '沾'으로 보았다. 【校注】 原卷에서는 본래 '沾'자로 되어 있다. 이에 의거하여 바로잡는다.

421 '於'자는 原卷에서는 없다. 여기서는 문맥에 의거하여 임의로 보충하였다. 徐震堮은 앞 구의 '於'자가 연문이라고 하였는데 정확하지 못하다. 위 문장 "滿意望宜於妙法, 誠心願證(振)於春雷"와 문형이 비슷한데 여기에는 두 개의 '於'자가 들어 있음을 볼

放白毫之眉相, 閃爍東西, 舒紫磨之身光, 超過南北. 山川響振, 天地傾遙.[422] 盈空之花雨四般, 滿會之光分五彩, 遙遙璨爛, 遠遠鮮凝. 乾坤如把繡屏揁,[423] 世界似將紅錦展, 日月廣呈於瑞色, 江河大變於佳祥. 菴園衆聖罕希逢, 莫測此時神妙力.

所以經云:「辟如須彌山王顯於大海, 安處衆寶師子之坐, 弊(蔽)於一切諸來大衆.」

이때 높디높은 성주(聖主)이시자 광대한 자존(慈尊)께서 성현의 무리 속에 머무시고 암라원 법회에 거하셨다. 8천의 성문(聲聞)은 그 모습이 성대하고, 3만의 보살은 위의가 대단하다. 범왕은 꽃과 과일을 바치며 경건히 합장을 하고, 제석은 개(蓋)[424]를 들고 영락을 지니었는데 그 모습 경건하고도 정성스럽다. 천룡과 야차의 무리들은 금용(金容)[425]을 간절히 기다리며 자리를 뜨지 않고, 아수라와 나찰의 무리들은 옥호(玉毫)[426]를 바라보며 마음으로 흠모한다. 또 가루라의 무리는 맑은 소리로 악기를 연주하고, 긴나라왕은 아름다운 음악을 노래한다. 퉁소와 피리, 법라(法螺)와 요발(鐃鈸) 등이 일제히 앞 다투어 음악을 연주하는데 그 소리 한데 어우러져 법곡(法曲)을 이룬다. 그리고 육화경(六和敬)을 실천하는 승려들은 대숲에 난 소로(小路)에 앉아 먼발치서 여래를 바라본다. (

)은 푸른 이끼를 밟고 서서 대각을 우러러본다. 수천수만의 뛰어난 선비들은 화려한 옷차림을 하고 있는데 마음은 두근두근 흥분해

수 있다.

422 '遙'는 '搖'와 통한다. 原錄에서는 직접 '搖'로 수정하였는데 이는 타당하지 않다.

423 '屛'은 原卷에서는 '㡴'으로 되어 있는데 이것은 '屛'의 增旁俗字(편방을 첨가한 속자)이다. 또 '揁'자는 原錄에서는 '楨'으로 되어 있는데 여기서는 原卷에 의거하여 '揁'으로 기록한다. 불경에서는 흔히 '楨'자를 써서 '펼치다'는 뜻을 표시한다.(蔣禮鴻은 그 本字가 '幨', '幀'이라고 하였다) '揁'은 '楨'의 속자이다.('木' 편방을 '手' 편방으로 고치면 자형과 그 의미가 한층 더 잘 어울린다)

424 불좌 또는 높은 좌대를 덮는 장식품. 나무나 쇠붙이로 만들어 법회 때 법사의 위를 덮는다.

425 부처에 대한 존칭.

426 부처의 두 눈썹 사이에 있는 흰 털, 즉 백호(白毫)를 말함.

있고 몸은 서성대면서 들떠 있다. 자리를 가득 메운 중생들과 법회에 모인 천인들이 세존을 수백수천 겹으로 에워싸며 암라원을 빼곡히 채웠는데 그 모습이 마치 뭇 별들이 달 주위에 모여드는 듯하고 뭇 봉우리들이 수미산을 바라보는 듯하다. 견줄 바 없이 고고하고 당당한 보살의 빛나는 상호(相好), 천인(天人)의 화려한 장식, 범왕의 표현하기 어려운 위엄, 제석의 흉내낼 수 없는 위의(威儀). 이 모두를 우리 부처의 복상(福相)과 무루(無漏)의 참모습에 비견한다는 것은 마치 반딧불이 태양에 대적하는 것과 같고 언덕이 산악과 나란히 하려는 것과 같다. 실로 짝하기 어렵나니 견주려 하지 말라. 유상(有相)의 몸으로 무위(無爲)의 실체를 따라가기는 어렵다. 부처의 광휘는 가장 뛰어나니 뭇 노을을 보이지 않게 하고, 성력(聖力)은 홀로 뛰어나니 온 우주를 덮어 가린다. 지금 암라원에서 창(唱)을 하여 법회의 시작을 알리는데 마치 수미산이 무수한 봉우리들 틈에서 우뚝 솟아 있는 것 같고, 거대한 바다가 수많은 물줄기들을 용납하는 것과 같다. 그리하여 천룡이 앙망하고 성현이 첨앙하며 사람들은 참으로 드문 일이라며 노래하고 훌륭하다며 모두들 찬탄을 한다. 이날 항하의 모래알과 같은 마음들이 절을 올리고 티끌과 같은 무수한 마음들이 부처에 귀의하며, 다만 춘뢰(春雷)를 크게 떨치시어 법의 비가 흠뻑 내려주기를 희구할 따름이다. 성인의 마음은 측량할 수 없고 성인의 의도는 헤아리기 어려운데, 성인은 기쁜 모습을 하고 얼굴에는 즐거운 빛을 띠고 있다. 미간의 백호에서 발하는 광명은 동서를 반짝거리게 하고, 자마금의 몸에서 발하는 신광(身光)은 남북을 두루 비춘다. 산천이 진동하고 천지가 흔들리며 허공 가득 꽃비가 사방으로 흩날리고 오색 빛이 법회에 가득하다. 찬란하고도 그 고운 모습에 하늘과 땅은 수놓은 병풍을 펼쳐 놓은 듯하고 세상은 붉은 비단을 깔아놓은 듯하다. 해와 달은 상서로운 빛을 내리비추고 강물은 상서스럽게 변한다. 암라원에 모인 성인과 중생들은, 이는 만나기 드물다고 하는데, 이때 신묘한 능력을 헤아릴 길이 없다.

그리하여 경전에서는 “수미산이 바다 위에 나타난 듯 여러 보배로 꾸민 사자좌에 앉으시니 그 위엄이 모든 대중들을 압도하였다”고 하였다.

菴園聽衆如雲赴, 浩浩聖凡難止御,[427]
菩薩周圍三萬餘, 比丘圍繞千千數.
盡神通, 皆衆具, 道貌鏘鏘無比喻,
大煕威儀十相全, 端嚴爭似牟尼主.
比須彌, 滄海竪, 金玉諸山總朝聚,
迪聳淸霄突屼高, 接連碧海天臺柱.
千珍合就鏁[428]煙雲, 衆寶裝成籠瑞霧,
萬岳群峰盡不如, 端嚴將喻牟尼主.
梵天王, 天衆部, 福德威光咸仰輔,
百寶冠新盡戀瞻, 六殊(銖)衣晃皆談許.
巍巍人相比金蓮, 儡儡形身如玉柱,
恰到菴園佛會中, 端嚴爭似牟尼主.
諸天人, 帝釋侶, 也在如來說法處,
曜曜衣裝白[429]玉紋, 遙遙寶彩黃金[430]縷.
威儀滿足盡欽逢,[431] 福相周圓咸戀暮(慕),

427 ‘止御’는 原錄에서는 ‘正御’로 되어 있다. 袁賓은 ‘正’은 ‘匹’의 형와자이고 ‘御’는 ‘喻’의 音借라고 하였는데 정확하지 못하다. [校注] 原卷에서는 본래 ‘止御’로 되어 있는데 이는 곧 ‘止禦’이다. 이것은 같은 의미의 글자가 결합된 복합어이다. ‘御’는 ‘止’와 같다.

428 ‘鏁’는 原錄에서는 ‘鏵’으로 오록되어 있다. 潘重規는 原卷에서는 ‘鏁’로 되어 있다고 했는데 이는 옳다. 이에 의거하여 바로잡는다.

429 ‘白’은 原錄에서는 ‘百’으로 되어 있다. 徐震堮은 이는 ‘白’이 되어야 한다고 하였다. [校注] 原卷은 본래 ‘白’으로 되어 있다. 이에 의거하여 바로잡는다.

430 ‘黃金’은 原錄에서는 ‘金黃’으로 되어 있다. 徐震堮은 ‘金黃’ 두 글자가 도치되어야 한다고 했는데 이는 옳다. ‘黃金’은 앞의 ‘白玉’과 짝이 된다. 原卷을 살펴보면 본래 ‘金黃’으로 되어 있고, 그 우측 옆에 갈고리 모양의 부호가 붙어 있다. 이에 의거하여 수정한다.

431 [徐震堮] ‘逢’은 ‘遲’가 되어야 한다.

及至菴園佛會中, 端嚴爭似牟尼主.
滿菴園, 菩薩數, 各各神通足[432]祥序,
幾劫修持福惠彰, 無邊練行功勳普.
降魔除黨每勤勤, 運智興慈長楚楚,
大熈威儀十相全, 端嚴爭似牟尼主.
比丘僧, 羅漢數, 雅淡風標人嘆譽,
公子停車馬上瞻, 非[433]禽點[434]羽空中.
雪眉深深宴松巒,[435] 雲岥輕輕沾彩霧,
大熈威儀十相全, 端嚴爭似牟尼主.
天龍神, 烈[436]旗鼓, 八臂三頭多忿怒,
忽爾崑崙把動搖, 等閒滄海捻傾注.
有時踴躍會中來, 或卽[437]跳躑空裏去,
總到菴園大聖前, 威光難似牟尼主.
聖賢圍, 神鬼[438]護, 執劍擎槍相左(佐)肋(助),
只爲如來演法音, 圖[439]交(敎)凡衆沾甘露.

---

432 '足'은 原卷에서는 초서체로 되어 있다. 原錄에서는 이를 '呈'으로 오록하였다. 楊雄의 교주도 이와 같다.

433 '非'는 原錄에서는 '邪'로 오록되어 있다. 潘重規는 原卷에서는 '非'로 되어 있다고 했는데 이는 옳다. 이에 의거하여 바로잡는다. '非'는 문중에서는 '飛'로 보아야 한다.

434 '點'은 袁賓은 '斂'으로 교정하였고, 蔣冀騁은 '展'으로 교정하였다. 장씨의 견해는 사실에 가깝다. 「長興四年中興殿應聖節講經文」 주석 75)번을 참조 바란다.

435 '染染'은 原錄에서는 '深深'으로 되어 있다. 여기서는 原卷에 의거하여 바로잡는다. '染染'은 '冉冉'이 되어야 할 듯하다. 또 '宴'자는 原卷에서는 '宴'으로 되어 있는데 이는 '宴'의 속자이다.(『干祿字書』에 보임) 여기서는 '映'으로 보아야 할 것 같다. 이 문구는 해독하기 어렵다. 앞으로의 검토가 필요한 부분이다.

436 '烈'은 '列'이 되어야 한다.

437 '卽'은 原錄에서는 '助'로 되어 있다. 潘重規는 原卷에서는 '卽'으로 되어 있다고 하였다. [校注] 原卷은 본래 '即'으로 되어 있다. 반씨의 견해는 옳다. 아래 문장 "爾五百長者皆是國王之子, 卽合繼慕王宮, 嬌奢快樂"의 '卽'자가 原卷에서는 이 형태로 되어 있다.

438 '神鬼'는 原錄에서는 '鬼神'으로 되어 있다. 楊雄은 原卷에서는 '神鬼'로 되어 있다고 했는데 이는 옳다. 이에 의거하여 바로잡는다.

梵王持果獻金僊, 帝釋捻香添玉注,[440]
總向菴園會下[441]排, 高低歸仰牟尼主.
佛慈悲, 心願覆,[442] 累劫僧祇修六度,
每使和平離愛憎,[443] 任持智惠令堅固,
巍巍相貌白蓮花, 蕩蕩身形紫金柱,
萬種威光總不如, 方稱三界神通主.
암라원에 청중이 구름처럼 몰리는데
수많은 성인과 중생들로 제지하기 어렵네.
3만 여의 보살이 주위에 모였고
수천의 비구들이 주위를 에워쌌다.
신통력을 다하고 모든 중생들이 모였는데

439 '圖'는 原卷에서는 '啚'(이는 '啚'의 속자이고, '啚'은 또 '圖'의 속자이다)로 되어 있고 그 우측 아래에 '徒'자가 덧붙어 있다. 原錄은 이리하여 '徒'자를 기록하였다. [校注] 돈황사본에서는 흔히 본문 옆에 旁註를 다는 방식으로 문중의 오자를 수정하고 있다. 그러나 때에 따라서는 그 旁註 역시 오자인 경우도 있다. 예를 들면 본편 위 문장 "凡夫遇境處昏衢, 不弁迷途驀坑井" 原卷에서는 '途'자 우측 옆에 '徒'자가 덧붙어 있는데, 문맥으로 보아 '途'자는 틀림이 없다. 옆에 덧붙인 '徒'자가 오자인 것이다. 이 같은 경우가 발생하는 원인으로는 두 가지를 생각해 볼 수 있다. 하나는 필사자나 교열자가 다른 문장을 기록한 경우이고, 또 하나는 필사자나 교열자가 습관적으로 오류를 사실로 알고 있는 경우이다. 그러므로 사본 중의 방주를 곧이곧대로 믿어서는 안 되고 앞뒤 문맥에 비춰 옳고 그름을 선별해야 한다. 앞의 예문은 '圖'자로 보는 것이 문맥에 맞다. 이 문장의 의미는, 여래가 설법하는 목적은 뭇 중생들로 하여금 교훈을 얻게 하고자 함이라는 것이다.

440 '玉注'는 '玉炷'가 되어야 할 것 같다.

441 '下'는 原錄에서는 '一'로 오록되어 있다. 楊雄은 原卷에서는 '下'로 되어 있다고 했는데 이는 옳다. 이에 의거하여 바로잡는다.

442 原卷에서는 '覆' 앞에 초서체 '赴'자가 있다. 原錄에서는 이를 '趂'라 적고 있는데 이것은 글자가 될 수 없다. 문중의 '赴'는 '覆'의 음와자이다. 「葉淨能詩」: "황제가 나무를 보니 높이는 그 끝을 헤아릴 수 없고 가지는 三千大千의 세계를 덮고 있었다(皇帝見其樹, 高下莫測其涯, 枝條直赴三千大千世界)." 이 '赴' 역시 '覆'으로 보아야 한다. 그러므로 앞 구는 "佛慈悲, 心願覆"으로 보아야 한다.

443 '憎'은 原卷에서는 '忄' 편방이 '扌'으로 되어 있다. 이는 '憎'의 속서이다. 原錄에서는 이를 '增'으로 적고 있는데 이는 잘못이다.

그 광경 비할 바가 없이 장관이다.
십상(十相)을 갖춘 그 위의(威儀) 대단하나
어찌 석가모니의 단엄함에 비할 수 있을까.
마치 수미산이 바다 위에 우뚝 솟았는데
금옥(金玉)으로 된 산들이 모두 [수미산을] 바라보는 듯하다.
[수미산은] 푸른 하늘위로 우뚝 솟아 있고
푸른 바다의 기둥과 연결돼 있다.
갖은 보물들이 구름처럼 모여들고
여러 보배들이 상서로운 안개를 이루었다.
수많은 산봉우리들 모두 [수미산만] 못하니
어찌 석가모니의 단엄함에 비할 수 있을까.
범천왕과 천중(天衆)[444]의 무리들
그 복덕과 위광은 모두 [부처의 단엄함을] 더한다.
화려한 보관(寶冠)을 쓴 이는 [부처를] 우러러보고
반짝이는 육수의(六銖衣)를 입은 이는 [부처를] 찬양한다.
뛰어난 풍모는 황금 연꽃에 비견되고
우뚝한 체구는 옥주(玉柱)를 닮았다.
마침 암라원 법회에 이르렀는데
어찌 석가모니의 단엄함에는 비할 수 있을까.
모든 천인과 제석천
여래의 설법처에 왔는데
눈부신 옷에는 백옥의 무늬가 있고
황금빛 술이 이리저리 흔들거린다.
위의는 만족할 만하여 다들 흠모하고
복상(福相)을 두루 갖춰 모두가 연모한다.

444 욕계(欲界), 색계(色界), 무색계(無色界)에 살고 있는 하늘의 모든 유정(有情).

이들이 암라원 법회에 이르렀는데
어찌 석가모니의 단엄함에는 비할 수 있을까.
암라원을 가득 메운 보살들
각각 신통력을 갖추고 거동이 점잖다.
여러 겁 동안 [계율을] 수지하여 복덕이 빛나고
한없는 수행으로 공덕이 깊다.
힘써 악마의 무리를 굴복시키고
지혜를 운용하고 자비를 베푼다.
십상(十相)을 갖춘 그 위의(威儀) 대단하나
어찌 석가모니의 단엄함에 비할 수 있을까.
비구와 나한의 무리
그 고상한 풍채에 사람들은 감탄하는데
공자는 수레를 멈추고 말 위에서 바라보고
나는 새는 날개를 펼치고 허공에서 내려다본다.
눈(雪)처럼 하얀 눈썹은 소나무와 산을 비추고
구름 같이 가벼운 옷에서는 오색 안개가 묻어난다.
십상(十相)을 갖춘 그 위의(威儀) 대단하나
어찌 석가모니의 단엄함에 비할 수 있을까.
천룡은 깃발과 북을 들고 있는데
팔 여덟 개에 머리가 세 개인데 매우 분노한 모습이다.
홀연 곤륜산을 쥐어흔들고
창해의 물을 가볍게 쏟아 붓는다.
법회로 내달려오는가 하면
허공 속으로 뛰어오르기도 한다.
마침내 암라원 대성(大聖) 앞에 이르렀는데
그 위광은 석가모니에 비견하기 어렵다.
성현이 에워싸고 귀신이 수호하는데

검과 창을 들고서 서로를 고무한다.
단지 여래께서 법음(法音)을 설하여
뭇 중생들에게 감로(甘露)를 내리시기를.
범왕은 과일을 가져와 금선(金仙)에게 바치고
제석은 향을 집어 옥 향로에 꼽는다.
모두 암라원 법회 아래 모였는데
[수행의 경지가] 높고 낮은 모든 이들이 석가모니를 우러른다.
부처의 자비심은 심원(心願)을 덮어 가리고
수차례의 아승기겁 동안 육바라밀을 수행한다.
마음을 다스려 애증을 멀리하고
지혜를 갖추어 꾸준히 수행하라 하신다.
우뚝한 풍모는 백련 꽃 같고
탕탕(蕩蕩)한 육신은 자금(紫金) 기둥 같다.
수많은 위광(威光)도 [석가모니의 위광만] 못하나니
이리하여 삼계(三界)의 신통주(神通主)라 불린다.

平[445] 聖賢羅烈(列)百千强,[446] 旋繞如來紫磨光,
瞻視[447]玉毫無暫捨, 只希金口早宣揚.
衆於會裏伸翹仰, 佛向眉間現吉祥,
浩浩菴園皆讚嘆, 方稱三界法輪王.
大覺巍巍寶焰裝, 逈於花坐獨[448]芬芳,
丹脣似果頻婆色, 雙眼如蓮戒定香.

445 '平'은 곡조를 표시하는 글자이다. 原錄에서는 이를 빠트렸는데 여기서는 原卷에 의거하여 보충해 넣는다.

446 '强'은 原錄에서는 '張'으로 오록되어 있다. 楊雄은 原卷에서는 '强'으로 되어 있다고 했는데 이는 옳다. 이에 의거하여 바로잡는다.

447 '視'는 原錄에서는 '現'으로 오록되어 있다. 여기서는 原卷에 의거하여 바로잡는다.

448 '獨'은 原錄에서는 '搯'으로 오록되어 있다. 여기서는 原卷에 의거하여 바로잡는다.

昔日威神咸啓[449]仰, 此時人相倍尋常,
眉間毫彩分明現, 閉卻菴園萬種光.
黃金丈六處花臺, 將欲敷揚[450]法義開,
面上五條光彩彩, 眉邊兩[451]道色皚皚.
乾坤似把紅羅展, 世界如舖錦繡堆,
廣現百般希有事, 看看便是振春雷.
菴園這百繞俳佪, 浩浩傾瞻讚善哉,
天雨四花空閃閃, 地搖六振[452]響摧摧.
聖心未委宣何法, 人意難思莫測猜,
高下此時皆作念, 阿誰爲衆請如來.
牟尼愍察衆情懷, 花坐顒顒喜色開,
欲應根機傾法寶, 擬嗟群品雨珍才.[453]
朱脣啓處紅蓮坼, 皓齒凝時[454]白玉排,
大覺世尊[455]纔說法, 更有阿誰後到也[唱將來].[456]

평(平) 수백수천의 성현들이 늘어서서

---

449 [徐震堮] '啓'는 '企'가 되어야 한다.

450 '揚'은 原錄에서는 '揚'으로 오록되어 있다. 徐震堮은 이를 '揚'으로 교정하였다. [校注] 原卷에서는 본래 '揚'으로 되어 있다. 이에 의거하여 바로잡는다.

451 '兩'은 原錄에서는 '萬'으로 되어 있다. 楊雄은 原卷에서는 '多'로 되어 있는 듯하다고 했다. [校注] 原卷에서는 '[illegible]'으로 되어 있는데 이것은 '兩'의 초서이다. 이에 의거하여 바로잡는다.

452 '振'은 '震'과 통한다. "地搖六振"은 신통력에 감응되어 대지가 여섯 가지 모양으로 흔들린다는 뜻이다. 『佛學大辭典』「六種震動」 항목을 참조 바란다.

453 '才'는 原錄에서는 '中'으로 오록되어 있다. 潘重規는 原卷에서는 '才'로 되어 있다고 했는데 이는 옳다. 이에 의거하여 바로잡는다. 徐震堮은 '中'은 '瑰'라고 하였는데 정확하지 못하다.

454 '時'는 原錄에서는 초서체 '時'자의 변체로 되어 있다. 原錄에서는 '特'로 되어 있는데 이는 사실과 다르다.

455 '世尊'은 原錄에서는 '世界'로 되어 있다. 徐震堮은 이를 '世尊'으로 교정하였는데 이는 옳다. 原卷에서는 본래 '世尊'으로 되어 있다. 이에 의거하여 바로잡는다.

456 [原校] '唱將來' 세 글자는 앞의 경우에 의거하여 보충해 넣는다.

자마황금으로 빛나는 여래를 에워싸고 있다.
한순간도 옥호(玉毫)에서 눈을 떼지 않고 우러르며
어서 빨리 법문을 설해주시기만을 희구한다.
법회에 모인 중생들은 간절히 우러르는데
부처는 미간에서 길상을 내보이신다.
드넓은 암라원[에 모인 청중]이 모두 찬탄을 하나니
이리하여 삼계의 법륜왕이라 불린다.
우뚝하신 대각(大覺)은 보배의 빛으로 수식(修飾)을 하고
연화좌에 앉아계시는데 은은한 방향(芳香)이 풍긴다.
붉은 입술은 사과 빛깔을 닮았고
두 눈은 계향(戒香)과 정향(定香)을 닮았다.
지난날 부처의 위신(威神)에 소망이 이루어지기를 기원하곤 하는데
이날은 보통 때를 훨씬 능가한다.
미간의 백호에서 빛이 발하니
암라원은 수많은 빛으로 뒤덮인다.
일장육척의 황금빛 육신이 연화좌에 앉으시어
이제 곧 법문을 열려 하신다.
얼굴에서는 오색의 빛줄기가 뿜어져 나오고
미간에서는 두 갈래 하얀 빛이 발산된다.
천지는 붉은 비단을 펼쳐 놓은 듯하고
세상은 수놓은 비단을 깔아놓은 듯하다.
여러 가지 희귀한 일을 널리 드러내 보이시며
서서히 춘뢰를 떨치신다.
암라원의 청중들은 이날 [석존] 주위를 에워싸며
[석존을] 우러러보며 훌륭하시다, 찬탄한다.
하늘에서는 반짝반짝 사화(四華)[457]가 흩날리고
땅은 꽈르릉 육종으로 진동한다.

성현들은 [석존이] 무슨 법을 설하실지 알지 못하고
사람들은 헤아리기 어려워 알 길이 없다.
고하(高下)가 이때 모두 기다리고 있는데
누가 중생을 위하여 여래께 청을 올릴까.
석가모니, 중생의 속마음을 살피시고는
연화좌에 앉아 온화한 미소를 지으신다.
근기(根機)에 맞게 법문을 펼치시고자
중생의 능력을 헤아려보신다.
붉은 입술이 열리니 붉은 연꽃이 피어나고
하얀 치아 보이는데 백옥이 가지런하다.
대각세존 비로소 설법을 하시는데
또 누가 이르는지 창(唱)이 곧 나오리라.

經[458]云:「爾時毗耶離大城中,[459] 有長者子名曰寶積, 與五百長者子, 俱持七寶蓋來詣佛所.」

問: 爾五百長者皆是國王之子, 卽合戀慕王宮, 嬌奢快樂, 因甚厭棄奢花, 也來聞法. 答: 緣毗耶城內, 有一居士, 名號維摩, 他緣是東方無垢世界金粟如來, 意欲助佛化人, 暫住娑婆穢境. 緣國無二王, 世無二佛, 所以權爲長者之身, 示現有妻子男女, 在毗耶城內, 頭頭接物, 處處利生, 處城中無不歸依, 在皇闕尋常教化. 毗耶國王, 禮爲國老. 知道我佛世尊, 在菴園說法, 欲彰利濟之心, 遂入王宮教化得五百太

457 석가모니가 법화경을 설할 때 상서로운 조짐으로서 하늘에서 내려온 네 가지 연화. 백련화, 대일련화, 홍련화, 대홍련화이다.

458 原錄에서는 '經' 앞에 '所以' 두 글자가 더 들어 있다. 潘重規는 原卷에는 없다고 하였다. 【校注】 '所以' 두 글자는 문장의 범례에 비춰보건대 있을 수 없기에 여기서는 삭제한다.

459 현존하는 『維摩詰經』 경문 판본에는 '大'자와 '中'자는 없다. 楊雄은 이 두 글자를 삭제해야 한다고 했는데 그럴 필요는 없다.

子, 第一王宮敎化:

知道菴園演正眞, 入王宮內化王孫.

如煙柳下排公子, 似錦花前烈(列)綵嬪,

畫舸信從流水去, 白醪攜得滿盃斟.

維摩直到貪歡處, 敎化令[460]交(敎)禮世尊.

時寶積等聞維摩此語, 卻問居士曰:「不委菴園世尊何時說法?」居士曰:「汝速排批,[461] 今整(正)是時.」居士遣偈:

貪在王宮取意[462]爲, 花蔭柳影從嬪妃,

紫雲樓上排絲竹, 白玉[463]庭前舞拓(柘)枝,

空戀笙歌嫌景促, 不憂虛幻悟[464]心遲.

汝須火急相催去, 筭[465]得宣揚整(正)是時.

경전에서 말하기를, "이때 비야리성에는 보적이라는 장자의 아들이 있었다. 다른 장자의 아들 5백 인과 같이 칠보로 꾸민 일산을 가지고 부처님 계신 곳에 왔다."

질문: 이 5백의 장자는 국왕의 아들들로서 모두 왕궁에서 사치와 쾌락을 즐겨야 마땅하거늘, 그러한 화려한 생활에 염증을 느껴 부처의 법문을 들으러 온 것인가? 대답: 비야리성에 한 거사가 있는데 이름이 유

460 '令'은 原錄에서는 '合'으로 되어 있다. 【原校】 原卷에서는 '令'으로 되어 있다. 문맥에 비춰 봐도 '令'자가 맞다.('合'자는 속서에서 간혹 '令'자와 구분이 안 된다)

461 '批'는 原錄에서는 '枇'로 되어 있다. 【校注】 原卷에서는 '批'로 되어 있다. 좌측의 '比'는 앞의 '排'자와 관련하여 편방이 유사하게 변한 것이다.

462 '取意'는 '隨意(마음대로)'라는 뜻이다. P.2305「解座文匯抄」: "관세음보살을 염하시고 대세지보살을 찾으시면, 극락의 문이 열려서 하고 싶은 바를 마음껏 하실지니(念觀音, 求勢至, 極樂門開隨取意)." '隨取意'는 곧 '隨意'이다. '取'와 '隨'는 같은 뜻이다. '取隨'는 동의의 글자가 결합된 복합어이다. 여기서는 項楚의 견해를 참고했다.

463 '白玉'은 原錄에서는 '皇□'으로 오록되어 있다. 潘重規는 原卷에서는 '白玉'으로 되어 있다고 했는데 이는 옳다. 이에 의거하여 바로잡는다.

464 '悟'는 原錄에서는 '恰'으로 오록되어 있다. 楊雄은 原卷에서는 '悟'로 되어 있다고 했는데 이는 옳다. 이에 의거하여 바로잡는다.

465 '筭'은 原錄에서는 '算'으로 되어 있다. 여기서는 原卷에 의거하여 바로잡는다. '筭'은 '算'과 같은 뜻이지만 직접 '算'으로 기록하는 것은 합당하지 못하다.

마이다. 그는 동방 무구세계의 금속여래(金粟如來)인데 중생을 교화하는 부처님을 돕고자 잠시 이 사바세계에 머물고 있다. 나라에는 두 왕이 없고 세상에는 두 부처님이 없는 법이기에, 장자의 몸을 빌어 아내와 자식을 거느린 채 비야리성에 살면서 도처에서 사람들을 대하고 곳곳에서 중생을 이롭게 하니, 성안에서 그에게 귀의하지 않은 자가 없었고 왕궁에서도 자주 교화를 펼쳤다. 비야리국의 국왕은 그를 국로(國老)로 예우하였다. 유마는 불세존께서 암라원에서 설법을 하시어 중생을 이롭게 하려 하심을 알고는 마침내 왕궁으로 들어가 5백 태자를 교화시켰다. 첫째 왕궁에서의 교화:

암라원에서 진경을 설하신다는 소식을 듣고
왕궁으로 들어가 왕손(王孫)을 교화시킨다.
버드나무 아래 공자들이 줄지어 있는 모습이
마치 금화(錦花) 앞에 화려한 옷차림을 한 궁녀들이 늘어서 있는 듯하다.
그림 같은 배가 물을 따라 흐르고
미주(美酒)가 술잔 가득 담겨 있다.
유마는 곧장 환락을 탐하는 곳[466]으로 들어가
세존께 예배를 올리도록 그들을 교화시켰다.

이때 보적 등이 유마의 말을 듣고 물었다. "암라원에서 세존께서 언제 설법을 하시는지 모르겠습니다." 이에 거사가 대답하였다. "그대들은 속히 떠날 채비를 하여라. 바로 지금이다." 거사의 게송:

왕궁에서 뜻 가는대로 행하고
꽃그늘 버드나무 그늘 사이로 궁녀들이 따르며
자운(紫雲)의 누각 위로 음악소리 들려오고
백옥의 뜰 앞에서 자지무(柘枝舞)를 추는구나.
공연히 음악에 빠져 빨리 흐르는 시간 불평하고

466 왕궁을 가리킴.

깨달음을 향한 마음 더딤은 걱정하지 않는구나.
그대들은 서둘러 떠날 일이니
설법은 바로 지금이다.

爾時居士種種說法, 教化王孫, 令往菴園. 禮佛聽法. 當時五百王子寶積等, 請居士同去. 偈:

既沐慈悲化不[467]才, 衷心感激百千迴,
若非勸[468]誘迷徒[469]切, 爭得舟航嶮浪開.
願借光陰與引道, 全憑巨力作梯楳.[470]
弟兄五百慇懃請, 居士相隨也去來.

居士曰 : 比欲相隨, 今願倍(陪)從. 偈:

深謝蒙邀賜挈倍(陪), 自然清眼眼雙開,
菩提道徑希逢遇, 嶮路舟舡罕得楳.[471]
似玉磨籠[472]多巧妙, 如雞負[473]卵應時堆.[474]
畢期[475]有意親聞法, 情願相隨也去來.

---

467 '不'은 原錄에서는 '小'로 되어 있다. 【校注】 原卷에서는 '不'자로 되어 있는 듯하다. '不才'는 겸어이다. 이리 보면 문맥상으로도 비교적 잘 통한다.

468 '勸'은 原錄에서는 '勤'으로 오록되어 있다. 여기서는 原卷에 의거하여 바로잡는다.

469 【徐震堮】 '迷徒'는 '迷途'가 되어야 한다. 【校注】 '迷徒'는 미망에 빠진 중생, 즉 '勸誘'의 대상을 가리킨다. 서씨의 견해는 틀렸다.

470 '梯楳'는 原錄에서는 '楳楳'로 되어 있다. 徐震堮은 '梯媒'가 되어야 할 것 같다고 했는데 이는 옳다. 앞 글자는 原卷에서는 '楳'로 되어 있는데 이는 속체 '梯'자의 변형이다.(다음 구 '弟兄'의 '제'자가 原卷에서는 '苐'로 되어 있다) 原錄의 글자는 정확하지 못하다. '楳'는 '媒'자가 앞 글자와 관련하여 편방이 그와 같게 변한 것이다. '梯媒'는 '媒介'이다.

471 '楳'는 '媒'로 보아야 한다.

472 '磨籠'은 '磨礱'으로 보아야 한다.

473 '負'는 張金泉은 '孵'의 가차자라고 하였는데 이는 옳다.

474 '堆'는 '摧'로 보아야 한다. "如雞負卵應時堆"는 어미닭이 병아리를 부화시키고 병아리는 때를 맞춰 껍질을 깨고 나온다는 뜻이다.

475 '畢期'는 蔣禮鴻은 '必其'로 보아야 하며 '만약'이란 뜻이라고 하였다. 『通釋』의 해당 항목을 참조 바란다.

於是五百長者各持七寶傘蓋, 逡與居士相隨, 皆出王宮去也. 偈:

維摩倍[476]從禮金僊, 寶蓋裝持色樣鮮,
白玉鬥成龍鳳巧, 黃金縷[477]出象牙邊.
煙霞飛晃光明耀, 珠網玎瑠響韻連,
浩浩滿街人總看, 此時[478]王子往菴園.

이때 거사는 여러 가지 설법으로 왕손을 교화시켜 암라원으로 가서 부처님께 절을 올리고 법문을 듣도록 하였다. 이때 보적을 비롯한 5백 왕자는 거사에게 함께 갈 것을 청했다. 게송:

미련한 저희를 교화시키신 자비를 입었으니
마음속으로 수백수천 번 감격하네.
만일 미망에 빠진 저희들을 인도해주지 않으셨다면
어찌 거센 파도를 헤쳐 나갈 배를 얻을 수 있었으리.
빛으로 인도하여 주시고
크나큰 능력으로 다리 놓아 주시기를.
저희 5백 형제가 간절히 바라오니
거사님도 함께 가주시기를.

거사가 말하기를, 동행하기를 바란다니 그대들을 따르겠다. 게송:

동행해달라는 요청을 받으니
저절로 두 눈이 맑게 뜨이네.
보리의 길을 만나기는 드물고
험한 길을 가는 배는 중개자를 얻기 어렵네.
마치 정교하게 옥을 가는 듯하고
닭이 알을 제때에 쪼아 부화시키는 것 같네.

---

476 '倍'는 '陪'와 통한다. 原錄에서는 직접 '陪'로 고쳤는데 타당하지 못하다.

477 '縷'를 蔣禮鴻은 '鏤'라 교정하였다.

478 '時'는 原錄에서는 '子'로 오록되어 있다. 潘重規는 原卷에서는 '時'로 되어 있다고 했는데 이는 옳다. 이에 의거하여 바로잡는다.

만일 직접 설법을 듣고자 한다면

기꺼이 그대들을 동행하겠네.

그리하여 5백 장자는 칠보로 꾸민 일산을 들고 마침내 거사와 함께 왕궁을 떠났다. 게송:

유마를 모시고 금선(金仙)에 절을 올리고자

칠보 일산(日傘)을 들었는데 그 빛깔 선연(鮮妍)하다.

백옥으로 용과 봉황의 모습을 만들고

황금으로 새기고 상아로 주변을 장식하였네.

안개가 날리고 햇빛은 반짝이는데

구슬로 장식한 휘장은 잘그락 소리를 낸다.

거리 가득 사람들이 모여들었는데

이때 왕자는 암라원으로 향한다.

時五百長者與居士, 相隨出毗耶離城, 行至[479]路邊, 忽然染患, 壘成方丈, 偈問:

徐行[480]恰好騁威儀, 驀地維摩染病羸,[481]

窗透遠風衣半蓋, 門開秋月枕[482]斜欹.

迴身往往合雙眼, 喘息頻頻皺兩[483]眉,

---

479 楊雄은 原卷에서는 '至'자 뒤에 '中'자가 있다고 하였다. 【校注】 原卷에서 '中'자는 이미 덧칠해졌다. 이를 기록한다는 것은 합당하지 못하다.

480 '徐行'은 原錄에서는 '深河'로 오록되어 있다. 楊雄은 原卷에서는 '徐行'으로 되어 있다고 했는데 이는 옳다. 이에 의거하여 바로잡는다.

481 【楊雄】 '羸'는 '疾'이 되어야 할 것 같다. '疾'은 '儀' 및 뒤의 '欹', '眉', '疑'와 叶韻이다. 【校注】 '儀', '欹', '眉', '疑' 등의 글자는 모두 止攝字이다. 그러나 '疾'은 入聲 質韻字로서 '儀' 등의 글자와는 압운이 되지 않는다. 사실 원문의 '羸'는 오류가 아니다. '羸'는 여위고 약함을 뜻한다. 『禮記』「問喪」: "몸이 병들고 여위니 지팡이를 짚어 병든 몸을 부축한다(身病體羸, 以杖扶病也)." '身病'과 '體羸'는 비슷한 뜻으로 호환할 수 있다. '羸'는 '病'과 같은 뜻이다. '羸'는 止攝字로서 다른 韻字들과도 韻이 맞는다.

482 '枕'은 原錄에서는 '桄'으로 되어 있다. 徐震堮은 이를 '枕'이 되어야 한다고 했다. 【校注】 原卷에서는 필기체 '枕'자의 변체로 되어 있다. 이에 의거하여 바로잡는다.

居士患從何事得, 交(教)吾兄弟總懷疑.

維摩良久爲王孫說法云:

永抛不久停, 陽焰[484]非眞實.

我今略說汝須聽, 吾此身軀幼(幻)化成.

死未到頭何處覺,[485] 病來[486]侵體恐誰爭.

一堆壞質[487]爲根本, 三尺荒墳是去呈(程),

四大違和常日事, 不勞君等驀然驚.

居士曰: 汝等五百弟兄, 但往菴園禮佛聽法, 吾緣染患, 寸步難移, 逡郎將別, 吟成數偈: 七首

王孫不用苦籌良,[488] 早入菴園道理長.

我命恰如凝草露, 吾身也似綴花霜,

蟬聲返覆穿疏牖, 柳影彫(凋)殘對病床.

屈指算伊金(今)古了,[489] 從來誰是免無常.

今朝大欲[490]禮空王, 直[491]爲纏眠(綿)又嘆傷,

---

483 '兩'은 原錄에서는 '多'로 되어 있다. 徐震堮은 이를 '兩'으로 보았는데 정확하다. [校注] 原卷은 본래 '[多]'로 되어 있는데 이는 '兩'자의 초서이다. 이에 의거하여 바로잡는다. 項楚는 '多'는 '兩', '雙'의 의미라며 '多眉'를 '雙眉(두 눈썹)'라 하였는데 정확하지 못하다.

484 '陽焰'은 광야에서 보이는 가공의 광채이다. 『通釋』 해당 항목을 참조 바란다.

485 '覺'은 原卷에서는 '覔'으로 되어 있는데 이는 '覺'의 속자이다. 原錄에서는 '覓'으로 오록되어 있다. 『新書』도 이와 같다.

486 '來'는 原錄에서는 '未'로 오록되어 있다. 潘重規는 原卷에서는 '來'로 되어 있다고 했는데 이는 옳다. 이에 의거하여 바로잡는다.

487 '壞'는 原錄에서는 '德'으로 되어 있다. 蔣禮鴻은 '隱'의 오자로 의심하였는데 정확하지 못하다. [校注] 原卷에서는 '[壞]'로 되어 있는데 이는 '壞'자이다. 아래 문장 "偃臥高床, 乕羸壞室" 이 '壞'자 역시 原卷에서는 이 형태로 되어 있다. '壞質'은 썩어버린 형체를 가리키는데 문맥에도 잘 맞는다. 위 문장 "究竟不淨, 終歸敗壞." 의미가 이 문장과 같다.

488 [潘重規] '良'은 '量'과 통한다. '籌良'은 '籌量'과 같다.

489 [楊雄] '了'는 '事'가 되어야 한다. 초서체 '事'자가 '了'와 비슷한 데서 야기된 오류이다. [校注] "屈指算伊金(今)古了, 從來誰是免無常" '了'자로 보아도 의미는 잘 통한다. 굳이 '事'로 고칠 필요 없어 보인다.

無力整衣甘寂寞, 有心開戶受恓惶.

千般羅綺能簽眼, 萬種笙歌解割腸.

汝等弟兄聽我語, 從來誰是免無常.

休誇英彦會文章, 令格淸詞韻雪霜,

健[492]筆也曾施造[493]化, 冥[494]搜幾度勘陰陽.

螢窗苦志何方去, 雪嶠工[495]勳甚處藏,

汝等弟兄聽我語, 從來誰是免無常.

直宜早去禮空王, 寶蓋莊嚴莫改張,

日照珠珍光璨爛, 風敲金玉韻玎璫.

九種[496]陌上爲佳瑞, 一國人中作吉祥,

汝等好須參聖主, 卻來應是我無常.

吾身稍似得安康, 未肯慵於禮法王,

方丈且無慈鏡照, 菴園純有覺花香.

稜層[497]岳色多羸枕, 慘淡人煙到病床,

汝等觀吾形狀劣, 參差應見我無常.

直須更改舊行藏, 莫戀紅樓宴會昌,

若重慈尊能說法, 不恡嬪綵解梳粧.

---

490 '大欲'을 蔣禮鴻은 '待欲'으로 보았다.

491 '直'은 原錄에서는 '眞'으로 되어 있다. 徐震堮은 이를 '直'으로 보았다. [校注] 原卷에서는 본래 '直'으로 되어 있다. 이에 의거하여 바로잡는다.

492 '健'은 原卷에서는 좌측이 '犭' 편방으로 되어 있는 것 같은데 이는 '徤"자의 와변이다. '徤'은 '健'의 속자이다. 이에 의거하여 바로잡는다.

493 '造'는 原錄에서는 '教'로 오록되어 있다. 楊雄은 原卷에서는 '造'로 되어 있다고 했는데 이는 옳다. 이에 의거하여 바로잡는다.

494 '冥'은 原卷에서는 '宜'으로 되어 있는데 이는 '冥'의 訛字이다. '冥'은 속서에서 '寘'으로 적기도 하는데 이 자의 하반부를 생략하여 '宜'으로 적기도 한다.

495 [徐震堮] '工'은 '功'이 되어야 한다.

496 [徐震堮] '九種'은 '九重'이 되어야 한다.

497 '稜層'은 '棱層'('稜'은 '棱'의 속자이다. 『玉篇』 禾部에 보임)이며, 이는 곧 '崚嶒'이다. 산세가 높고 험준한 모습을 말한다.

眞珠簾外停絲竹, 玳瑁筵中罷令章,
記取今朝相勸語, 這身看卽是無常.
分襟此處最悽惶, 不得倍[498]隨入道場.
深羡九宮淸信士, 歡忻先禮白毫光.
金枝[499]一一排龍象, 寶蓋雙雙鬥鳳凰.
唯我此時難去得, 逡巡定是我無常.

이때 5백 장자는 거사를 따라 비야리성을 나와 길을 가는데 문득 [거사가] 병이 들자 방장을 만들었다. 게송 질문:

서서히 걷는 모습 위의(威儀)를 더하는데
갑작스레 유마는 병이 들었네.
창문으로 바람이 솔솔 불고 옷은 몸 절반만을 덮었는데
방문을 여니 가을 달이 비스듬히 누워있네.
몸을 돌리며 자주 두 눈을 감고
헐떡이며 눈썹을 찌푸리곤 하시네.
거사님의 병은 어디에서 온 것일까.
우리 형제는 못내 의혹스럽기만 하네.

유마가 잠시 후 왕손들에게 설법하여 말하기를,

오랫동안 머물 수는 없거늘
아지랑이는 실제로 존재하는 게 아니다.
내가 지금 하는 말 그대들은 경청할 일이니
나의 이 몸은 거짓으로 이루어진 것이다.

---

498 【徐震堮】 '倍'는 '陪'가 되어야 한다.

499 【楊雄】 '金枝'는 '寶蓋'와 대응되며 '儀仗'을 가리킨다. '枝'는 '杖'이 되어야 할 것 같다. 【校注】 양씨의 견해는 정확하지 못하다. '枝'는 '杖'의 형와자이다. '金杖'은 '金剛杖'이며 이는 金剛杵를 가리킨다. '寶蓋'와 함께 불교의식에 사용하는 佛具이다. 『增一阿含經』: "이때 밀적금강역사가 여래 뒤에서 금강저를 들고 서 있고, 비사문천왕은 손에 칠보개를 든 채 여래 뒤 공중에 떠 있다(是時 …… 密迹金剛力士在如來後, 手執金剛杵; 毗沙門天王, 手執七寶之蓋, 處虛空中, 在如來後)." "金枝一一排龍象"은 금강역사가 들고 있는 금강저가 늘어서 있는 모습이 용의 모습을 닮았음을 말한다.

죽음이 어디에서 오는지를 알지 못하고
병이 침범하면 육신이 어찌 버틸까.
한번 썩어 근본으로 돌아가게 되면
3척의 황량한 무덤이 내 돌아갈 곳.
사대(四大)의 부조화는 늘 있는 일이니
그대들은 갑자기 놀라지 말라.

거사가 말하기를, 그대 5백 형제들은 암라원으로 가서 부처님께 절을 올리고 그 가르침을 듣도록 하라. 나는 병이 들어 한 걸음도 떼기가 힘들다. 마침내 이별을 앞두고 몇 마디 게송을 읊조린다.

왕손들은 어찌할 지 염려하지 말고
서둘러 암라원에 가서 설법을 들으라.
내 목숨은 풀 위의 이슬과 같고
내 육신은 꽃에 내린 서리와 같다.
매미 소리 연방 창문으로 들려오고
버드나무 그림자는 병상으로 비쳐든다.
손가락을 꼽아가며 고금(古今)의 일을 따져보라.
어느 누가 무상(無常)함을 면할 수 있었는가.
오늘 공왕(空王)[500]께 예배 올리려 하였는데
병이 깊으니 한숨만 나오누나.
의관을 갖출 힘없어 적막하기만 하고
마음은 문을 열고자 하나 [그러지 못해] 당황스럽기만 하다.
수많은 화려한 복색을 한 이들이 눈에 아른대고
수만 가지 노래 소리는 창자를 끊는 듯하다.
그대 형제들은 내 말을 들어라.
어느 누가 무상(無常)함을 면할 수 있었는가.

500 부처의 다른 이름.

뛰어난 선비는 문장을 자랑 말고
음악과 가사는 설상(雪霜)을 노래한다.
형설(螢雪)의 의지는 어디로 갔고
눈(雪)으로 길을 만든 공훈은 어디로 숨었는가.
그대 형제들은 내 말을 들어라.
어느 누가 무상(無常)함을 면할 수 있었는가.
서둘러 공왕(空王)에 예배 올려야 할 것이니
보개(寶蓋)의 장식을 바꾸지 말 일이다.
햇빛이 진주(眞珠)를 비추니 찬란히 빛을 발하고
바람이 금옥(金玉)을 두드리니 딸랑 소리를 낸다.
아홉 굽이 소로(小路)가 상서롭게 변하고
온 나라 사람들에게 길상이 있겠네.
그대들은 성주(聖主)에 참배해야 하고
이 몸은 무상할 따름이다.
이 몸은 조금 편안해졌거늘
법왕에 예배 올리는 데 게을러서는 안 된다.
이 방에는 비춰볼 거울도 없는데
암라원에는 각화(覺華)[501]의 향기가 있도다.
높고 험준한 산악을 베개처럼 받치고 있고
처량하게도 인가(人家)의 병상에 이르렀네.
그대들은 나의 이 초라함을 보고서
이 몸의 무상함을 알아야 한다.
지난날의 행장(行藏)을 바로잡아야 하고
화려한 누각의 연회에 연연하지 말 일이다.
자존(慈尊)의 설법을 중히 여긴다면

501 부처를 가리킴.

궁녀의 단장(丹粧)을 어여삐 여기지 말 것이다.
진주(眞珠) 주렴 밖의 악기소리 그치게 하고
대모(玳瑁)[502]의 화려한 자리에서의 악곡(樂曲)도 그만두어야 하리.
오늘 내가 권하는 이 말을 기억해야 할 것이니
이 몸은 본래 무상(無常)한 존재이나니.
이곳에서 아쉽게도 작별해야 하니
그대들과 함께 도량에 들어갈 수 없게 됐다.
구궁(九宮)의 청신사(淸信士)[503]를 깊이 부러워하며
기꺼이 먼저 백호(白毫)의 광휘에 절을 올리도록.
왕손들은 용상(龍象)의 모습으로 늘어서 있고
보개(寶蓋)는 봉황이 서로 다투는 듯하다.
나는 이제 나아가기 어렵게 되었거늘
(그대들이) 머뭇거리는 것은 분명 나의 무상함 때문이리라.

時寶積等旨[504]受維摩勸誘, 記當居士教招, 重整威儀, 再排隊仵(伍), 皆往菴園, 禮佛去也. 於是寶積等, 聞維摩勸切, 見居士病深, 聽處分而一一依從, 取教招而人人稟受. 遂卽安排寶蓋, 整頓金冠, 專心而待赴菴園, 愴戀而難別方丈. 寶積爲[505]居士曰:「暫時分首,[506] 傾剋(頃

502 거북과에 속하는 열대 지방의 바다거북. 등껍데기는 누른 바탕에 검은 점이 있는데 각종 장식용품의 재료로 사용됨.

503 속세에 있으면서 불교를 믿는 남자, 즉 우바새를 말함.

504 '旨'는 原卷에서는 '旨'로 되어 있는데 이는 '旨'의 속자이다. '旨受'는 '祗受'가 되어야 하며 '부여받다', '복종하다', '따르다'는 뜻이다. 劉凱鳴은 '旨'을 '亩'('稟'의 이체자)으로 교정하였는데 정확하지 못한 것 같다.(돈황사본에서 '亩'자는 매우 드물게 보인다)

505 '爲'는 '謂'와 통한다.

506 '分首'는 原錄에서는 '分手'로 되어 있다. 【校注】 原卷에서는 본래 '分手'로 되어 있다. '手'자 우측 옆에는 '首'자가 덧붙어 있다. 旁註를 달아 본문 중의 오자를 수정한다는 관례에 의거하여 여기서는 '分首'라 적는다.(위 문장 "記當居十教招"의 '教'가 原卷에서는 본래 '交'로 되어 있고 그 우측 옆에 '教'라 방주가 달려 있는데, 原錄에서는 '教'라 하였다) 문맥상으로 말하자면, '分首'나 '分手'는 모두 통한다. P.2292 「維摩詰經講

刻)別離, 辭居士兮千難萬難, 禮大聖兮任去便去. 伏望居士, 善爲將息, 好自調和. 紅爐溫長子之湯, 淥醑[507]下公卿之藥. 況已時光寂莫(寞), 窗前之蕭洒[508]淸風, 節序凋零, 砌畔之芬菲黃葉. 滿枕之蟬聲聒聒, 盈門之秋色濃濃. 偃臥高床, 厄羸壞室.[509] 居士之病容轉盛, 喘息微微, 吾曹之愁色倍深, 呼嗟急急. 我等蒙維摩提持恩切, 法乳[510]情深, 誰知居士纏眠(綿), 變作王孫病苦. 臨臨取別, 低迴[511]而愁結雙眉. 漸漸分襟, 攀仰而淚垂丹臉. 看天失色, 望日無光. 凝思而惆悵盈懷, 暗想而嗚呼滿抱. 皆和淚語, 總帶愁顏. 切須保攝精懃, 莫使纏眠(綿)更甚. 我等暫瞻大聖, 略禮慈尊, 逡巡便出菴園, 傾剋(頃刻)卻看居士.」由是停移寶蓋, 整頓金冠, 玲瓏而牢地[512]朱瓔, 敲磕而塞堵珂珮, 琉璃頂

經文」: "一自佛前分首, 已隔寒暄." 顔之推 『顔氏家訓』 風操: "岐路言離, 歡笑分首." 여기서 '分首'라는 문구를 사용하고 있다. 南朝 梁江淹 「別賦」: "造分手而銜涕, 感寂寞而傷神." 또 唐 杜甫 「逢唐興劉主簿弟」: "分手開元末, 連年絶尺書." 여기서는 '分手'를 사용하고 있다.

507 '醑'는 原卷에서는 '䣩'로 되어 있는데 이는 '醑'의 속자이다. 『龍龕手鏡』 酉部: "䣩, 正; 醑, 今: 私呂反, 美酒也." '䣩'은 '醑'의 속자이다. 行均은 '䣩'를 正字로 보았는데 이는 타당하지 못하다('醑'는 '酉' 편방이고 胥聲이다. '胥'는 篆書로는 '[illegible]'라 적고 隸書로는 '胥'가 된다. '肙'은 篆書의 訛變이다. 『干祿字書』: "肙胥: 上通下正." 『廣韻』 魚韻: "胥, 俗作肙." '醑'가 正字이다) 原錄에서는 '䣩'로 되어 있는데 '醑'로 표기함이 마땅하다.

508 '蕭洒'는 '쓸쓸하다', '적막하다'는 뜻이다. 보통 '활달하다', '시원스럽다'라는 의미로 자주 쓰이는데 여기서는 아니다.

509 '室'은 原錄에서는 '空'으로 되어 있다. 徐震堮은 이를 '室'로 보았다. 【校注】 原卷은 본래 '室'로 되어 있다. 이에 의거하여 바로잡는다.

510 '法乳'는 原校에서는 '法語'로 되어 있다. 潘重規는 '法乳'는 오류가 아니라고 하였는데 이는 옳다. 불교에서는 모유가 어린애를 길러주듯 正法은 제자의 法身을 자라게 해준다고 하여 正法을 '法乳'라고 부른다.

511 原卷에서는 '低'자 우측 옆에 '互'라 旁註가 달려 있는데 이는 '低'의 속자이다.(『干祿字書』: "互氐, 上通下正, 諸從氐者並準此.") 原錄에서는 '依'로 오록되어 있다. 『新書』도 이와 같다. '低迴'는 '배회하다', '한곳에 머물며 떠나기 싫어하다'는 뜻이다.

512 '牢'는 原卷에서는 "𡧊"로 되어 있는데 이는 '牢'의 속자이다. 『玉篇』 穴部: "窂, 與牢同." "𡧊"는 '窂'의 변체이다. 「漢史晨奏銘」에서 이미 '牢'를 "𡧊"으로 적은 사례가 있다. 그러나 '牢'는 문중에서 의미가 통하지 않는다. 이는 '窣'로 보아야 마땅하다. '窣地'는 '拂地'와 같다. 「維摩碎金」: "바람에 나부끼는 백발에, 땅에 닿을 듯한 長衫을

上, 煙霄而一片[513]秋天; 水玉稜頭, 香榭而半輪明月. 摩瓏[514]虎(琥)珀, 彫[515]剋(雕刻)珊瑚, 祥風由動於馨香, 瑞霧上[516]凝於光彩. 半千寶蓋, 行行而總已擎持; 一國英賢, 浩浩而齊聲讚嘆. 行也行也, 去時去時, 萬家之鄰女後隨, 滿路之簫韶前引. 喧天絲竹, 驚迴碧落之雲, 匝地綺羅, 映榭[517]青春之蕊, 變毗耶國爲極樂城, 九衢裝凝日之樓, 万戶展長春之障. 漸辭方丈, 已遠毗耶, 看看欲到於菴園, 盡禮於花臺聖主.

이때 유마의 권유를 받은 보적 등은 위의를 거듭 단정히 하고 다시 대오를 정돈하여 암라원으로 나아가 부처님께 절을 올리라는 말씀을 가슴에 담았다. 유마의 권유를 들은 보적 등은 거사의 병이 심각함을 깨닫고는 그의 지시를 하나하나 따르고 그의 가르침을 모두 받아들였다. 마침내 보개(寶蓋)를 준비하고 금관(金冠)을 정돈하며 일심으로 암라원을 향하여 떠나려는데 창연한 슬픔으로 유마의 방장을 떠날 수가 없었다. 보적이 거사에게 아뢰었다. "잠시 동안의 이별이라지만 거사님께 작별 인사 올리려니 너무도 어렵습니다. 거사님께 바라옵건대, 부디 편안하시고 몸조리 잘 하시기를. 활활 타오르는 화로로 장자(長子)가 올리는 탕(湯)을 덥히시고, 맛좋은 술로 공경(公卿)이 바치는 약을 드시기 바랍니다.

걸치고서 한밤중에 별을 바라보며 길을 나서는데 마치 신비로운 老松처럼 발을 움직인다(含風白髮, 窣地長衫, 抬頭如半夜裏行, 動足似仙株老檜)." 또 "붉은 瓔珞은 땅에 닿을 듯한데 香風을 맞아 잘그락거리고 반짝반짝 광채를 발하며 상서로운 기운과 영롱한 빛을 내뿜는다(朱瓔卒地, 香風吹敲磕之聲; 光彩輝天, 瑞氣瑣籠璁之色)." '卒地'는 '窣地'의 오류이다. '窣地'는 모두 같은 뜻으로 쓰였다. 이는 참고할 필요가 있다.

513 '片'은 原錄에서는 '行'으로 오록되어 있다. 여기서는 原卷에 의거하여 바로잡는다. '一片'은 아래 문장 '半輪'과 짝을 이룬다.

514 '摩瓏'은 '磨礱'과 통한다.

515 '彫'는 原校에서는 '雕'로 되어 있다. [校注] '雕'자는 古本에서는 '彫'로 되어 있다. '雕'는 본래 맹수 이름이며, 雕刻의 의미가 된 것은 그 假借 방법이다. 그러므로 '彫'자를 후대의 쓰임을 좇아 '雕'로 교정하는 것은 옳지 못하다.

516 '上'은 '尙'으로 보아야 한다. 앞 구 '由(猶)'와 같은 뜻으로 대구가 된다.

517 '映'은 原卷에서는 우측 옆에 '英'이라 旁註가 달려 있는데 이는 '映'의 이체자이다. '榭'는 '謝'로 보아야 하며 '조락하다'는 뜻이다.

때는 바야흐로 적막의 계절이라, 창 앞에는 소슬한 바람이 불고 이파리는 시들어 떨어져 섬돌 가에 노란 낙엽이 이리저리 나뒹굴고 있습니다. 침상을 가득 메우는 매미의 울음소리 요란하고 문 앞에는 가을빛이 역력합니다. 볼품없는 방안의 높은 침상에 누워 계시는 거사님의 병환은 갈수록 깊어지고 호흡은 날로 약해져만 가니, 저희의 근심은 깊어지고 밀려드는 슬픔에 어찌할 바를 모르겠습니다. 저희는 거사님의 깊은 은혜를 입어 정심(情深)한 법어를 듣게 되었는데, 거사님이 병에 걸려 왕손(王孫)의 병고(病苦)가 되리라는 것을 그 누가 알았겠습니까. 이별에 임하여 머뭇거려지며 근심으로 미간이 찌푸려집니다. 작별을 앞두고서 거사님을 바라보니 눈물이 붉은 뺨 위로 흘러내립니다. 하늘을 바라보니 하늘은 그 빛을 잃었고 태양을 바라보니 태양은 그 광휘를 잃었습니다. 골똘히 생각하니 슬픔이 가슴에 가득차고 마음속에 통한이 입니다. 눈물이 쏟아지고 얼굴에는 수심이 가득합니다. 부디 몸조리 잘하시어 병환이 중해지지 않도록 하십시오. 저희들은 잠시 대성(大聖)을 뵙고 자존(慈尊)께 절을 올린 다음 서둘러 암라원을 떠나 곧장 거사님을 뵈러 오겠습니다." 이리하여 보개를 손에 들고 금관을 가지런히 썼는데 붉은 영락은 영롱한 소리를 내고 옥돌 허리띠는 잘그락거린다. 유리로 꾸민 높다란 머리 장식은 가을 하늘 한쪽을 가리고, 수정으로 모서리를 장식한 누각은 보름달 반쪽을 가린다. 호박(琥珀)을 갈고 산호를 깎아 아름답게 꾸몄는데, 상서로운 바람은 향기를 풍기고 길조를 띤 안개가 광채를 발한다. 5백 개의 보개를 들고 길을 나서니 온 나라의 현인들이 모두 모여 일제히 감탄을 한다. 걷고 또 걸으며 길을 떠나니 온 집안의 여자들이 그 뒤를 따르고, 길 가득 피리소리가 길을 인도한다. 음악 소리 하늘에 울려 퍼져 창공에 떠 있는 구름을 놀라게 하고, 땅을 가득 채우는 화려한 옷차림의 5백 형제들은 봄날의 꽃들을 시들게 한다. 비야리국은 극락으로 변하여, 온 거리는 반짝이는 누각으로 꾸며져 있고 집집마다에는 봄날의 병풍을 펼쳐 놓았다. [거사의] 방장을 떠나 비야리성에서 멀어지는데, 암라원으로 가서 연화좌의 성주(聖主)께 절을 올리고자 한다.

凡事皆依居士裁, 俱持寶蓋意俳佪,
臨辭室內愁眉結, 頻被階前日影催.
啼樹晚鶯同助哭, 語簷秋燕共添哀,
分襟頃刻又惆悵, 待禮牟尼對寶臺.
且希居士好調和, 不得因循摐病多,[518]
驀[519]被命終難脫免, 息然身教大婁羅.[520]
煎湯幸有黃金銚, 熬藥寧無白玉鍋,
善惡兩[521]般須攝治, 莫交(教)迴迴見蹉跎.
況當時景已秋深, 刮[522]地蟬聲出晚林,
露綴晚花[523]千滴玉, 菊搖寒砌[524]一叢金.
清風冷淡牽愁思, 黃葉凋零打病心,
居士切須勤攝治, 莫教死相便來侵.
我重維摩法乳情,[525] 一從得病我愁生,

518 '縱'은 原錄에서는 '摐'으로 오록되어 있다. 여기서는 原卷에 의거하여 바로잡는다. 또 '多'자는 原錄에서는 '歹'로 오록되어 있다. 蔣禮鴻은 이를 '多'라 교정하였는데 이는 옳다. 原卷에서는 본래 '多'자로 되어 있다. 이에 의거하여 바로잡는다. '多'는 韻脚字이다. '歹'자는 宋元 교체시기에 처음 쓰이기 시작했다. 北宋 이전에는 사용된 예를 찾아보지 못했다.

519 '驀'은 蔣禮鴻은 '莫'으로 여겼는데 이는 사실에 가깝다.

520 '忽'은 原錄에서는 '息'으로 되어 있다. 蔣禮鴻은 이를 '忽'로 교정하였다. 【校注】原卷에서는 본래 '忽'로 되어 있다. 이에 의거하여 바로잡는다. 문구의 의미는, 만일 몸이 좋아지면 의욕적으로 도를 행하고 중생을 제도할 수 있다는 뜻이다. '教'는 '병이 낫다'는 뜻이다. 「韓擒虎話本」 주석 18)번에 나와 있다.

521 '兩'은 原卷에서는 초서체 '兩'으로 되어 있다. 原錄에서는 이를 '多'로 오록하였다.

522 '刮'을 劉堅은 '聒'이라 교정하였는데 이는 옳다.

523 '花'는 原錄에서는 '公'으로 적고 '松或崧'이 되어야 할 것 같다고 하였는데, 이는 정확하지 못하다. 潘重規는 原卷에서는 초서체 '花'로 되어 있다고 했는데 이는 옳다. 이에 의거하여 바로잡는다.

524 楊雄은 '砌'를 '階'로 보았다. 【校注】『玉篇』石部: "砌, 階砌也." '砌'와 '階'는 의미가 비슷하다. '砌'는 오류가 아니다.

如今方丈英賢臥, 有似愁天皓月傾.
愁色聚眉長不散, 淚痕垂臉更分明,
心中又待菴園去, 和喜和悲步步行.
收拾寶蓋整威儀, 玉珮玎璫滿路歧,
鬪䦆[526]車渠光㻫[527]爛, 摩瓏[528]琥珀色參差.
眞珠網, 白雲幪,[529] 寶蓋光明照晩空,
一國仕流[530]春色內, 半千王子玉花[531]中.
人浩浩, 語喧喧, 雲疊重重映碧天,
手撼珊瑚鸚鵡動, 風搖[532]珂珮鳳凰偏.[533]
名隊丈,[534] 實難逢, 百萬人民作一蘩,

525 '乳'는 原校에서는 '語'로 되어 있다. 徐震堮은 '乳'자는 오류가 아니라고 하였다. 서씨의 견해는 옳다. 또 '情'자는 原卷에서는 초서체로 되어 있다. 위 문장 "蒙維摩提持恩切, 法乳情深" 여기에도 '法乳情'이란 말이 있다. 原錄에서는 '悟'로 되어 있는데 이는 잘못이다. 『新書』도 이와 같다.

526 '鬪䦆'은 '모아서 합치다', '끼워 넣다'는 뜻이다. '䦆'은 '陷'(오늘날에는 '嵌'을 자주 사용함)과 통한다. 『通釋』에 상설되어 있다.

527 '㻫'은 原卷에서는 '𤏸'로 되어 있는데 이는 '㻫'의 속자이다. 原錄에서는 '璾'로 되어 있는데 이는 원 모습이 아니다.

528 蔣禮鴻은 '摩瓏'을 '磨礲'으로 교정하였는데 이는 옳다.

529 '幪'은 原卷에서는 '𢅧'으로 되어 있는데 이는 '幪'의 속자이다. 『玉篇』, 『集韻』 등에 보인다. '幪'은 '감싸다', '뒤덮다'는 뜻으로 '蒙'과 쓰임이 같다.

530 '仕流'는 '士流'가 되어야 할 것 같다. '士流'는 선비 출신, 혹은 지식인에 대한 범칭이다.

531 '花'는 原錄에서는 '光'으로 되어 있다. 【校注】 原卷에서는 이 글자가 초두머리로 되어 있는데, 이는 '花'자인 것 같다. 「維摩碎金」: "참으로 아름답도다, 玉花의 신선함이여. 그것은 비단과 능라와 칠보로 이루어진 것(實是好, 玉花新, 綺錦綾羅七寶診)." '玉花'라는 문구가 보인다.

532 '搖'는 原錄에서는 '搗'로 되어 있다. 徐震堮은 '搖'의 오자인 것 같다고 했는데 이는 옳다. 【校注】 原卷에서는 본래 '搖'로 되어 있다. 이에 의거하여 바로잡는다.

533 '偏'은 原錄에서는 '編'으로 오록되어 있다. 潘重規는 原卷에서는 '偏'으로 되어 있다고 했는데 이는 옳다. 이에 의거하여 바로잡는다. 그러나 '鳳凰偏'은 아무런 의미도 아니다. '偏'은 '翩'으로 보아야 한다. 이 문구는 珂珮(조개껍질 등을 엮어 만든 허리띠)가 바람을 맞아 이리저리 흔들리는 모습이 마치 봉황이 바람을 타고 날아오르는 듯하다는 뜻이다.

534 '隊丈'은 '隊仗'이 되어야 한다. 행렬의장을 가리킨다. 羅振玉 所藏 「維摩詰經講經文」

寶蓋手持光慢慢,[535] 金冠頂戴色融融.
滿堤羅綺裝紅日, 塞地笙歌聒[536]瑞風,
帝子庶人生踴躍, 一時遙禮玉毫中.
稱美譽, 實奇哉, 五百王孫禮寶臺,
貪愛水波因此竭, 菩提花樹當時開.
聖賢嗟嘆千千遍, 凡庶歌揚萬萬迴,
總到菴園齊禮佛, 作何禮敬也唱將來. (原卷至此已完)
모든 일을 거사님의 판단에 의지했으니
보개를 들고 있는 마음 즐겁기만 했네.
이별이 닥치니 방안에 근심이 어리는데
섬돌 앞의 해 그림자는 갈 길을 재촉한다.
나무와 저물녘의 꾀꼬리가 소리 높여 울어대고
처마와 가을 제비가 다 같이 슬퍼한다.
작별하자마자 슬픔이 밀려오는데
보좌 위의 석가모니에 예배 올리려 하네.
거사님의 건강을 기원하오니
병환이 깊어지도록 내버려두지 마시기를.
죽음을 피할 자 아무도 없다지만
건강을 되찾게 되면 중생을 널리 제도하실 것이네.
탕을 덥힐 황금 냄비는 다행히 있는데

: "文殊隊仗實堪誇." 또 "文殊隊仗實奇哉." '實奇'와 '堪誇'의 '隊仗'은 아마도 이 문장에서 말하는 '名隊丈'과 같을 것이다.

535 '慢慢'은 原卷에서는 앞 글자가 '塲'로 되어 있고 뒷 글자는 중복부호로 되어 있다. 이는 '慢慢' 두 자를 말한다. 原錄에서는 '塲塲'으로 되어 있는데 이는 사실이 아니다.(속서에서 '忄' 편방은 '土' 편방과 형태가 매우 비슷하다. 이에 대해서는 앞에서 설명한 바 있다. '曼'자는 속서에서는 '昜'으로 적는데, '昜'은 그 변체자로서 돈황사본에서 자주 보인다) '慢慢'은 광채가 환하게 빛남을 뜻한다. 『通釋』의 '慢慢'을 참조 바란다.

536 '聒'은 '刮'로 보아야 할 것 같다.

약을 달일 백옥 솥은 어찌 없는가.
선과 악의 두 방법으로 섭생을 하시고
빙빙 돌며 세월을 허비하지 마시기를.
때는 바야흐로 가을이 깊어
요란한 매미소리 저물녘의 숲속에서 들려오고
때 늦은 꽃에 맺혀 있는 이슬은 천 방울의 옥(玉)이며
차가운 섬돌 앞에 핀 국화는 한 무더기의 황금이다.
맑은 바람과 적막함은 시름을 불러오고
흩날리는 노란 낙엽은 병자(病者)의 마음을 저민다.
거사님은 몸조리를 잘 하시어
사상(死相)이 쳐들어오지 못하게 하시기를.
이 몸은 유마의 가르침을 소중히 여겨왔나니
그 분이 병이 드니 이 몸에 근심이 생긴다.
지금 방장(方丈)에 성현이 누워 계시는데
가을날에 밝은 달이 기우는 듯하네.
수심(愁心)으로 찌푸려진 눈살은 오랫동안 사라지지 않고
뺨으로 흘러내린 눈물자국은 더더욱 뚜렷해진다.
그러면서도 한편으론 암라원으로 향할 것을 기대하니
환희와 슬픔이 걸음걸음 함께 한다.
보개(寶蓋)를 수습하고 위의(威儀)를 정돈하여
옥패(玉珮)를 잘그락거리며 길을 나선다.
수레는 반짝반짝 빛을 발하는데
새겨 넣은 호박(琥珀)의 빛깔은 눈을 부시게 한다.
진주로 그물을 만들고 흰 구름이 주위를 감싸는데
보개의 광명은 저물녘의 허공을 비춘다.
온 나라의 선비들은 춘색(春色)에 잠겨 있고
5백의 왕자들은 옥화(玉花) 속에 머문다.

북적대는 인파와 소란스런 말소리
구름은 층층이 쌓여 푸른 하늘에 비친다.
손으로 산호를 흔드니 앵무새가 움직이는 듯하고
바람이 옥패를 흔드니 봉황이 날아오르는 듯하다.
이 같은 행렬은 실로 만나기 어렵나니
백만의 백성들이 한자리에 모였다.
손에 들린 보개는 환한 광채를 띠고
머리에 쓴 금관은 반짝반짝 빛을 발한다.
제방을 가득 메운 화려한 차림새는 붉은 해를 닮았고
땅을 가득 채우는 피리 소리는 상서로운 바람을 일으킨다.
왕자와 백성들은 좋아서 펄쩍 뛰며
일시에 멀찍이서 옥호(玉毫)에 절을 올린다.
참으로 기이하다 찬탄을 하며
5백의 왕손들은 보좌(寶座)를 향해 절을 올린다.
탐애(貪愛)의 파도는 이로써 잔잔해지고
보리수는 이때 꽃을 피운다.
성현들은 수천 번 찬탄하고
백성들은 수만 번 찬양한다.
마침내 암라원에 도착하여 다 같이 예불을 드리는데
어떻게 예배하는지 창(唱)으로 곧 나오리라.

(원권은 여기서 완결됨)

유마힐경강경문 2(維摩詰經講經文二)[1]

(前缺)[2] 白玉共爭光, □□□□□□□.[3] 佛入城已, 佛見衆生. 皆如孩

1 원권 편호는 러시아 소장 符盧格 편 101호이다. 『變文集』에는 수록되어 있지 않다. 여기서는 陳祚龍 『敦煌古抄文獻會最』의 영인본에 의거하여 교록한다. 『新書』에는 본편이 수록되어 있고 『敦煌變文論文錄』에도 부록으로 들어가 있다.(趙匡華錄, 周紹良校를 이하에서는 '趙錄', '周校'라 약칭한다) 원권의 앞부분은 잔결되어 있고 권말에 '維摩碎金一卷'이라 제목이 붙어 있고, '沙門匡胤'이라는 題記가 적혀 있다. 본편이 연역한 경문은 구마라집 『維摩詰所說經』 佛國品 제1의 일부 내용이다. 그중 일부분은 S.4571 「維摩詰經講經文」이 연역한 경문과 똑같으나 사용된 문구는 완전히 다르다. 이는 두 작품의 연원이 서로 다름을 말해준다. 권말의 인용 경문 중에서 普寂이 말한 長偈의 앞 4구는 강설 부분이 없는 것으로 보아 完本이 아님을 알 수 있다. 項楚는 "'碎金'은 이 권자의 필사자인 匡胤和尙이 적은 것으로, 이 작품이 완전하지 않음을 두고 한 얘기지 결코 이 권자의 정식명칭이 아니다. 이 권자의 내용과 형식에 착안한다면 「維摩詰經講經文」이라 제목을 붙일 수 있을 것이다"고 하였다. 『新書』와 『敦煌變文論文錄』에서는 모두 「維摩碎金」이라 제목을 달았다. 여기서는 이렇게 제목을 수정함으로써 다른 편들과 일치되게 하였다.

2 원권의 권두는 잔결되어 있다. 첫 번째 단락은 강설부분의 후반부이다. 전반부와 경문이 모두 산실되었다. 잔존 내용에 의거해보건대 연역한 경문은 "彼時佛與無量百千之衆, 恭敬圍繞, 而爲說法. 譬如須彌山顯於大海, 安處衆寶師子之座"이다.

子遇慈親, 有[4]似疾人逢妙藥. 群臣舞蹈, 天子徐行, 白毫五彩裏禮如來, 紫磨千光中瞻相[5]好. 莫不金鞍公子, 觀世上[6]而喜極成悲; 粉閣佳人, 看大聖而心曹似醉. 高低皓皓,[7] 貴賤忙忙, 或剜眼以獻如來, 或燒身而對大聖. 捨命而命元不盡, 是佛力難思; 焚身而身不可侵, 聖慈莫測. 異事異事!聖哉聖哉!佛入毗耶度有情, 方感萬般希有事云云.上下吟曰:

> 娑婆界裏苦煎熬, 求利求名何日了.
> 執我執人緣甚事, 都緣遍計忘(妄)心生.
> 如人半夜下高臺, 黑地踏著破斷索.
> 疑是毒蛇長一尺, 令交小大點燈來.
> 何曾見有一條蛇, 都是忘(妄)心生兼執.
> 便[8]是似我陡貪幻[9]境, 忘(妄)心緣盧(慮)計爲眞.
> 直須曉會取自兼他, 便是夜頭破斷索.
> 忘(妄)憶妻兒執著貌, 還如疑索是毒蛇.
> 喚伊男女下當(堂)來, 點得惠(慧)燈來照燭.

---

3 이상의 궐자는 원권에서는 좌측부분의 필획이 남아 있다. 『新書』에서는 첫 번째 궐자가 '擬'로, 네 번째 궐자가 '觀'으로 되어 있다.

4 '有'는 원권에서는 '㐅'로 되어 있는데 이는 '有'의 초서체인 '㐅'의 변체일 것으로 보인다. 趙錄과 潘錄에서는 모두 '乃'로 되어 있는데 정확하지 않은 것 같다.

5 '相'은 원권에서는 '㭁'으로 되어 있는데 이는 '相'자의 초서일 것이다. 본권에서 '相'자는 보통 이 형태로 되어 있다. '於'자는 보통 'ㄜ'로 적고 있어 앞의 글자와는 다른 형태를 취하고 있다.

6 [項楚] '上'자는 '尊'자의 와자로 생각된다. '世尊'과 '大聖'은 서로 대응되는데 둘 다 석가모니를 가리킨다.

7 [項楚] '皓'는 '浩'가 되어야 한다. '浩浩'는 대단히 많은 모습이다. [校注] '皓'와 '浩'는 古今字로 서로 통용되었다. 『史記』「河渠書」 瓠子歌: "晧晧旰旰兮, 閭殫爲河!" 이 '晧晧' 역시 '浩浩'와 통한다.

8 원권에서는 '便' 다음에 '是'자가 있다. 아마도 아래 문장 "便是夜頭破斷索"구와 관련하여 잘못 기록한 것 같다. 원권에서는 덧칠을 하였기에 여기서는 삭제한다. 趙錄과 潘錄은 모두 '是'자를 적고 있는데 이는 잘못이다.

9 '幻'은 원권에서는 '㓜'으로 되어 있다. 돈황사본에서 '幼'자와 '幻'자는 보통 이 형태로 적고 있다. 본문에서는 '幻'자가 되어야 한다.

破卻無明[10]煩惱黑,[11] 始知一切無堅牢.
結冤結恨爲迷愚, 爭氣爭空因業障.
不會這身非究竟, 憂家憂國鎭長[12]忙.
吟絲詠竹向紅樓, 沉醉便爲身快樂.
正是苦中而[13]取樂, 蓋緣幻法染心王.
須知酒是衆怨門, 聚會之時監無[14]飮.
況是與人爲患物, 於中切莫起貪心.
火坑要滿沒休時, 佛道擬成應有[15]遠.
不落三途遭苦楚, 此之非是等閑人.
從頭擬說幾時休, 生死輪迴人總會.

(앞부분 빠져 있음) 백옥(白玉)과 광명을 다투고 ( ). 부처께서 성에 들어오시니 중생들이 부처를 바라보는데 마치 아이들이 부모를 만난 듯 하고 병든 자가 묘약(妙藥)을 얻은 듯하다. 신하들은 춤을 추고 천자는 서서히 걸어 나와 백호(白毫)의 오색 빛 속에서 여래께 예배를 올리고 자마(紫磨)의 광명 속에서 상호(相好)를 우러러 본다. 금안

10 '無明'은 趙錄과 潘錄에서는 모두 '光明'으로 되어 있는데 의미가 통하지 않는다. 郭在貽는 '無明'으로 교정하였는데 이는 옳다. 원권을 검토해보면 사실 '無明'으로 적혀 있다.('無'자가 원권에서는 '无'로 되어 있음)

11 '黑'은 周校에서는 '累'로 되어 있는데 이는 오류다. 項楚는 '黑'은 '어둡다'는 뜻으로 오류가 아니라고 하였다. S.3872「維摩詰經講經文」: "마음속의 어둠을 제거하지 않는다면 분명 마음가는대로 표류하게 될 것이다(畢竟若未除心內黑, 定隨心意定漂沈)." 이 '黑'자도 같은 의미로 쓰였다.

12 [項楚] '鎭長'은 같은 의미의 글자가 결합된 첩어이다.『變文集』440쪽「金剛般若波羅密經講經文」: "부처가 중생과 비록 멀지 않으나, 인연이 없어 서로 단절된 채 오래도록 귀머거리로 지내네(佛與衆生雖不遠, 無緣隔壁鎭長聾)." 周校는 '長'을 '常'이라고 하였는데 그럴 필요 없다.

13 '而'는 원권에서는 '帀'자 형태로 되어 있다. 趙錄은 '常'으로 되어 있고, 潘錄은 '而'로 되어 있다. 여기서는 潘錄을 따른다.

14 이 두 글자는 원권에서는 그다지 또렷하지 않다. 여기서는 임시로 이렇게 기록해두고 앞으로 재고하기로 한다.

15 '有'는 '又'로 보아야 할 것 같다.

(金鞍)의 공자(公子)는 세존을 대하자 기쁜 나머지 눈물을 흘리고, 규방의 미인은 대성(大聖)을 바라보자 마음이 취한 듯해진다. [지위가] 높거나 낮은 자들이 북적거리고, [신분이] 귀한 자나 천한 자들이 바삐 움직이는데, 어떤 자는 눈알을 파내여 여래께 바치고 또 어떤 자는 육신을 불사르며 대성(大聖)을 마주한다. 목숨을 버려도 목숨이 다하지 않으니 불력(佛力)은 실로 가늠하기 어렵고, 육신을 불살라도 아무렇지 않으니 대성의 자비는 헤아릴 수 없도다. 기이하고도 또 기이한 일이로다! 성스럽고도 또 성스럽도다! 부처님께서 비야리성으로 들어오셔서 뭇 중생들을 제도하시는데 모두들 이는 보기 드문 일이라며 감탄을 한다. 상하음왈(上下吟曰):

사바세계는 고통으로 들끓나니
이익을 구하고 명예를 구함을 언제나 그만둘까.
나와 남에 집착하는 것은 무슨 까닭인가
모두 망령된 마음이 만들어낸 것이라네.
이는 마치 한밤중에 높은 누대를 내려오는 자가
어둠 속에서 끊어진 밧줄을 밟았는데
길이가 한 자나 되는 독사는 아닐까 걱정스러워
아이더러 등불을 밝히라고 하는 것과 같네.
이는 전에 뱀을 목도한 적이 있었던 까닭인데
이 모두는 망령된 마음이 빚어낸 것이로다.
우리 불도들은 헛되이 대상(對象)을 탐하여
마음은 그것을 참(眞)으로 받아들인다.
단지 자신과 남을 이해하게 되면
어둠 속의 끊어진 밧줄의 실체를 깨닫게 되리라.
망령되이 처자식에 집착하면서
그 밧줄이 독사는 아닐까 의심한다.
저 아들딸을 당(堂)에서 내려오게 하여

지혜의 등불을 밝혀 비추도록 하라.
어리석음과 번뇌의 어둠을 깨뜨리니
비로소 일체가 견고하지 않음을 깨닫는다.
원한을 맺는 것은 어리석음 때문이고
의기(意氣)를 다투고 공(空)을 다투는 것은 업장으로 말미암은 것.
이 육신이 궁극(窮極)이라지만
나라 걱정 집안 걱정으로 항상 분주하다.
기루(妓樓)에서 음악을 연주하고
흠씬 취하는 것을 육신의 쾌락으로 삼는다.
이처럼 고통 속에서 즐거움을 취하는 것은
바로 마음이 환술(幻術)에 오염되었기 때문이네.
술이 모든 원한의 근원임을 깨달아
모임에서 술을 마시지 않도록 해야 하리라.
하물며 사람이 환물(患物)이거늘
속에서 탐심을 일으키지 말 일이다.
불(火) 구덩이[16]가 가득 차 쉴 새 없다면
불도(佛道)는 멀어지게 되는 법.
삼악도(三惡道)에 떨어지지 않아 고초를 당하지 않는다면
그는 이미 범인(凡人)이 아니네.
언제나 쉴 수 있는지 설하고자 하지만
중생은 생사의 윤회를 겪게 마련이네.

事取釋迦調御主, 遂於此界化衆生.
護明菩薩下天宮, 淨飯王宮佯託陰(蔭).
乃至雪山修苦行, 證成無上大醫[17]王.

16 색(色)·성(聲)·향(香)·미(味)·촉(觸)에 집착하여 일으키는 다섯 가지 정욕(情欲), 즉 오욕(五欲)을 이름.

常將妙法度衆生, 愛把正因敎我等.

令覺眞如無價寶, 徒(圖)人超越忘(妄)緣身.

三千界裏洒醍醐, 十六國中傾法雨.

當日擬將諸取衆, 毗耶城內駕三車.

幾多賢聖盡陪[18]隨, 繫(擊)磬吹蠡[19]同引佛.

佛動尊高相好體, 聲聞緣覺總皆行.

天男金碗獻金花, 天女玉盤陳異果.

帝釋逶陁[20]贊聖主, 梵王翔序[21]遶慈尊.

一十七衆盡徘徊, 天雨四花長路上.

誰羨你鋪羅兼展錦, 不憐你天上及諸方.

祥雲冪冪蓋娑婆, 喜色騰騰侵碧落.

天樂淒淸喧宇宙, 天人聚會寰灑.[22]

十方賢聖盡歌楊(揚), 可畏釋迦牟尼佛.

---

17 '醫'는 원권에서는 윗부분이 '疑'로 되어 있다. 민간에서 유행하던 形聲 俗字인 것 같다. 周校는 '醫'자를 '法'으로 의심하였는데 이는 옳지 않다. '大醫王'은 석가모니를 가리키며 불전과 강경문에서 자주 보인다.

18 '陪'는 趙錄에서는 '陔'로 되어 있다. [郭在貽] '陔'는 '陪'의 형와자이다. 변문에서 '亥'자는 '亣'로 적곤 하는데 그 형태가 '陪'자의 오른쪽 편방과 비슷하다. 그러므로 '陪'자가 '陔'로 오인된 것이다. [校注] 원권에서는 본래 '陔'로 되어 있는데 이는 '陔'자의 속체이다. 문중에서는 '陪'자를 형태가 비슷한 다른 자로 오록한 것이다. 여기서는 곽씨의 견해에 의거하여 바로잡는다.

19 '蠡'는 원권에서는 상반부가 '豕'로 되어 있고 하반부는 '虫'으로 되어 있는데 이는 '蚤'자를 잘못 기록한 것으로 보인다. '蚤'은 '蠡'자의 이체자이다.

20 '逶'는 원권에서는 '透'로 되어 있는데 이는 '逶'의 형와자로 보인다. 여기서는 문맥에 의거하여 바로잡는다. '逶陁'는 『說文解字』에서는 '逶池'로 되어 있으며, 이 같은 첩어는 그 소리를 중시해야지 그 형태를 논해서는 안 된다고 하였다. 明 方以智 『通雅·釋詁』: "逶陁, 一作逶蛇 …… 委陀 …… 逶迆, 委池, 各異, 其連呼聲義則一也." 周校와 潘校에서는 모두 '委蛇'로 교정했는데 굳이 그럴 필요 없다.

21 [項楚] '翔'은 '庠'과 통한다. '庠序'는 행동이 침착한 모습이다.

22 이 문구는 한 글자가 누락된 듯하다. 원문은 "天人聚會灑寰□"가 되어야 할 것 같고, 마지막 글자는 '海', '區', '中'과 같은 글자가 되어야 할 것 같다. 마지막 세 글자는 앞구 "喧宇宙"와 대응된다. 趙錄에서는 '□寰灑'로 되어 있는데 이는 오류로 보인다.

毗耶大煞因緣重, 感得千般異事生.
君王鸞駕出郊迎, 輔相車軒登路接.
要見大悲三界主, 直如孩子望慈鄰(憐).
人皓皓(浩浩), 出城來, 瞻禮端嚴百寶臺.
有願有悲來教化, 捨身捨命數無垓.
經日朗, 白雲迴, 天地傾遙(搖)吼似雷.
洞洞香煙和瑞氣, 輕籠這日大如來.
人躍躍, 笑咍咍, 百鳥空中語似哀.
共命伽陵宣[23]甚事, 啾啾唧唧(喞喞)贊如來.
多異事, 實奇哉, 蠢動含靈盡到來.
滿目淚流看聖主, 意徒(圖)各願捨胞胎.
이제 석가모니 부처님을 만났으니
마침내 세상의 중생들은 교화를 입게 되었네.
호명보살이 천궁에서 내려와
정반왕의 궁전에 기탁하였네.
설산에서 고행을 하고
위없는 대의왕(大醫王)[24]이 되셨도다.
항상 묘법으로 중생을 제도하시고
정인(正因)[25]으로 우리를 교화하신다.
진여(眞如)의 소중함을 깨닫게 하시고
허망한 인연으로 된 육신을 초월하게 하신다.
삼천세계에 제호(醍醐)[26]를 뿌리고
16국에 법(法)의 비를 내리신다.

23 '宣'은 趙錄과 潘錄에서는 모두 '直'으로 되어 있다. 원권은 '宣'으로 되어 있다. 이에 의거하여 수정한다.
24 부처'를 높여 이르는 말. 마음의 병을 잘 치료한다는 뜻에서 이르는 말이다.
25 정토(淨土)에 왕생하는 직접적인 원인.
26 우유에 갈분을 타서 미음같이 쑨 죽.

이날 모든 중생을 제도하고자
삼거(三車)[27]를 몰아 비야리성으로 나아간다.
수많은 성현들이 그 뒤를 따르고
종을 치고 피리를 불며 부처님을 맞아들인다.
부처님의 존엄한 상호(相好)가 움직이니
성문(聲聞)과 연각(緣覺)이 모두 뒤따른다.
천남(天男)은 황금 주발에 황금 꽃을 바치고
천녀(天女)는 옥쟁반에 희귀한 과일을 올린다.
제석은 천천히 나아가며 성주(聖主)를 찬양하고
범왕은 차분하게 자존(慈尊)을 에워싼다.
열일곱의 무리는 다들 배회하는데
하늘에서는 꽃비가 내려 길 위에 가득하다.
누가 그대의 비단 옷을 부러워할 것이고
천상의 그대를 가엾게 여기지 않을 것인가.
상서로운 구름 사바세계를 뒤덮고
희색은 비등하여 푸른 하늘을 찌른다.
청량한 천악(天樂)이 우주에 울려 퍼지고
천인은 모여서 온 나라를 소제한다.
십방의 성현들은 모두 [석존을] 찬양하는데
석가모니불은 찬탄할 만하다네.
비야리성은 대단히 인연이 깊어
갖가지 기이한 일들이 생긴다.
군왕은 수레를 몰아 근교로 나가 [석존을] 맞이하고
재상은 가마를 타고 길을 나서 영접한다.
대자대비하신 삼계(三界)의 주인을 만나려는 모습이

27 양거, 녹거, 우거의 세 수레. 각각 성문승, 연각승, 보살승을 비유적으로 이르는 말이다.

마치 어린애가 모친을 바라보는 듯하다.
무수한 사람들이 성 밖으로 나가
보대(寶臺)를 향해 경건하게 예배를 올린다.
교화되기를 기원하는 중생들
신명(身命)을 버리는 이 부지기수다.
붉은 태양이 빛나고 흰 구름이 떠다니는데
천지는 마치 천둥이 울리는 듯 뒤흔들린다.
뭉게뭉게 피어오르는 향 연기와 상서로운 기운
이날 여래를 가볍게 휘감는다.
사람들은 기쁨에 들떠 얼굴에 미소가 피어나며
온갖 새들은 허공에서 재잘댄다.
공명조와 가릉빈가는 무슨 일인지
추추 지지 여래를 찬양한다.
실로 기이하고도 기이하나니
벌레와 중생들 모두가 이곳에 모여
눈물을 줄줄 흘리며 성주(聖主)를 바라보는데
육신을 내던지기 원해서라네.

何以如此?緣是世尊無量劫中死(無)分毫違倍(背)有情, 方感如此云云. 又緣如來隊仗入赴毗耶, 衆生忻仰. 問有[28]何隊仗? 念大聖維摩菩薩.

如來往日入毗耶, 隊仗莊嚴實麗佳.
雲教(散)碧霄呈瑞日, 路添淸境雨天花.
慈尊緩[29]步金蓮覷, 菩薩徐行喜色花.

---

28 '有'는 원권에서는 '𪜊'로 되어 있는데 이는 '有'의 초서체인 듯하다. 趙錄과 潘錄에서는 모두 '如'로 되어 있는데 이는 정확하지 못하다. 주석 4)번을 참조 바란다.

29 '緩'은 원권에서는 '緣'으로 오록되어 있다. 여기서는 項楚의 교록에 의거하여 바로잡는다. 아래 문장 "緩步頻頻多意愁(態), 徐行宕宕足威儀." '緩步'와 '徐行'이 대구가 되고 있음은 이곳과 똑같다.

帝釋威儀寧散亂, 梵王行李不參差.
祥雲儭足堪瞻仰, 瑞氣攢身好詠誇.
花碗滿成(盛)師子骨, 香盤合就象王牙.
天仙窈窕如春柳, 玉女莊嚴似晚霞.
霧濕胸前瓔落(珞)重, 鳳(風)搖頂上玉冠斜.
聲聞盡繞黃金相, 獨覺皆乘白鹿車.
近事男擎花教(繖)蓋, 憂婆夷[30]獻紫加沙(袈裟).
經行往往敷黃葉, 渡水時時見老植(楂).
登路行程俱急急, 去城㝹[31]㝹有些些.
王辭鳳闕威儀遠, 帝出龍宮道路奔.[32]
佛意[33]比來徒(圖)教化, 人心只是愛榮花(華).
爭知於(如)是一場夢, 未會人爲四毒蛇.
生死往來無數目, 說倫(沈淪)沒沒似塵沙.
巍巍聖主誰能及, 浩浩凡夫莫側(測)涯.
佛向蓮臺宣妙法, 一時令入法王家.
高與下, 笑咍咍,[34] 曳紫拖[35]紅滿九垓.

30 '憂婆夷'는 '優婆夷', '優婆斯' 등으로 적기도 한다. 범어의 음역이며 '淸信女', '近事女' 등으로 의역된다. 潘重規는 '憂'를 '優'로 교정했는데 그럴 필요가 없다.

31 '㝹'은 원권에서는 본래 '䨶'로 되어 있는데 이는 '㝹'의 형와자이다. 여기서는 문맥에 의거하여 바로잡는다.

32 [項楚] '奔'은 '賒'가 되어야 한다. 형와자이다. 「佛報恩經講經文」: "要來王舍程非遠, 擬往香風路不賒." 구형이 이와 유사하다. [校注] '奔'은 '奢'의 오자인 듯하다. '奢'와 '賒'는 고대에는 통용되었다. 『新書』도 이와 같다.

33 '意'는 원권에서는 '竟'으로 되어 있다. 蔣禮鴻과 項楚 모두 '意'라 교정하였다. 이에 의거하여 바로잡는다.

34 뒤 '咍'자가 원권에서는 '行'으로 되어 있다. 蔣禮鴻과 項楚는 '咍'로 교정하였는데 이는 옳다. 이에 의거하여 수정한다. '笑咍咍'는 변문에서 자주 보인다. 또 '咍'는 韻脚字로서, 뒤의 '垓', '臺', '來' 등 글자와 압운된다. '行'으로 보면 압운이 맞지 않는다.

35 '拖'는 趙錄과 潘錄에서는 모두 '袍'로 오록되어 있다. 項楚와 郭在貽는 이를 '拖'로 교정하였는데 이는 옳다. 원권에서는 사실 '拖'로 되어 있다. 「佛說觀彌勒菩薩上生兜率天經講經文」: "拽紫拖緋當二八." 참고하기 바란다.

喜色淺染[36]籠日月, 祥雲澧(濃)澹鎖樓臺.

宣[37]宇宙, 吼春雷, 表我慈尊教化來.

遍滿[38]億中怨網散, 滿三千界覺花開.

天與地, 白皚皚, 盡是天花到處堆.

似錦似絪這夢惡,[39] 如霜如雪覆塵埃.

十七衆, 自安排, 隨從空王少比裁.

高扇香風吹熱惱, 輕霏泔(甘)露嗔[40]塵埃.

人躍躍, 遞相催, 早入毗耶滅障災.

獻草梵王行宕宕, 擎花帝釋相嵬嵬.[41]

龍競舞, 鬼神挨,[42] 乾闥婆王百萬垓.

頻奏淸歌鳴[43]四諦, 或吹雅樂滅三災.

金翅鳥, 力無偕, 搦得高山碎若灰.

爲喫龍多身似力,[44] 幾椎摩(魔)衆吼如雷.

龍天八部總崔嵬,[45] 佛作光風[46]去又迴.

---

36 [項楚] '染'은 '深'의 형와자이다.

37 '宣'은 項楚와 郭在貽는 모두 '喧'으로 보았는데 이는 옳다. 위 문장 "天樂淒淸喧宇宙" 와 아래 문장 "這日佛聲喧宇宙" 모두에 '喧宇宙'라는 문구가 있다. 이는 '喧'자가 옳음을 증명한다.

38 [項楚] '滿'은 '百'이 되어야 한다. 뒤 구 '滿'자와 관련하여 생긴 와자이다. '百億'은 '三千'과 대구가 된다. 이는 아래 문장 "三千界內, 百憶(億)塵中"과 똑같다.

39 '夢'은 趙錄과 潘錄에서는 모두 아무 글자도 없이 궐문 부호만을 남겼다. [項楚] '這'는 '遮'가 되어야 한다. 비슷한 음이라 서로 통용된다. 궐자는 '穢'가 되어야 할 것 같다. 유마힐경에서 '穢惡'이란 문구가 자주 보인다. [校注] 궐자는 원권에서는 '夢'자로 되어 있는 것 같다. 항씨가 말한 '穢'자는 원권의 字形과는 거리가 있어 보인다.

40 [項楚] '嗔'은 '鎭'이 되어야 한다.

41 '嵬嵬'는 周校와 潘校에서는 모두 '巍巍'로 되어 있다. 項楚는 '嵬嵬'는 수정할 필요가 없다고 했는데 이는 옳다.

42 '挨'는 원권에서는 '埃'로 되어 있다. [項楚] '埃'는 '挨'가 되어야 한다. 밀집되어 있음을 형용한다. [校注] 돈황사본에서 '手' 편방과 '土' 편방은 혼용되곤 한다. 여기서는 項楚의 견해를 따라 '挨'로 적는다.

43 [項楚] '鳴'은 '明'의 音訛字이다.

44 마지막 글자는 분명하지 않다.

弄影弄身左右轉, 驅雲唱電勢[47]恢[恢].

三界主, 唱奇裁(哉), 這個威儀無可倍.[48]

爲衆四生除我慢, 與人六道作梯媒.[49]

君與相, 禮如來, 無漏之言直敢猜.

舞蹈焚[50]香爭供養, 洗心淨意遶花臺.

男與女, 惱情懷, 煩惱多應此日摧.

金色光中瞻於(相)好, 玉毫香裏禮千迴.

實是好, 卒難裁, 多少尊卑悟幻[51]胎.

佛入菴園宣此法, 有何人持蓋也唱將來.

어찌하여 이와 같은가? 이는 세존께서 무량의 겁 동안에 추호도 중생을 배반한 적이 없었기 때문에 이처럼 감화된 것이다. 또 여래의 대오가 비야리성에 도착하니 중생들이 기쁨에 들떠 우러러보는 것이다. 무슨 대오를 말하는가? 대성 유마보살을 염송한다.

여래께서 지난날 비야리성에 들어가시는데

45 '崔嵬'는 높이 솟은 모습이다. 周校와 潘校에서는 모두 '崔巍'로 되어 있는데 그럴 필요 없다.

46 '光'은 趙錄과 潘錄에서는 모두 '堯'로 되어 있다. 項楚는 이를 '惠'라 교정하였는데 이 역시 정확하지 못하다. '光風'은 본래 맑고 깨끗한 날에 불어오는 부드러운 바람을 가리킨다. 불전에 의하면 부처는 광명의 상징으로, 佛光은 만물을 두루 감싼다. 그러므로 문중의 '光風'은 부처를 비유한다.

47 '勢'는 원권에서는 '㔟'로 되어 있는데 이는 '勢'의 속자이다. 육조시대의 碑文과 돈황사본에서 '勢'자는 종종 이 형태로 표기되곤 한다. 趙錄과 潘錄에서는 '砉'으로 되어 있는데 이는 오류이다.

48 [項楚] '倍'는 '陪'가 되어야 한다. '無可陪'는 '비견할 수 없다'는 뜻이다. [潘重規] '倍'는 '偕'가 되어야 한다. [校注] 『集韻』隊韻 : "倍, 加也." '倍'자 자체로도 의미가 통한다. 굳이 수정할 필요 없다.

49 '梯楳'는 원권에서는 '手' 편방으로 되어 있다. 돈황사본에서 '手' 편방과 '木' 편방은 구분되지 않는다. 따라서 여기서는 직접 바로잡아 기록한다. '楳'는 '媒'이다. 앞의 '梯'자와 관련하여 편방이 변화된 것이리라.

50 '焚'은 趙錄과 潘錄에서는 '禁'으로 오록되어 있다.

51 '幻'은 원권에서는 본래 '㓜'으로 되어 있는데 이는 '幻'의 속체이다. 趙錄에서는 '幼'로 되어 있는데 문맥이 통하지 않는다.

그 대오 실로 장엄하고도 아름답도다.
구름은 흩어져 푸른 하늘에는 상서로운 태양이 비추고
길은 청결하고 천화(天華)가 흩날린다.
서서히 걷는 자존(慈尊)의 발아래 금련(金蓮)이 피어나고
천천히 걷는 보살의 얼굴에는 희색이 만면하다.
제석은 위의를 잃지 않고
범왕은 공손히 출사(出使)한다.
상서로운 구름이 발걸음을 따르니 우러러볼 만하고
길상(吉祥)의 기운이 온몸을 휘감으니 찬탄할 만하네.
꽃 주발에는 사자의 뼈가 가득하고
향반(香盤)에는 상왕(象王)의 치아가 담겨 있다.
선녀는 봄버들처럼 요조(窈窕)하고
옥녀는 저녁놀처럼 치장하였다.
안개는 가슴 앞의 영락(瓔珞)을 젖게 하고
바람은 머리 위의 옥관(玉冠)을 기울인다.
성문(聲聞)은 일제히 황금빛 상호(相好)를 에워싸고
독각(獨覺)은 모두 백록(白鹿)의 수레를 타고 있다.
우바새는 꽃 보개(寶蓋)를 받쳐 들고
우바리는 자줏빛 가사를 바친다.
이르는 곳마다 노란 나뭇잎이 뿌려지고
강을 건널 때는 낡은 뗏목이 보이곤 한다.
다들 바삐 여로에 올라
마치 비바람이 몰려오듯 [비야리]성으로 향한다.
국왕은 봉황의 궁궐을 떠나는데 위의를 멀리하고
황제는 용궁을 나서는데 가는 길이 화려하다.
부처님은 교화를 위해 이곳에 오시는데
사람들은 오직 영화(榮華)만을 사랑한다.

어찌 그것이 한바탕 꿈인 줄 알지 못하며
인간은 네 마리 독사[52]로 이루어진 사실을 깨닫지 못하는가.
수없이 생(生)과 사(死)를 오가고
먼지와 모래처럼 물속에 가라앉는다.
높고 높으신 성주(聖主)에 비견될 자 없고
무수히 많은 범부도 [성주가 지닌 능력의] 끝을 헤아릴 길이 없다.
부처님이 연화좌에서 묘법을 설하시니
한순간에 중생들이 불국토로 들어온다.
[지위가] 높고 낮은 자들이 빙그레 미소를 띠고
붉거나 자줏빛 [인수(印綬)를 찬] 이들[53]이 천지를 가득 메운다.
깊고 얕은 희색(喜色)이 일월을 휘감고
짙고 옅은 상운(祥雲)이 누대를 에워싼다.
온 우주가 떠들썩하고 우레 소리 요란한 것은
우리 자존께서 교화하러 오셨음을 말해준다.
수백 수억의 번뇌가 흩어져 사라지고
삼천대천세계에 지혜의 꽃이 활짝 피어난다.
천지가 온통 새하얗게
도처에 천화(天花)가 쌓여 있다.
비단옷이나 깔개처럼 추악함을 덮어 가리고
서리나 눈처럼 먼지를 덮어버린다.
열입곱의 무리들은 스스로를 조절하여
공왕(空王)[54]을 따르며 견주거나 재단하려 하지 않는다.

52 육신은 지(地)·수(水)·화(火)·풍(風) 사대(四大)로 이루어져 있는데 독사는 이를 비유한 것이다. 이 사대의 성질은 각기 다른데 지와 수는 아래로 가라앉는 성질을 가지고 있고, 풍과 화는 위로 뜨려는 성질을 가지고 있다. 이 사대가 조화를 이루지 못하면 질병이 찾아든다고 한다.

53 고관(高官)을 상징함.

54 부처의 다른 이름.

높이 나는 향기로운 바람은 뜨거운 번뇌를 불어 날리고
부드럽고 달콤한 감로수는 먼지를 가라앉힌다.
사람들은 기뻐하며 서로를 재촉하는데
서둘러 비야리성으로 들어가 업장을 소멸하라네.
풀을 바치는 범왕의 움직임은 거침이 없고
꽃을 든 제석의 모습은 우뚝하다.
용은 다투어 춤을 추고 귀신은 서로 밀치는데
건달바왕은 수백만 해(垓)나 된다.
자주 청가(淸歌)를 연주하며 사제(四諦)를 밝히기도 하고
아악(雅樂)을 연주하며 삼재(三災)를 멸하기도 한다.
금시조는 그 힘이 비길 바가 없거늘
높은 산을 움켜쥐어 재처럼 부스러뜨리며
용을 잡아먹고 몸집은 (　　　　　　　　) 같은데
마귀의 무리들은 우레처럼 울부짖는다.
용천팔부는 높이 솟구쳐 있는데
부처님의 광풍(光風)은 그곳까지 다녀오신다.
몸과 그림자를 좌우로 움직이며
구름을 쫓고 번개를 부리는데 그 모습 위풍이 넘친다.
삼계(三界)의 주인을 모두가 기이하다 감탄하고
그 위의 견줄 바 없다 찬탄한다.
사생(四生)[55]의 중생들을 위하여 그들의 집착을 제거해주고
육도(六道)[56]의 인간들을 위하여 (육도를 벗어날) 사다리를 만들어준다.
군왕과 재상은 여래를 향해 절을 올리며
무루(無漏)[57]의 말씀을 기다리는데

55 생물이 태어나는 네 가지 형태. 태생(胎生), 난생(卵生), 습생(濕生), 화생(化生)이다.
56 삼악도와 삼선도(三善道)를 통틀어 이르는 말. 중생이 선악의 원인에 의하여 윤회하는 여섯 가지의 세계이다.

춤을 추고 향을 사르며 다투어 공양하고
마음을 정결히 하고서 연화좌를 에워싼다.
세속 남녀들이 지닌 고뇌의 마음들
그 번뇌들이 이날 모두 부서져버리리.
황금빛 광휘 속에서 상호(相好)를 우러러보고
옥호(玉毫)의 향기 속에서 수천 번 절을 올린다.
실로 대단하니 [부처의 능력] 가늠하기는 어렵고
존귀하거나 비천한 무리들은 환상임을 깨닫는다.
부처께서 암라원에 들어가시어 이 법을 설하는데
어떤 이가 보개(寶蓋)를 들고 있는지 그 창이 곧 나오리라.

經云：爾時毗耶離城有長者子，名曰寶積，與五百長者子俱持七寶蓋．云云．

居士知佛入於毗耶，緣我於此國敎化衆生，佛要共我助弘大敎，我須今日略用神通．今日與誰緣熟?乃觀見寶積等追歡逐樂，我須敎化，令滿道心．況夫花散[58]三春，尙假甘澤而洗蕩；佛登正覺，[□][59]賴菩薩以扶持．乃知花托陽和，佛憑助左(佐)．

居士嚐曰：三千界內，百憶(億)塵中，有巍巍獨步之尊，作岩岩超群之主．挈慈悲杵，能摧我慢之卽(鄕)；布智惠雲，解[60]覆貪嗔之海．四生六道，八難三塗，救衆生而無始無終，化傍類[61]則莫窮莫盡．心如巨鑊，[62]

---

57 번뇌에서 벗어나거나 번뇌가 없음.

58 [劉凱鳴] '散'은 '數'의 형와자로 보인다. [校注] '發'의 형와자일 가능성도 있다.

59 劉凱鳴은 궐자는 '猶'자라고 하였는데 이는 옳다.

60 '解'는 趙錄과 潘錄에서는 '後'로 되어 있다. 원권을 세밀히 살펴보면 '解'로 적었다가 덧칠을 한 다음 이어서 '後'자를 적고 있다. 사실 '解'자로 보는 것이 의미가 더 잘 통한다. '解'는 위 문장 '能'과 같은 의미로 서로 대구가 된다. 변문에서는 '解'와 '能'이 대구가 되는 경우가 많다. 예를 들면 P.3361「押座文」："犬解報恩能驟草，馬能知主解垂韁"이 있다.

61 '類'는 원권에서는 '顏'으로 되어 있다. [項楚] '顏'은 '類'의 형와자이다. '傍類'는 傍生，

能拔煩惱之根; 意若洪波, 潑滅無明之火. 威儀罕比, 相好難儔. 髻珠如秋月初圓, 腕釧似寒冰乍潔. 向蓮花臺上, 雙眉而私[63]帶笑容; 處七寶堂中, 兩臉而長含喜色. 作衆生之導[64]首, 爲菩薩之規儀. 入毗耶而不爲別人, 說妙法而全因是我. 我須今日, 略用神通, 觀此城中, 與誰緣熟?恰見金枝玉葉, 帝子王孫, 奏笙歌於三殿之中, 動絲竹於九宮之內. 羅幃盡(晝)寢, 嬪妃添金豔之香; 御宛(苑)春遊, 侍從摘玉欄(蘭)之蕊, 無論時節, 豈揀秋冬. 醉皈[65]於明月簾前, 夢覺於淸風堂下. 跨香鞍而搖玉勒, 未滿高低; 飮醁醑[66]而擲金杯, 只知富貴. 君(居)士遙叱, 呵寶積曰 : 汝卽貪於歡晏(宴), 染著色聲, 蓋緣煩惱種深, 卻爲無明業重. 一無漸(慚)愧, 豈知於貧賤之人; 純騁[67]英雄, 唯愛於奢華之事. 庫藏有差[68]羅異錦, 香廚修品味之餐. 擧步千人, 一吟百諾(諾). 身披錦繡, 寧

즉 畜生이다. 아래 문장 "嗟念衆生多我慢, 愍伊傍類足愚癡." 이에 의거하여 바로잡는다.

62 '鑊'은 원권에서는 오른쪽 편방이 '霍'으로 되어 있는데 이는 '鑊'의 속자이다.

63 '私'자는 의미가 통하지 않는다. '時'의 잘못으로 보인다. '時'는 아래 문장 '長'과 대구가 된다.

64 '導'는 원권에서는 '遵'으로 되어 있다. [項楚] '遵'은 '導'의 형와자이다. '導首'는 '向導'란 뜻으로 불경에서 자주 보인다. 이에 의거하여 바로잡는다.

65 '皈'는 潘重規는 '眠'이 되어야 한다고 했는데 이는 사실에 가깝다(『新書』에서는 原字를 '皈'으로 기록하였다)

66 '醁'은 '綠'이어야 한다. 본편 아래 문장 "醁醑白醪, 不醉於紅樓之行." '醁醑'는 '白醪'와 대구가 되고 있다. 이로 보아 '醁'은 응당 '綠'이 되어야 한다. '醁'으로 적은 것은 '醑'자와 관련하여 편방이 변한 것이리라. '綠醑'는 맛좋은 술 이름이다.

67 '純騁'은 趙錄과 潘錄에서는 모두 '託體'로 되어 있다. 이는 잘못이다. [校注] 원권에서는 본래 '纟躬'로 적혀 있는데 이는 '純躬'이다. '屯'은 속체로 '乇'라 적는데 이것이 '乇'으로 변형된 것이다. 「雙恩記」 : "乳無純正醍醐亂." 원권에서 '純'자는 오른쪽 편방이 '乇'으로 되어 있음은 그 증거이다. '甹' 편방은 속체로 '号'라 적는다. '躬'은 곧 '騁'의 속체인 '躬'의 초서체 변형이다. 『玉篇』에서는 '騁'을 '騁'의 이체자라고 하였다. 문중에서는 '騁'의 換旁 俗字이다. '馬'를 '身'으로 바꾼 것은 재능을 과시하려는 의도에서인 듯하다. 주석 110)번을 참조 바란다.

68 '差'는 원권에서는 '搓'로 되어 있다. 項楚와 郭在貽는 '差'로 교정하였는데 이는 옳다. 이에 의거하여 바로잡는다. '差'는 '기이하다'는 뜻이다. 「雙恩記」 : "기이한 무늬의 비단은 모두 강대한 藩鎭들이 조공한 물건들이다(差羅異繡, 盡雄藩朝貢之儀)." 이 '差' 역시 같은 뜻이다.

知織女之新(辛)懃; 口食美珍, 不念於農夫受苦. 此者是：六道作往來之客, 三塗爲鎭店之人, 私爲愚癡, 無能曉會. 我今須教, 吾要提攜, 令伊棄此諠華(嘩), 追證取無爲妙果云云. 念菩薩

경전에서 말하기를, “그때 비야리성에는 보적이라는 장자의 아들이 있었는데, 다른 장자의 아들 5백 인과 같이 칠보로 꾸민 일산을 가지고 있었다” 하였다.

거사는 부처님께서 비야리성에 들어오시는 것을 알았다. 내가 이 나라에서 중생을 교화하고 있는 까닭에 부처님께서는 나를 도와 커다란 가르침을 펼치고자 하시니, 나는 오늘 잠시 신통력을 사용하려 한다. 오늘 누구의 인연이 무르익었는가? 보적 등이 환락을 추구하는 것이 보이거늘, 나는 그들을 교화하여 도심(道心)이 충만하도록 만들어야한다. 게다가 바야흐로 꽃잎 흩날리는 봄철이고 단비에 더러움도 씻어내었다. 부처님이 정각에 오른 것은 보살의 도움이 있어서였다. 꽃이 봄날에 의지하듯이 부처님은 보살의 도움에 기대셨음을 알겠다.

거사가 찬탄하여 말하기를, “삼천대천세계 내의 수백억이나 되는 속세에서 독보적인 존자(尊者)이시고 무리를 훌쩍 초월하신 주인이시다. 자비의 몽둥이로 아집의 산(山)을 때려 부수시고, 지혜의 구름으로 탐욕과 분노의 바다를 뒤덮으신다. 사생(四生)과 육도(六道), 팔난(八難)과 삼도(三塗)에서 시작도 끝도 없이 중생을 구제하시고, 방류(傍類)[69]를 교화하심에 다함이 없으시다. 마음은 거대한 가마솥처럼 번뇌의 뿌리를 뽑아버릴 수 있고, 의지는 커다란 파도처럼 무명(無明)의 불길을 꺼버릴 수 있다. 위의는 견주기 어렵고 상호(相好)도 대적하기 어렵다. 정수리의 진주는 가을 달처럼 둥글고, 손목의 팔찌는 차가운 얼음처럼 깨끗하다. 연화좌에 오르시며 두 눈가에 미소를 지으시고, 칠보당(七寶堂)에 머무시며 두 뺨에 기쁜 빛을 띠신다. 중생의 인도자가 되시고 보살의 모범이 되신다.

69 방생(旁生), 즉 축생(畜生)을 가리킴.

[부처님께서] 비야리성에 들어오시어 묘법을 설하시는 것은 다른 사람을 위해서가 아니라 모두 나로 말미암은 것이다. 나는 오늘 잠깐 신통력을 사용하여 이 성 안에서 누구의 인연이 무르익었는지를 살펴봐야겠다. 마침 금지옥엽 제왕의 아들들이 궁궐에서 음악을 연주하고 구궁(九宮)에서 악기를 타는 것이 보인다. 비단 장막으로 침실을 꾸미고, 비빈은 아름다운 향수를 뿌렸다. 왕의 동산으로 나들이를 나가고, 시종은 옥란(玉蘭) 꽃을 꺾고 있다. 계절을 타지 않으니 어찌 가을과 겨울을 가리겠는가. 환한 달빛 아래의 주렴 앞에서 술 취해 잠이 들고, 맑은 바람 부는 당(堂) 아래서 꿈에서 깨어난다. 향기로운 안장에 걸터앉아 옥의 고삐를 내두르고, 맛좋은 술을 마시며 황금 술잔을 기울이는 모습이 부귀하기만 해 보인다. 거사가 보적을 꾸짖어 말하였다. 그대는 환락을 탐하고 미색과 명성에 물들어 있는데, 이는 번뇌의 뿌리가 깊고 무명(無明)의 업장이 무거운 까닭이다. 그러면서도 일말의 부끄러움도 없으니 어찌 빈천한 자를 이해할 수 있을 것인가. 오로지 영웅만을 추구하고 화려하고 사치스러운 일만을 사랑한다. 창고에는 기이한 비단들이 수북이 쌓여 있고 부엌에는 맛있는 음식들이 가득하다. 걸음을 옮길 때마다 1천 명이 그 뒤를 따르고, 한번 부르면 1백 명이 대답한다. 몸에는 수놓은 비단 옷을 걸쳤으되 베 짜는 아낙의 고통을 알지 못하고, 산해진미를 즐기되 농부의 고통을 생각하지 않는다. 이 자는 육도(六道)를 오가는 객이 되고 삼악도(三惡道)에서 살아가는 사람이 된다. 그러고서도 어리석음 때문에 그 사실을 알지 못한다. 나는 지금 그대를 가르치고 그대를 이끌어주려고 하노니, 그대는 이 소란함을 내던지고 무위(無爲)의 묘과(妙果)를 추구하도록 하여라. 보살을 염송한다.

淨名無爲忽思惟, 佛入毗耶更爲誰?
嗟念衆生多我慢, 愍伊傍類足愚癡.
准承顏色長喜少, 將爲身長不改移.[70]

未會[71]到頭要已老, 豈知終被死相隳.[72]
緩步頻頻多意愁(態), 徐行宕宕足威儀.
手如白玉當秋鏡, 目似青蓮出曉池.
接引衆生寧厭倦, 提攜含類[73]沒勞波.[74]
此來隔是於(相)逢日, 共我如今敎化時.
吾見九重長者子, 他緣五百帝王兒.
貪於鳳闕開金鎖, 正向紅樓醉玉妃.
窗下靑娥吟御製, 花間紅臉唱宮詞.
鸚[75]藏綠柳朝霞散, 燕語紅梁[76]景像[77]衰.
階畔桃花春雨洗, 簾前翠竹狂[78]風吹.
綺羅香裏燈微暗, 絲竹聲中枕半欹.
殿下醉醒呼萬歲, 庭前飮散喚嬪妃.
只貪欲[79]樂長爲久,[80] 不念人身有盛虧.

---

70 '移'는 원권에서는 자형이 희미하다. 潘錄은 '移'로 기록하였는데 이는 옳다. 여기서는 이것을 따른다. 趙錄에서는 궐문으로 되어 있다.

71 '會'는 원권에서는 자형이 희미하다. 潘錄은 이를 '會'로 기록하였는데 이는 옳다. '會'와 '知'는 대구가 되며 같은 뜻이다. 趙錄에서는 궐문으로 되어 있다.

72 [潘重規] '隳'는 '隨'가 되어야 할 것 같다.

73 [劉凱鳴] '含類'는 단어가 되지 못한다. '含'은 '旁'의 와자인 것 같다. [校注] '含類'는 불교술어로서, 心識을 지닌 중생을 가리킨다. '傍類'(몸을 기울여 걷는 생물을 가리킴)와 단어의 구조가 똑같다.

74 '波'를 項楚는 '疲'로 교정하였는데 이는 옳다.

75 [項楚] '鸚'은 '鶯'으로 적기도 한다. [校注] 본편 아래 문장 "彩女笑嗔金閣燕, 嬪妃閑喚玉籠鸚." '鸚'과 '燕'은 대구가 되고 있다. '鸚'은 '鸚鵡'의 약칭일 것이다.

76 [項楚] '紅'은 '虹'이 되어야 한다. '虹梁'은 '綠柳'와 대구가 된다. 劉凱鳴은 『玉臺新咏』 권9 梁武帝 「龍笛曲」: "婉愛寥亮繞紅梁, 繞紅梁, 流月臺"와 『文選』 卷34 曹子建 「七啓」: "彤軒紫柱, 文榱華梁" 李善 注: "劉梁七擧曰: '丹墀縹壁, 紫柱紅梁也.'"를 인용하며 '紅梁'은 고대에 이미 사용되고 있었으며, 따라서 '紅'은 '虹'으로 수정할 필요가 없다고 하였다. [校注] 유씨의 견해는 옳다. 楊炯 「登秘書省閣詩序」: "紅梁紫柱." 여기서도 '紅梁'이란 단어가 쓰이고 있다.

77 [項楚] '像'은 '象'이 되어야 한다.

78 '狂'은 원권에서는 '任'으로 되어 있다. 이는 '狂'의 속체이다. 돈황사본에서 '誑'자의 우측 편방은 흔히 '任'로 표기된다.

我自入宮須教化, 令伊歸命大牟尼.

정명(淨名)은 홀연 가만히 생각에 잠기는데

부처님께서 비야리성에 오시는 것은 누구를 위함인가?

중생에게 아집이 많음을 생각하시고

저 방류(傍類)의 어리석음을 불쌍히 여기시는 까닭이다.

언제까지나 얼굴에 희색이 가득할 것으로 생각하고

육신은 영원히 변하지 않을 것이라 여긴다.

결국에는 늙게 될 것을 알지 못하고

사상(死相)이 뒤따르게 될 것임을 깨닫지 못한다.

느긋한 걸음걸이에서 자태가 드러나고

느린 걸음에서 위의가 넘쳐난다.

손은 가을날의 거울 같은 백옥을 닮았고

눈은 새벽 연못에 핀 청련(靑蓮) 같으시다.

중생을 제도하심에 싫증내지 않으시고

중생을 인도하심에 피곤함을 잊으셨다.

이렇게 오셔서 만나게 되었으니

저를 도와 중생을 교화하시게 되었네.

내가 깊은 궁궐에 있는 장자의 아들을 바라보니

그들은 제왕의 5백 아들들이다.

봉황의 궁궐에서 황금 자물쇠를 탐하고

홍루(紅樓)에서 후궁과 함께 술에 취한다.

---

79 '欲'은 周校와 潘校에서는 모두 '歡'으로 되어 있다. [項楚] '欲'자는 오류가 아니다. 아래 문장 "세간의 五欲의 쾌락을 추구하지 않게 되었네(不樂世間五欲樂)"의 '五欲樂'은 곧 여기서의 '欲樂'이다. ……「佛說觀彌勒菩薩上生兜率天經講經文」의 "오욕의 쾌락에 물드는 바 없게 되니 절로 '知足'이라는 그 이름을 얻게 된다네(欲樂旣能無所染, 自然知足得其名)"에서도 이 문구가 쓰이고 있다.

80 '爲長久'는 원권에서는 '長爲久'로 되어 있다. [項楚] '爲'는 '長'자 앞에 와야 한다. '爲長久'는 '有盛虧'와 대구가 된다('爲'는 '認爲(알다)'의 뜻임) 이에 의거하여 바로잡는다.

창 아래서 아름다운 소녀가 시를 읊고
꽃 사이에서 붉은 얼굴의 미인이 노래를 부른다.
앵무새가 버드나무에서 노니는데 아침놀이 흩어지고
제비가 붉은 대들보에서 지저귀는데 경치가 쇠락한다.
섬돌 가의 복사꽃 봄비에 씻기고
주렴 앞의 푸른 대나무에 바람이 불어온다.
화려한 장막 속의 등불은 점차 희미해지고
음악소리 들으며 베개에 비스듬히 기댄다.
궁전 아래서 술에서 깨어 만세를 외치고
뜰 앞에서 술을 마시며 비빈(妃嬪)을 부른다.
오욕(五慾)의 쾌락에 빠져 [그 쾌락] 영원할 거라 여기며
육체에 성쇠가 있음을 깨닫지 못한다.
나는 궁궐에 들어가 그들을 교화하여
석존에 귀의하도록 해야만 하리라.

居士已作念了, 便入王宮. 見寶積逐樂追歡, 方便發言呵責, 令厭奢華, 交歸三寶. 居士向宅中作念, 言了便行. 取接梨(藜)杖於簾前, 裁(戴)烏沙(紗)巾於鐃(鏡)畔, 不將侍從, 莊嚴而一且[81]如常; 不引家童, 行李乃宛然依舊. 含風白髮, 窣地長衫, 抬頭如半夜里(裏)行, 動足似仙株老檜. 遙瞻帝闕, 千重之瑞氣騰籠; 遠望皇宮, 一片之祥雲掩映. 頻頻緩步, 宕宕移身, 見御堤之柳色和煙, 睹禁苑之桃花笑日. 纔入九重之內, 已聽笙歌; 徐臨三殿之中, 遍觀羅綺. 居士見寶積等, 各呈武藝, 盡鬥文才, 剪風月於五字詩中, 論妖愚言[82]三尺劍下. 階前砌件(畔), 清

81 '且'는 周校에서는 '切'로 되어 있고, 潘校에서는 '一且'는 오류가 아닌 것 같다고 하였다. 【校注】 돈황사본에서 '旦'자와 '且'는 혼용되고 있다. 여기서는 '旦'이 되어야 한다.

82 '言'자는 의미가 통하지 않는다. '向'으로 보아야 할 것이다. '向'과 '於'는 대구가 되며 같은 뜻이다. 돈황변문에서 '向'과 '於'는 자주 대구가 되고 있다. 구체적 사례는 거론하지 않는다.

泉之遠[83]竹潺潺; 林下溪邊, 雪檜之搖風切切. 莫不各誇富貴, 竟[84]鬪奢花(華), 騎俊(駿)馬於長途, 掛錦袍於廣陌. 嬪妃簾下, 春鸚呼萬歲之聲; 姊鑒(監)堂前, 秋燕語千般之韻. 而又紅樓醉後, 香散歸時. 金鞭揮柳樹花枝, 玉轡聳淸風朗月. 陪隨朱紫, 齊聲歌帝德之詞; 捧從衣官(冠), 合詞唱感恩之曲. 珊瑚枕上, 翡翠簾前, 酪(醉)醒聞一弄之琴, 夢覺於[85]三更之雨. 君王寵愛, 偏沾於雨露之恩; 皇后眷憐, 數受於珠珍之惠. 君(居)士語寶積曰 : 此是嬌(驕)奢恣意, 煩惱愚癡. 汝等爲色世之榮華, 我道是沈淪之苦[海]. 可極自娛自樂, 何知於萬姓煎熬; 獨貴獨高, 豈念於生靈逼迫. 我今特將誠懇, 勸汝迷情, 直須領納吾言, 便似花臺佛語. 汝還知菴園有佛, 撈攎衆生, 有千般之福德嚴身, 具萬種之威儀在體. 汝可併徐[86]貪愛, 開發善心, 棄一場[87]之虛幻之心, 禮金相莊嚴之貌. 汝須自戒, 眞(貞)堅自看, 儻若緣就因成,[88] 共你塞逐[89]便去來云云.

거사는 생각을 마치고 즉시 왕궁으로 들어갔다. 보적이 환락을 추구하는 것을 보고 그를 꾸짖으며 호사함을 버리고 삼보에 귀의토록 하였다. 거사는 집안에서 염불을 마치고 즉시 길을 나섰다. 주렴 앞에서 명

83 [項楚] '逺'은 '遶'의 형와자인 것 같다.

84 '竟'은 '競'으로 보아야 한다. 이 두 글자는 고대에는 통용되었다. 趙錄과 潘錄에서는 '竞'으로 적고 있는데 이는 원권과 부합되지 않는다.

85 '於'는 '聽'의 오자인 듯하다. "聽三更之雨"는 앞의 "聞一弄之琴"과 대구가 된다.

86 '併除'는 '排除', '屛棄'이다. '併'은 '屛'과 통한다. 『管子霸形』: "併歌舞之樂." 尹知章注: "併, 除也." 본편 아래 문장 "어리석음을 끊고 탐애를 좇지 않을 것이며, 번뇌의 門을 제거하고 無爲의 이치를 관조할 것입니다(愚癡絶跡, 貪愛無蹤, 併除於有漏之門, 觀照於無爲之理)." 여기서의 '併除'도 같은 뜻이다.

87 원권에서는 '場' 뒤에 '之'자가 더 있는데 이는 오류이다. 여기서는 項楚의 교주에 의거하여 삭제한다.

88 원권에서는 '就' 뒤에 '閑'자가 더 있는데 덧칠이 가해졌기에 삭제해야 마땅하다. "緣就因成"은 '因緣成就'라는 뜻이며 문맥도 잘 통한다. 趙錄과 潘錄에서는 모두 '閑'자를 넣고 있어 의미가 통하지 않는다.

89 '塞逐'은 '相隨(따르다)'라는 뜻이다. '塞'은 思必切로 읽어야 하며, 이는 곧 아래 문장 "共君今日厮修行"의 '厮'이다. 「金剛般若波羅密經講經文」의 주석 157)번을 참조 바란다.

아주 지팡이를 들고 거울 앞에서 오사모(烏紗帽)를 쓰고서, 시종도 대동하지 않고 치장도 평상시와 다름이 없었으며, 가동(家僮)도 뒤딸리지 않고 행장도 여느 때와 다름이 없었다. 바람에 나부끼는 백발에, 땅에 닿을 듯한 장삼(長衫)을 걸치고서 한밤중에 별을 바라보며 길을 나서는데 마치 신비로운 노송(老松)처럼 발을 움직인다. 멀리 제왕의 궁궐을 바라보니 천 겹의 서기(瑞氣)가 일며 궁궐을 감싸고 있고, 아득히 황궁을 바라보니 한 조각 상운(祥雲)이 황궁을 가리고 있다. 쉼 없이 서서히 걷고 멈춤 없이 앞으로 나아가는데, 왕의 제방 가에는 버들잎이 푸르게 피어 있고, 금원(禁苑)에는 복사꽃이 하늘을 향해 활짝 만개해 있다. 구중궁궐에 들어서니 생황과 노래 소리 들려오고, 황궁에 다다르니 도처에 비단이 널려 있다. 거사는 보적 등이 무예를 연마하고 문재(文才)를 다투고 오언시로 음풍농월하고 세 자의 검(劍) 아래서 요사스럽고 어리석은 말을 지껄여대고 있는 것을 보았다. 계단 앞 섬돌 옆에서는 맑은 샘물이 졸졸 흐르고, 숲속 계곡에서는 눈 덮인 소나무가 바람에 아삭아삭 흔들린다. 모두들 부귀함을 과시하고 호사스러움을 다투었으며 준마를 타고서 먼 길에 오르고 비단 옷을 걸치고서 거리로 나갔다. 비빈이 주렴 아래에 있는데 봄 앵무새는 축원의 노래를 부르고, 비감(婔監)이 당(堂) 앞에 있는데 가을 제비는 온갖 아름다운 노래를 부른다. 홍루(紅樓)에서 술에 취하여 향기를 발산하며 돌아오는데 황금 채찍은 버드나무와 꽃가지에 걸려있고 옥 고삐는 청풍명월에 우뚝 솟아 있다. 수행하던 고관들은 모두 제덕(帝德)을 가송하고, 뒤따르던 관리들은 감사의 노래를 부른다. 산호(珊瑚)가 베개 위에 놓여 있고 비취가 주렴 앞에 있으며, 한 곡조의 거문고 소리에 술에서 깨어나고 삼경(三更)의 빗소리에 꿈에서 깨어난다. 군왕의 총애는 비와 이슬이 [만물을] 적시는 듯하고, 황후의 사랑은 진주를 대하는 듯하였다. 거사가 보적에게 말하기를, 이것은 사치이고 방일이며 번뇌이고 어리석음이다. 그대들이 속세의 영화를 추구하는 것은 고통의 바다에 빠지는 것과 다름없다. 극도의 쾌락을 탐하니 어찌 백성의 고통을 알겠으며, 홀로 존귀하니 어찌 생령의 핍박을 생각할 수 있을까. 나는 지금 어리석은 그대에게 간절히 권하노니, 그대는 보좌에 앉아 계신 부처님의 말씀처럼 나의 말을 받아들이기를. 그대는 암라원에 부처님께서 머무시며 중생을 구제하시는데 수많은 복덕을 구족하시고 온갖 위의(威儀)를 지니셨음을 알고 있을 것이다. 그대는 탐애의 마음을 없애고 선심(善心)을 발할 것이며, 환상을 좇는 마음을 내던지고 황금으로 장식한 부처님께 예배를 올리라. 그대는 스스로 계율을 지키고 의지를 굳건히 할 일이니, 만일 인연이 무르익게 되면 나는 그대와 함께 [부처님 계신 곳으로] 향하리라.

斷 維摩言了出宮庭, 梨(藜)杖將來拍手擎.
緩步出門頻禮拜, 笑顔登路揖公卿.
士流一一朝龍闕, 君(居)士看看到鳳城.
滿路已逢車馬鬧, 九衢遙聽管絃聲.
金階還往人知識,[90] 玉殿何曾問姓名.
正見弟兄誇藝業, 各將文武鬥英明.
深宮快樂無人及, 還往追歡有酒傾.
花蕊落時人半醉, 柳煙覆[91]處雨初晴.

90 '知識'은 周校에서는 '如織'으로 되어 있다. [項楚] '知識' 두 글자는 옳다. 原校가 틀렸다. '知識'은 '알다'라는 뜻이다. 사람을 모두 잘 알고 있는 까닭에 성명을 물어볼 필요가 없다는 것이다. [校注] 항씨의 견해는 옳다. 또 潘重規는 "金階還往人知識"은 유마거사는 금계옥전의 모든 귀인들과 절친한 사이라서 서로를 잘 아는 까닭에 "玉殿何曾問姓名"이라 한 것이다. '還往'은 '友好(절친한 친구)'의 뜻이다. ……아래 문장 "深宮快樂無人及, 還往追歡有酒傾." 이 '還往' 역시 '벗'으로 해석해야 한다. [校注] '還往'에는 정말 '절친한 벗'이란 의미가 있다. 그러나 潘校에서 거론한 앞의 두 사례는 그 의미가 아니다. "金階還往人知識"은 유마거사가 왕궁 안에 머물고 있다는 사실을 사람들이 모두 알고 있다는 뜻이다. 여기서 '還往'은 그저 내왕하다는 의미이다. 만일 '절친한 벗'으로 해석한다면 그 뒤의 "人知識" 세 글자는 군더더기일 수밖에 없다. 아래 문장 "還往追歡有酒傾"은 보적 등이 사방으로 다니며 환락을 좇음을 뜻한다. 이 '還往'도 '오가다'는 의미이다.

高樓只見言安泰, 雙闕寧聞[92]道爭戰(戰爭).

彩女笑嗔金閣燕, 嬪妃閑喚玉籠鸚.

紫雲樓下按[93]歌曲, 皇帝簾前排朝[94][□].

于(玉)鑒洗粧呈素面, 青聰㔶日弄紅鸚.[95]

猧兒亂趁生人咬, 奴子頻捻[96]野鴿驚.

日落窗前翻惡令,[97] 月高樓畔學吹笙.

貪歡未肯憂身老, 逐樂誰能念死生.

遠見淨名皆去接, 遙逢居士迎來(來迎).

---

91 '覆'은 원권에서는 판독이 어려울 정도로 희미하다. 여기서는 문맥에 의거하여 '覆'으로 기록한다. '覆'은 앞 구 '落'과 대구가 되며 둘 다 동사이다. 趙錄과 潘錄에서는 '深'으로 적고 있는데 이는 원권과 맞지 않는다.

92 '聞'은 원권에서는 '耷'으로 되어 있고, '들입머리(入)' 위에 '十'자 형태가 더 있다. 이는 잘못 쓴 글자를 미처 삭제하지 못한 것으로 보인다. 따라서 이를 기록하는 것은 옳지 않다. '耷'은 '聞'의 속자이다. 『龍龕手鏡』耳部 : "耷, 俗, 音聞." 참고하기 바란다.

93 '按'은 '演唱'이다.

94 '朝'은 원권에서는 우측 편방이 '皃'으로 되어 있는데 이는 '朝'의 속체이다.('兒'자는 돈황사본에서 흔히 '皃'로 표기된다) 趙錄에서는 '輓'으로, 潘錄에서는 '輗'으로 기록되어 있는데 둘 다 원권과는 맞지 않는다.

95 '青聰'은 '青葱'으로 보아야 할 것 같다. 『爾雅』釋器 : "青謂之葱." 楊雄 「甘泉賦」에는 "翠玉樹之青葱兮"라는 문구가 있다. 문중의 '青葱'은 나무의 가지와 잎을 가리키는 것 같다. 또 '㔶'자는 자전에 수록되어 있지 않은데 '医'의 增旁字가 아닌가 생각된다. '医'는 '翳'와 같다. 『說文解字』 '医'字 段玉裁 注 : "古翳隱、翳薈字皆當於医義引申⋯⋯ 翳行而医廢矣." "青聰翳日弄紅鸚"는 나무 그늘 아래서 앵무새를 어르며 노는 것을 가리킨다. 周校와 潘校에서는 모두 '青聰㔶'를 '晴窗耀'로 교정하고 있는데 그 근거를 알 수가 없다.

96 '捻'은 周校에서는 '攆'으로 되어 있다. 【項楚】 '捻'은 '내몰다', '재촉하다'는 뜻이며, '撚', '蹨'으로 적기도 한다. '攆'은 후기 생성자로서, 의미 풀이로 사용될 수는 있을지언정 아예 이 글자로 수정한다는 것은 옳지 않다. 【校注】『新方言』 卷6 : "方言 : 撚, 續也. 周書曰 : 後動撚之. 孔晁訓從. 今揚州、安慶謂盜賊旣去接踵相追爲撚, 撚俗作捻." 이는 항씨의 견해가 옳음을 증명한다. 潘校는 玄應 『一切經音義』를 인용하여 "以手指捻持"라고 해석하였는데 문맥에 맞지 않는다.

97 '惡令'은 周校에서는 '耍令'으로 되어 있다. 潘校와 郭在貽는 S.4571 「維摩詰經講經文」 : "바람 부는 달빛 아래서 시를 짓고, 물가에 핀 꽃들 사이에서 술 마시며 추악한 놀이를 벌이네(風前月下掇新詩, 水畔花間翻惡令)"를 인용하며 '惡'자는 오류가 아니라고 하였다. 【校注】 '令'은 '酒令'을 가리킨다.

維摩便語王孫曰, 舊事從頭要改更.
岏岏(屼屼)[98]地貪於癡欲海, 忙忙維[99]入淤泥坑.
千心曉了渾如夢, 兩目分明拾(恰)似盲.
業水積來波浩渺, 罪卽(鄉)[100]添得勢崢嶸.
不知有妙覺菴園佛, 長說眞緣度有情.
身似黃金暉[101]日色, 心如明鏡照潭清.
齒排密密如山雪, 意淨澄澄若水精.
聖劍每將悲願重,[102] 法舡長用惠竿掉.[103]
一瞻一禮除災障, 或笑或歌具等平.
若要榮花(華)求禮佛, 共君今日廝修行.

단(斷) 유마는 말을 마치고 궁궐로 향하는데
손에는 명아주 지팡이가 들려 있다.
느릿느릿 문을 나서며 연신 절을 올리고

---

98 [項楚] '屼屼'은 '兀兀'이 되어야 하며, '흐리멍덩한 모습'을 말한다. 예를 들자면, 『變文集』 697쪽 「父母恩重經講經文」의 "혼미한 게 취하지 않아도 오래도록 취한 듯하고, 몽롱한 게 근심 없어도 근심스러운 듯하네(昏昏不醉長如醉, 兀兀無憂恰似憂)"에서 '兀兀'과 '昏昏'은 대구가 되고 있음을 볼 수 있다.

99 '維'는 周校와 潘校에서는 둘 다 '推'로 되어 있다. [劉凱鳴] '維'를 '推'라 교정하면 그 의미가 합당하지 않다. '推'는 타동사인데, 두 구가 묘사하는 바는 동작이 자신 스스로로부터 나오는 것이 분명하기 때문에 자동사가 되어야 한다. '維'는 '墜'의 음와자가 아닌가 한다. [校注] 두 견해 중 어느 것이 옳은지 알 수가 없다. 앞으로의 再考가 필요하다.

100 [項楚] '卽'은 '鄉'이 되어야 한다. 위 문장 "挈慈悲杵, 能摧我慢之卽(鄉)." 그 오류가 이곳과 똑같다. 『新書』도 이와 같다. [校注] 두 '卽'자는 모두 '山'이 되어야 할 것 같다.

101 '暉'는 원권에서는 좌측 편방이 '口'로 되어 있는데 이는 필사 과정의 잘못으로 보인다. 潘錄에서는 '暉'로 되어 있는데 이는 옳다. 趙錄에서는 '渾'으로 되어 있는데 의미면에서나 형태면에서 모두 적당하지 않다.

102 [劉凱鳴] '重'은 이치상 劍에 상응하는 동사이어야 한다. 『集韻』 平聲 鐘韻 昌容切: "衝, 博雅: 刺也." 이로 보아 '重'은 '衝'의 동음 가차자로 생각된다.[校注] '비원(悲願)'은 대자비 불보살의 발원을 가리키는 것으로, '衝'과는 그 의미가 잘 통하지 않는다. 여기서 '重'은 '증익(增益)'의 의미로 보아, 굳이 글자를 수정하지 않는다.

103 [項楚] '掉'는 운이 맞지 않는다. '撐'의 와자로 보인다.

길을 나서며 웃는 얼굴로 공경(公卿)들에게 읍을 올린다.
선비들은 다 같이 궁궐을 바라보는데
거사는 잠깐 사이에 경성(京城)에 도착한다.
길을 가득 메운 수레 소리 요란하고
번화한 거리에서는 멀리 음악소리 들려온다.
조정을 오가니 사람들은 다들 그를 잘 알고 있거늘
궁궐에서 어찌 그의 이름을 물을까.
마침 형제들이 기예를 자랑하며
서로 문무(文武)로써 영명함을 겨루고 있는 모습이 눈에 띈다.
깊은 궁궐의 쾌락은 따를 자 아무도 없고
환락을 좇아 이리저리 오가며 술잔을 기울인다.
꽃이 질 때면 사람도 반은 취하고
버들가지 무성해지면 비 그쳐 맑게 갠다.
높은 누대에서 안락과 태평만을 보아오니
궁궐에서 어찌 전쟁 소식을 들을 수 있을 것인가.
궁녀는 미소 지으며 금각(金閣) 속의 제비를 희롱하고
비빈은 한가로이 옥 새장 속의 앵무새를 부른다.
자줏빛 구름은 누각 아래에서 음악을 연주하고
황제는 주렴 앞에서 (   )
거울 앞에서 하얗게 얼굴을 단장하고
나무 그늘 아래서 앵무새를 어른다.
발바리는 멋대로 낯선 사람을 뒤쫓아 물어뜯고
노복은 자주 들비둘기를 몰아 놀라게 한다.
해가 지면 창 앞에서 술잔을 기울이고
달이 뜨면 누각에 앉아 생황을 분다.
환락에 빠져 육신의 늙음을 염려하지 않고
쾌락을 좇으니 어느 누가 생사(生死)를 생각할까.

유마가 오는 것을 멀리서 발견하고는
모두들 나와 거사를 맞이한다.
유마가 왕손에게 말하기를
이제 지난 일은 모두 바꿔야 하리라.
어리석게도 욕망의 바다에 떨어져
서둘러 진흙 구덩이 속으로 빠져들었다.
마음은 꿈속처럼 몽롱하고
두 눈은 맹인처럼 보이지 않도다.
쌓인 업은 파도 되어 넘실거리고
쌓인 죄는 산이 되어 우뚝하다.
묘각(妙覺)께서 암라원에 계시면서
중생 제도를 위해 진법을 설하심을 알지 못한다.
몸은 황금빛으로 빛나고
마음은 거울처럼 맑고 깨끗하시다.
치아는 산 위의 눈처럼 촘촘하고
마음은 맑은 물처럼 청정하도다.
성인의 검(劍)은 보살의 비원(悲願)을 증장(增長)시키고
선(法船)[104]은 은혜의 상앗대로 배질한다.
한번 예배를 올리면 온갖 재앙이 사라지니
미소 짓거나 찬송하거나 모두 다 평등하다네.
영화를 누리려거든 부처님께 예배 올려야 할 것이니
오늘 그대와 함께 이 수행을 하고자 한다.

一日, 寶積菩薩承居士敎化, 當下心迴, 對居士面前, 敍其往日, 四時逐樂, 八節追歡, 不知皆是幻虛, 忘(妄)計已爲長樂. 今者就[105]蒙於

---

104 고해에 빠진 중생을 건져 주는 배라는 뜻으로, '불법(佛法)'을 달리 이르는 말.
105 [項楚] '就'는 '旣'의 형와자이다.

(相)勸, 便奉指蹤, 願陪大士之同行, 隨從赴菴園(園)禮佛. 居士曰：況聞萌芽發秀, 皆因節序以推排; 凡俗修行, 全自諸佛而教化. 如汝等者, 正貪歡樂, 競鬥榮華, 四時隨賞於花樓, 八節遨遊於玉殿. 其春也, 柳煙初墜, 媚景深藏, 翻飛帶語之鸝, 花蕊半開似圻(坼). 雨粧臺色, 風撼簾聲, 一窗之春影喧喧(暄暄), 滿地之日光脈脈. 宮中麗美, 開門之碧沼添流; 殿上韶光, 枕上之高山疊衆生.[106] 其夏也, 可謂陽和澹薄, 暑氣深濃, 一欄之翠竹搖風, 萬樹之櫻桃帶雨. 長舖角[107]簟, 如一條之碧水初歲;[108] 淨拂玉床, 若八尺之寒冰未散. 薄羅爲帳, 輕徹染衣, 殿深而炎熱不侵, 閣迥而淸涼自在. 閑雲當戶, 如片片之奇峰; 老檜倚檐, 似沈沈之洞水.[109] 其秋也, 可謂霜彫紅葉, 雨滴疏桐, 高天之雁叫寒風, 遠砌之蛩[110]鳴朗月. 蒼蒼山色, 戴雲而總入龍樓; 咽咽蟬聲, 和露而聲喧鳳闕. 丹庭半夜, 紫禁初霄(宵),[111] 聞千家碪擣之時, 聽萬戶管絃之處. 倚欄金菊, 馨香直至於羅幃; 映閣寒松, 聲韻每穿於繡楃(幄). 云云. 其冬也, 可謂霜凝玉砌, 冰潔金塘, 雪敲於夜枕之窗, 風撼於寒庭之竹. 星移碧落, 寧知洞室之寒; 燈影銀㡛, 不覺錦衾之冷. 此

106 [潘重規] 이 문구에는 오자가 있다. [校注] '疊衆生'은 '疊衆' 혹은 '疊生'이 되어야 할 것 같다.

107 원권에서는 '角'자 뒤에 '知'자가 더 있는데, 이는 오자를 미처 삭제하지 못한 것으로 생각된다. 여기서는 이를 삭제하여 바로잡는다.

108 [潘重規] 원권의 '歲'는 오자로 보인다. [校注] '歲'는 '生'이 되어야 할 것 같다.

109 [項楚] '洞'은 '洄'의 형와자이다. 劉凱鳴은 '洞'은 '涧'의 형와자라고 하며 '涧水'는 寒水를 말한다고 하였다. [校注] 『說文解字』 水部："洞, 疾流也." 또 『文選』 顏延之 五君咏 阮步兵 「識密鑒亦洞」 李善 注："洞, 深也." '洞水'는 '깊은 물' 혹은 '급류'를 가리킨다. 따라서 '洞'은 수정할 필요가 없을 것 같다.

110 '蛩'은 원권에서는 윗부분이 다소 모호하나 세밀히 관찰해보면 '蛩'자임을 알 수 있다. 趙錄과 潘錄에서는 모두 '蟹'으로 되어 있는데 이는 잘못이다. '蛩'은 귀뚜라미이다. 晋 崔豹 『古今注』 卷中："蟋蟀, 一名吟蛩, 一名蛩. 秋初生, 得寒則鳴." 南朝 宋 鮑照 「擬古八首」 중 제7수："秋蛩挾戶吟, 寒婦晨夜織." 元 丘士元 「秋夜感懷」："寒蛩切切, 塞雁哀哀." 『西遊記』 第74回："螢飛莎徑晚, 蛩語月華明." 이 모두는 본문이 묘사하고 있는 광경과 똑같다. '蟹'은 매미과의 곤충으로, 한낮에 나뭇가지 위에서 울어대는데, 문중의 '遠砌', '鳴朗月'과는 어울리지 않는다.

111 [項楚] '霄'는 '宵'가 되어야 한다.

者：吾爲歡樂，我作榮華，我爲究竟之堅勞(牢)，我作元來之實有．我爲富貴，千年拾(恰)似於此時；我作超群，萬萬祇如於今日．

이날 보적보살은 거사의 교화를 입고는 즉시 마음을 돌리게 되었다. 그리고 거사에게 자신의 지난날을 이야기하였다. 사시(四時) 팔절(八節)[112] 즐거움을 좇고 환락을 추구하면서 그것이 환상인 줄 모르고, 또 그 즐거움 영원하리라 착각하였네. 이제 오늘 은혜를 입었으니, 그 가르침을 받들어 거사님을 따라 암라원으로 가서 부처님께 예배를 올리고자 합니다. 거사가 말하기를, 움이 트는 것은 모두 계절의 추이에 따른 것이고, 범속한 이의 수행은 제불의 교화에 따른 것이다. 그대들은 환락을 탐하고 영화로움을 다투며 일 년 사시를 화루(花樓)에서 [풍광을] 감상하고 팔절(八節) 내내 옥전(玉殿)에서 노닐었다. 봄에는 버들잎 흩날리는 아름다운 풍광이 있고, 앵무새는 재잘거리며 춤추듯 날아다니고, 꽃은 금방이라도 터질 듯 반쯤 피어있다. 비는 누대의 빛깔을 깨끗이 단장하고, 바람은 주렴을 살랑살랑 흔들며, 창 가득히 봄 풍경이 따스하게 펼쳐져 있고, 땅은 온통 햇살로 가득하다. 궁중은 아름다워 문을 열면 푸른 연못이 펼쳐져 있고, 전각(殿閣) 위로 봄볕이 비치니 베개 위로 고산(高山)이 겹겹이 모습을 드러낸다. 여름에는 봄기운이 옅어지고 더운 기운이 짙어지며, 울타리에 가득한 푸른 대나무는 바람에 흔들거리고 앵두나무는 비를 머금는다. 대자리를 넓게 펼쳐 놓으니 한 줄기 푸른 물이 놓여 있는 듯하고, 옥으로 된 침상을 깨끗이 닦아 놓으니 여덟 자의 서늘한 얼음이 그곳에 있는 듯하다. 엷은 비단으로 휘장을 만들고 가벼운 옷을 만들어 입으며, 전각은 깊숙하여 더운 열기가 침범하지 못하고 누각은 아득하여 맑고 서늘하다. 흘러가는 구름이 머무는 출입문은 기이한 봉우리 같고, 늙은 소나무가 기대는 처마는 깊디깊은 물과 같다. 가을에는 서리에 붉은 잎이 시들고, 비는 성긴 오동나무를 적시며, 하늘 높이 나

112 한 해 동안에 있는 이십사절기 가운데 여덟 절기(節氣). 입춘, 춘분, 입하, 하지, 입추, 추분, 입동, 동지를 이른다.

는 기러기는 찬바람에 울어대고, 섬돌 위의 귀뚜라미는 밝은 달밤에 울어댄다. 푸릇한 산 빛깔은 머리에 구름을 이고서 용루(龍樓)에 비쳐들고, 맴맴 매미 소리는 이슬을 맞아 봉궐(鳳闕)을 시끄럽게 한다. 한밤중이나 초경에도 궁궐에서는 가가호호의 다듬질 절구질 소리 들려오고 집집마다의 음악 소리 들려온다. 울타리에는 노란 국화가 피어 있는데 그 향기 비단 장막 안으로 풍겨오고, 전각에는 푸른 소나무가 서있는데 그 운치 수놓은 휘장 속으로 스며든다. 겨울에는 서리가 옥체(玉砌)를 덮고, 얼음이 금당(金塘)을 얼리며, 눈발은 한밤의 창문을 두드리고, 바람은 차가운 궁정의 대나무를 흔든다. 하늘에 떠 있는 별들이 어찌 동실(洞室)[113]의 차가움을 알 것이고, 화려한 병풍을 비추는 등잔불이 어찌 비단 이불의 차가움을 알 것인가. 이것을 저는 쾌락으로 여겼고 영화로 삼았으며 이것들이 견고한 것으로 알았고 본래부터 존재하는 것으로 여겼네. 저는 이러한 부귀가 천년동안 늘 이와 같으리라 여겼고, 무리들을 초월하는 저의 모습이 만년동안 여전하리라 생각했네.

寶積等, 百生榮幸, 累劫難酬, 忽逢於長者維摩, 喜遇於高人居士. 實謂威儀濟濟, 淸風而颯颯射人; 相貌堂堂, 德岳而魏魏(巍巍)往[114]日. 今者蒙居士巧施方便, 接引吾曹, 將一條之悲索堅勞(牢), 練五百之心猿[115]顚諑.[116] 我等自今已後, 鼓樂絃歌, 無心賞翫於池亭, 有意超求於妙樂. 笙歌瀝瀝,[117] 聞如耳上之風; 彩女雙雙, 睹似眼中之刺. 金盃

113 선인(仙人)이나 은사(隱士)의 거처를 말함.

114 [項楚] '住'는 '駐'가 되어야 한다.

115 '猿'은 원권에서는 '扌' 편방으로 되어 있고 오른쪽은 '表'로 되어 있다. 이는 속체 '猿'의 변체이다.('袁'자가 필사본에서는 흔히 '表'자 형태로 표기되곤 한다)

116 '諑'는 원권에서는 우측 윗부분이 '公'으로 되어 있는데 이는 '諑'의 속체가 아닌가 한다. 『集韻』 禡韻 : "諑唆 : 數化切, 俊言也. 一日妄言. 或從口." 趙錄과 潘錄에서는 모두 '說'로 되어 있는데 이는 원권과 부합되지 않는다. 그러나 '顚諑'이나 '顚說' 모두 해독이 어렵다. 앞으로의 재고가 필요하다.

117 '瀝瀝'은 周校와 潘校에서는 모두 '嚦嚦'으로 되어 있다. [項楚] '瀝瀝'은 의성어로서

玉盞，非傾於[118]畫[119]舸之前；酴醑白醪，不[120]醉於紅樓之行.[121] 朱纓白馬，錦襜[122]紅韉，千人莫引於前頭，萬騎罷隨於背後．椒香銀鴨，休添於五夜之香；粉閣佳人，不照於夕陽之鏡．因此愚癡絶跡，貪愛無蹤，倂除於有漏之門，觀照於無爲之理．皆是維摩指示，居士教招，[123] 忽然異口同音，不覺禮瞻居士．居士感荷曰：善哉寶積，眞是道[124]師．汝爲帝子王孫，汝是英賢達士，只合貪榮愛樂，御堤馳曜日之車；騁[125]俊爭能，紫陌是[126]追風之足．何幸老夫輕語，教[127]長者高懷，略抒[128]微鮮之言，便沐非常之重．此者生死多辛，[129] 褁(曩)劫有緣，早蒙領納陳詞，何感[130]更消禮謝．有弱[131]滿輪明月，讓光於星𨳊(斗)之前；萬

수정할 필요가 없다. [校注] 의성어는 정해진 글자가 없다. 항씨의 견해는 옳다.

118 '於'는 원권에서는 '不'로 오록되어 있다. 여기서는 項楚와 郭在貽의 교록에 의거하여 바로잡는다. 周校에서는 '不'을 '杯'로 하였는데 정확하지 못하다.

119 '畫'는 趙錄과 潘錄에서는 모두 '盡'으로 되어 있고 '畫'로 교정하였다. [校注] 원권에서는 본래 ' '로 되어 있는데 이는 '畫'의 속자이다. 돈황사본에서 자주 보인다. 「維摩詰經講經文(3)」 주석 255)번을 참조 바란다.

120 '不'자는 원권에서는 덧칠해져 있어 판독하기 어렵다. 周校에서는 '不'로 되어 있는데 이는 사실에 가깝다.

121 [項楚] '行'은 '上'이 되어야 한다.

122 '襜'은 趙錄과 潘錄에서는 모두 '韂'으로 되어 있다. [校注] 원권에서는 사실 '韂'으로 되어 있다. '襜'은 수레 휘장을 말하고, '韂'은 말을 탄 사람의 옷에 흙이 튀지 않도록 말의 안장 양쪽에 늘어뜨려 놓은 가죽덮개를 말한다. '襜'은 '韂'으로 보아야 하나 직접 '韂'으로 수정하는 것은 옳지 못하다.

123 [項楚] '招'는 '詔'가 되어야 한다. [校注] '教招'는 '教詔'라고도 표기하나 '招'자를 고치지 않아도 무관하다. 「維摩詰經講經文(1)」의 주석 206)번을 참조 바란다.

124 [項楚] '道'는 '導'가 되어야 한다.

125 '騁'은 원권에서는 ' '으로 되어 있다. 이는 '騁'의 초서체이다. 문중에서는 '騁'의 換旁 俗字로 쓰였다. 趙錄과 潘錄에서는 모두 '體'로 되어 있는데 이는 잘못이다.

126 '是'는 項楚와 郭在貽는 모두 '走'의 형와자라고 보았다. '走'와 '馳'는 대구가 되고 있는 것으로 보아 이 견해는 옳다.

127 [項楚] '教'자 앞에 한 글자가 누락되었다.

128 '抒'는 趙錄과 潘錄에서는 모두 '將'으로 되어 있는데 이는 정확하지 못하다. '抒'와 '沐'은 대구가 되고 있으며 문중에서는 동사로 쓰이고 있다.

129 '辛'은 趙錄과 潘錄에서는 모두 '重'으로 되어 있는데 이는 정확하지 못하다.

130 [項楚] '感'은 '敢'의 음와자이다. 潘校도 이와 같다. [校注] '卽'은 '山'으로 보아야 할 것 같다.

刃[132]青山，辭峭拔丘陵之下．寶積等聞維摩此語，盡策發心神；今朝須出[於][133]王成(城)，這日要歸於佛寺．發言旣了，排斂[134]威儀，各擎龍鳳之衣，別換新鮮之服，陪從居士，寶蓋自持．一宮之朝士喧喧，滿國之女郎隊隊，便使平持[135]御路，掃灑天街，九衢之春雨乍收，萬井之祥煙整(正)合．其寶蓋者，千珍合就，萬寶鬥成，如一林之花樹忽開，似萬朵之祥蓮似[136]拆．[137] 黃金乍(作)骨，珊瑚之鸚鵡雙雙；白玉爲條，翡翠之頻伽對對．其功異乎郢匠賢人．纖毫之丱[138]串枝柯．細旎之起突花樣．珠瓔[139]卒(窣)地，香風吹敲磕之聲；光彩輝天，瑞氣瑣[140]籠璁[141]

---

131 ‘弱’은 蔣禮鴻은 ‘若’으로 보았는데 이는 옳다.

132 ‘刃’은 蔣禮鴻은 ‘仞’으로 보았는데 이는 옳다. ‘刃’과 ‘仞’은 古今字로서 서로 통용된다. 趙錄과 潘錄에서는 직접 ‘仞’으로 수정하였는데 이는 타당하지 못하다.

133 ‘於’자는 문장의 범례에 의거하여 임의로 보충한 것이다.

134 ‘排斂’은 ‘排比’, ‘排備’와 같다. ‘안배하다’, ‘정비하다’는 뜻이다. 『通釋』의 ‘排比’ 항목을 참조 바란다.

135 [項楚] ‘平持’는 ‘平治’이다. 唐 高宗의 諱를 피하여 고친 것이다. 「降魔變文」: “이때 風神이 바람을 일으키고 雨師는 비를 내리게 하여 먼지를 적셔 도로를 매끈하게 닦았다(於時風師使風, 雨師下雨, 濕却囂塵, 平治道路).” 項楚는 여기서의 ‘平持’는 곧 ‘平治’라고 하였다. 『新書』도 이와 같다. [校注] 『呂氏春秋』 察今: “故治國無法則亂, 守法而無變則悖, 悖亂不可以持國.” 앞에서는 ‘治國’이라 하였다가 뒤에서는 ‘持國’이라 하고 있다. 이는 ‘持’는 곧 ‘治’임을 말해준다.

136 [項楚] ‘似’는 ‘以’자의 와자이다. 첫 번째 ‘似’자와 관련하여 생긴 오자이다. 이 ‘以’자는 또 ‘已’자의 동음 통용자이다. 『新書』도 이와 같다. [郭在貽] ‘似’자는 ‘乍’의 와자이다. ‘乍拆’은 ‘忽開’와 대구가 되는데, ‘乍’는 ‘忽’과 같다. [校注] 뒤의 ‘似’자는 앞의 ‘似’자와 관련하여 생긴 오자이다. 그러나 자형에 억매일 필요는 없다. 文義로 본다면 곽씨의 견해가 비교적 타당하다.

137 ‘拆’은 원권에서는 ‘折’로 되어 있는데 실수로 점을 빠트린 듯하다. 趙錄에서는 ‘拆’으로 되어 있는데 여기서는 이를 따른다. ‘拆’은 周校는 ‘坼’으로 교정하였다. 劉凱鳴은 『集韻』에 의거하여 ‘拆’과 ‘坼’이 고대에는 같은 글자였다며 ‘拆’을 굳이 수정할 필요가 없다고 하였다. [校注] ‘터지다’란 의미로 고대에는 ‘拆’을 사용하기도 했는데 오늘날에는 ‘坼’을 사용한다. ‘坼’자로 의미는 통하지만 이 글자로 수정할 필요는 없다. 唐 陳通方 「賦得春風扇微和」 詩: “池柳晴欲拆, 林鶯暖欲飛.” 여기서도 ‘拆’자를 쓰고 있다.

138 ‘丱’은 ‘貫’으로 보아야 할 듯하다.

139 ‘珠瓔’은 구슬을 엮어 만든 장신구이다. ‘瓔’은 ‘瓔珞’의 약칭이다. ‘珠’자는 趙錄과 潘錄에서는 모두 ‘朱’로 되어 있는데 원권과 부합되지 않는다.

之色. 於是[142]前引, 寶積後隨, 看看欲出離王城, 未審擬[143]於何處.

보적과 같은 이들이 누리는 영광과 행운은 여러 겁이 지나도록 대적하기 어려운데, 오늘 갑작스레 유마장자를 만나고 고결한 거사를 대하게 되었다. 거사의 자태는 실로 위엄 있고 고결한 품격은 중생을 감화시키며, 외모는 당당하고 덕망은 산처럼 우뚝하다. 오늘 거사님은 오묘한 방편으로 저희를 이끌어주시어 한 가닥 슬픔이 견고해지고 5백 [장자]의 들뜬 마음이 가라앉게 되었습니다. 저희들은 오늘 이후로 북소리 음악 소리를 물가 정자에서 완상하지 않을 것이고, 오묘한 즐거움을 구하고자 노력할 것입니다. 생황 소리 귓가를 스치는 바람처럼 들을 것이고, 짝을 이룬 궁녀들을 눈엣가시로 여길 것입니다. 금배(金杯) 옥잔(玉盞)을 뱃전에서 기울이지 않을 것이고, 미주(美酒)를 홍루(紅樓)에서 취하지 않을 것입니다. 붉은 가죽 고삐의 백마에 가죽 안장과 붉은 깔개를 하고서, 수많은 자들을 앞세우지도, 무수한 종자들을 뒤딸리지도 않을 것입니다. 오리 형태의 은박 향로에서 후추나무 향기 밤새도록 그치도록 할 것이며, 분을 바른 미녀가 석양녘에 거울을 들여다보지 않도록 할 것입니다. 이리하여 어리석음을 끊고 탐애를 좇지 않을 것이며, 번뇌의 문(門)을 제거하고 무위(無爲)의 이치를 관조(觀照)할 것입니다. 이것은 모두 유마의 가르침이고 거사의 교훈인데, 홀연 이구동성으로 이렇게 말하며 자신도 모르게 거사에게 절을 올렸다. 거사가 고마워하며 말하였다. "훌륭하도다,

140 [項楚] '瑣'는 '鎖'가 되어야 한다. [校注] '鎖'는 '瑣'의 후기 분화자이다. 清 鄭珍『說文新附考』: "鎖, 本作瑣, 從金, 俗加." 그러므로 '瑣'자는 수정할 필요가 없다. 清 徐灝『說文解字注箋』'瑣'자를 참고 바란다.

141 [項楚] '籠璁'은 '蘢葱'이 되어야 한다. [郭在貽] '籠'은 '瓏'으로 보아야 한다. '瓏璁'은 고대 문장에서 자주 보이는 형용사이다. [校注] '籠璁'은 운이 중첩된 첩어로서, '瓏璁', '璁瓏', '蘢葱', '蘢蓯', '葱蘢' 등으로 표기되기도 한다. 이 같은 첩어는 그 소리에 의미를 두어야지 형태를 논해서는 안 된다. '밝고 깨끗'하거나 '번성'한 모습을 가리킨다. 본문에서는 옥 색깔이 맑고 깨끗한 모습을 가리킨다.

142 [項楚] '於是' 다음에 '居士' 두 글자가 빠진 듯하다.

143 '擬' 뒤에 '往'(혹은 '過')자가 누락된 것 같다.

보적이여! 진정한 도사(導師)로다! 그대는 제왕의 왕손이자 영현한 달사(達士)로서, 영락(榮樂)을 탐애하여 반짝이는 수레를 타고 금원(禁苑)의 제방을 달리거나 명마를 타고 경사(京師) 근교를 달려야 어울린 터인데, 어쩌다 이 노인네의 경박한 이야기가 그대들을 가르치게 되었고, 보잘것없는 말을 늘어놓아 예사롭지 않은 무거움을 씻어내었다. 지난 겁(劫) 동안의 인연이 있어 일찌감치 나의 말을 받아들였으니 어찌 고맙지 않겠는가. 이는 마치 밝은 보름달이 밝음을 다투는 뭇 별들 앞에서 그 빛을 비추는 것과 같고, 만 길 높이의 청산(靑山)이 높고 험한 언덕 아래로 몸을 낮추는 것과 같다." 보적 등은 유마의 이 말을 듣고 모두 마음에 채찍을 가하여 그날 당장 왕성을 나와 절로 들어가려 하였다. 말을 마치고 위의를 갖추는데 용과 봉황의 옷이 있었지만 그들은 새 옷으로 갈아입지 않았다. 거사를 받들어 모시며 보개도 손수 들었는데, 궁 안의 신하들은 수런거리고 온 나라 안의 사람들은 무리지어 나와 왕이 갈 길을 정돈하고 거리에 물을 뿌려 청소하였다. 번화한 거리에는 봄비가 내리고 무수한 우물에는 상서로운 연기가 피어올랐다. 보개는 천 개의 진주와 만 개의 보석으로 이루어져 있는데 마치 숲속의 꽃나무가 피어난 것 같고 만 송이의 상서로운 연꽃봉오리가 벌어진 것 같다. 황금으로 뼈대를 만들고 산호로 쌍쌍의 앵무새를 만들었으며, 백옥으로 가지를 만들고 비취로 쌍쌍의 가릉빈가를 만들었다. 그 솜씨는 기이하였으니 현인 영장(郢匠)[144]이 꼼꼼하게 가지를 만들었고 세밀하게 무늬를 새겨 넣었다. 붉은 영락(瓔珞)은 땅에 닿을 듯한데 향풍(香風)을 맞아 잘그락거리고 반짝반짝 광채를 발하며 상서로운 기운과 영롱한 빛을 내뿜는다. 이에 거사가 앞에서 길을 인도하고, 보적은 그 뒤를 따르며 왕성을 떠나려 하는데 어느 곳으로 향하는지 알 수가 없다.

144 초나라 영(郢)땅의 명장(明匠).

裁[145]羅異錦作衣裳, 只要莊嚴不淨物.
假使掃眉兼搵眼, 直饒塗粉與茶油.[146]
西施婬[147]摩(淫魔)得人憐, 迷得襄王拋國位.
煞鬼一朝來取你, 任君有貌及文才.
假饒端正似潘安, 擲果盈車人總會.
四相遷移身滅後, 空留名字也無常.
直饒韓信有英雄, 滅楚會垓扶漢帝.
汝[148]各心中斟[149]酌取, 儘呈虛幻一場空.
威雄礬(樊)噲足功能, 踏倒弘(鴻)門來救主.
心猛貌麤[150]增我慢, 如今也是一長(場)空.
前皇後帝萬千年, 死了不知多與少.
君向長安城外看, 遍山遍野帝王陵.
維摩如此化王孫, 便請王孫皆惺悟.[151]

---

145 '裁'는 周校에서는 '奇'로 되어 있는데 정확하지 못하다. 項楚와 郭在貽는 모두 이를 '差'로 교정하였는데 이는 옳다. 위 문장 '差羅異錦'의 '差' 역시 '기이하다'는 뜻이다.

146 '茶'는 宅加切의 '塗'로 보아야 한다. 『廣韻』에 따르면, '塗'자에는 同都切과 宅加切 두 가지 음이 있다. '塗粉與塗油'의 앞의 '塗'자는 同都切로 읽어야 하고, 뒤의 '塗'자는 宅加切로 읽어야 한다. 혼동을 방지하기 위해 뒤의 '塗'자를 同音의 '茶'자로 대신한다. 唐 范攄 『雲溪友議』 卷下 수록 王梵志 詩 : "本是尿屎袋, 强將脂粉塗." 이 '塗'자 뒤의 주에는 "音茶"로 되어 있다. 돈황사본에서 宅加切의 '塗'자는 흔히 '茶'자로 표기된다.(「李陵變文」 주석 125)번을 참조 바란다) 오늘날에는 '手' 편방의 '搽'로 '茶'로 발음하는데, 이는 宅加切 '塗'의 후기 형성자이다. 이 글자는 五代 전후하여 처음 쓰이기 시작했고, 唐 이전에는 쓰인 바를 보지 못했다. 周校와 潘校에서는 모두 '茶'를 '搽'로 적고 있는데 그 의미는 통할지 몰라도 원 글자는 잃어버린 셈이 되었다.

147 『說文解字』 女部 : "婬, 私逸也." 段玉裁 注 : "婬之字, 今多以淫代之, 淫行而婬廢矣." 周校와 潘校에서는 모두 '婬'을 '淫'으로 교정하였는데 이는 불필요하다.

148 '汝'는 趙錄과 潘錄에서는 모두 '沒'로 되어 있는데 이는 잘못이다.

149 '斟'은 원권에서는 '斟'으로 되어 있는데 이는 '斟'의 속자이다. 『龍龕手鏡』 酉部에 보인다.

150 '麤'는 원권에서는 '麁'로 되어 있는데 이는 '麤'의 속자이다. 周校와 潘校에서는 모두 '粗'로 되어 있는데 그 의미는 옳을지언정 글자는 옳지 않다.

151 周校와 潘校에서는 모두 '惺'이 '醒'으로 되어 있다. [校注] '惺悟'는 같은 의미의 글자가 결합된 복합어로서 '惺'자는 수정할 필요 없다.

異口同音謝居士, 特蒙除我忘(妄)心生.
從此已後[152]悟無常, 不樂世間五欲樂.
我恨已前煩惱重, 四時逐樂不知休.
夏天雖即熈炎蒸, 我在深宮幸得所.
角箄(簟)[153]上頭寒色動, 玉床靜拂似輕冰.
秋時景象葉彫疏, 雲散雁飛多飮酒.
滿殿秋風魂夢覺, 一輪明月醉醒初.
悟知萬法總成空, 曉了[154]三乘唯是有.
爭似[155]禮歸三界主, 不如親近釋迦尊.
王孫這日便排諧,[156] 置得[157]九宮人浩浩.

---

152 '已後'는 원권에서는 '後已'로 되어 있다. 여기서는 項楚와 郭在貽의 교주에 의거하여 도치시킨다. '已後'는 '以後'이다.

153 '箄'는 周校에서는 '簟'으로 되어 있는데 이는 옳다. P.2133 「妙法蓮華經講經文」: "白角箄中安錦褥, 象牙床上布紅絪." 이 '箄' 역시 '簟'의 오자이다. 원권 해당 페이지의 여백에 '簟'자가 적혀 있는데 이는 본문의 글자를 수정함을 표시한다. '簟'은 대나무 자리이다. 그런데 '箄'는 대바구니, 대나무로 만든 시루를 뜻하여 문맥과 아무런 관련이 없다. 項楚는 '角箄'는 '角簟'이라 했는데 이는 정확하지 못하다.

154 '曉'는 趙錄과 潘錄에서는 모두 '晩'으로 오록되어 있다. '曉了'는 '曉悟'와 같으며 앞 구 '悟知'와 同義의 대구를 이루고 있다. 본편 위 문장 "千心曉了渾如夢, 兩目分明拾(恰)似盲." 여기서도 '曉了'라는 문구가 보인다.

155 '似'는 趙錄에서는 '行'으로 되어 있고, 潘錄에서는 '叫'로 되어 있는데 둘 다 잘못이다. 蔣禮鴻은 이를 '似'로 보았는데 이는 정확하다. 원권에 적힌 이 글자는 위 문장 "假饒端正似潘安"의 '似'와 그 형태가 완전히 일치한다. 따라서 '似'자임이 분명하다. '爭似'는 '怎似'와 같고, 뒤 구 '不如'와 대구를 이룬다.

156 【項楚】 '諧'는 '比'가 되어야 한다. '排比'는 '정비하다'는 뜻으로, 변문에서 자주 보인다. 【校注】 변문에서는 '排諧'라는 단어가 세 차례 쓰이고 있다. 또 다른 두 사례는 러시아 소장 符盧格 편 252호 「維摩詰經講經文」: "그대는 나의 칙명을 받고 그대는 나의 말을 받들어 속히 떠날 준비를 하고 속히 문안을 가도록 하여라(汝依吾敕, 汝稟我言, 速便排諧, 速須往彼)"와 羅振玉 소장 「維摩詰經講經文」: "이제 그대는 속히 떠날 준비를 하고 부디 나의 사절이 되어 떠나라(汝今便請速排諧, 萬一與吾爲使去)"이다. 項楚는 이 두 예문의 '排諧' 역시 '排比'의 잘못이라고 하였다. 그러나 '諧'와 '比'는 형태와 음이 모두 달라 오류가 야기될 가능성이 거의 없다. 게다가 뒤의 두 편에서는 직접 '排比'라 해 놓고서 어찌하여 다시 '排諧'라 오록하고 있는 것인가? 생각건대, '排諧'는 '排偕'이고(『太平廣記』 卷53 '仝可記': "精勤爲事, 人不可偕也." 이

彩女嬪妃皆不要, 宰官居士盡相隨.
俱持寶蓋出城來, 掃灑天街如鏡面.
隊隊笙歌前後擁, 喧喧朱紫兩邊行.
祥雲冪冪覆樓臺, 喜[158]色輕籠於鳳闕.
陌上柳煙惹甘露, 途中花樹弄時[159]光.
女郎萬萬繞長街, 見道禮佛心躍躍.
願結良緣於此日, 送伊王子到菴園.
天與地, 盡皆明, 寶蓋莊嚴實是好.
金綿[160]縷成雙鳳舞, 銀絛[161]結就獻花先.[162]
錯磨[163]寒玉作枝條, 彫啄(琢)琉璃爲蓋頂.
霧散便如天織就, 雲籠一似自然生.
持行搖動玉環聲, 波過敲鳴珂珮響.[164]
這日佛聲喧宇宙, 當時天樂滿乾坤.
彈指了, 又虔恭, 變卻毗耶極樂國.
天雨四花呈瑞相, 地遙[165]六種佛遙[166]知.

'偕'자가 明 正統 道藏本에서는 '諧'로 되어 있다. 이는 '諧'와 '偕'가 통용됨을 말해준다), 이는 곧 '排比'라는 의미가 아닐까 생각한다. '偕'에는 '比'의 뜻이 있다. 『通釋』 '偕' 항목에 풍부한 예증이 있으므로 여기서는 다시 거론하지 않는다.

157 [蔣禮鴻] '置得'은 '直得'이며, 둘 다 '致得'의 가차자이다. '…… 하여 …… 이 되다', '(어떤 결과를) 일으키다'는 뜻이다. 項楚는 '置'는 '直'이 되어야 하며 '直得'은 '直使', '直教'와 같다고 했는데 정확하지 못한 것 같다.

158 '喜'는 趙錄과 潘錄에서는 모두 '春'으로 되어 있는데 이는 오류이다. 아래 문장 "千戶庭前喜色開" 여기서의 '喜'자 역시 趙錄에서는 '春'으로 오록되어 있다.

159 [項楚] '時'는 '曉'가 되어야 한다.

160 '綿'은 趙錄과 潘錄에서는 모두 '錦'으로 되어 있는데 이는 원권과 맞지 않는다. '金綿'은 금색 풀솜을 가리키는 듯하다. 따라서 '綿'은 오자가 아니다.

161 '絛'는 '縧'로 보아야 한다. '絛'와 '縧'는 古今字로 서로 통용된다.

162 [項楚] '先'은 '仙'이 되어야 한다. '仙'의 음와자이다.

163 『廣雅』 釋詁 : "錯, 磨也." '錯磨'는 동의의 첩어이다. 혹자는 '錯'을 '磋'로 보기도 하는데 이는 불필요하다.

164 '響'은 원권에서는 하반부가 '向'으로 되어 있는데 이는 '響'의 속자이다. 돈황사본에서 자주 보인다.

實是好, 玉花新, 綺錦綾羅七寶珍.

海岸香中瞻帝子, 慈悲光裏見維摩.

當時寶積道心生, 一切交招是淨名.

眼裏不觀妖豔色, 耳中非聽管絃聲.

感(咸)持寶蓋辭龍闕, 各帶(戴)金冠出鳳城.

塞路王孫俱浩浩, 未知皆向那邊行.

人隊隊, 萬千垓, 爲出毗耶禮法臺.

士女滿街行窈窕, 英雄塞路笑徘徊.

萬家門口祥煙起, 千戶庭前喜色開.

擬入會中逢聖主, 作何禮拜唱將來.

經道: 偈曰: 目淨修廣如清[167]蓮, 心淨已度諸禪定. 久積淨業稱無量, 道[168]衆已寂故稽首.

희귀한 비단으로 옷을 만들어 입고

정결하지 못한 물건으로 치장을 한다.

만일 눈썹과 눈을 ( )한다면

분 바르고 기름칠하는 것도 마다 않는다.

서시(西施)는 음탕함으로써 사람들의 사랑을 얻어내었고

그에 홀린 양왕(襄王)은 나라를 포기했다.

죽음의 귀신이 하루아침에 그대를 데려가는데

165 '搖'는 趙錄과 潘錄에서는 모두 '遙'로 되어 있다. 【潘重規】 '遙'는 '搖'가 되어야 할 듯하다. 【校注】 원권에서는 사실 '搖'자로 되어 있다. 項楚는 '地搖六種'을 불경에서 말하는 '六種震動'으로 보았는데 이는 옳다.

166 '遙'는 趙錄과 潘錄에서는 모두 '遥'으로 되어 있고, 項楚는 '遙'가 되어야 한다고 했다. 【校注】 원권의 자형은 '遙'와 '遥'의 중간 형태로 되어 있다. 여기서는 項楚의 교주를 따라 '遙'로 적는다.

167 【項楚】 경문에 의거하건대 '清'은 '青'이 되어야 한다. 【校注】 항씨의 견해는 옳다. '青蓮'은 청색 연꽃을 가리킨다. 꽃잎이 길고 넓으며 청백이 분명하다. 불전에서 흔히 부처의 눈을 이것에 비유한다. 『藝文類聚』 卷77 수록 梁 簡文帝 「釋迦文佛像銘」: "滿月如面, 青蓮在眸." 바로 이 예이다.

168 【項楚】 경문에 의거하건대 '道'는 '導'가 되어야 한다.

임방(任昉)[169]은 용모도 뛰어나고 문재(文才)도 갖추었다.
설령 단아하기가 반안(潘安)[170] 같아
던져진 과일로 수레가 가득 찬다 할지라도[171]
사상(四相)[172]이 바뀌어 육신이 사라지고 나면
공허하게 남겨진 이름조차 무상해진다.
한신(韓信) 같은 영웅조차도
해하(垓下)에서 한제(漢帝)를 도와 초(楚)를 멸하고서
마음속으로 헤아리는 바 있지만
모두가 환상으로 한바탕 꿈이로다.
위풍 넘치는 번쾌(樊噲)는 능력이 충분하여
홍문(鴻門)을 밟고 서서 주공을 구한 뒤
마음은 사납고 용모는 거칠어 날로 거만해지나
지금으로서는 역시나 한바탕 꿈이로다.
무수한 세월 동안의 수많은 황제들
죽어나간 자들 얼마나 되는지 알지 못하겠다.
그대는 장안(長安) 성 밖을 내다보라
산과 들판이 온통 제왕의 무덤이로다.
유마가 이처럼 왕손을 교화하며
왕손의 깨달음을 청하니
이구동성으로 거사에게 감사를 올리며
마음속에 생겨나는 망상을 제거하게 되었다.
이후로 무상(無常)함을 깨달아

169 남조 제나라 때 경릉팔우(竟陵八友) 중의 한 사람.

170 진(晉)의 문인 반악(潘岳)을 말함.

171 반악은 그 용모가 훌륭하여 그가 수레를 타고 나갈 때면 그의 용모에 반한 여자들이 몰려와 사랑의 표시로 과일을 수레에 던져 그의 수레에는 항상 과일이 가득했다고 함.

172 사람이 겪는 네 가지 모습. 생로병사를 이른다.

세간의 오욕(五欲)의 쾌락을 추구하지 않게 되었네.
나는 지금까지 무거운 번뇌를 싫어하여
사시(四時) 끊임없이 쾌락을 추구하였네.
여름철 아무리 날씨가 무더워도
나는 깊은 궁궐에서 행복하게 보냈네.
대자리 위로 한기가 감돌고
옥 침상에는 살얼음이 낀 듯하였네.
가을에는 낙엽 지는 풍광과
구름 흩어지고 기러기 나는 모습 바라보며 술을 마시고
궁전 가득 부는 가을바람에 꿈에서 깨어나고
밝은 달이 비치면 술에서 깨어났었네.
만법이 모두 공(空)임을 깨닫고
삼승(三乘)만이 유(有)임을 알게 되었으니
삼계(三界)[173]의 주인에게 귀의하느니만 못하고
석가 존자에게 가까이 다가가느니만 못하다.
왕손이 이날 떠날 채비를 하니
궁궐은 [그들을 환송하려는] 사람들로 가득하다.
궁녀와 비빈은 모두 [환송 나올] 필요 없고
관리들과 거사는 모두 그를 따른다.
보개를 들고 성문을 나서는데
경성의 거리는 거울처럼 깨끗이 닦여있다.
생황을 연주하는 무리들 앞뒤에서 호위하고
홍색과 자색의 관복을 입은 자[174]들은 수런거리며 길 양옆을 따른다.
상서로운 구름이 누대를 뒤덮고
희색(喜色)이 궁궐을 가볍게 휘감는다.

173 중생이 생사 왕래하는 세 가지 세계. 욕계, 색계, 무색계이다.
174 고대에 고위 관원들은 홍색이나 자색의 관복을 입었다고 함.

길가의 버들가지에는 달콤한 이슬이 맺혀 있고
길 위의 꽃나무에는 새벽 햇살이 반짝인다.
수많은 남녀가 긴 거리를 둘러싸고서
도를 만나고 부처에 예배 올린다는 생각에 마음이 들떠있다.
이날 좋은 인연 맺게 되길 바라며
왕자를 암라원으로 환송한다.
하늘과 땅은 모두 환한데
보개는 실로 아름답게 장식되어 있다.
황금빛 명주솜을 얽어 두 마리 춤추는 봉황을 만들었고
은실을 엮어 헌화하는 선인(仙人)을 이루었다.
옥을 갈아서 손잡이를 만들었고
유리를 조탁하여 보개 꼭대기를 만들었다.
안개가 흩어지니 하늘이 베를 짜 놓은 듯하고
구름이 휘감은 모습이 마치 [보개가] 절로 생겨난 듯하다.
걸어가니 흔들흔들 옥환(玉環)이 짤그락거리고
물결이 일어나니 옥패(玉佩)가 뎅그렁거린다.
이날 부처의 음성은 온 우주를 뒤흔들고
천악(天樂)이 온 천지에 가득 찬다.
[청중은] 감격하면서도 경건하기만 한데
비야리성은 극락으로 변모한다.
하늘에서는 사화(四花)[175]가 흩날리고
땅은 육종(六種)[176]으로 진동한다.

175 석가모니가 법화경을 설할 때 상서로운 조짐으로서 하늘에서 내려온 네 가지 연화. 백련화, 대일련화, 홍련화, 대홍련화이다.

176 세간(世間)에 상서가 있을 때에 대지(大地)가 진동하는 여섯 가지 모양. 흔들려서 불안한 동(動), 아래로부터 위로 오르는 기(起), 솟아오르고 꺼져 내려가 육방(六方)으로 출몰(出沒)하는 용(涌), 은은한 소리가 울리는 진(震), 꽝 하는 소리가 나는 후(吼), 물건을 깨닫게 하는 각(覺)이다.

참으로 아름답도다, 옥화(玉花)의 신선함이여.
그것은 비단과 능라와 칠보로 이루어진 것.
해안국(海岸國)의 향기 속에서 왕자[177]를 우러러보고
자비의 빛 속에서 유마를 바라본다.
이때 보적은 도심(道心)이 생겼으니
이 모두는 유마의 가르침 덕이다.
눈은 요염한 미색을 바라보지 않고
귀는 음악소리를 듣지 않는다.
모두 보개를 들고서 용의 궁전을 떠나고
다들 금관을 머리에 쓰고서 봉황의 궁궐을 나선다.
길을 가득 메운 무수한 왕손들
어느 곳으로 향하는지 알지 못한다.
헤아릴 수 없이 많은 사람들
비야리성을 나와 법좌(法座)에 예배 올린다.
거리에 가득한 여인들 정숙하게 길을 걷고
길을 메운 용사들 웃으며 배회한다.
가가호호에서 상서로운 연기가 피어오르고
집집마다 뜰 앞에서 희색이 넘쳐흐른다.
법회에 들어가 성주(聖主)를 만나고자 한데
어떻게 예배를 올리는 창(唱)이 곧 나오리라.

경문에서 말하기를, "보적 등이 게송을 지어 찬탄하여 말하였다. 눈은 맑아 청련(青蓮)을 닮았고, 마음은 깨끗하여 선정을 이루었네. 오래도록 쌓은 선업은 한량(限量)이 없고, 중생을 고요함으로 인도하시니 오체투지를 올리네."

177 석가모니를 가리킴.

維摩碎金一卷

靈州龍興寺講經沙門匡胤記

被原宗堅來, 尤泥[178]累日, 寫盡文書. 緣是僧家, 不欲奉阻. 朔方釋客派.[179]

유마쇄금 일권

영주(靈州) 용흥사(龍興寺) 강경사문(講經沙門) 광윤(匡胤) 씀.

원종의 굳건한 마음에 쫓겨 여러 날을 부대끼며 문서를 적었다. 승려 되어 그의 이러한 받듦을 말리고 싶지는 않다. 북방 승려 객승.

178 [項楚] '尤泥'는 '뒤엉키다', '성가시다'라는 뜻이다. [校注] S.1441「洞仙歌」詞: "少年夫婿, 向淥窗下左偎右倚, 擬鋪鴛被, 把人尤泥." 이 '尤泥'도 같은 뜻이다. 『詩詞曲語辭匯釋』「尤殢」 항목을 참조 바란다.

179 '客派'는 원권에서는 자형이 희미하다. 趙錄에서는 '客派'라고 하였는데 확인할 수가 없다. [項楚] '客派'는 그 의미를 알 수가 없다. 혹시 匡胤은 龍興寺에 잠시 머무는 객승은 아니었을까? [校注] 이 두 글자는 아마도 승려의 이름인 듯한데, 앞으로의 재고가 필요한 부분이다.

장흥사년중흥전응성절강경문 長興四年中興殿應聖節講經文

후당(後唐) 명종(明宗) 장흥 4년에 중흥전(中興殿)에서 행한 강경 의식을 글로 옮긴 것이다. 제목에서 드러나듯이 황제의 탄신일에 궁궐에서 황제와 황후들을 축하하며 강경을 한 내용이며, 실제로 본문 안에는 황후와 숙비의 기원문도 나온다. 본문을 보면 『인왕호국반야바라밀다경(仁王護國般若波羅蜜多經)』의 경문을 강의한 것임을 알 수 있으며, 경문의 제목을 창하면 강경법사가 경문의 글자와 문구 하나하나를 해석하는 식으로 강경을 진행한다. 아울러 황궁에서의 강경인지라 황제의 선정(善政)에 대한 찬양과 축원의 내용이 많은 부분을 차지하고 있다.

금강반야바라밀경강경문 金剛般若波羅蜜經講經文

『금강반야바라밀다경(金剛般若波羅蜜多經)』 일체동관분(一體同觀分) 제18부터 끝까지의 내용을 강경한 것이다. 현존 『금강경』의 편폭을 고려하면 전체 강경문의 절반 정도 일 것으로 보인다. 경문의 각 문구에 대해 "앞에서 말한 것이다" "답하는 것이다" 등의 말로 친절하게 해석하고, 이에 대한 강경법사의 설명을 더하고, 이해의 편의를 위해 경문의 내용을 여러 단락으로 나누어 강의하고 있다. 강경문 마지막에는 "정명(貞明) 6년 정월 모일 식당 뒤에서 초사했으며, 깨끗하고 조밀하여 이를 기록함"이라는 필사자의 기록이 있다. 후량(後梁) 정명 6년은 920년에 해당한다. 이처럼 초사의 시간과 장소, 배경이 상당히 생동적으로 묘사되어 있는 점이 주목할 만하다.

불설아미타경강경문 1 佛說阿彌陀經講經文一

『아미타경』 도입부 70여 자에 대한 해설이다. 부처님이 사위국 기수급고독원에 계실 때 사리불, 목건련, 가섭, 가전연 등 아라한의 위치에 오른 천이백오십 인의 대비구가 한자리에 모였다는 내용이다. 경문은 사리불을 비롯하여 16인의 대비구 이름까지 인용하고 있으나 그에 대한 강창자의 해설은 사리불에서 그치고 있다. 좀 뜬금없어 보이는 후반부 마타라(摩陁羅)와 우파제사(憂波提舍)의 논변은 사리불에 대한 해설의 일부로 보아야 할 것 같다.

불설아미타경강경문 2 佛說阿彌陀經講經文二

문중에는 '성천가한대회골국(聖天可汗大迴鶻國)'이란 문구가 있는데, 이 문구는 이 강경문이 작성된 시기와 지역, 작성인물을 밝히는 중요한 단서가 될 수 있다. 상달(向達)은 우전국이 9세기 이후 서방의 회골족에게 점령당한 사실을 거론하며 이 작품이 오대 시기 우전국의 승려가 쓴 것이라 하였고, 장광달(張廣達)과 영신강(榮新江), 이정우(李正宇)는 여기서 말하는 '성천가한'은 투루판 일대의 서주회골(西州回鶻) 국왕을 가리킨다고 하였다.(주석 참조) 경문의 직접적인 인용 없이 다만 서방극락세계의 장엄함을 약설하고 있다. 앞부분에 압좌문이 있고, 불 · 법 · 승 삼보(三寶)에의 귀의와, 살생하지 말라 · 도둑질하지 말라 · 음행하지 말라 · 거짓말하지 말라 · 술 마시지 말라는 오계(五戒)에 대한 교설이 등장한다.

불설아미타경강경문 3 佛說阿彌陀經講經文三

아미타불이 법음을 널리 전하고자 화현으로 나타낸, 아름답고 기묘한 빛깔의 새들에 관한 내용이다.

묘법연화경강경문 1 妙法蓮華經講經文一

「제바달다품」의 고사를 연역한 것이다. 제바달다(Devadatta)는 부처님의 사촌 동생으로 일찍이 출가하여 석존의 제자가 되었으나, 부처님을 시기하여 대항한 끝에 피를 토하고 죽은 인물이다. 그런데 이 품(品)에서는 그런 악인(惡人)인 제바달다가 과거세에서 석존에게 법화경을 가르친 인연으로 미래생에 부처가 되리라는 수기를 받는다. 이 강경문에서는 뒷부분이 잔결된 관계로, 석존의 전생인 대왕이 한 선인(仙人)으로부터 법화경을 배우는 내용만을 얘기하고 있을 뿐, 석존에게 법화경을 가르친 그 선인이 제바달다의 전생임을 밝히고 있지는 않다.

묘법연화경강경문 2 妙法蓮華經講經文二

과거 무량겁 옛날에 일체중생희견보살(一切衆生喜見菩薩)이 일월정명덕불(日月淨明德佛)로부터 법화경을 듣고 나서 수행한 끝에 현일체색신삼매(現一切色身三昧)를 얻고, 기쁜 나머지 몸을 태워 부처님께 공양하는 내용이다. 이 강경문에는 나와 있지 않지만, 소의경전인 「약왕보살본사품(藥王菩薩本事品)」에 따르면, 이 희견보살이 바로 지금의 약왕보살(藥王菩薩)이다.

묘법연화경강경문 3 妙法蓮華經講經文三

「관세음보살보문품」 전반부 내용을 연역한 것이다. 경전에서 왜 관세음보살이라고 불리느냐는 무진의보살의 질문에 관세음보살은 고난 속에서 자기를 부르는 온갖 중생의 소리가 있을 때는 곧 모습을 나타내어 이를 구해주는 까닭이라고 부처님은 설명한다. 이 강경문에는 이 부분에 대해서는 언급되어 있지 않다. 경전은 계속해서 관세음보살의 이름을 수지 공양하는 공덕의 무량함을 얘기하는데, 이는 이 강경문이 다루고 있는 바이다. 즉 관세음보살의 이름을 수지해, 한때라도 예배하고 공양하는 사람의 공덕은 62억 항하사의 보살 이름을 수지하고 또 목숨 다하도록 음식이며 의복, 침구, 약품을 공양하는 사람의 공덕과 조금도 차이가 없다는 것이다.

묘법연화경강경문 4 妙法蓮華經講經文四

「관세음보살보문품」후반부 내용을 다루고 있다. 무진의보살은 부처님께 관세음보살은 어떻게 중생들에게 설법을 하는지를 묻고, 부처님은 부처님의 몸으로 제도해야할 자에게는 부처님의 몸으로 가르침을 설하고, 벽지불의 몸으로 제도해야할 자에게는 벽지불의 몸으로 가르침을 설하는 등, 중생의 필요에 따라 갖가지 모습으로 화하여 중생을 구제한다고 대답한다.

유마힐경강경문 1 維摩詰經講經文一

암라원에 계시는 부처님의 설법을 듣기 위해 수천수만의 범천과 천룡, 야차, 비구, 비구니들이 암라원으로 모여들고, 부처님의 설법이 임박했음을 안 유마힐이 비야리성 내 오백 명의 장자 아들들을 교화하여 함께 암라원으로 향한던 중 병이 들어 장자의 아들들만 부처님을 찾아뵙는다는 내용을 다루고 있다. 이 강경문의 소의경전인 「유마힐경 · 불국품」에서는 유마힐은 등장하지 않고 보적은 이미 부처에 귀의한 인물로 나올 뿐 유마힐의 교화를 입었다는 얘기는 나오지 않는다. 「불국품」은 비야리성에 사는 장자의 아들 보적이 하늘일산을 부처님께 받들어 올리는 것을 인연으로, 부처님께서 여러 부처님의 청정한 국토, 즉 정토를 나타내 보이고, 이어서 보살의 정토행을 설하는 내용이다.

유마힐경강경문 2 維摩詰經講經文二

「유마힐경강경문1」과 거의 동일한 경문을 연역했으나 그 내용면에서는 많은 차이가 있다. 특히 유마힐이 보적 등 오백 장자의 아들들을 교화하는 장면은 매우 구체적이다. 당시 보적은 "환락을 탐하고 미색과 명성에 물들어" "몸에는 비단옷을 걸쳤으되 베 짜는 아낙의 노고를 알지 못하고, 산해진미를 즐기되 농부의 고통을 생각지 않으며" "거문고 소리에 술에서 깨어나고 삼경(三更)의 빗소리에 꿈에서 깨어나는" 방탕한 생활에 빠져 있었다. 경전에 없는 보적의 이러한 타락한 생활상은 당시 지배계층에 대한 강창자의 불만이 표출된 것으로 보아도 무방할 것이다.

참고자료 QR코드

金剛般若波羅蜜經講經文

妙法蓮華經講經文四

妙法蓮華經講經文三

妙法蓮華經講經文二

妙法蓮華經講經文一

佛說阿彌陀經講經文三

佛說阿彌陀經講經文二

佛說阿彌陀經講經文一

維摩詰經講經文二

維摩詰經講經文一

長興四年中興殿應聖節講經文

져 있었다. 경전에 없는 보적의 이러한 타락한 생활상은 당시 지배계층에 대한 강창자의 불만이 표출된 것으로 보아도 무방할 것이다.

참고자료 QR코드

金剛般若波羅蜜經講經文

妙法蓮華經講經文四

妙法蓮華經講經文三

妙法蓮華經講經文二

妙法蓮華經講經文一

佛說阿彌陀經講經文三

佛說阿彌陀經講經文二

佛說阿彌陀經講經文一

維摩詰經講經文二

維摩詰經講經文一

長興四年中興殿應聖節講經文